JN098912

統計から読み解く

47 PREFECTURE RANKINGS

47都道府県ランキング

消費・子供・スポーツ編

統計ジャーナリスト
久保哲朗 著
「都道府県別統計とランキングで見る県民性」
サイト運営

日東書院

本書の使い方

本書では、日本での生活に関わる100項目のデータを、総務省の家計調査や社会生活基本調査など各種統計資料をもとに集め、都道府県ごとにランキングしたものです。

第1章では、「中学サッカー部員数」「睡眠時間」「たまねぎ消費量」といった項目ごとに都道府県のランキングを紹介します。また相関データをとることで、正の相関にある項目、負の相関にある項目を調べられます。

第2章では、第1章で紹介した項目を都道府県ごとに並べ直して掲示しました。各都道府県がどのランキングで上位にあり、どのランキングでは下位にあるかがわかります。

第1章の例

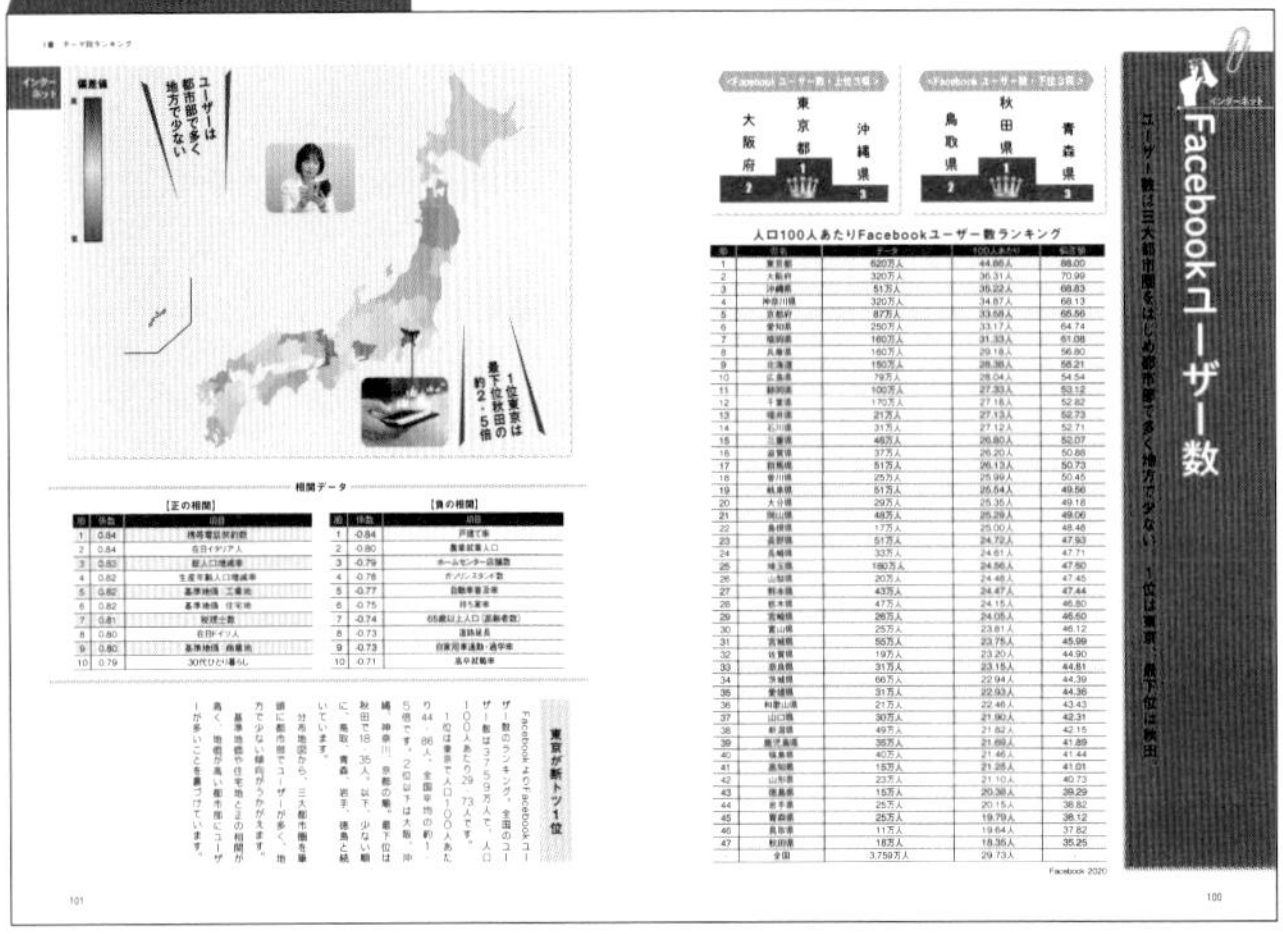

第2章の例

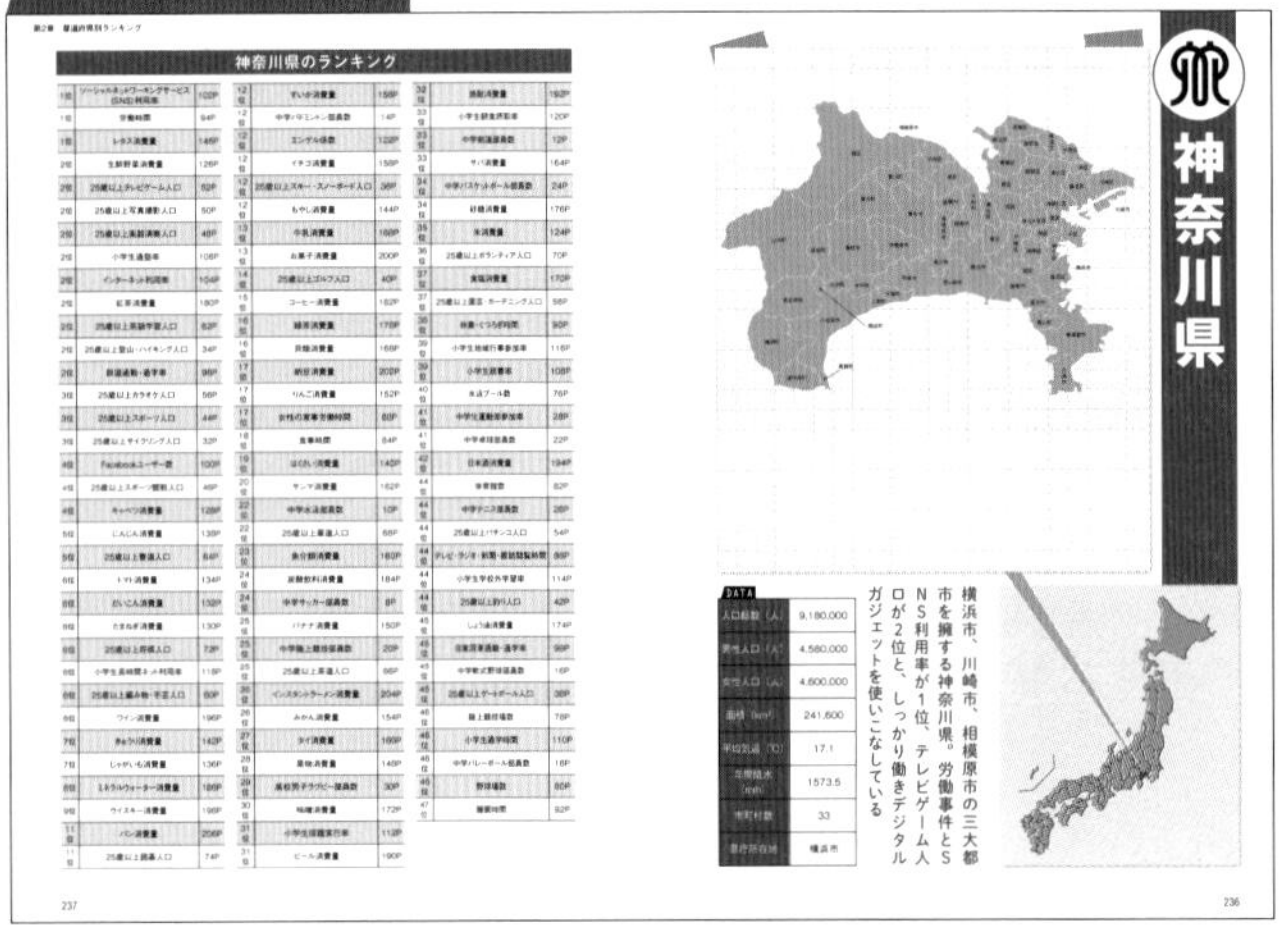

用語の説明

「偏差値」とは、平均値を50として、各都道府県の値の偏り具合を示す数値です。偏差値が大きいほど平均値よりも高く、小さいほど平均値よりも低くなります。偏差値を見ることで、単位が違うランキングどうしで分布状況を比較することができるようになります。

「相関」とは、2つのランキングがどれくらい似ているか（関係がありそうか）を示す数値です。「正の相関」は正比例に近い関係で、「負の相関」は反比例に近い関係となります。一般的に、＋0.4以上もしくは－0.4以下の場合、「正の（負の）相関がある」とみなされます。

はじめに

統計データで「いまの日本」がわかる！

本書は2018年に刊行した『統計から読み解く 47都道府県ランキング』の続刊で、サイト「都道府県別統計とランキングで見る県民性」から注目すべきランキングをピックアップしています。

第1章では項目別にランキングを掲載。都道府県ごとの数値、分布状況が一目でわかる地図、相関ランキングを掲載しています。相関ランキングではサイトに掲載している千数百のランキングから分布が似ていたり正反対だったりするランキングをピックアップしています。

第2章では都道府県別にランキングを掲載。各都道府県の姿を浮き彫りにします。

第一巻は様々な分野のランキングを総花的に取り上げました。本書では、スポーツ、行動、子ども、消費に絞ったランキングを掲載しています。

一見、どの県でもスポーツや行動は同じように見えますが、自然環境や社会環境の違いにより都道府県の分布は大きく異なります。例えば釣り人口を見ると明らかに西日本が多くなっています。西日本は東日本に比べて海岸が入り組んでいて陸沿いに良い漁場が多いからです。

食べ物では納豆のように西と東で消費量が違う食べ物から、レタスのように都会と地方で消費量が違い食べ物まで様々です。

これらの例が示すように、本書では何気なくしていること、食べている物の裏に潜んでいる私たちの好みや地域性をデータから明らかにしていきます。

久保 哲朗

統計から読み解く47都道府県《とどうふけん》ランキング

消費・子供・スポーツ編　もくじ

第1章　項目別ランキング

第2章 47都道府県別ランキング

●第1章の各項目のデータの出典は、それぞれ右ページ下に示しました。データはウェブサイト「都道府県別統計とランキングで見る県民性」をもとに、可能な限り最新のものを用いています。

●第2章の都道府県の県章（都道府県名の上に示したマーク）は、著作権法第十三条によりパブリック・ドメインの状態にあります。

第1章

項目別ランキング

スポーツ

中学サッカー部員数

中学生サッカーは、茨城、熊本、埼玉、鳥取、山形などプロサッカークラブがある県でさかん。

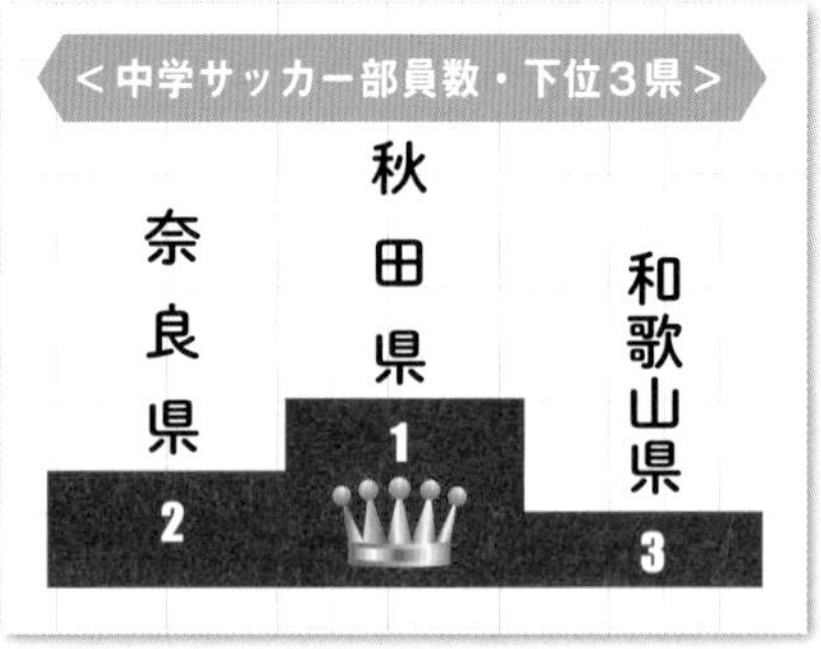

中学生100人あたりサッカー部員数ランキング

順	県名	データ	100人あたり	偏差値
1	茨城県	6,658人	8.44人	71.18
2	熊本県	4,052人	8.23人	68.86
3	埼玉県	14,552人	7.65人	62.37
4	鳥取県	1,189人	7.65人	62.36
5	山形県	2,232人	7.55人	61.20
6	徳島県	1,430人	7.43人	59.91
7	静岡県	7,531人	7.39人	59.44
8	愛媛県	2,552人	7.30人	58.45
9	千葉県	11,732人	7.26人	58.03
10	宮崎県	2,231人	7.23人	57.70
11	栃木県	3,869人	7.18人	57.08
12	三重県	3,600人	7.14人	56.63
13	佐賀県	1,702人	7.14人	56.60
14	鹿児島県	3,290人	7.13人	56.57
15	山梨県	1,596人	7.05人	55.65
16	広島県	5,379人	7.03人	55.40
17	沖縄県	3,407人	6.99人	54.94
18	島根県	1,273人	6.98人	54.81
19	滋賀県	2,930人	6.97人	54.77
20	群馬県	3,712人	6.82人	53.06
21	高知県	1,222人	6.82人	53.01
22	京都府	4,601人	6.79人	52.76
23	宮城県	4,146人	6.78人	52.56
24	神奈川県	15,491人	6.75人	52.22
25	山口県	2,380人	6.71人	51.78
26	岩手県	2,164人	6.55人	50.06
27	長崎県	2,411人	6.46人	48.99
28	福井県	1,401人	6.43人	48.74
29	東京都	19,123人	6.29人	47.08
30	香川県	1,697人	6.24人	46.51
31	福島県	3,168人	6.16人	45.62
32	北海道	8,063人	6.15人	45.58
33	愛知県	12,952人	6.14人	45.44
34	岡山県	3,212人	6.10人	44.96
35	長野県	3,530人	6.04人	44.27
36	福岡県	8,199人	5.99人	43.79
37	岐阜県	3,451人	5.95人	43.34
38	青森県	1,984人	5.85人	42.18
39	大分県	1,752人	5.85人	42.17
40	兵庫県	8,689人	5.81人	41.72
41	大阪府	13,402人	5.77人	41.30
42	富山県	1,587人	5.56人	38.96
43	石川県	1,735人	5.52人	38.51
44	新潟県	2,852人	5.01人	32.77
45	和歌山県	1,269人	5.00人	32.68
46	奈良県	1,737人	4.60人	28.20
47	秋田県	920人	3.85人	19.79
-	全国	218,055人	6.54人	-

日本中学校体育連盟 2017

スポーツ

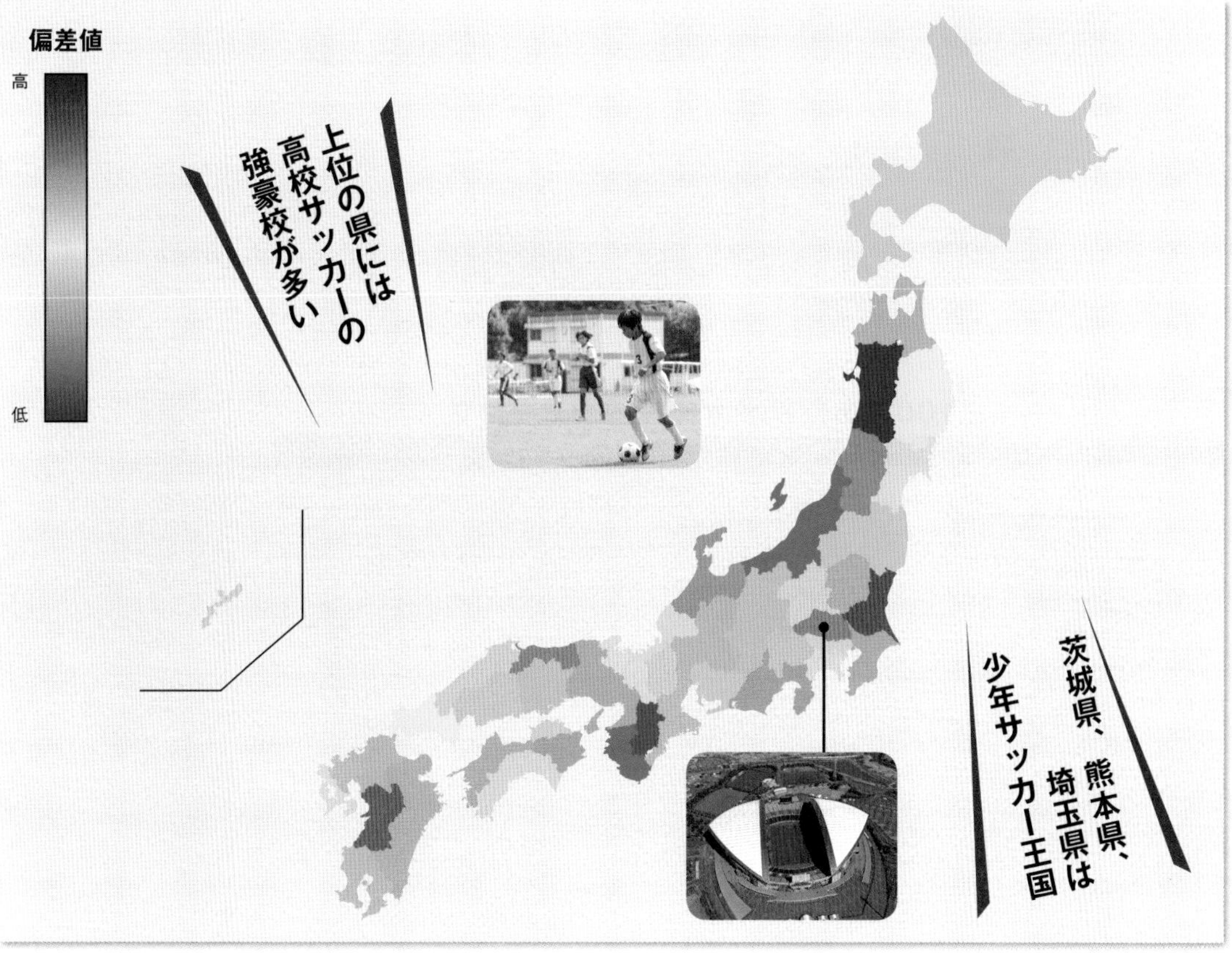
偏差値
高
低
上位の県には高校サッカーの強豪校が多い
茨城県、熊本県、埼玉県は少年サッカー王国

相関データ

【正の相関】

順	係数	項目
1	0.60	高校男子サッカー部員数
2	0.54	中学女子サッカー部員数
3	0.49	スポーツ活動率
4	0.43	年間快晴日数
5	0.43	中学生保護者の学校行事参加率
6	0.41	弁当消費量
7	0.40	住宅用太陽光発電普及率
8	0.40	高校女子サッカー部員数
9	0.39	Jリーガー
10	0.34	ミネラルウォーター支出額

【負の相関】

順	係数	項目
1	-0.45	日本酒消費量
2	-0.45	エビ消費量
3	-0.42	旧七帝大合格者数
4	-0.39	生しいたけ消費量
5	-0.38	生鮮魚介消費量
6	-0.36	年間雪日数
–	–	–
–	–	–
–	–	–
–	–	–

少年サッカー王国は茨城

日本中学校体育連盟より中学サッカー部員数のランキング。全国の中学サッカー部員数は21万8055人で、中学生100人あたり6・54人。

1位は茨城で中学生100人あたり8・44人。2位は熊本で8・23人。3位以下は埼玉、鳥取、山形の順。最下位は秋田で3・85人。以下、少ない順に、奈良、和歌山、新潟と続いています。

分布地図から、関東圏、九州、中国・四国地方で少年サッカーがさかんであることがわかります。これらの県には高校サッカーの強豪校があり、プロサッカークラブのホームもあります。そのため地元の「サッカー熱」が高く、中学サッカー部員数も多いのでしょう。

スポーツ

中学水泳部員数

1位の鳥取、3位の大阪以外では、山形や群馬、福島など東北・関東の県が上位に。

＜中学水泳部員数・上位3県＞

1 鳥取県
2 山形県
3 大阪府

＜中学水泳部員数・下位3県＞

1 福井県
2 沖縄県
3 岡山県

中学生100人あたり水泳部員数ランキング

順	県名	データ	100人あたり	偏差値
1	鳥取県	388人	2.50人	69.52
2	山形県	735人	2.49人	69.32
3	大阪府	5,602人	2.41人	67.99
4	群馬県	1,277人	2.35人	66.82
5	福島県	1,137人	2.21人	64.35
6	愛知県	4,579人	2.17人	63.66
7	長崎県	808人	2.16人	63.54
8	愛媛県	705人	2.02人	60.90
9	栃木県	1,045人	1.94人	59.50
10	奈良県	700人	1.85人	57.96
11	秋田県	438人	1.83人	57.59
12	福岡県	2,457人	1.80人	56.92
13	静岡県	1,827人	1.79人	56.86
14	東京都	5,395人	1.77人	56.52
15	山口県	606人	1.71人	55.33
16	熊本県	826人	1.68人	54.80
17	石川県	523人	1.66人	54.56
18	宮城県	989人	1.62人	53.69
19	佐賀県	376人	1.58人	52.98
20	鹿児島県	684人	1.48人	51.30
21	高知県	263人	1.47人	51.00
22	神奈川県	3,313人	1.44人	50.57
23	大分県	426人	1.42人	50.20
24	兵庫県	2,089人	1.40人	49.74
25	岐阜県	769人	1.33人	48.48
26	滋賀県	538人	1.28人	47.65
27	京都府	862人	1.27人	47.52
28	宮崎県	392人	1.27人	47.48
29	香川県	340人	1.25人	47.09
30	青森県	398人	1.17人	45.73
31	和歌山県	285人	1.12人	44.82
32	島根県	202人	1.11人	44.54
33	長野県	645人	1.10人	44.46
34	岩手県	332人	1.01人	42.71
35	新潟県	571人	1.00人	42.66
36	富山県	281人	0.98人	42.34
37	埼玉県	1,750人	0.92人	41.18
38	広島県	655人	0.86人	40.02
39	徳島県	155人	0.81人	39.12
40	千葉県	1,266人	0.78人	38.73
41	北海道	1,015人	0.77人	38.56
42	山梨県	173人	0.76人	38.37
43	茨城県	600人	0.76人	38.30
44	三重県	291人	0.58人	35.01
45	岡山県	287人	0.54人	34.43
46	沖縄県	227人	0.47人	33.00
47	福井県	92人	0.42人	32.23
-	全国	49,314人	1.48人	-

日本中学校体育連盟 2017

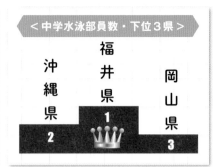

スポーツ

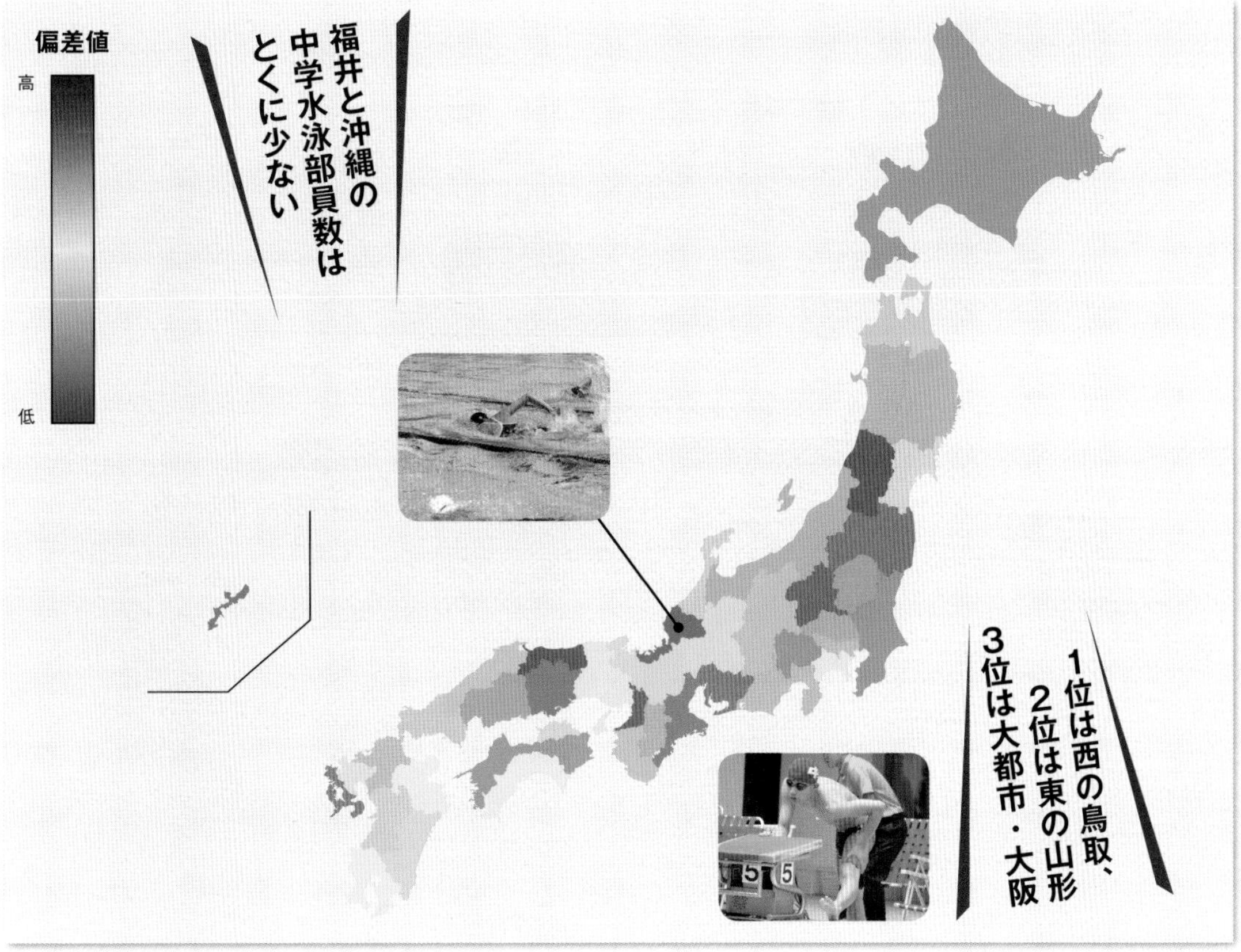
偏差値
高
低
福井と沖縄の中学水泳部員数はとくに少ない
1位は西の鳥取、2位は東の山形3位は大都市・大阪

相関データ

【正の相関】

順	係数	項目
1	0.53	高校男子水泳部員数
2	0.40	高校女子水泳部員数
3	0.39	がん死亡率：女性
4	0.37	大腸がん死亡率：女性
5	0.36	学生服購入費
6	0.36	高校男子剣道部員数
7	0.36	さといも消費量
－	－	－
－	－	－
－	－	－

【負の相関】

順	係数	項目
1	-0.44	学芸員数
2	-0.34	25歳以上日曜大工人口
3	-0.31	男子小中学生体力テスト
－	－	－
－	－	－
－	－	－
－	－	－
－	－	－
－	－	－
－	－	－

中学水泳に力を注ぐ鳥取

日本中学校体育連盟より中学水泳部員数のランキング。全国の中学水泳部員数は4万9314人で、中学生100人あたり1・48人となっています。

1位は鳥取で2・50人、2位は山形で2・49人。3位以下は大阪、群馬、福島の順となりました。

最下位は福井で0・42人。以下少ない順に、沖縄、岡山、三重、茨城と続いています。

福井と沖縄では100人あたりほぼ「ゼロ」という結果になっています。

分布地図からわかる傾向は、北関東から東北にかけてと四国・九州に水泳部員が多いということです。

スポーツ

中学剣道部員数

東高西低だが北海道は少ない。1位栃木と2位佐賀には剣道の強豪中学・高校がある。

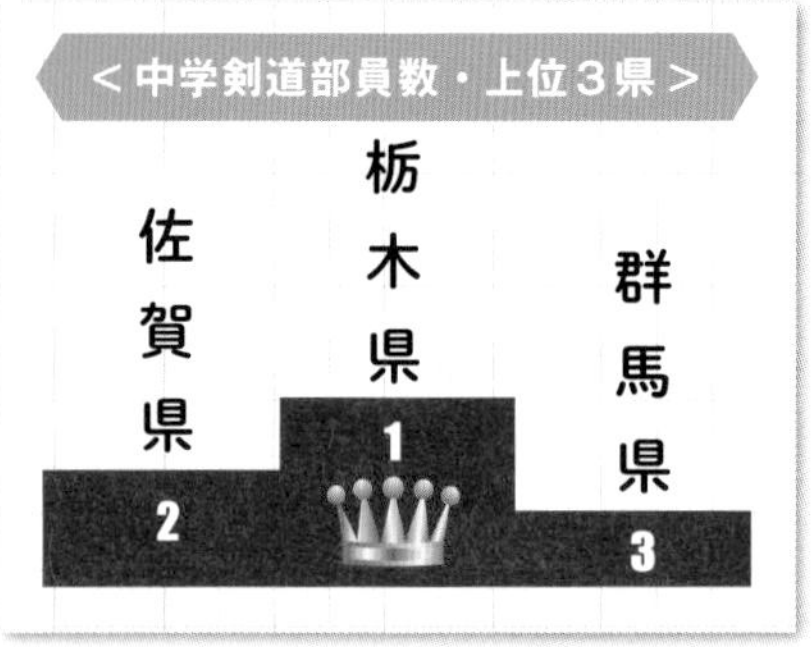

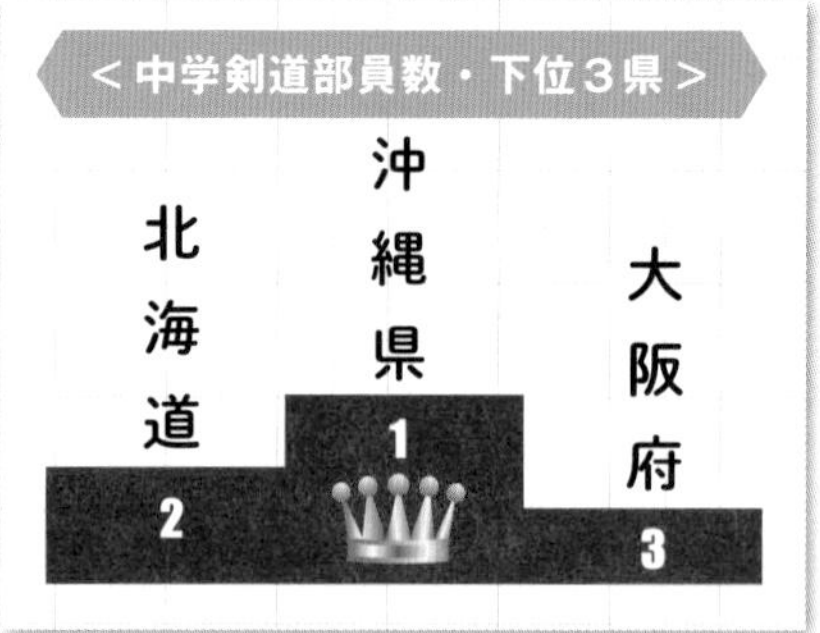

中学生100人あたり剣道部員数ランキング

順	県名	データ	100人あたり	偏差値
1	栃木県	2,281人	4.23人	68.25
2	佐賀県	964人	4.04人	65.95
3	群馬県	2,139人	3.93人	64.61
4	岐阜県	2,250人	3.88人	64.01
5	富山県	1,103人	3.87人	63.83
6	宮城県	2,332人	3.81人	63.17
7	茨城県	2,963人	3.76人	62.50
8	愛知県	7,859人	3.73人	62.14
9	山形県	1,087人	3.68人	61.54
10	島根県	647人	3.55人	59.98
11	岩手県	1,163人	3.52人	59.69
12	埼玉県	6,689人	3.52人	59.63
13	香川県	862人	3.17人	55.42
14	福島県	1,615人	3.14人	55.07
15	千葉県	5,049人	3.13人	54.93
16	愛媛県	1,076人	3.08人	54.36
17	福井県	667人	3.06人	54.17
18	福岡県	4,151人	3.03人	53.82
19	石川県	952人	3.03人	53.77
20	秋田県	717人	3.00人	53.42
21	山口県	1,024人	2.89人	52.03
22	青森県	943人	2.78人	50.76
23	静岡県	2,815人	2.76人	50.55
24	鳥取県	425人	2.73人	50.22
25	山梨県	611人	2.70人	49.80
26	徳島県	512人	2.66人	49.33
27	新潟県	1,447人	2.54人	47.89
28	熊本県	1,218人	2.47人	47.08
29	長野県	1,426人	2.44人	46.65
30	大分県	705人	2.35人	45.63
31	長崎県	872人	2.34人	45.41
32	兵庫県	3,401人	2.27人	44.67
33	神奈川県	5,203人	2.27人	44.57
34	三重県	1,141人	2.26人	44.54
35	岡山県	1,181人	2.24人	44.29
36	鹿児島県	1,030人	2.23人	44.18
37	和歌山県	537人	2.12人	42.78
38	奈良県	785人	2.08人	42.33
39	高知県	362人	2.02人	41.61
40	滋賀県	782人	1.86人	39.70
41	東京都	5,124人	1.68人	37.58
42	京都府	1,105人	1.63人	36.94
43	広島県	1,178人	1.54人	35.83
44	宮崎県	411人	1.33人	33.35
45	大阪府	3,008人	1.30人	32.89
46	北海道	1,654人	1.26人	32.50
47	沖縄県	378人	0.78人	26.64
-	全国	85,844人	2.58人	-

日本中学校体育連盟 2017

スポーツ

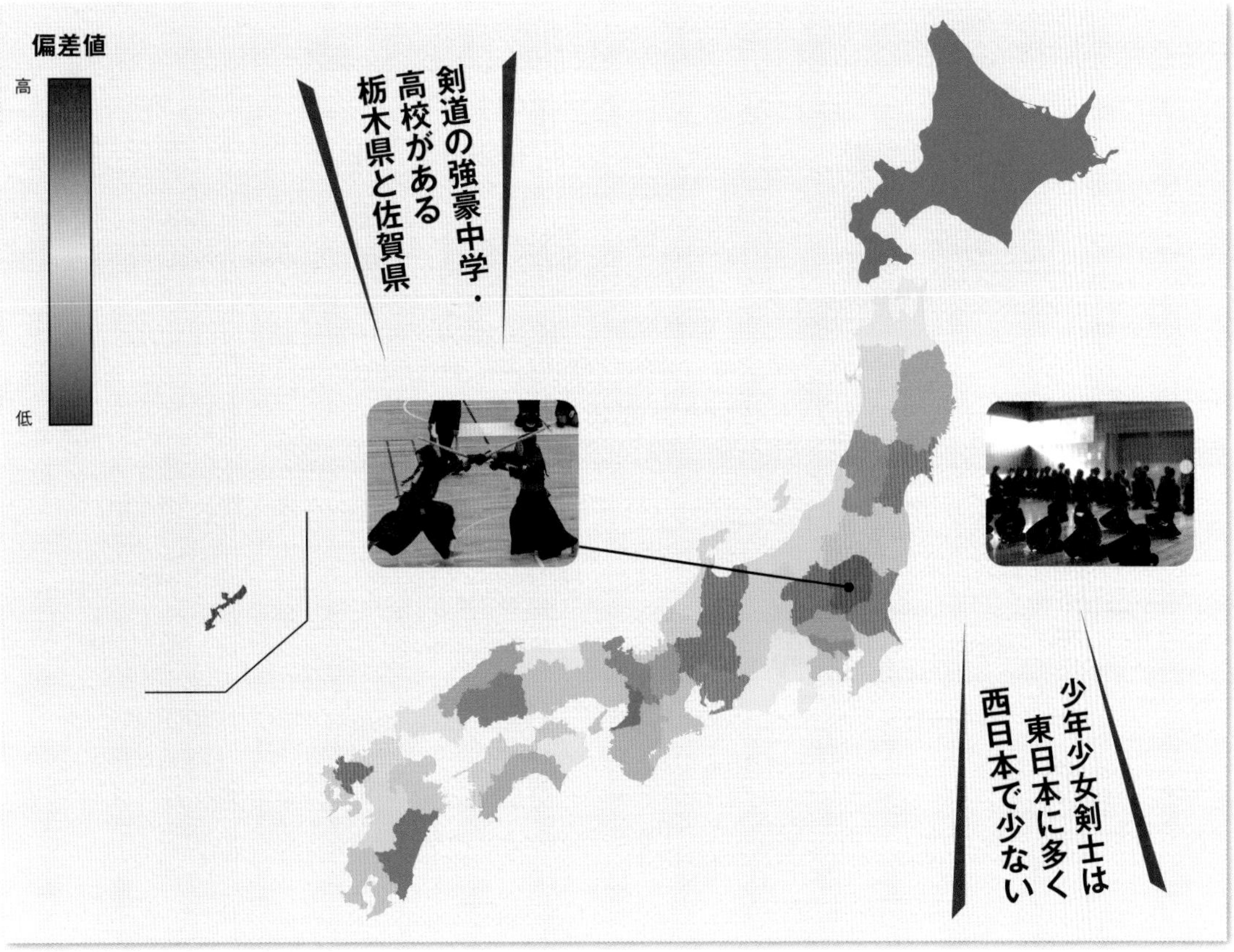
偏差値
高
低
剣道の強豪中学・高校がある栃木県と佐賀県
少年少女剣士は東日本に多く西日本で少ない

相関データ

【正の相関】

順	係数	項目
1	0.71	高校男子剣道部員数
2	0.67	高校女子剣道部員数
3	0.63	建築着工棟数
4	0.63	高校男子卓球部員数
5	0.63	中学男子柔道部員数
6	0.62	中学卓球部員数
7	0.61	中学生部活動参加率
8	0.60	中学女子柔道部員数
9	0.59	三世代世帯人数
10	0.58	第二次産業従業者数

【負の相関】

順	係数	項目
1	-0.65	生活保護受給者
2	-0.64	独居老人（60代以上ひとり暮らし）
3	-0.60	ふるさと自慢
4	-0.59	魅力度
5	-0.57	郷土愛
6	-0.57	第三次産業従業者数
7	-0.57	核家族率
8	-0.52	貧困率
－	－	－
－	－	－

少年剣道がさかんな栃木

日本中学校体育連盟より中学剣道部員数のランキング。全国の中学剣道部員数は８万５８４４人で、中学生１００人あたり２・58人でした。

１位は栃木で４・23人。２位は佐賀で４・04人。ともに全国平均の１・６倍です。

３位以下は群馬、岐阜、富山の順。最下位は沖縄で０・78人、続いて北海道、大阪、宮崎、広島となっています。

分布地図から、東高西低の傾向が読み取れます。

栃木や佐賀は剣道がさかんな県で、全国大会で優勝や入賞するような強豪中学・高校があります。また、少年少女が通う剣道場もあり、剣道人口のすそ野が広いといえるでしょう。

スポーツ

中学バドミントン部員数

1位富山、2位北海道の部員数は全国平均の2倍以上。下位5県は全国平均の4分の1。

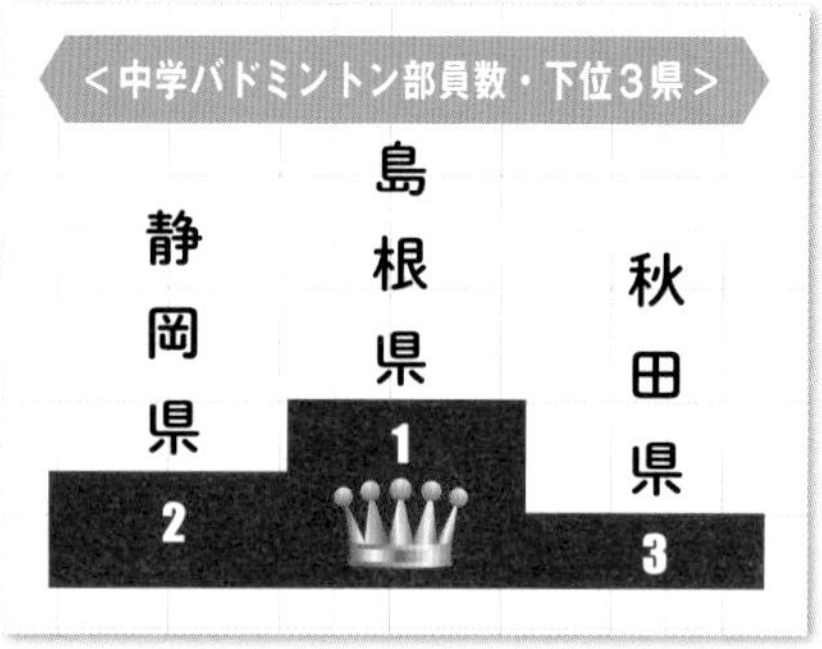

中学生100人あたりバドミントン部員数ランキング

順	県名	データ	100人あたり	偏差値
1	富山県	2,530人	8.87人	71.20
2	北海道	11,113人	8.48人	69.47
3	宮城県	4,908人	8.02人	67.42
4	鳥取県	1,203人	7.74人	66.17
5	香川県	2,020人	7.42人	64.75
6	沖縄県	3,508人	7.20人	63.73
7	岩手県	2,343人	7.10人	63.28
8	長崎県	2,493人	6.68人	61.41
9	東京都	18,865人	6.20人	59.29
10	滋賀県	2,579人	6.14人	59.01
11	石川県	1,882人	5.99人	58.34
12	神奈川県	13,606人	5.92人	58.06
13	福井県	1,235人	5.67人	56.93
14	奈良県	2,116人	5.60人	56.62
15	福島県	2,788人	5.42人	55.79
16	岡山県	2,823人	5.36人	55.53
17	熊本県	2,598人	5.28人	55.16
18	青森県	1,453人	4.28人	50.72
19	大阪府	9,405人	4.05人	49.68
20	栃木県	2,159人	4.01人	49.48
21	宮崎県	1,235人	4.00人	49.48
22	広島県	3,057人	4.00人	49.43
23	埼玉県	7,597人	3.99人	49.43
24	岐阜県	2,242人	3.87人	48.86
25	山形県	1,118人	3.78人	48.48
26	高知県	670人	3.74人	48.28
27	千葉県	5,989人	3.71人	48.15
28	群馬県	2,005人	3.68人	48.04
29	徳島県	660人	3.43人	46.91
30	新潟県	1,876人	3.29人	46.30
31	京都府	2,219人	3.28人	46.22
32	山梨県	739人	3.27人	46.17
33	福岡県	3,593人	2.63人	43.32
34	山口県	858人	2.42人	42.39
35	鹿児島県	1,114人	2.42人	42.38
36	三重県	1,154人	2.29人	41.81
37	愛媛県	798人	2.28人	41.78
38	茨城県	1,685人	2.14人	41.12
39	大分県	628人	2.10人	40.95
40	佐賀県	434人	1.82人	39.71
41	和歌山県	383人	1.51人	38.33
42	兵庫県	1,767人	1.18人	36.86
43	長野県	477人	0.82人	35.23
44	愛知県	1,671人	0.79人	35.12
45	秋田県	171人	0.72人	34.78
46	静岡県	641人	0.63人	34.39
47	島根県	99人	0.54人	34.01
-	全国	136,507人	4.10人	-

日本中学校体育連盟 2017

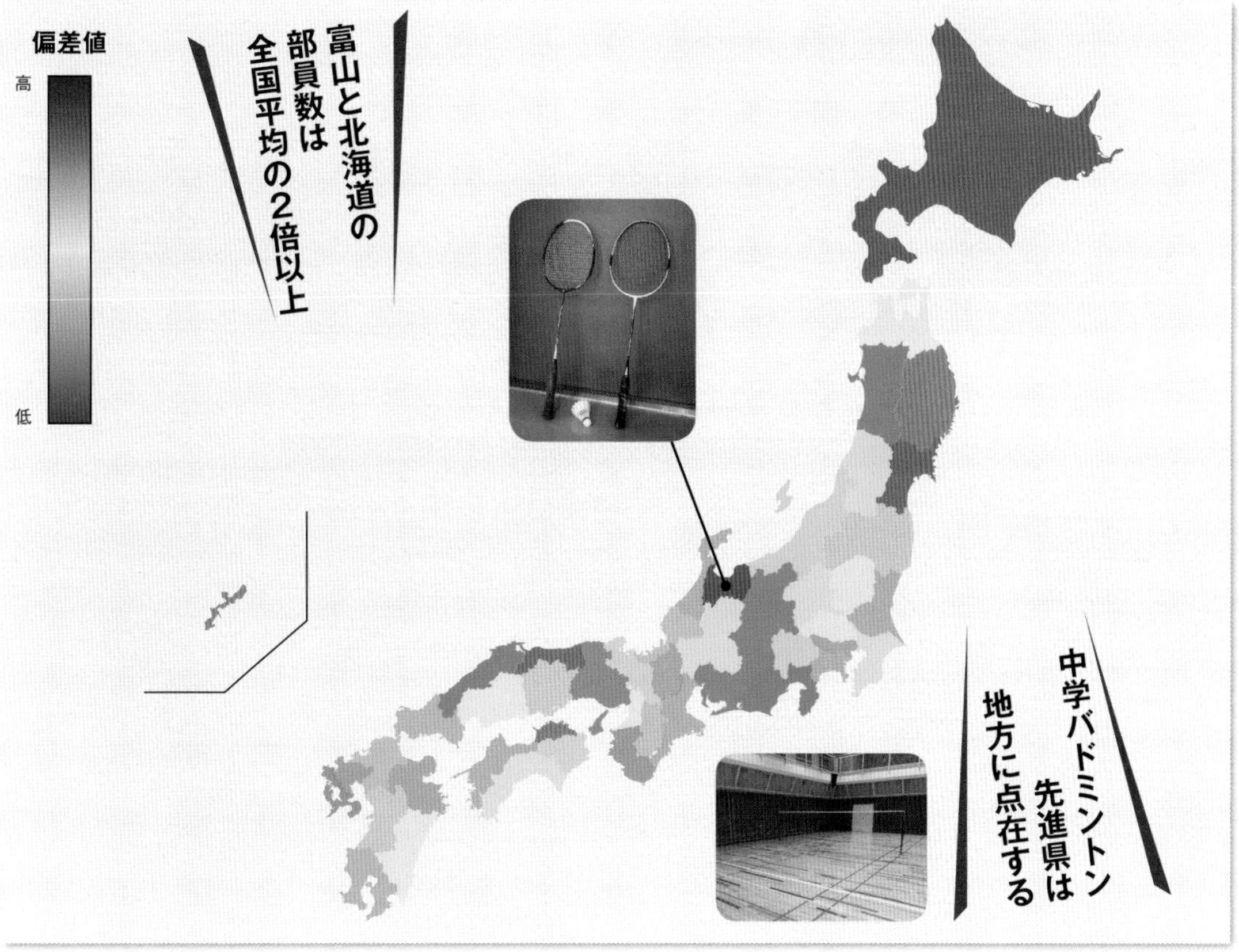
偏差値
高
低
富山と北海道の部員数は全国平均の2倍以上
中学バドミントン先進県は地方に点在する

相関データ

【正の相関】

順	係数	項目
1	0.96	中学男子バドミントン部比率
2	0.45	勤務医比率
3	0.43	イカ漁獲量
4	0.41	中学屋内系部活部員数
5	0.40	タラ漁獲量
6	0.40	労働時間
7	0.40	在日ロシア人
—	—	—
—	—	—
—	—	—

【負の相関】

順	係数	項目
1	-0.48	人工林率
2	-0.44	小学生宿題実行率
3	-0.37	酢消費量
4	-0.35	日帰り温泉数
5	-0.35	高校生就職内定率
6	-0.35	年間日照時間
—	—	—
—	—	—
—	—	—
—	—	—

富山と島根の差は8人

日本中学校体育連盟より中学バドミントン部員数のランキング。全国の中学バドミントン部員数は13万6507人で、平均すれば中学生100人あたり4・10人となります。

1位は富山で8・87人、2位は北海道で8・48人。ともに全国平均の2倍以上です。3位以下は宮城、鳥取、香川となっています。

最下位は島根で0・54人。富山との差は約8人です。以下、少ない順に、静岡、秋田、愛知と続きます。分布地図の特徴は、部員数の多い県が地方に点在していることです。

また、室内スポーツであるバドミントンは天候に左右されないため、富山や北海道、宮城、鳥取など雪国でも普及していることがわかります。

スポーツ

中学軟式野球部員数

東北勢が上位独占。秋田の部員数は全国平均5・31人の約2倍、最下位東京の約3倍。

＜中学軟式野球部員数・上位３県＞

1 秋田県
2 岩手県
3 青森県

＜中学軟式野球部員数・下位３県＞

1 東京都
2 大阪府
3 神奈川県

中学生100人あたり軟式野球部員数ランキング

順	県名	データ	100人あたり	偏差値
1	秋田県	2,465人	10.32人	83.83
2	岩手県	2,766人	8.38人	68.56
3	青森県	2,784人	8.21人	67.24
4	島根県	1,461人	8.01人	65.66
5	大分県	2,271人	7.58人	62.31
6	沖縄県	3,685人	7.56人	62.13
7	山口県	2,595人	7.31人	60.20
8	宮崎県	2,169人	7.03人	58.00
9	新潟県	3,991人	7.01人	57.81
10	福島県	3,546人	6.89人	56.88
11	広島県	5,200人	6.80人	56.13
12	佐賀県	1,619人	6.79人	56.07
13	福井県	1,433人	6.58人	54.45
14	熊本県	3,215人	6.53人	54.05
15	鹿児島県	2,971人	6.44人	53.35
16	鳥取県	993人	6.39人	52.94
17	高知県	1,144人	6.38人	52.87
18	三重県	3,215人	6.38人	52.83
19	山形県	1,862人	6.30人	52.21
20	宮城県	3,822人	6.25人	51.81
21	愛媛県	2,127人	6.09人	50.55
22	兵庫県	9,072人	6.06人	50.38
23	徳島県	1,163人	6.04人	50.23
24	岐阜県	3,497人	6.03人	50.12
25	北海道	7,760人	5.92人	49.26
26	香川県	1,584人	5.82人	48.46
27	富山県	1,649人	5.78人	48.14
28	長崎県	2,144人	5.74人	47.84
29	岡山県	3,016人	5.72人	47.71
30	石川県	1,778人	5.66人	47.19
31	群馬県	2,921人	5.37人	44.90
32	栃木県	2,861人	5.31人	44.44
33	奈良県	1,971人	5.22人	43.74
34	福岡県	6,985人	5.11人	42.84
35	山梨県	1,148人	5.07人	42.58
36	京都府	3,422人	5.05人	42.42
37	和歌山県	1,254人	4.94人	41.55
38	愛知県	10,385人	4.92人	41.40
39	滋賀県	2,063人	4.91人	41.30
40	茨城県	3,810人	4.83人	40.66
41	長野県	2,762人	4.72人	39.82
42	千葉県	7,607人	4.71人	39.73
43	埼玉県	8,495人	4.47人	37.81
44	静岡県	4,449人	4.37人	37.02
45	神奈川県	9,517人	4.14人	35.28
46	大阪府	9,063人	3.90人	33.37
47	東京都	11,319人	3.72人	31.95
-	全国	177,029人	5.31人	-

日本中学校体育連盟 2017

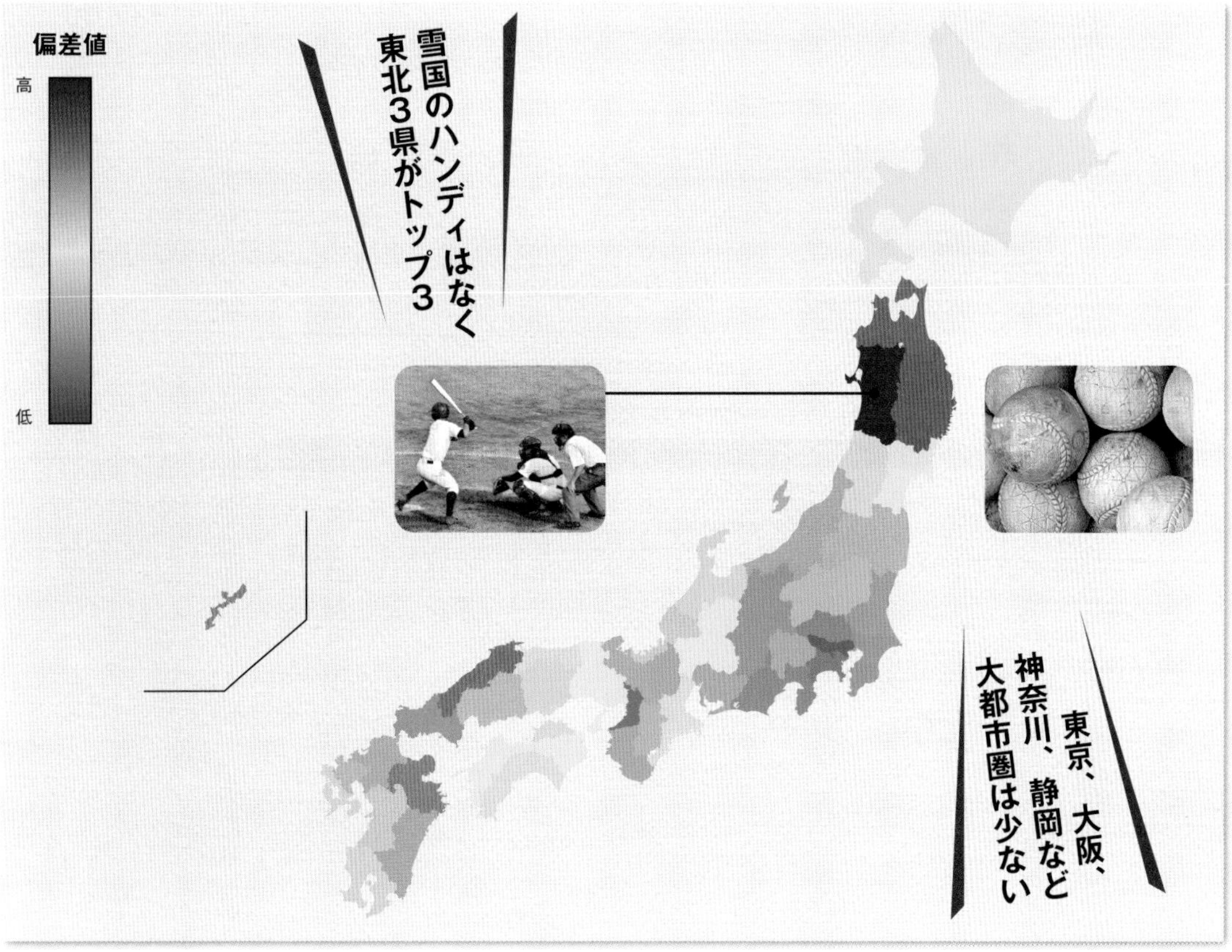
偏差値
高
低
雪国のハンディはなく
東北3県がトップ3
東京、大阪、
神奈川、静岡など
大都市圏は少ない

相関データ

【正の相関】

順	係数	項目
1	0.81	高校男子硬式・軟式野球部員数
2	0.77	スーパーマーケット店舗数
3	0.73	地方交付税額
4	0.71	睡眠時間
5	0.69	高卒就職率：男子
6	0.69	高校数
7	0.67	夏の甲子園予選出場校数
8	0.67	第一次産業従業者数
9	0.67	陸上競技場数
10	0.66	可住地面積

【負の相関】

順	係数	項目
1	-0.79	サラリーマン年収
2	-0.75	25歳以上スポーツ人口
3	-0.75	スマートフォン普及率
4	-0.75	25歳以上映画鑑賞人口
5	-0.75	インターネット利用率
6	-0.75	25歳以上海外旅行人口
7	-0.74	中学生通塾率
8	-0.74	海外旅行者数
9	-0.72	25歳以上テレビゲーム人口
10	-0.71	最低賃金

少年野球は雪国で活発

日本中学校体育連盟より中学軟式野球部員数のランキング。全国の中学軟式野球部員数は17万7029人で、全国平均は中学生100人あたり5・31人です。

1位は秋田で10・32人。これは全国平均の約2倍の数です。2位は岩手、3位以下は青森、島根、大分と続きます。

東北3県が上位を独占していることから、少年野球は雪国のハンディを乗り越えて、とてもさかんであることがわかります。

25歳以上スポーツ人口と負の相関があり、中学軟式野球部員数が多いところは大人になってスポーツをする人が少なくなっています。

スポーツ

中学バレーボール部員数

福井や島根、岩手、愛媛など地方で多く東京や神奈川、奈良や大阪など関東圏・関西圏で少ない。

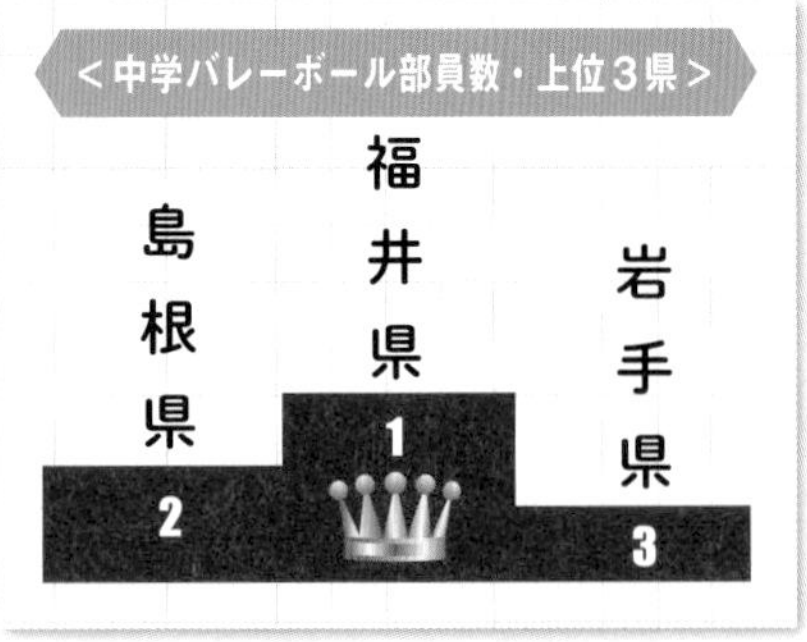

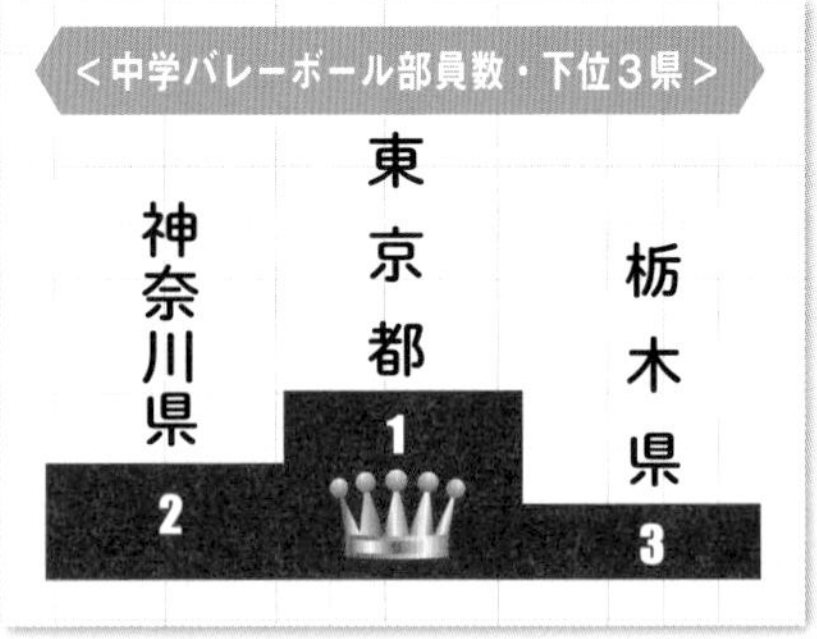

中学生100人あたりバレーボール部員数ランキング

順	県名	データ	100人あたり	偏差値
1	福井県	2,005人	9.21人	72.28
2	島根県	1,624人	8.90人	69.52
3	岩手県	2,837人	8.59人	66.74
4	愛媛県	2,966人	8.49人	65.80
5	静岡県	8,612人	8.45人	65.49
6	福島県	4,244人	8.25人	63.66
7	新潟県	4,622人	8.12人	62.49
8	長野県	4,729人	8.09人	62.20
9	鹿児島県	3,708人	8.04人	61.80
10	佐賀県	1,855人	7.78人	59.44
11	青森県	2,603人	7.67人	58.51
12	三重県	3,828人	7.59人	57.77
13	長崎県	2,783人	7.45人	56.53
14	愛知県	15,658人	7.42人	56.26
15	山形県	2,193人	7.42人	56.20
16	石川県	2,283人	7.27人	54.85
17	千葉県	11,393人	7.05人	52.95
18	宮崎県	2,161人	7.01人	52.53
19	岐阜県	4,027人	6.95人	51.98
20	宮城県	4,193人	6.85人	51.14
21	鳥取県	1,048人	6.74人	50.17
22	富山県	1,923人	6.74人	50.13
23	群馬県	3,607人	6.63人	49.13
24	沖縄県	3,190人	6.54人	48.37
25	熊本県	3,210人	6.52人	48.16
26	高知県	1,158人	6.46人	47.61
27	広島県	4,836人	6.32人	46.36
28	大分県	1,889人	6.31人	46.23
29	兵庫県	9,319人	6.23人	45.55
30	茨城県	4,837人	6.13人	44.66
31	香川県	1,652人	6.07人	44.12
32	埼玉県	11,296人	5.94人	42.95
33	山口県	2,103人	5.93人	42.83
34	岡山県	3,116人	5.91人	42.73
35	京都府	3,972人	5.87人	42.28
36	秋田県	1,374人	5.75人	41.25
37	徳島県	1,102人	5.73人	41.05
38	和歌山県	1,444人	5.69人	40.71
39	福岡県	7,756人	5.67人	40.52
40	北海道	7,387人	5.64人	40.23
41	滋賀県	2,304人	5.48人	38.85
42	大阪府	12,564人	5.41人	38.19
43	山梨県	1,220人	5.39人	38.02
44	奈良県	2,022人	5.36人	37.71
45	栃木県	2,846人	5.28人	37.04
46	神奈川県	11,394人	4.96人	34.17
47	東京都	14,643人	4.81人	32.84
-	全国	211,536人	6.35人	-

日本中学校体育連盟 2017

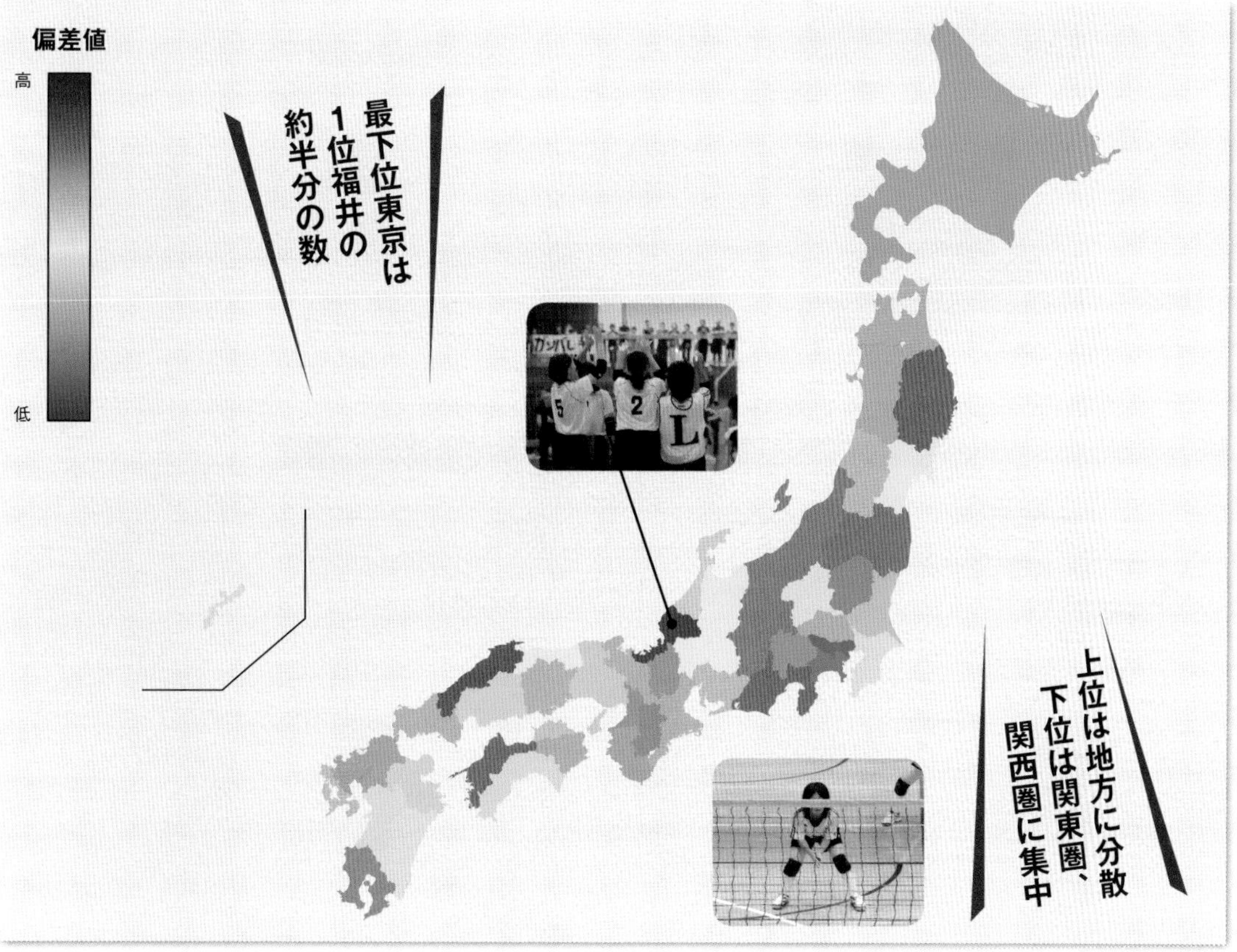
偏差値
高
低
最下位東京は1位福井の約半分の数
上位は地方に分散、下位は関東圏、関西圏に集中

相関データ

【正の相関】

順	係数	項目
1	0.66	高校男子バレーボール部員数
2	0.63	共働き率
3	0.62	高校男子部活動部員数
4	0.61	高校女子部活動部員数
5	0.60	中学生早寝早起き率
6	0.58	高校女子バレーボール部員数
7	0.57	中学生学校外学習率
8	0.54	中学生朝食摂取率
9	0.54	中学生地域行事参加率
10	0.51	三世代世帯人数

【負の相関】

順	係数	項目
1	-0.62	ソーシャルネットワーキングサービス(SNS)利用率
2	-0.56	中学生長時間ネット利用率
3	-0.55	20代女性未婚率
4	-0.55	中学生携帯電話・スマートフォン所有率
5	-0.52	核家族率
6	-0.52	25歳以上ウォーキング・体操人口
7	-0.51	15歳以上趣味・娯楽時間
8	-0.50	スマートフォン普及率
9	-0.50	鉄道通勤・通学率
10	-0.50	通勤時間

1位2位は日本海側の県

日本中学校体育連盟より中学バレーボール部員数のランキング。全国の中学バレーボール部員数は21万1536人で、平均すれば中学生100人あたり6・35人となっています。

1位は福井で9・21人、2位は島根で8・90人。3位以下は岩手、愛媛、静岡の順。

ベスト5は北陸、山陰、東北、四国、関東ときれいに分散していますが、総じて東北地方で活発になっています。

最下位は東京で4・81人。これは福井の約半分の数。核家族率と負の相関があり、核家族が多い関東圏や関西圏の都市部で部員が少ないことがわかります。

スポーツ

中学陸上競技部員数

東高西低の傾向が顕著で、福島や青森、新潟など降雪量の多い東北の県が上位を独占している。

＜中学陸上競技部員数・上位３県＞

1 福島県
2 青森県
3 新潟県

＜中学陸上競技部員数・下位３県＞

1 沖縄県
2 茨城県
3 鹿児島県

中学生100人あたり陸上競技部員数ランキング

順	県名	データ	100人あたり	偏差値
1	福島県	6,529人	12.69人	78.52
2	青森県	3,758人	11.08人	70.61
3	新潟県	6,192人	10.87人	69.60
4	秋田県	2,552人	10.68人	68.65
5	和歌山県	2,270人	8.95人	60.12
6	京都府	5,889人	8.70人	58.89
7	鳥取県	1,341人	8.63人	58.56
8	栃木県	4,572人	8.48人	57.85
9	滋賀県	3,468人	8.25人	56.71
10	島根県	1,496人	8.20人	56.44
11	三重県	4,071人	8.07人	55.82
12	岐阜県	4,588人	7.91人	55.04
13	兵庫県	11,821人	7.90人	54.98
14	石川県	2,434人	7.75人	54.22
15	千葉県	12,462人	7.72人	54.07
16	静岡県	7,818人	7.67人	53.85
17	広島県	5,830人	7.62人	53.59
18	山形県	2,251人	7.61人	53.56
19	埼玉県	14,304人	7.52人	53.11
20	群馬県	3,897人	7.16人	51.34
21	大阪府	15,822人	6.81人	49.62
22	山口県	2,354人	6.63人	48.74
23	佐賀県	1,571人	6.59人	48.51
24	宮城県	4,002人	6.54人	48.28
25	神奈川県	14,929人	6.50人	48.09
26	富山県	1,851人	6.49人	48.02
27	長崎県	2,382人	6.38人	47.49
28	高知県	1,126人	6.28人	47.01
29	福岡県	8,551人	6.25人	46.86
30	大分県	1,864人	6.22人	46.72
31	福井県	1,334人	6.13人	46.25
32	奈良県	2,307人	6.11人	46.17
33	徳島県	1,158人	6.02人	45.72
34	山梨県	1,353人	5.98人	45.52
35	岡山県	3,041人	5.77人	44.51
36	長野県	3,346人	5.72人	44.25
37	北海道	7,343人	5.60人	43.67
38	愛媛県	1,956人	5.60人	43.64
39	愛知県	11,348人	5.38人	42.57
40	宮崎県	1,638人	5.31人	42.24
41	香川県	1,420人	5.22人	41.78
42	東京都	15,236人	5.01人	40.75
43	熊本県	2,408人	4.89人	40.17
44	岩手県	1,497人	4.53人	38.41
45	鹿児島県	1,907人	4.13人	36.45
46	茨城県	2,851人	3.61人	33.89
47	沖縄県	299人	0.61人	19.13
-	全国	222,437人	6.67人	-

日本中学校体育連盟 2017

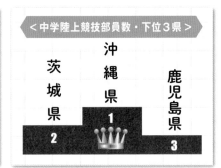

スポーツ

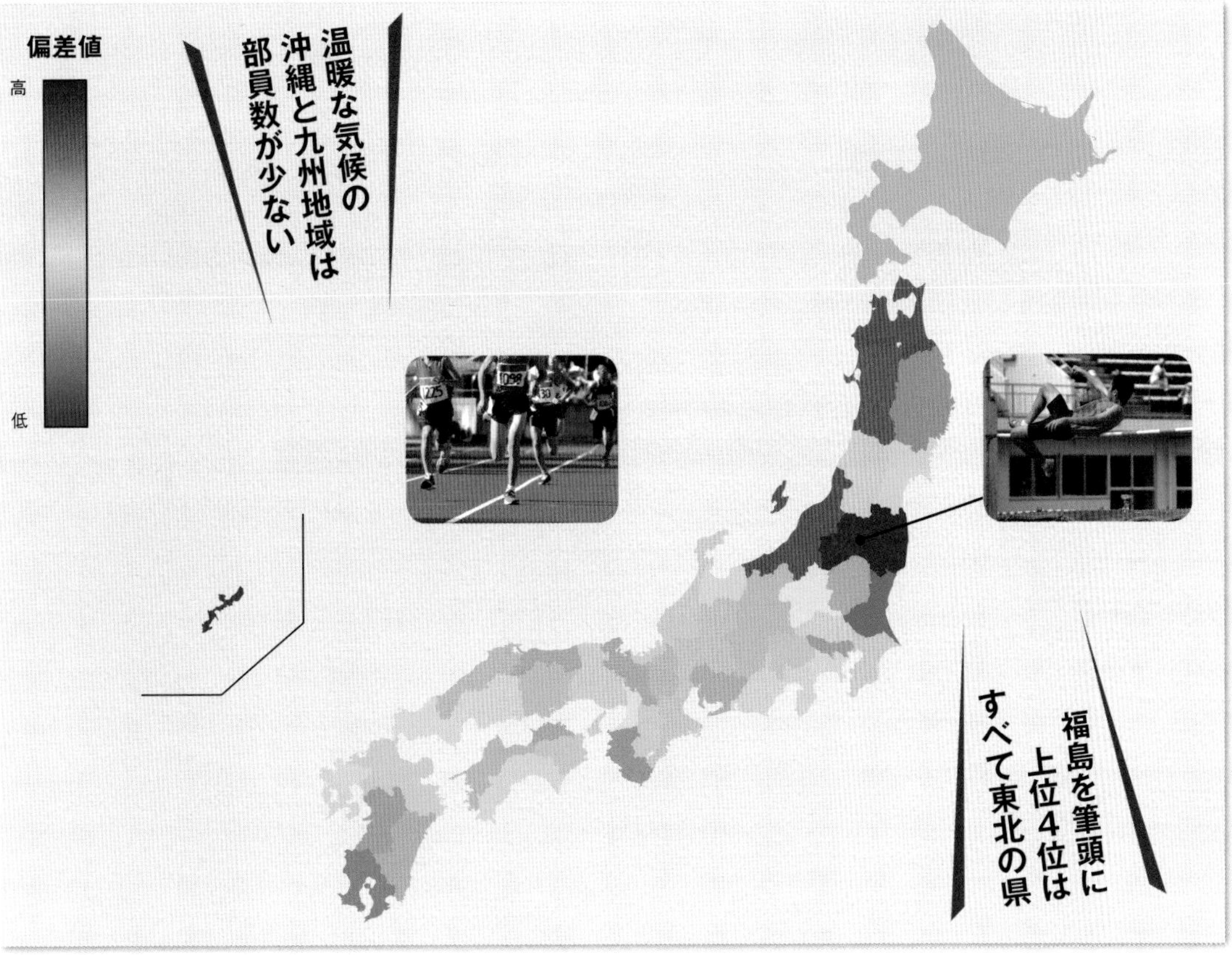
偏差値
高
低
温暖な気候の沖縄と九州地域は部員数が少ない
福島を筆頭に上位4位はすべて東北の県

相関データ

【正の相関】

順	係数	項目
1	0.68	胃がん死亡率
2	0.63	中学屋外系部活部員数
3	0.62	日本酒消費量
4	0.58	イカ消費量
5	0.57	魚介類消費量
6	0.54	高校男子陸上部員数
7	0.54	干物消費量
8	0.52	生鮮魚介消費量
9	0.52	水稲10a当たり収量
10	0.52	中学生部活動参加率

【負の相関】

順	係数	項目
1	-0.52	ハンバーガー外食費用
2	-0.50	中学女子ハンドボール部員数
3	-0.50	中学男子硬式テニス部員数
4	-0.50	15歳未満人口（子供の数）
5	-0.48	かつお節・削り節消費量
6	-0.48	離婚件数
7	-0.48	25歳以上カラオケ人口
8	-0.47	戦後海外移住者数
9	-0.47	婚姻件数
10	-0.47	年間熱帯夜日数

福島が中学陸上のトップ

日本中学校体育連盟より中学陸上競技部員数のランキング。全国の中学陸上競技部員数は22万2437人で、平均すると中学生100人あたり6・67人です。

1位は駅伝がさかんな福島で12・69人、2位は青森で11・08人。3位以下は新潟、秋田、和歌山の順です。

上位4位まで東北の県が独占しており、分布地図を見ると東高西低の傾向が顕著です。雪国であっても陸上競技部員数は多いことがよくわかります。

反対に温暖な気候の沖縄や九州では部員数が少なく、最下位は沖縄で0・61人。以下、少ない順に、茨城、鹿児島、岩手、熊本と続いています。

スポーツ

中学卓球部員数

1位新潟では中学生100人あたり約12人が卓球部員。東高西低の傾向だが、首都圏は下位。

＜中学卓球部員数・上位３県＞

1 新潟県
2 福島県
3 愛媛県

＜中学卓球部員数・下位３県＞

1 沖縄県
2 宮崎県
3 東京都

中学生100人あたり卓球部員数ランキング

順	県名	データ	100人あたり	偏差値
1	新潟県	6,615人	11.62人	67.01
2	福島県	5,811人	11.29人	65.44
3	愛媛県	3,747人	10.72人	62.67
4	岩手県	3,462人	10.48人	61.52
5	徳島県	1,976人	10.27人	60.49
6	静岡県	10,426人	10.23人	60.30
7	三重県	5,085人	10.08人	59.59
8	大分県	3,005人	10.03人	59.33
9	山形県	2,938人	9.94人	58.87
10	群馬県	5,395人	9.91人	58.76
11	山口県	3,505人	9.88人	58.58
12	福井県	2,132人	9.79人	58.17
13	岐阜県	5,663人	9.77人	58.06
14	栃木県	5,218人	9.68人	57.65
15	埼玉県	18,303人	9.62人	57.36
16	茨城県	7,565人	9.59人	57.18
17	島根県	1,737人	9.52人	56.86
18	宮城県	5,674人	9.27人	55.66
19	香川県	2,516人	9.24人	55.53
20	鳥取県	1,427人	9.18人	55.23
21	広島県	6,932人	9.06人	54.63
22	愛知県	19,066人	9.04人	54.53
23	秋田県	2,096人	8.77人	53.24
24	佐賀県	1,977人	8.29人	50.90
25	岡山県	4,338人	8.23人	50.64
26	青森県	2,754人	8.12人	50.08
27	兵庫県	11,833人	7.91人	49.07
28	千葉県	12,694人	7.86人	48.82
29	富山県	2,196人	7.70人	48.03
30	滋賀県	3,085人	7.34人	46.32
31	京都府	4,882人	7.21人	45.67
32	山梨県	1,620人	7.16人	45.43
33	和歌山県	1,813人	7.14人	45.36
34	奈良県	2,657人	7.04人	44.84
35	長崎県	2,609人	6.99人	44.60
36	石川県	2,158人	6.87人	44.02
37	福岡県	9,137人	6.68人	43.11
38	北海道	8,403人	6.41人	41.82
39	高知県	1,027人	5.73人	38.51
40	大阪府	12,920人	5.56人	37.71
41	神奈川県	11,853人	5.16人	35.76
42	長野県	2,840人	4.86人	34.28
43	鹿児島県	2,195人	4.76人	33.82
44	熊本県	2,321人	4.71人	33.60
45	東京都	14,257人	4.69人	33.47
46	宮崎県	1,436人	4.66人	33.32
47	沖縄県	1,350人	2.77人	24.19
-	全国	252,649人	7.58人	-

日本中学校体育連盟 2017

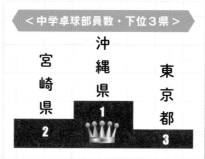

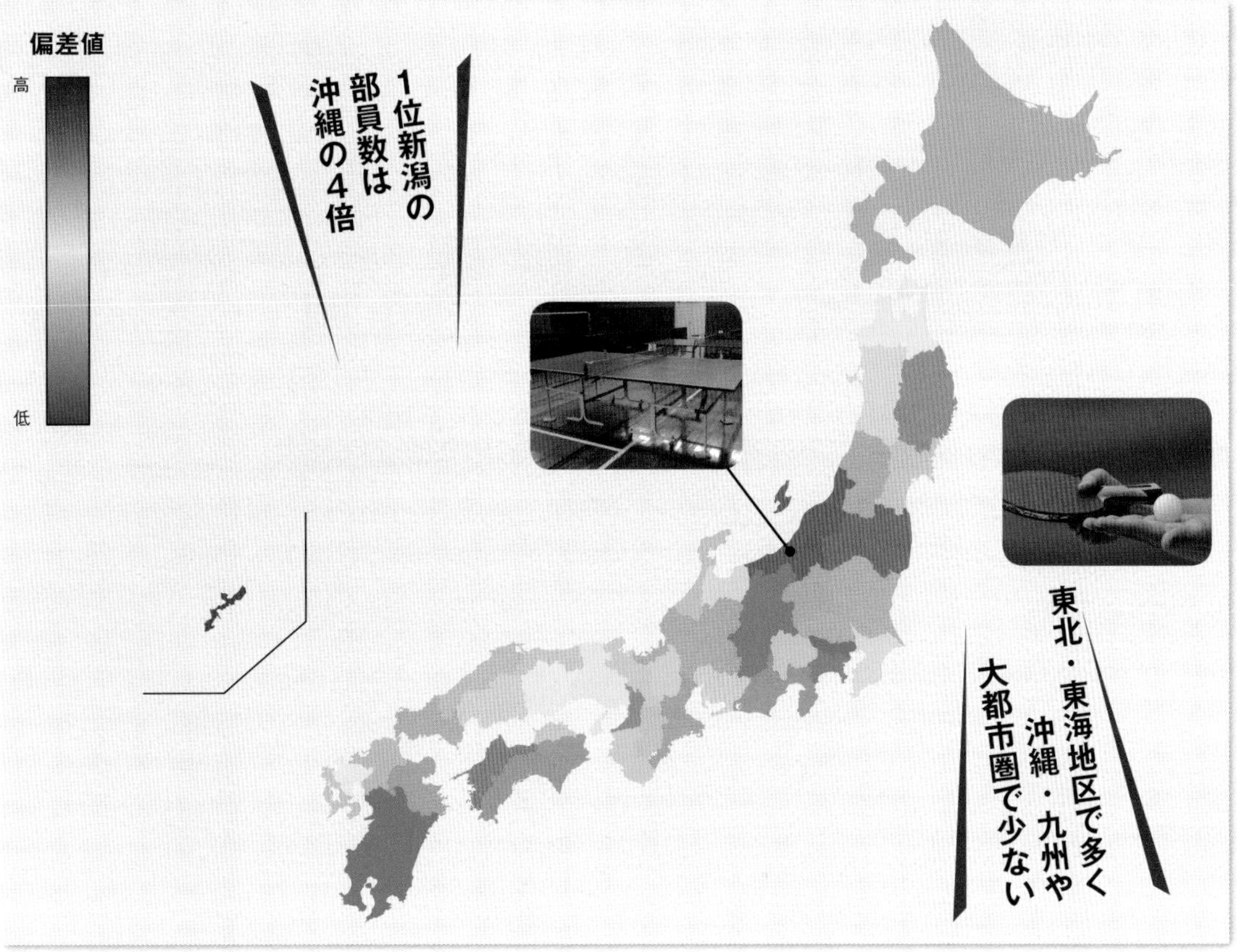

偏差値
高
低
1位新潟の部員数は沖縄の4倍
東北・東海地区で多く沖縄・九州や大都市圏で少ない

相関データ

【正の相関】

順	係数	項目
1	0.78	高校男子卓球部員数
2	0.73	中学生部活動参加率
3	0.68	中学屋内系部活部員数
4	0.65	高校女子卓球部員数
5	0.64	高校男子陸上部員数
6	0.63	第二次産業従業者数
7	0.62	中学剣道部員数
8	0.61	中学屋外系部活部員数
9	0.54	三世代世帯人数
10	0.53	製造業従業者数

【負の相関】

順	係数	項目
1	-0.66	センター試験浪人率
2	-0.62	ふるさと自慢
3	-0.62	第三次産業従業者数
4	-0.57	独居老人（60代以上ひとり暮らし）
5	-0.56	中学男子硬式テニス部員数
6	-0.56	中学女子硬式テニス部員数
7	-0.55	魅力度
8	-0.53	在日アメリカ人
9	-0.53	核家族率
10	-0.52	郷土愛

上位5に東北の3県

日本中学校体育連盟より中学卓球部員数のランキング。全国の中学卓球部員数は25万2649人で、平均は中学生100人あたり7・58人です。

1位は新潟で11・62人。2位は福島で11・29人。3位以下は愛媛、岩手、徳島の順。

上位5つに東北3県と四国2県が入っていることから、中学卓球は東北や四国でさかんになっていることがわかります。

最下位は沖縄で2・77人。これは新潟の4分の1の数です。続いて少ない順に、宮崎、東京、熊本、鹿児島となっています。

沖縄・九州地区、首都圏、関西圏で少なくなっていることがわかります。

スポーツ

中学バスケットボール部員数

東北と甲信越で多く、九州・四国・山陰地方で少ない。沖縄を除き東高西低の傾向が顕著。

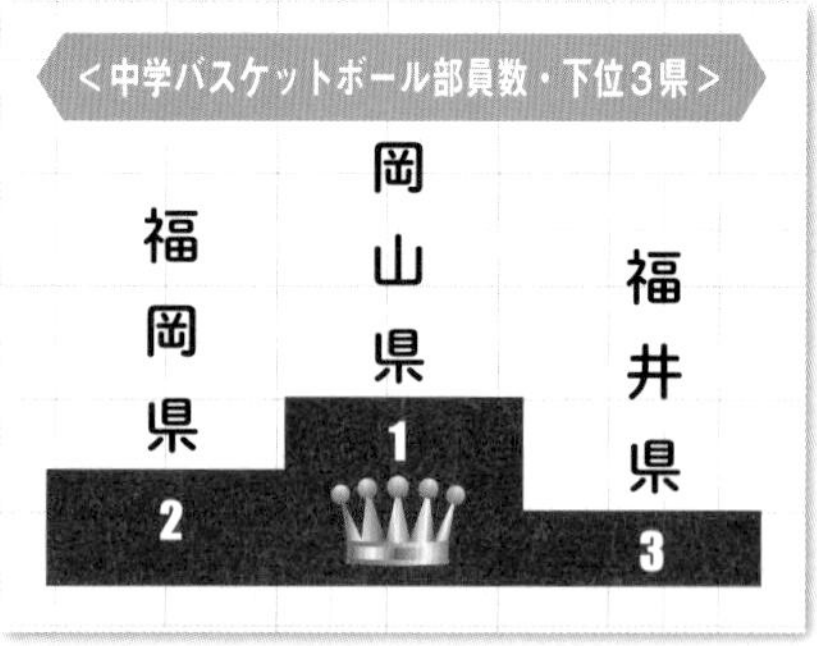

中学生100人あたりバスケットボール部員数ランキング

順	県名	データ	100人あたり	偏差値
1	秋田県	2,700人	11.30人	68.94
2	沖縄県	5,496人	11.27人	68.73
3	山梨県	2,398人	10.60人	63.26
4	京都府	7,032人	10.38人	61.56
5	長野県	6,024人	10.30人	60.88
6	埼玉県	19,354人	10.18人	59.89
7	鳥取県	1,564人	10.06人	58.99
8	岩手県	3,317人	10.04人	58.83
9	静岡県	10,186人	10.00人	58.44
10	三重県	5,038人	9.99人	58.39
11	青森県	3,382人	9.97人	58.23
12	岐阜県	5,750人	9.92人	57.81
13	東京都	29,159人	9.59人	55.13
14	北海道	12,523人	9.56人	54.89
15	長崎県	3,555人	9.52人	54.61
16	滋賀県	3,976人	9.46人	54.14
17	広島県	7,141人	9.33人	53.09
18	奈良県	3,510人	9.30人	52.81
19	宮城県	5,685人	9.29人	52.76
20	新潟県	5,267人	9.25人	52.43
21	石川県	2,899人	9.23人	52.24
22	福島県	4,735人	9.20人	52.04
23	愛知県	19,246人	9.12人	51.41
24	兵庫県	13,510人	9.03人	50.66
25	茨城県	7,038人	8.92人	49.77
26	群馬県	4,817人	8.85人	49.22
27	山口県	3,133人	8.83人	49.03
28	和歌山県	2,231人	8.79人	48.74
29	山形県	2,585人	8.74人	48.33
30	千葉県	14,106人	8.73人	48.28
31	宮崎県	2,692人	8.73人	48.24
32	高知県	1,562人	8.71人	48.10
33	徳島県	1,645人	8.55人	46.79
34	神奈川県	19,460人	8.47人	46.18
35	佐賀県	2,018人	8.46人	46.08
36	愛媛県	2,908人	8.32人	44.94
37	大分県	2,472人	8.25人	44.39
38	大阪府	18,817人	8.10人	43.18
39	富山県	2,272人	7.96人	42.06
40	香川県	2,148人	7.89人	41.50
41	熊本県	3,826人	7.77人	40.53
42	鹿児島県	3,581人	7.76人	40.47
43	島根県	1,398人	7.66人	39.64
44	栃木県	4,103人	7.61人	39.25
45	福井県	1,642人	7.54人	38.67
46	福岡県	7,756人	5.67人	23.59
47	岡山県	2,284人	4.34人	12.85
-	全国	297,941人	8.94人	-

日本中学校体育連盟 2017

スポーツ

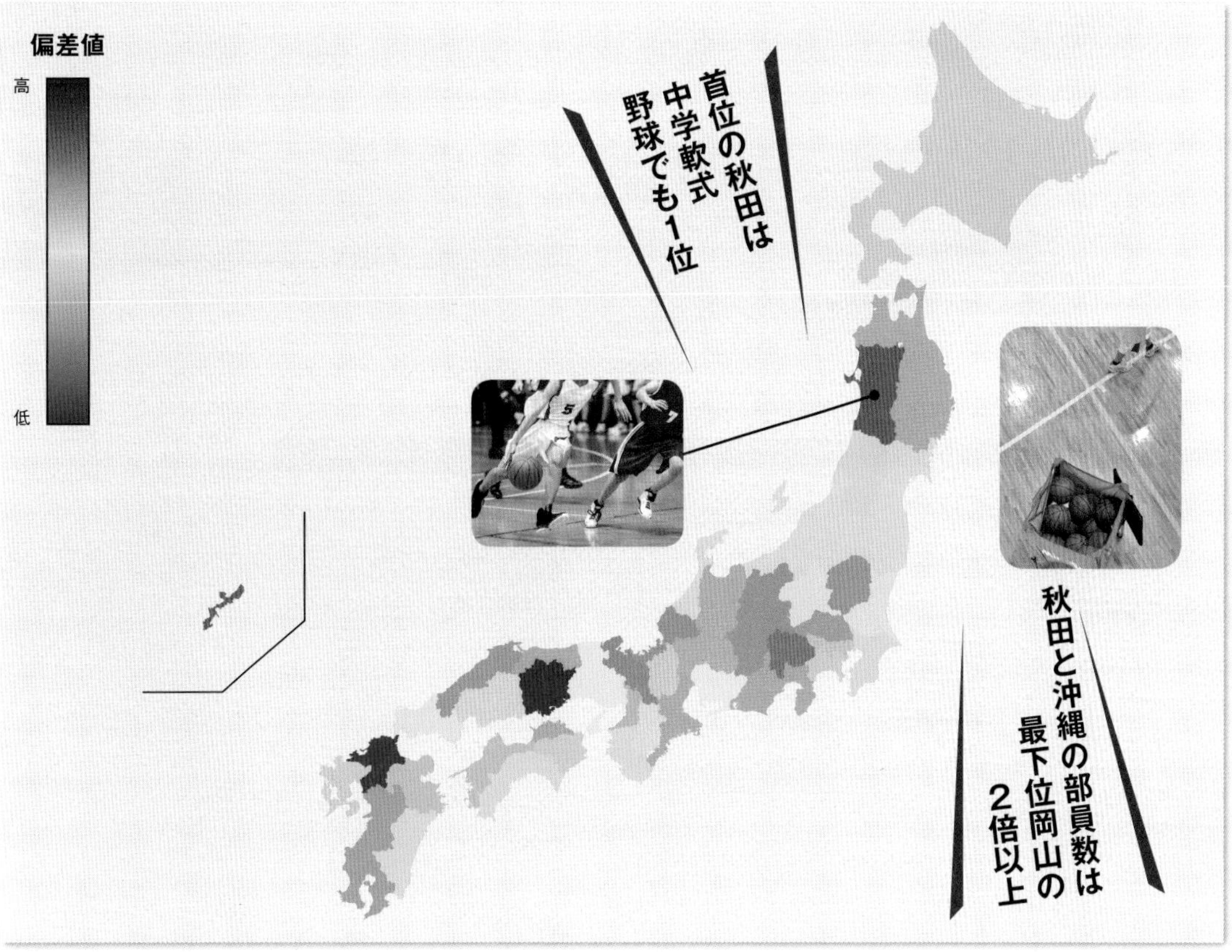
偏差値
高
低
首位の秋田は中学軟式野球でも1位
秋田と沖縄の部員数は最下位岡山の2倍以上

相関データ

【正の相関】

順	係数	項目
1	0.45	マグロ消費量
2	0.43	映画館数
3	0.41	イオン店舗数
4	0.40	高校男子バスケットボールー部員数
5	0.40	サンマ消費量
6	0.39	高校女子バスケットボール部員数
7	0.38	25歳以上邦楽人口
－	－	－
－	－	－
－	－	－

【負の相関】

順	係数	項目
1	-0.48	麻酔科医師数
2	-0.46	ペットホテル軒数
3	-0.45	IHクッキングヒーター普及率
4	-0.45	九州大学合格者数
5	-0.43	子供用洋服購入費
6	-0.43	子供用下着購入費
7	-0.41	ジョイフル店舗数
8	-0.40	天然タイ漁獲量
9	-0.39	鶏肉消費量
－	－	－

秋田と沖縄が2強

日本中学校体育連盟より中学バスケットボール部員数のランキング。全国の中学バスケットボール部員数は29万7941人で、中学生100人あたり8・94人です。

1位は秋田で11・30人、2位は沖縄で11・27人。1位と2位は僅差で、部員数はともに全国平均の1・3倍です。

なお、秋田は中学軟式野球でも1位です。3位以下は山梨、京都、長野の順。東北と甲信越地方で多いことが特徴です。

最下位は岡山で4・34人。全国平均のほぼ半分です。以下、少ない順に、福岡、福井、栃木、島根となっています。

総じて九州と四国、山陰地域は少ない傾向にあります。

スポーツ

中学テニス部員数

山口や岡山、広島など山陽地方で多く、北海道や首都圏では少ない。

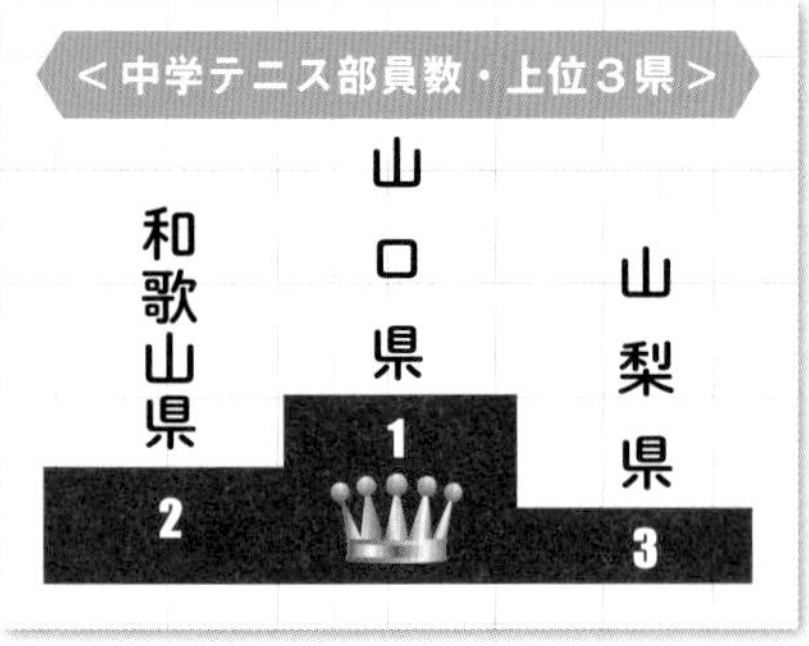

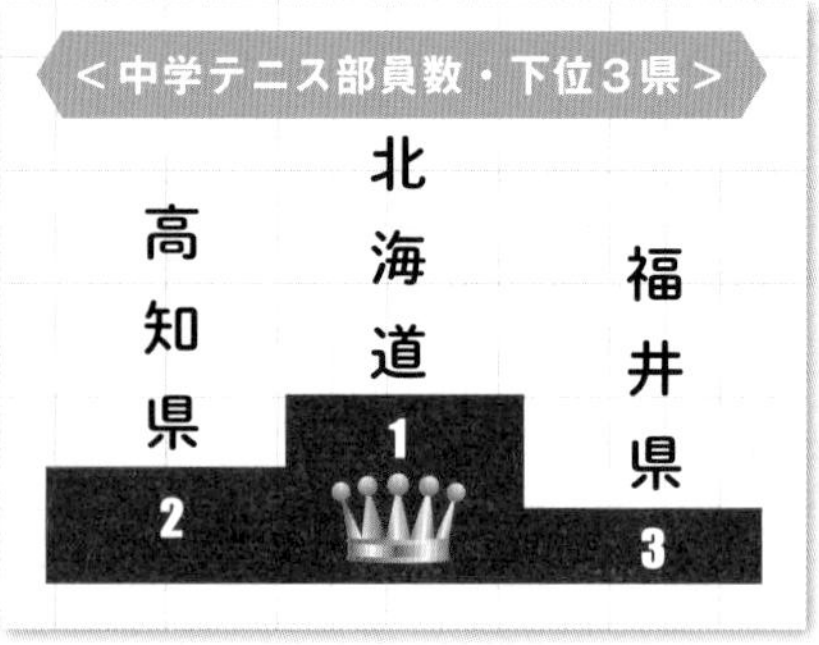

中学生100人あたりテニス部員数ランキング

順	県名	データ	100人あたり	偏差値
1	山口県	6,092人	17.17人	73.04
2	和歌山県	4,280人	16.87人	71.70
3	山梨県	3,794人	16.76人	71.24
4	愛媛県	5,382人	15.40人	65.14
5	岡山県	7,883人	14.96人	63.19
6	広島県	10,999人	14.37人	60.56
7	大分県	4,282人	14.29人	60.20
8	佐賀県	3,357人	14.08人	59.22
9	三重県	6,928人	13.74人	57.71
10	群馬県	7,423人	13.64人	57.27
11	兵庫県	20,090人	13.43人	56.33
12	鹿児島県	6,156人	13.35人	55.97
13	長崎県	4,963人	13.29人	55.72
14	静岡県	13,468人	13.22人	55.38
15	栃木県	7,116人	13.21人	55.33
16	埼玉県	24,796人	13.04人	54.58
17	福島県	6,527人	12.68人	53.00
18	茨城県	9,969人	12.63人	52.78
19	京都府	8,470人	12.51人	52.21
20	鳥取県	1,943人	12.50人	52.19
21	宮城県	7,627人	12.46人	52.02
22	岐阜県	7,145人	12.32人	51.39
23	滋賀県	5,159人	12.28人	51.18
24	香川県	3,336人	12.26人	51.09
25	宮崎県	3,693人	11.98人	49.83
26	石川県	3,762人	11.97人	49.82
27	岩手県	3,948人	11.96人	49.74
28	徳島県	2,205人	11.46人	47.53
29	新潟県	6,421人	11.28人	46.71
30	愛知県	23,024人	10.91人	45.09
31	千葉県	17,605人	10.90人	45.03
32	富山県	3,074人	10.77人	44.45
33	島根県	1,961人	10.75人	44.34
34	青森県	3,512人	10.35人	42.58
35	大阪府	23,643人	10.18人	41.80
36	熊本県	4,948人	10.05人	41.23
37	山形県	2,971人	10.05人	41.21
38	奈良県	3,738人	9.90人	40.55
39	東京都	29,593人	9.73人	39.78
40	沖縄県	4,720人	9.68人	39.57
41	長野県	5,647人	9.65人	39.45
42	福岡県	13,184人	9.64人	39.37
43	秋田県	2,280人	9.54人	38.95
44	神奈川県	21,850人	9.51人	38.83
45	福井県	1,971人	9.05人	36.76
46	高知県	1,433人	7.99人	32.02
47	北海道	8,984人	6.86人	26.94
-	全国	381,352人	11.44人	-

日本中学校体育連盟 2017

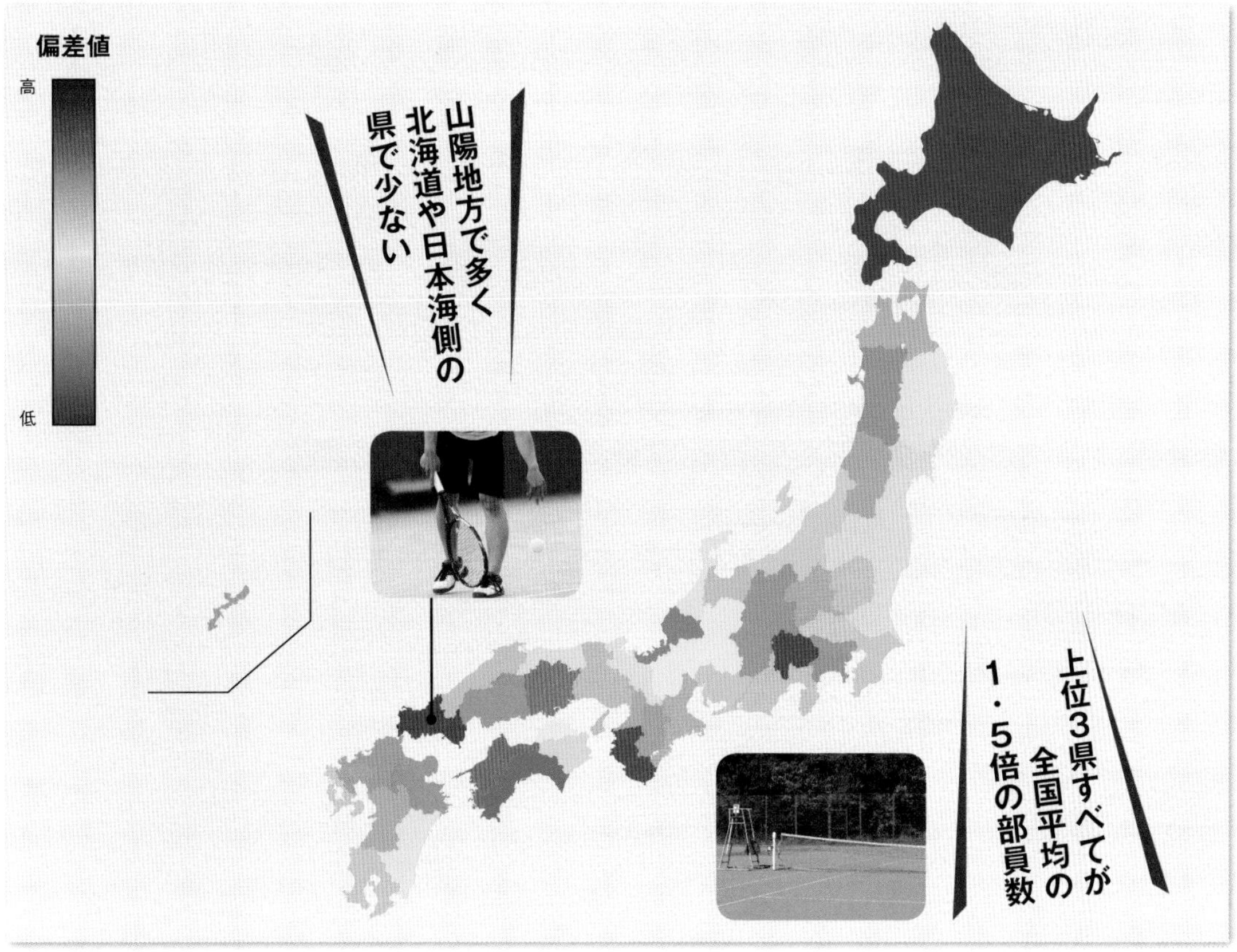
偏差値
高
低
山陽地方で多く北海道や日本海側の県で少ない
上位3県すべてが全国平均の1・5倍の部員数

相関データ

【正の相関】

順	係数	項目
1	0.74	中学屋外系部活部員数
2	0.58	高校男子テニス部員数
3	0.52	高校男子ソフトテニス部員数
4	0.51	中学女子卓球部員数
5	0.50	工業生産額
6	0.49	温室効果ガス排出量
7	0.47	おもちゃ屋店舗数
8	0.46	製造業一事業所あたり出荷額
9	0.44	バイク・スクーター普及率
10	0.44	みかん生産量

【負の相関】

順	係数	項目
1	-0.48	飲酒費用
2	-0.46	魅力度
3	-0.46	ビール消費量
4	-0.45	ふるさと自慢
5	-0.44	年間降雪量
6	-0.43	郷土愛
7	-0.43	年間完全失業率
8	-0.41	メロン消費量
9	-0.39	アイススケート場数
10	-0.39	年間雪日数

山口は北海道の2倍以上

日本中学校体育連盟より中学テニス部員数のランキング。全国の中学テニス部員数は38万1352人で、中学生100人あたり11・44人です。

1位は山口で17・17人。2位は和歌山で16・87人、3位は山梨で16・76人。上位3県とも全国平均の1・5倍の数です。以下、愛媛、岡山、広島の順。

最下位は北海道で6・86人。以下、少ない順に、高知、福井、神奈川、秋田となっています。

分布地図を見ると山陽地方や和歌山、愛媛のような温暖な地域で多く、日本海側で少なくなっています。

また、年間降雪量と負の相関があり、雪が少ないところでテニス部員が多くなっています。

スポーツ

中学生運動部参加率

全国平均約68%のところ、1位岩手、2位鳥取は80%強。東日本で高く、北海道や都市部で低い傾向。

＜中学生運動部参加率・上位３県＞

1 岩手県
2 鳥取県
3 山形県

＜中学生運動部参加率・下位３県＞

1 北海道
2 福岡県
3 東京都

中学生運動部参加率ランキング

順	県名	データ	偏差値
1	岩手県	81.5%	69.88
2	鳥取県	80.5%	68.15
3	山形県	78.8%	65.21
4	宮城県	77.5%	62.97
5	福島県	76.2%	60.72
6	青森県	75.8%	60.03
7	三重県	75.7%	59.85
8	山口県	75.6%	59.68
9	群馬県	75.5%	59.51
9	石川県	75.5%	59.51
11	岐阜県	75.0%	58.64
12	富山県	74.3%	57.43
13	茨城県	73.8%	56.57
13	静岡県	73.8%	56.57
15	栃木県	73.1%	55.36
15	山梨県	73.1%	55.36
17	福井県	72.3%	53.97
17	埼玉県	72.3%	53.97
19	長崎県	71.9%	53.28
20	新潟県	71.7%	52.94
21	愛媛県	71.2%	52.07
22	香川県	70.6%	51.03
22	秋田県	70.6%	51.03
24	和歌山県	70.5%	50.86
25	島根県	70.4%	50.69
26	宮崎県	70.1%	50.17
26	広島県	70.1%	50.17
28	京都府	69.8%	49.65
29	佐賀県	69.7%	49.48
30	滋賀県	69.6%	49.30
31	愛知県	69.4%	48.96
32	大分県	69.1%	48.44
33	千葉県	68.2%	46.88
34	兵庫県	67.4%	45.50
35	岡山県	66.9%	44.64
36	徳島県	66.5%	43.94
37	沖縄県	64.9%	41.18
38	鹿児島県	64.2%	39.97
39	熊本県	63.7%	39.10
40	高知県	62.3%	36.68
41	神奈川県	61.9%	35.99
42	奈良県	61.7%	35.64
43	大阪府	61.2%	34.78
44	長野県	60.7%	33.91
45	東京都	59.2%	31.32
46	福岡県	58.3%	29.76
47	北海道	58.0%	29.25
-	全国	67.7%	-

全国学力・学習状況調査 2017

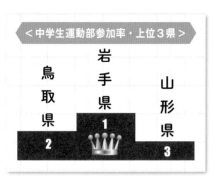

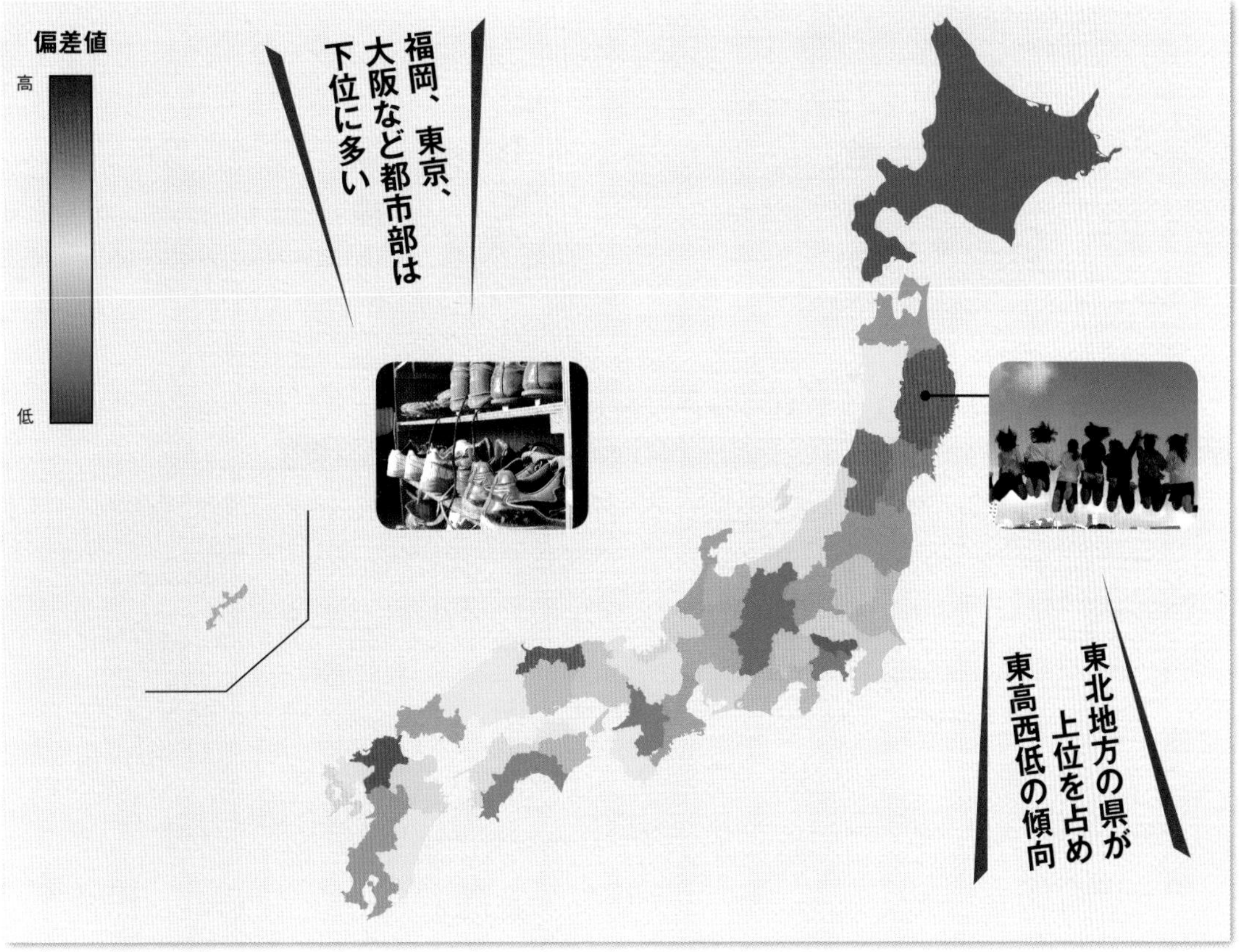
偏差値
高
低
福岡、東京、大阪など都市部は下位に多い
東北地方の県が上位を占め東高西低の傾向

相関データ

【正の相関】

順	係数	項目
1	0.68	中学卓球部員数
2	0.68	中学女子ソフトボール部員数
3	0.66	高校女子卓球部員数
4	0.65	高校男子陸上部員数
5	0.63	三世代世帯人数
6	0.61	NHK受信料支払率
7	0.60	中学生朝食摂取率
8	0.58	高校男子部活動部員数
9	0.57	第二次産業従業者数
10	0.57	戸建て率

【負の相関】

順	係数	項目
1	-0.64	30代女性未婚率
2	-0.63	40代女性未婚率
3	-0.63	独居老人（60代以上ひとり暮らし）
4	-0.63	子どもの生活保護受給者数
5	-0.62	核家族率
6	-0.61	生活保護受給者
7	-0.59	第三次産業従業者数
8	-0.58	魅力度
9	-0.57	ソーシャルネットワーキングサービス(SNS)利用率
10	-0.56	歯科診療所数

参加率が高い東日本

全国学力・学習状況調査より中学生運動部参加率のランキング。全国平均は67・7％です。

1位は岩手で81・5％、2位は鳥取で80・5％。80％を超えているのはこの2県のみ。3位以下は山形、宮城、福島の順で、東北の県が上位を占めています。

最下位は北海道で58％。2位は福岡で58・3％、3位に東京の59・2％と続き、以下、長野、大阪の順。都市部が下位に多いのが特徴です。

分布地図を見ると運動部参加率は東日本で高く、三大都市圏や都市部で低くなっていることがわかります。

スポーツ

高校男子ラグビー部員数

長崎と岩手は平均の約2倍の部員数。少年ラグビーは九州、関西、北東北で普及している。

＜高校男子ラグビー部員数・上位3県＞

1. 長崎県
2. 岩手県
3. 徳島県

＜高校男子ラグビー部員数・下位3県＞

1. 長野県
2. 山形県
3. 沖縄県

男子高校生100人あたりラグビー部員数ランキング

順	県名	データ	100人あたり	偏差値
1	長崎県	613人	3.12人	81.18
2	岩手県	439人	2.51人	70.18
3	徳島県	226人	2.34人	67.09
4	宮崎県	350人	2.20人	64.53
5	青森県	393人	2.16人	63.87
6	秋田県	271人	2.16人	63.76
7	京都府	751人	2.12人	63.19
8	山梨県	255人	1.91人	59.42
9	大分県	306人	1.91人	59.37
10	鹿児島県	437人	1.90人	59.22
11	福岡県	1,226人	1.86人	58.44
12	奈良県	297人	1.61人	53.82
13	群馬県	426人	1.59人	53.50
14	和歌山県	219人	1.57人	53.27
15	愛媛県	274人	1.57人	53.12
16	愛知県	1,557人	1.55人	52.82
17	兵庫県	1,057人	1.49人	51.73
18	埼玉県	1,349人	1.47人	51.31
19	大阪府	1,700人	1.46人	51.17
20	三重県	357人	1.44人	50.86
21	熊本県	345人	1.42人	50.39
22	富山県	200人	1.39人	49.85
23	茨城県	549人	1.37人	49.63
24	滋賀県	275人	1.34人	49.11
25	宮城県	410人	1.33人	48.88
26	千葉県	1,012人	1.31人	48.43
27	鳥取県	101人	1.31人	48.42
28	島根県	124人	1.27人	47.70
29	神奈川県	1,303人	1.25人	47.37
30	山口県	210人	1.22人	46.87
31	東京都	1,792人	1.15人	45.63
32	新潟県	340人	1.14人	45.34
33	北海道	627人	0.99人	42.65
34	岐阜県	273人	0.96人	42.20
35	広島県	353人	0.96人	42.13
36	福島県	253人	0.95人	42.01
37	岡山県	258人	0.94人	41.81
38	高知県	92人	0.92人	41.50
39	佐賀県	112人	0.86人	40.36
40	石川県	134人	0.81人	39.46
41	栃木県	215人	0.78人	38.94
42	静岡県	379人	0.74人	38.20
43	福井県	81人	0.71人	37.73
44	香川県	91人	0.69人	37.21
45	沖縄県	152人	0.65人	36.48
46	山形県	91人	0.59人	35.41
47	長野県	159人	0.53人	34.47
-	全国	22,434人	1.36人	-

全国高等学校体育連盟 2017

スポーツ

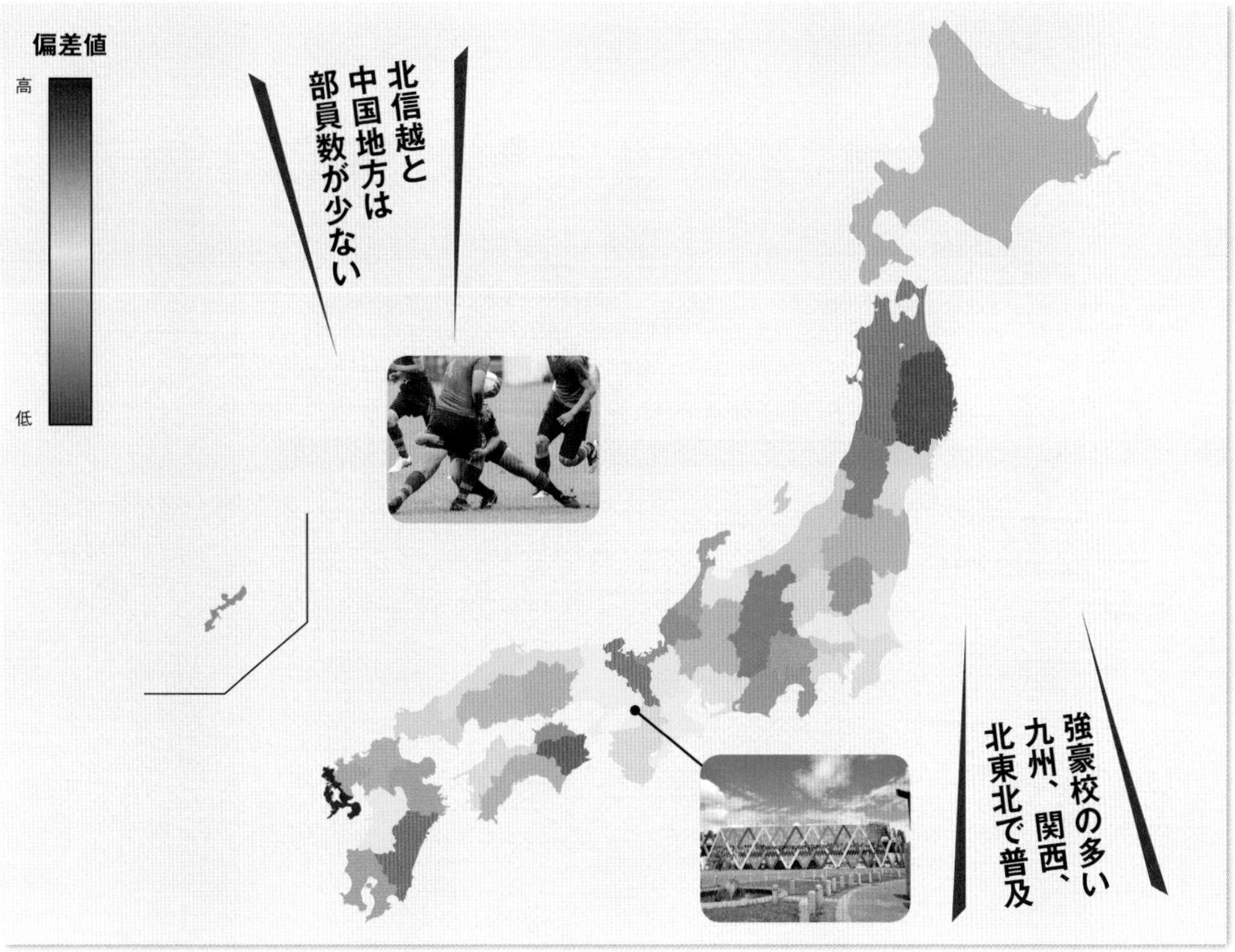
偏差値
高
低
北信越と中国地方は部員数が少ない
強豪校の多い九州、関西、北東北で普及

相関データ

【正の相関】

順	係数	項目
1	0.42	カステラ消費量
2	0.42	がん死亡率：男性
3	0.42	相対的貧困世帯率
4	0.41	胆のうがん死亡率
5	0.41	自殺者数：男性
6	0.40	外科医師数
7	0.40	胆のうがん死亡率：男性
8	0.40	生しいたけ消費量
9	0.40	肉屋店舗数
10	0.40	肉用牛畜産農家数

【負の相関】

順	係数	項目
1	-0.51	チョコレート消費量
2	-0.44	ビスケット消費量
3	-0.41	おにぎり消費量
4	-0.41	スナック菓子消費量
5	-0.38	洋食外食費用
6	-0.38	携帯電話通信料
7	-0.36	美術館数
8	-0.36	年収1000万円以上世帯数
－	－	－
－	－	－

長崎は平均の2倍強の数

全国高等学校体育連盟より高校男子ラグビー部員数のランキング。中学ラグビー部は31の都道府県にしかなく、100人あたり0・35人しかいないので、代わりに高校男子ラグビー部員数を掲載しました。

全国の高校男子ラグビー部員数は2万2434人で、男子高校生100人あたり1・36人です。

1位は長崎で3・12人。これは全国平均の2倍以上の数です。2位は岩手で2・51人。3位以下は徳島、宮崎、青森の順。最下位は長野で0・53人。以下、少ない順に、山形、沖縄、香川、福井となっています。

分布地図から、九州、関西、北東北で多いことがわかります。これらの地域は中学男子ラグビー部員数も多く、若い世代からラグビーが普及しているようです。

サイクリング人口（25歳以上）

首都圏が上位独占。家賃や最低賃金が高い地域で多く、軽自動車普及率の高い地方で少ない。

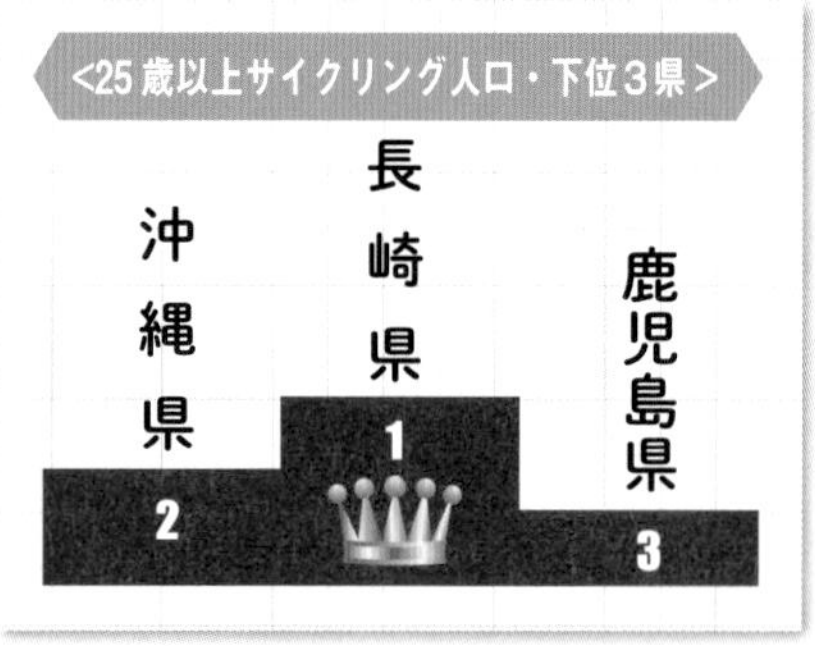

25歳以上人口100人あたりサイクリング人口ランキング

順	県名	データ	100人あたり	偏差値
1	東京都	1,124,000人	10.49人	78.67
2	京都府	177,000人	8.83人	68.74
3	神奈川県	596,000人	8.42人	66.28
4	群馬県	128,000人	8.34人	65.83
5	千葉県	406,000人	8.34人	65.77
6	北海道	337,000人	7.87人	63.01
7	滋賀県	81,000人	7.62人	61.50
8	埼玉県	430,000人	7.62人	61.49
9	茨城県	168,000人	7.40人	60.21
10	栃木県	112,000人	7.27人	59.43
11	兵庫県	301,000人	7.02人	57.93
12	愛知県	392,000人	6.87人	57.01
13	大阪府	467,000人	6.82人	56.72
14	石川県	57,000人	6.41人	54.29
15	福島県	95,000人	6.29人	53.57
16	富山県	52,000人	6.16人	52.79
17	福岡県	239,000人	6.10人	52.44
18	静岡県	174,000人	6.00人	51.85
19	広島県	130,000人	5.92人	51.35
20	岡山県	86,000人	5.83人	50.79
21	福井県	35,000人	5.78人	50.49
22	岐阜県	90,000人	5.75人	50.36
23	奈良県	59,000人	5.59人	49.39
24	佐賀県	35,000人	5.51人	48.91
25	山口県	59,000人	5.35人	47.94
26	徳島県	32,000人	5.34人	47.90
27	愛媛県	58,000人	5.32人	47.77
28	香川県	40,000人	5.21人	47.10
29	鳥取県	22,000人	4.91人	45.32
30	山梨県	31,000人	4.78人	44.56
31	山形県	41,000人	4.62人	43.60
32	長野県	76,000人	4.62人	43.59
33	三重県	64,000人	4.54人	43.12
34	宮城県	82,000人	4.54人	43.08
35	新潟県	80,000人	4.41人	42.33
36	熊本県	59,000人	4.29人	41.60
37	和歌山県	32,000人	4.23人	41.27
38	秋田県	35,000人	4.21人	41.12
39	青森県	43,000人	4.14人	40.73
40	島根県	22,000人	4.01人	39.97
41	大分県	36,000人	3.94人	39.54
42	岩手県	39,000人	3.85人	38.96
43	高知県	22,000人	3.80人	38.69
44	宮崎県	32,000人	3.74人	38.34
45	鹿児島県	46,000人	3.60人	37.47
46	沖縄県	35,000人	3.38人	36.15
47	長崎県	27,000人	2.52人	31.02
-	全国	6,785,000人	6.86人	-

社会生活基本調査 2016

スポーツ

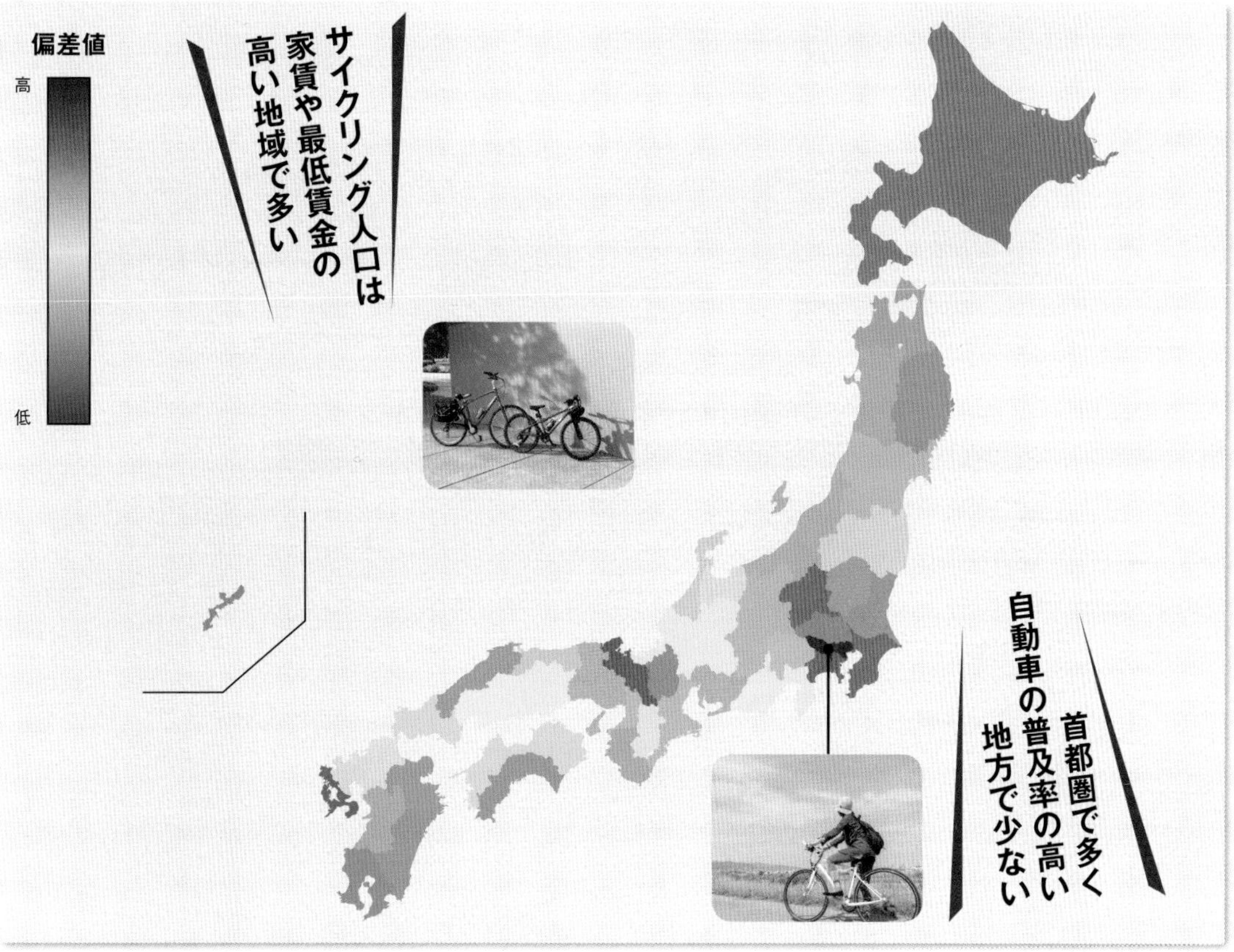
偏差値
高
低
サイクリング人口は家賃や最低賃金の高い地域で多い
首都圏で多く自動車の普及率の高い地方で少ない

相関データ

【正の相関】

順	係数	項目
1	0.83	25歳以上テレビゲーム人口
2	0.81	25歳以上読書人口
3	0.79	最低賃金
4	0.79	海外旅行者数
5	0.78	インターネット利用率
6	0.78	サラリーマン年収
7	0.78	25歳以上遊園地・動植物園・水族館来園人口
8	0.77	四年制大学進学率
9	0.75	家賃
10	0.72	25歳以上スポーツ人口

【負の相関】

順	係数	項目
1	-0.80	スーパーマーケット店舗数
2	-0.77	軽乗用車保有台数
3	-0.76	軽バン・軽トラ保有台数
4	-0.76	地方交付税額
5	-0.74	中学校数
6	-0.72	小学校数
7	-0.71	教職員数
8	-0.70	トラック保有台数
9	-0.68	美容室数
10	-0.65	農業就業人口

東京がダントツ１位

社会生活基本調査より「この１年間にサイクリングをした」と答えた25歳以上の人数のランキング。

全国のサイクリング人口は６７８万５０００人で、25歳以上人口１００人あたり６・86人です。

１位は東京で２１０・49人。全国平均の約１・５倍です。２位は京都で８・83人。３位以下は神奈川、群馬、千葉の順。

家賃や最低賃金が高い首都圏とその周辺でサイクリング人口が多いことがわかります。

最下位は長崎で２・52人。以下、少ない順に、沖縄、鹿児島、宮崎、高知の順。

地方では自動車普及率が高く、通勤や通学など移動の足として自転車を使うことが少ないため、サイクリングの環境が都市部ほど整備されていないようです。

スポーツ

登山・ハイキング人口（25歳以上）

登山・ハイキング人口は首都圏が上位。身近に山が多く海から離れた内陸の県も多い。

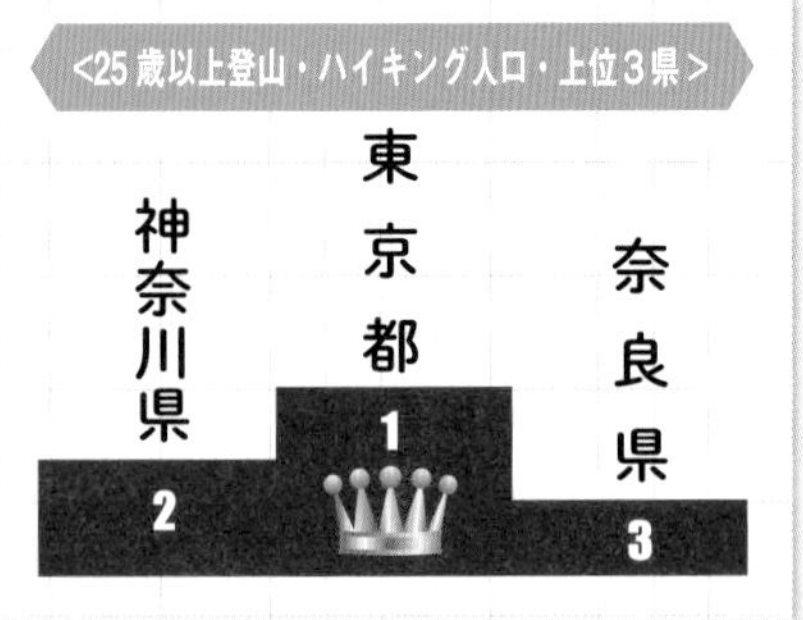

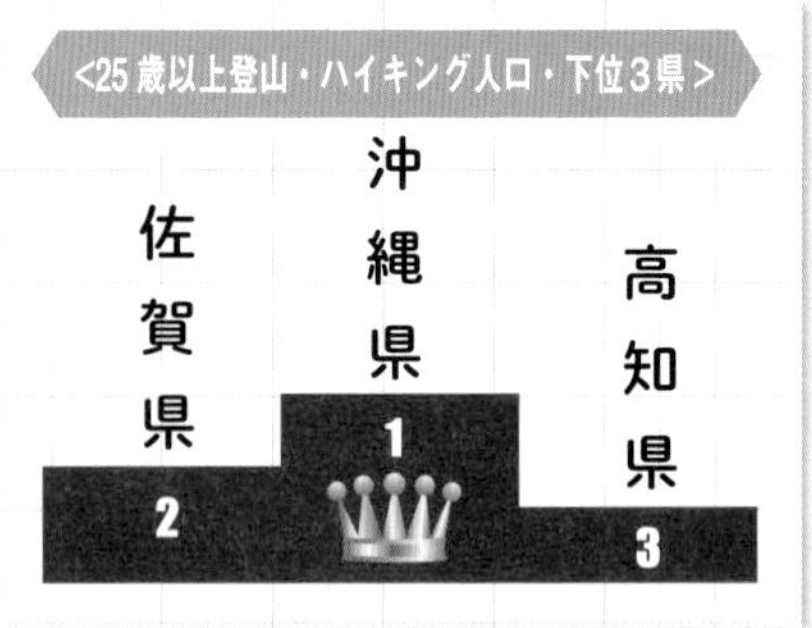

25歳以上人口100人あたり登山・ハイキング人口ランキング

順	県名	データ	100人あたり	偏差値
1	東京都	1,548,000人	14.45人	71.97
2	神奈川県	1,007,000人	14.23人	71.19
3	奈良県	135,000人	12.80人	66.28
4	埼玉県	718,000人	12.72人	66.01
5	兵庫県	519,000人	12.11人	63.90
6	群馬県	184,000人	11.99人	63.52
7	大阪府	801,000人	11.70人	62.49
8	千葉県	551,000人	11.31人	61.17
9	京都府	222,000人	11.08人	60.36
10	長野県	179,000人	10.88人	59.69
11	栃木県	161,000人	10.45人	58.22
12	岐阜県	163,000人	10.42人	58.11
13	富山県	87,000人	10.31人	57.71
14	茨城県	230,000人	10.14人	57.12
15	滋賀県	105,000人	9.88人	56.23
16	山梨県	63,000人	9.72人	55.70
17	新潟県	167,000人	9.21人	53.92
18	福島県	139,000人	9.21人	53.92
19	福井県	55,000人	9.08人	53.47
20	愛知県	483,000人	8.46人	51.36
21	静岡県	241,000人	8.32人	50.86
22	三重県	111,000人	7.88人	49.35
23	山形県	66,000人	7.44人	47.85
24	福岡県	274,000人	7.00人	46.32
25	石川県	62,000人	6.97人	46.24
26	鳥取県	31,000人	6.92人	46.05
27	宮城県	125,000人	6.91人	46.03
28	岩手県	69,000人	6.80人	45.66
29	岡山県	99,000人	6.71人	45.32
30	香川県	51,000人	6.64人	45.09
31	秋田県	55,000人	6.61人	44.99
32	広島県	145,000人	6.60人	44.96
33	山口県	72,000人	6.53人	44.71
34	島根県	31,000人	5.66人	41.71
35	徳島県	33,000人	5.51人	41.20
36	大分県	50,000人	5.48人	41.09
37	熊本県	72,000人	5.23人	40.25
38	愛媛県	55,000人	5.05人	39.61
39	長崎県	54,000人	5.03人	39.56
40	和歌山県	38,000人	5.03人	39.54
41	北海道	215,000人	5.02人	39.53
42	青森県	52,000人	5.01人	39.48
43	宮崎県	40,000人	4.68人	38.34
44	鹿児島県	59,000人	4.61人	38.12
45	高知県	26,000人	4.49人	37.70
46	佐賀県	27,000人	4.25人	36.88
47	沖縄県	27,000人	2.60人	31.20
-	全国	9,697,000人	9.80人	-

社会生活基本調査 2016

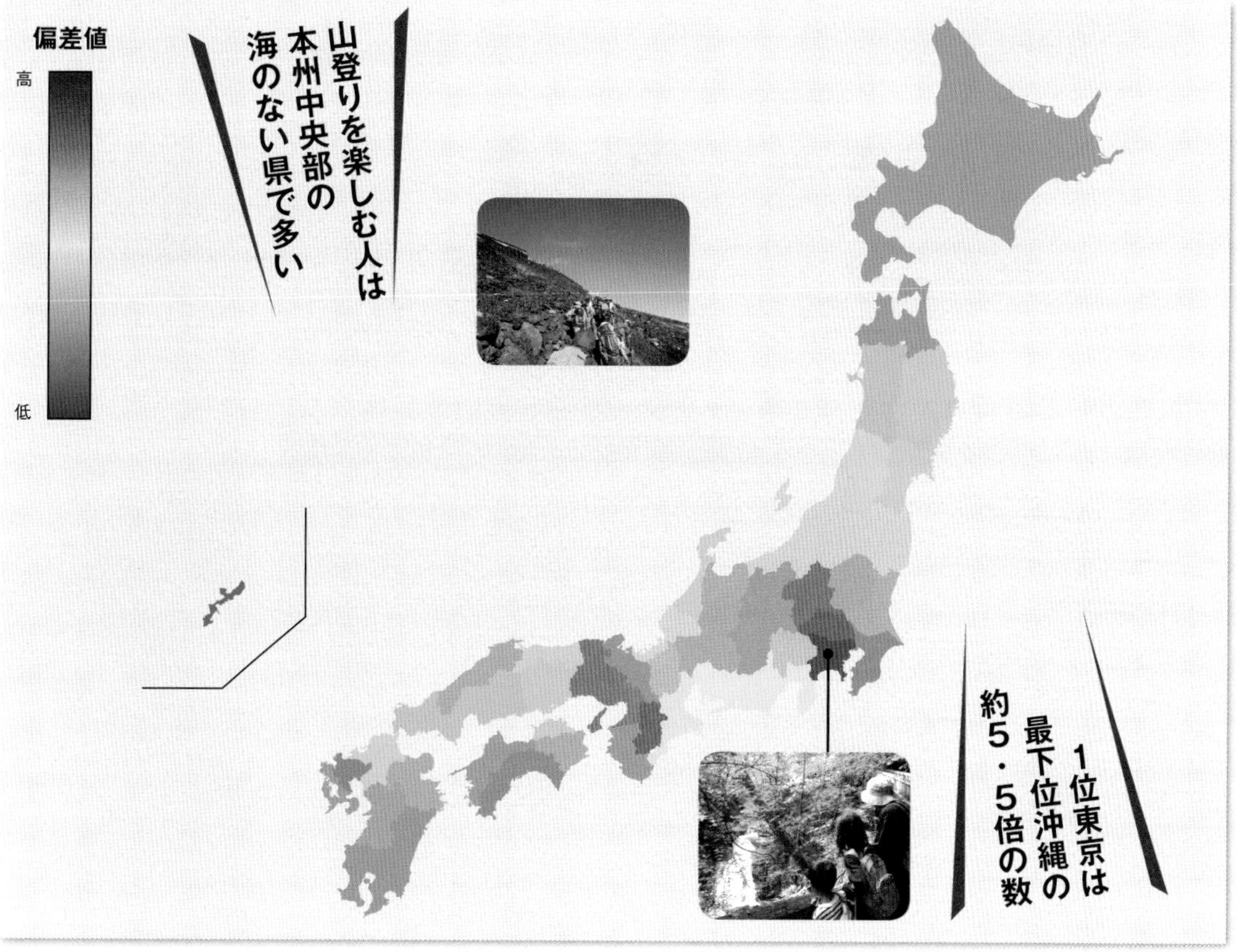
偏差値
高
低
山登りを楽しむ人は本州中央部の海のない県で多い
1位東京は最下位沖縄の約5・5倍の数

相関データ

【正の相関】

順	係数	項目
1	0.83	25歳以上ライブ・コンサート人口
2	0.82	25歳以上国内旅行人口
3	0.82	25歳以上クラシックコンサート人口
4	0.81	海外旅行者数
5	0.80	男性初婚年齢
6	0.79	サイゼリヤ店舗数
7	0.79	25歳以上遊園地・動植物園・水族館来園人口
8	0.78	牛丼チェーン店舗数
9	0.78	年収1000万円以上世帯数
10	0.77	最低賃金

【負の相関】

順	係数	項目
1	-0.80	軽乗用車比率
2	-0.79	看護師数
3	-0.75	スーパーマーケット店舗数
4	-0.74	中学校数
5	-0.74	老人福祉・介護事業所数
6	-0.73	漁業就業人口
7	-0.70	レンタルビデオ店店舗数
8	-0.69	小学校数
9	-0.69	教職員数
10	-0.66	25歳以上釣り人口

ハイキング熱の高い東京

社会生活基本調査より「この１年間に登山・ハイキングをした」と答えた25歳以上の人数のランキング。全国の登山・ハイキング人口は９６９万７０００人で、25歳以上人口１００人あたり９・80人です。

１位は東京で14・45人。２位は神奈川で14・23人。３位以下は奈良、埼玉、兵庫の順。最下位は沖縄で２・60人。

分布地図から、山地が多い本州中央部と「海のない県」で人口が多いことがわかります。

反対に、海に囲まれた沖縄や九州・中国・四国地方は少ない傾向にあります。

釣り人口と負の相関があり、登山・ハイキング人口が多いところは釣り人口が少ないです。

スポーツ

スキー・スノーボード人口（25歳以上）

降雪量の多い長野、富山、北海道がトップ3。雪が少なく気温の高い沖縄、九州が下位。

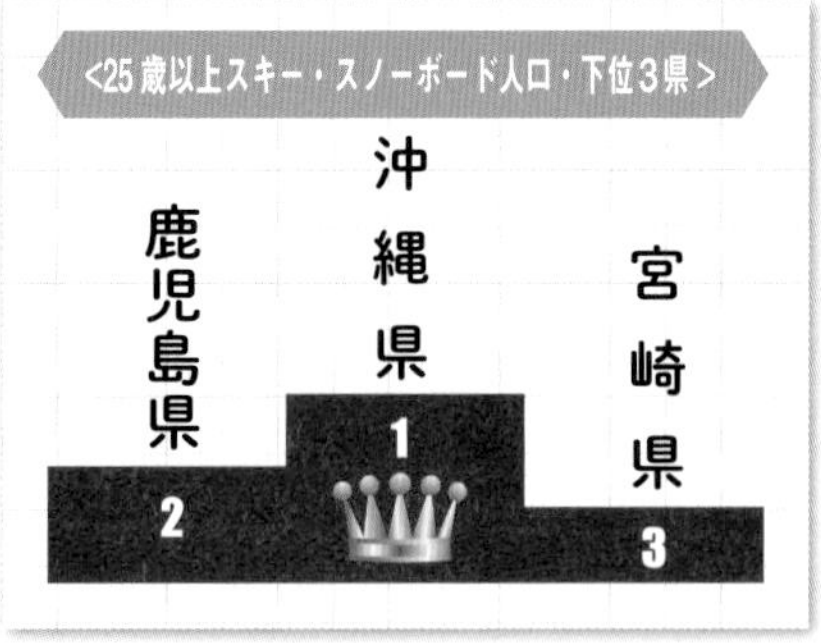

25歳以上人口100人あたりスキー・スノーボード人口ランキング

順	県名	データ	100人あたり	偏差値
1	長野県	123,000人	7.48人	71.41
2	富山県	62,000人	7.35人	70.71
3	北海道	299,000人	6.98人	68.81
4	東京都	737,000人	6.88人	68.26
5	群馬県	91,000人	5.93人	63.26
6	新潟県	100,000人	5.51人	61.04
7	石川県	47,000人	5.29人	59.85
8	千葉県	247,000人	5.07人	58.71
9	山形県	44,000人	4.96人	58.13
10	埼玉県	274,000人	4.85人	57.57
11	福井県	28,000人	4.62人	56.34
12	神奈川県	326,000人	4.61人	56.26
13	秋田県	38,000人	4.57人	56.06
14	栃木県	70,000人	4.55人	55.94
15	滋賀県	47,000人	4.42人	55.29
16	愛知県	248,000人	4.34人	54.88
17	福島県	65,000人	4.30人	54.67
18	岐阜県	66,000人	4.22人	54.23
19	山梨県	26,000人	4.01人	53.13
20	岩手県	40,000人	3.94人	52.77
21	兵庫県	167,000人	3.90人	52.51
22	鳥取県	17,000人	3.79人	51.98
23	宮城県	66,000人	3.65人	51.22
24	青森県	36,000人	3.47人	50.26
25	静岡県	93,000人	3.21人	48.89
26	三重県	45,000人	3.19人	48.81
27	茨城県	72,000人	3.17人	48.71
28	岡山県	44,000人	2.98人	47.69
29	京都府	59,000人	2.94人	47.50
30	大阪府	197,000人	2.88人	47.14
31	奈良県	29,000人	2.75人	46.47
32	山口県	27,000人	2.45人	44.88
33	島根県	13,000人	2.37人	44.48
34	広島県	51,000人	2.32人	44.22
35	徳島県	12,000人	2.00人	42.53
36	香川県	14,000人	1.82人	41.58
37	和歌山県	12,000人	1.59人	40.34
38	愛媛県	16,000人	1.47人	39.71
39	大分県	13,000人	1.42人	39.48
40	高知県	7,000人	1.21人	38.34
41	佐賀県	6,000人	0.94人	36.95
42	福岡県	35,000人	0.89人	36.68
43	熊本県	9,000人	0.65人	35.42
44	長崎県	7,000人	0.65人	35.41
45	宮崎県	4,000人	0.47人	34.44
46	鹿児島県	5,000人	0.39人	34.03
47	沖縄県	2,000人	0.19人	32.98
-	全国	4,035,000人	4.08人	-

社会生活基本調査 2016

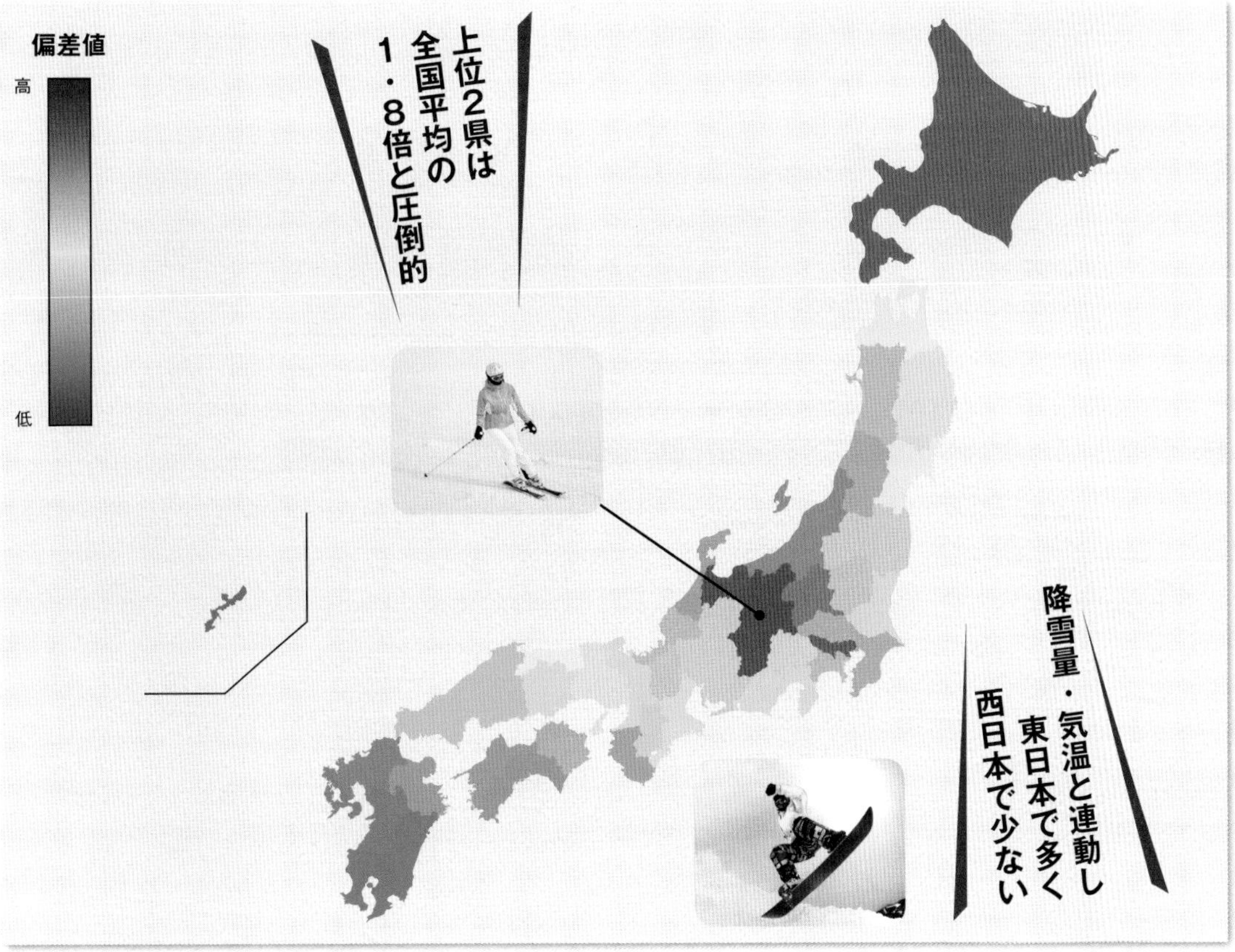
偏差値
高
低
上位2県は全国平均の1・8倍と圧倒的
降雪量・気温と連動し東日本で多く西日本で少ない

相関データ

【正の相関】

順	係数	項目
1	0.73	グレープフルーツ消費量
2	0.65	チーズ消費量
3	0.64	もち消費量
4	0.64	25歳以上登山・ハイキング人口
5	0.63	おにぎり消費量
6	0.63	年収1000万円以上世帯数
7	0.62	25歳以上日帰り旅行人口
8	0.58	スキー・スノーボード場数
9	0.53	年間降雪量
10	0.52	年間雪日数

【負の相関】

順	係数	項目
1	-0.76	熱中症救急搬送者数
2	-0.70	弁当店・テイクアウト店店舗数
3	-0.69	カラオケボックス店舗数
4	-0.68	タイ消費量
5	-0.67	理学療法士数
6	-0.65	貧困率
7	-0.65	年間平均気温
8	-0.60	25歳以上釣り人口
9	-0.58	年間真夏日数
10	-0.54	年間熱帯夜日数

スキー・スノボ大国長野

社会生活基本調査より「この1年間にスキー・スノーボードをした」と答えた25歳以上の人数のランキング。全国のスキー・スノーボード人口は全国で403万5000人。25歳以上人口100人あたり4・08人となっています。

第1位は長野で7・48人、2位は富山で7・35人。3位以下は北海道、東京、群馬の順になっています。降雪量が多く、気温の低い地方が上位を占めています。

最下位は沖縄で0・19人。以下、少ない順に、鹿児、宮崎、長崎、熊本と、降雪量が少なく気温が高い九州が占めます。

分布図を見れば、東日本で多く、西日本で少ないことが明白です。

スポーツ

ゲートボール人口（25歳以上）

高齢者数とは関係せず、ゲートボール人口は南九州、山陰、本州内陸部、東北などで多い。

<25歳以上ゲートボール人口・上位3県>

1 鹿児島県
2 山梨県
3 長野県

<25歳以上ゲートボール人口・下位3県>

1 高知県
2 神奈川県
3 青森県

25歳以上人口100人あたりゲートボール人口ランキング

順	県名	データ	100人あたり	偏差値
1	鹿児島県	31,000人	2.42人	79.68
2	山梨県	13,000人	2.01人	71.38
3	長野県	29,000人	1.76人	66.55
4	熊本県	23,000人	1.67人	64.73
5	島根県	9,000人	1.64人	64.15
6	沖縄県	17,000人	1.64人	64.09
7	鳥取県	7,000人	1.56人	62.56
8	滋賀県	16,000人	1.51人	61.42
9	群馬県	21,000人	1.37人	58.72
10	石川県	12,000人	1.35人	58.34
11	長崎県	14,000人	1.30人	57.44
12	佐賀県	8,000人	1.26人	56.55
13	大分県	11,000人	1.20人	55.45
14	秋田県	10,000人	1.20人	55.40
15	福井県	7,000人	1.16人	54.47
16	京都府	23,000人	1.15人	54.32
17	岩手県	11,000人	1.08人	53.07
18	宮崎県	9,000人	1.05人	52.43
19	岐阜県	16,000人	1.02人	51.84
20	愛媛県	11,000人	1.01人	51.56
21	福岡県	34,000人	0.87人	48.76
22	福島県	13,000人	0.86人	48.62
23	富山県	7,000人	0.83人	47.99
24	広島県	18,000人	0.82人	47.80
25	兵庫県	34,000人	0.79人	47.27
26	三重県	11,000人	0.78人	47.02
27	愛知県	43,000人	0.75人	46.48
28	静岡県	20,000人	0.69人	45.22
29	山形県	6,000人	0.68人	44.95
30	奈良県	7,000人	0.66人	44.69
31	北海道	28,000人	0.65人	44.51
32	千葉県	31,000人	0.64人	44.15
33	茨城県	14,000人	0.62人	43.77
34	宮城県	11,000人	0.61人	43.60
35	埼玉県	33,000人	0.58人	43.12
36	栃木県	9,000人	0.58人	43.12
37	和歌山県	4,000人	0.53人	42.02
38	新潟県	9,000人	0.50人	41.37
39	岡山県	6,000人	0.41人	39.58
40	香川県	3,000人	0.39人	39.27
41	山口県	4,000人	0.36人	38.71
42	大阪府	24,000人	0.35人	38.47
43	東京都	36,000人	0.34人	38.19
44	徳島県	2,000人	0.33人	38.14
45	青森県	3,000人	0.29人	37.25
46	神奈川県	19,000人	0.27人	36.84
47	高知県	1,000人	0.17人	34.94
-	全国	728,000人	0.74人	-

社会生活基本調査 2016

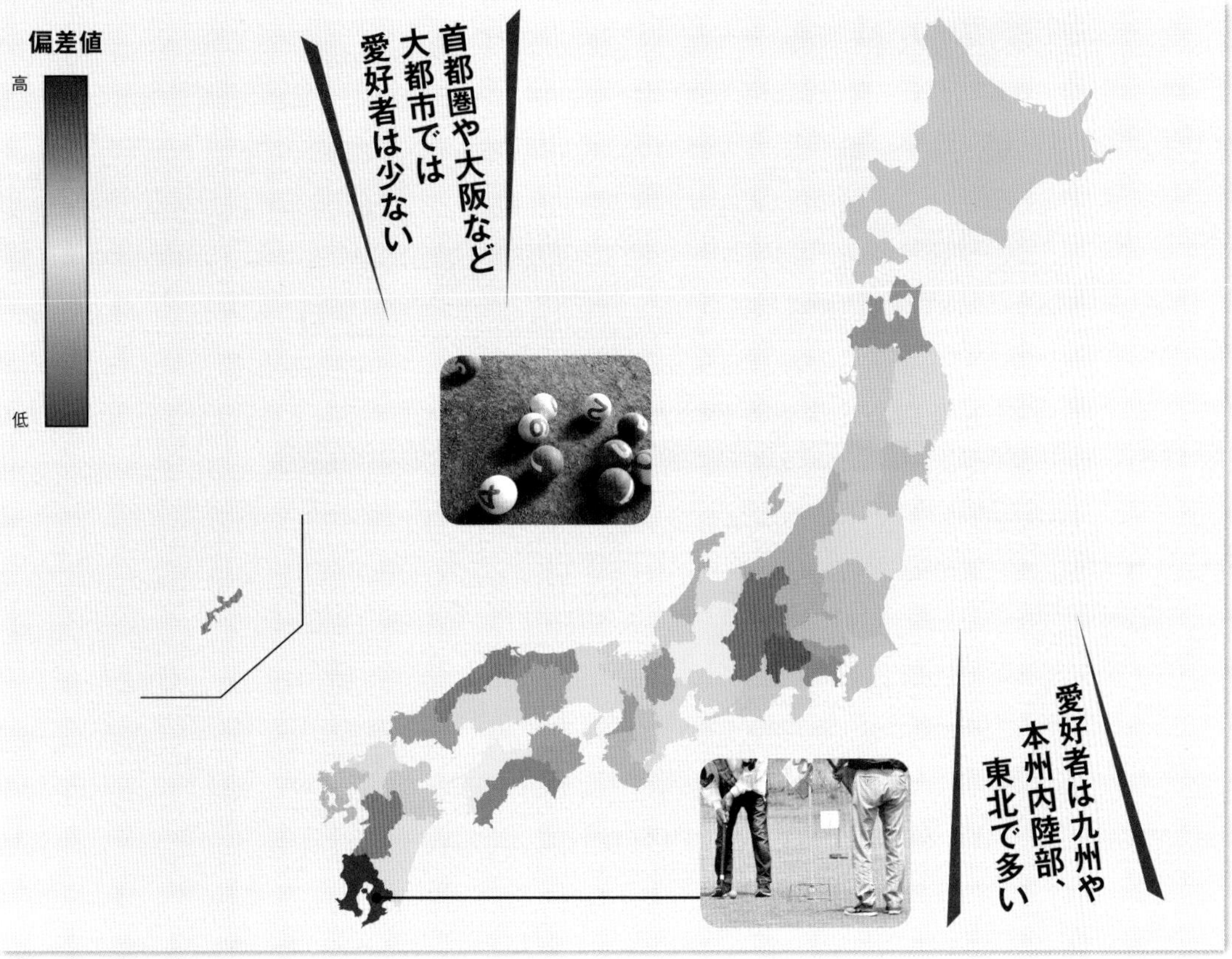
偏差値
高
低
首都圏や大阪など
大都市では
愛好者は少ない
愛好者は九州や
本州内陸部、
東北で多い

相関データ

【正の相関】

順	係数	項目
1	0.67	中学生図書館利用率
2	0.66	弓道場数
3	0.63	25歳以上ボランティア人口
4	0.60	25歳以上バレーボール人口
5	0.59	25歳以上子育て支援活動人口
6	0.58	25歳以上自然保護活動人口
7	0.58	宿泊施設数
8	0.58	酒造場数
9	0.52	日帰り温泉数
10	0.52	25歳以上まちづくり活動人口

【負の相関】

順	係数	項目
1	-0.58	中学生長時間ゲームプレイ率
2	-0.53	自転車保有台数
3	-0.51	オンラインゲーム利用率
4	-0.49	自転車購入費
5	-0.46	中学生長時間ネット利用率
6	-0.46	中学生文化部参加率
7	-0.44	なす消費量
8	-0.43	タコ消費量
9	-0.41	25歳以上テレビゲーム人口
10	-0.40	インターネット通販利用率

愛好者は全国で73万人

社会生活基本調査より「この1年間にゲートボールをした」と答えた25歳以上の人数のランキング。全国のゲートボール人口は73万人で、25歳以上人口100人あたり0・74人です。

1位は鹿児島で2・42人。2位は山梨で2・01人。3位以下は長野、熊本、島根と続きます。最下位は高知で0・17人。以下、少ない順に、神奈川、青森、徳島、東京の順。

分布地図から、南九州や山陰、本州内陸部、東北などでゲートボール人口が多いことがわかります。

なお、ゲートボールは高齢者のスポーツとして知られていますが、ゲートボール人口と高齢者数の間には相関がありません。

スポーツ

ゴルフ人口（25歳以上）

三大都市圏とその周辺部に集中。これらの地域は首都圏向けにつくられたゴルフ場も多い。

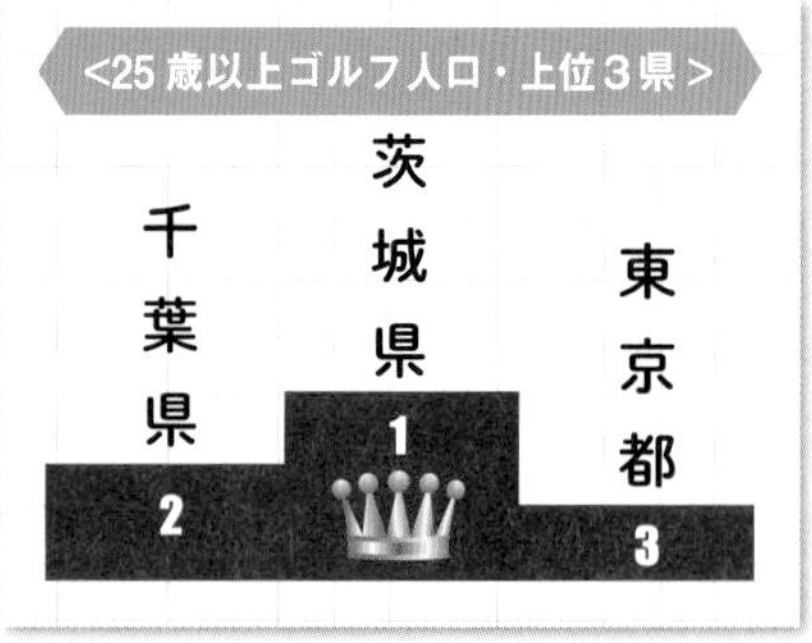

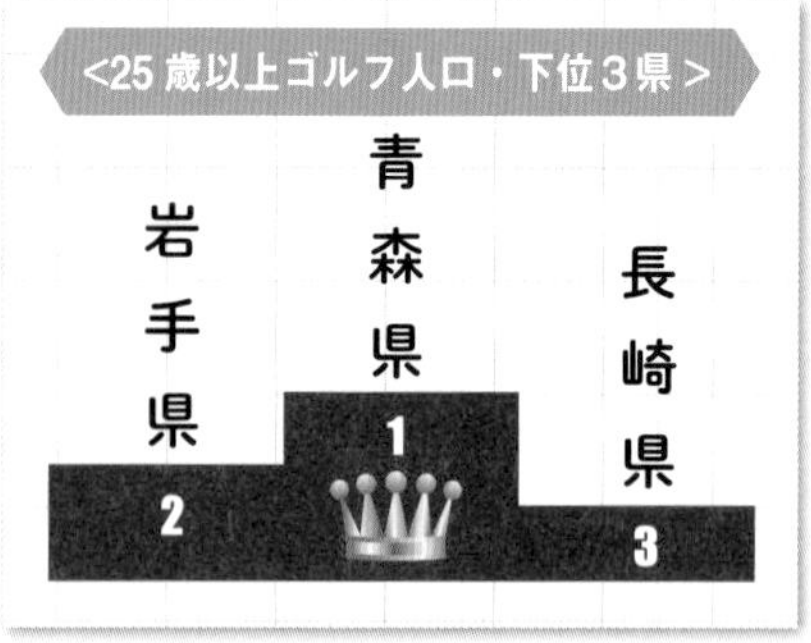

25歳以上人口100人あたりゴルフ人口ランキング

順	県名	データ	100人あたり	偏差値
1	茨城県	249,000人	10.97人	69.18
2	千葉県	532,000人	10.92人	68.90
3	東京都	1,096,000人	10.23人	65.09
4	兵庫県	432,000人	10.08人	64.23
5	山梨県	65,000人	10.03人	63.97
6	愛知県	560,000人	9.81人	62.76
7	群馬県	150,000人	9.78人	62.58
8	埼玉県	548,000人	9.71人	62.19
9	栃木県	146,000人	9.48人	60.93
10	長野県	150,000人	9.12人	58.93
11	奈良県	96,000人	9.10人	58.83
12	三重県	127,000人	9.01人	58.35
13	岐阜県	137,000人	8.76人	56.95
14	神奈川県	612,000人	8.65人	56.32
15	大分県	77,000人	8.43人	55.15
16	岡山県	122,000人	8.27人	54.22
17	宮崎県	70,000人	8.19人	53.78
18	滋賀県	87,000人	8.18人	53.77
19	広島県	172,000人	7.83人	51.82
20	大阪府	536,000人	7.83人	51.79
21	富山県	65,000人	7.70人	51.10
22	山口県	84,000人	7.62人	50.63
23	沖縄県	78,000人	7.52人	50.11
24	鹿児島県	96,000人	7.51人	50.02
25	福岡県	288,000人	7.35人	49.18
26	静岡県	213,000人	7.35人	49.16
27	福島県	107,000人	7.09人	47.70
28	京都府	142,000人	7.09人	47.70
29	香川県	54,000人	7.03人	47.40
30	石川県	62,000人	6.97人	47.08
31	和歌山県	52,000人	6.88人	46.55
32	福井県	41,000人	6.77人	45.93
33	徳島県	39,000人	6.51人	44.52
34	宮城県	117,000人	6.47人	44.30
35	熊本県	86,000人	6.25人	43.08
36	北海道	261,000人	6.10人	42.23
37	鳥取県	27,000人	6.03人	41.85
38	新潟県	106,000人	5.84人	40.83
39	佐賀県	37,000人	5.83人	40.74
40	高知県	32,000人	5.53人	39.08
41	山形県	48,000人	5.41人	38.44
42	秋田県	43,000人	5.17人	37.10
43	島根県	28,000人	5.11人	36.78
44	愛媛県	54,000人	4.95人	35.92
45	長崎県	50,000人	4.66人	34.29
46	岩手県	41,000人	4.04人	30.88
47	青森県	36,000人	3.47人	27.71
-	全国	8,256,000人	8.34人	-

社会生活基本調査 2016

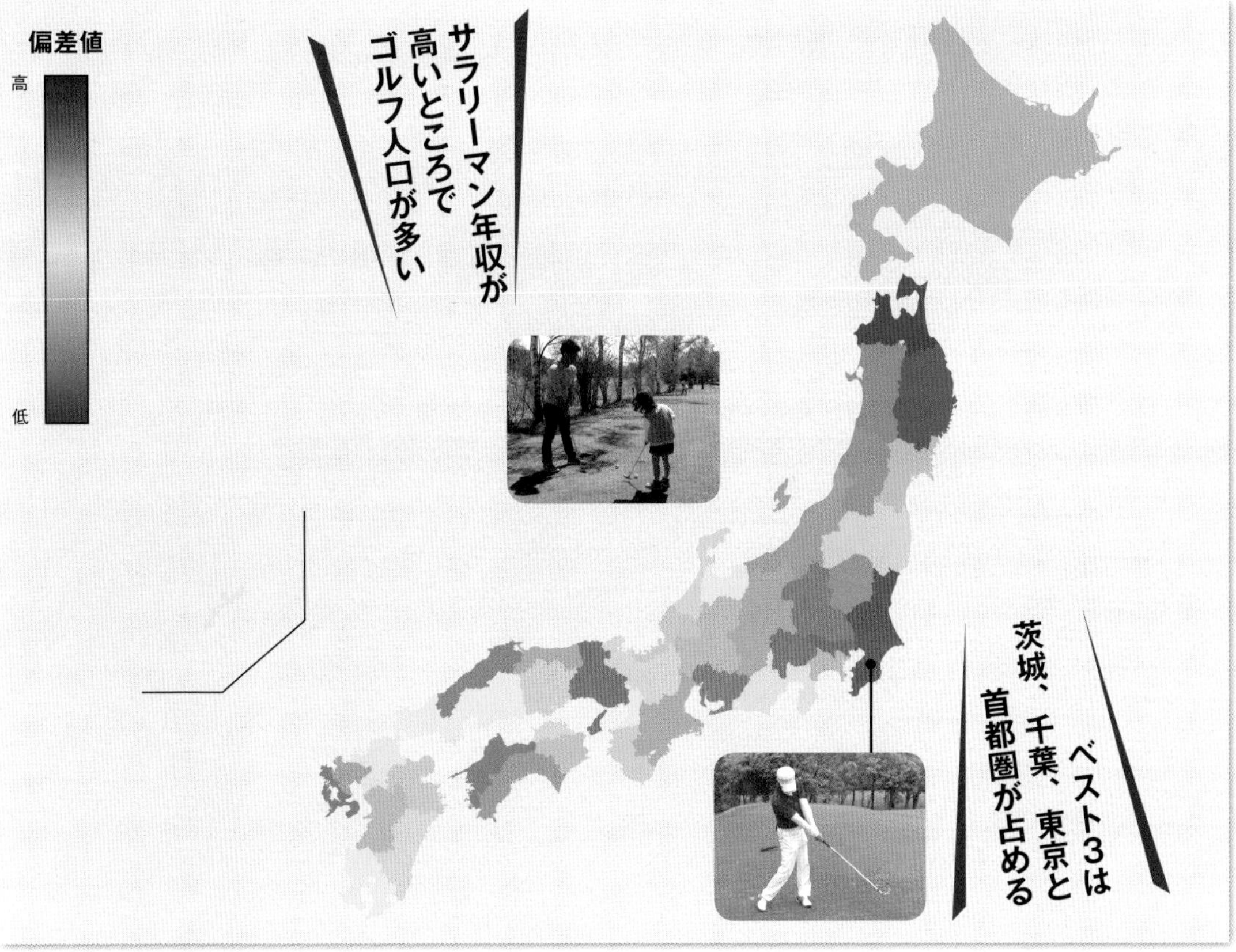
偏差値
高
低
サラリーマン年収が
高いところで
ゴルフ人口が多い
ベスト3は
茨城、千葉、東京と
首都圏が占める

相関データ

【正の相関】

順	係数	項目
1	0.89	ゴルフ用具普及率
2	0.81	25歳以上スポーツ人口
3	0.76	25歳以上ウォーキング・体操人口
4	0.74	在日外国人
5	0.72	スマートフォン普及率
6	0.72	サラリーマン年収
7	0.71	25歳以上遊園地・動植物園・水族館来園人口
8	0.71	25歳以上テニス人口
9	0.69	海外旅行者数
10	0.69	外国車普及率

【負の相関】

順	係数	項目
1	-0.76	介護福祉士数
2	-0.73	地方交付税額
3	-0.70	漁業就業人口
4	-0.69	睡眠時間
5	-0.67	スーパーマーケット店舗数
6	-0.65	地方公務員数
7	-0.65	理容室数
8	-0.61	中学校数
9	-0.61	中学軟式野球部員数
10	-0.59	可住地面積

茨城は青森の約3倍

社会生活基本調査より「この1年間にゴルフをした」と答えた25歳以上の人数のランキング。全国のゴルフ人口は825万6000人で、25歳以上人口100人あたり8・34人です。

1位は茨城で10・97人、2位千葉10・92人、3位東京10・23人。以下、兵庫、山梨の順。分布図からゴルフ人口は三大都市圏とその周辺部に多いことがわかります。

山梨や群馬、栃木、茨城、千葉などの地域は首都圏向けに多くのゴルフ場がつくられた結果、地元にゴルフが普及したのでしょう。

相関を見るとサラリーマンの年収が高く外車の台数が多いところにゴルフ人口が多く、イメージに近い結果となっています。

スポーツ

釣り人口（25歳以上）

西日本で高く東日本で低い西高東低型。都市と地方で見ると都市部で少ない。

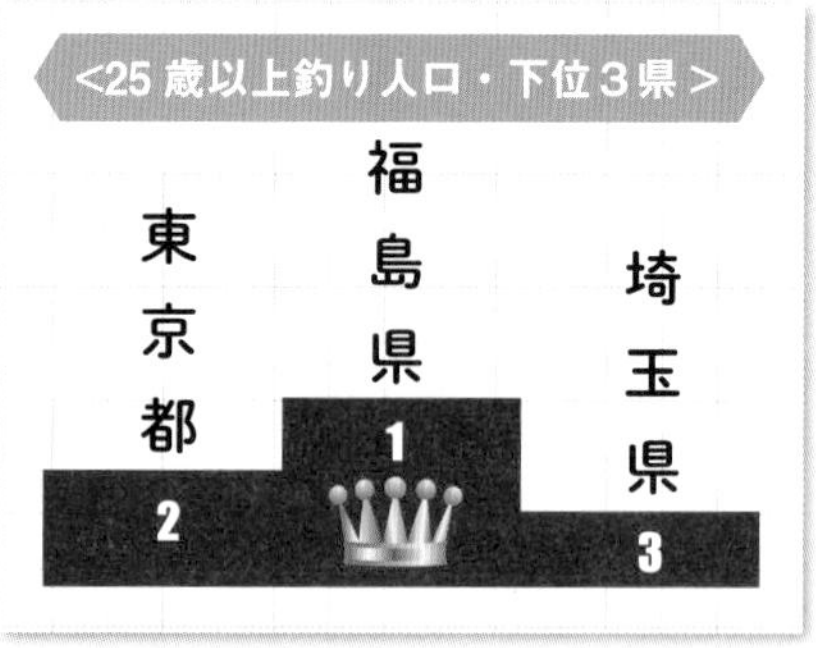

25歳以上人口100人あたり釣り人口ランキング

順	県名	データ	100人あたり	偏差値
1	長崎県	124,000人	11.56人	72.20
2	熊本県	152,000人	11.05人	68.61
3	広島県	239,000人	10.88人	67.46
4	島根県	58,000人	10.58人	65.35
5	鹿児島県	134,000人	10.48人	64.60
6	和歌山県	79,000人	10.45人	64.41
7	山口県	114,000人	10.34人	63.61
8	高知県	59,000人	10.19人	62.58
9	山形県	87,000人	9.81人	59.90
10	宮崎県	83,000人	9.71人	59.19
11	沖縄県	100,000人	9.64人	58.74
12	兵庫県	402,000人	9.38人	56.86
13	大分県	84,000人	9.20人	55.62
14	鳥取県	41,000人	9.15人	55.28
15	佐賀県	58,000人	9.13人	55.15
16	石川県	79,000人	8.89人	53.41
17	滋賀県	94,000人	8.84人	53.11
18	岡山県	128,000人	8.67人	51.90
19	愛媛県	94,000人	8.62人	51.56
20	愛知県	485,000人	8.50人	50.67
21	三重県	119,000人	8.45人	50.31
22	岩手県	85,000人	8.38人	49.87
23	徳島県	50,000人	8.35人	49.62
24	岐阜県	127,000人	8.12人	48.02
25	千葉県	394,000人	8.09人	47.80
26	北海道	343,000人	8.01人	47.26
27	青森県	83,000人	8.00人	47.15
28	香川県	61,000人	7.94人	46.77
29	富山県	67,000人	7.94人	46.74
30	大阪府	539,000人	7.87人	46.26
31	宮城県	141,000人	7.80人	45.76
32	京都府	156,000人	7.78人	45.66
33	新潟県	140,000人	7.72人	45.19
34	静岡県	222,000人	7.66人	44.79
35	福井県	46,000人	7.59人	44.30
36	群馬県	114,000人	7.43人	43.18
37	奈良県	77,000人	7.30人	42.24
38	福岡県	285,000人	7.28人	42.09
39	茨城県	165,000人	7.27人	42.05
40	栃木県	111,000人	7.21人	41.60
41	長野県	109,000人	6.63人	37.51
42	山梨県	42,000人	6.48人	36.49
43	秋田県	53,000人	6.37人	35.71
44	神奈川県	437,000人	6.17人	34.32
45	埼玉県	344,000人	6.09人	33.76
46	東京都	648,000人	6.05人	33.45
47	福島県	88,000人	5.83人	31.89
-	全国	7,742,000人	7.82人	-

社会生活基本調査 2016

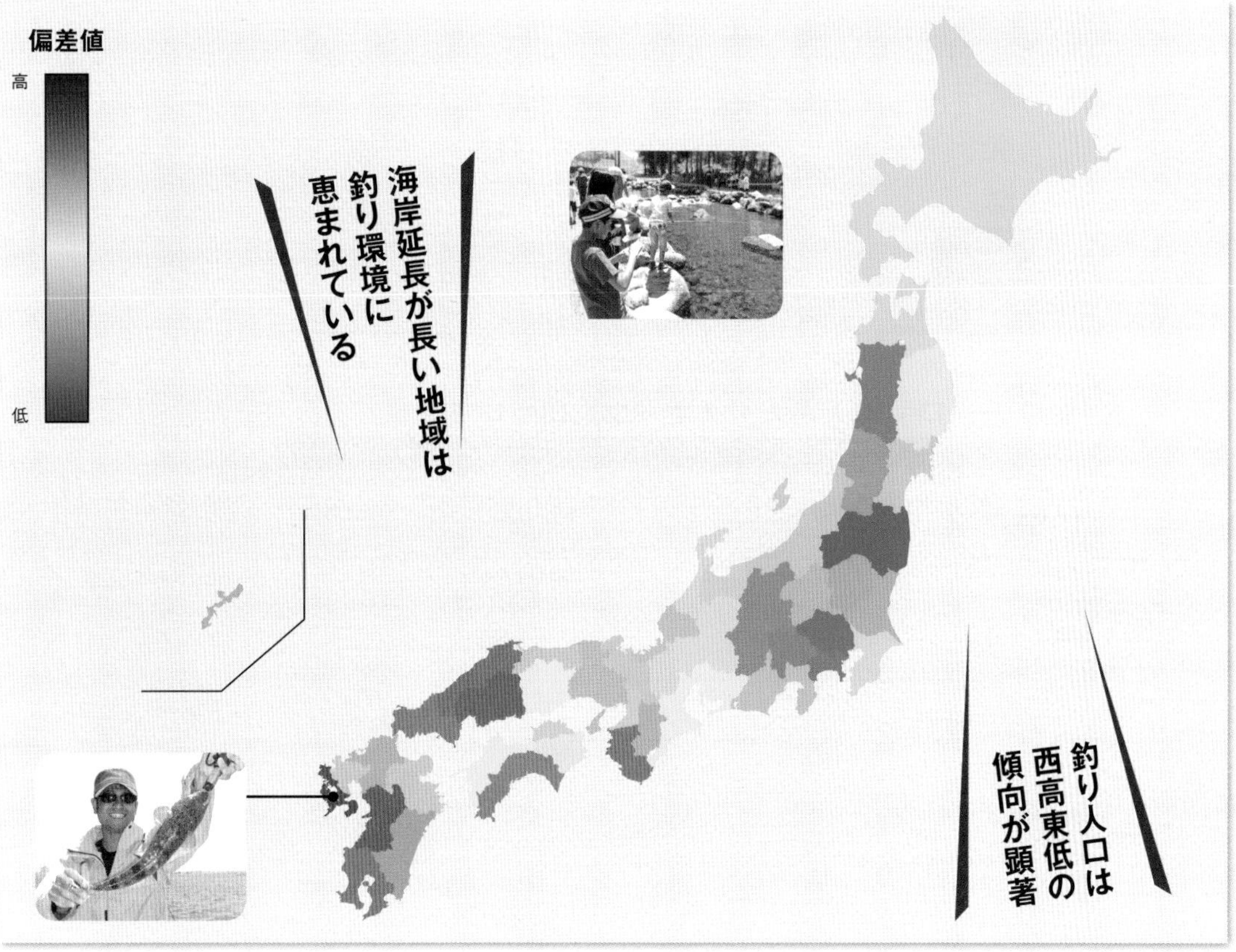
偏差値
高
低
海岸延長が長い地域は釣り環境に恵まれている
釣り人口は西高東低の傾向が顕著

相関データ

【正の相関】

順	係数	項目
1	0.66	看護師数
2	0.66	海岸延長
3	0.63	家電量販店
4	0.62	兄弟姉妹数
5	0.59	100歳以上高齢者数：女性
6	0.59	漁業就業人口
7	0.55	アジ消費量
8	0.53	鶏肉消費量
9	0.52	タイ消費量
10	0.51	サバ消費量

【負の相関】

順	係数	項目
1	-0.66	25歳以上登山・ハイキング人口
2	-0.63	ウイスキー消費量
3	-0.60	25歳以上スキー・スノーボード人口
4	-0.60	グレープフルーツ消費量
5	-0.57	生鮮野菜消費量
6	-0.56	25歳以上日帰り旅行人口
7	-0.56	漬物消費量
8	-0.56	ねぎ消費量
9	-0.56	マグロ消費量
—	—	—

長崎は福島の約2倍

社会生活基本調査より「この１年間に釣りをした」と答えた25歳以上の人数のランキング。全国の釣り人口は７７４万２０００人で、25歳以上人口１００人あたり７・82人。

１位は長崎で11・56人、２位は熊本で11・05人。３位以下は広島、島根、鹿児島の順。

海岸延長が長い西日本は入り組んだ地形が多く魚の生育に適しているため釣り人口も多くなっています。これらの地域は釣り人だけでなく漁業人口も多いです。

最下位は福島で５・83人。以下、少ない順に、東京６・05人、埼玉６・09人、神奈川６・17人、秋田６・37人と東日本で低い傾向になっています。

スポーツ人口（25歳以上）

1位東京、2位埼玉、3位神奈川。スポーツ人口は三大都市圏を中心に本州中央部で多い。

25歳以上人口100人あたりスポーツ人口ランキング

順	県名	データ	100人あたり	偏差値
1	東京都	778.3万人	72.66人	76.44
2	埼玉県	390.6万人	69.19人	68.08
3	神奈川県	483.7万人	68.33人	66.00
4	千葉県	331.4万人	68.04人	65.29
5	愛知県	382.1万人	66.94人	62.66
6	滋賀県	71.0万人	66.79人	62.30
7	京都府	132.7万人	66.22人	60.92
8	兵庫県	281.0万人	65.55人	59.30
9	栃木県	100.0万人	64.94人	57.83
10	奈良県	68.3万人	64.74人	57.36
11	茨城県	146.4万人	64.52人	56.83
12	静岡県	185.5万人	64.01人	55.60
13	群馬県	98.1万人	63.95人	55.46
14	長野県	105.1万人	63.89人	55.31
15	石川県	56.3万人	63.33人	53.96
16	山梨県	40.8万人	62.96人	53.08
17	岐阜県	98.4万人	62.92人	52.97
18	大阪府	429.8万人	62.75人	52.58
19	宮城県	113.2万人	62.61人	52.23
20	富山県	52.6万人	62.32人	51.54
21	鹿児島県	79.7万人	62.31人	51.52
22	三重県	87.6万人	62.17人	51.18
23	愛媛県	67.6万人	62.02人	50.81
24	広島県	136.1万人	61.98人	50.71
25	沖縄県	64.2万人	61.91人	50.54
26	岡山県	91.1万人	61.72人	50.09
27	香川県	47.0万人	61.20人	48.83
28	大分県	55.8万人	61.12人	48.64
29	熊本県	84.0万人	61.05人	48.47
30	福岡県	235.6万人	60.16人	46.34
31	山口県	66.2万人	60.02人	45.99
32	徳島県	35.9万人	59.93人	45.79
33	福井県	36.2万人	59.74人	45.31
34	北海道	253.7万人	59.26人	44.17
35	鳥取県	26.5万人	59.15人	43.90
36	宮崎県	50.5万人	59.06人	43.69
37	和歌山県	44.4万人	58.73人	42.89
38	長崎県	62.5万人	58.25人	41.73
39	福島県	87.7万人	58.08人	41.32
40	島根県	31.6万人	57.66人	40.32
41	佐賀県	36.6万人	57.64人	40.26
42	新潟県	103.3万人	56.95人	38.59
43	高知県	32.8万人	56.65人	37.88
44	山形県	49.2万人	55.47人	35.03
45	岩手県	56.2万人	55.42人	34.93
46	秋田県	45.6万人	54.81人	33.45
47	青森県	51.9万人	50.00人	21.87
-	全国	6,364.3万人	64.31人	-

社会生活基本調査 2016

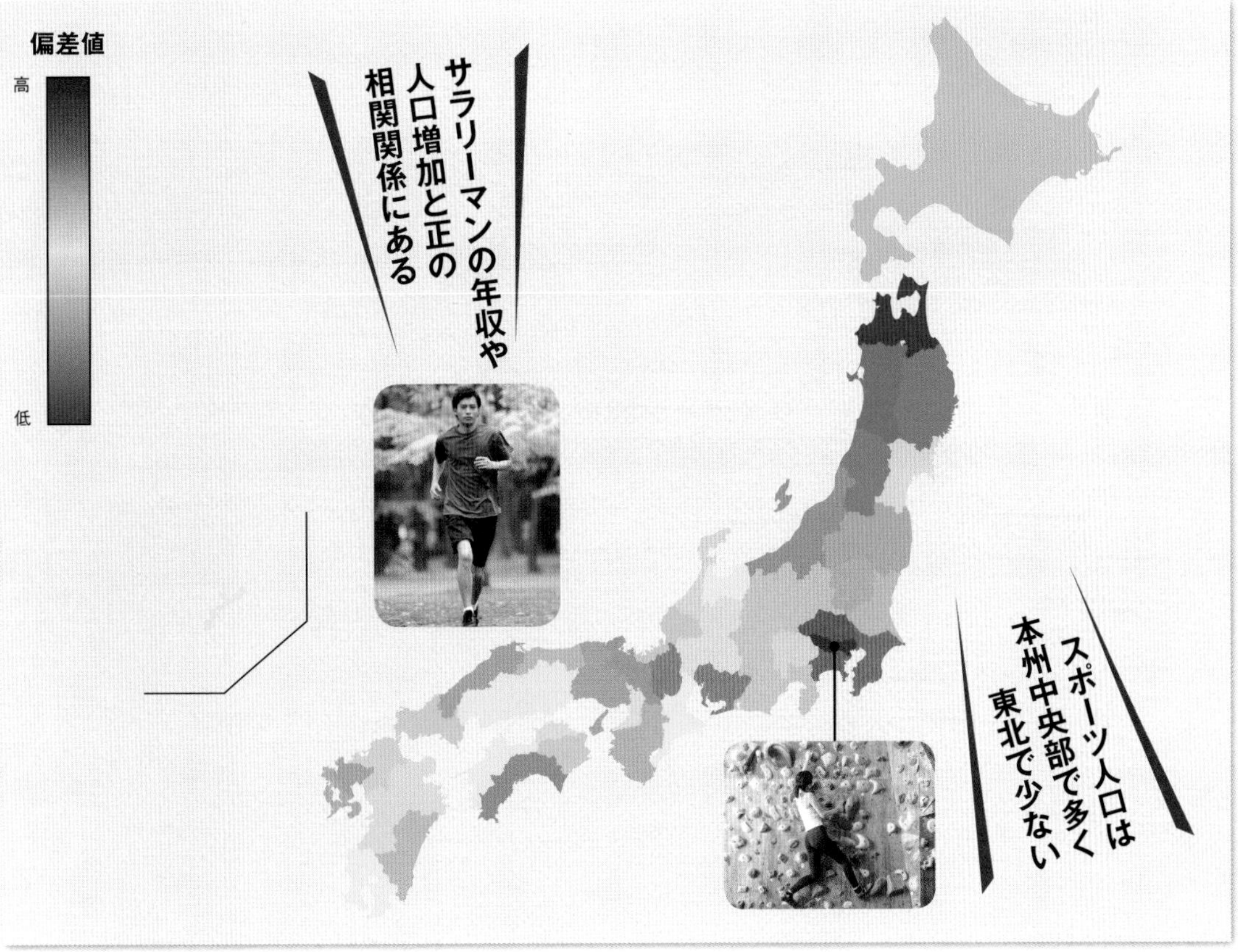
偏差値
高
低
サラリーマンの年収や人口増加と正の相関関係にある
スポーツ人口は本州中央部で多く東北で少ない

相関データ

【正の相関】

順	係数	項目
1	0.92	25歳以上ウォーキング・体操人口
2	0.88	25歳以上水泳人口
3	0.88	スマートフォン普及率
4	0.87	インターネット利用率
5	0.85	海外旅行者数
6	0.85	25歳以上英語学習人口
7	0.85	25歳以上テニス人口
8	0.85	サラリーマン年収
9	0.82	総人口増減率
10	0.79	家賃

【負の相関】

順	係数	項目
1	-0.84	睡眠時間
2	-0.81	地方交付税額
3	-0.78	高校数
4	-0.77	農業就業人口
5	-0.75	中学軟式野球部員数
6	-0.75	高卒就職率
7	-0.74	中学校数
8	-0.72	可住地面積
9	-0.70	65歳以上人口（高齢者数）
10	-0.66	高校男子硬式・軟式野球部員数

首都圏が上位独占

社会生活基本調査より「この1年間にスポーツをした」と答えた25歳以上の人数のランキング。全国のスポーツ人口は6364万3000人で、25歳以上人口100人あたり64・31人でした。

1位は東京で72・66人、2位は埼玉で69・19人。3位以下は神奈川、千葉、愛知の順。最下位は青森で50人。以下、少ない順に、秋田、岩手、山形、高知と続きます。

地域別では、三大都市圏を中心に本州中央部にスポーツ人口が多く、東北で少なくなっています。

サラリーマン年収や総人口増減率と正の相関があり、収入が高くて人口が増加している都市部でスポーツ人口が多くなっていることがわかります

アクション

スポーツ観戦人口（25歳以上）

宮城、福岡などプロ野球団の本拠地で多い。堂々の1位は地元チーム愛が高い広島。

25歳以上人口100人あたりスポーツ観戦人口ランキング

順	県名	データ	100人あたり	偏差値
1	広島県	666,000人	30.33人	89.43
2	宮城県	437,000人	24.17人	70.34
3	福岡県	898,000人	22.93人	66.50
4	神奈川県	1,615,000人	22.81人	66.14
5	北海道	940,000人	21.96人	63.48
6	東京都	2,307,000人	21.54人	62.18
7	愛知県	1,195,000人	20.94人	60.31
8	千葉県	1,013,000人	20.80人	59.88
9	兵庫県	880,000人	20.53人	59.05
10	佐賀県	128,000人	20.16人	57.90
11	埼玉県	1,102,000人	19.52人	55.93
12	秋田県	156,000人	18.75人	53.54
13	大阪府	1,273,000人	18.59人	53.03
14	岩手県	185,000人	18.24人	51.97
15	石川県	160,000人	18.00人	51.21
16	京都府	357,000人	17.81人	50.64
17	山梨県	114,000人	17.59人	49.95
18	奈良県	185,000人	17.54人	49.77
19	沖縄県	180,000人	17.36人	49.22
20	島根県	95,000人	17.34人	49.15
21	長野県	285,000人	17.33人	49.12
22	山口県	187,000人	16.95人	47.97
23	富山県	143,000人	16.94人	47.94
24	岡山県	250,000人	16.94人	47.92
25	福島県	255,000人	16.89人	47.76
26	茨城県	379,000人	16.70人	47.19
27	滋賀県	177,000人	16.65人	47.03
28	大分県	152,000人	16.65人	47.02
29	愛媛県	180,000人	16.51人	46.60
30	群馬県	253,000人	16.49人	46.54
31	山形県	146,000人	16.46人	46.44
32	三重県	225,000人	15.97人	44.92
33	徳島県	95,000人	15.86人	44.58
34	長崎県	170,000人	15.84人	44.53
35	栃木県	241,000人	15.65人	43.93
36	静岡県	442,000人	15.25人	42.69
37	宮崎県	130,000人	15.20人	42.55
38	鹿児島県	191,000人	14.93人	41.71
39	香川県	114,000人	14.84人	41.43
40	和歌山県	112,000人	14.81人	41.34
41	岐阜県	230,000人	14.71人	41.00
42	新潟県	266,000人	14.66人	40.87
43	福井県	87,000人	14.36人	39.92
44	熊本県	195,000人	14.17人	39.34
45	青森県	146,000人	14.07人	39.02
46	鳥取県	61,000人	13.62人	37.62
47	高知県	71,000人	12.26人	33.43
-	全国	19,068,000人	19.27人	-

社会生活基本調査 2016

アクション

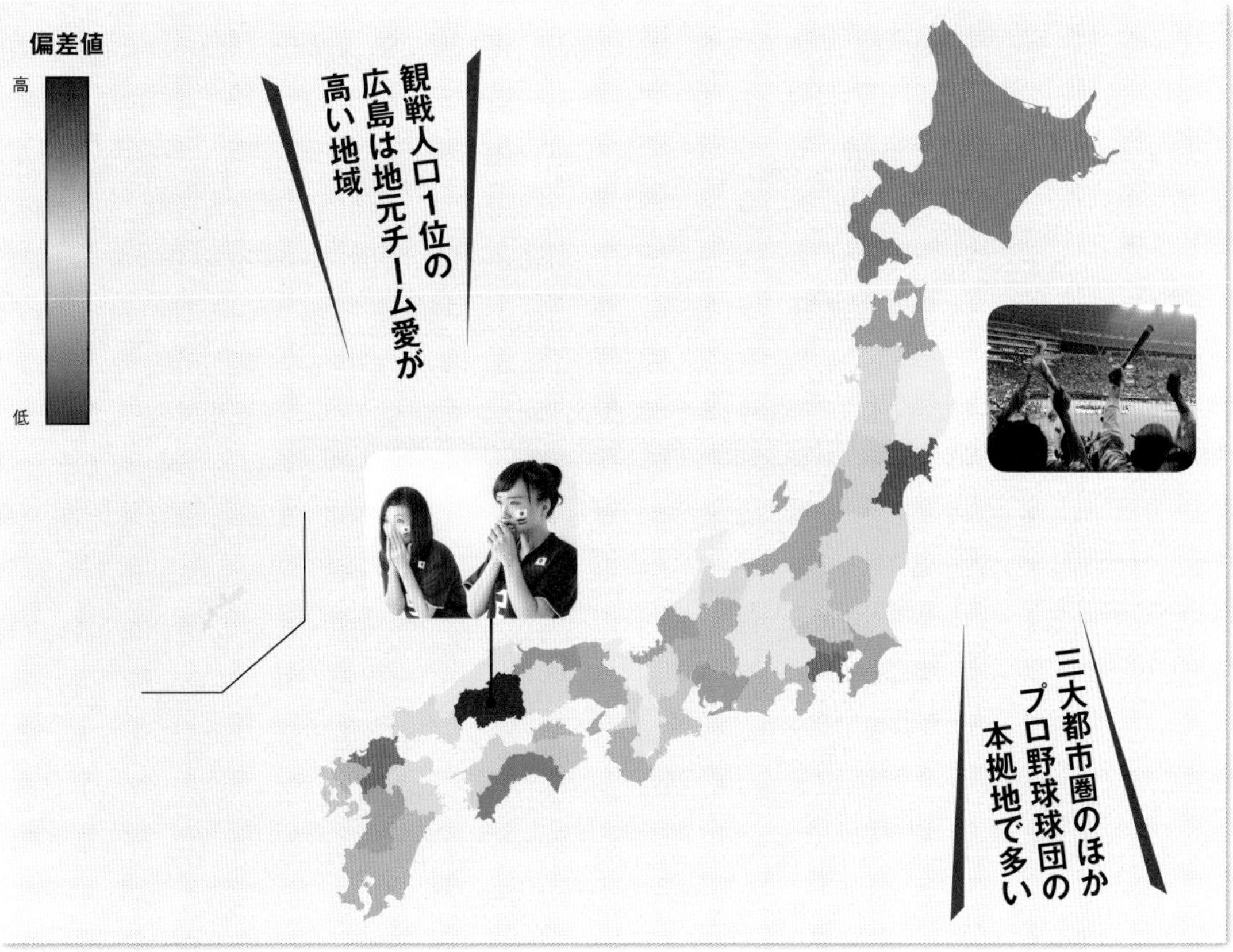
偏差値
高
低
観戦人口1位の広島は地元チーム愛が高い地域
三大都市圏のほかプロ野球球団の本拠地で多い

相関データ

【正の相関】

順	係数	項目
1	0.59	貝漁獲量
2	0.59	25歳以上菓子・料理づくり人口
3	0.59	分譲マンション率
4	0.58	バス通勤・通学率
5	0.56	人口集中度
6	0.55	25歳以上読書人口
7	0.55	25歳以上写真撮影人口
8	0.55	乗合バス旅客輸送量
9	0.53	公共交通機関通勤・通学率
10	0.52	人口

【負の相関】

順	係数	項目
1	-0.60	戸建て率
2	-0.57	美容室数
3	-0.56	軽自動車普及率
4	-0.56	ガソリンスタンド数
5	-0.53	スポーツ用品店店舗数
6	-0.53	小学校数
7	-0.52	自動車保有台数
8	-0.51	農業就業人口
9	-0.50	持ち家率
10	-0.50	共働き率

断トツで多い広島

社会生活基本調査より「この1年間にスポーツ観戦をした」と答えた25歳以上の人数のランキング。全国のスポーツ観戦人口は1906万8000人で、25歳以上人口100人あたり19・27人です。

1位広島は30・33人で、人口は飛びぬけています。2位は宮城県で24・17人、3位は福岡で22・93人。以下、神奈川、北海道の順。最下位は高知で12・26人。以下、少ない順に、鳥取、青森、熊本、福井と続きます。

分布地図から、三大都市圏のほか、広島、福岡、兵庫、宮城、北海道などプロ野球球団の本拠地でスポーツ観戦人口が多いことがわかります。他のスポーツに比べ試合数や一試合あたり観客数が多いプロ野球球団の動員力のすごさを物語っています。

アクション

楽器演奏人口（25歳以上）

楽器演奏人口は三大首都圏を中心に都市部で多く、青森や高知など地方で少ない傾向。

<25 歳以上楽器演奏人口・上位３県>

<25 歳以上楽器演奏人口・下位３県>

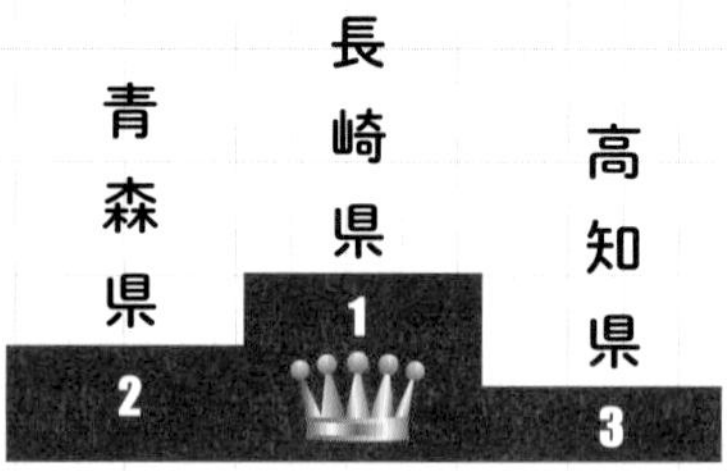

25歳以上人口100人あたり楽器演奏人口ランキング

順	県名	データ	100人あたり	偏差値
1	東京都	1,293,000人	12.07人	84.06
2	神奈川県	727,000人	10.27人	71.43
3	滋賀県	106,000人	9.97人	69.35
4	京都府	187,000人	9.33人	64.86
5	兵庫県	393,000人	9.17人	63.71
6	埼玉県	503,000人	8.91人	61.91
7	愛知県	497,000人	8.71人	60.48
8	千葉県	419,000人	8.60人	59.75
9	沖縄県	88,000人	8.49人	58.93
10	宮城県	152,000人	8.41人	58.38
11	長野県	129,000人	7.84人	54.42
12	広島県	169,000人	7.70人	53.40
13	栃木県	118,000人	7.66人	53.16
14	三重県	107,000人	7.59人	52.68
15	大阪府	514,000人	7.50人	52.06
16	奈良県	79,000人	7.49人	51.94
17	静岡県	217,000人	7.49人	51.94
18	群馬県	114,000人	7.43人	51.55
19	岐阜県	113,000人	7.23人	50.10
20	岡山県	106,000人	7.18人	49.79
21	香川県	55,000人	7.16人	49.65
22	島根県	39,000人	7.12人	49.34
23	石川県	63,000人	7.09人	49.13
24	和歌山県	53,000人	7.01人	48.60
25	茨城県	159,000人	7.01人	48.57
26	鳥取県	31,000人	6.92人	47.96
27	富山県	58,000人	6.87人	47.62
28	福岡県	266,000人	6.79人	47.07
29	佐賀県	43,000人	6.77人	46.92
30	熊本県	93,000人	6.76人	46.83
31	山口県	74,000人	6.71人	46.48
32	大分県	60,000人	6.57人	45.52
33	徳島県	39,000人	6.51人	45.09
34	福井県	39,000人	6.44人	44.57
35	鹿児島県	81,000人	6.33人	43.85
36	北海道	269,000人	6.28人	43.50
37	新潟県	113,000人	6.23人	43.12
38	宮崎県	52,000人	6.08人	42.09
39	愛媛県	66,000人	6.06人	41.90
40	山形県	52,000人	5.86人	40.55
41	秋田県	48,000人	5.77人	39.90
42	岩手県	58,000人	5.72人	39.55
43	福島県	83,000人	5.50人	37.99
44	山梨県	35,000人	5.40人	37.32
45	高知県	31,000人	5.35人	36.99
46	青森県	50,000人	4.82人	33.22
47	長崎県	51,000人	4.75人	32.78
-	全国	8,093,000人	8.18人	-

社会生活基本調査 2016

偏差値
高
低
長崎、青森、高知など
三大首都圏から遠い地方は
演奏人口が少ない
首都圏をはじめ
都市部で
楽器演奏人口は多い

相関データ

【正の相関】

順	係数	項目
1	0.88	25歳以上英語学習人口
2	0.88	25歳以上水泳人口
3	0.87	インターネット利用率
4	0.86	総人口増減率
5	0.85	家賃
6	0.84	25歳以上スポーツ人口
7	0.84	スマートフォン普及率
8	0.84	25歳以上演芸・演劇・舞踏鑑賞人口
9	0.83	25歳以上海外旅行人口
10	0.79	最低賃金

【負の相関】

順	係数	項目
1	-0.76	ガソリンスタンド数
2	-0.74	高卒就職率：男子
3	-0.74	65歳以上人口（高齢者数）
4	-0.72	地方交付税額
5	-0.71	高校数
6	-0.71	小学校数
7	-0.71	農業就業人口
8	-0.70	中学校数
9	-0.69	睡眠時間
10	-0.69	テレビ・ラジオ・新聞・雑誌閲覧時間

断トツで多い東京

社会生活基本調査より「この1年間に楽器演奏をした」と答えた25歳以上の人数のランキング。全国の楽器演奏人口は809万3000人で、25歳以上人口100人あたり8・18人です。

1位は東京で12・07人、2位は神奈川で10・27人。3位以下は滋賀、京都、兵庫の順です。

最下位は長崎で4・75人。以下、少ない順に、青森、高知、山梨、福島と続きます。いずれも東京の半分以下の人口。

分布地図から、都市部で楽器演奏人口が多くなっていることがわかります。

また、家賃や総人口増加率と正の相関があり、人口が増えて家賃が高い都市部で多くなっています。

アクション

写真撮影人口（25歳以上）

首都圏が上位独占。写真撮影人口は、鉄道が発達し、最低賃金や家賃の高い都市部で多い。

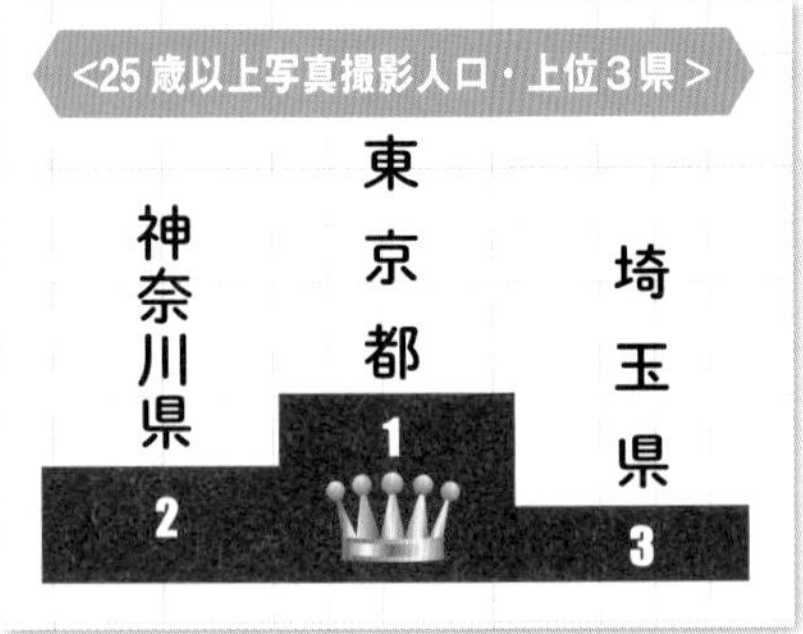

25歳以上人口100人あたり写真撮影人口ランキング

順	県名	データ	100人あたり	偏差値
1	東京都	3,214,000人	30.01人	76.29
2	神奈川県	2,109,000人	29.79人	75.65
3	埼玉県	1,550,000人	27.46人	68.67
4	千葉県	1,329,000人	27.28人	68.15
5	愛知県	1,460,000人	25.58人	63.05
6	奈良県	269,000人	25.50人	62.81
7	兵庫県	1,091,000人	25.45人	62.67
8	滋賀県	263,000人	24.74人	60.55
9	京都府	486,000人	24.25人	59.09
10	茨城県	524,000人	23.09人	55.63
11	群馬県	349,000人	22.75人	54.60
12	広島県	499,000人	22.72人	54.52
13	大阪府	1,556,000人	22.72人	54.50
14	宮城県	409,000人	22.62人	54.21
15	北海道	966,000人	22.56人	54.04
16	栃木県	347,000人	22.53人	53.95
17	富山県	186,000人	22.04人	52.47
18	三重県	310,000人	22.00人	52.36
19	福岡県	850,000人	21.71人	51.48
20	岡山県	315,000人	21.34人	50.39
21	長野県	347,000人	21.09人	49.65
22	石川県	186,000人	20.92人	49.13
23	静岡県	606,000人	20.91人	49.10
24	岐阜県	321,000人	20.52人	47.95
25	山口県	226,000人	20.49人	47.84
26	福島県	309,000人	20.46人	47.76
27	山梨県	132,000人	20.37人	47.48
28	香川県	156,000人	20.31人	47.31
29	大分県	185,000人	20.26人	47.16
30	熊本県	273,000人	19.84人	45.90
31	鹿児島県	248,000人	19.39人	44.56
32	佐賀県	123,000人	19.37人	44.50
33	宮崎県	163,000人	19.06人	43.58
34	愛媛県	207,000人	18.99人	43.36
35	福井県	113,000人	18.65人	42.33
36	徳島県	111,000人	18.53人	41.99
37	和歌山県	140,000人	18.52人	41.95
38	新潟県	334,000人	18.41人	41.63
39	山形県	163,000人	18.38人	41.53
40	沖縄県	189,000人	18.23人	41.07
41	鳥取県	79,000人	17.63人	39.31
42	岩手県	177,000人	17.46人	38.77
43	島根県	95,000人	17.34人	38.41
44	長崎県	186,000人	17.33人	38.41
45	秋田県	141,000人	16.95人	37.25
46	高知県	93,000人	16.06人	34.61
47	青森県	159,000人	15.32人	32.38
-	全国	23,547,000人	23.79人	-

社会生活基本調査 2016

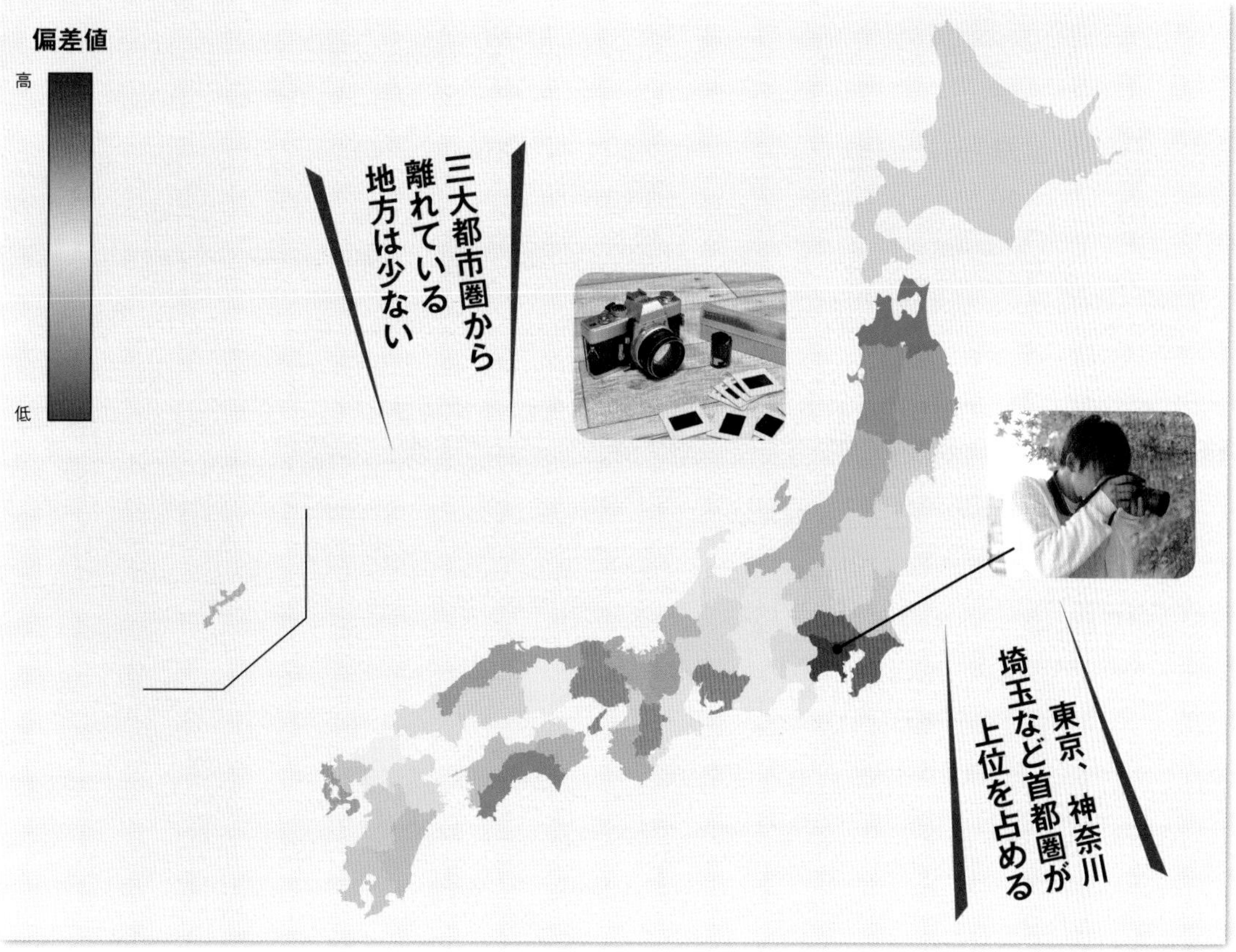
偏差値
高
低
三大都市圏から離れている地方は少ない
東京、神奈川埼玉など首都圏が上位を占める

相関データ

【正の相関】

順	係数	項目
1	0.90	25歳以上読書人口
2	0.90	インターネット利用率
3	0.90	海外旅行者数
4	0.90	25歳以上英語学習人口
5	0.89	25歳以上スポーツ人口
6	0.89	25歳以上海外旅行人口
7	0.89	スマートフォン普及率
8	0.87	鉄道通勤・通学率
9	0.87	最低賃金
10	0.87	家賃

【負の相関】

順	係数	項目
1	-0.86	教職員数
2	-0.85	地方交付税額
3	-0.85	スーパーマーケット店舗数
4	-0.83	軽自動車普及率
5	-0.81	地方公務員数
6	-0.81	小学校数
7	-0.80	中学校数
8	-0.78	農業就業人口
9	-0.78	ガソリンスタンド数
10	-0.74	自家用車通勤・通学率

東京は青森の約2倍

社会生活基本調査より「この1年間に写真の撮影・プリントをした」と答えた25歳以上の人数のランキング。全国の写真撮影人口は2354万7000人で、25歳以上人口100人あたり23・79人です。

写真撮影人口1位は東京で30・01人。2位は神奈川で29・79人。3位以下は埼玉、千葉、愛知の順。最下位は青森で15・32人。以下、少ない順に、高知、秋田、長崎、島根と続いています。

分布地図から、東京、神奈川、埼玉など首都圏が上位を占めていることがわかります。

また、鉄道通勤や最低賃金、家賃と正の相関にあるため、鉄道が発達し、最低賃金や家賃が高い都市部で写真撮影人口が多くなる傾向がうかがえます。

アクション

テレビゲーム人口（25歳以上）

テレビゲーム人口は三大都市圏を筆頭に都市部で多く地方で少ない傾向が顕著。

25歳以上人口100人あたりテレビゲーム人口ランキング

順	県名	データ	100人あたり	偏差値
1	東京都	369.8万人	34.53人	74.90
2	神奈川県	237.1万人	33.49人	71.66
3	愛知県	185.4万人	32.48人	68.48
4	千葉県	155.5万人	31.92人	66.74
5	大阪府	211.8万人	30.92人	63.60
6	埼玉県	174.3万人	30.88人	63.45
7	滋賀県	32.7万人	30.76人	63.09
8	三重県	42.3万人	30.02人	60.76
9	北海道	127.6万人	29.81人	60.09
10	兵庫県	123.6万人	28.83人	57.03
11	栃木県	43.8万人	28.44人	55.81
12	静岡県	82.1万人	28.33人	55.46
13	京都府	56.6万人	28.24人	55.19
14	広島県	62.0万人	28.23人	55.15
15	石川県	24.8万人	27.90人	54.10
16	茨城県	63.1万人	27.81人	53.82
17	岐阜県	43.4万人	27.75人	53.63
18	福岡県	107.9万人	27.55人	53.02
19	富山県	23.2万人	27.49人	52.81
20	宮城県	49.5万人	27.38人	52.47
21	奈良県	28.5万人	27.01人	51.33
22	愛媛県	29.3万人	26.88人	50.91
23	群馬県	40.9万人	26.66人	50.22
24	香川県	20.3万人	26.43人	49.50
25	長野県	42.5万人	25.84人	47.63
26	福井県	15.5万人	25.58人	46.82
27	岡山県	37.6万人	25.47人	46.49
28	山口県	28.0万人	25.39人	46.22
29	福島県	38.1万人	25.23人	45.73
30	山梨県	16.3万人	25.15人	45.49
31	和歌山県	18.8万人	24.87人	44.59
32	宮崎県	20.8万人	24.33人	42.90
33	大分県	22.2万人	24.32人	42.86
34	山形県	21.5万人	24.24人	42.62
35	徳島県	14.5万人	24.21人	42.52
36	新潟県	43.7万人	24.09人	42.15
37	佐賀県	15.1万人	23.78人	41.18
38	熊本県	32.6万人	23.69人	40.90
39	青森県	24.5万人	23.60人	40.62
40	岩手県	23.6万人	23.27人	39.59
41	鳥取県	10.4万人	23.21人	39.40
42	鹿児島県	29.5万人	23.06人	38.93
43	高知県	13.3万人	22.97人	38.64
44	長崎県	24.2万人	22.55人	37.33
45	秋田県	18.7万人	22.48人	37.08
46	島根県	12.3万人	22.45人	36.99
47	沖縄県	21.0万人	20.25人	30.10
-	全国	2,880.2万人	29.10人	-

社会生活基本調査 2016

偏差値
高
低
テレビゲーム人口は最低賃金が高い都市部で多い
1位東京と最下位は沖縄の差は100人あたり約14人

相関データ

【正の相関】

順	係数	項目
1	0.91	最低賃金
2	0.89	25歳以上写真撮影人口
3	0.88	サラリーマン年収
4	0.86	インターネット利用率
5	0.86	25歳以上国内旅行人口
6	0.82	スマートフォン普及率
7	0.81	家賃
8	0.68	中学生通塾率
9	0.63	中学生携帯電話・スマートフォン所有率
10	0.57	中学生長時間ゲームプレイ率

【負の相関】

順	係数	項目
1	-0.86	地方交付税額
2	-0.85	教職員数
3	-0.83	軽乗用車保有台数
4	-0.81	美容室数
5	-0.80	中学校数
6	-0.76	農業就業人口
7	-0.76	地方公務員数
8	-0.75	自営業者数
9	-0.63	中学生定時就寝・起床率
10	-0.62	高卒就職率

全国で2880万人強

社会生活基本調査より「この1年間にテレビゲームをした」と答えた25歳以上の人数のランキング。全国のテレビゲーム人口は2880万2000人で、25歳以上人口100人あたり29・10人です。

1位は東京で34・53人、2位は神奈川で33・49人。3位以下は愛知、千葉、大阪の順。最下位は沖縄で20・25人。以下、少ない順に島根、秋田、長崎、高知と続きます。

分布地図を見ると三大都市圏を筆頭に都市部で多く地方で少ないことがわかります。

また、最低賃金と正の相関が高く、最低賃金が高い都市部で多くなっています。

アクション

パチンコ人口（25歳以上）

パチンコ人口は東海地方、北日本、南日本で多い。1位は熊本、最下位は沖縄。

＜25歳以上パチンコ人口・上位3県＞

1 熊本県
2 鹿児島県
3 宮崎県

＜25歳以上パチンコ人口・下位3県＞

1 沖縄県
2 東京都
3 奈良県

25歳以上人口100人あたりパチンコ人口ランキング

順	県名	データ	100人あたり	偏差値
1	熊本県	185,000人	13.44人	70.24
2	鹿児島県	169,000人	13.21人	68.96
3	宮崎県	112,000人	13.10人	68.33
4	福井県	77,000人	12.71人	66.15
5	石川県	107,000人	12.04人	62.44
6	高知県	65,000人	11.23人	57.95
7	大分県	102,000人	11.17人	57.65
8	北海道	477,000人	11.14人	57.48
9	岐阜県	174,000人	11.13人	57.39
10	佐賀県	70,000人	11.02人	56.83
11	三重県	154,000人	10.93人	56.31
12	長崎県	117,000人	10.90人	56.16
13	愛知県	616,000人	10.79人	55.54
14	岩手県	109,000人	10.75人	55.31
15	鳥取県	48,000人	10.71人	55.11
16	宮城県	192,000人	10.62人	54.59
17	山口県	116,000人	10.52人	54.02
18	福島県	158,000人	10.46人	53.72
19	青森県	105,000人	10.12人	51.79
20	福岡県	396,000人	10.11人	51.78
21	愛媛県	109,000人	10.00人	51.15
22	山形県	88,000人	9.92人	50.72
23	静岡県	284,000人	9.80人	50.04
24	和歌山県	74,000人	9.79人	49.98
25	香川県	75,000人	9.77人	49.85
26	栃木県	150,000人	9.74人	49.71
27	滋賀県	103,000人	9.69人	49.43
28	富山県	81,000人	9.60人	48.92
29	広島県	210,000人	9.56人	48.73
30	長野県	153,000人	9.30人	47.28
31	山梨県	60,000人	9.26人	47.05
32	茨城県	210,000人	9.26人	47.02
33	大阪府	624,000人	9.11人	46.22
34	岡山県	134,000人	9.08人	46.05
35	徳島県	54,000人	9.02人	45.69
36	秋田県	75,000人	9.01人	45.69
37	群馬県	137,000人	8.93人	45.23
38	兵庫県	375,000人	8.75人	44.21
39	新潟県	158,000人	8.71人	44.00
40	島根県	46,000人	8.39人	42.25
41	千葉県	398,000人	8.17人	41.01
42	京都府	162,000人	8.08人	40.53
43	埼玉県	443,000人	7.85人	39.22
44	神奈川県	509,000人	7.19人	35.58
45	奈良県	73,000人	6.92人	34.08
46	東京都	575,000人	5.37人	25.48
47	沖縄県	40,000人	3.86人	17.11
-	全国	8,948,000人	9.04人	-

社会生活基本調査 2016

アクション

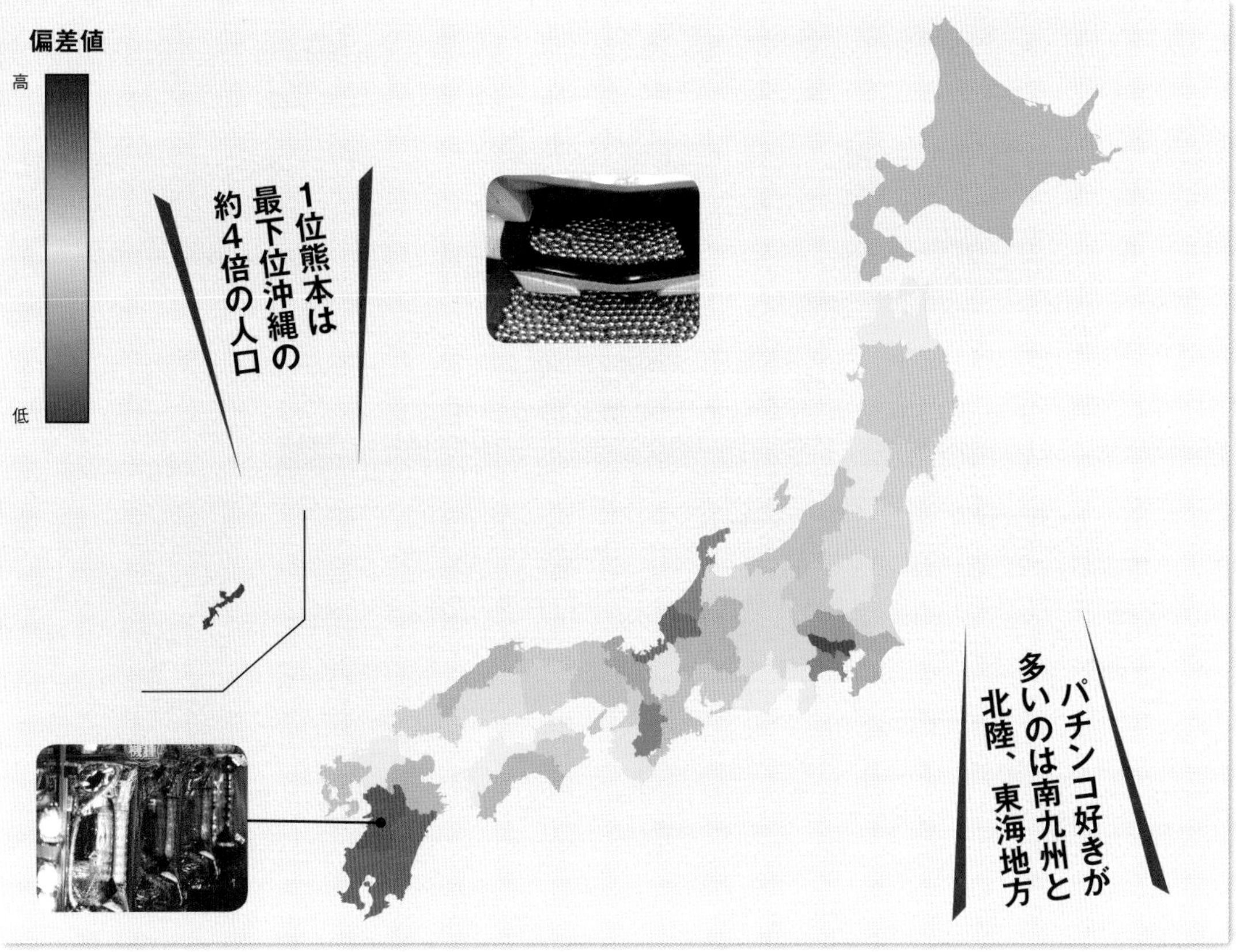
偏差値
高
低
1位熊本は最下位沖縄の約4倍の人口
パチンコ好きが多いのは南九州と北陸、東海地方

相関データ

【正の相関】

順	係数	項目
1	0.88	パチンコ台数
2	0.66	パチンコ店舗数
3	0.64	高卒就職率
4	0.58	マヨネーズ消費量
5	0.58	パチスロ台数
6	0.58	看護師数
7	0.55	一般病床数
8	0.55	剣道場数
9	0.54	食糧自給率(生産額ベース)
10	0.53	柔道場数

【負の相関】

順	係数	項目
1	-0.70	在日アメリカ人
2	-0.58	25歳以上読書人口
3	-0.58	25歳以上英語学習人口
4	-0.57	25歳以上カラオケ人口
5	-0.57	ハンバーガーショップ店舗数
6	-0.56	家賃
7	-0.55	ソーシャルネットワーキングサービス(SNS)利用率
8	-0.55	通勤時間
9	-0.55	女性初婚年齢
10	-0.54	男性初婚年齢

全国894万8000人

社会生活基本調査より「この1年間にパチンコをした」と答えた25歳以上の人数のランキング。全国のパチンコ人口は894万8000人で、25歳以上人口100人あたり9・04人です。

1位は熊本で13・44人、2位は鹿児島で13・21人。3位以下は宮崎、福井、石川の順です。最下位は沖縄で3・86人。以下、少ない順に、東京、奈良、神奈川、埼玉と続きます。

分布地図からパチンコ人口は、パチンコ発祥の地と言われる東海地方、北日本、南日本で多いことがわかります。

また、パチンコ店の数と正の相関関係にあるので、パチンコ店の多い地域でおのずとパチンコ人口は多くなっています。

アクション

カラオケ人口（25歳以上）

カラオケを楽しむ人は、沖縄以外は首都圏など都市部で多く、東北や山陰などの地方は少ない。

<25歳以上カラオケ人口・上位3県>

<25歳以上カラオケ人口・下位3県>

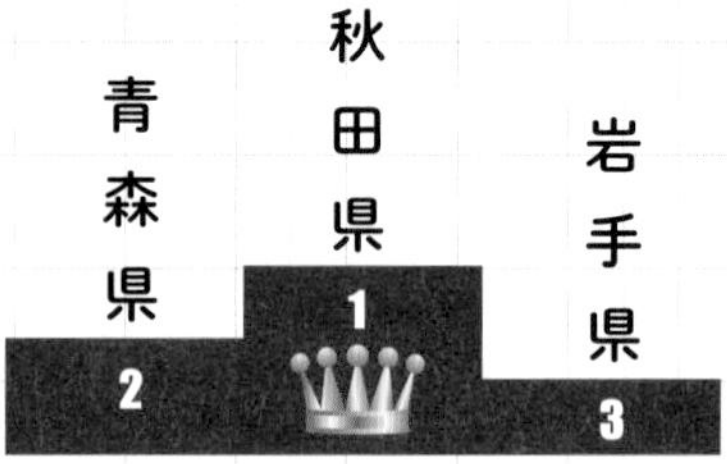

25歳以上人口100人あたりカラオケ人口ランキング

順	県名	データ	100人あたり	偏差値
1	沖縄県	359,000人	34.62人	85.00
2	東京都	3,247,000人	30.31人	71.25
3	神奈川県	2,130,000人	30.09人	70.53
4	千葉県	1,372,000人	28.17人	64.39
5	埼玉県	1,538,000人	27.25人	61.45
6	大阪府	1,862,000人	27.19人	61.26
7	滋賀県	281,000人	26.43人	58.86
8	福岡県	1,025,000人	26.17人	58.03
9	山梨県	168,000人	25.93人	57.24
10	愛知県	1,472,000人	25.79人	56.80
11	北海道	1,100,000人	25.69人	56.50
12	兵庫県	1,101,000人	25.68人	56.46
13	宮城県	463,000人	25.61人	56.22
14	奈良県	262,000人	24.83人	53.75
15	群馬県	378,000人	24.64人	53.13
16	茨城県	549,000人	24.20人	51.71
17	和歌山県	182,000人	24.07人	51.32
18	長野県	394,000人	23.95人	50.93
19	鹿児島県	306,000人	23.92人	50.85
20	京都府	468,000人	23.35人	49.02
21	静岡県	676,000人	23.33人	48.93
22	栃木県	355,000人	23.05人	48.06
23	宮崎県	197,000人	23.04人	48.02
24	石川県	204,000人	22.95人	47.72
25	三重県	323,000人	22.92人	47.65
26	広島県	503,000人	22.91人	47.59
27	岡山県	337,000人	22.83人	47.35
28	大分県	208,000人	22.78人	47.19
29	山形県	202,000人	22.77人	47.17
30	富山県	191,000人	22.63人	46.71
31	愛媛県	244,000人	22.39人	45.93
32	福井県	135,000人	22.28人	45.58
33	熊本県	306,000人	22.24人	45.46
34	佐賀県	141,000人	22.20人	45.35
35	長崎県	238,000人	22.18人	45.27
36	山口県	238,000人	21.58人	43.35
37	新潟県	391,000人	21.55人	43.27
38	徳島県	128,000人	21.37人	42.68
39	福島県	321,000人	21.26人	42.33
40	岐阜県	332,000人	21.23人	42.23
41	香川県	163,000人	21.22人	42.22
42	鳥取県	90,000人	20.09人	38.59
43	高知県	116,000人	20.03人	38.42
44	島根県	109,000人	19.89人	37.96
45	岩手県	200,000人	19.72人	37.43
46	青森県	187,000人	18.02人	31.97
47	秋田県	147,000人	17.67人	30.86
-	全国	25,339,000人	25.60人	-

社会生活基本調査 2016

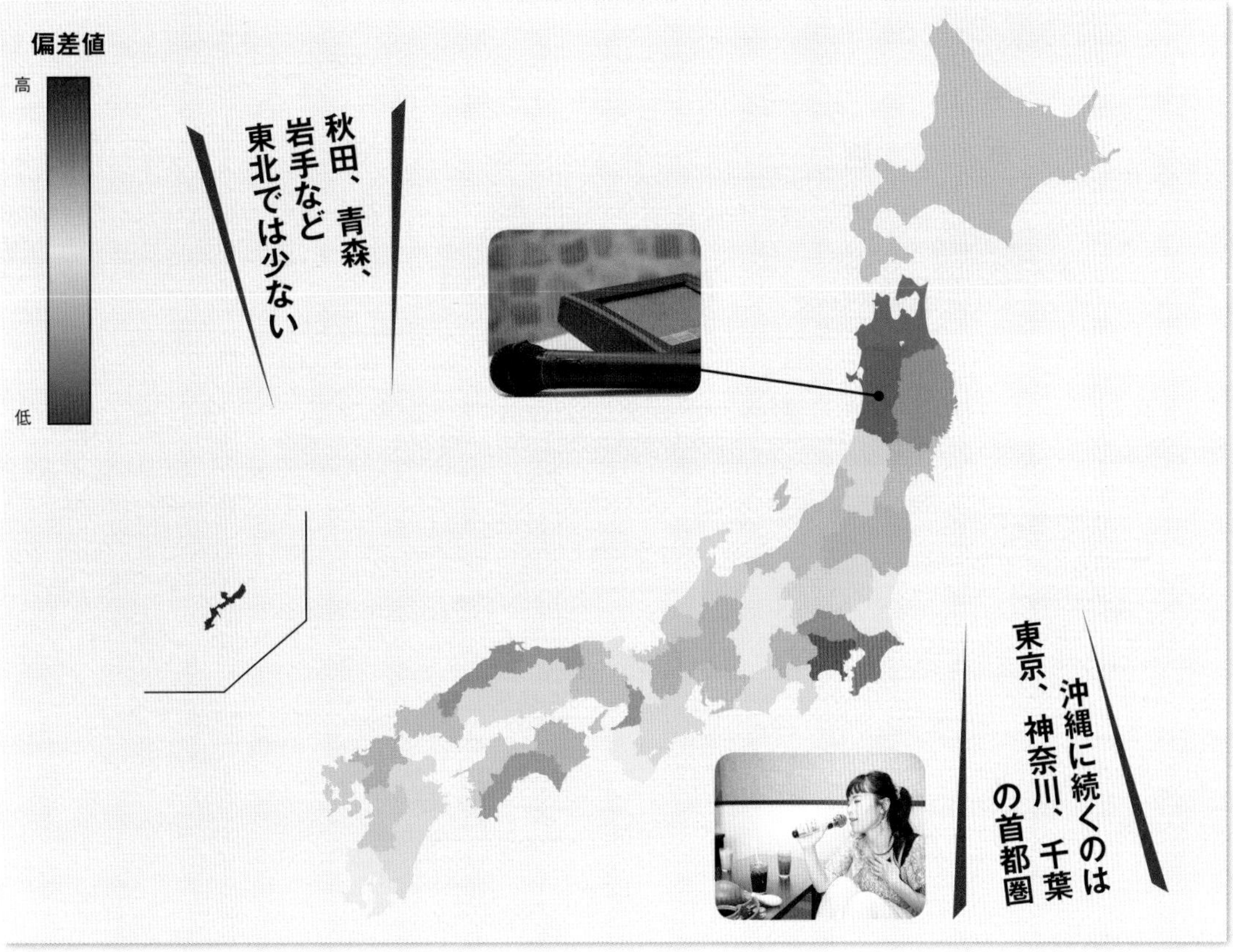
偏差値
高
低
秋田、青森、岩手など東北では少ない
沖縄に続くのは東京、神奈川、千葉の首都圏

相関データ

【正の相関】

順	係数	項目
1	0.80	生産年齢人口
2	0.77	25歳以上トレーニング人口
3	0.76	25歳以上ジョギング・マラソン人口
4	0.75	スマートフォン普及率
5	0.74	小学校一校あたり児童数
6	0.73	25歳以上英語学習人口
7	0.73	ハンバーガーショップ店舗数
8	0.70	ソーシャルネットワーキングサービス(SNS)利用率
9	0.70	インターネット利用率
10	0.69	人口集中度

【負の相関】

順	係数	項目
1	-0.85	65歳以上人口(高齢者数)
2	-0.77	ホームセンター店舗数
3	-0.76	戸建て率
4	-0.73	共働き率
5	-0.71	農業就業人口
6	-0.69	高卒求職者数
7	-0.69	郵便局軒数
8	-0.69	睡眠時間
9	-0.69	ガソリンスタンド数
10	-0.67	酒屋店舗数

沖縄県人はカラオケ好き

社会生活基本調査より「この1年間にカラオケをした」と答えた25歳以上の人数のランキング。全国のカラオケ人口は2533万9000人で、25歳以上人口100人あたり25・60人です。

1位は沖縄で34・62人、2位は東京で30・31人です。3位以下は神奈川、千葉、埼玉の順。反対に少ないのは、最下位から順に、秋田17・67人、青森18・02人、岩手19・72人。以下、島根、高知と続きます。

沖縄以外は首都圏が上位を占めているのが特徴です。

また、人口集中度と正の相関にあり、カラオケ人口は人口が集中し、農業就業者が少ない都市部で多くなっています。

アクション

園芸・ガーデニング人口（25歳以上）

上位の県は、園芸・ガーデニング人口の少ない大阪や東京を囲むように広がっている。

25歳以上人口100人あたり園芸・ガーデニング人口ランキング

順	県名	データ	100人あたり	偏差値
1	茨城県	825,000人	36.36人	72.32
2	群馬県	551,000人	35.92人	70.80
3	栃木県	522,000人	33.90人	63.82
4	奈良県	350,000人	33.18人	61.33
5	滋賀県	352,000人	33.11人	61.12
6	長野県	543,000人	33.01人	60.76
7	岡山県	485,000人	32.86人	60.24
8	千葉県	1,574,000人	32.31人	58.36
9	福島県	487,000人	32.25人	58.14
10	香川県	246,000人	32.03人	57.38
11	山梨県	207,000人	31.94人	57.08
12	山口県	352,000人	31.91人	56.98
13	山形県	281,000人	31.68人	56.17
14	鹿児島県	405,000人	31.67人	56.12
15	愛媛県	345,000人	31.65人	56.07
16	宮城県	564,000人	31.19人	54.50
17	富山県	261,000人	30.92人	53.56
18	岐阜県	483,000人	30.88人	53.42
19	三重県	433,000人	30.73人	52.90
20	岩手県	310,000人	30.57人	52.35
21	宮崎県	261,000人	30.53人	52.19
22	島根県	167,000人	30.47人	52.01
23	埼玉県	1,712,000人	30.33人	51.51
24	石川県	269,000人	30.26人	51.27
25	静岡県	872,000人	30.09人	50.68
26	徳島県	180,000人	30.05人	50.55
27	大分県	268,000人	29.35人	48.14
28	新潟県	530,000人	29.22人	47.67
29	佐賀県	185,000人	29.13人	47.39
30	秋田県	242,000人	29.09人	47.22
31	京都府	580,000人	28.94人	46.72
32	和歌山県	217,000人	28.70人	45.90
33	福井県	173,000人	28.55人	45.36
34	北海道	1,218,000人	28.45人	45.03
35	愛知県	1,620,000人	28.38人	44.79
36	熊本県	389,000人	28.27人	44.41
37	神奈川県	1,989,000人	28.10人	43.81
38	長崎県	300,000人	27.96人	43.33
39	広島県	611,000人	27.82人	42.86
40	鳥取県	122,000人	27.23人	40.82
41	福岡県	1,056,000人	26.97人	39.91
42	兵庫県	1,141,000人	26.62人	38.69
43	高知県	154,000人	26.60人	38.63
44	青森県	275,000人	26.49人	38.27
45	沖縄県	259,000人	24.98人	33.04
46	東京都	2,499,000人	23.33人	27.36
47	大阪府	1,432,000人	20.91人	19.00
-	全国	28,295,000人	28.59人	-

社会生活基本調査 2016

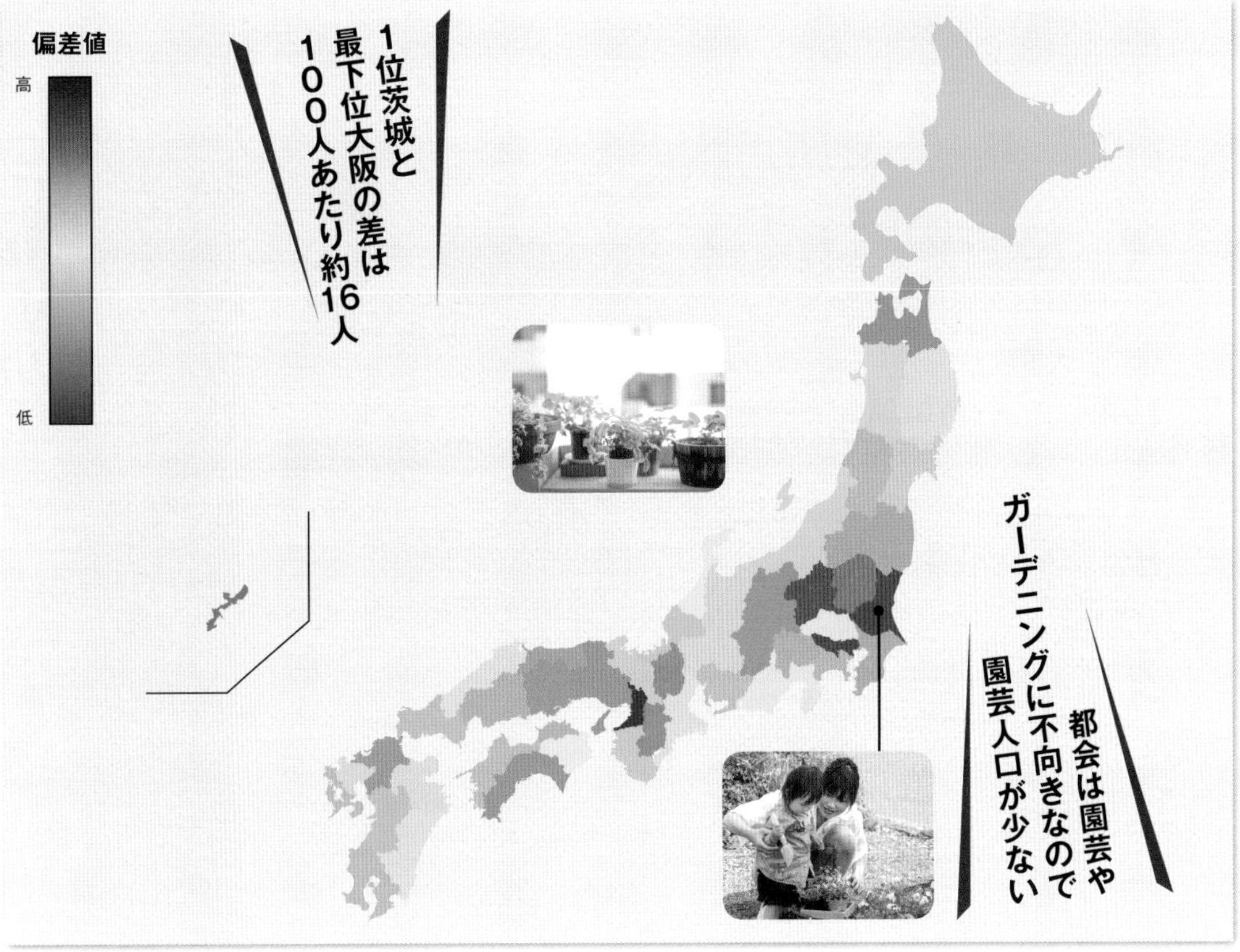
偏差値
高
低
1位茨城と
最下位大阪の差は
100人あたり約16人
都会は園芸や
ガーデニングに不向きなので
園芸人口が少ない

相関データ

【正の相関】

順	係数	項目
1	0.74	園芸用品購入量
2	0.63	ピアノ普及率
3	0.63	自動車普及率
4	0.63	しまむら店舗数
5	0.62	ゴルフ練習場数
6	0.61	乗用車保有台数
7	0.60	第二次産業従業者数
8	0.58	持ち家率
9	0.56	小学生早寝早起き率
10	0.51	カインズホーム店舗数

【負の相関】

順	係数	項目
1	-0.72	ビール消費量
2	-0.68	生活保護受給者
3	-0.61	第三次産業従業者数
4	-0.56	独居老人（60代以上ひとり暮らし）
5	-0.56	分譲マンション率
6	-0.54	ひとり暮らし率
7	-0.53	人口密度
8	-0.53	徒歩・自転車通勤・通学率
9	-0.52	人口集中度
10	-0.48	基準地価：住宅地

最下位は大都市大阪

社会生活基本調査より「この1年間に園芸・ガーデニングをした」と答えた25歳以上の人数のランキング。全国の園芸・ガーデニング人口は2829万5000人で、25歳以上人口100人あたり28・59人です。

1位は茨城で36・36人、2位以下は群馬、栃木、奈良、滋賀の順。最下位は大阪で20・91人。

以下、少ない順に、東京、沖縄、青森、高知と続きます。

園芸・ガーデニング人口が少ない東京と大阪を、園芸・ガーデニング人口が多い県が取り巻いているのが特徴です。この傾向は、園芸やガーデニングに不向きな集合住宅住まいが多い都会の周囲を、一戸建て住まいが多い県が囲んでいるから起こっているのでしょう。

編み物・手芸人口（25歳以上）

1位京都、2位兵庫、4位奈良と関西地方が上位を占め、四国、九州の県が下位を占める。

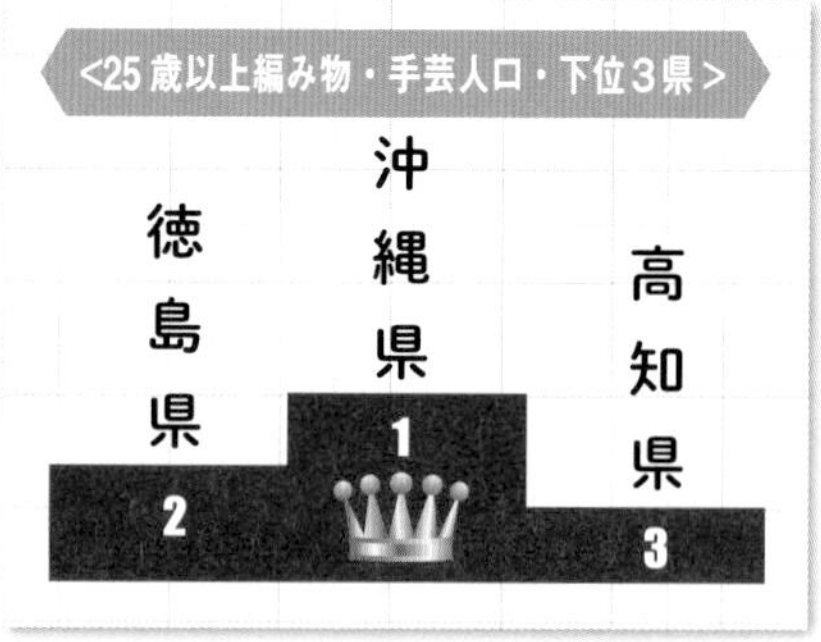

25歳以上人口100人あたり編み物・手芸人口ランキング

順	県名	データ	100人あたり	偏差値
1	京都府	251,000人	12.52人	73.67
2	兵庫県	504,000人	11.76人	66.73
3	北海道	498,000人	11.63人	65.62
4	奈良県	122,000人	11.56人	64.99
5	宮城県	205,000人	11.34人	62.96
6	神奈川県	800,000人	11.30人	62.62
7	岡山県	165,000人	11.18人	61.52
8	岩手県	113,000人	11.14人	61.20
9	千葉県	533,000人	10.94人	59.38
10	東京都	1,171,000人	10.93人	59.30
11	三重県	154,000人	10.93人	59.27
12	滋賀県	115,000人	10.82人	58.26
13	広島県	231,000人	10.52人	55.56
14	山口県	116,000人	10.52人	55.54
15	埼玉県	593,000人	10.50人	55.43
16	長野県	169,000人	10.27人	53.34
17	山形県	91,000人	10.26人	53.22
18	島根県	55,000人	10.04人	51.20
19	大阪府	687,000人	10.03人	51.15
20	福島県	151,000人	10.00人	50.87
21	群馬県	153,000人	9.97人	50.64
22	岐阜県	155,000人	9.91人	50.07
23	秋田県	82,000人	9.86人	49.57
24	富山県	83,000人	9.83人	49.38
25	静岡県	283,000人	9.77人	48.76
26	石川県	86,000人	9.67人	47.93
27	愛知県	550,000人	9.64人	47.58
28	青森県	100,000人	9.63人	47.57
29	福岡県	377,000人	9.63人	47.51
30	鹿児島県	123,000人	9.62人	47.42
31	鳥取県	43,000人	9.60人	47.25
32	福井県	58,000人	9.57人	47.00
33	山梨県	61,000人	9.41人	45.58
34	長崎県	100,000人	9.32人	44.73
35	茨城県	210,000人	9.26人	44.15
36	新潟県	167,000人	9.21人	43.71
37	和歌山県	69,000人	9.13人	42.99
38	香川県	70,000人	9.11人	42.88
39	栃木県	139,000人	9.03人	42.08
40	愛媛県	98,000人	8.99人	41.76
41	大分県	81,000人	8.87人	40.69
42	佐賀県	55,000人	8.66人	38.79
43	熊本県	119,000人	8.65人	38.67
44	宮崎県	72,000人	8.42人	36.62
45	高知県	45,000人	7.77人	30.76
46	徳島県	46,000人	7.68人	29.92
47	沖縄県	73,000人	7.04人	24.15
-	全国	10,227,000人	10.33人	-

社会生活基本調査 2016

アクション

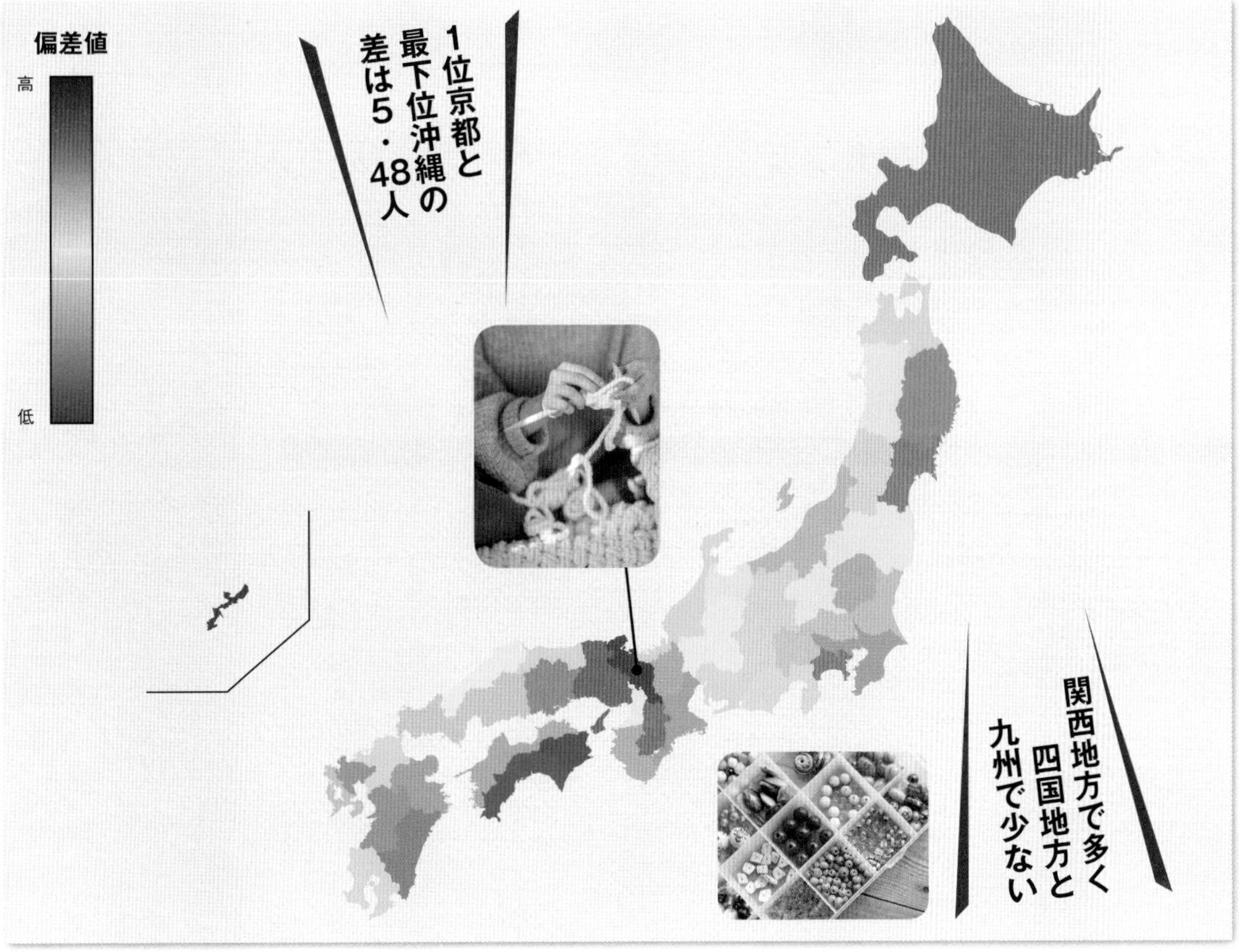
偏差値
高
低
1位京都と最下位沖縄の差は5・48人
関西地方で多く四国地方と九州で少ない

相関データ

【正の相関】

順	係数	項目
1	0.73	鉄道切符代
2	0.73	25歳以上和裁・洋裁人口
3	0.68	25歳以上ライブ・コンサート人口
4	0.64	25歳以上コーラス・声楽人口
5	0.64	25歳以上家政・家事学習人口
6	0.61	25歳以上国内旅行人口
7	0.61	25歳以上読書人口
8	0.60	25歳以上芸術・文化学習人口
9	0.58	25歳以上写真撮影人口
10	0.57	25歳以上日帰り旅行人口

【負の相関】

順	係数	項目
1	-0.64	レンタルビデオ店店舗数
2	-0.61	軽乗用車保有台数
3	-0.60	合計特殊出生率
4	-0.60	スポーツ用品店店舗数
5	-0.58	ラブホテル軒数
6	-0.57	美容室数
7	-0.57	作業療法士数
8	-0.54	自営業者数
9	-0.53	看護師数
10	-0.52	飲み屋店舗数

1位は断トツで京都

社会生活基本調査より「この1年間に編み物・手芸をした」と答えた25歳以上の人数のランキング。全国の編み物・手芸人口は1022万7000人で、25歳以上人口100人あたり10・33人です。

1位は京都で12・52人、2位は兵庫で11・76人。3位以下は、北海道、奈良、宮城となっています。最下位は沖縄で7・04人。以下、少ない順に徳島、高知、宮崎、熊本と続きます。1位京都と最下位沖縄の差は5・48人です。

分布地図から、関西地方で多く、四国地方で少ないことがわかります。

なお、各種の趣味人口と正の相関があり、編み物・手芸人口が多いところは趣味人口も多くなっています。

アクション

英語学習人口（25歳以上）

トップ3は東京、神奈川、千葉。三大都市圏で多く、東北や九州地方で少ない。

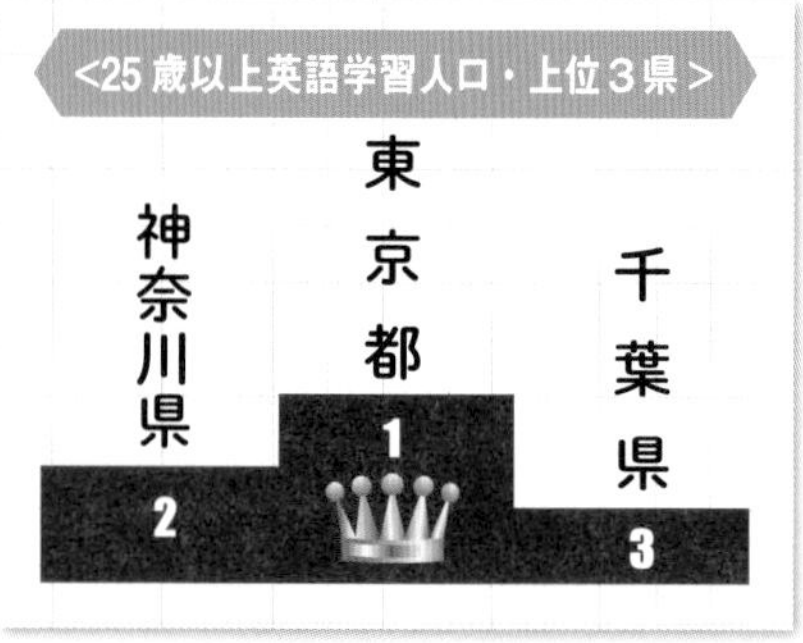

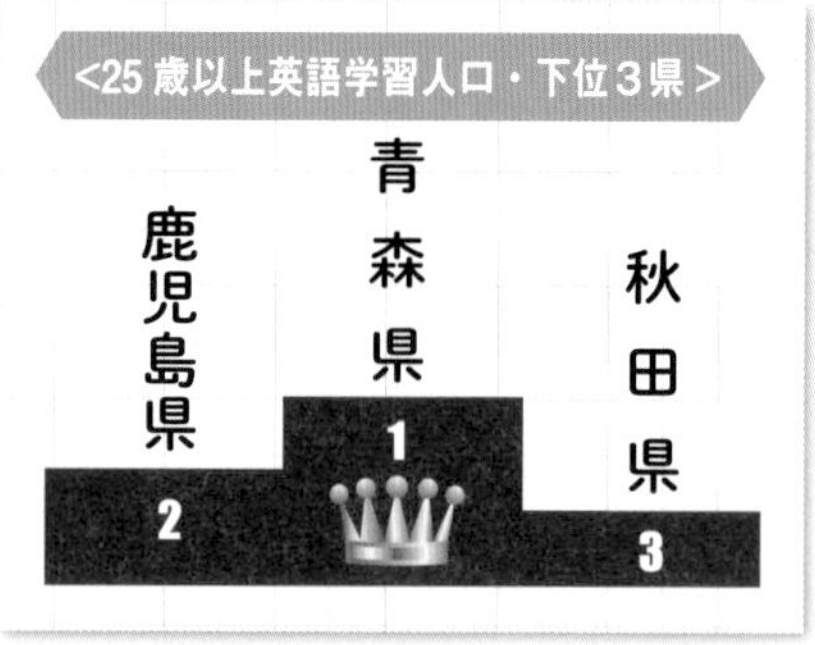

25歳以上人口100人あたり英語学習人口ランキング

順	県名	データ	100人あたり	偏差値
1	東京都	1,588,000人	14.83人	85.51
2	神奈川県	932,000人	13.17人	78.72
3	千葉県	520,000人	10.68人	68.53
4	京都府	192,000人	9.58人	64.05
5	兵庫県	389,000人	9.07人	61.98
6	埼玉県	504,000人	8.93人	61.38
7	奈良県	90,000人	8.53人	59.75
8	大阪府	574,000人	8.38人	59.14
9	愛知県	476,000人	8.34人	58.97
10	滋賀県	83,000人	7.81人	56.80
11	沖縄県	77,000人	7.43人	55.23
12	茨城県	156,000人	6.88人	52.98
13	宮城県	124,000人	6.86人	52.91
14	三重県	95,000人	6.74人	52.44
15	石川県	58,000人	6.52人	51.54
16	岐阜県	102,000人	6.52人	51.53
17	栃木県	100,000人	6.49人	51.42
18	長野県	106,000人	6.44人	51.22
19	静岡県	179,000人	6.18人	50.12
20	福岡県	240,000人	6.13人	49.93
21	北海道	246,000人	5.75人	48.36
22	広島県	126,000人	5.74人	48.33
23	香川県	44,000人	5.73人	48.29
24	群馬県	87,000人	5.67人	48.06
25	山梨県	36,000人	5.56人	47.58
26	熊本県	74,000人	5.38人	46.86
27	山口県	59,000人	5.35人	46.74
28	富山県	43,000人	5.09人	45.70
29	岡山県	75,000人	5.08人	45.64
30	徳島県	30,000人	5.01人	45.34
31	福井県	30,000人	4.95人	45.11
32	愛媛県	52,000人	4.77人	44.37
33	長崎県	51,000人	4.75人	44.30
34	佐賀県	30,000人	4.72人	44.18
35	和歌山県	35,000人	4.63人	43.79
36	高知県	26,000人	4.49人	43.22
37	鳥取県	20,000人	4.46人	43.12
38	福島県	67,000人	4.44人	43.01
39	新潟県	70,000人	3.86人	40.64
40	島根県	21,000人	3.83人	40.53
41	宮崎県	32,000人	3.74人	40.16
42	大分県	34,000人	3.72人	40.09
43	岩手県	35,000人	3.45人	38.97
44	山形県	30,000人	3.38人	38.69
45	秋田県	28,000人	3.37人	38.62
46	鹿児島県	42,000人	3.28人	38.29
47	青森県	33,000人	3.18人	37.86
-	全国	8,043,000人	8.13人	-

社会生活基本調査 2016

アクション

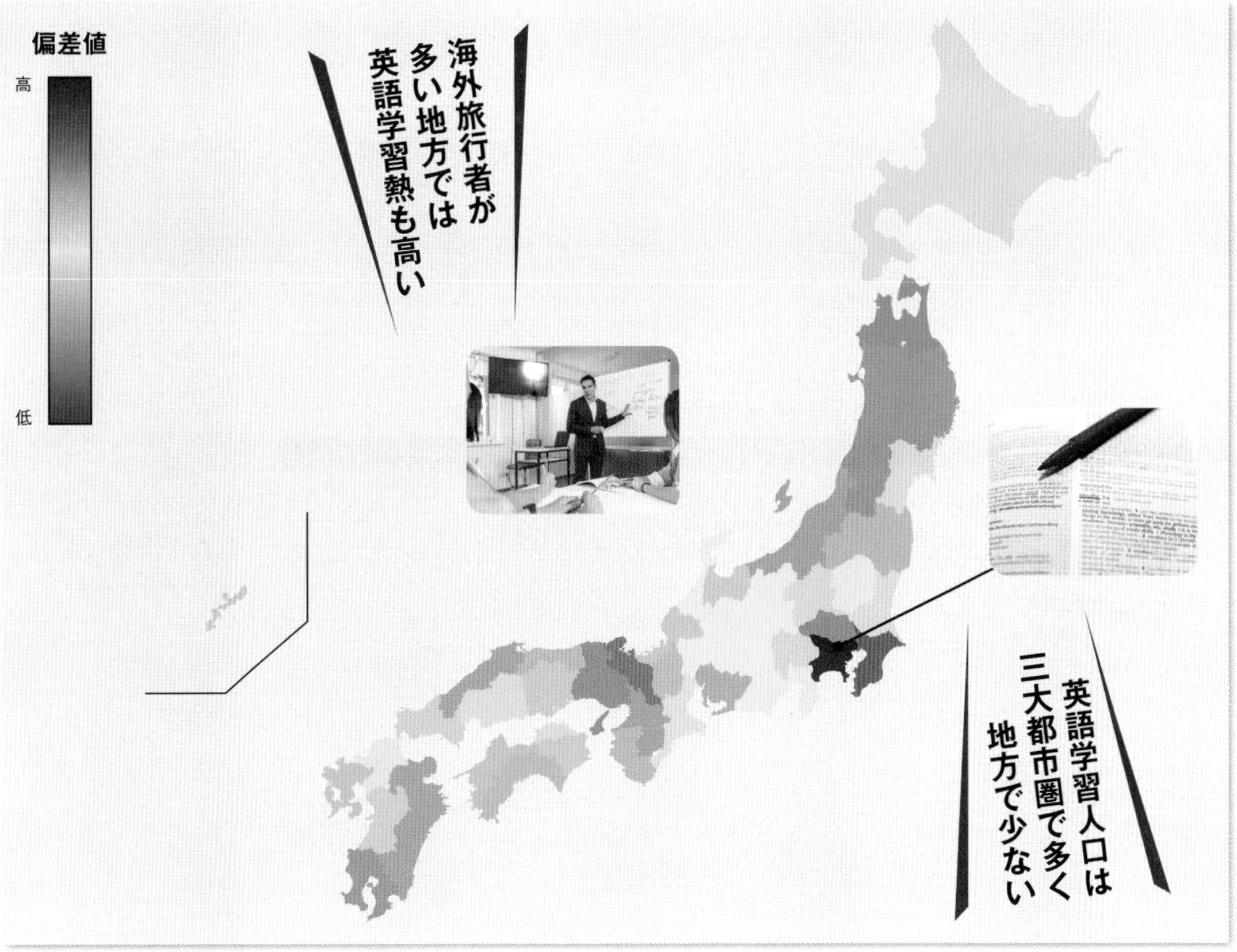
偏差値
高
低
海外旅行者が多い地方では英語学習熱も高い
英語学習人口は三大都市圏で多く地方で少ない

相関データ

【正の相関】

順	係数	項目
1	0.95	25歳以上海外旅行人口
2	0.93	家賃
3	0.92	25歳以上水泳人口
4	0.91	25歳以上読書人口
5	0.90	鉄道通勤・通学率
6	0.90	インターネット利用率
7	0.90	25歳以上写真撮影人口
8	0.89	最低賃金
9	0.89	通勤時間
10	0.88	25歳以上楽器演奏人口

【負の相関】

順	係数	項目
1	-0.85	軽乗用車保有台数
2	-0.83	自家用車通勤・通学率
3	-0.83	ガソリンスタンド数
4	-0.81	高卒就職率
5	-0.81	自動車保有台数
6	-0.80	教職員数
7	-0.79	農業就業人口
8	-0.78	地方交付税額
9	-0.78	小学校数
10	-0.77	共働き率

英語学習人口８０４万人

社会生活基本調査より「この１年間に英語学習をした」と答えた25歳以上の人数のランキング。全国の英語学習人口は８０４万人で、25歳以上人口１００人あたり８・13人です。

１位は東京で14・83人、２位は神奈川で13・17人です。３位以下は千葉、京都、兵庫の順。最下位は青森で３・18人です。

海外旅行人口と正の相関があり、海外旅行者が多いところで英語学習人口も多いことがわかります。

英語学習人口は三大都市圏で多い傾向が顕著です。

また、鉄道通勤・通学率や最低賃金と正の相関が高く、賃金が高く鉄道が発達した都市部で多くなる傾向にあります。

アクション

書道人口（25歳以上）

書道をたしなむ大人は北関東周辺と関西で多い傾向。1位は岡山、最下位は青森。

＜25歳以上書道人口・上位３県＞

1 岡山県
2 埼玉県
3 京都府

＜25歳以上書道人口・下位３県＞

1 青森県
2 高知県
3 北海道

25歳以上人口100人あたり書道人口ランキング

順	県名	データ	100人あたり	偏差値
1	岡山県	57,000人	3.86人	72.35
2	埼玉県	209,000人	3.70人	69.32
3	京都府	73,000人	3.64人	68.19
4	群馬県	53,000人	3.46人	64.64
5	神奈川県	232,000人	3.28人	61.27
6	兵庫県	140,000人	3.27人	61.05
7	山梨県	21,000人	3.24人	60.57
8	和歌山県	24,000人	3.17人	59.32
9	奈良県	33,000人	3.13人	58.44
10	茨城県	70,000人	3.09人	57.62
11	東京都	325,000人	3.03人	56.66
12	長野県	49,000人	2.98人	55.61
13	大分県	27,000人	2.96人	55.20
14	石川県	26,000人	2.92人	54.58
15	滋賀県	31,000人	2.92人	54.42
16	三重県	41,000人	2.91人	54.30
17	岐阜県	45,000人	2.88人	53.68
18	佐賀県	18,000人	2.83人	52.88
19	福井県	17,000人	2.81人	52.32
20	大阪府	191,000人	2.79人	52.01
21	愛媛県	30,000人	2.75人	51.32
22	愛知県	157,000人	2.75人	51.28
23	広島県	60,000人	2.73人	50.94
24	福岡県	106,000人	2.71人	50.46
25	山形県	24,000人	2.71人	50.43
26	千葉県	128,000人	2.63人	48.96
27	長崎県	28,000人	2.61人	48.61
28	香川県	20,000人	2.60人	48.51
29	栃木県	40,000人	2.60人	48.38
30	静岡県	75,000人	2.59人	48.20
31	福島県	39,000人	2.58人	48.10
32	熊本県	35,000人	2.54人	47.36
33	新潟県	46,000人	2.54人	47.21
34	徳島県	15,000人	2.50人	46.61
35	宮崎県	21,000人	2.46人	45.70
36	宮城県	43,000人	2.38人	44.23
37	山口県	25,000人	2.27人	42.11
38	富山県	19,000人	2.25人	41.82
39	鳥取県	10,000人	2.23人	41.46
40	島根県	12,000人	2.19人	40.65
41	鹿児島県	28,000人	2.19人	40.64
42	秋田県	18,000人	2.16人	40.16
43	沖縄県	19,000人	1.83人	33.88
44	岩手県	18,000人	1.78人	32.80
45	北海道	71,000人	1.66人	30.59
46	高知県	9,000人	1.55人	28.61
47	青森県	15,000人	1.45人	26.54
-	全国	2,793,000人	2.82人	-

社会生活基本調査 2016

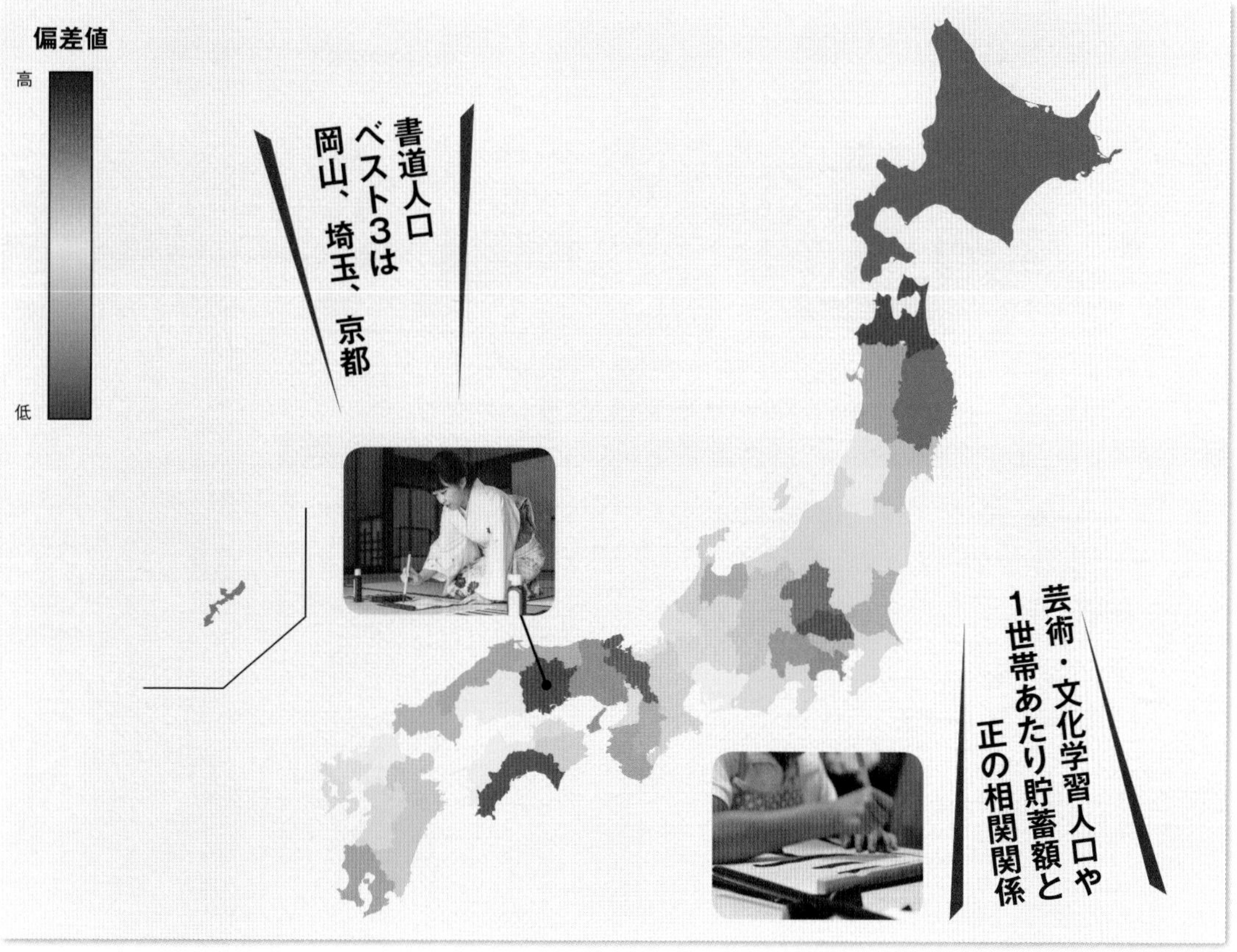
偏差値
高
低
書道人口ベスト3は岡山、埼玉、京都
芸術・文化学習人口や1世帯あたり貯蓄額と正の相関関係

相関データ

【正の相関】

順	係数	項目
1	0.65	ゴルフ用具普及率
2	0.64	外国車普及率
3	0.64	パソコン普及率
4	0.63	大学進学率
5	0.63	1世帯あたり貯蓄額
6	0.62	サラリーマン年収
7	0.62	四年制大学進学率
8	0.60	25歳以上映画鑑賞人口
9	0.58	25歳以上絵画彫刻人口
10	0.58	25歳以上芸術・文化学習人口

【負の相関】

順	係数	項目
1	-0.62	睡眠時間
2	-0.61	可住地面積
3	-0.61	第一次産業従業者数
4	-0.60	面積
5	-0.59	公共事業費
6	-0.59	飲み屋店舗数
7	-0.58	漁業就業人口
8	-0.58	地方公務員数
9	-0.57	食糧自給率(カロリーベース)
10	-0.53	教職員数

全国に279・3万人

社会生活基本調査より「この1年間に書道をした」と答えた25歳以上の人数のランキング。全国の書道人口は279・3万人で、25歳以上人口100人あたり2・82人です。

1位は岡山で3・86人、2位は埼玉で3・70人。3位以下は京都、群馬、神奈川の順。最下位は青森で1・45人。以下、少ない順に、高知、北海道、岩手、沖縄と続きます。

分布地図から、北関東周辺と関西で多いことがわかります。

また、25歳以上芸術・文化学習人口と正の相関があり、書道人口は芸術や文化に興味を持つ人が多い地方で多い傾向にあります。

さらに1世帯あたり貯蓄額とも正の相関があり、貯蓄が多く豊かな地方で書道人口も多くなっています。

アクション

茶道人口(25歳以上)

茶道人口は北陸、奈良、京都周辺や山陰で多く、華道人口と正の相関関係にある。

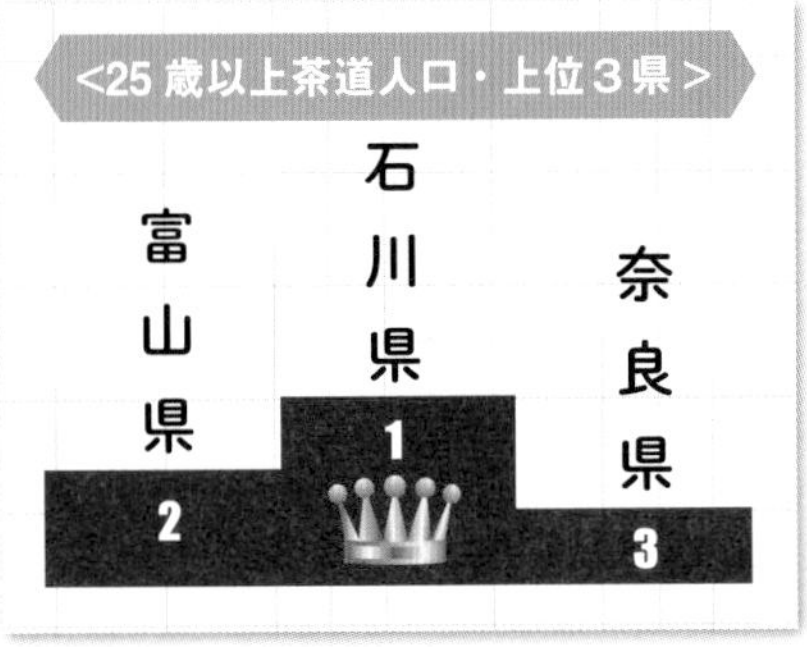

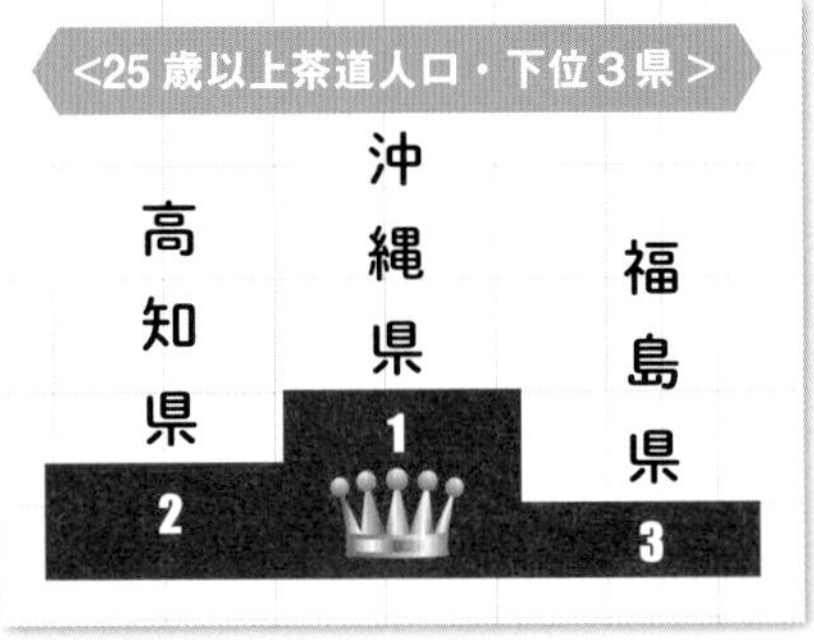

25歳以上人口100人あたり茶道人口ランキング

順	県名	データ	100人あたり	偏差値
1	石川県	27,000人	3.04人	82.17
2	富山県	21,000人	2.49人	71.59
3	奈良県	25,000人	2.37人	69.31
4	鳥取県	10,000人	2.23人	66.66
5	京都府	44,000人	2.20人	65.95
6	三重県	28,000人	1.99人	61.94
7	島根県	10,000人	1.82人	58.81
8	福井県	11,000人	1.82人	58.62
9	香川県	13,000人	1.69人	56.26
10	東京都	181,000人	1.69人	56.21
11	静岡県	48,000人	1.66人	55.56
12	愛媛県	18,000人	1.65人	55.47
13	新潟県	29,000人	1.60人	54.45
14	岐阜県	25,000人	1.60人	54.45
15	広島県	33,000人	1.50人	52.60
16	岡山県	22,000人	1.49人	52.37
17	愛知県	84,000人	1.47人	52.00
18	兵庫県	62,000人	1.45人	51.51
19	福岡県	55,000人	1.40人	50.71
20	山梨県	9,000人	1.39人	50.41
21	山口県	15,000人	1.36人	49.85
22	大阪府	91,000人	1.33人	49.25
23	茨城県	28,000人	1.23人	47.43
24	栃木県	19,000人	1.23人	47.42
25	神奈川県	87,000人	1.23人	47.33
26	滋賀県	13,000人	1.22人	47.21
27	長野県	20,000人	1.22人	47.07
28	長崎県	13,000人	1.21人	46.99
29	千葉県	59,000人	1.21人	46.99
30	北海道	51,000人	1.19人	46.60
31	群馬県	18,000人	1.17人	46.26
32	熊本県	16,000人	1.16人	46.05
33	山形県	10,000人	1.13人	45.37
34	佐賀県	7,000人	1.10人	44.89
35	大分県	10,000人	1.10人	44.75
36	秋田県	9,000人	1.08人	44.49
37	埼玉県	61,000人	1.08人	44.47
38	岩手県	10,000人	0.99人	42.65
39	宮崎県	8,000人	0.94人	41.68
40	和歌山県	7,000人	0.93人	41.49
41	宮城県	16,000人	0.88人	40.70
42	徳島県	5,000人	0.83人	39.73
43	青森県	8,000人	0.77人	38.50
44	鹿児島県	9,000人	0.70人	37.21
45	福島県	8,000人	0.53人	33.86
46	高知県	3,000人	0.52人	33.63
47	沖縄県	4,000人	0.39人	31.08
-	全国	1,364,000人	1.38人	-

社会生活基本調査 2016

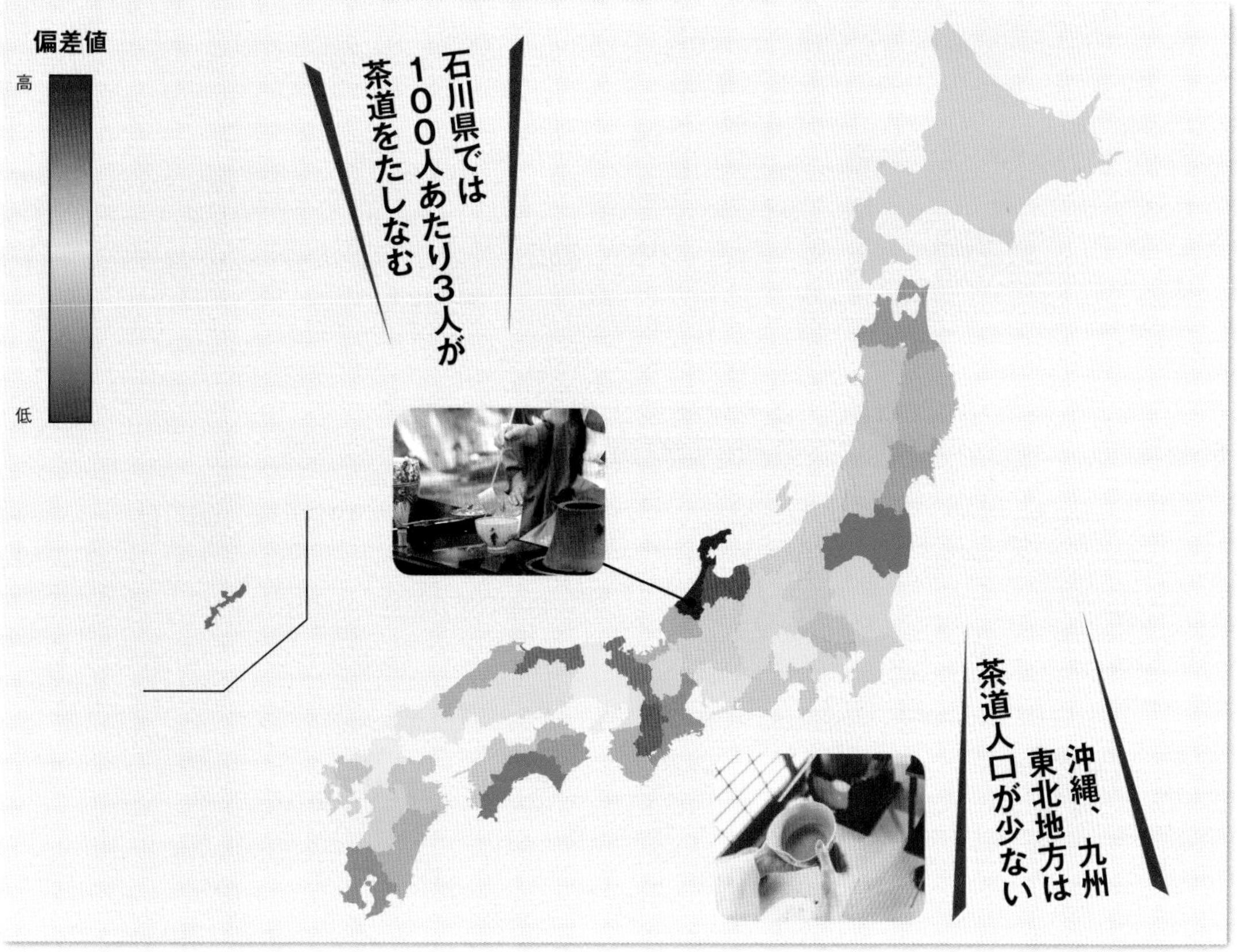
偏差値
高
低
石川県では100人あたり3人が茶道をたしなむ
沖縄、九州東北地方は茶道人口が少ない

相関データ

【正の相関】

順	係数	項目
1	0.74	25歳以上華道人口
2	0.63	油揚げ・がんもどき消費量
3	0.62	カニ消費量
4	0.60	全国学力テスト中学生正答率
5	0.59	ブリ消費量
6	0.57	呉服店店舗数
7	0.55	天然ブリ漁獲量
8	0.53	パン消費量
9	0.51	1世帯あたり貯蓄額
10	0.49	信仰・祭祀費

【負の相関】

順	係数	項目
1	-0.59	男性肥満率
2	-0.58	子育て世帯の相対的貧困率
3	-0.54	再婚件数
4	-0.51	60歳以上男性未婚率
5	-0.49	貧困率
6	-0.47	バイク保有台数(125cc超)
7	-0.45	学校給食費滞納率
8	-0.44	食糧自給率(生産額ベース)
9	-0.44	離婚件数
10	-0.43	老人福祉・介護事業所数

1位石川、2位富山

社会生活基本調査より「この1年間に茶道をした」と答えた25歳以上の人数のランキング。全国の茶道人口は136万4000人で、25歳以上人口100人あたり1・38人です。

1位は石川で3・04人、2位は富山で2・49人。北陸の2県が上位に並んでいます。3位以下は奈良、鳥取、京都と続きます。

最下位は沖縄で0・39人。以下、少ない順に、高知、福島、鹿児島、青森となっています。

分布地図から、茶道人口は北陸、奈良、京都周辺や山陰で多いことがわかります。

なお、25歳以上華道人口と正の相関があり、華道人口が多いところで茶道人口も多くなっています。

アクション

25歳以上華道人口

華道人口は京都・奈良周辺から山陰・北陸にかけて日本海側で多い傾向にある。

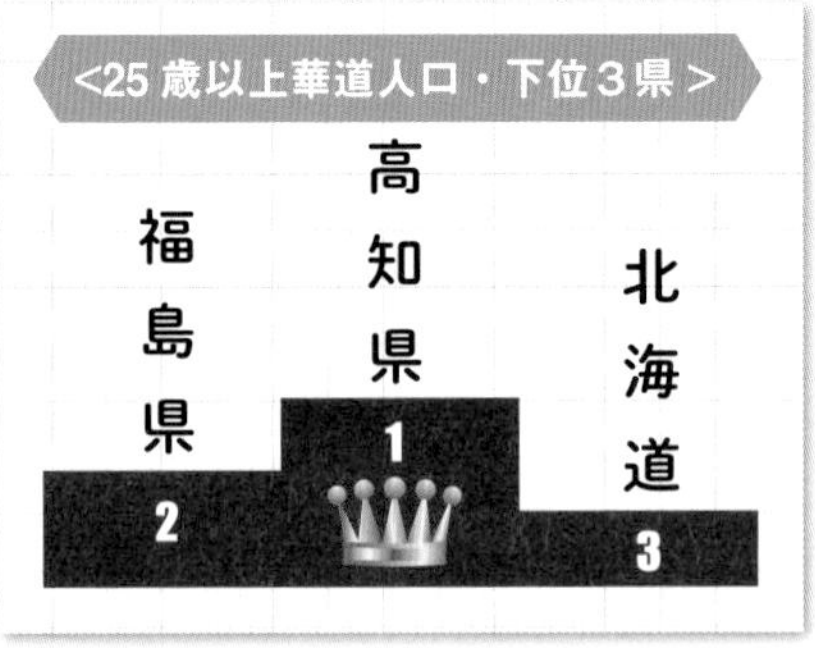

25歳以上人口100人あたり華道人口ランキング

順	県名	データ	100人あたり	偏差値
1	京都府	57,000人	2.84人	66.66
2	奈良県	30,000人	2.84人	66.64
3	石川県	25,000人	2.81人	66.04
4	山口県	31,000人	2.81人	66.01
5	福井県	17,000人	2.81人	65.90
6	長野県	45,000人	2.74人	64.56
7	富山県	23,000人	2.73人	64.36
8	島根県	14,000人	2.55人	61.09
9	福岡県	97,000人	2.48人	59.59
10	鳥取県	11,000人	2.46人	59.17
11	滋賀県	26,000人	2.45人	58.99
12	岡山県	36,000人	2.44人	58.86
13	山形県	21,000人	2.37人	57.48
14	三重県	32,000人	2.27人	55.63
15	群馬県	34,000人	2.22人	54.58
16	香川県	17,000人	2.21人	54.52
17	佐賀県	14,000人	2.20人	54.35
18	愛媛県	24,000人	2.20人	54.30
19	岐阜県	34,000人	2.17人	53.76
20	兵庫県	91,000人	2.12人	52.77
21	静岡県	59,000人	2.04人	51.10
22	神奈川県	144,000人	2.03人	51.07
23	山梨県	13,000人	2.01人	50.53
24	新潟県	35,000人	1.93人	49.06
25	和歌山県	14,000人	1.85人	47.56
26	茨城県	42,000人	1.85人	47.55
27	徳島県	11,000人	1.84人	47.27
28	広島県	40,000人	1.82人	46.98
29	熊本県	25,000人	1.82人	46.89
30	愛知県	103,000人	1.80人	46.65
31	東京都	190,000人	1.77人	46.06
32	栃木県	26,000人	1.69人	44.42
33	埼玉県	94,000人	1.67人	43.97
34	宮城県	30,000人	1.66人	43.86
35	大阪府	112,000人	1.64人	43.40
36	大分県	14,000人	1.53人	41.44
37	千葉県	74,000人	1.52人	41.17
38	長崎県	16,000人	1.49人	40.63
39	鹿児島県	19,000人	1.49人	40.52
40	岩手県	15,000人	1.48人	40.40
41	秋田県	12,000人	1.44人	39.69
42	沖縄県	14,000人	1.35人	37.91
43	青森県	13,000人	1.25人	36.03
44	宮崎県	10,000人	1.17人	34.44
45	北海道	49,000人	1.14人	33.96
46	福島県	17,000人	1.13人	33.60
47	高知県	5,000人	0.86人	28.55
-	全国	1,875,000人	1.89人	-

社会生活基本調査 2016

アクション

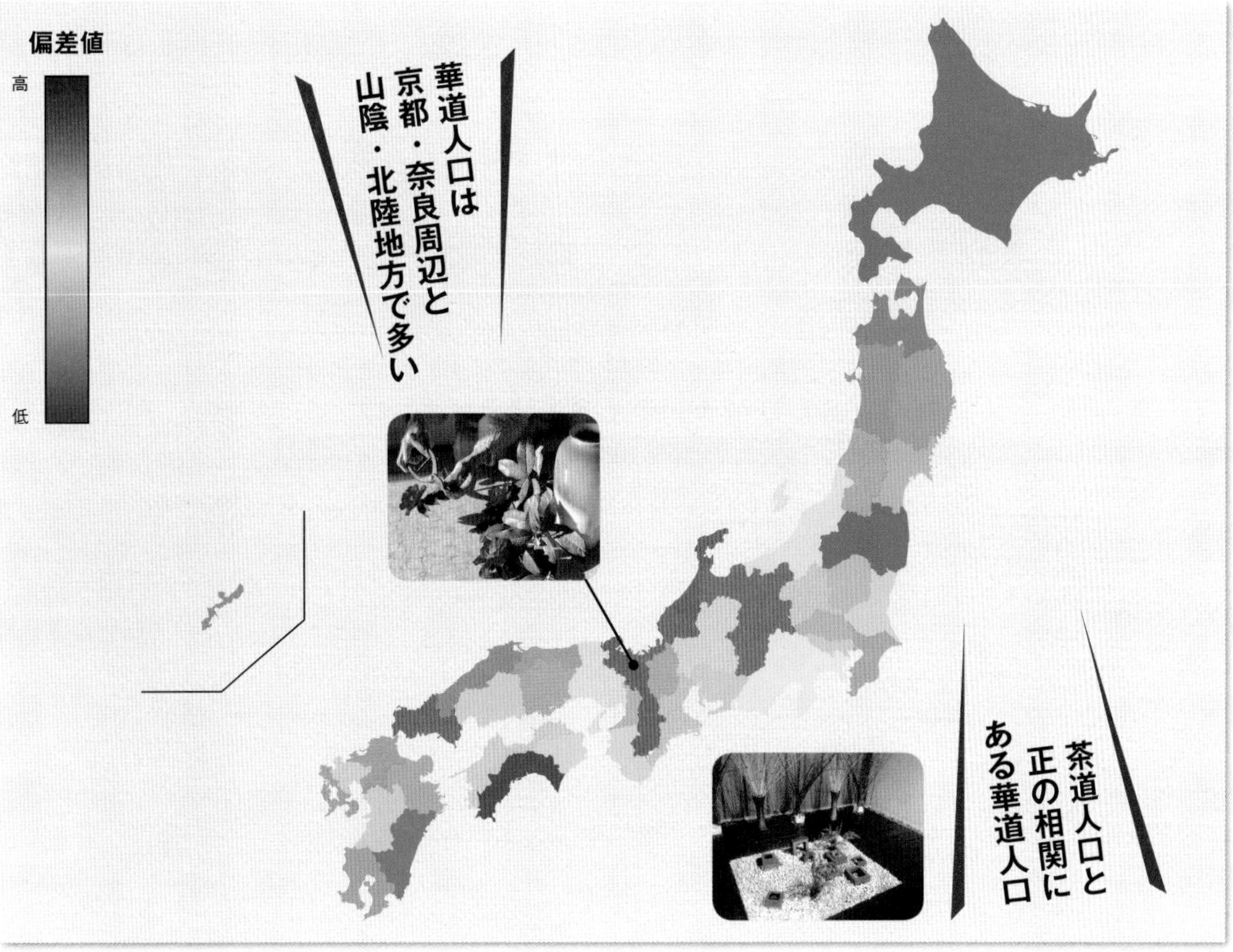
偏差値
高
低
華道人口は京都・奈良周辺と山陰・北陸地方で多い
茶道人口と正の相関にある華道人口

相関データ

【正の相関】

順	係数	項目
1	0.74	25歳以上茶道人口
2	0.60	ピアノ普及率
3	0.60	寺院数
4	0.59	油揚げ・がんもどき消費量
5	0.58	図書館貸出冊数
6	0.56	学芸員数
7	0.55	呉服店店舗数
8	0.54	老舗企業数
9	0.53	25歳以上ボランティア人口
10	0.51	パン消費量

【負の相関】

順	係数	項目
1	-0.76	男性肥満率
2	-0.60	再婚件数
3	-0.53	50代男性未婚率
4	-0.52	アルコール消費量
5	-0.50	生活保護受給世帯数
6	-0.49	農業生産額
7	-0.48	食糧自給率(生産額ベース)
8	-0.47	焼酎消費量
9	-0.45	カツオ消費量
10	-0.45	貧困率

華道が普及している古都

社会生活基本調査より「この1年間に華道をした」と答えた25歳以上の人数のランキング。全国の華道人口は187.5万人で、25歳以上人口100人あたり1.89人です。

1位は京都で2.84人、2位は奈良で2.84人。3位以下は石川、山口、福井の順。最下位は高知で0.86人。以下、少ない順に、福島、北海道、宮崎、青森と続きます。

分布地図から、華道人口は奈良・京都周辺から山陰・北陸にかけて日本海側で多いことがわかります。

寺院数や老舗企業数と正の相関があり、寺院や老舗企業が多く伝統文化が残っているところで華道人口が多くなっています。

アクション

ボランティア人口(25歳以上)

ボランティアに参加する人は地方で多く、三大都市圏で少ない。1位は滋賀。

25歳以上人口100人あたりボランティア人口ランキング

順	県名	データ	100人あたり	偏差値
1	滋賀県	382,000人	35.94人	73.30
2	岐阜県	517,000人	33.06人	65.25
3	島根県	180,000人	32.85人	64.66
4	長野県	538,000人	32.71人	64.26
5	福井県	198,000人	32.67人	64.17
6	佐賀県	205,000人	32.28人	63.08
7	富山県	270,000人	31.99人	62.26
8	鳥取県	141,000人	31.47人	60.82
9	石川県	279,000人	31.38人	60.57
10	鹿児島県	401,000人	31.35人	60.48
11	山形県	274,000人	30.89人	59.19
12	熊本県	422,000人	30.67人	58.56
13	岩手県	300,000人	29.59人	55.54
14	岡山県	436,000人	29.54人	55.41
15	三重県	415,000人	29.45人	55.17
16	山梨県	190,000人	29.32人	54.79
17	静岡県	845,000人	29.16人	54.34
18	福島県	438,000人	29.01人	53.91
19	群馬県	439,000人	28.62人	52.83
20	大分県	260,000人	28.48人	52.43
21	宮崎県	243,000人	28.42人	52.28
22	香川県	212,000人	27.60人	49.99
23	福岡県	1,077,000人	27.50人	49.71
24	長崎県	293,000人	27.31人	49.16
25	奈良県	287,000人	27.20人	48.87
26	山口県	298,000人	27.02人	48.35
27	宮城県	486,000人	26.88人	47.97
28	茨城県	604,000人	26.62人	47.24
29	愛媛県	287,000人	26.33人	46.43
30	千葉県	1,262,000人	25.91人	45.25
31	秋田県	215,000人	25.84人	45.06
32	兵庫県	1,107,000人	25.82人	45.00
33	徳島県	153,000人	25.54人	44.22
34	栃木県	393,000人	25.52人	44.16
35	沖縄県	264,000人	25.46人	43.99
36	神奈川県	1,788,000人	25.26人	43.43
37	京都府	502,000人	25.05人	42.84
38	広島県	550,000人	25.05人	42.83
39	埼玉県	1,379,000人	24.43人	41.11
40	愛知県	1,386,000人	24.28人	40.69
41	新潟県	435,000人	23.98人	39.85
42	和歌山県	180,000人	23.81人	39.37
43	北海道	938,000人	21.91人	34.06
44	高知県	126,000人	21.76人	33.64
45	青森県	222,000人	21.39人	32.60
46	東京都	2,261,000人	21.11人	31.82
47	大阪府	1,379,000人	20.13人	29.09
-	全国	25,457,000人	25.72人	-

社会生活基本調査 2016

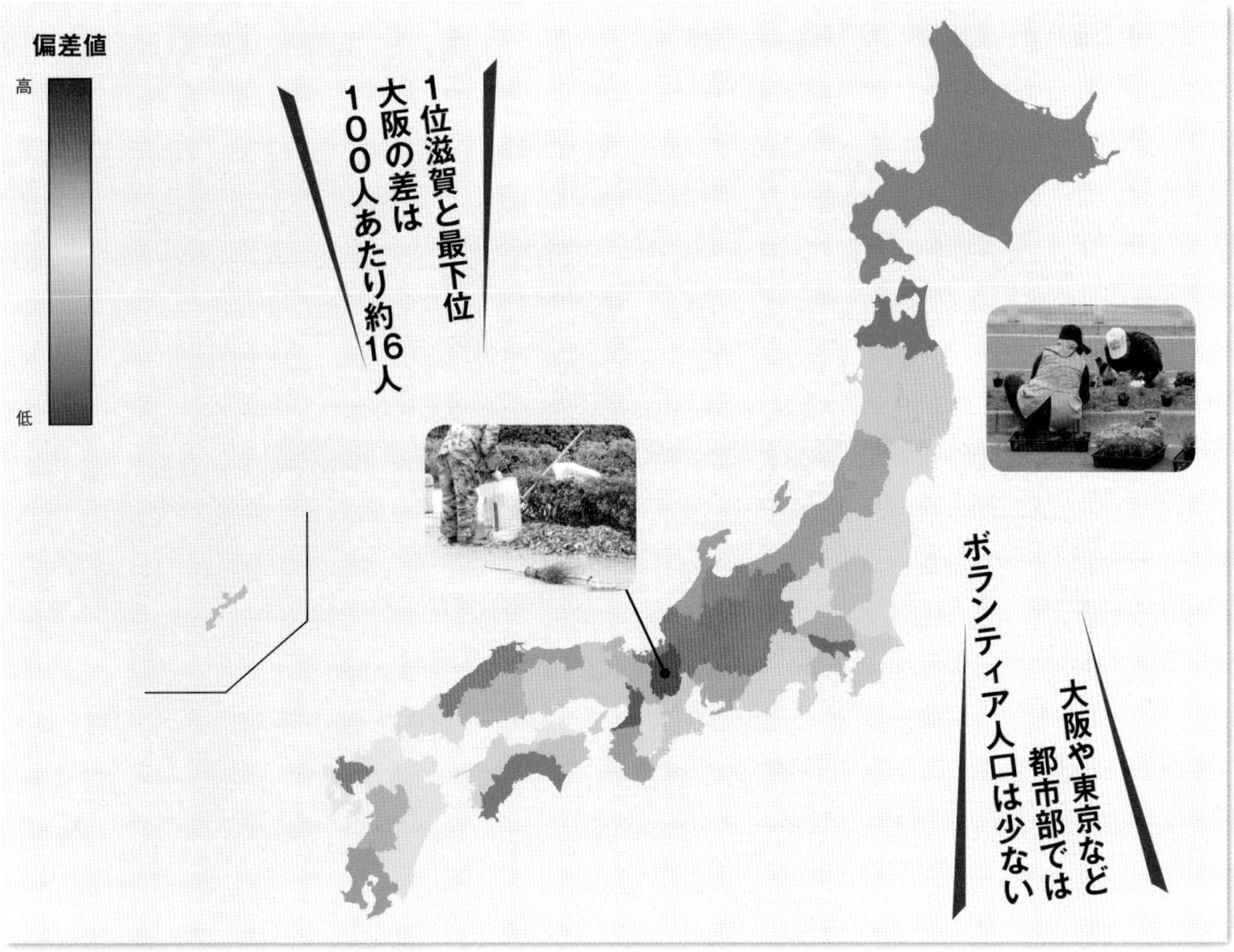
偏差値
高
低
1位滋賀と最下位大阪の差は100人あたり約16人
ボランティア人口は大阪や東京など都市部では少ない

相関データ

【正の相関】

順	係数	項目
1	0.92	25歳以上まちづくり活動人口
2	0.88	25歳以上自然保護活動人口
3	0.77	25歳以上子育て支援活動人口
4	0.76	25歳以上安全活動人口
5	0.72	小学生地域行事参加率
6	0.68	劇場・音楽堂数
7	0.65	中学生地域行事参加率
8	0.63	25歳以上ゲートボール人口
9	0.63	高校男子部活動部員数
10	0.62	小学生図書館利用率

【負の相関】

順	係数	項目
1	-0.71	生活保護受給世帯数
2	-0.65	50代ひとり暮らし
3	-0.64	年間完全失業率
4	-0.58	人口集中度
5	-0.57	独居老人（60代以上ひとり暮らし）
6	-0.55	第三次産業従業者数
7	-0.53	ビール消費量
8	-0.53	人口
9	-0.51	分譲マンション率
10	-0.49	核家族率

滋賀が断トツ1位

社会生活基本調査より「この1年間にボランティア活動をした」と答えた25歳以上の人数のランキング。全国のボランティア人口は2545万7000人で、25歳以上人口100人あたり25・72人です。

行動者数1位は滋賀で35・94人、2位は岐阜で33・06人。3位以下は島根、長野、福井となっています。最下位は大阪で20・13人。以下、少ない順に、東京、青森、高知、北海道と続いています。

分布地図を見るとボランティア人口は地方で多く、三大都市圏で少ないことがわかります。

まちづくり活動人口や小中学生の地域行事参加率と正の相関があり、地域活動に積極的に参加するところでボランティア人口も多くなっています。

アクション

将棋人口（25歳以上）

将棋人口は東高西低。鉄道通勤が多く進学率の高い都市部で多い傾向に。

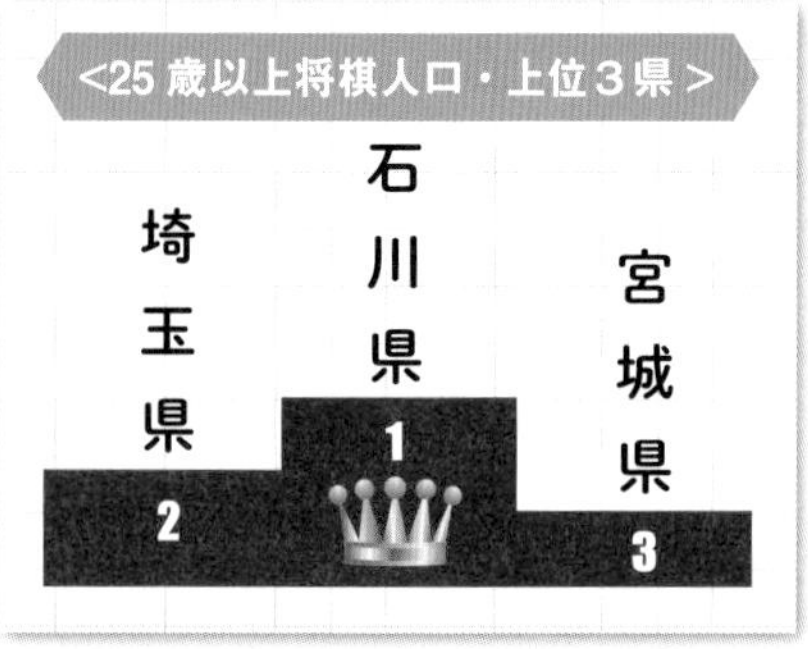

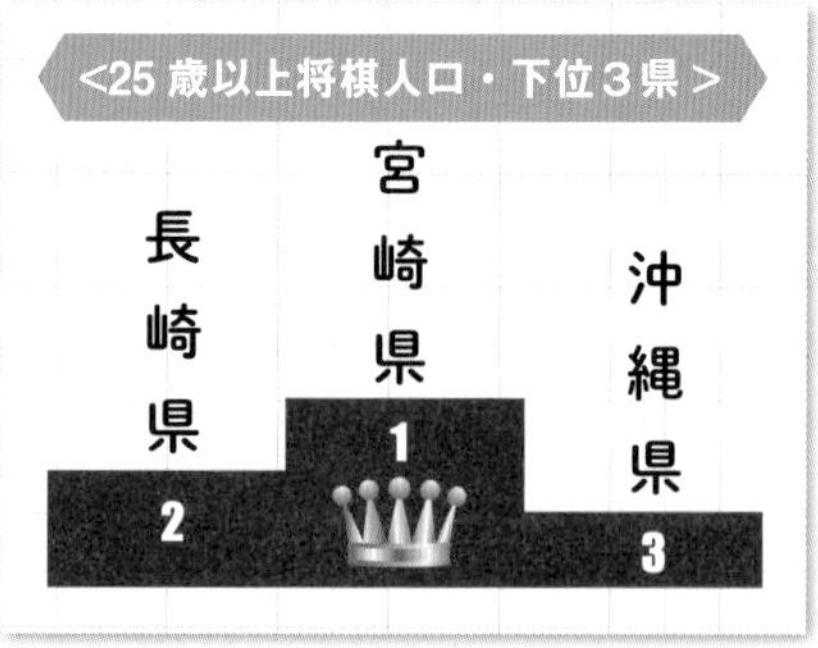

25歳以上人口100人あたり将棋人口ランキング

順	県名	データ	100人あたり	偏差値
1	石川県	28,000人	3.15人	71.46
2	埼玉県	173,000人	3.06人	69.43
3	宮城県	52,000人	2.88人	64.91
4	千葉県	140,000人	2.87人	64.86
5	東京都	305,000人	2.85人	64.22
6	神奈川県	197,000人	2.78人	62.67
7	奈良県	29,000人	2.75人	61.86
8	大阪府	188,000人	2.74人	61.76
9	大分県	25,000人	2.74人	61.60
10	熊本県	37,000人	2.69人	60.42
11	愛媛県	29,000人	2.66人	59.74
12	滋賀県	28,000人	2.63人	59.11
13	愛知県	144,000人	2.52人	56.44
14	福井県	15,000人	2.48人	55.30
15	兵庫県	106,000人	2.47人	55.24
16	京都府	49,000人	2.45人	54.58
17	岡山県	35,000人	2.37人	52.81
18	山形県	21,000人	2.37人	52.72
19	群馬県	36,000人	2.35人	52.22
20	香川県	18,000人	2.34人	52.15
21	栃木県	36,000人	2.34人	52.00
22	長野県	38,000人	2.31人	51.34
23	広島県	50,000人	2.28人	50.54
24	福岡県	88,000人	2.25人	49.83
25	鳥取県	10,000人	2.23人	49.47
26	三重県	31,000人	2.20人	48.71
27	青森県	22,000人	2.12人	46.77
28	和歌山県	16,000人	2.12人	46.70
29	山口県	23,000人	2.09人	45.95
30	島根県	11,000人	2.01人	44.08
31	山梨県	13,000人	2.01人	44.06
32	徳島県	12,000人	2.00人	43.99
33	新潟県	36,000人	1.98人	43.54
34	茨城県	45,000人	1.98人	43.51
35	静岡県	56,000人	1.93人	42.29
36	高知県	11,000人	1.90人	41.51
37	富山県	16,000人	1.90人	41.41
38	岩手県	19,000人	1.87人	40.88
39	福島県	28,000人	1.85人	40.42
40	秋田県	15,000人	1.80人	39.18
41	岐阜県	28,000人	1.79人	38.88
42	北海道	75,000人	1.75人	37.96
43	佐賀県	11,000人	1.73人	37.49
44	鹿児島県	22,000人	1.72人	37.20
45	沖縄県	17,000人	1.64人	35.26
46	長崎県	17,000人	1.58人	33.94
47	宮崎県	12,000人	1.40人	29.61
-	全国	2,416,000人	2.44人	-

社会生活基本調査 2016

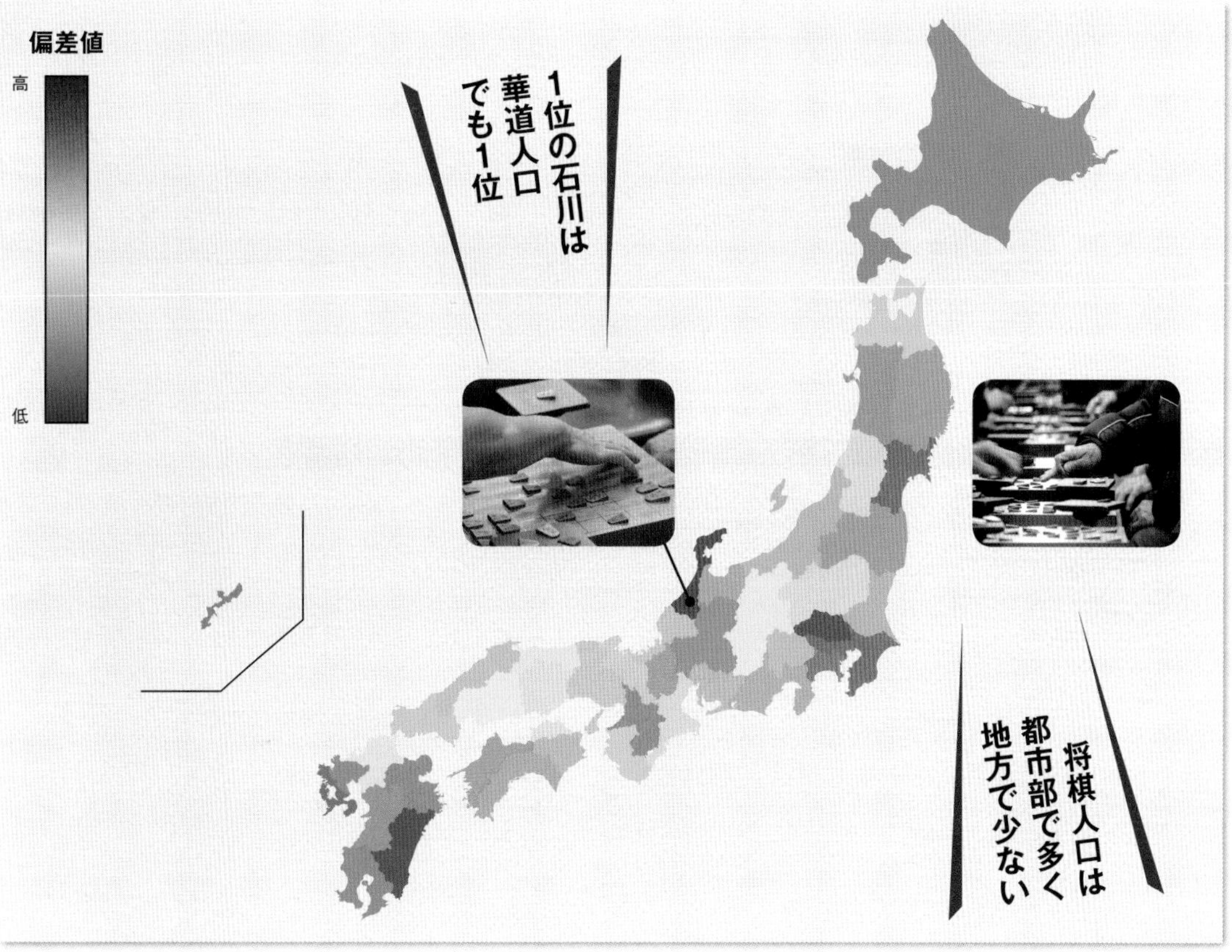

偏差値
高
低
1位の石川は華道人口でも1位
将棋人口は都市部で多く地方で少ない

相関データ

【正の相関】

順	係数	項目
1	0.65	25歳以上国内旅行人口
2	0.65	25歳以上映画鑑賞人口
3	0.62	インターネット利用率
4	0.62	25歳以上卓球人口
5	0.62	パソコン普及率
6	0.62	25歳以上読書人口
7	0.61	25歳以上クラシックコンサート人口
8	0.61	25歳以上写真撮影人口
9	0.60	25歳以上テレビゲーム人口
10	0.59	鉄道通勤・通学率

【負の相関】

順	係数	項目
1	-0.64	中学校数
2	-0.58	軽乗用車保有台数
3	-0.57	第一次産業従業者数
4	-0.56	スーパーマーケット店舗数
5	-0.55	食糧自給率(生産額ベース)
6	-0.55	公共事業費
7	-0.54	地方交付税額
8	-0.53	老人福祉・介護事業所数
9	-0.53	賃貸住宅延べ床面積
10	-0.53	高卒就職率

将棋人口は２４１万人強

社会生活基本調査より「この１年間に将棋をした」と答えた25歳以上の人数のランキング。全国の将棋人口は２４１万６０００人で、25歳以上人口１００人あたり２・44人です。

１位は石川で３・15人。２位は埼玉で３・06人。３位以下は宮城、千葉、東京の順です。最下位は宮崎で１・40人。以下、少ない順に、長崎、沖縄、鹿児島、佐賀と続きます。

将棋人口は大学進学率や鉄道通勤・通学率と正の相関があり、大学進学率が高く鉄道が発達している都市部で多くなっています。

また、25歳以上の映画鑑賞人口や国内旅行人口、テレビゲーム人口と正の相関があり、将棋人口が多い地域はこれらの趣味人口が多い傾向にあります。

アクション

囲碁人口（25歳以上）

1位岡山、2位沖縄。最下位は和歌山。総じて都市部で多く、東北地方は少ない。

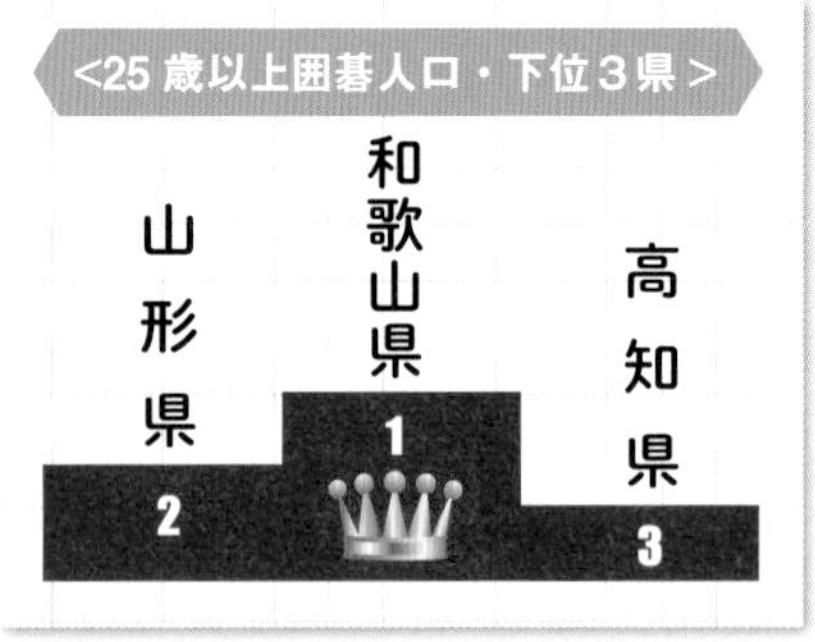

25歳以上人口100人あたり囲碁人口ランキング

順	県名	データ	100人あたり	偏差値
1	岡山県	28,000人	1.90人	76.71
2	沖縄県	17,000人	1.64人	68.27
3	東京都	167,000人	1.56人	65.65
4	富山県	13,000人	1.54人	65.03
5	千葉県	74,000人	1.52人	64.34
6	奈良県	16,000人	1.52人	64.26
7	宮城県	27,000人	1.49人	63.50
8	島根県	8,000人	1.46人	62.40
9	鳥取県	6,000人	1.34人	58.45
10	香川県	10,000人	1.30人	57.24
11	神奈川県	92,000人	1.30人	57.16
12	大阪府	89,000人	1.30人	57.15
13	京都府	26,000人	1.30人	57.08
14	宮崎県	11,000人	1.29人	56.73
15	山口県	14,000人	1.27人	56.16
16	北海道	54,000人	1.26人	55.90
17	三重県	17,000人	1.21人	54.11
18	茨城県	27,000人	1.19人	53.57
19	広島県	24,000人	1.09人	50.39
20	岐阜県	17,000人	1.09人	50.20
21	山梨県	7,000人	1.08人	49.98
22	福岡県	41,000人	1.05人	48.89
23	静岡県	30,000人	1.04人	48.50
24	長野県	17,000人	1.03人	48.44
25	福井県	6,000人	0.99人	47.03
26	大分県	9,000人	0.99人	46.88
27	兵庫県	42,000人	0.98人	46.69
28	佐賀県	6,000人	0.94人	45.55
29	熊本県	13,000人	0.94人	45.54
30	長崎県	10,000人	0.93人	45.12
31	福島県	14,000人	0.93人	44.97
32	石川県	8,000人	0.90人	44.07
33	埼玉県	50,000人	0.89人	43.61
34	新潟県	16,000人	0.88人	43.49
35	愛知県	50,000人	0.88人	43.29
36	青森県	9,000人	0.87人	43.00
37	栃木県	13,000人	0.84人	42.25
38	徳島県	5,000人	0.83人	41.94
39	岩手県	8,000人	0.79人	40.44
40	鹿児島県	10,000人	0.78人	40.21
41	滋賀県	8,000人	0.75人	39.25
42	愛媛県	8,000人	0.73人	38.64
43	秋田県	6,000人	0.72人	38.22
44	群馬県	11,000人	0.72人	38.09
45	高知県	4,000人	0.69人	37.23
46	山形県	6,000人	0.68人	36.76
47	和歌山県	3,000人	0.40人	27.61
-	全国	1,145,000人	1.16人	-

社会生活基本調査 2016

アクション

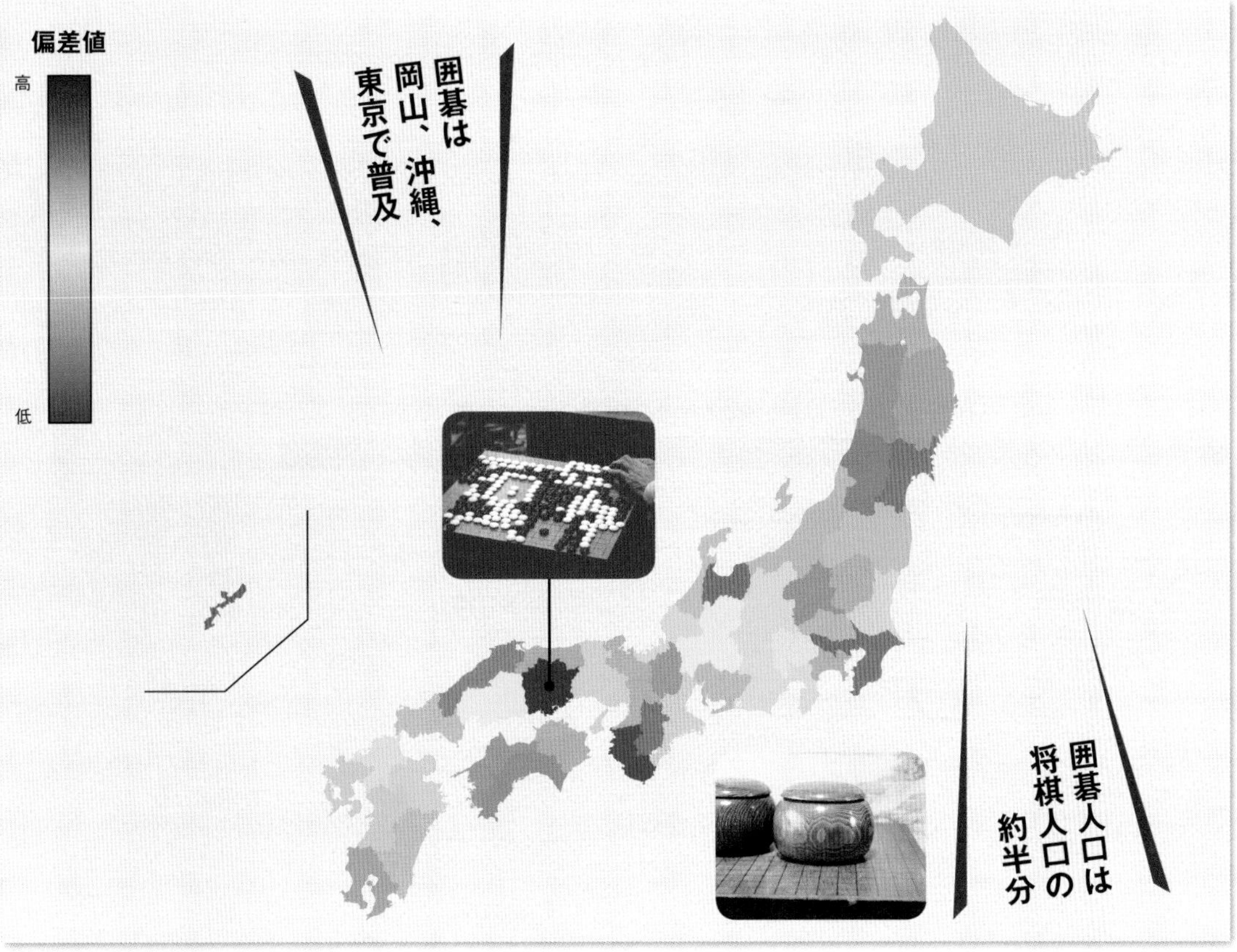
偏差値
高
低
囲碁は岡山、沖縄、東京で普及
囲碁人口は将棋人口の約半分

相関データ

【正の相関】

順	係数	項目
1	0.49	25歳以上読書人口
2	0.47	平均寿命：女性
3	0.46	センター試験浪人率：女子
4	0.44	総人口増減率
5	0.42	Facebookユーザー数
6	0.42	25歳以上トレーニング人口
7	0.41	インターネットカフェ店舗数
8	0.40	在日アメリカ人
9	0.40	ハンバーガーショップ店舗数
10	0.40	日本人女性国際結婚率

【負の相関】

順	係数	項目
1	-0.48	お菓子支出額
2	-0.48	パチンコ台数
3	-0.43	理容室数
4	-0.43	パチンコ店舗数
5	-0.43	農業就業人口
6	-0.42	酒屋店舗数
7	-0.42	中学生学校外学習率
8	-0.41	ホームセンター店舗数
9	-0.41	睡眠時間
10	-0.40	戸建て率

岡山は和歌山の約5倍

社会生活基本調査より「この1年間に囲碁をした」と答えた25歳以上の人数のランキング。全国の囲碁人口は114万5000人で、25歳以上人口100人あたり1・16人。これは25歳以上将棋人口（2・44人）の約半分の数です。

1位は岡山で1・90人、2位以下は沖縄、東京、富山、千葉の順。最下位は和歌山で0・40人。以下、少ない順に、山形、高知、群馬、秋田と続きます。

囲碁人口は首都圏、山陽・山陰地方で多く、東北地方で少なくなっています。

農業就業人口と負の相関があり、農業就業者が少ない都市部で囲碁人口が多い傾向にあります。

アクション

水泳プール数

水泳プールは地方で多く首都圏では少ない。最下位は埼玉で人口10万人あたり約2ヶ所。

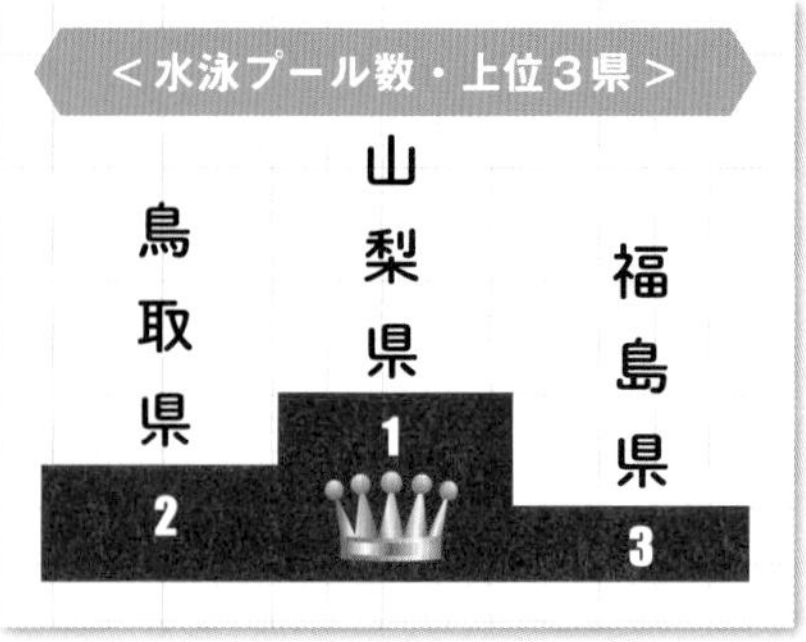

人口10万人あたり水泳プール数ランキング

順	県名	データ	10万人あたり	偏差値
1	山梨県	73ヶ所	8.74ヶ所	72.48
2	鳥取県	45ヶ所	7.85ヶ所	66.78
3	福島県	143ヶ所	7.47ヶ所	64.42
4	大分県	86ヶ所	7.37ヶ所	63.77
5	島根県	51ヶ所	7.35ヶ所	63.62
6	北海道	390ヶ所	7.24ヶ所	62.97
7	秋田県	73ヶ所	7.14ヶ所	62.29
8	和歌山県	68ヶ所	7.06ヶ所	61.76
9	徳島県	51ヶ所	6.75ヶ所	59.79
10	長崎県	92ヶ所	6.68ヶ所	59.36
11	青森県	84ヶ所	6.42ヶ所	57.72
12	岩手県	80ヶ所	6.25ヶ所	56.66
13	鹿児島県	103ヶ所	6.25ヶ所	56.63
14	石川県	70ヶ所	6.06ヶ所	55.47
15	山形県	68ヶ所	6.06ヶ所	55.41
16	新潟県	139ヶ所	6.03ヶ所	55.25
17	富山県	64ヶ所	6.00ヶ所	55.06
18	長野県	123ヶ所	5.86ヶ所	54.16
19	福井県	46ヶ所	5.84ヶ所	54.07
20	佐賀県	48ヶ所	5.76ヶ所	53.54
21	山口県	80ヶ所	5.69ヶ所	53.12
22	愛媛県	78ヶ所	5.63ヶ所	52.70
23	栃木県	109ヶ所	5.52ヶ所	52.01
24	広島県	148ヶ所	5.20ヶ所	49.99
25	香川県	50ヶ所	5.12ヶ所	49.46
26	群馬県	97ヶ所	4.92ヶ所	48.17
27	岐阜県	99ヶ所	4.87ヶ所	47.89
28	沖縄県	68ヶ所	4.74ヶ所	47.07
29	福岡県	237ヶ所	4.64ヶ所	46.45
30	岡山県	89ヶ所	4.63ヶ所	46.36
31	高知県	33ヶ所	4.53ヶ所	45.72
32	静岡県	166ヶ所	4.49ヶ所	45.44
33	滋賀県	63ヶ所	4.46ヶ所	45.26
34	茨城県	124ヶ所	4.25ヶ所	43.94
35	奈良県	56ヶ所	4.10ヶ所	43.01
36	三重県	70ヶ所	3.86ヶ所	41.43
37	熊本県	65ヶ所	3.64ヶ所	40.05
38	宮城県	82ヶ所	3.51ヶ所	39.26
39	愛知県	256ヶ所	3.42ヶ所	38.68
40	神奈川県	300ヶ所	3.29ヶ所	37.82
41	京都府	82ヶ所	3.14ヶ所	36.90
42	千葉県	194ヶ所	3.12ヶ所	36.74
43	宮崎県	33ヶ所	2.99ヶ所	35.92
44	兵庫県	161ヶ所	2.91ヶ所	35.42
45	大阪府	252ヶ所	2.85ヶ所	35.05
46	東京都	379ヶ所	2.81ヶ所	34.76
47	埼玉県	151ヶ所	2.08ヶ所	30.16
-	全国	5,419ヶ所	4.26ヶ所	-

文部科学省 体育・スポーツ施設現況調査 2015

アクション

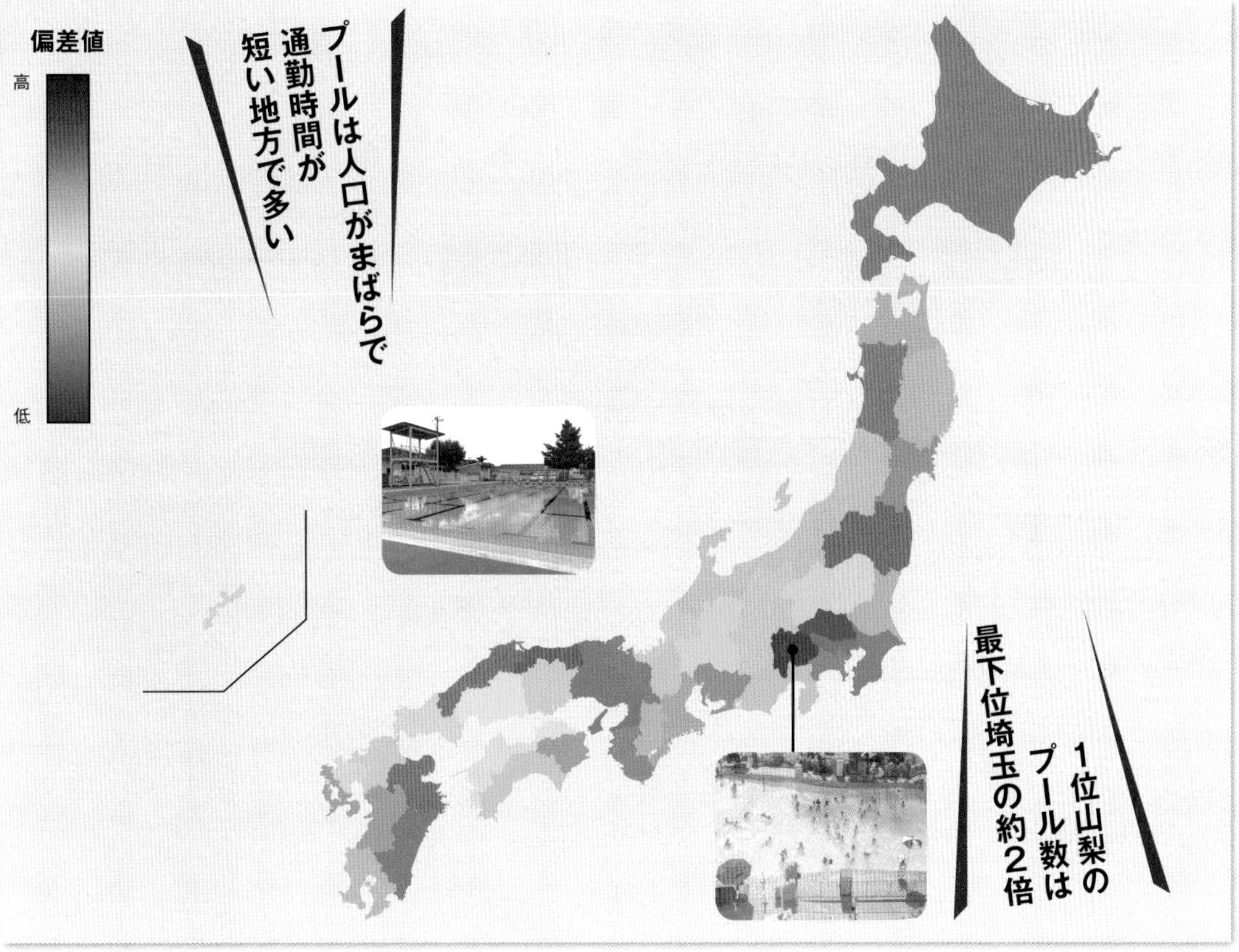
偏差値
高
低
プールは人口がまばらで
通勤時間が
短い地方で多い
1位山梨の
プール数は
最下位埼玉の約2倍

相関データ

【正の相関】

順	係数	項目
1	0.76	高校数
2	0.76	テニスコート数
3	0.73	柔道場数
4	0.73	教職員数
5	0.72	郵便局軒数
6	0.70	保健師数
7	0.70	美容室数
8	0.70	ゲートボール場数
9	0.66	体育館数
10	0.44	年間降雪量

【負の相関】

順	係数	項目
1	-0.70	スマートフォン普及率
2	-0.70	通勤時間
3	-0.69	25歳以上英語学習人口
4	-0.68	人口集中度
5	-0.67	インターネット利用率
6	-0.66	鉄道通勤・通学率
7	-0.66	家賃
8	-0.65	25歳以上水泳人口
9	-0.63	最低賃金
10	-0.62	25歳以上スポーツ人口

プールが多いところは水泳人口が少ない

文部科学省の体育・スポーツ施設現況調査より、公営と民営の合計水泳プール数（屋内・屋外）のランキング。学校の施設や企業職員の福利・厚生用の施設は含みません。

全国の水泳プール数は5419で、人口10万人あたり4・26です。1位は山梨で8・74、2位以下は鳥取、福島、大分、島根と続きます。最下位は埼玉で2・08。以下、少ない順に、東京、大阪、兵庫、宮崎でした。

分布地図から、地方で多く大都市で少ないことがわかります。

また、人口集中度や通勤時間と負の相関があり、人口がまばらで通勤時間が短い地方でプールが多くなる傾向がうかがえます。

25歳以上水泳人口とは負の相関があって水泳人口が少ないところにプールが多く、プールにはハコモノとしての側面があることがうかがえます。

アクション

陸上競技場数

陸上競技場は大阪や神奈川など都市部で少なく、沖縄や島根など地方で多い傾向。

＜陸上競技場数・上位３県＞

1 沖縄県
2 島根県
3 鹿児島県

＜陸上競技場数・下位３県＞

1 大阪府
2 神奈川県
3 愛知県

人口10万人あたり陸上競技場数ランキング

順	県名	データ	10万人あたり	偏差値
1	沖縄県	34ヶ所	2.37ヶ所	71.62
2	島根県	16ヶ所	2.31ヶ所	70.54
3	鹿児島県	36ヶ所	2.18ヶ所	68.54
4	青森県	28ヶ所	2.14ヶ所	67.83
5	宮崎県	23ヶ所	2.08ヶ所	66.90
6	秋田県	21ヶ所	2.05ヶ所	66.41
7	山形県	22ヶ所	1.96ヶ所	64.87
8	岩手県	22ヶ所	1.72ヶ所	60.93
9	群馬県	31ヶ所	1.57ヶ所	58.51
10	石川県	18ヶ所	1.56ヶ所	58.31
11	大分県	18ヶ所	1.54ヶ所	58.05
12	富山県	16ヶ所	1.50ヶ所	57.34
13	栃木県	29ヶ所	1.47ヶ所	56.83
14	福井県	11ヶ所	1.40ヶ所	55.67
15	鳥取県	8ヶ所	1.40ヶ所	55.62
16	新潟県	30ヶ所	1.30ヶ所	54.08
17	長崎県	17ヶ所	1.23ヶ所	52.98
18	福島県	23ヶ所	1.20ヶ所	52.46
19	山梨県	10ヶ所	1.20ヶ所	52.37
20	長野県	24ヶ所	1.14ヶ所	51.49
21	北海道	60ヶ所	1.12ヶ所	51.03
22	佐賀県	8ヶ所	0.96ヶ所	48.49
23	岡山県	16ヶ所	0.83ヶ所	46.39
24	高知県	6ヶ所	0.82ヶ所	46.26
25	岐阜県	16ヶ所	0.79ヶ所	45.65
26	熊本県	14ヶ所	0.78ヶ所	45.59
27	和歌山県	7ヶ所	0.73ヶ所	44.65
28	愛媛県	10ヶ所	0.72ヶ所	44.59
29	茨城県	21ヶ所	0.72ヶ所	44.55
30	滋賀県	10ヶ所	0.71ヶ所	44.36
31	宮城県	16ヶ所	0.69ヶ所	43.98
32	静岡県	25ヶ所	0.68ヶ所	43.81
33	香川県	6ヶ所	0.61ヶ所	42.81
34	三重県	11ヶ所	0.61ヶ所	42.68
35	広島県	17ヶ所	0.60ヶ所	42.55
36	山口県	8ヶ所	0.57ヶ所	42.08
37	徳島県	4ヶ所	0.53ヶ所	41.42
38	埼玉県	34ヶ所	0.47ヶ所	40.42
39	千葉県	29ヶ所	0.47ヶ所	40.39
40	兵庫県	24ヶ所	0.43ヶ所	39.85
41	福岡県	22ヶ所	0.43ヶ所	39.81
42	京都府	11ヶ所	0.42ヶ所	39.65
43	奈良県	5ヶ所	0.37ヶ所	38.75
44	東京都	47ヶ所	0.35ヶ所	38.45
45	愛知県	25ヶ所	0.33ヶ所	38.22
46	神奈川県	23ヶ所	0.25ヶ所	36.88
47	大阪府	14ヶ所	0.16ヶ所	35.34
-	全国	926ヶ所	0.73ヶ所	-

文部科学省 体育・スポーツ施設現況調査 2015

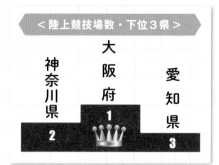

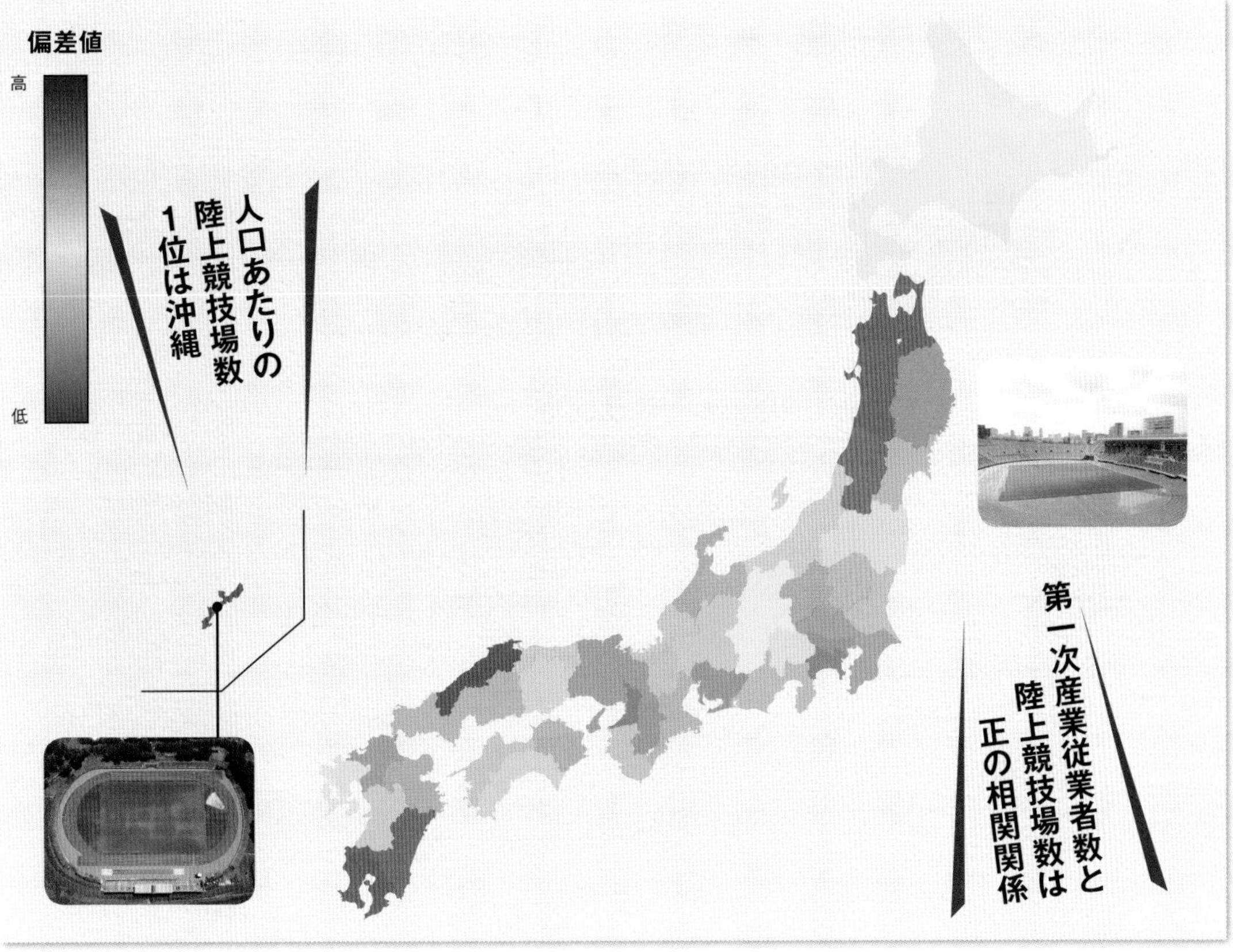
偏差値
高
低
人口あたりの陸上競技場数1位は沖縄
第一次産業従業者数と陸上競技場数は正の相関関係

相関データ

【正の相関】

順	係数	項目
1	0.72	第一次産業従業者数
2	0.68	公共事業費
3	0.68	睡眠時間
4	0.68	バス・タクシー保有台数
5	0.68	スーパーマーケット店舗数
6	0.67	教職員数
7	0.67	中学軟式野球部員数
8	0.66	夏の甲子園予選出場校数
9	0.65	自家用車通勤・通学率
10	0.64	可住地面積

【負の相関】

順	係数	項目
1	-0.82	中学生通塾率
2	-0.73	携帯電話普及率
3	-0.70	四年制大学進学率
4	-0.69	1世帯あたり貯蓄額
5	-0.69	25歳以上テレビゲーム人口
6	-0.69	インターネット利用率
7	-0.67	自転車保有台数
8	-0.67	中学生携帯電話・スマートフォン所有率
9	-0.67	1世帯あたり純資産
10	-0.66	通勤時間

最下位は大都市大阪

文部科学省の体育・スポーツ施設現況調査より、公営と民営の合計陸上競技場数のランキング。学校の施設や企業職員の福利・厚生用の施設は含んでいません。

全国の陸上競技場の数は926、人口10万人あたり0・73です。1位は沖縄で2・37、2位は島根で2・31。3位以下は鹿児島、青森、宮崎と続きます。最下位は大阪で0・16。以下、少ない順に、神奈川、愛知、東京、奈良となっています。

分布地図から、陸上競技場は地方で多く都市部で少ないことがわかります。また、第一次産業従事者と正の相関になり、第一次産業従業者数が多い地方で陸上競技場が多くなっています。

一方、陸上部やジョギング・マラソン人口との相関はなく、ランナーと競技場の数には関係がありませんでした。

アクション

野球場数

野球場は広い土地がある地方で多く、住宅やビルが密集している都心部では少ない。

＜野球場数・上位３県＞

1 栃木県
2 秋田県
3 大分県

＜野球場数・下位３県＞

1 大阪府
2 神奈川県
3 兵庫県

人口10万人あたり野球場数ランキング

順	県名	データ	10万人あたり	偏差値
1	栃木県	286ヶ所	14.48ヶ所	76.34
2	秋田県	130ヶ所	12.71ヶ所	70.51
3	大分県	135ヶ所	11.57ヶ所	66.77
4	北海道	620ヶ所	11.52ヶ所	66.59
5	福井県	83ヶ所	10.55ヶ所	63.40
6	長野県	213ヶ所	10.14ヶ所	62.08
7	群馬県	198ヶ所	10.03ヶ所	61.71
8	岩手県	127ヶ所	9.92ヶ所	61.35
9	茨城県	286ヶ所	9.80ヶ所	60.95
10	鳥取県	56ヶ所	9.76ヶ所	60.82
11	岐阜県	191ヶ所	9.40ヶ所	59.62
12	島根県	59ヶ所	8.50ヶ所	56.67
13	石川県	98ヶ所	8.49ヶ所	56.64
14	香川県	82ヶ所	8.40ヶ所	56.33
15	新潟県	182ヶ所	7.90ヶ所	54.69
16	宮崎県	84ヶ所	7.61ヶ所	53.74
17	福島県	142ヶ所	7.42ヶ所	53.13
18	青森県	95ヶ所	7.26ヶ所	52.60
19	埼玉県	506ヶ所	6.97ヶ所	51.64
20	和歌山県	65ヶ所	6.74ヶ所	50.90
21	山形県	71ヶ所	6.32ヶ所	49.52
22	岡山県	118ヶ所	6.14ヶ所	48.92
23	宮城県	137ヶ所	5.87ヶ所	48.03
24	富山県	61ヶ所	5.72ヶ所	47.53
25	熊本県	99ヶ所	5.54ヶ所	46.95
26	佐賀県	46ヶ所	5.52ヶ所	46.88
27	山梨県	44ヶ所	5.27ヶ所	46.05
28	静岡県	188ヶ所	5.08ヶ所	45.43
29	高知県	36ヶ所	4.94ヶ所	44.98
30	徳島県	37ヶ所	4.89ヶ所	44.82
31	愛知県	366ヶ所	4.89ヶ所	44.81
32	千葉県	304ヶ所	4.88ヶ所	44.79
33	三重県	88ヶ所	4.85ヶ所	44.67
34	東京都	624ヶ所	4.62ヶ所	43.92
35	長崎県	59ヶ所	4.28ヶ所	42.81
36	愛媛県	54ヶ所	3.90ヶ所	41.55
37	福岡県	197ヶ所	3.86ヶ所	41.43
38	沖縄県	54ヶ所	3.77ヶ所	41.11
39	滋賀県	53ヶ所	3.75ヶ所	41.06
40	鹿児島県	61ヶ所	3.70ヶ所	40.90
41	京都府	80ヶ所	3.07ヶ所	38.81
42	奈良県	41ヶ所	3.00ヶ所	38.61
43	広島県	73ヶ所	2.57ヶ所	37.17
44	山口県	36ヶ所	2.56ヶ所	37.16
45	兵庫県	132ヶ所	2.38ヶ所	36.57
46	神奈川県	189ヶ所	2.07ヶ所	35.55
47	大阪府	127ヶ所	1.44ヶ所	33.46
-	全国	7,013ヶ所	5.52ヶ所	-

文部科学省 体育・スポーツ施設現況調査 2015

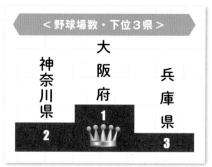

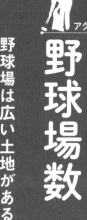

アクション

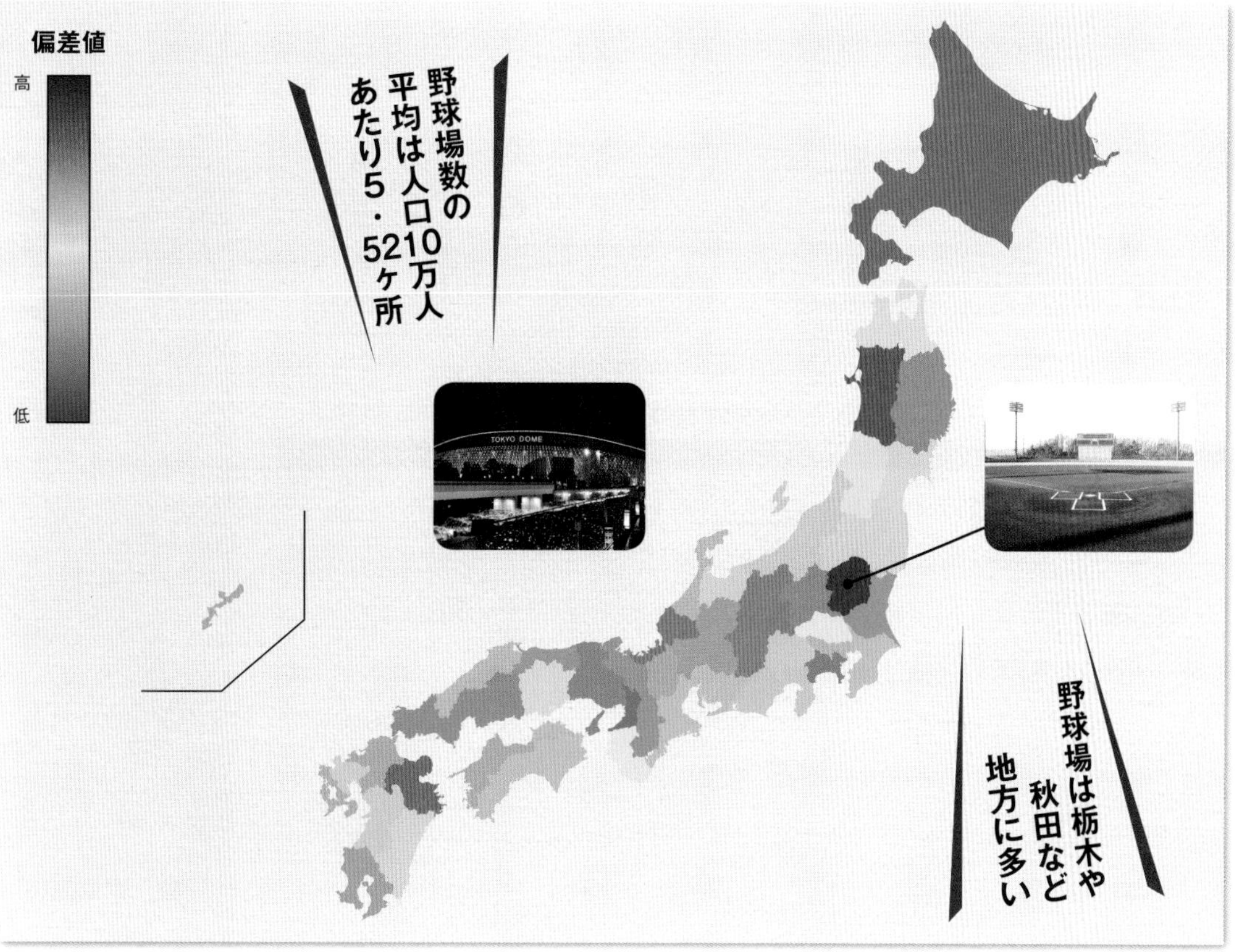
偏差値
高
低
野球場数の平均は人口10万人あたり5・5210ヶ所
TOKYO DOME
野球場は栃木や秋田など地方に多い

相関データ

【正の相関】

順	係数	項目
1	0.61	道路延長
2	0.60	建設業者数
3	0.59	可住地面積
4	0.58	自家用車通勤・通学率
5	0.57	食糧自給率(カロリーベース)
6	0.56	自動車保有台数
7	0.55	ゴルフ場数（体育・スポーツ施設現況調査）
8	0.55	剣道場数
9	0.54	柔道場数
10	0.53	面積

【負の相関】

順	係数	項目
1	-0.55	中学生携帯電話・スマートフォン所有率
2	-0.55	牛肉消費量
3	-0.54	年間平均気温
4	-0.53	年間熱帯夜日数
5	-0.53	甲子園2000年代勝率
6	-0.52	核家族率
7	-0.51	小学生通塾率
8	-0.50	人口集中度
9	-0.50	分譲マンション率
10	-0.48	携帯電話普及率

断トツ1位は栃木

文部科学省の体育・スポーツ施設現況調査より、公営と民営の合計野球場・ソフトボール場数のランキング。学校の施設や企業職員の福利・厚生用の施設は含んでいません。

全国の野球場の数は7013あり、人口10万人あたり5・52球場です。

1位は栃木で14・48、2位は秋田で12・71。3位以下は大分、北海道、福井の順。最下位は大阪で1・44。続いて少ない順に、神奈川、兵庫、山口、広島。

自家用車通勤・通学率と正の相関があり、車社会の地方に野球場が多いことがわかります。

可住地面積とも正の相関があり、土地が広い地方に野球場が多い傾向があります。

また、年間平均気温と負の相関があり、気温が低いところに野球場が多くなっています。

アクション

体育館数

体育館は日本海側や南日本に多く、首都圏や大阪など大都市で少ない傾向が明らか。

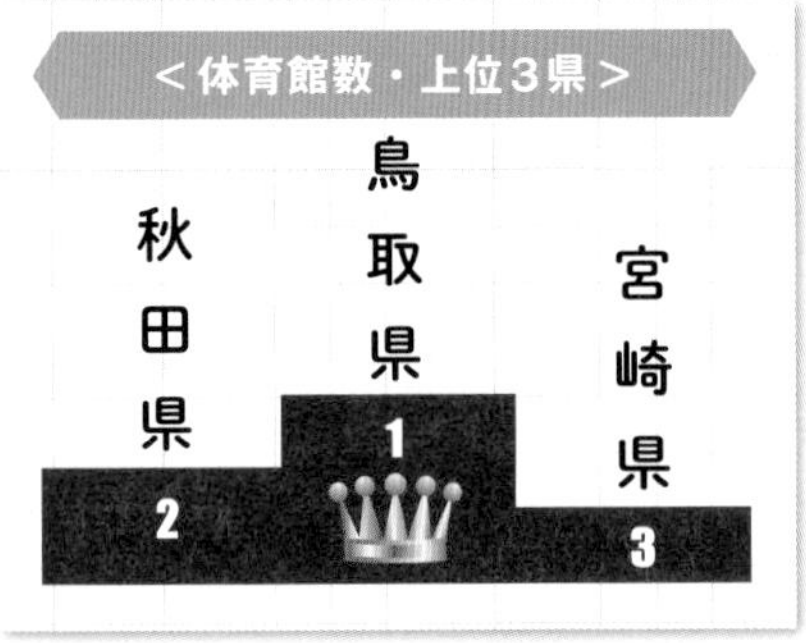

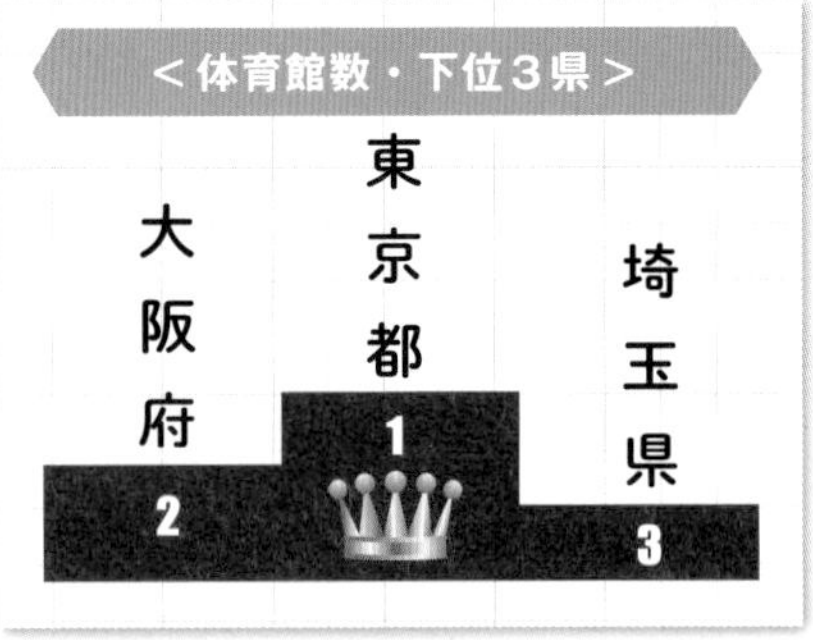

人口10万人あたり体育館数ランキング

順	県名	データ	10万人あたり	偏差値
1	鳥取県	167館	29.11館	80.96
2	秋田県	238館	23.27館	71.05
3	宮崎県	224館	20.28館	65.99
4	岩手県	253館	19.77館	65.12
5	島根県	134館	19.30館	64.33
6	熊本県	330館	18.47館	62.92
7	山梨県	151館	18.08館	62.26
8	福島県	321館	16.78館	60.05
9	長野県	331館	15.76館	58.33
10	富山県	163館	15.28館	57.51
11	徳島県	113館	14.95館	56.95
12	福井県	111館	14.10館	55.52
13	石川県	162館	14.03館	55.40
14	新潟県	316館	13.71館	54.85
15	愛媛県	184館	13.28館	54.12
16	高知県	94館	12.90館	53.49
17	長崎県	170館	12.34館	52.53
18	山形県	136館	12.11館	52.14
19	岐阜県	233館	11.46館	51.05
20	鹿児島県	187館	11.34館	50.84
21	佐賀県	94館	11.28館	50.74
22	奈良県	151館	11.06館	50.37
23	大分県	124館	10.63館	49.63
24	青森県	133館	10.16館	48.84
25	北海道	536館	9.96館	48.49
26	和歌山県	95館	9.86館	48.32
27	山口県	137館	9.75館	48.14
28	香川県	91館	9.32館	47.41
29	栃木県	182館	9.22館	47.24
30	宮城県	197館	8.44館	45.92
31	群馬県	159館	8.06館	45.27
32	広島県	210館	7.38館	44.13
33	滋賀県	100館	7.08館	43.61
34	岡山県	126館	6.56館	42.73
35	茨城県	176館	6.03館	41.84
36	三重県	106館	5.84館	41.51
37	福岡県	276館	5.41館	40.79
38	兵庫県	290館	5.24館	40.50
39	沖縄県	68館	4.74館	39.66
40	静岡県	174館	4.70館	39.59
41	京都府	118館	4.52館	39.28
42	愛知県	266館	3.55館	37.64
43	千葉県	203館	3.26館	37.15
44	神奈川県	296館	3.24館	37.12
45	埼玉県	233館	3.21館	37.06
46	大阪府	244館	2.76館	36.30
47	東京都	294館	2.18館	35.31
-	全国	9,097館	7.16館	-

文部科学省 体育・スポーツ施設現況調査 2015

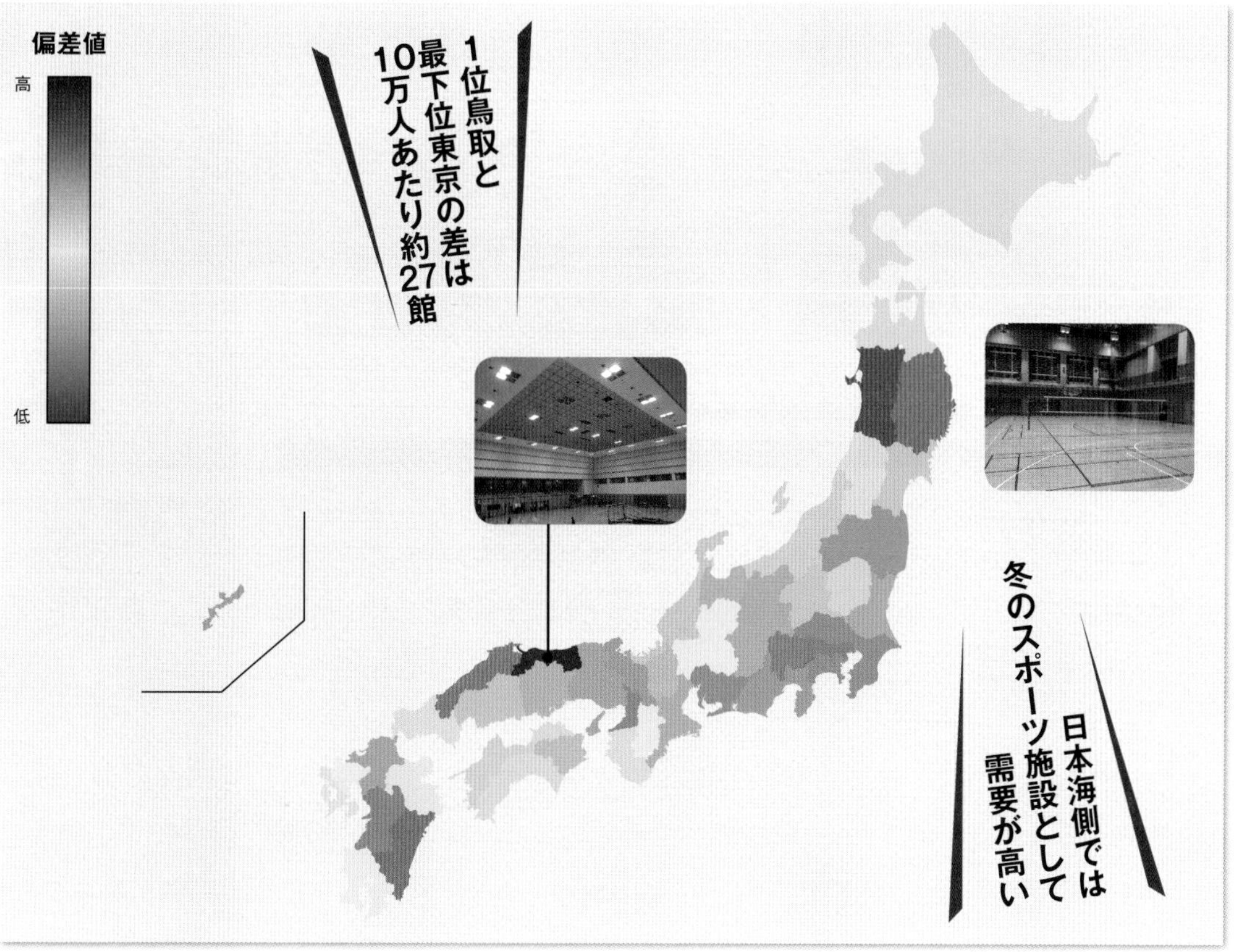
偏差値
高
低
1位鳥取と最下位東京の差は10万人あたり約27館
日本海側では冬のスポーツ施設として需要が高い

相関データ

【正の相関】

順	係数	項目
1	0.80	地方交付税額
2	0.79	郵便局軒数
3	0.78	農業就業人口
4	0.76	地方公務員数
5	0.75	共働き率
6	0.75	河川延長
7	0.74	道路延長
8	0.73	軽バン・軽トラ保有台数
9	0.71	博物館数
10	0.69	劇場・音楽堂数

【負の相関】

順	係数	項目
1	-0.74	25歳以上映画鑑賞人口
2	-0.70	携帯電話普及率
3	-0.70	人口集中度
4	-0.70	生産年齢人口
5	-0.69	最低賃金
6	-0.68	25歳以上海外旅行人口
7	-0.67	通勤時間
8	-0.67	サラリーマン年収
9	-0.66	25歳以上テレビゲーム人口
10	-0.66	25歳以上英語学習人口

都市部は体育館が少ない

文部科学省の体育・スポーツ施設現況調査より、公営と民営の合計体育館数のランキング。全国の体育館数は9097館で、人口10万人あたり7・16館。

1位は鳥取で29・11館、2位は秋田で23・27館。3位以下は宮崎、岩手、島根の順。最下位は東京2・18館。以下、少ない順に、大阪、埼玉、神奈川、千葉と続きます。

分布地図から、日本海側や南日本に多いことがわかります。日本海側では、雪に閉ざされる冬の間のスポーツ施設として需要があるのでしょう。

なお、農業就業人口と正の相関、人口集中度と負の相関があり、体育館は人口が少なく農業就業人口が多い地方で多くなっています。

食事時間

関西と関東近郊、東日本の太平洋側の人は食事に時間をかける傾向がある。

＜食事時間・上位３県＞

1 山梨県
2 東京都
3 奈良県

＜食事時間・下位３県＞

1 北海道
2 鳥取県
3 佐賀県

15歳以上週平均食事時間ランキング

順	県名	データ	偏差値
1	山梨県	106.0分	75.77
2	東京都	103.5分	66.32
3	奈良県	103.0分	64.43
3	長野県	103.0分	64.43
3	秋田県	103.0分	64.43
6	埼玉県	102.5分	62.54
7	千葉県	102.0分	60.65
7	京都府	102.0分	60.65
9	鹿児島県	101.5分	58.76
9	栃木県	101.5分	58.76
9	岩手県	101.5分	58.76
9	大阪府	101.5分	58.76
13	群馬県	101.0分	56.87
13	兵庫県	101.0分	56.87
15	茨城県	100.5分	54.98
15	徳島県	100.5分	54.98
15	広島県	100.5分	54.98
18	福島県	100.0分	53.10
18	神奈川県	100.0分	53.10
18	熊本県	100.0分	53.10
18	宮崎県	100.0分	53.10
18	宮城県	100.0分	53.10
23	和歌山県	99.0分	49.32
23	滋賀県	99.0分	49.32
23	青森県	99.0分	49.32
26	福井県	98.5分	47.43
26	山形県	98.5分	47.43
26	島根県	98.5分	47.43
26	岡山県	98.5分	47.43
30	沖縄県	98.0分	45.54
31	新潟県	97.5分	43.65
31	愛媛県	97.5分	43.65
31	高知県	97.5分	43.65
34	愛知県	97.0分	41.76
34	静岡県	97.0分	41.76
34	岐阜県	97.0分	41.76
34	石川県	97.0分	41.76
34	福岡県	97.0分	41.76
39	山口県	96.5分	39.87
39	大分県	96.5分	39.87
41	富山県	96.0分	37.98
41	長崎県	96.0分	37.98
41	香川県	96.0分	37.98
41	三重県	96.0分	37.98
45	佐賀県	95.0分	34.20
46	鳥取県	94.5分	32.31
47	北海道	94.0分	30.42
-	全国	100.0分	-

社会生活基本調査 2016

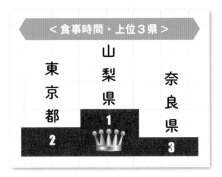

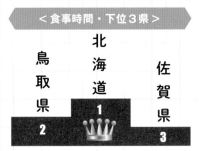

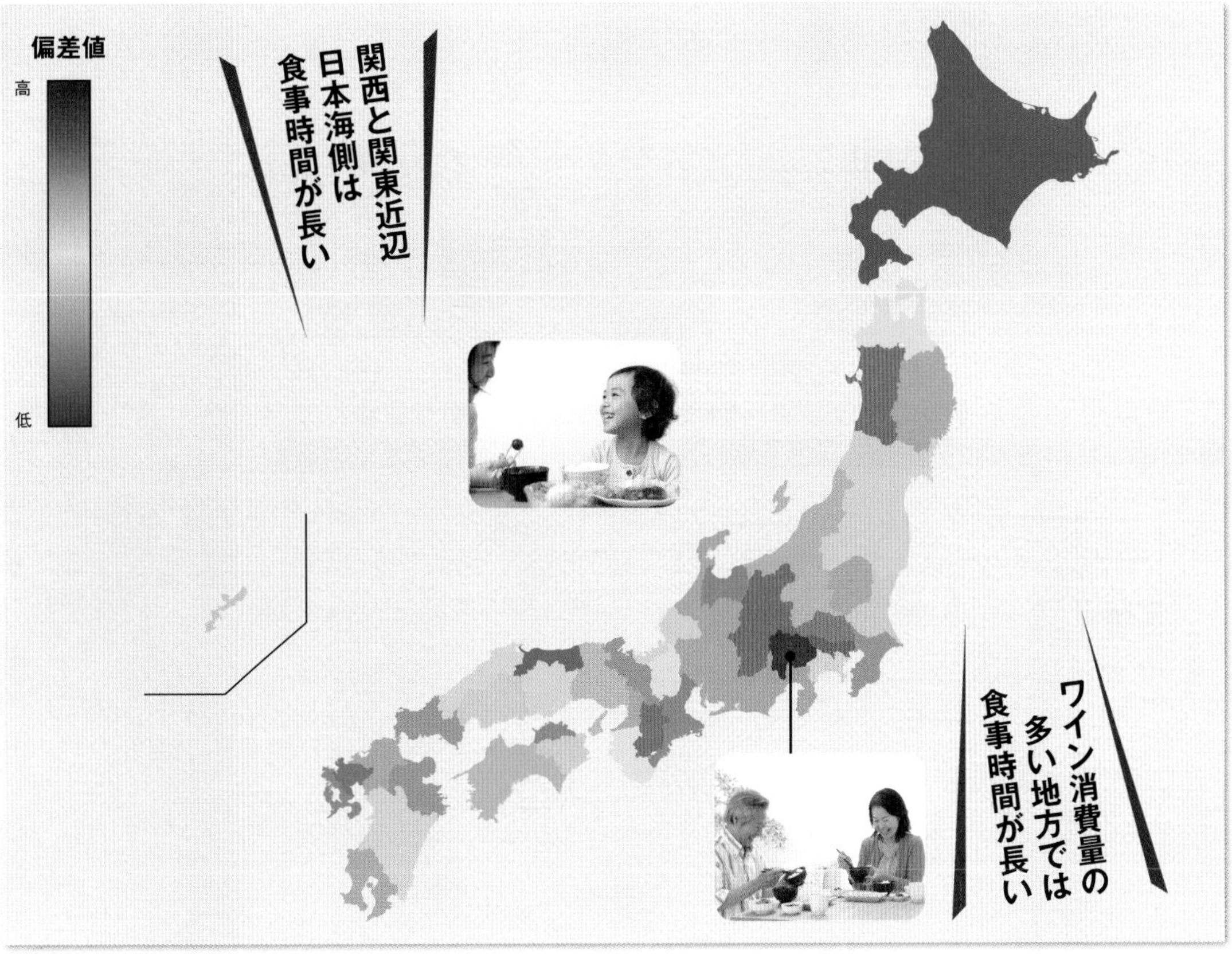
偏差値
高
低
関西と関東近辺
日本海側は
食事時間が長い
ワイン消費量の
多い地方では
食事時間が長い

相関データ

【正の相関】

順	係数	項目
1	0.56	バーミヤン店舗数
2	0.53	ケーヨーデイツー店舗数
3	0.53	葉物野菜消費量
4	0.52	ワイン消費量
5	0.52	レタス消費量
6	0.51	25歳以上登山・ハイキング人口
7	0.50	ブロッコリー消費量
8	0.49	松屋店舗数
9	0.49	生鮮野菜消費量
10	0.47	デニーズ店舗数

【負の相関】

順	係数	項目
1	-0.55	スナック菓子消費量
2	-0.52	テレビ・ラジオ・新聞・雑誌閲覧時間
3	-0.52	パチスロ台数
4	-0.48	魚屋店舗数
5	-0.47	漁業就業人口
6	-0.46	卵消費量
7	-0.43	高卒就職率
8	-0.43	看護師数
9	-0.41	25歳以上釣り人口
10	-0.41	レンタルビデオ店店舗数

北海道より12分長い山梨

社会生活基本調査から食事時間のランキング。15歳以上の男女の平日・休日を含む週全体の総平均時間（食事をした人、しなかった人も含めた平均時間）を比較したもので、全国平均は1日あたり100分。

1位は山梨で106分、2位以下は東京、奈良、長野、秋田の順。最下位は北海道で94分。以下、少ない順に、鳥取、佐賀、三重、香川と続きます。分布地図から、東日本の太平洋岸や関西で食事時間が長くなっています。

食事時間は、ワイン消費量、生鮮野菜消費量と正の相関があり、ワイン消費量と生鮮野菜消費量が多い地方では食事時間が長くなっています。また、テレビ・ラジオ・新聞・雑誌閲覧時間と負の相関があり、食事時間が長いところはテレビ・ラジオ・新聞・雑誌閲覧時間が短くなっています。

アクション

テレビ・ラジオ・新聞・雑誌閲覧時間

北海道、九州、沖縄で長い傾向にあり、家賃や年収1000万円以上世帯数と負の相関がある。

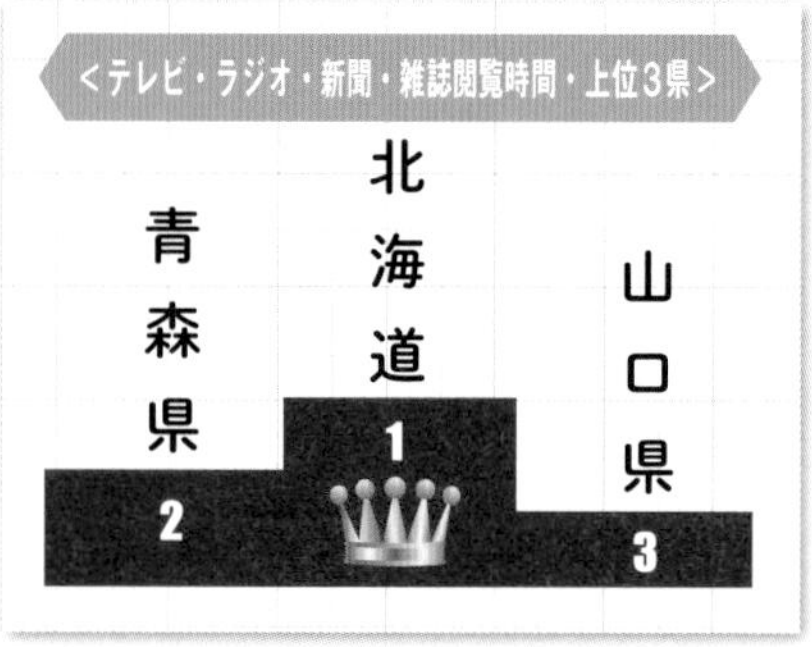

15歳以上週平均テレビ・ラジオ・新聞・雑誌閲覧時間ランキング

順	県名	データ	偏差値
1	北海道	165.5分	71.05
2	青森県	161.0分	65.84
3	山口県	160.5分	65.26
4	愛媛県	159.0分	63.52
4	徳島県	159.0分	63.52
6	長崎県	158.0分	62.36
6	高知県	158.0分	62.36
8	大分県	157.5分	61.78
9	宮崎県	155.5分	59.46
10	鳥取県	155.0分	58.89
10	福島県	155.0分	58.89
12	和歌山県	153.5分	57.15
12	大阪府	153.5分	57.15
14	三重県	153.0分	56.57
15	香川県	151.5分	54.83
15	福岡県	151.5分	54.83
17	新潟県	151.0分	54.25
17	静岡県	151.0分	54.25
19	山形県	150.0分	53.09
20	佐賀県	149.5分	52.51
20	熊本県	149.5分	52.51
22	広島県	148.5分	51.36
23	秋田県	147.5分	50.20
24	岐阜県	146.5分	49.04
24	鹿児島県	146.5分	49.04
26	富山県	146.0分	48.46
27	兵庫県	145.0分	47.30
28	茨城県	144.5分	46.72
28	愛知県	144.5分	46.72
28	沖縄県	144.5分	46.72
31	栃木県	144.0分	46.14
32	石川県	143.0分	44.98
33	宮城県	142.5分	44.41
34	奈良県	142.0分	43.83
34	群馬県	142.0分	43.83
36	岩手県	141.5分	43.25
37	山梨県	141.0分	42.67
38	埼玉県	140.5分	42.09
38	島根県	140.5分	42.09
40	岡山県	140.0分	41.51
41	千葉県	139.0分	40.35
42	京都府	138.0分	39.19
42	長野県	138.0分	39.19
44	神奈川県	135.0分	35.72
45	福井県	132.5分	32.82
46	滋賀県	129.0分	28.77
47	東京都	124.5分	23.55
-	全国	144.0分	-

社会生活基本調査 2016

アクション

偏差値
高
低
北海道は東京に比べ約40分長い
西日本の海沿いや九州、沖縄で長く
北海道、関東や本州内陸部で短い

相関データ

【正の相関】

順	係数	項目
1	0.66	父子・母子家庭数
2	0.58	精神病床数
3	0.57	漁業就業人口
4	0.56	再婚件数
5	0.56	看護師数
6	0.55	高卒就職率
7	0.54	介護福祉士数
8	0.53	病院数
9	0.52	パチスロ台数
10	0.51	食糧自給率(生産額ベース)

【負の相関】

順	係数	項目
1	-0.69	25歳以上楽器演奏人口
2	-0.69	年収1000万円以上世帯数
3	-0.68	25歳以上演芸・演劇・舞踏鑑賞人口
4	-0.67	25歳以上クラシックコンサート人口
5	-0.67	25歳以上水泳人口
6	-0.63	25歳以上芸術・文化学習人口
7	-0.63	25歳以上スポーツ人口
8	-0.61	家賃
9	-0.60	25歳以上ライブ・コンサート人口
10	-0.60	スマートフォン普及率

閲覧時間最下位は東京

社会生活基本調査からテレビ・ラジオ・新聞・雑誌閲覧時間のランキング。15歳以上の男女の平日・休日を含む週全体の総平均時間（閲覧した人、しなかった人も含めた平均時間）を比較したもので、全国平均は1日あたり144分。

1位は北海道で165・5分。2位以下は青森、山口、愛媛、徳島の順。最下位は東京で124・5分。以下少ない順に、滋賀、福井。関東から中部、関西にかけて時間が短くなっていることがわかります。

家賃や年収1000万円以上世帯数と負の相関があり、閲覧時間は家賃が高く高所得者が多い都市部で短くなっています。

また、芸術・文化学習人口やスポーツ人口など各種趣味人口と負の相関があり、これらの趣味が盛んなところで短くなっています。

アクション

女性の家事労働時間

関西・東海・関東の太平洋ベルト地帯で長く、地方で短い傾向。睡眠時間と負の相関がある。

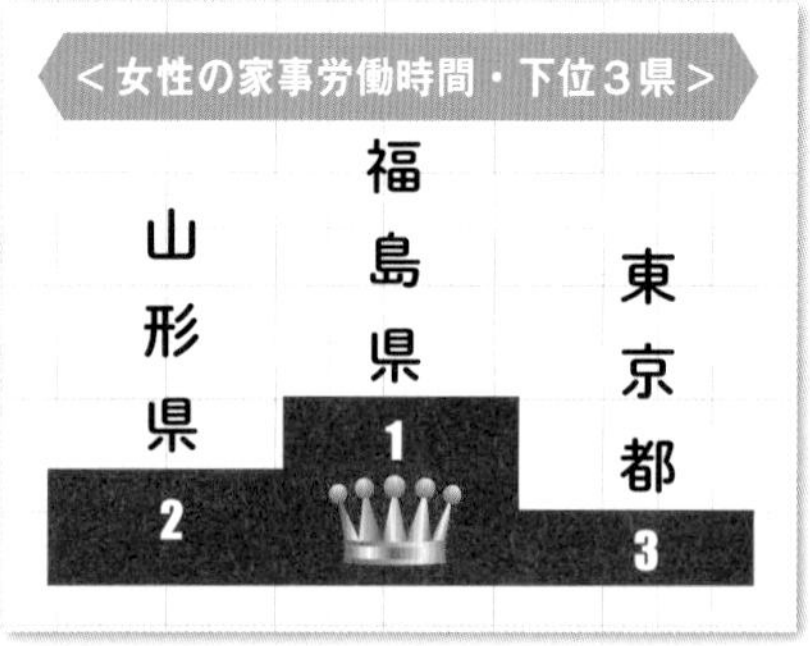

15歳以上女性の週平均家事労働時間ランキング

順	県名	データ	偏差値
1	奈良県	172.5分	76.66
2	三重県	168.0分	69.87
3	和歌山県	164.0分	63.83
3	静岡県	164.0分	63.83
3	千葉県	164.0分	63.83
6	山口県	163.0分	62.32
7	兵庫県	162.0分	60.81
8	広島県	161.0分	59.30
9	埼玉県	160.5分	58.54
10	岐阜県	160.0分	57.79
11	香川県	159.5分	57.03
11	長野県	159.5分	57.03
11	岡山県	159.5分	57.03
14	大阪府	159.0分	56.28
14	山梨県	159.0分	56.28
16	滋賀県	158.5分	55.53
17	島根県	157.0分	53.26
17	神奈川県	157.0分	53.26
19	秋田県	156.0分	51.75
20	愛知県	155.0分	50.24
21	鳥取県	154.5分	49.49
21	福井県	154.5分	49.49
21	福岡県	154.5分	49.49
21	大分県	154.5分	49.49
25	茨城県	154.0分	48.73
26	愛媛県	153.5分	47.98
26	北海道	153.5分	47.98
26	富山県	153.5分	47.98
29	宮城県	153.0分	47.22
30	宮崎県	152.5分	46.47
31	長崎県	152.0分	45.71
31	群馬県	152.0分	45.71
33	徳島県	151.5分	44.96
33	石川県	151.5分	44.96
33	鹿児島県	151.5分	44.96
36	京都府	151.0分	44.20
36	沖縄県	151.0分	44.20
38	栃木県	150.0分	42.69
39	高知県	148.5分	40.43
40	佐賀県	148.0分	39.67
40	新潟県	148.0分	39.67
40	熊本県	148.0分	39.67
43	青森県	147.0分	38.16
44	岩手県	146.5分	37.41
45	東京都	143.5分	32.88
46	山形県	141.5分	29.86
47	福島県	139.0分	26.09
-	全国	155.5分	-

社会生活基本調査 2016

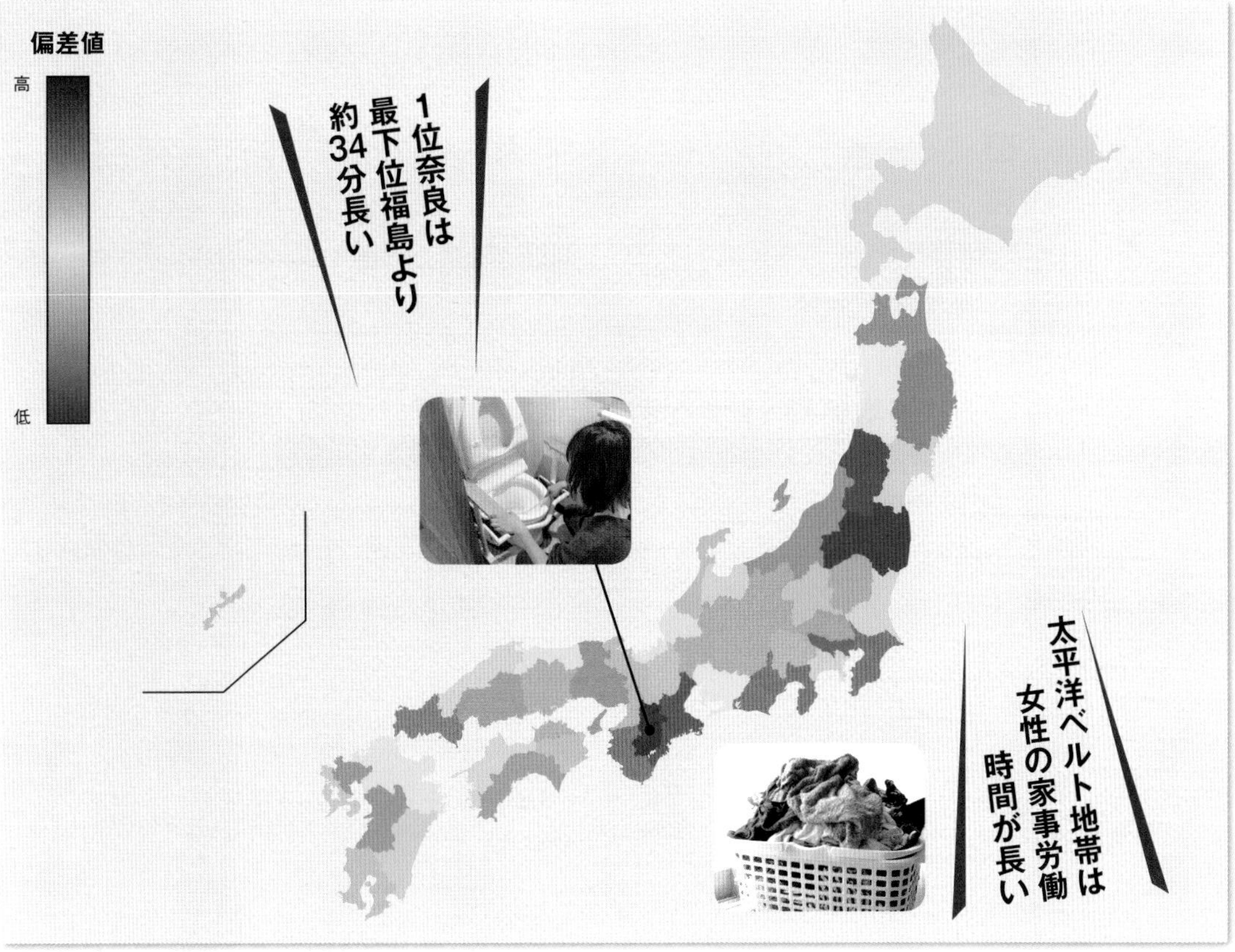
偏差値
高
低
1位奈良は最下位福島より約34分長い
太平洋ベルト地帯は女性の家事労働時間が長い

相関データ

【正の相関】

順	係数	項目
1	0.59	中学生通塾率
2	0.54	食器洗い機普及率
3	0.53	パン消費量
4	0.52	学習塾軒数
5	0.52	小学生通塾率
6	0.50	マーガリン消費量
7	0.49	1世帯あたり貯蓄額
8	0.49	大阪大学合格者数
9	0.47	電動ミシン普及率
10	0.47	ピアノ普及率

【負の相関】

順	係数	項目
1	-0.60	ラーメン店舗数
2	-0.57	アルコール消費量
3	-0.52	睡眠時間
4	-0.49	デキ婚率
5	-0.47	中華料理店店舗数
6	-0.47	飲酒費用
7	-0.46	ビール消費量
8	-0.46	お菓子支出額
9	-0.45	納豆支出額
10	-0.34	共働き率

上位は奈良、三重、和歌山

社会生活基本調査から女性の家事労働時間のランキング。15歳以上の女性の平日・休日を含む週全体の総平均時間（家事労働をした人、しなかった人を含めた平均時間）を比較したもので、全国平均は1日あたり155・5分。

1位は奈良で172・5分。2位以下は三重、和歌山、静岡、千葉の順。最下位は福島で139分。以下、少ない順に、山形、東京と続きます。

分布地図から、関西・東海・関東の太平洋ベルト地帯で女性の家事労働時間が長く、地方で短い傾向にあることがわかります。

睡眠時間と負の相関があり、家事労働時間が長いところは睡眠時間が短くなっています。共働き率とは弱い負の相関があり、共働きが少なく専業主婦が多いところで家事労働時間が長くなっています。

アクション

休養・くつろぎ時間

秋田、鹿児島、島根など地方で長く、関東周辺で短い。総人口増減率や家賃と正の相関がある。

15歳以上週平均休養・くつろぎ時間ランキング

順	県名	データ	偏差値
1	秋田県	102.5分	71.67
2	鹿児島県	101.5分	68.86
2	島根県	101.5分	68.86
4	北海道	101.0分	67.46
5	新潟県	100.0分	64.65
5	福島県	100.0分	64.65
7	長崎県	98.5分	60.43
8	大分県	98.0分	59.03
8	青森県	98.0分	59.03
10	高知県	97.5分	57.62
10	滋賀県	97.5分	57.62
12	和歌山県	97.0分	56.22
12	愛媛県	97.0分	56.22
14	鳥取県	96.5分	54.81
14	岡山県	96.5分	54.81
14	富山県	96.5分	54.81
17	宮崎県	96.0分	53.41
17	佐賀県	96.0分	53.41
19	石川県	95.5分	52.00
19	岐阜県	95.5分	52.00
19	奈良県	95.5分	52.00
19	福井県	95.5分	52.00
19	岩手県	95.5分	52.00
24	山形県	94.5分	49.19
24	徳島県	94.5分	49.19
24	三重県	94.5分	49.19
27	福岡県	94.0分	47.79
27	兵庫県	94.0分	47.79
27	愛知県	94.0分	47.79
30	茨城県	93.5分	46.38
30	栃木県	93.5分	46.38
32	熊本県	93.0分	44.98
33	静岡県	92.5分	43.57
34	千葉県	92.0分	42.17
34	山口県	92.0分	42.17
34	京都府	92.0分	42.17
37	群馬県	91.5分	40.76
38	香川県	91.0分	39.36
38	山梨県	91.0分	39.36
38	神奈川県	91.0分	39.36
41	東京都	90.5分	37.95
41	長野県	90.5分	37.95
43	大阪府	90.0分	36.55
44	広島県	89.5分	35.14
44	宮城県	89.5分	35.14
46	沖縄県	89.0分	33.74
47	埼玉県	88.5分	32.34
-	全国	93.0分	-

社会生活基本調査 2016

アクション

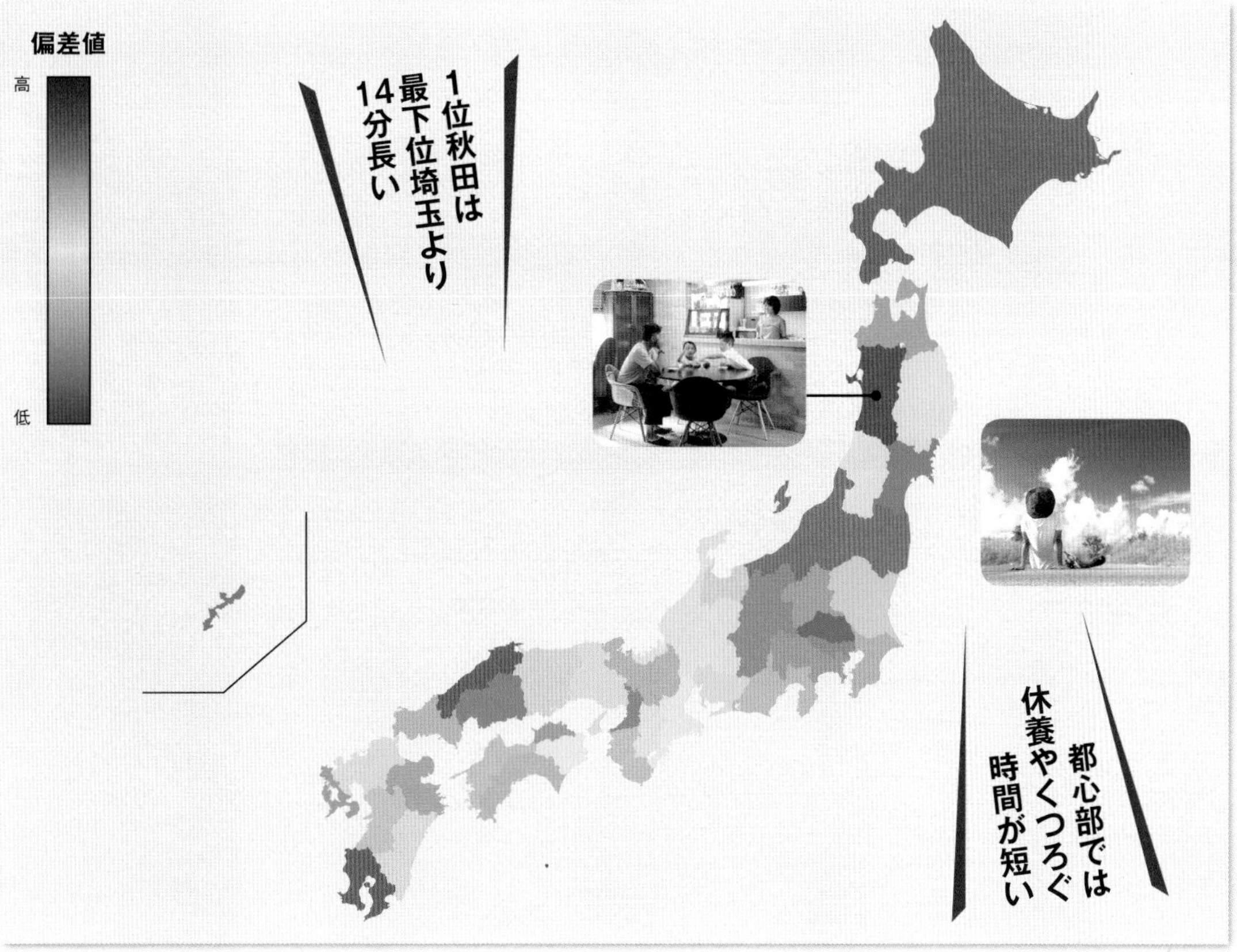
偏差値
高
低
1位秋田は
最下位埼玉より
14分長い
都心部では
休養やくつろぐ
時間が短い

相関データ

【正の相関】

順	係数	項目
1	0.68	郵便局軒数
2	0.66	介護福祉士数
3	0.65	面積
4	0.64	第一次産業従業者数
5	0.63	食糧自給率(カロリーベース)
6	0.62	酒屋店舗数
7	0.62	小学校数
8	0.62	森林面積
9	0.61	睡眠時間
10	0.60	65歳以上人口（高齢者数）

【負の相関】

順	係数	項目
1	-0.63	インターネット利用率
2	-0.62	スマートフォン普及率
3	-0.59	25歳以上英語学習人口
4	-0.58	生産年齢人口
5	-0.58	25歳以上映画鑑賞人口
6	-0.57	25歳以上スポーツ人口
7	-0.56	家賃
8	-0.56	四年制大学進学率
9	-0.55	マクドナルド店舗数
10	-0.55	スターバックスコーヒー店舗数

全国平均は93分

社会生活基本調査より休養・くつろぎ時間のランキング。15歳以上の男女の平日・休日を含む週全体の総平均時間（休養した人、しなかった人も含めた平均時間）を比較したもので、全国平均は1日あたり93分。1位は秋田で102・5分。2位以下は鹿児島、島根、北海道、新潟の順。

最下位は埼玉で88・5分。以下、少ない順に、沖縄、宮城と続きます。秋田、鹿児島、島根など地方で長く、関東周辺など都心部で短い傾向にあります。

また、総人口増減率や家賃と正の相関があるため、人口が増えて家賃が高い都市部で休養・くつろぎ時間は短いことがうかがえます。

インターネット利用率やスマートフォン普及率とも正の相関があり、ネットが身近なところで休養・くつろぎ時間が短い傾向があります。

アクション

睡眠時間

東北の県で多く、都市部で短い傾向が顕著。全国平均は458分。1位は秋田、最下位は神奈川。

＜睡眠時間・上位３県＞

1 秋田県
2 青森県
3 高知県

＜睡眠時間・下位３県＞

1 神奈川県
2 埼玉県
3 千葉県

15歳以上週平均睡眠時間ランキング

順	県名	データ	偏差値
1	秋田県	481.0分	76.84
2	青森県	478.5分	73.29
3	高知県	474.0分	66.89
3	山形県	474.0分	66.89
5	岩手県	471.5分	63.34
6	福島県	470.5分	61.91
7	島根県	469.5分	60.49
8	宮崎県	468.5分	59.07
9	新潟県	468.0分	58.36
10	北海道	467.0分	56.94
10	鹿児島県	467.0分	56.94
12	長野県	466.5分	56.23
13	和歌山県	465.5分	54.81
14	熊本県	465.0分	54.10
15	鳥取県	464.5分	53.39
15	宮城県	464.5分	53.39
15	福井県	464.5分	53.39
18	佐賀県	463.5分	51.97
19	徳島県	462.5分	50.54
19	石川県	462.5分	50.54
19	大分県	462.5分	50.54
19	富山県	462.5分	50.54
23	栃木県	462.0分	49.83
24	山梨県	461.5分	49.12
24	山口県	461.5分	49.12
26	愛媛県	461.0分	48.41
27	香川県	460.5分	47.70
28	群馬県	460.0分	46.99
29	岐阜県	459.5分	46.28
29	福岡県	459.5分	46.28
29	茨城県	459.5分	46.28
32	長崎県	459.0分	45.57
32	滋賀県	459.0分	45.57
32	三重県	459.0分	45.57
32	京都府	459.0分	45.57
36	岡山県	458.0分	44.15
37	静岡県	457.5分	43.44
37	沖縄県	457.5分	43.44
39	広島県	455.5分	40.60
39	愛知県	455.5分	40.60
41	大阪府	455.0分	39.88
42	東京都	454.0分	38.46
43	奈良県	451.5分	34.91
43	兵庫県	451.5分	34.91
45	千葉県	450.5分	33.49
46	埼玉県	450.0分	32.78
47	神奈川県	448.5分	30.65
-	全国	458.0分	-

社会生活基本調査 2016

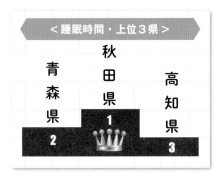

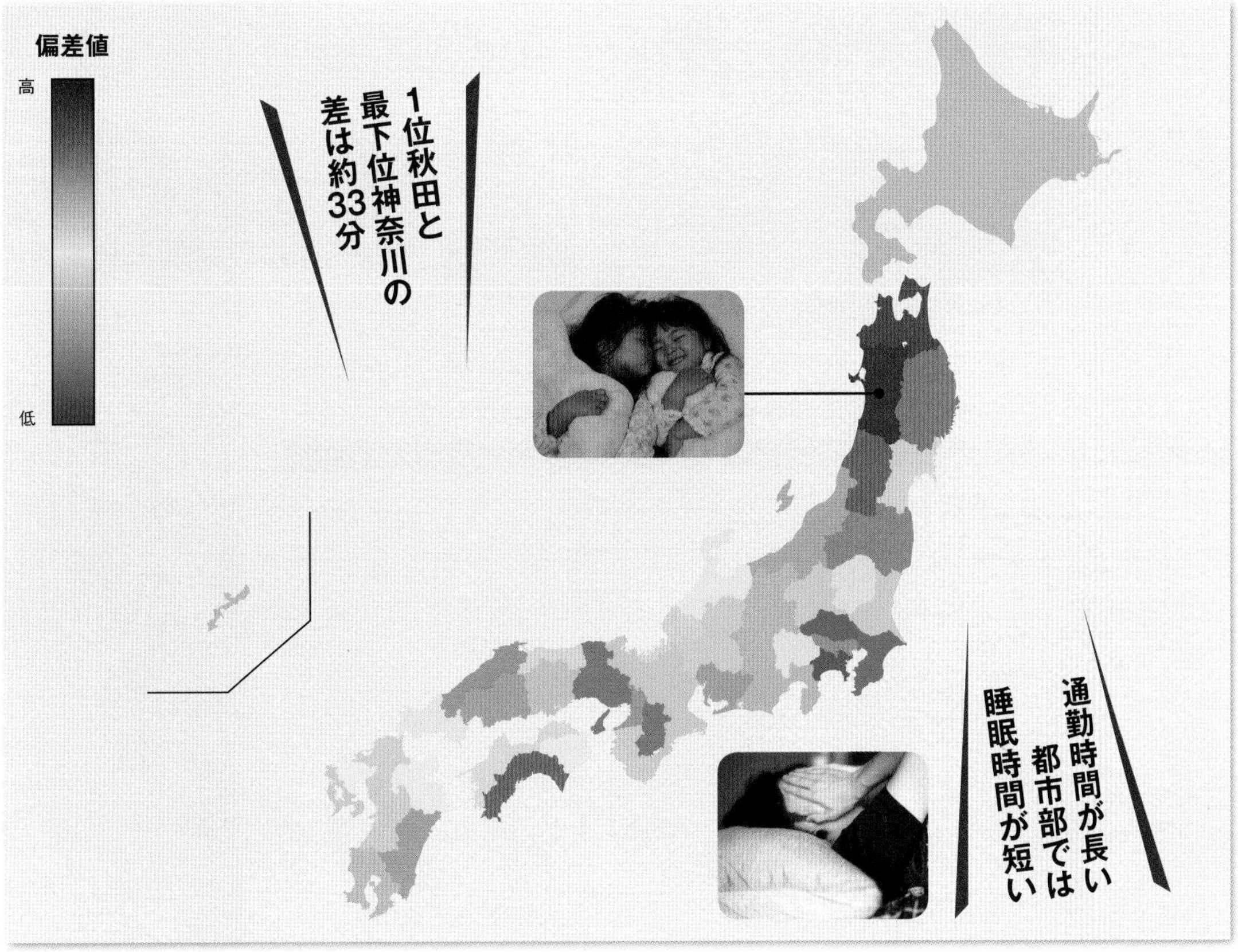
偏差値
高
低
1位秋田と最下位神奈川の差は約33分
通勤時間が長い都市部では睡眠時間が短い

相関データ

【正の相関】

順	係数	項目
1	0.86	理容室数
2	0.85	農業就業人口
3	0.81	面積
4	0.80	理容師数
5	0.79	地方交付税額
6	0.79	森林面積
7	0.79	高校数
8	0.78	食糧自給率(カロリーベース)
9	0.76	河川延長
10	0.76	道路延長

【負の相関】

順	係数	項目
1	-0.87	中学生通塾率
2	-0.84	スマートフォン普及率
3	-0.84	インターネット利用率
4	-0.84	25歳以上スポーツ人口
5	-0.78	海外旅行者数
6	-0.77	通勤時間
7	-0.73	サラリーマン年収
8	-0.71	四年制大学進学率
9	-0.71	25歳以上読書人口
10	-0.56	労働時間

1日平均は7時間38分

社会生活基本調査から睡眠時間のランキング。15歳以上の男女の平日・休日を含む週全体の総平均時間（睡眠をした人、しなかった人も含めた平均時間）を比較したもので、全国平均は４５８分。毎日7時間38分寝ている計算になります。１位は秋田で４８１分。２位以下は青森、高知、山形、岩手と東北の県が上位を占めます。最下位は神奈川で４４８・５分。以下、少ない順に、埼玉、千葉、兵庫、奈良と続きます。

分布地図を見ると、神奈川、埼玉など都市部での睡眠時間の短さが目立ちます。通勤時間や労働時間と負の相関があり、通勤時間や労働時間が長い都市部で睡眠時間が短くなっています。

スマートフォン普及率とも正の相関があり、スマートフォン普及率が高いところで睡眠時間が短い傾向です。

アクション

労働時間

首都圏を筆頭に都市部で労働時間が長い傾向。総人口増減率や生産年齢人口と正の相関がある。

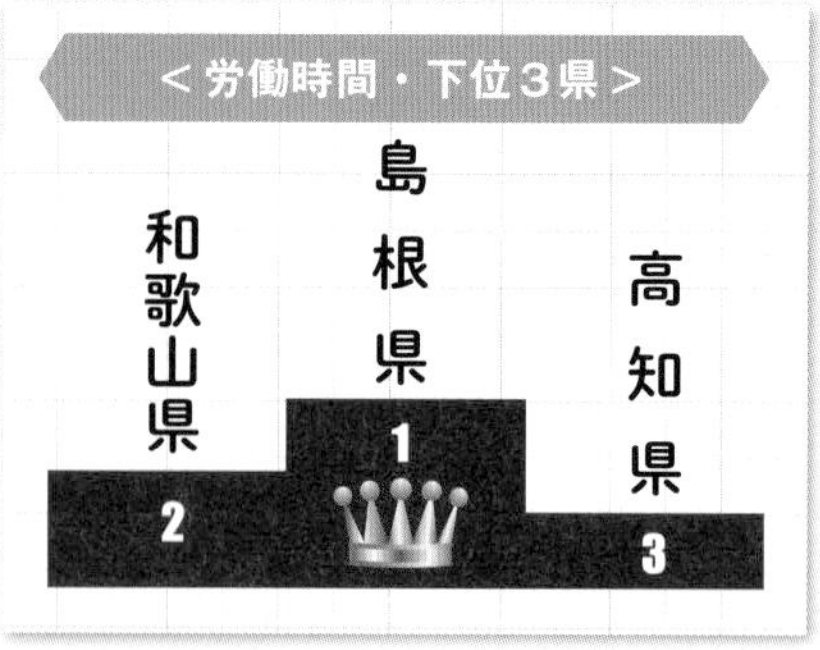

15歳以上1月あたり労働時間ランキング

順	県名	データ	偏差値
1	神奈川県	501.5分	70.11
2	千葉県	499.5分	67.66
3	福岡県	496.0分	63.39
4	奈良県	494.0分	60.94
5	北海道	493.5分	60.33
5	東京都	493.5分	60.33
7	沖縄県	493.0分	59.72
8	兵庫県	492.5分	59.11
8	滋賀県	492.5分	59.11
8	宮城県	492.5分	59.11
11	石川県	492.0分	58.50
12	香川県	491.5分	57.89
12	茨城県	491.5分	57.89
12	埼玉県	491.5分	57.89
15	群馬県	491.0分	57.28
15	佐賀県	491.0分	57.28
17	大阪府	489.0分	54.83
18	栃木県	488.5分	54.22
19	福島県	488.0分	53.61
19	新潟県	488.0分	53.61
21	熊本県	487.5分	53.00
21	福井県	487.5分	53.00
23	青森県	487.0分	52.39
23	静岡県	487.0分	52.39
23	愛知県	487.0分	52.39
26	岡山県	486.0分	51.17
27	富山県	483.0分	47.50
27	岐阜県	483.0分	47.50
29	長崎県	482.5分	46.89
29	岩手県	482.5分	46.89
31	広島県	482.0分	46.28
32	鹿児島県	481.0分	45.06
33	京都府	480.5分	44.45
33	大分県	480.5分	44.45
33	鳥取県	480.5分	44.45
33	山口県	480.5分	44.45
37	三重県	478.5分	42.01
37	愛媛県	478.5分	42.01
39	山形県	477.5分	40.79
40	秋田県	475.0分	37.73
41	宮崎県	474.5分	37.12
41	長野県	474.5分	37.12
41	山梨県	474.5分	37.12
44	徳島県	473.5分	35.90
45	高知県	468.0分	29.18
46	和歌山県	467.5分	28.57
47	島根県	466.5分	27.35
-	全国	489.0分	-

社会生活基本調査 2016

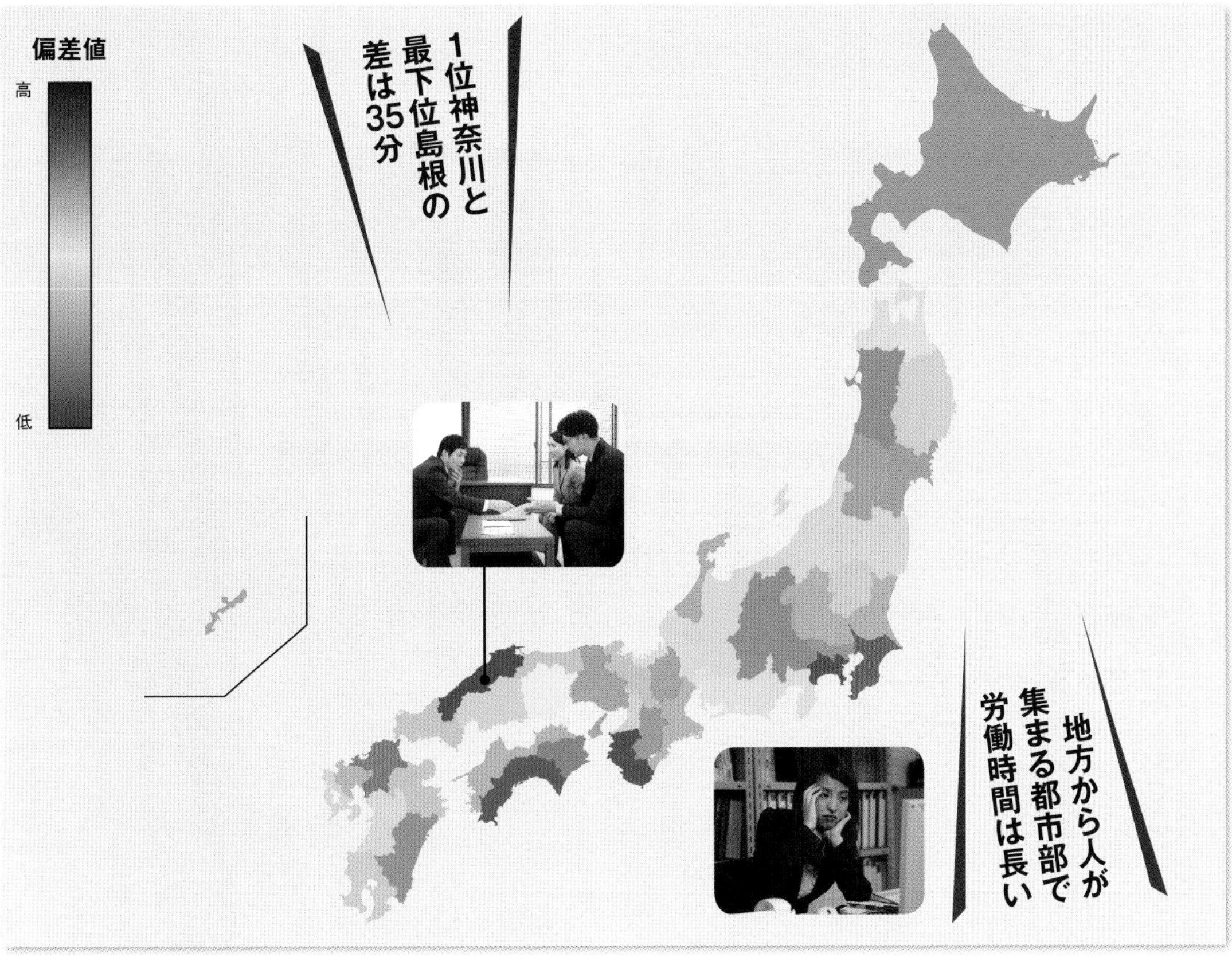
偏差値
高
低
1位神奈川と最下位島根の差は35分
地方から人が集まる都市部で労働時間は長い

相関データ

【正の相関】

順	係数	項目
1	0.72	生産年齢人口
2	0.71	25歳以上トレーニング人口
3	0.66	総人口増減率
4	0.63	25歳以上写真撮影人口
5	0.60	15歳以上買い物時間
6	0.59	人口集中度
7	0.58	通勤時間
8	0.58	公共交通機関通勤・通学率
9	0.56	スマートフォン普及率
10	0.56	転職率

【負の相関】

順	係数	項目
1	-0.78	自営業者数
2	-0.76	酒屋店舗数
3	-0.75	軽バン・軽トラ保有台数
4	-0.70	65歳以上人口（高齢者数）
5	-0.67	地方公務員数
6	-0.67	ホームセンター店舗数
7	-0.67	ガソリンスタンド数
8	-0.65	地方交付税額
9	-0.59	中小企業数
10	-0.59	農業就業人口

首都圏は長時間働く地域

社会生活基本調査より労働時間のランキング。15歳以上の男女有業者の働いた日の平均時間を比較したもので、有業者にはパートやアルバイトも含まれます。全国平均は1日あたり489分で、8時間9分になります。

1位は神奈川で501・5分。2位以下は千葉、福岡、奈良、北海道の順。最下位は島根で466・5分。以下、少ない順に、和歌山、高知、徳島、山梨と続きます。

分布地図を見ると、ばらつきはありますが、首都圏を筆頭に都市部で労働時間が長い傾向がうかがえます。

また、総人口増減率や生産年齢人口と正の相関があることから、生産年齢世代が集まる都市部で労働時間が長くなっていることがわかります。

アクション

鉄道通勤・通学率

1位東京、2位神奈川、3位千葉と首都圏が上位を独占。最下位はモノレールしかない沖縄。

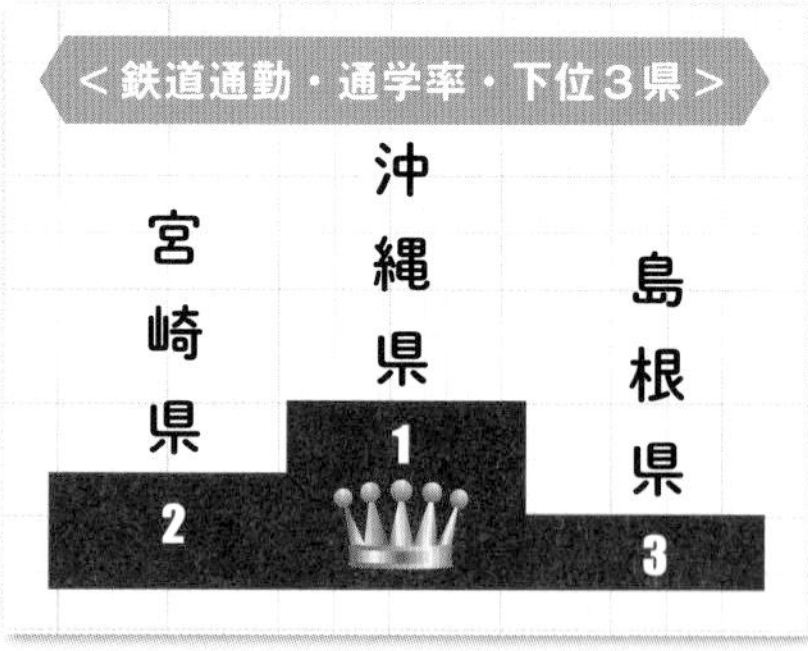

15歳以上の通勤・通学者に占める鉄道通勤・通学率ランキング

順	県名	データ	偏差値
1	東京都	56.48%	81.23
2	神奈川県	50.61%	77.01
3	千葉県	42.44%	71.13
4	埼玉県	40.02%	69.39
5	大阪府	40.00%	69.38
6	奈良県	38.45%	68.27
7	兵庫県	33.80%	64.92
8	京都府	27.02%	60.05
9	愛知県	20.94%	55.68
10	滋賀県	20.84%	55.61
11	福岡県	17.02%	52.86
12	宮城県	14.84%	51.29
13	北海道	13.48%	50.32
14	茨城県	12.51%	49.62
15	広島県	12.42%	49.56
16	三重県	11.63%	48.99
17	和歌山県	10.69%	48.31
18	岐阜県	10.08%	47.87
19	静岡県	8.12%	46.46
20	栃木県	7.66%	46.13
21	岡山県	7.02%	45.67
22	山梨県	6.85%	45.55
23	香川県	6.76%	45.49
24	長野県	6.74%	45.47
25	群馬県	6.26%	45.13
26	富山県	6.04%	44.97
27	新潟県	5.98%	44.93
28	佐賀県	5.95%	44.90
29	山口県	5.63%	44.67
30	福島県	5.25%	44.40
31	長崎県	5.15%	44.33
32	岩手県	4.87%	44.13
33	石川県	4.30%	43.72
34	鹿児島県	4.29%	43.71
35	福井県	4.21%	43.65
36	鳥取県	4.06%	43.55
37	大分県	3.98%	43.49
38	愛媛県	3.90%	43.43
39	秋田県	3.88%	43.42
40	熊本県	3.75%	43.32
41	高知県	3.60%	43.22
42	山形県	3.48%	43.13
43	徳島県	3.35%	43.04
44	青森県	2.94%	42.74
45	島根県	2.42%	42.37
46	宮崎県	1.83%	41.94
47	沖縄県	1.28%	41.55
-	全国	24.53%	-

国勢調査 2010

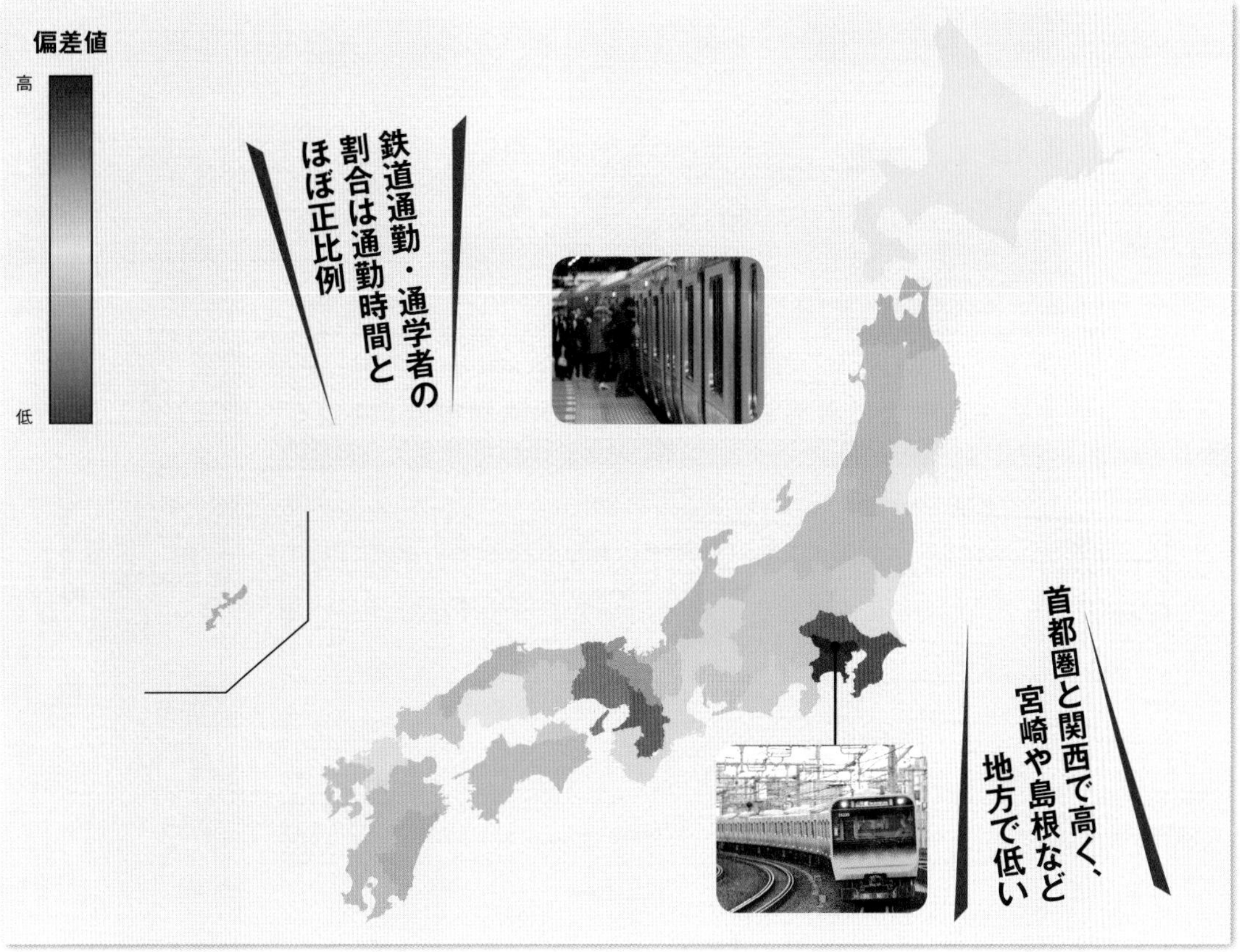
偏差値
高
低
鉄道通勤・通学者の割合は通勤時間とほぼ正比例
首都圏と関西で高く、宮崎や島根など地方で低い

相関データ

【正の相関】

順	係数	項目
1	0.99	公共交通機関通勤・通学率
2	0.95	通勤時間
3	0.91	日経新聞販売部数
4	0.90	25歳以上英語学習人口
5	0.90	家賃
6	0.89	25歳以上読書人口
7	0.89	25歳以上海外旅行人口
8	0.88	最低賃金
9	0.88	鉄道旅客輸送量
10	0.83	スマートフォン普及率

【負の相関】

順	係数	項目
1	-0.92	軽乗用車保有台数
2	-0.92	自家用車通勤・通学率
3	-0.90	自動車保有台数
4	-0.83	ガソリンスタンド数
5	-0.80	共働き率
6	-0.77	高卒就職率
7	-0.73	交通事故死亡者数
8	-0.73	戸建て率
9	-0.72	農業就業人口
10	-0.70	睡眠時間

東京が断トツ1位

国勢調査より鉄道通勤・通学率のランキング。15歳以上の通勤・通学者に占める鉄道通勤・通学者の割合を比較したもので、全国平均は24・53%。1位は東京で56・48%、2位は神奈川で50・61%。3位以下は千葉、埼玉、大阪の順。最下位は沖縄で1・28%。以下、少ない順に、宮崎、島根、青森、徳島と続きます。

首都圏と関西で鉄道通勤・通学率が高いのは一目瞭然です。いっぽう、最下位の沖縄には鉄道がモノレールしかないため率が低くなっています。

通勤時間とほぼ正比例しており、鉄道通勤・通学率が高いところは通勤時間が長くなっています。都市部の遠距離通勤・通学者に鉄道利用者が多いためでしょう。

また、自家用車通勤・通学率とは負の相関が高く、ほぼ正反対の分布となっています。

アクション

自家用車通勤・通学率

1位富山、2位山形など、人口がまばらで農業就業人口が多い地方は自動車通勤・通学率も高い。

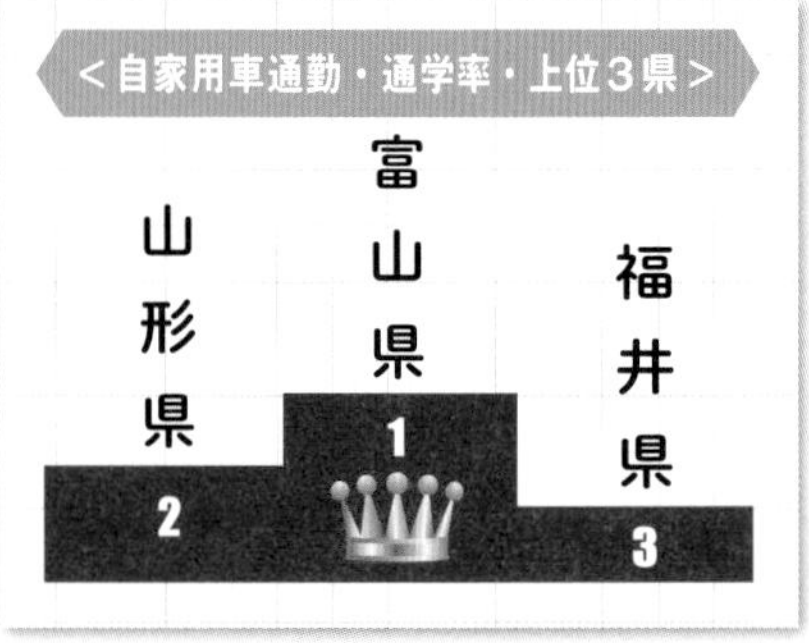

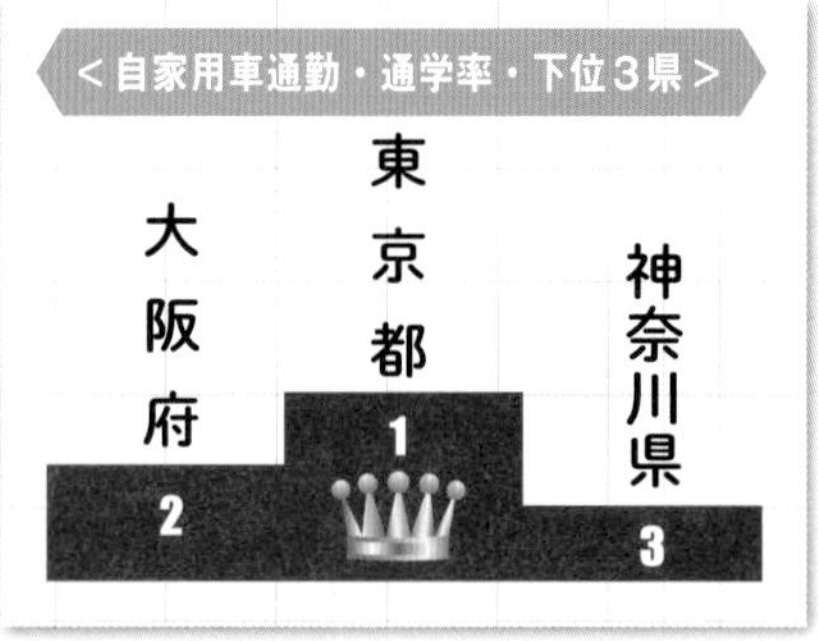

15歳以上の通勤・通学者に占める自家用車通勤・通学率ランキング

順	県名	データ	偏差値
1	富山県	77.34%	60.75
2	山形県	77.26%	60.70
3	福井県	75.35%	59.55
4	秋田県	75.16%	59.43
5	群馬県	74.86%	59.25
6	福島県	73.36%	58.35
7	島根県	72.86%	58.05
8	長野県	72.34%	57.73
9	鳥取県	72.18%	57.64
10	栃木県	71.97%	57.51
11	新潟県	71.71%	57.36
12	宮崎県	71.49%	57.22
13	佐賀県	71.37%	57.15
14	岩手県	70.53%	56.64
15	岐阜県	70.29%	56.50
16	山梨県	69.96%	56.30
17	石川県	69.83%	56.22
18	茨城県	69.14%	55.81
19	青森県	68.75%	55.57
20	三重県	67.97%	55.10
21	徳島県	67.26%	54.67
22	山口県	67.21%	54.64
23	大分県	67.04%	54.54
24	香川県	64.88%	53.24
25	岡山県	64.57%	53.05
26	熊本県	64.30%	52.89
27	鹿児島県	64.01%	52.72
28	静岡県	63.37%	52.33
29	沖縄県	62.30%	51.69
30	高知県	59.37%	49.92
31	和歌山県	59.15%	49.79
32	宮城県	57.83%	48.99
33	滋賀県	57.20%	48.61
34	長崎県	56.16%	47.99
35	愛媛県	55.99%	47.88
36	北海道	53.06%	46.12
37	愛知県	52.21%	45.61
38	福岡県	48.80%	43.55
39	広島県	47.56%	42.81
40	奈良県	39.82%	38.14
41	兵庫県	35.50%	35.54
42	千葉県	34.98%	35.23
43	埼玉県	32.78%	33.90
44	京都府	29.28%	31.79
45	神奈川県	19.72%	26.03
46	大阪府	18.98%	25.59
47	東京都	9.55%	19.90
-	全国	46.27%	-

国勢調査 2010

偏差値
高
低
地方で高く
大都市と
その周辺で低い
全国平均46・27％
突出して低い
東京は9・55％

相関データ

【正の相関】

順	係数	項目
1	0.98	自動車保有台数
2	0.90	ガソリン消費量
3	0.89	軽乗用車保有台数
4	0.88	トラック保有台数
5	0.86	共働き率
6	0.86	自動車販売店数
7	0.85	戸建て率
8	0.84	ガソリンスタンド数
9	0.81	建設業者数
10	0.78	交通事故死亡者数（自動車乗員）

【負の相関】

順	係数	項目
1	-0.94	公共交通機関通勤・通学率
2	-0.92	鉄道通勤・通学率
3	-0.91	宅地建物取引士数
4	-0.90	人口集中度
5	-0.86	鉄道旅客輸送量
6	-0.85	通勤時間
7	-0.83	基準地価：住宅地
8	-0.82	家賃
9	-0.81	携帯電話普及率
10	-0.80	最低賃金

自動車通勤が難しい東京

国勢調査より自家用車通勤・通学率のランキング。15歳以上の通勤・通学者に占める自家用車通勤・通学者の割合を比較したもので、駅まで車で行き電車に乗り換えるような、自家用車を含む複数の手段で通勤・通学している者も含んでいます。全国平均は46・27％。

1位は富山で77・34％。2位以下は、山形、福井、秋田、群馬、福島の順。最下位は東京で9・55％。以下、少ない順に、大阪、神奈川、京都、埼玉と続きます。

分布地図から自家用車通勤・通学率は東日本の地方で高く、大都市とその周辺で低いことがわかります。

また、人口集中度と負の相関、農業就業人口と正の相関があることから、人口がまばらで農業就業人口が多い地方は自動車通勤・通学率も高いことがうかがえます。

インターネット

Facebookユーザー数

ユーザー数は三大都市圏をはじめ都市部で多く地方で少ない。1位は東京、最下位は秋田。

<Facebookユーザー数・上位3県>

1 東京都
2 大阪府
3 沖縄県

<Facebookユーザー数・下位3県>

1 秋田県
2 鳥取県
3 青森県

人口100人あたりFacebookユーザー数ランキング

順	県名	データ	100人あたり	偏差値
1	東京都	620万人	44.86人	88.00
2	大阪府	320万人	36.31人	70.99
3	沖縄県	51万人	35.22人	68.83
4	神奈川県	320万人	34.87人	68.13
5	京都府	87万人	33.58人	65.56
6	愛知県	250万人	33.17人	64.74
7	福岡県	160万人	31.33人	61.08
8	兵庫県	160万人	29.18人	56.80
9	北海道	150万人	28.38人	55.21
10	広島県	79万人	28.04人	54.54
11	静岡県	100万人	27.33人	53.12
12	千葉県	170万人	27.18人	52.82
13	福井県	21万人	27.13人	52.73
14	石川県	31万人	27.12人	52.71
15	三重県	48万人	26.80人	52.07
16	滋賀県	37万人	26.20人	50.88
17	群馬県	51万人	26.13人	50.73
18	香川県	25万人	25.99人	50.45
19	岐阜県	51万人	25.54人	49.56
20	大分県	29万人	25.35人	49.18
21	岡山県	48万人	25.29人	49.06
22	島根県	17万人	25.00人	48.48
23	長野県	51万人	24.72人	47.93
24	長崎県	33万人	24.61人	47.71
25	埼玉県	180万人	24.56人	47.60
26	山梨県	20万人	24.48人	47.45
27	熊本県	43万人	24.47人	47.44
28	栃木県	47万人	24.15人	46.80
29	宮崎県	26万人	24.05人	46.60
30	富山県	25万人	23.81人	46.12
31	宮城県	55万人	23.75人	45.99
32	佐賀県	19万人	23.20人	44.90
33	奈良県	31万人	23.15人	44.81
34	茨城県	66万人	22.94人	44.39
35	愛媛県	31万人	22.93人	44.36
36	和歌山県	21万人	22.46人	43.43
37	山口県	30万人	21.90人	42.31
38	新潟県	49万人	21.82人	42.15
39	鹿児島県	35万人	21.69人	41.89
40	福島県	40万人	21.46人	41.44
41	高知県	15万人	21.25人	41.01
42	山形県	23万人	21.10人	40.73
43	徳島県	15万人	20.38人	39.29
44	岩手県	25万人	20.15人	38.82
45	青森県	25万人	19.79人	38.12
46	鳥取県	11万人	19.64人	37.82
47	秋田県	18万人	18.35人	35.25
-	全国	3,759万人	29.73人	-

Facebook 2020

インターネット

偏差値
高
低
ユーザーは都市部で多く地方で少ない
1位東京は最下位秋田の約2・5倍

相関データ

【正の相関】

順	係数	項目
1	0.84	携帯電話契約数
2	0.84	在日イタリア人
3	0.83	総人口増減率
4	0.82	生産年齢人口増減率
5	0.82	基準地価：工業地
6	0.82	基準地価：住宅地
7	0.81	税理士数
8	0.80	在日ドイツ人
9	0.80	基準地価：商業地
10	0.79	30代ひとり暮らし

【負の相関】

順	係数	項目
1	-0.84	戸建て率
2	-0.80	農業就業人口
3	-0.79	ホームセンター店舗数
4	-0.78	ガソリンスタンド数
5	-0.77	自動車普及率
6	-0.75	持ち家率
7	-0.74	65歳以上人口（高齢者数）
8	-0.73	道路延長
9	-0.73	自家用車通勤・通学率
10	-0.71	高卒就職率

東京が断トツ1位

FacebookよりFacebookユーザー数のランキング。全国のユーザー数は3759万人で、人口100人あたり29・73人です。

1位は東京で人口100人あたり44・86人。全国平均の約1・5倍です。2位以下は大阪、沖縄、神奈川、京都の順。最下位は秋田で18・35人。以下、少ない順に、鳥取、青森、岩手、徳島と続いています。

分布地図から、三大都市圏を筆頭に都市部でユーザーが多く、地方で少ない傾向がうかがえます。

基準地価や住宅地と正の相関が高く、地価が高い都市部にユーザーが多いことを裏づけています。

インターネット

ソーシャルネットワーキングサービス（SNS）利用率

1位神奈川、2位東京。鉄道を使った長時間通勤・通学の多い都市部で高い傾向。

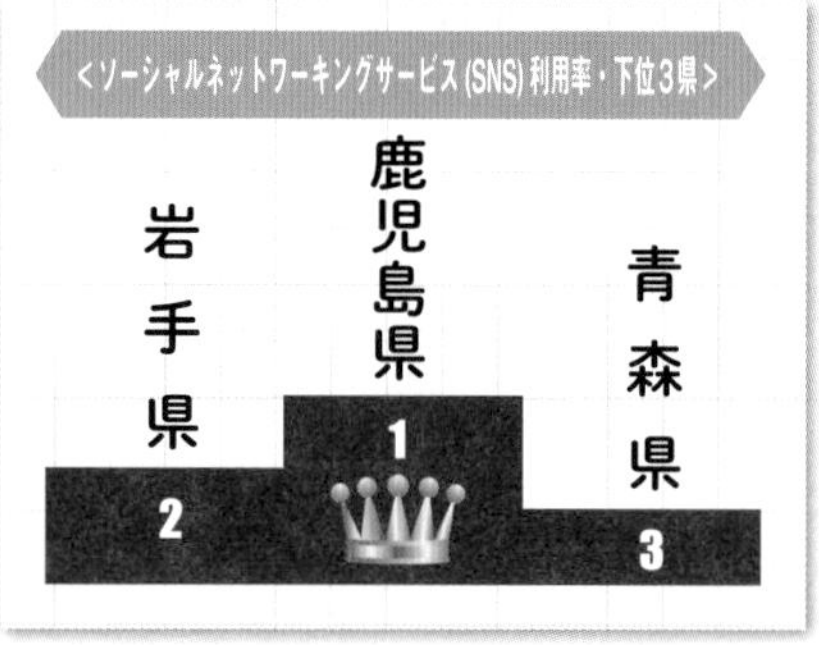

ソーシャルネットワーキングサービス利用率ランキング

順	県名	データ	偏差値
1	神奈川県	59.50%	69.79
2	東京都	58.90%	68.35
3	福岡県	58.50%	67.38
4	大阪府	57.85%	65.81
5	埼玉県	57.65%	65.33
6	奈良県	56.65%	62.92
7	沖縄県	56.20%	61.83
8	兵庫県	56.00%	61.35
9	愛知県	55.25%	59.54
10	三重県	54.60%	57.97
11	滋賀県	54.35%	57.37
12	千葉県	54.15%	56.88
13	京都府	54.10%	56.76
14	北海道	53.55%	55.44
15	群馬県	53.50%	55.31
16	香川県	53.10%	54.35
17	熊本県	52.75%	53.50
18	大分県	52.30%	52.42
18	山梨県	52.30%	52.42
20	石川県	52.20%	52.18
21	佐賀県	51.45%	50.37
22	茨城県	51.25%	49.88
23	和歌山県	51.05%	49.40
24	岡山県	51.00%	49.28
25	広島県	50.95%	49.16
26	長野県	50.85%	48.92
27	静岡県	50.70%	48.56
28	栃木県	50.50%	48.07
29	高知県	50.05%	46.99
30	徳島県	50.00%	46.87
31	愛媛県	49.90%	46.63
32	岐阜県	49.80%	46.39
33	島根県	49.55%	45.78
34	秋田県	49.45%	45.54
35	宮城県	48.95%	44.33
36	山口県	48.25%	42.64
37	新潟県	48.20%	42.52
38	宮崎県	48.10%	42.28
39	富山県	47.30%	40.35
40	長崎県	47.05%	39.75
41	鳥取県	46.45%	38.30
42	福井県	45.95%	37.09
43	山形県	45.90%	36.97
44	福島県	45.05%	34.92
45	青森県	44.50%	33.59
46	岩手県	44.05%	32.51
47	鹿児島県	41.35%	25.99
-	全国	54.25%	-

総務省 通信利用動向調査 2018

インターネット

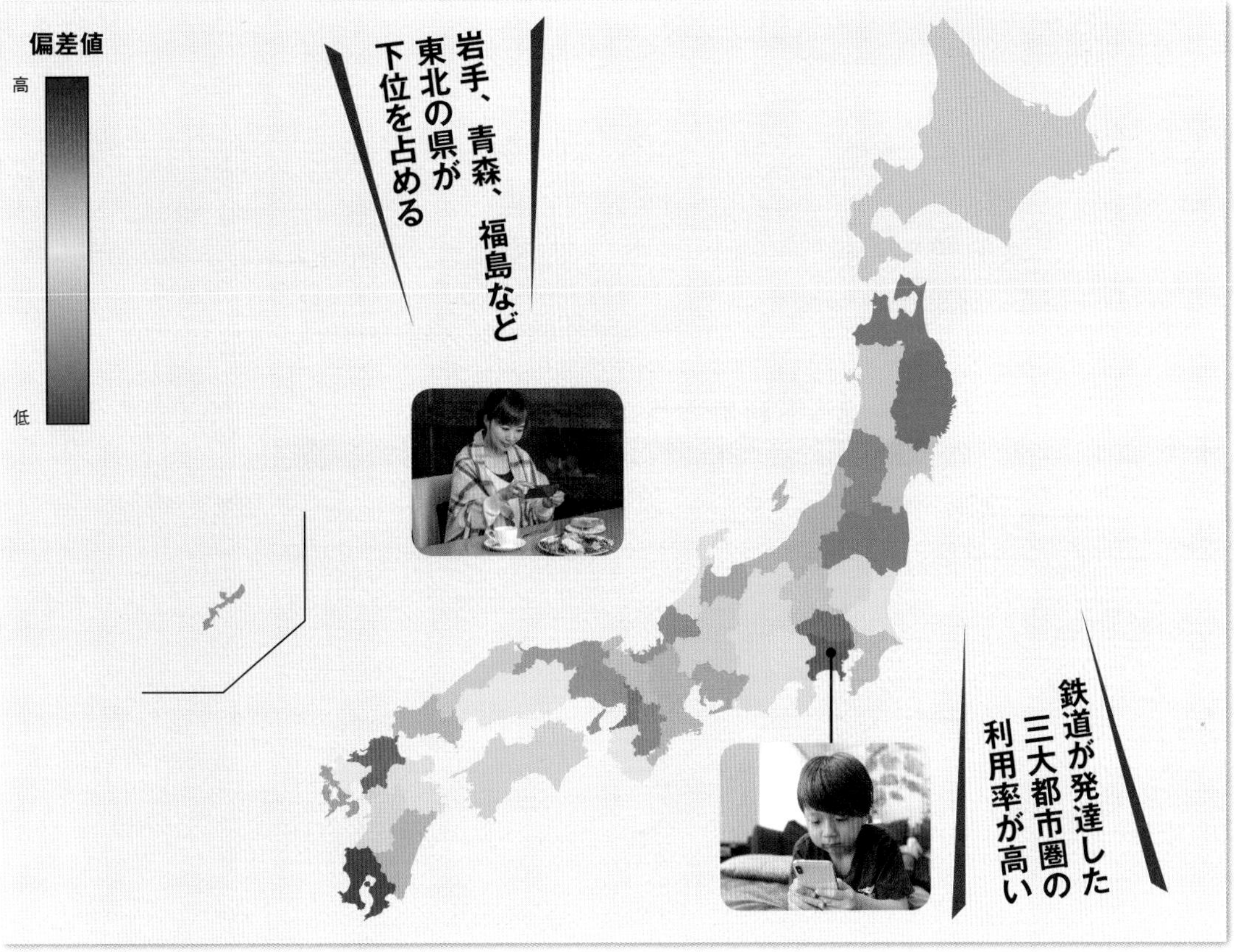
偏差値
高
低
岩手、青森、福島など東北の県が下位を占める
鉄道が発達した三大都市圏の利用率が高い

相関データ

【正の相関】

順	係数	項目
1	0.81	スマートフォン普及率
2	0.80	インターネット利用率
3	0.78	携帯電話普及率
4	0.76	総人口増減率
5	0.76	25歳以上海外旅行人口
6	0.76	中学生携帯電話・スマートフォン所有率
7	0.73	インターネット通販利用率
8	0.71	鉄道通勤・通学率
9	0.71	通勤時間
10	0.69	人口集中度

【負の相関】

順	係数	項目
1	-0.78	高卒求職者数
2	-0.75	共働き率
3	-0.75	高卒就職率
4	-0.75	農業就業人口
5	-0.74	小学校数
6	-0.74	ガソリンスタンド数
7	-0.72	小学生早寝早起き率
8	-0.71	睡眠時間
9	-0.70	自家用車通勤・通学率
10	-0.70	戸建て率

全国平均は54・25%

総務省の通信利用動向調査よりソーシャルネットワーキングサービス（SNS）利用率のランキング。過去1年間にSNSを利用した経験がある人の割合を比較したもので、全国平均は54・25%。

1位は神奈川で59・50%、2位は東京で58・9%。3位以下は福岡、大阪、埼玉の順。最下位は鹿児島で41・35%。以下、低い順に岩手、青森、福島、山形と続きます。

分布地図から、上位は三大都市圏、下位は東北の県が占めていることがわかります。

また、鉄道通勤・通学率や通勤時間と正の相関が高いことから、鉄道を使った長時間通勤が多い都市部でSNS利用率が高い傾向にあります。

インターネット

インターネット利用率

三大都市圏を筆頭に都市部で利用率が高く地方で低い。最低賃金や家賃と正の相関が高い。

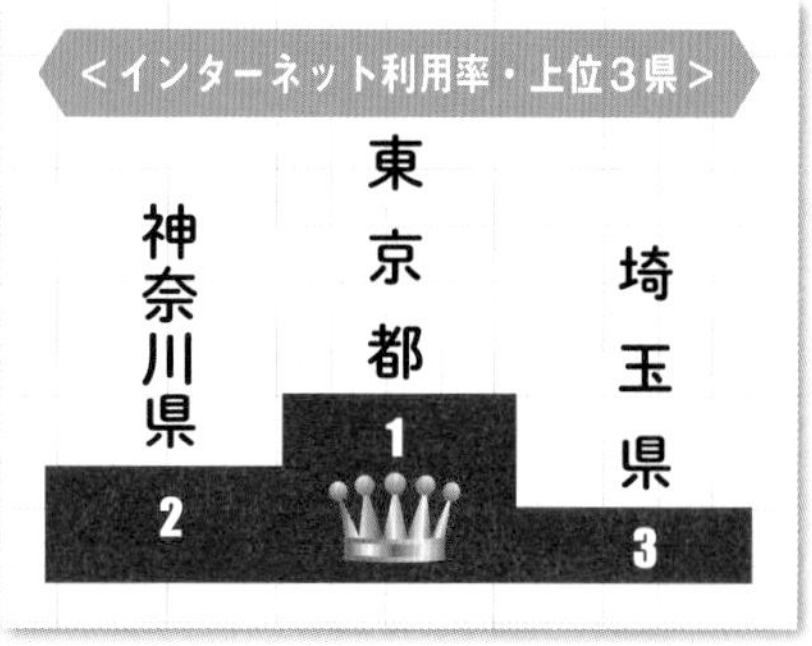

インターネット利用率ランキング

順	県名	データ	偏差値
1	東京都	85.10%	75.61
2	神奈川県	81.75%	68.92
3	埼玉県	81.70%	68.82
4	愛知県	80.50%	66.43
5	大阪府	79.55%	64.53
6	滋賀県	79.20%	63.83
7	京都府	78.85%	63.13
8	千葉県	77.70%	60.84
9	兵庫県	77.00%	59.44
10	奈良県	76.75%	58.94
11	広島県	75.90%	57.24
12	群馬県	74.85%	55.14
13	静岡県	74.65%	54.75
13	福岡県	74.65%	54.75
15	栃木県	74.15%	53.75
15	三重県	74.15%	53.75
17	宮城県	73.80%	53.05
18	岐阜県	73.50%	52.45
18	石川県	73.50%	52.45
20	和歌山県	72.25%	49.95
20	岡山県	72.25%	49.95
22	山梨県	72.05%	49.55
22	沖縄県	72.05%	49.55
24	富山県	71.85%	49.15
25	長野県	71.65%	48.76
25	茨城県	71.65%	48.76
27	山口県	70.95%	47.36
28	佐賀県	70.90%	47.26
29	香川県	70.75%	46.96
30	福井県	70.50%	46.46
31	北海道	70.05%	45.56
32	愛媛県	69.90%	45.26
33	熊本県	69.55%	44.56
34	徳島県	69.30%	44.06
35	島根県	68.95%	43.36
36	福島県	68.40%	42.27
37	大分県	68.00%	41.47
38	長崎県	67.90%	41.27
39	鳥取県	67.40%	40.27
40	宮崎県	66.95%	39.37
41	山形県	66.75%	38.97
42	新潟県	66.20%	37.87
43	青森県	65.10%	35.68
44	鹿児島県	64.85%	35.18
45	秋田県	64.50%	34.48
45	高知県	64.50%	34.48
47	岩手県	64.45%	34.38
-	全国	76.00%	-

総務省 通信利用動向調査 2018

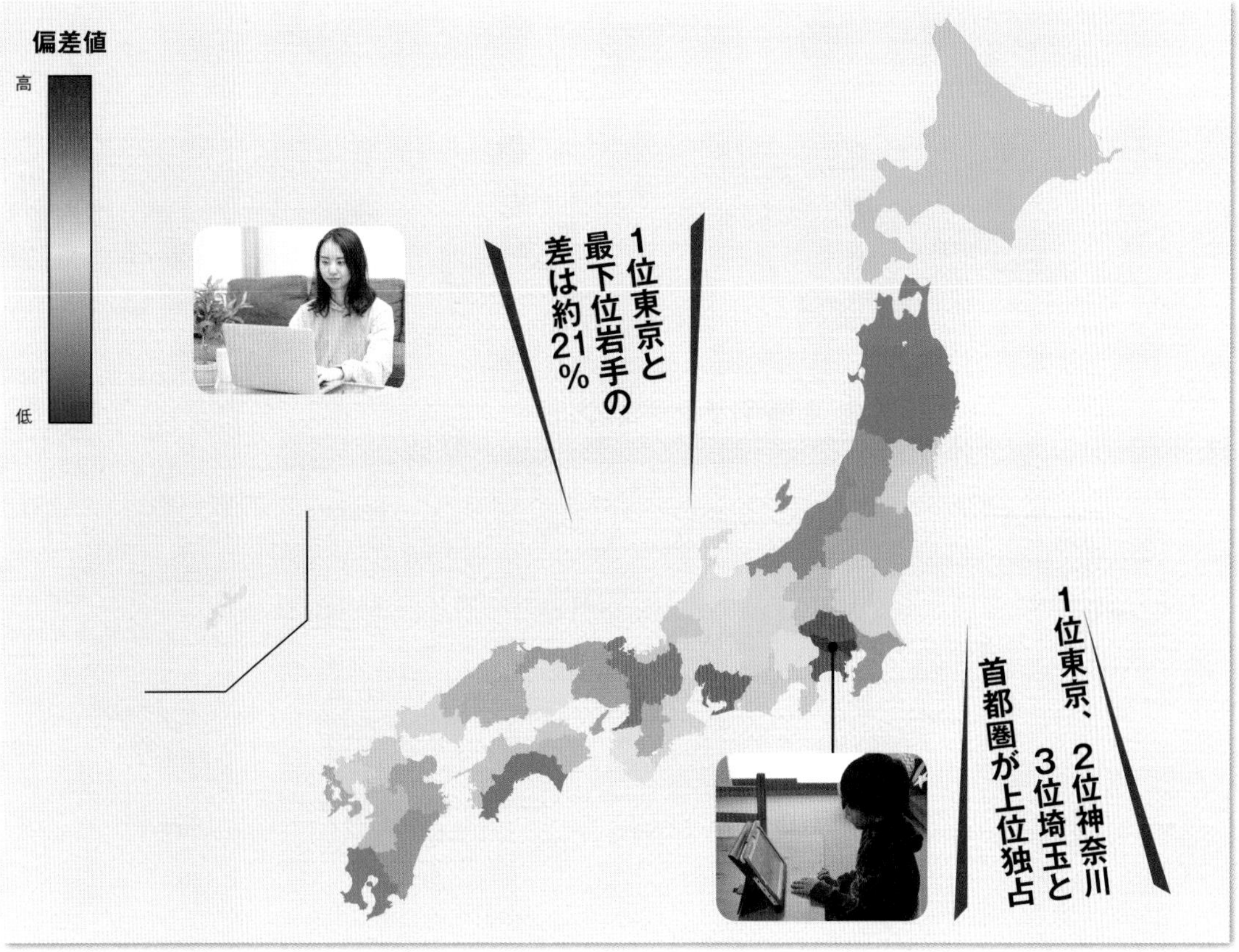
偏差値
高
低
1位東京と最下位岩手の差は約21％
1位東京、2位神奈川、3位埼玉と首都圏が上位独占

相関データ

【正の相関】

順	係数	項目
1	0.95	スマートフォン普及率
2	0.92	携帯電話普及率
3	0.92	海外旅行者数
4	0.91	25歳以上海外旅行人口
5	0.89	最低賃金
6	0.89	サラリーマン年収
7	0.89	25歳以上映画鑑賞人口
8	0.86	25歳以上テレビゲーム人口
9	0.86	家賃
10	0.83	通勤時間

【負の相関】

順	係数	項目
1	-0.87	農業就業人口
2	-0.86	トラック保有台数
3	-0.85	ガソリンスタンド数
4	-0.84	教職員数
5	-0.84	睡眠時間
6	-0.78	高卒求職者数
7	-0.78	軽乗用車保有台数
8	-0.76	自家用車通勤・通学率
9	-0.75	65歳以上人口（高齢者数）
10	-0.74	賃貸住宅延べ床面積

東京が突出して1位

総務省の通信利用動向調査よりインターネット利用率のランキング。過去1年間にインターネットを利用した経験がある人の割合を比較したもので、全国平均は76％。

1位は東京で85・10％。2位以下は神奈川、埼玉、愛知、大阪の順。最下位は岩手で64・45％。以下、少ない順に、高知、秋田と続きます。

分布地図から、三大都市圏を筆頭に都市部で利用率が高く、地方で低いことがわかります。

最低賃金や家賃と正の相関が高く、農業就業人口と負の相関が高くなっています。これらの相関は、家賃や最低賃金が高く、農業就業者が少ない都市部でインターネット利用率が高くなっていることを表しています。

チャイルド

小学生通塾率

1位は東京、最下位は秋田。通塾率は大都市とその周辺地域で高く、東北で低い傾向が顕著。

＜小学生通塾率・上位３県＞

1 東京都
2 神奈川県
3 兵庫県

＜小学生通塾率・下位３県＞

1 秋田県
2 岩手県
3 青森県

小学生通塾率ランキング

順	県名	データ	偏差値
1	東京都	57.9%	69.72
2	神奈川県	56.9%	68.50
3	兵庫県	54.4%	65.46
4	奈良県	53.8%	64.73
5	和歌山県	52.9%	63.63
6	千葉県	51.0%	61.31
7	大阪府	50.7%	60.95
8	京都府	50.2%	60.34
9	三重県	49.7%	59.73
10	愛知県	49.3%	59.24
11	徳島県	48.8%	58.63
12	滋賀県	48.5%	58.27
13	静岡県	47.4%	56.93
14	岐阜県	46.9%	56.32
15	愛媛県	46.2%	55.46
15	高知県	46.2%	55.46
17	岡山県	46.1%	55.34
18	広島県	45.6%	54.73
19	埼玉県	45.4%	54.49
20	群馬県	44.0%	52.78
20	香川県	44.0%	52.78
22	山口県	42.4%	50.83
23	山梨県	41.7%	49.98
24	栃木県	41.5%	49.74
25	茨城県	41.2%	49.37
26	福岡県	39.6%	47.42
27	長野県	39.5%	47.30
28	大分県	39.4%	47.18
29	福井県	38.0%	45.47
30	宮城県	37.8%	45.23
30	沖縄県	37.8%	45.23
32	長崎県	37.2%	44.49
33	富山県	37.1%	44.37
34	石川県	36.9%	44.13
35	北海道	36.7%	43.89
36	佐賀県	36.5%	43.64
37	鳥取県	35.7%	42.67
38	新潟県	35.5%	42.42
39	熊本県	35.3%	42.18
40	福島県	33.2%	39.62
40	宮崎県	33.2%	39.62
42	鹿児島県	32.3%	38.52
43	島根県	32.1%	38.28
44	山形県	28.2%	33.53
45	青森県	28.1%	33.40
46	岩手県	25.8%	30.60
47	秋田県	22.1%	26.09
-	全国	45.8%	-

文部科学省 全国学力テスト 2017

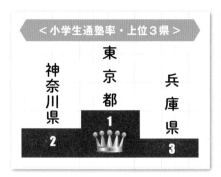

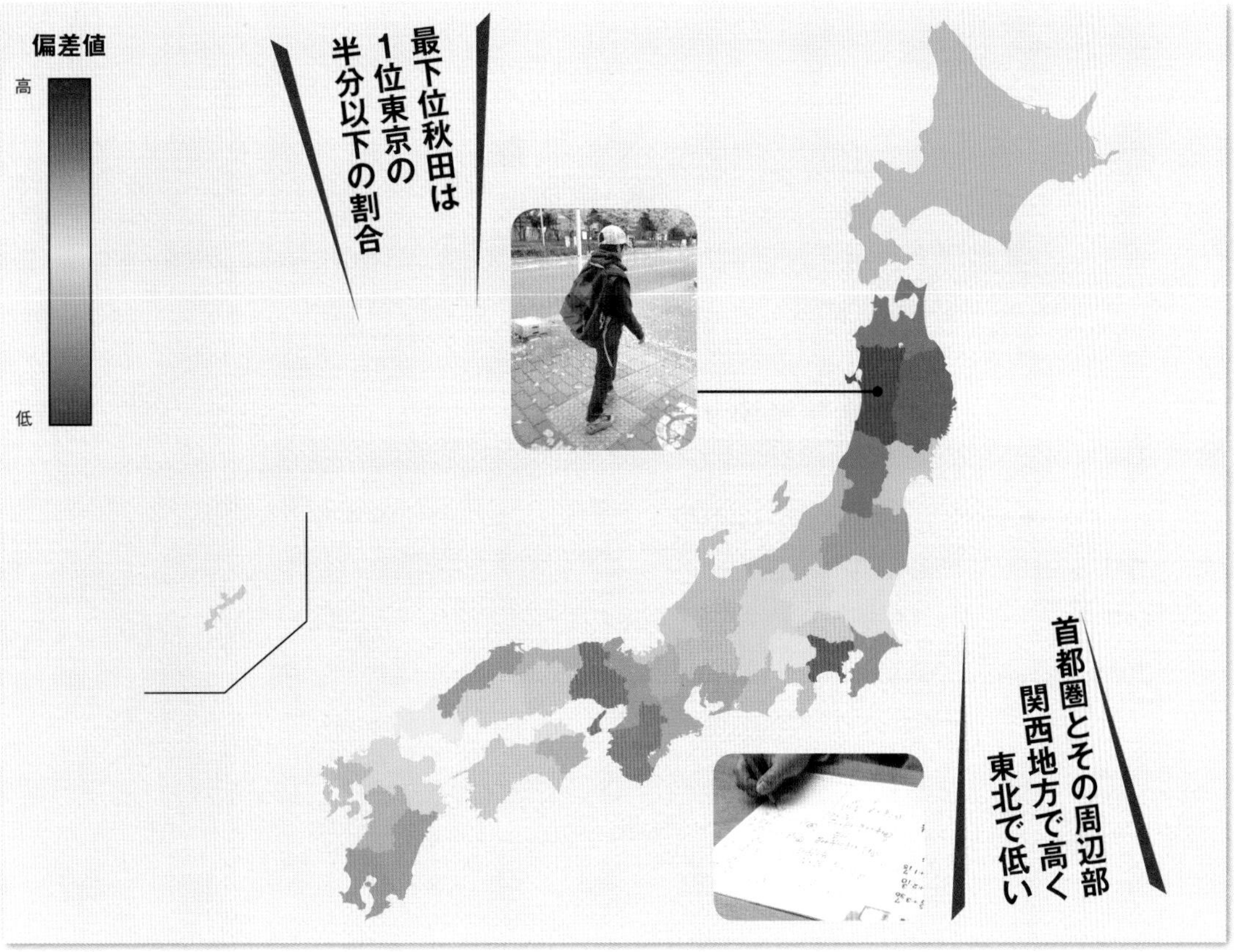
偏差値
高
低
最下位秋田は1位東京の半分以下の割合
首都圏とその周辺部関西地方で高く東北で低い

相関データ

【正の相関】

順	係数	項目
1	0.83	携帯電話普及率
2	0.81	サラリーマン年収
3	0.79	インターネット利用率
4	0.78	25歳以上海外旅行人口
5	0.78	スマートフォン普及率
6	0.77	学習塾・予備校費用
7	0.76	四年制大学進学率
8	0.75	大学進学率
9	0.75	小学生携帯電話・スマートフォン所有率
10	0.72	最低賃金

【負の相関】

順	係数	項目
1	-0.81	睡眠時間
2	-0.78	食糧自給率(カロリーベース)
3	-0.74	高卒就職率
4	-0.73	農業就業人口
5	-0.70	共働き率
6	-0.68	食糧自給率(生産額ベース)
7	-0.62	年間雪日数
8	-0.61	森林面積
9	-0.60	小学生学校外学習率
10	-0.59	小学生定時就寝・起床率

全国平均は45・8%

文部科学省全国学力テストより小学生通塾率のランキング。塾に通っている小学6年生の割合を比較したもので、全国平均は45・8%。なお、このデータは公立校のもので、国立・私立校は含まれていません。

1位は東京で57・9%、2位は神奈川で56・9%。3位以下は兵庫、奈良、和歌山の順。最下位は秋田で22・1%。以下、少ない順に、岩手、青森、山形、島根。

分布地図から、通塾率は大都市とその周辺地域で高く、東北で低いことがわかります。

また、大学進学率と正の相関があり、通塾率が高い地域は大学に進学する子どもも多くなっています。

小学生学校外学習率と負の相関があり、通塾率が高いところは学校外で学習する小学生が少なくなっています。

チャイルド

小学生読書率

1位岩手、2位鹿児島、3位山形と地方で高く、大阪や奈良など都市部で低くなる傾向。

＜小学生読書率・上位３県＞

1 岩手県
2 鹿児島県
3 山形県

＜小学生読書率・下位３県＞

1 沖縄県
2 大阪府
3 奈良県

小学生読書率ランキング

順	県名	データ	偏差値
1	岩手県	87.1%	74.81
2	鹿児島県	84.6%	65.83
3	山形県	83.9%	63.31
4	福島県	83.6%	62.24
5	秋田県	82.9%	59.72
5	広島県	82.9%	59.72
7	茨城県	82.8%	59.36
7	福井県	82.8%	59.36
9	宮崎県	82.7%	59.00
10	鳥取県	82.6%	58.64
11	富山県	82.4%	57.93
12	静岡県	82.3%	57.57
13	埼玉県	82.0%	56.49
14	愛媛県	81.6%	55.05
15	長野県	81.5%	54.69
16	東京都	81.4%	54.33
17	高知県	81.3%	53.97
18	香川県	81.1%	53.26
18	群馬県	81.1%	53.26
18	青森県	81.1%	53.26
21	山梨県	81.0%	52.90
21	栃木県	81.0%	52.90
23	徳島県	80.8%	52.18
24	島根県	80.7%	51.82
25	岡山県	80.6%	51.46
26	佐賀県	80.4%	50.74
27	宮城県	79.9%	48.95
28	長崎県	79.8%	48.59
28	千葉県	79.8%	48.59
30	山口県	79.7%	48.23
31	大分県	79.2%	46.43
31	石川県	79.2%	46.43
33	岐阜県	78.8%	44.99
34	京都府	78.7%	44.63
35	熊本県	78.6%	44.28
36	滋賀県	78.3%	43.20
37	新潟県	78.1%	42.48
38	三重県	78.0%	42.12
39	和歌山県	77.9%	41.76
39	神奈川県	77.9%	41.76
41	兵庫県	77.8%	41.40
42	福岡県	77.1%	38.89
43	北海道	76.5%	36.73
43	愛知県	76.5%	36.73
45	奈良県	75.6%	33.50
46	大阪府	73.4%	25.60
47	沖縄県	72.1%	20.93
-	全国	79.4%	-

文部科学省 全国学力テスト 2017

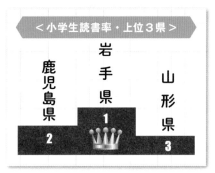

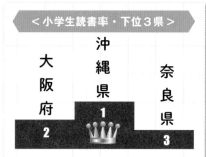

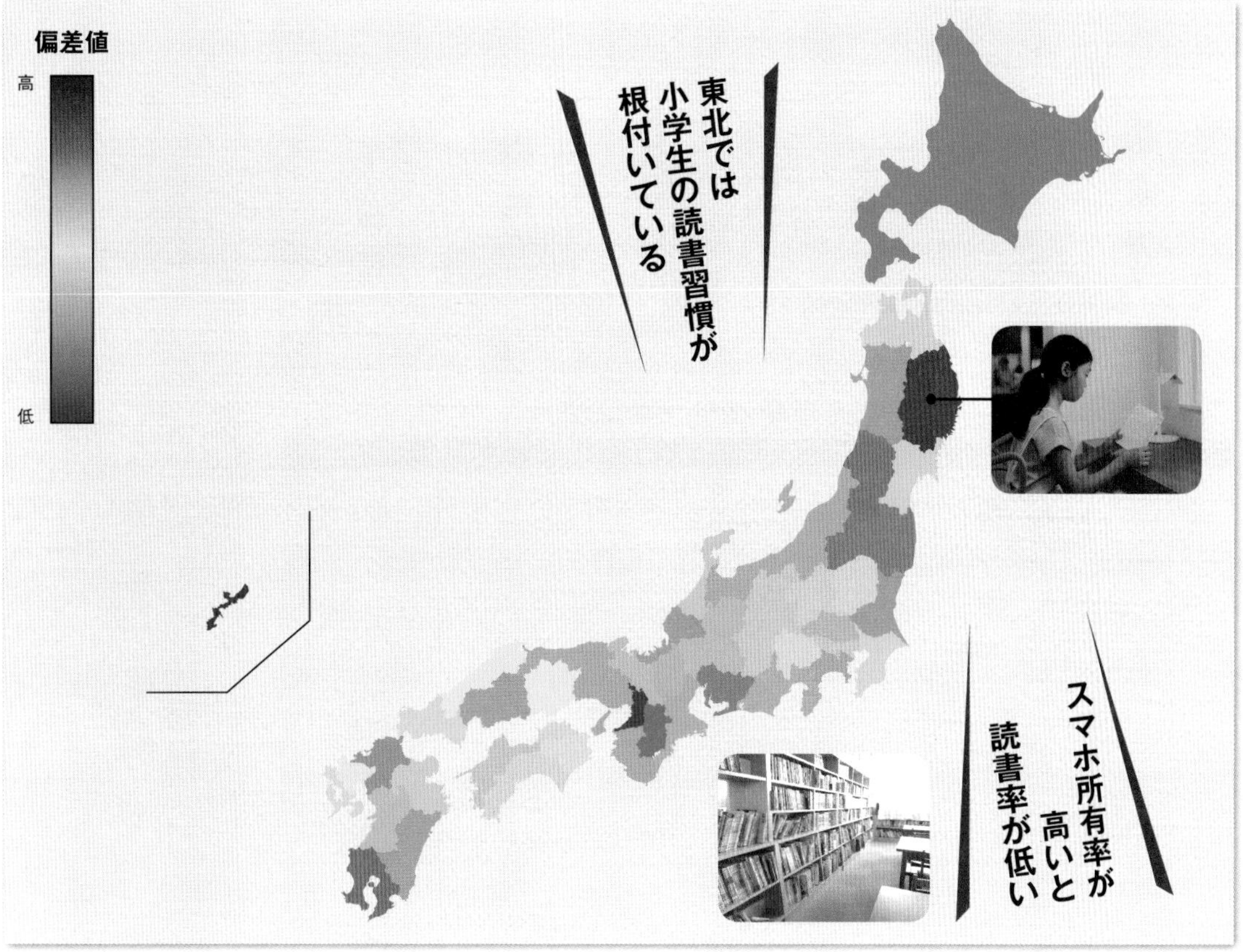
偏差値
高
低
東北では小学生の読書習慣が根付いている
スマホ所有率が高いと読書率が低い

相関データ

【正の相関】

順	係数	項目
1	0.69	中学生読書率
2	0.66	小学生校則遵守率
3	0.59	小学生定時就寝・起床率
4	0.58	共働き率
5	0.57	農業就業人口
6	0.55	中学生部活動参加率
7	0.51	戸建て率
8	0.50	小学生朝食摂取率
9	0.50	小学生学校外学習率
10	0.49	小学生図書館利用率

【負の相関】

順	係数	項目
1	-0.67	ソーシャルネットワーキングサービス(SNS)利用率
2	-0.67	小学生長時間ネット利用率
3	-0.60	25歳以上ボウリング人口
4	-0.57	小学生携帯電話・スマートフォン所有率
5	-0.55	25歳以上カラオケ人口
6	-0.53	25歳以上キャンプ人口
7	-0.51	人口集中度
8	-0.47	不登校小学生数
9	-0.46	小学生通塾率
10	-0.43	小学生長時間ゲームプレイ率

全国平均は79・4％

文部科学省全国学力テストより小学生読書率のランキング。平日に読書をする小学6年生の割合を比較したもので、全国平均は79・4％。なお、調査対象には国立・私立小学校は含まれていません。

1位は岩手で87・1％、2位以下は鹿児島、山形、福島、秋田、広島の順。最下位は沖縄で72・1％。

小学生読書率は地方で高く、都市部で低くなっています。

また、人口集中度と負の相関、農業就業人口と正の相関があることから、人口がまばらで農業就業者が多い地方で読書率が高くなる傾向にあります。

さらに、小学生の長時間ネット利用率やスマートフォン所有率と負の相関があり、スマホを持ち長時間ネットを利用する小学生が多いところで読書率が低くなっています。

チャイルド

小学生通学時間

小学生の通学時間は地方で長く、神奈川、兵庫など人口が集中している三大都市圏で短い。

＜小学生通学時間・上位３県＞

1 滋賀県
2 奈良県
3 宮崎県

＜小学生通学時間・下位３県＞

1 沖縄県
2 神奈川県
3 千葉県

小学生通学時間ランキング

順	県名	データ	偏差値
1	滋賀県	58.7分	72.16
2	奈良県	56.7分	67.57
3	宮崎県	55.3分	64.36
3	愛媛県	55.3分	64.36
3	佐賀県	55.3分	64.36
6	富山県	55.0分	63.67
7	栃木県	54.0分	61.38
8	岐阜県	53.7分	60.69
8	島根県	53.7分	60.69
8	秋田県	53.7分	60.69
8	三重県	53.7分	60.69
12	茨城県	53.3分	59.77
13	静岡県	53.0分	59.08
14	鳥取県	52.0分	56.79
15	福島県	51.7分	56.10
16	岡山県	51.0分	54.49
17	長野県	50.7分	53.80
17	山梨県	50.7分	53.80
19	広島県	50.3分	52.89
20	山口県	50.0分	52.20
21	新潟県	49.3分	50.59
22	山形県	49.0分	49.90
23	徳島県	48.7分	49.21
24	京都府	48.3分	48.30
24	鹿児島県	48.3分	48.30
26	宮城県	48.0分	47.61
26	埼玉県	48.0分	47.61
26	群馬県	48.0分	47.61
29	青森県	47.7分	46.92
30	香川県	47.0分	45.31
31	岩手県	46.3分	43.71
31	熊本県	46.3分	43.71
33	和歌山県	46.0分	43.02
34	長崎県	45.3分	41.41
35	高知県	45.0分	40.72
35	北海道	45.0分	40.72
35	東京都	45.0分	40.72
38	愛知県	44.7分	40.04
38	福井県	44.7分	40.04
40	大阪府	44.3分	39.12
40	福岡県	44.3分	39.12
40	石川県	44.3分	39.12
43	兵庫県	44.0分	38.43
43	大分県	44.0分	38.43
43	千葉県	44.0分	38.43
46	神奈川県	41.7分	33.15
47	沖縄県	40.0分	29.25
-	全国	47.3分	-

総務省 社会生活基本調査 2016

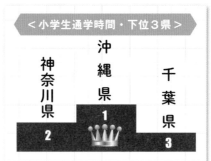

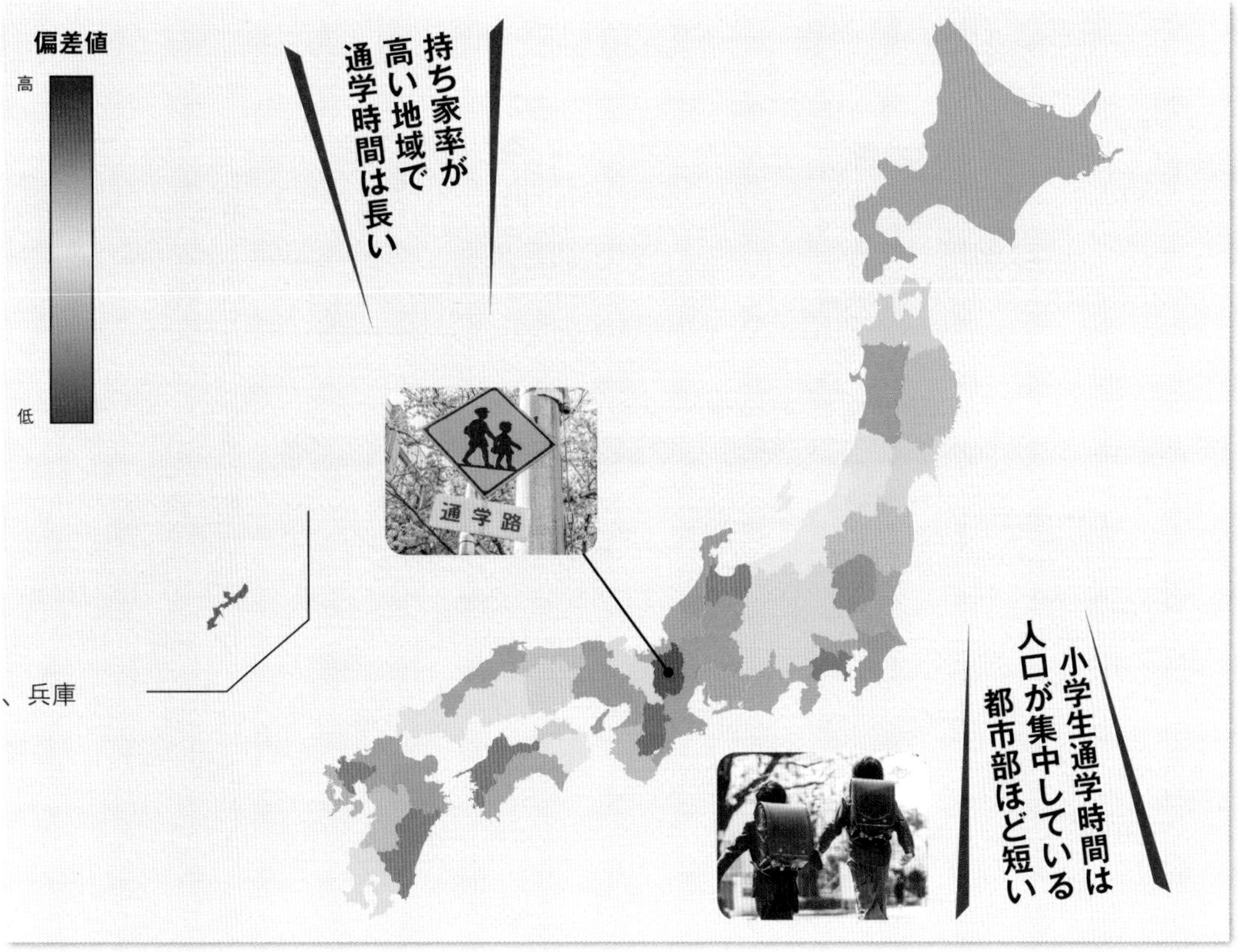
偏差値
高
低
持ち家率が高い地域で通学時間は長い
通学路
、兵庫
小学生通学時間は人口が集中している都市部ほど短い

相関データ

【正の相関】

順	係数	項目
1	0.59	持ち家率
2	0.57	園芸用品購入量
3	0.56	夫婦数
4	0.55	25歳以上まちづくり活動人口
5	0.54	25歳以上園芸・ガーデニング人口
6	0.53	ピアノ普及率
7	0.53	第二次産業従業者数
8	0.51	製造業従業者数
9	0.50	小学生地域行事参加率
10	0.45	自動車普及率

【負の相関】

順	係数	項目
1	-0.55	高齢者の生活保護受給者数
2	-0.55	第三次産業従業者数
3	-0.53	50代女性未婚率
4	-0.51	40代女性未婚率
5	-0.50	郷土愛
6	-0.49	ひとり暮らし率
7	-0.49	生活保護受給者
8	-0.48	人口集中度
9	-0.48	バス通勤・通学率
10	-0.46	Facebookユーザー数

三大都市圏で短い

総務省の社会生活基本調査より小学生の往復の通学時間ランキング。年による変動を避けるため、2006年と2011年、2016年の平均を比較しています。

小学生通学時間の全国平均は往復47・3分。1番長いのは滋賀で58・7分。以下、長い順に、奈良、宮崎、愛媛、佐賀と続きます。反対に、もっとも短いのは沖縄で40・0分。以下、短い順に、神奈川、千葉、大分、兵庫と続きます。

分布地図から、小学生通学時間は三大都市圏で短くなる傾向にあることがわかります。

人口集中度と負の相関があるため、人口が集中している都市部で通学時間が短くなっています。

また、持ち家率と正の相関があり、持ち家率が高い地域で通学時間が長くなっています。

チャイルド

小学生宿題実行率

宿題実行率の１位は埼玉。良好な家庭環境や学校環境があるところで宿題実行率が高い。

＜小学生宿題実行率・上位３県＞

1 埼玉県
2 秋田県
3 静岡県

＜小学生宿題実行率・下位３県＞

1 沖縄県
2 北海道
3 東京都

小学生宿題実行率ランキング

順	県名	データ	偏差値
1	埼玉県	97.9%	65.58
1	秋田県	97.9%	65.58
3	静岡県	97.7%	62.67
4	山口県	97.6%	61.21
4	鹿児島県	97.6%	61.21
6	滋賀県	97.5%	59.76
6	兵庫県	97.5%	59.76
6	福井県	97.5%	59.76
9	徳島県	97.4%	58.30
9	愛知県	97.4%	58.30
9	群馬県	97.4%	58.30
12	宮城県	97.3%	56.85
12	京都府	97.3%	56.85
12	青森県	97.3%	56.85
12	三重県	97.3%	56.85
16	岡山県	97.2%	55.39
16	新潟県	97.2%	55.39
16	和歌山県	97.2%	55.39
16	奈良県	97.2%	55.39
20	岩手県	97.1%	53.93
20	広島県	97.1%	53.93
20	山梨県	97.1%	53.93
20	栃木県	97.1%	53.93
24	愛媛県	97.0%	52.48
25	岐阜県	96.9%	51.02
25	高知県	96.9%	51.02
27	石川県	96.8%	49.57
27	長崎県	96.8%	49.57
29	大阪府	96.7%	48.11
30	長野県	96.6%	46.65
31	茨城県	96.5%	45.20
31	神奈川県	96.5%	45.20
31	佐賀県	96.5%	45.20
34	熊本県	96.4%	43.74
34	宮崎県	96.4%	43.74
34	千葉県	96.4%	43.74
37	島根県	96.3%	42.29
37	富山県	96.3%	42.29
37	大分県	96.3%	42.29
37	山形県	96.3%	42.29
41	福岡県	96.1%	39.38
42	香川県	96.0%	37.92
42	鳥取県	96.0%	37.92
42	福島県	96.0%	37.92
45	東京都	95.9%	36.46
46	北海道	95.0%	23.36
47	沖縄県	94.6%	17.54
-	全国	96.8%	-

全国学力・学習状況調査 2015

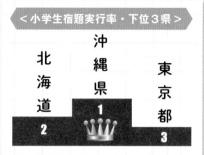

チャイルド

偏差値
高
低
実行率が高い地方と低い地方が混ざっている
1位は埼玉、2位は秋田 実行率が低いのは沖縄や北海道

相関データ

【正の相関】

順	係数	項目
1	0.67	高校生就職内定率
2	0.51	小学生自己肯定率
3	0.49	小学生家庭内会話率
4	0.47	小学生学校快適率
5	0.44	第二次産業従業者数
6	0.42	夫婦数
7	0.42	持ち家率
8	0.41	25歳以上日帰り旅行人口
9	0.41	中学生部活動参加率
−	−	−

【負の相関】

順	係数	項目
1	-0.57	ホテル客室数
2	-0.56	学校給食費滞納率
3	-0.53	離婚件数
4	-0.50	ゲームセンター専業店店舗数
5	-0.49	飲み屋店舗数
6	-0.49	婚姻件数
7	-0.47	待機児童数
8	-0.44	魅力度
−	−	−
−	−	−

全国平均は96・8％

文部科学省全国学力テストより小学生宿題実行率のランキング。家で学校の宿題を「している」「どちらかといえば、している」と答えた小学6年生の割合を比較したもので、全国平均は96・8％。なお、このデータは公立校のもので、国立・私立校は含まれていません。

1位は埼玉で97・9％。2位以下は秋田、静岡、山口、鹿児島の順。最下位は沖縄で94・6％。以下、少ない順に、北海道、東京、福島、鳥取となっています。

小学生自己肯定率や小学生家庭内会話率、小学生学校快適率と正の相関があり、良好な家庭環境や学校環境を持っているところで宿題実行率が高くなっています。

チャイルド

小学生学校外学習率

小学生の学校外学習率は秋田、新潟、山形など日本海側が上位を占め、三大都市圏で低い。

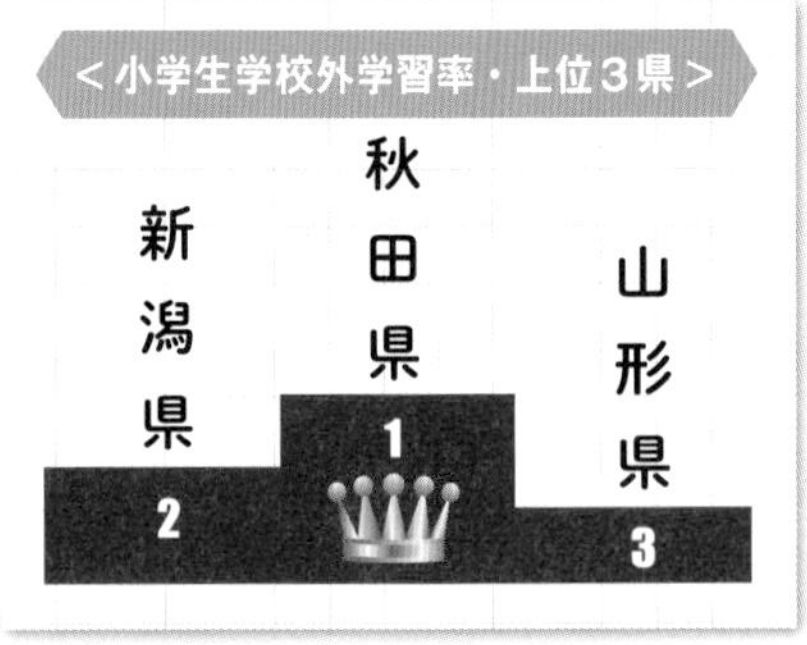

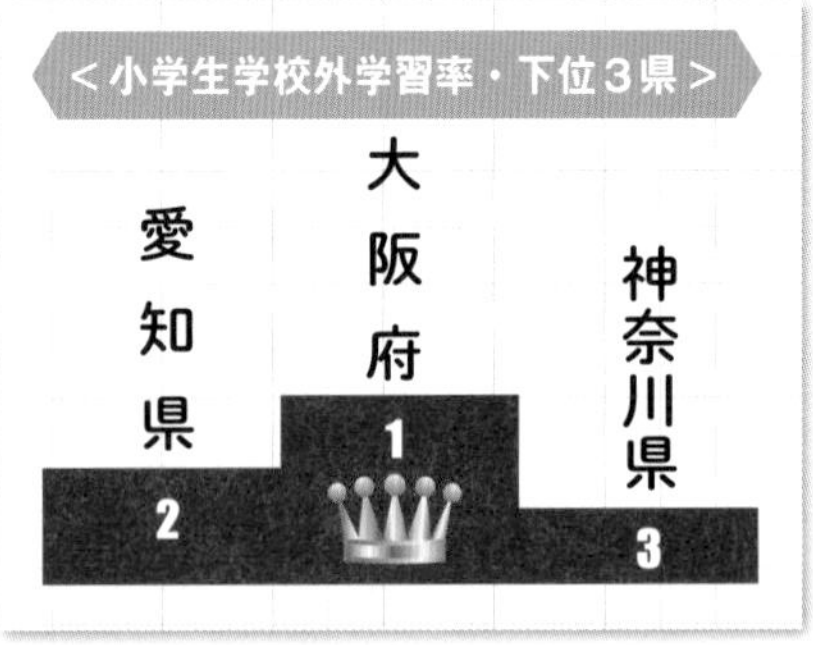

小学生学校外学習率ランキング

順	県名	データ	偏差値
1	秋田県	99.5%	67.33
2	新潟県	99.3%	65.55
3	山形県	99.1%	63.78
4	岐阜県	99.0%	62.89
5	島根県	98.9%	62.00
6	茨城県	98.8%	61.11
7	富山県	98.7%	60.22
7	岩手県	98.7%	60.22
7	栃木県	98.7%	60.22
7	石川県	98.7%	60.22
11	福島県	98.5%	58.44
12	長崎県	98.4%	57.55
12	静岡県	98.4%	57.55
14	山口県	98.3%	56.66
15	岡山県	98.2%	55.77
15	愛媛県	98.2%	55.77
17	群馬県	98.1%	54.88
18	沖縄県	98.0%	53.99
19	宮城県	97.9%	53.10
20	山梨県	97.8%	52.21
21	広島県	97.7%	51.32
21	青森県	97.7%	51.32
21	宮崎県	97.7%	51.32
21	香川県	97.7%	51.32
25	鳥取県	97.6%	50.44
25	長野県	97.6%	50.44
25	福井県	97.6%	50.44
28	熊本県	97.5%	49.55
28	大分県	97.5%	49.55
30	滋賀県	97.2%	46.88
31	高知県	97.1%	45.99
32	北海道	97.0%	45.10
33	徳島県	96.9%	44.21
34	三重県	96.8%	43.32
34	千葉県	96.8%	43.32
34	埼玉県	96.8%	43.32
37	福岡県	96.7%	42.43
37	東京都	96.7%	42.43
39	佐賀県	96.5%	40.65
39	鹿児島県	96.5%	40.65
41	和歌山県	96.4%	39.76
41	兵庫県	96.4%	39.76
43	奈良県	96.1%	37.09
44	京都府	95.9%	35.32
44	神奈川県	95.9%	35.32
46	愛知県	95.7%	33.54
47	大阪府	93.7%	15.75
-	全国	97.0%	-

文部科学省全国学力テスト 2015

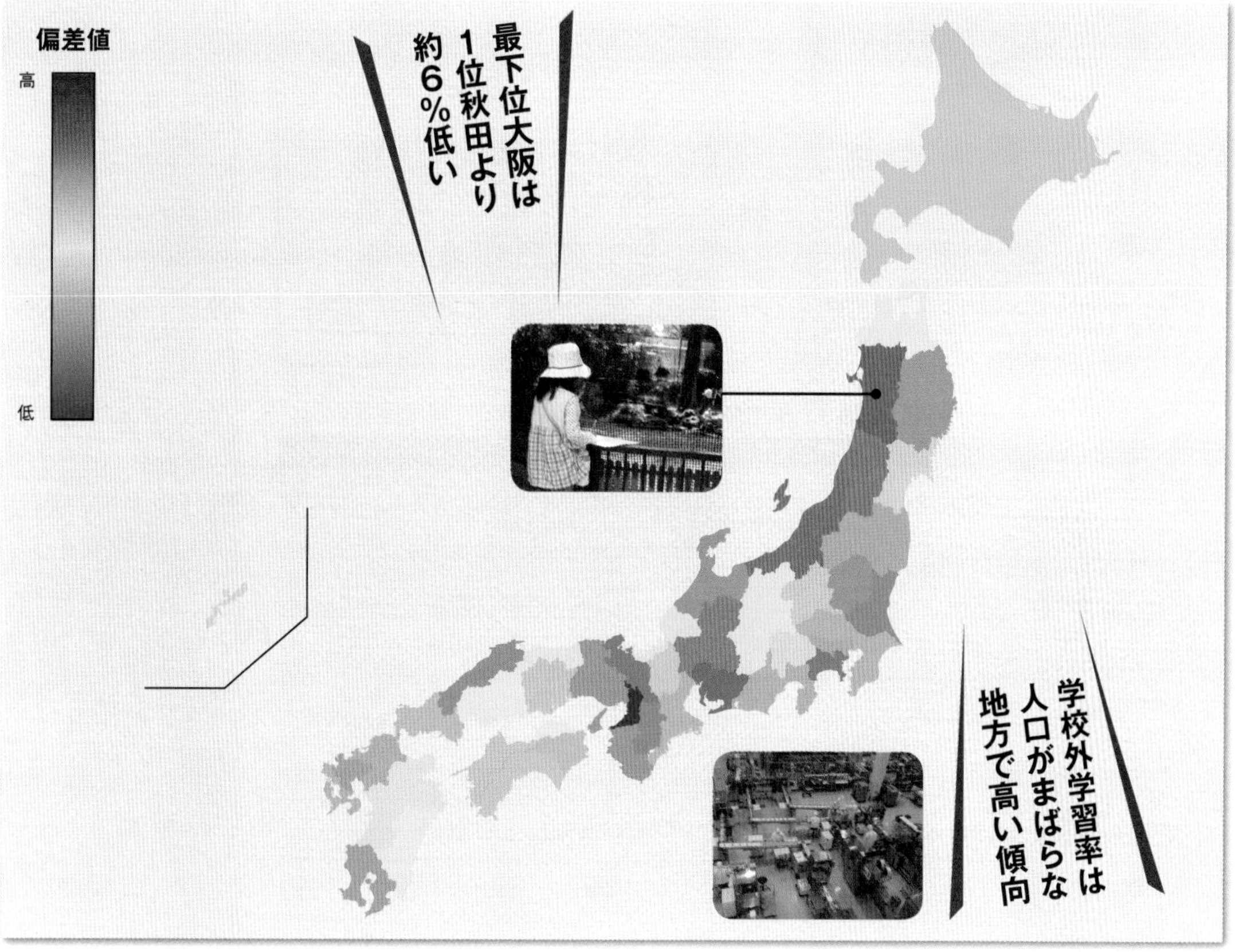
偏差値
高
低
最下位大阪は1位秋田より約6％低い
学校外学習率は人口がまばらな地方で高い傾向

相関データ

【正の相関】

順	係数	項目
1	0.72	自家用車通勤・通学率
2	0.67	小学生校則遵守率
3	0.67	共働き率
4	0.66	乗用車保有台数
5	0.66	ガソリン消費量
6	0.62	小学生朝食摂取率
7	0.61	小学生定時就寝・起床率
8	0.55	小学生チャレンジ精神率
9	0.55	小学生地域行事参加率
10	0.52	小学生図書館利用率

【負の相関】

順	係数	項目
1	-0.75	小学生携帯電話・スマートフォン所有率
2	-0.69	重要犯罪認知件数
3	-0.69	小学生長時間ネット利用率
4	-0.67	核家族率
5	-0.63	鉄道通勤・通学率
6	-0.62	公共交通機関通勤・通学率
7	-0.62	人口集中度
8	-0.60	小学生通塾率
9	-0.59	子どもの生活保護受給者数
10	-0.56	通勤時間

全国平均は97％

文部科学省全国学力テストより小学生学校外学習率のランキング。自宅や塾を含む学校外で学習している小学6年生の割合を比較したもので、全国平均は97・0％。なお、このデータは公立校のもので、国立・私立校は含まれていません。

1位は秋田で99・5％、2位以下は新潟、山形、岐阜、島根の順。最下位は大阪で93・7％。以下、少ない順に、愛知、神奈川、京都、奈良と続いています。

分布地図から、日本海側が上位に多く、三大都市圏で低いことがわかります。

また、農業就業人口と正の相関があり、人口集中度と負の相関があることから、農業就業者が多く人口がまばらな地方で学校外学習率が高い傾向にあります。

小学生通塾率と正の相関があり、通塾率が高いところは学校外学習率が低くなっています。

チャイルド

小学生地域行事参加率

日本海側を中心に地方で参加率が高く、太平洋岸の都市部で低い。1位は長野、最下位は沖縄。

小学生地域行事参加率ランキング

順	県名	データ	偏差値
1	長野県	90.1%	71.20
2	山形県	84.9%	65.47
3	福井県	82.9%	63.27
4	岐阜県	82.8%	63.16
4	岩手県	82.8%	63.16
6	新潟県	82.2%	62.50
7	秋田県	81.8%	62.06
7	富山県	81.8%	62.06
9	鳥取県	81.5%	61.73
10	石川県	80.5%	60.63
11	滋賀県	79.3%	59.30
12	山梨県	77.1%	56.88
13	島根県	76.3%	56.00
14	佐賀県	75.9%	55.56
15	宮城県	75.8%	55.45
16	群馬県	74.4%	53.91
16	静岡県	74.4%	53.91
18	愛媛県	73.6%	53.03
19	熊本県	73.5%	52.92
20	栃木県	72.7%	52.03
21	鹿児島県	72.2%	51.48
22	大分県	72.1%	51.37
22	山口県	72.1%	51.37
24	三重県	72.0%	51.26
25	宮崎県	71.9%	51.15
26	愛知県	70.6%	49.72
27	京都府	70.0%	49.06
28	広島県	69.4%	48.40
29	茨城県	69.3%	48.29
30	岡山県	68.6%	47.52
31	長崎県	68.0%	46.86
32	福島県	67.8%	46.64
33	埼玉県	66.5%	45.21
34	香川県	66.4%	45.10
35	奈良県	65.5%	44.10
36	兵庫県	63.8%	42.23
37	和歌山県	63.1%	41.46
38	青森県	61.2%	39.37
39	神奈川県	61.1%	39.26
40	福岡県	60.9%	39.04
41	千葉県	59.2%	37.17
42	北海道	59.0%	36.94
43	高知県	57.9%	35.73
44	大阪府	57.0%	34.74
45	徳島県	55.2%	32.76
46	東京都	55.1%	32.65
47	沖縄県	49.9%	26.92
-	全国	66.9%	-

文部科学省 全国学力テスト 2015

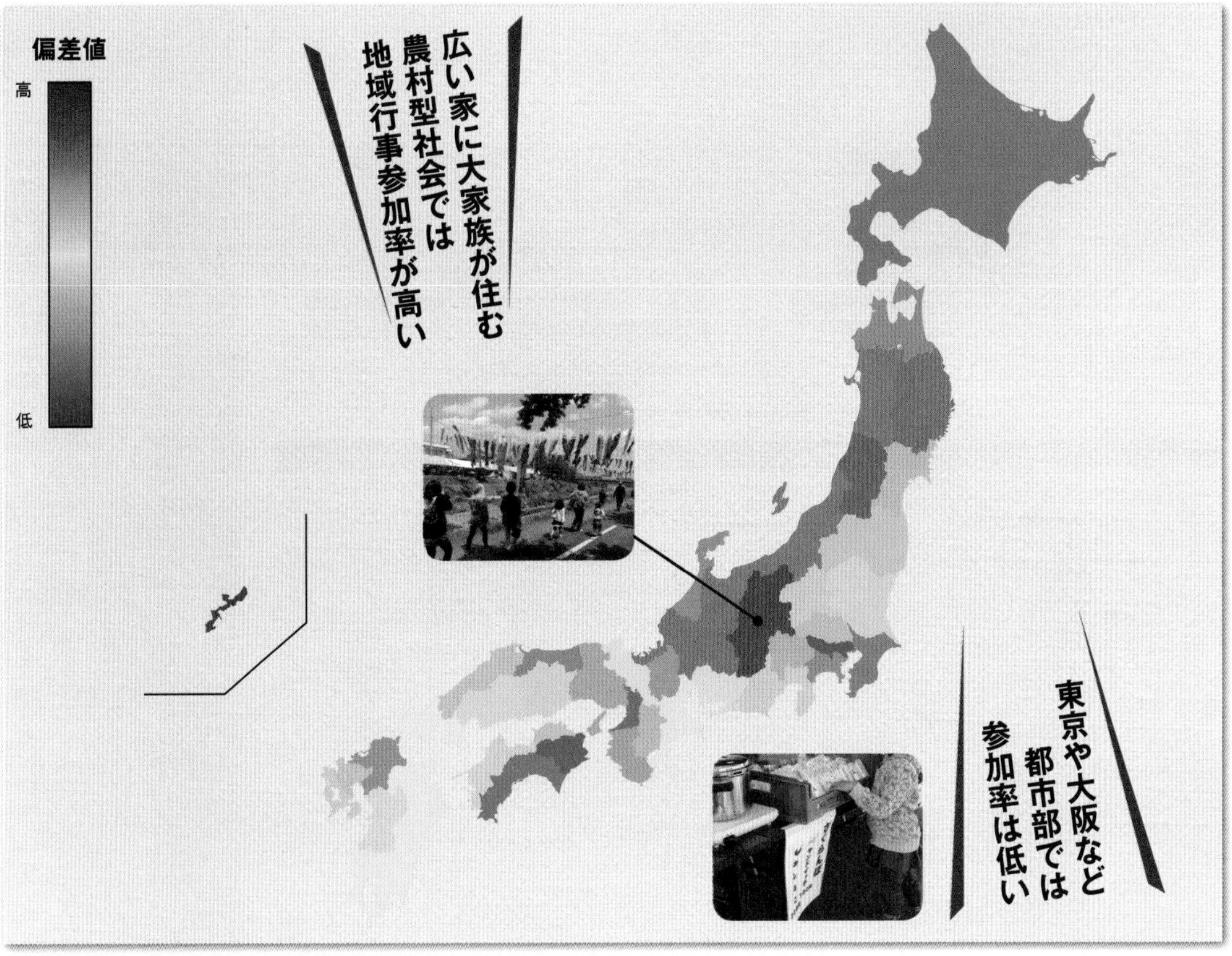
偏差値
高
低
広い家に大家族が住む
農村型社会では
地域行事参加率が高い
東京や大阪など
都市部では
参加率は低い

相関データ

【正の相関】

順	係数	項目
1	0.77	25歳以上まちづくり活動人口
2	0.77	持ち家住宅延べ床面積
3	0.75	共働き率
4	0.73	25歳以上安全活動人口
5	0.72	25歳以上ボランティア人口
6	0.71	三世代世帯人数
7	0.69	第二次産業従業者数
8	0.68	小学生朝食摂取率
9	0.65	持ち家率
10	0.59	小学生図書館利用率

【負の相関】

順	係数	項目
1	-0.76	生活保護受給者
2	-0.76	小学生携帯電話・スマートフォン所有率
3	-0.72	第三次産業従業者数
4	-0.69	核家族率
5	-0.67	子どもの生活保護受給者数
6	-0.64	子育て世帯の相対的貧困率
7	-0.64	年間完全失業率
8	-0.63	小学生長時間ネット利用率
9	-0.58	少年犯罪検挙人数
10	-0.55	人口集中度

1位は断トツで長野

文部科学省全国学力テストより小学生地域行事参加率のランキング。住んでいる地域の行事に参加している小学6年生の割合を比較したもので、全国平均は66・9%。なお、このデータは公立校のもので、国立・私立校は含まれていません。1位は長野で90・1%、2位以下は山形、福井、岐阜、岩手の順。最下位は沖縄で49・9%。以下、少ない順に、東京、徳島、大阪、高知と続きます。

日本海側を中心に地方で参加率が高く、太平洋岸の都市部で低くなっています。持ち家住宅延べ床面積や持ち家率、三世帯人数と正の相関があり、広い家に大家族が住み、母親も働いているような農村型社会では地域行事参加率が高いといえるでしょう。まちづくり活動人口やボランティア人口とも正の相関があります。

チャイルド

小学生長時間ネット利用率

長時間ネットを利用する小学生が多いところは規則正しい生活を送る小学生が少ない。

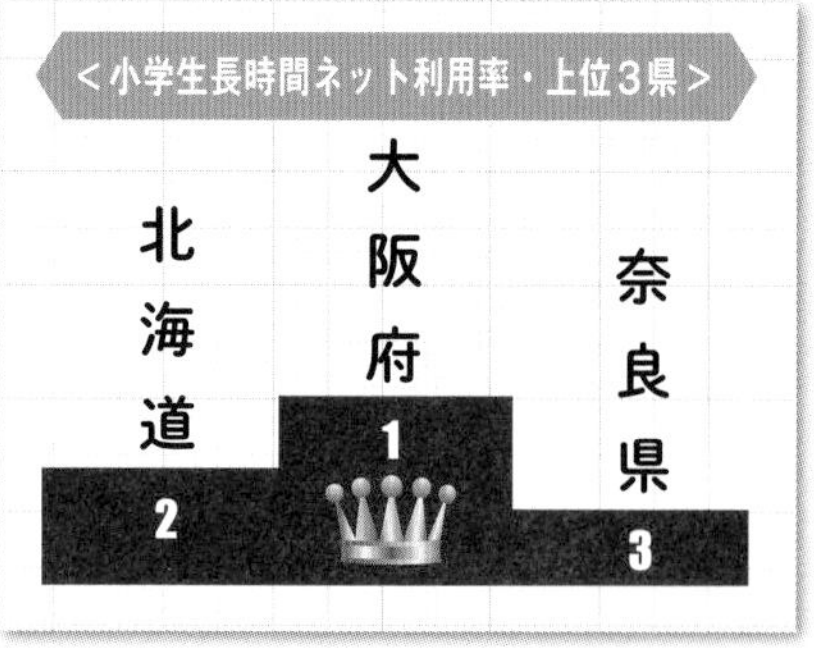

小学生長時間ネット利用率ランキング

順	県名	データ	偏差値
1	大阪府	13.1%	76.79
2	北海道	12.9%	75.47
3	奈良県	11.6%	66.87
4	愛知県	10.9%	62.23
5	福岡県	10.8%	61.57
6	神奈川県	10.7%	60.91
6	京都府	10.7%	60.91
8	和歌山県	10.6%	60.25
9	沖縄県	10.4%	58.93
9	三重県	10.4%	58.93
11	滋賀県	10.2%	57.60
12	兵庫県	10.1%	56.94
13	千葉県	10.0%	56.28
14	岡山県	9.8%	54.96
14	東京都	9.8%	54.96
16	茨城県	9.6%	53.63
16	香川県	9.6%	53.63
18	大分県	9.5%	52.97
19	徳島県	9.4%	52.31
19	埼玉県	9.4%	52.31
21	佐賀県	9.2%	50.99
21	高知県	9.2%	50.99
23	広島県	8.9%	49.00
23	群馬県	8.9%	49.00
25	福島県	8.8%	48.34
25	富山県	8.8%	48.34
25	石川県	8.8%	48.34
28	岐阜県	8.6%	47.02
28	山口県	8.6%	47.02
30	宮崎県	8.4%	45.69
31	愛媛県	8.3%	45.03
32	静岡県	8.2%	44.37
33	宮城県	8.0%	43.04
33	山形県	8.0%	43.04
33	栃木県	8.0%	43.04
36	青森県	7.9%	42.38
37	岩手県	7.7%	41.06
37	熊本県	7.7%	41.06
37	福井県	7.7%	41.06
40	新潟県	7.5%	39.74
41	山梨県	7.3%	38.41
42	鹿児島県	7.2%	37.75
43	島根県	7.1%	37.09
43	鳥取県	7.1%	37.09
45	秋田県	6.8%	35.10
45	長野県	6.8%	35.10
47	長崎県	6.4%	32.46
-	全国	9.8%	-

文部科学省 全国学力・学習状況調査 2015

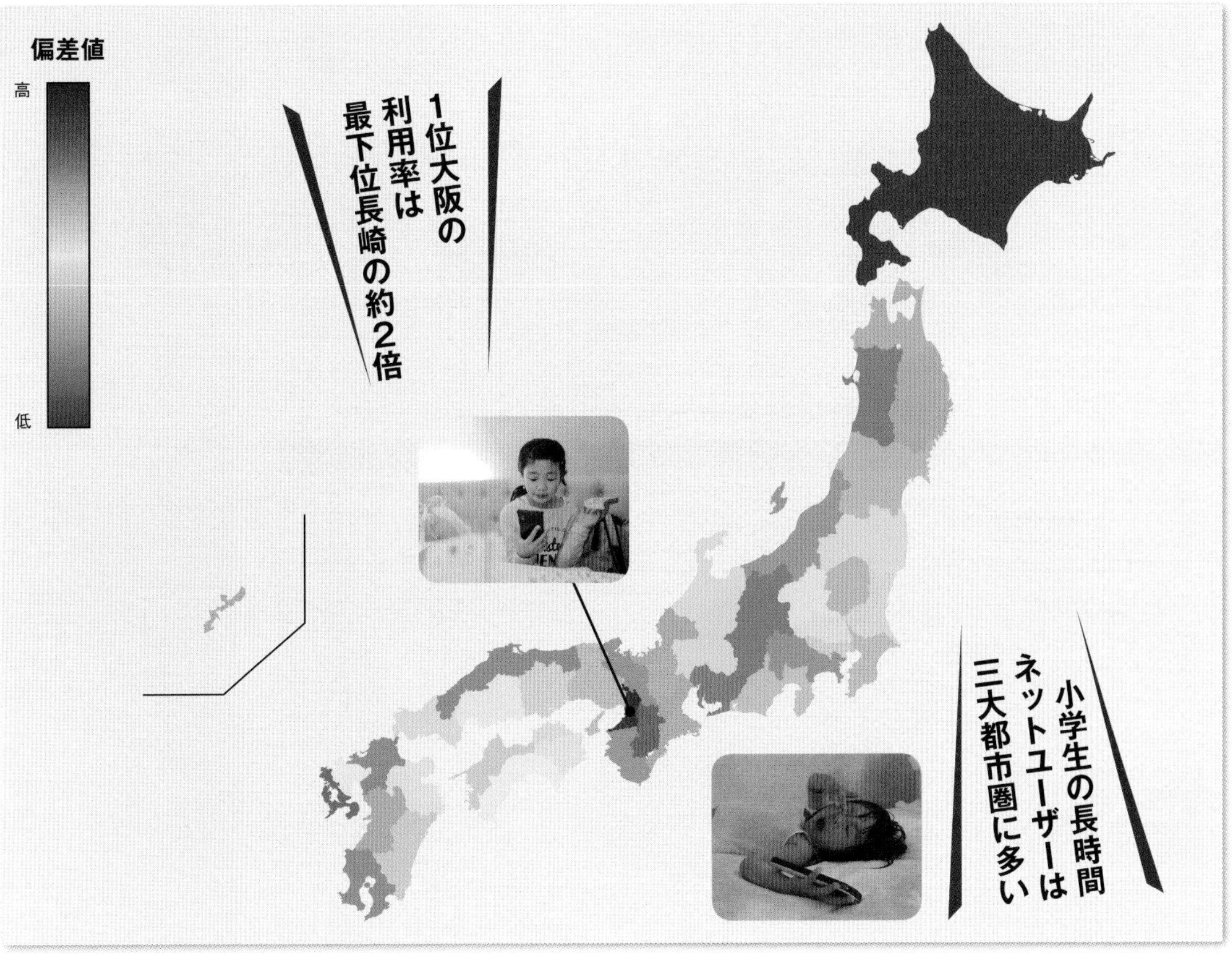
偏差値
高
低
1位大阪の
利用率は
最下位長崎の約2倍
小学生の長時間
ネットユーザーは
三大都市圏に多い

相関データ

【正の相関】

順	係数	項目
1	0.80	小学生長時間ゲームプレイ率
2	0.73	小学生携帯電話・スマートフォン所有率
3	0.71	ソーシャルネットワーキングサービス(SNS)利用率
4	0.69	25歳以上キャンプ人口
5	0.63	人口集中度
6	0.61	小学生通塾率
7	0.60	核家族率
8	0.57	鉄道通勤・通学率
9	0.56	少年犯罪検挙人数
10	0.56	子どもの生活保護受給者数

【負の相関】

順	係数	項目
1	-0.74	共働き率
2	-0.70	小学生早寝早起き率
3	-0.69	小学生朝食摂取率
4	-0.69	小学生学校外学習率
5	-0.67	小学生読書率
6	-0.65	小学生定時就寝・起床率
7	-0.64	小学生校則遵守率
8	-0.64	農業就業人口
9	-0.63	小学生地域行事参加率
10	-0.60	自家用車通勤・通学率

関西周辺で高い利用率

文部科学省全国学力テストより小学生長時間ネット利用率のランキング。平日2時間以上ネットを利用している小学6年生の割合を比較したもので、全国平均は9・8％です。なお、このデータは公立校のもので、国立・私立校は含まれていません。

1位は大阪で13・1％。2位は北海道で12・9％。3位以下は奈良、愛知、福岡の順。最下位は長崎で6・4％。以下、少ない順に、長野、秋田、鳥取、島根。

分布地図から、小学生の長時間ネット利用率は三大都市圏、なかでも関西周辺で高いことがわかります。人口集中度と正の相関があり、都市部で長時間ネットを利用する小学生が多くなっています。また、小学生朝食摂取率や小学生定時就寝・起床率など規則正しい生活を表すランキングと負の相関があります。

チャイルド

小学生朝食摂取率

朝食の摂取率は日本海側から北日本にかけて高い。1位は島根、2位は福井、最下位は福岡。

小学生朝食摂取率ランキング

順	県名	データ	偏差値
1	島根県	97.2%	67.52
2	福井県	97.1%	66.41
3	秋田県	97.0%	65.31
3	長野県	97.0%	65.31
5	山梨県	96.8%	63.10
6	山形県	96.7%	61.99
7	新潟県	96.6%	60.89
7	岩手県	96.6%	60.89
9	宮城県	96.5%	59.78
10	滋賀県	96.4%	58.68
10	富山県	96.4%	58.68
12	石川県	96.3%	57.57
12	栃木県	96.3%	57.57
12	岐阜県	96.3%	57.57
15	青森県	96.2%	56.47
16	鳥取県	96.1%	55.36
16	福島県	96.1%	55.36
16	埼玉県	96.1%	55.36
19	茨城県	96.0%	54.26
20	群馬県	95.9%	53.15
20	静岡県	95.9%	53.15
22	長崎県	95.6%	49.84
22	東京都	95.6%	49.84
22	広島県	95.6%	49.84
25	佐賀県	95.5%	48.73
25	岡山県	95.5%	48.73
27	熊本県	95.4%	47.63
27	宮崎県	95.4%	47.63
27	高知県	95.4%	47.63
27	山口県	95.4%	47.63
31	愛知県	95.3%	46.52
32	三重県	95.2%	45.41
33	沖縄県	95.1%	44.31
33	神奈川県	95.1%	44.31
35	鹿児島県	95.0%	43.20
36	和歌山県	94.9%	42.10
36	徳島県	94.9%	42.10
38	兵庫県	94.8%	40.99
38	京都府	94.8%	40.99
38	千葉県	94.8%	40.99
41	奈良県	94.7%	39.89
42	香川県	94.6%	38.78
43	大分県	94.4%	36.57
44	大阪府	94.1%	33.26
45	北海道	94.0%	32.15
45	愛媛県	94.0%	32.15
47	福岡県	93.3%	24.42
-	全国	95.3%	-

文部科学省 全国学力テスト 2019

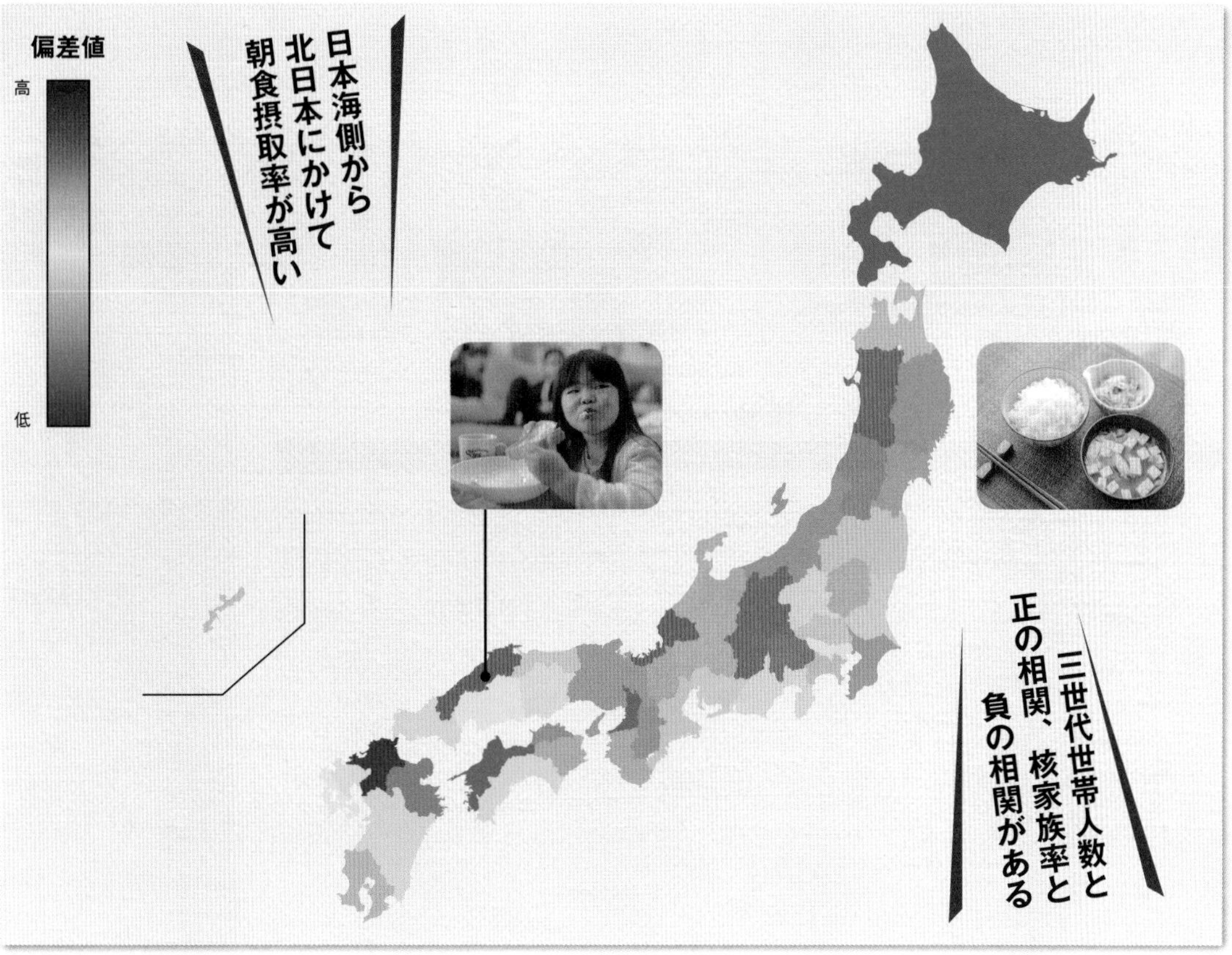
偏差値
高
低
日本海側から北日本にかけて朝食摂取率が高い
三世代世帯人数と正の相関、核家族率と負の相関がある

相関データ

【正の相関】

順	係数	項目
1	0.77	小学生定時就寝・起床率
2	0.74	三世代世帯人数
3	0.68	建設業者数
4	0.68	小学生地域行事参加率
5	0.67	持ち家住宅延べ床面積
6	0.66	小学生チャレンジ精神率
7	0.64	共働き率
8	0.62	小学生学校外学習率
9	0.60	小学生新聞購読率
10	0.54	持ち家率

【負の相関】

順	係数	項目
1	-0.73	核家族率
2	-0.69	小学生長時間ネット利用率
3	-0.68	生活保護受給者
4	-0.67	小学生携帯電話・スマートフォン所有率
5	-0.66	子どもの生活保護受給者数
6	-0.57	少年犯罪検挙人数
7	-0.56	第三次産業従業者数
8	-0.55	父子・母子家庭数
9	-0.53	離婚件数
10	-0.52	徒歩・自転車通勤・通学率

島根は福岡の約4%高い

文部科学省全国学力テストより小学生朝食摂取率のランキング。「朝食を毎日食べている」という質問に「している」「どちらかといえば、している」と答えた小学6年生の割合を比較したもので、全国平均は95・3%。なお、このデータは公立校のもので、国立・私立校は含みません。

1位は島根で97・2%、2位以下は福井、秋田、長野、山梨の順。最下位は福岡で93・3%。以下、少ない順に、愛媛、北海道、大阪、大分と続いています。

分布地図を見ると日本海側から北日本にかけて朝食摂取率が高いことがわかります。

また、三世代世帯人数と正の相関、核家族率と負の相関があることから、三世代世帯が多く核家族が少ない地方で高くなっています。

エンゲル係数

関西を筆頭に三大都市圏とその周辺部や東北地方で高い。1位は京都、最下位は香川。

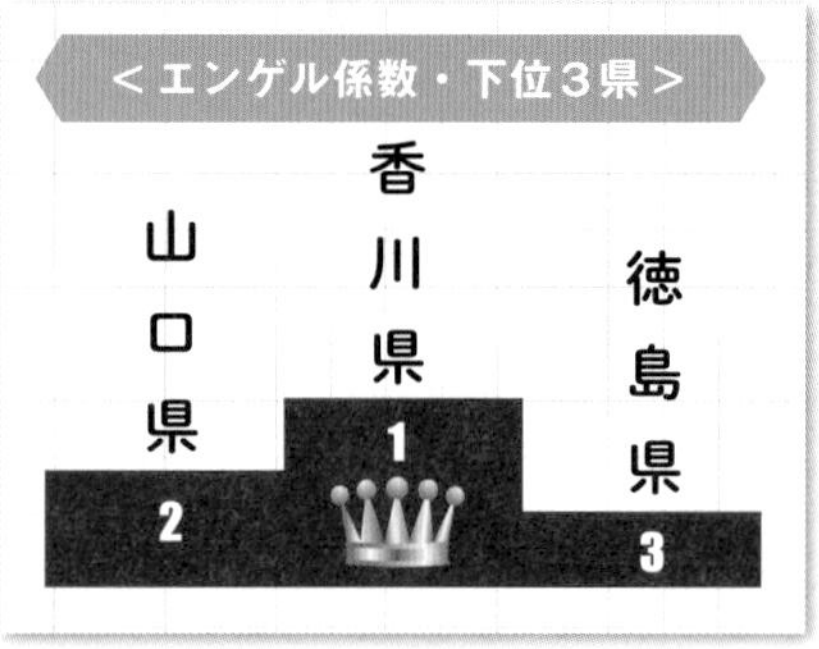

エンゲル係数ランキング

順	県名	データ	偏差値
1	京都府	30.54%	75.26
2	兵庫県	30.11%	72.11
3	大阪府	30.03%	71.52
4	青森県	29.74%	69.40
5	和歌山県	28.93%	63.46
6	長崎県	28.66%	61.49
7	福井県	28.40%	59.58
8	滋賀県	28.39%	59.51
9	愛知県	28.34%	59.14
10	沖縄県	28.11%	57.46
11	宮城県	28.08%	57.24
12	東京都	27.94%	56.21
12	神奈川県	27.94%	56.21
14	新潟県	27.76%	54.90
15	千葉県	27.60%	53.72
16	秋田県	27.59%	53.65
17	鳥取県	27.51%	53.07
18	群馬県	27.50%	52.99
19	広島県	27.46%	52.70
20	岩手県	27.39%	52.19
21	山梨県	27.33%	51.75
22	静岡県	27.01%	49.40
23	愛媛県	26.98%	49.18
24	埼玉県	26.69%	47.06
25	栃木県	26.64%	46.69
26	宮崎県	26.63%	46.62
27	福島県	26.50%	45.67
28	三重県	26.44%	45.23
29	奈良県	26.38%	44.79
30	岐阜県	26.33%	44.42
31	佐賀県	26.30%	44.20
32	岡山県	26.28%	44.06
33	福岡県	26.26%	43.91
34	山形県	26.21%	43.54
35	熊本県	26.14%	43.03
36	北海道	26.08%	42.59
37	島根県	26.06%	42.45
38	石川県	25.99%	41.93
39	富山県	25.94%	41.57
40	鹿児島県	25.83%	40.76
41	大分県	25.78%	40.40
42	長野県	25.64%	39.37
43	高知県	25.53%	38.56
44	茨城県	25.34%	37.17
45	徳島県	25.30%	36.88
46	山口県	25.04%	34.98
47	香川県	24.63%	31.97
-	全国	27.35%	-

総務省 家計調査 2018

ショウヒ

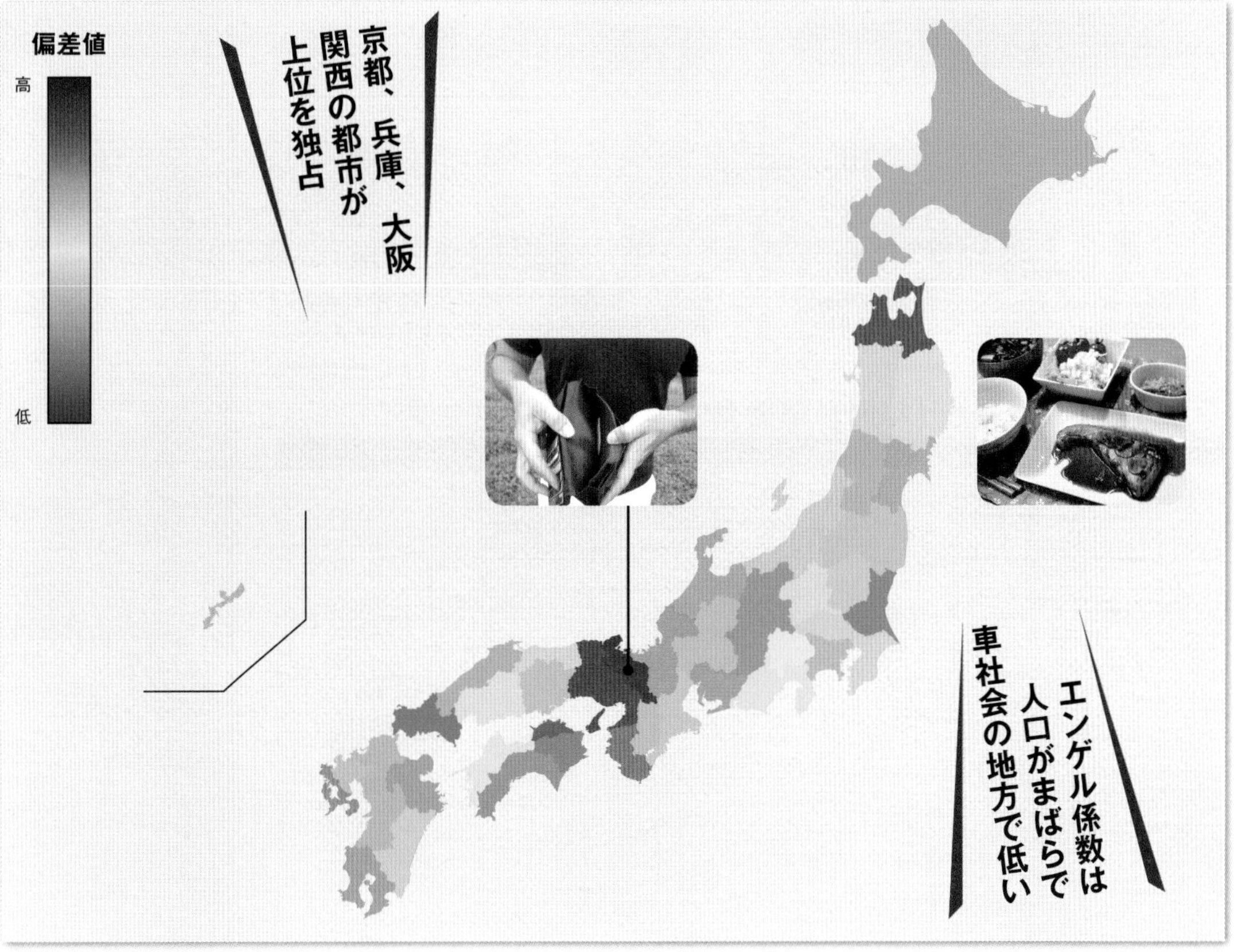
偏差値
高
低
京都、兵庫、大阪
関西の都市が
上位を独占
エンゲル係数は
人口がまばらで
車社会の地方で低い

相関データ

【正の相関】

順	係数	項目
1	0.58	在日韓国・朝鮮人
2	0.54	外国人生活保護受給者数
3	0.51	都市ガス消費量
4	0.50	日本維新の会得票率(直近10年間)
5	0.50	なか卯店舗数
6	0.49	人口集中度
7	0.47	倒産率
8	0.47	四年制大学生数
9	0.47	重要犯罪認知件数
10	0.42	公共交通機関通勤・通学率

【負の相関】

順	係数	項目
1	-0.73	携帯電話通信料
2	-0.66	ガソリン消費量
3	-0.52	園芸用品購入量
4	-0.51	剣道場数
5	-0.51	スポーツ用品購入額
6	-0.50	自動車保有台数
7	-0.49	25歳以上園芸・ガーデニング人口
8	-0.48	冷凍食品消費量
9	-0.45	まんじゅう消費量
10	-0.45	柔道場数

全国平均は27・35％

総務省の家計調査よりエンゲル係数のランキング。全国平均は27・35％です。

エンゲル係数とは家計の消費支出に占める食料や外食を含む飲食費の割合で、一般に数値が高いほど生活水準が低いと言われています。

1位は京都で30・54％、2位は兵庫で30・11％。3位以下は大阪、青森、和歌山の順。最下位は香川で24・63％。以下、少ない順に、山口、徳島、茨城、高知。

分布地図から、関西を筆頭に三大都市圏とその周辺部や東北地方でエンゲル係数が高いことがわかります。

人口集中度と正の相関があり、自動車保有台数と負の相関があることから、人口がまばらで車社会の地方でエンゲル係数が低く、都市部でエンゲル係数が高いといえます。

ショウヒ

米消費量

米の消費量は北陸から東北、北海道にかけて多くなっていること以外、地域的特徴はない。

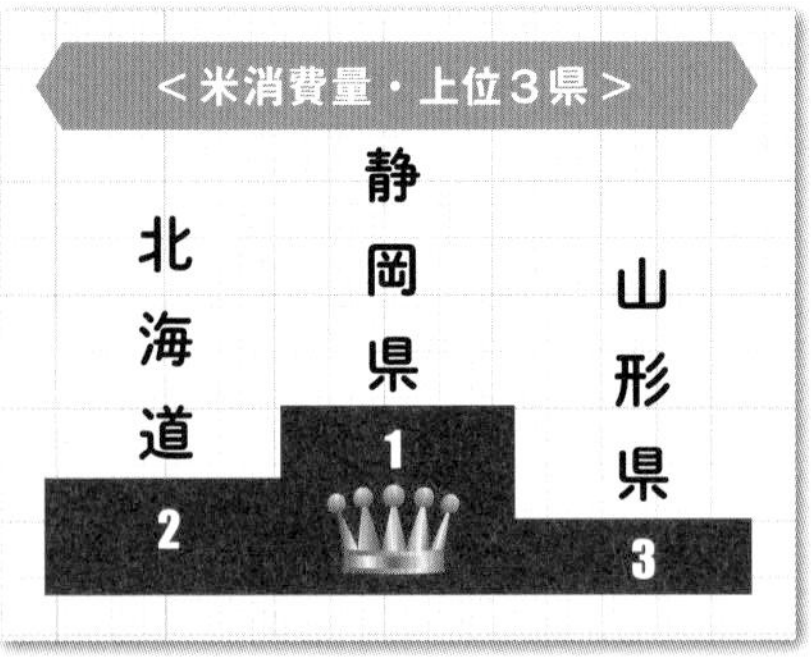

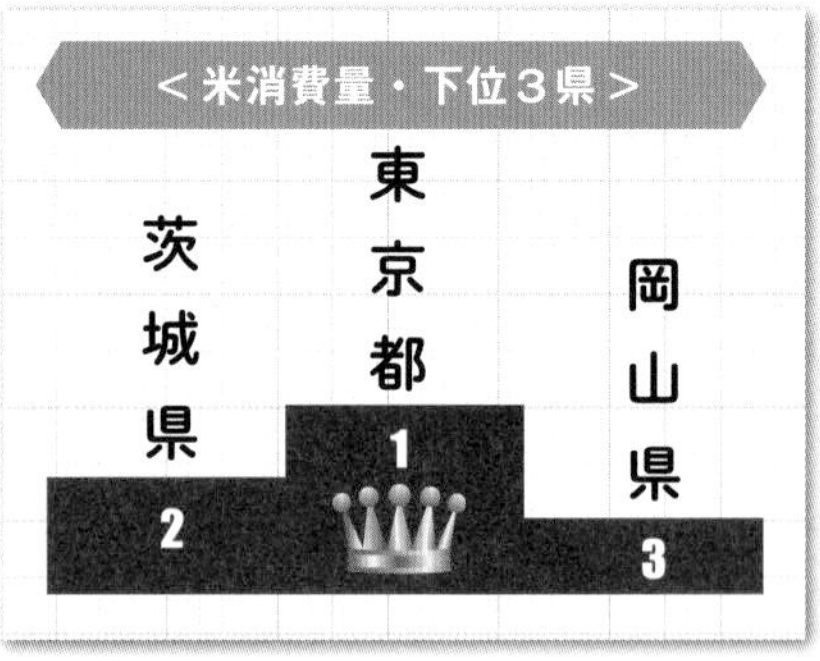

1世帯あたり年間米消費量（購入量）ランキング

順	県名	データ	偏差値
1	静岡県	93.43kg	77.88
2	北海道	87.72kg	70.11
3	山形県	85.75kg	67.43
4	新潟県	85.30kg	66.82
5	佐賀県	84.05kg	65.12
6	長崎県	82.12kg	62.49
7	奈良県	80.82kg	60.73
8	富山県	79.18kg	58.50
9	沖縄県	78.32kg	57.33
10	青森県	77.87kg	56.71
11	福島県	77.65kg	56.41
12	山梨県	76.28kg	54.55
13	三重県	75.72kg	53.79
14	滋賀県	75.58kg	53.60
15	大阪府	75.21kg	53.10
15	群馬県	75.21kg	53.10
17	岩手県	74.84kg	52.59
18	京都府	74.78kg	52.51
19	和歌山県	74.61kg	52.28
20	石川県	74.15kg	51.65
21	愛知県	74.09kg	51.57
22	秋田県	73.59kg	50.89
23	熊本県	72.94kg	50.01
24	島根県	72.29kg	49.12
25	大分県	71.82kg	48.49
26	埼玉県	71.64kg	48.24
27	岐阜県	71.27kg	47.74
28	愛媛県	71.05kg	47.44
29	福岡県	70.82kg	47.13
30	徳島県	70.58kg	46.80
31	栃木県	70.47kg	46.65
32	広島県	70.45kg	46.62
33	鳥取県	70.34kg	46.47
34	山口県	70.27kg	46.38
35	神奈川県	69.78kg	45.71
36	福井県	69.37kg	45.15
37	香川県	69.33kg	45.10
38	高知県	67.48kg	42.58
39	長野県	65.72kg	40.19
40	千葉県	65.47kg	39.85
41	兵庫県	64.65kg	38.73
42	鹿児島県	62.25kg	35.47
43	宮城県	61.70kg	34.72
44	宮崎県	61.23kg	34.08
45	岡山県	61.17kg	34.00
46	茨城県	60.20kg	32.68
47	東京都	59.32kg	31.48
-	全国	73.05kg	-

総務省 家計調査 2016

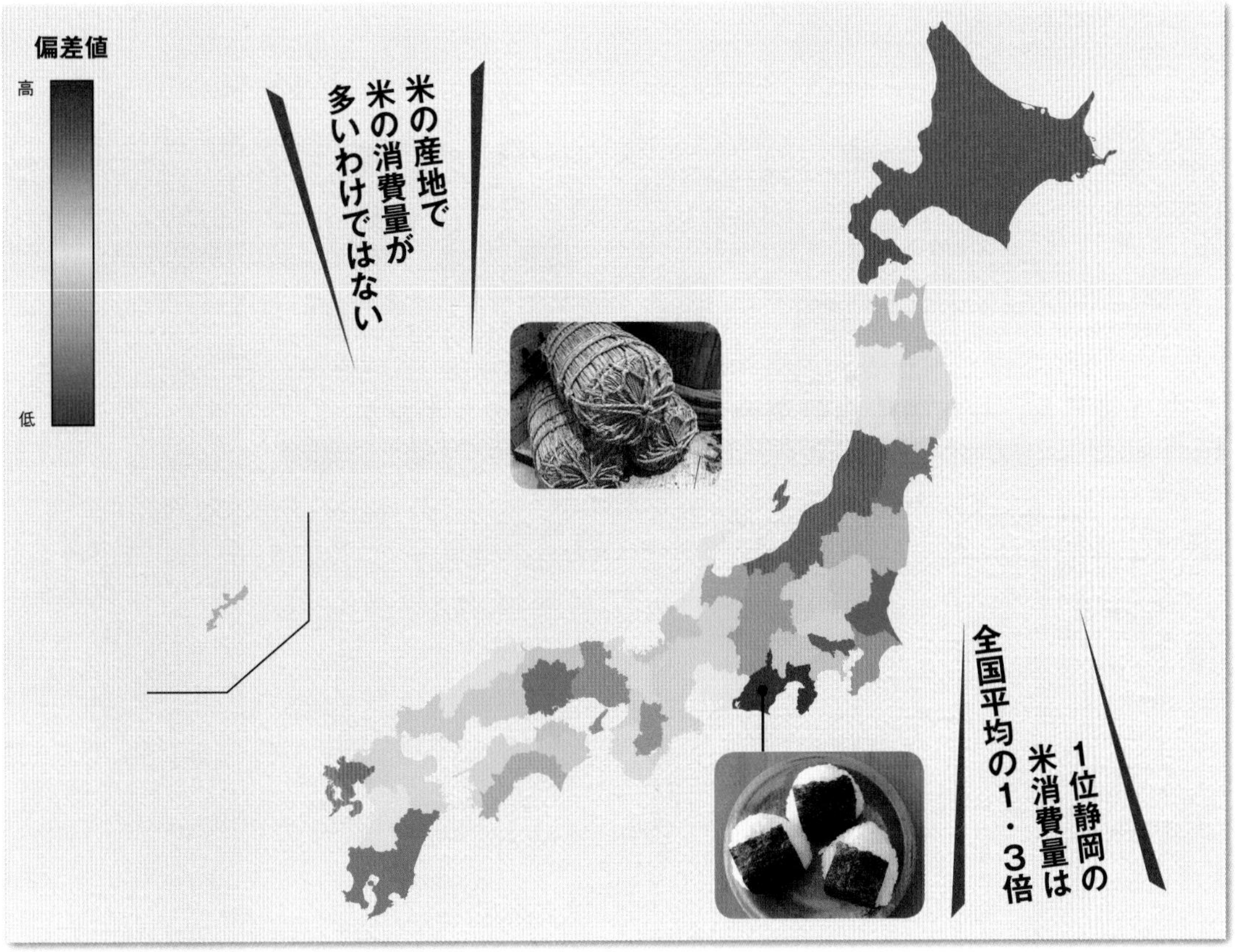
偏差値
高
低
米の産地で米の消費量が多いわけではない
1位静岡の米消費量は全国平均の1・3倍

相関データ

【正の相関】

順	係数	項目
1	0.41	比例代表投票率(直近10年平均)
2	0.41	高校男子陸上部員数
3	0.39	ベーコン消費量
4	0.37	高校男子バスケットボールー部員数
5	0.37	お菓子屋店舗数
6	0.36	年間降雪量
7	0.35	灯油消費量
−	−	−
−	−	−
−	−	−

【負の相関】

順	係数	項目
1	-0.45	公立中学校プール設置率
2	-0.39	25歳以上ゴルフ人口
3	-0.38	文房具購入量
4	-0.36	年間晴れ日数
−	−	−
−	−	−
−	−	−
−	−	−
−	−	−
−	−	−

最下位は首都東京

総務省の家計調査より米消費量のランキング。1世帯あたりの購入量の全国平均は年間73・05kgです。

消費量1位は静岡で93・43kg。2位以下は北海道、山形、新潟、佐賀の順。最下位は東京で59・32kg。以下、少ない順に、茨城、岡山、宮崎、宮城。

米の消費量は北陸から東北、北海道にかけて多くなっています。しかしほかの地方では、多い地域と少ない地域が混在しており、地域的傾向は見られません。

なお、自家消費する農家が多い県では購入量が少なめに出る可能性はあるでしょう。

ショウヒ

生鮮野菜消費量

東日本で消費量が多く、西日本で少ない東高西低型。首都圏で多く消費されている。

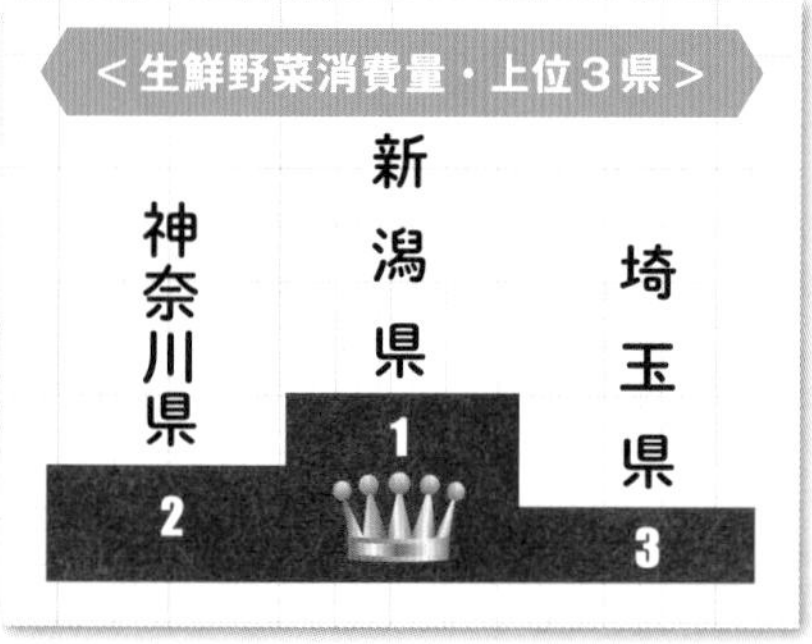

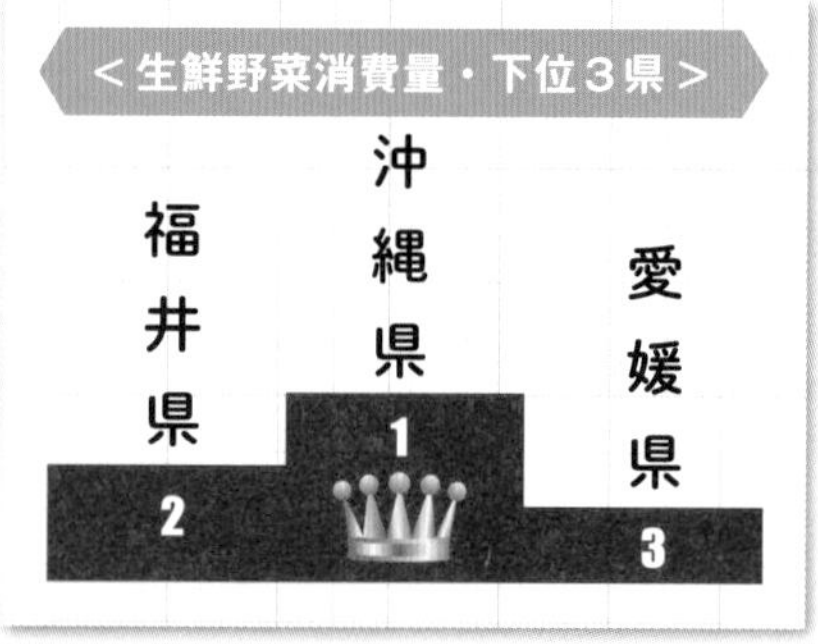

1世帯あたり年間生鮮野菜消費量（購入量）ランキング

順	県名	データ	偏差値
1	新潟県	210,899g	74.43
2	神奈川県	201,446g	68.38
3	埼玉県	198,771g	66.67
4	千葉県	198,339g	66.39
5	東京都	196,212g	65.03
6	秋田県	193,864g	63.53
7	京都府	191,271g	61.87
8	岩手県	189,614g	60.81
9	栃木県	188,114g	59.85
10	宮城県	184,945g	57.82
11	長野県	184,525g	57.56
12	奈良県	184,407g	57.48
13	福島県	182,896g	56.51
14	青森県	181,841g	55.84
15	広島県	180,847g	55.20
16	大阪府	180,402g	54.92
17	静岡県	176,889g	52.67
18	福岡県	175,339g	51.68
19	山形県	175,218g	51.60
20	山梨県	175,131g	51.54
21	富山県	174,390g	51.07
22	北海道	173,830g	50.71
23	群馬県	172,654g	49.96
24	愛知県	172,231g	49.69
25	滋賀県	172,203g	49.67
26	佐賀県	172,024g	49.56
27	鹿児島県	171,156g	49.00
28	兵庫県	167,344g	46.56
29	茨城県	166,680g	46.14
30	石川県	166,627g	46.10
31	長崎県	164,824g	44.95
32	香川県	163,188g	43.90
33	大分県	162,636g	43.55
34	和歌山県	161,712g	42.96
35	島根県	161,591g	42.88
36	徳島県	160,414g	42.13
37	宮崎県	157,382g	40.19
38	三重県	156,936g	39.90
39	山口県	155,882g	39.23
40	熊本県	155,481g	38.97
41	高知県	155,286g	38.85
42	岐阜県	155,081g	38.72
43	岡山県	153,058g	37.42
44	鳥取県	152,976g	37.37
45	愛媛県	149,910g	35.41
46	福井県	148,391g	34.43
47	沖縄県	142,847g	30.89
-	全国	173,590g	-

総務省家計調査 2016

偏差値
高
低
焼肉店が多いところで生鮮野菜消費量が少ない
生鮮野菜は首都圏で多く消費されている

相関データ

【正の相関】

順	係数	項目
1	0.94	葉物野菜消費量
2	0.90	根菜消費量
3	0.86	だいこん消費量
4	0.83	ブロッコリー消費量
5	0.82	ねぎ消費量
6	0.77	トマト消費量
7	0.76	なす消費量
8	0.74	漬物消費量
9	0.54	鉄道通勤・通学率
10	0.52	通勤時間

【負の相関】

順	係数	項目
1	-0.68	合計特殊出生率
2	-0.59	軽乗用車保有台数
3	-0.57	25歳以上釣り人口
4	-0.57	看護師数
5	-0.54	100歳以上高齢者数
6	-0.53	25歳以上バレーボール人口
7	-0.50	中学生数
8	-0.49	焼肉店店舗数
9	-0.45	年間平均気温
10	-0.40	牛肉消費量

野菜消費量は東高西低

総務省の家計調査より生鮮野菜消費量のランキング。1世帯あたりの購入量の全国平均は年間173・59kgです。

1位は新潟で210・9kg。2位以下は神奈川、埼玉、千葉、東京と続き、東京とその周辺の都市で多く消費されています。

最下位は沖縄で142・85kg。1位新潟との差は68kgもあります。以下、少ない順に、福井、愛媛、鳥取、岡山と続いています。

分布地図から、東日本で消費量が多く、西日本で少ない東高西低型であることがわかります。キャベツ消費量と同じ傾向です。

焼肉店店舗数や牛肉消費量と負の相関があり、牛肉好きや焼肉店が多いところで生鮮野菜消費量が少なくなっています。

ショウヒ

キャベツ消費量

本州中央部や大阪周辺などで消費量が多い。最下位沖縄の消費量は1位長野の約半分。

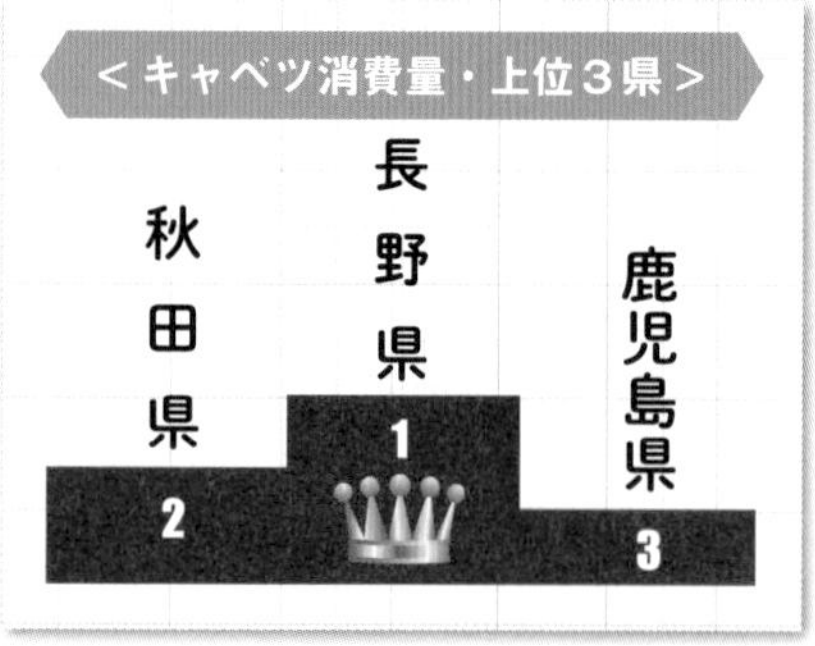

１世帯あたり年間キャベツ消費量ランキング

順	県名	データ	偏差値
1	長野県	23,333g	81.14
2	秋田県	20,446g	64.30
3	鹿児島県	20,397g	64.01
4	神奈川県	20,277g	63.31
5	新潟県	20,193g	62.82
6	千葉県	19,814g	60.61
7	香川県	19,695g	59.92
8	広島県	19,527g	58.94
9	栃木県	19,513g	58.86
10	埼玉県	19,379g	58.08
11	徳島県	19,119g	56.56
12	佐賀県	19,107g	56.49
13	静岡県	19,099g	56.44
14	大阪府	18,894g	55.25
15	京都府	18,653g	53.84
16	東京都	18,455g	52.69
17	福岡県	18,291g	51.73
18	奈良県	18,182g	51.10
19	山梨県	18,169g	51.02
20	島根県	18,153g	50.93
21	大分県	18,067g	50.42
22	群馬県	18,056g	50.36
23	岩手県	17,995g	50.00
24	宮崎県	17,904g	49.47
25	山形県	17,862g	49.23
26	茨城県	17,802g	48.88
27	福島県	17,740g	48.52
28	愛知県	17,714g	48.37
29	富山県	17,677g	48.15
30	滋賀県	17,548g	47.40
31	北海道	17,546g	47.39
32	青森県	17,541g	47.36
33	岡山県	17,502g	47.13
34	長崎県	17,452g	46.84
35	和歌山県	17,165g	45.16
36	熊本県	17,054g	44.52
37	鳥取県	17,038g	44.42
38	山口県	16,987g	44.13
39	岐阜県	16,908g	43.66
40	兵庫県	16,668g	42.26
41	石川県	16,482g	41.18
42	宮城県	16,248g	39.82
43	三重県	15,916g	37.88
44	愛媛県	15,510g	35.51
45	高知県	15,286g	34.20
46	福井県	14,538g	29.84
47	沖縄県	12,828g	19.87
-	全国	18,122g	-

総務省家計調査 2016

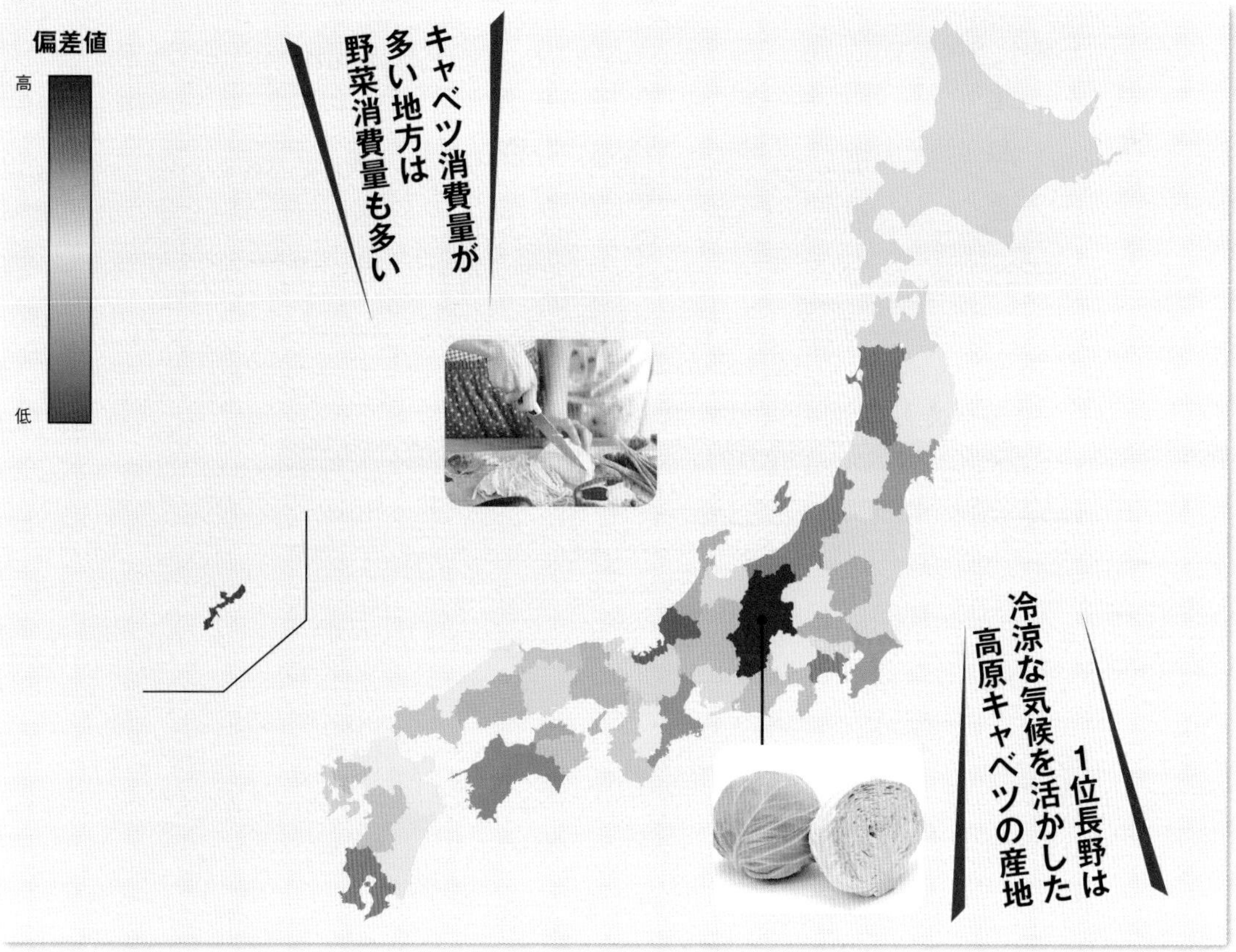
偏差値
高
低
キャベツ消費量が多い地方は野菜消費量も多い
1位長野は冷涼な気候を活かした高原キャベツの産地

相関データ

【正の相関】

順	係数	項目
1	0.73	葉物野菜消費量
2	0.67	生鮮野菜消費量
3	0.57	かぼちゃ消費量
4	0.57	きのこ消費量
5	0.55	根菜消費量
6	0.53	ブロッコリー消費量
7	0.51	きゅうり消費量
8	0.48	なす消費量
9	0.48	セブンイレブン店舗数
10	0.48	レタス消費量

【負の相関】

順	係数	項目
1	-0.51	戦後海外移住者数
2	-0.50	貸金業事業所数
3	-0.49	新聞店店舗数
4	-0.48	レンタルビデオ店店舗数
5	-0.48	ゲームセンター店舗数
6	-0.45	魚屋店舗数
7	-0.45	かつお節・削り節消費量
8	-0.43	ゲームセンター専業店店舗数
9	-0.42	プロ野球選手出身地
10	-0.42	相対的貧困世帯率

平均は1万8122グラム

総務省の家計調査よりキャベツ消費量ランキング。キャベツは最も消費量が多い野菜で、1世帯あたりの消費量の全国平均は年間18・12kgです。

1位は高原キャベツで名高い長野で23・33kg、2位は秋田で20・44kg。3位以下は鹿児島、神奈川、新潟と続きます。

最下位は沖縄で12・89kg。1位の長野とは10kgという大きな差が生まれています。以下、少ない順に、福井、高知、愛媛、三重。

分布地図から、本州中央部や大阪周辺などで消費量が多いことがわかります。

また、生鮮野菜消費量と正の相関があり、キャベツ消費量が多い地方は野菜消費量が多くなっています。

ショウヒ

たまねぎ消費量

北日本、首都圏、関西、北部九州で消費量は多く、本州中部から北陸にかけて少ない。

＜たまねぎ消費量・上位３県＞

1 北海道
2 青森県
3 京都府

＜たまねぎ消費量・下位３県＞

1 鳥取県
2 岐阜県
3 群馬県

1世帯あたり年間たまねぎ消費量ランキング

順	県名	データ	偏差値
1	北海道	21,491g	81.14
2	青森県	19,694g	70.34
3	京都府	19,407g	68.62
4	大阪府	19,004g	66.20
5	奈良県	18,333g	62.17
6	神奈川県	18,287g	61.89
7	福岡県	18,029g	60.34
8	佐賀県	17,736g	58.59
9	埼玉県	17,290g	55.91
10	島根県	17,275g	55.82
11	滋賀県	17,213g	55.44
12	千葉県	17,166g	55.16
13	鹿児島県	17,103g	54.78
14	広島県	17,078g	54.63
15	新潟県	16,844g	53.23
16	栃木県	16,789g	52.90
17	静岡県	16,715g	52.45
18	愛知県	16,677g	52.23
19	長崎県	16,648g	52.05
20	岩手県	16,615g	51.85
21	東京都	16,524g	51.31
22	大分県	16,480g	51.04
23	岡山県	16,401g	50.57
24	宮城県	16,282g	49.85
25	福島県	16,225g	49.51
26	秋田県	16,191g	49.31
27	香川県	16,184g	49.27
28	徳島県	16,117g	48.86
29	茨城県	16,112g	48.83
30	兵庫県	16,058g	48.51
31	和歌山県	15,951g	47.87
32	三重県	15,683g	46.26
33	熊本県	15,433g	44.76
34	山口県	15,119g	42.87
35	愛媛県	15,030g	42.34
36	山梨県	14,839g	41.19
37	富山県	14,789g	40.89
38	石川県	14,520g	39.27
39	山形県	14,515g	39.24
40	沖縄県	14,446g	38.83
41	長野県	14,433g	38.75
42	宮崎県	14,384g	38.46
43	高知県	14,114g	36.83
44	福井県	14,069g	36.56
45	群馬県	13,880g	35.43
46	岐阜県	13,620g	33.87
47	鳥取県	13,606g	33.78
-	全国	16,449g	-

総務省家計調査 2016

シヨウヒ

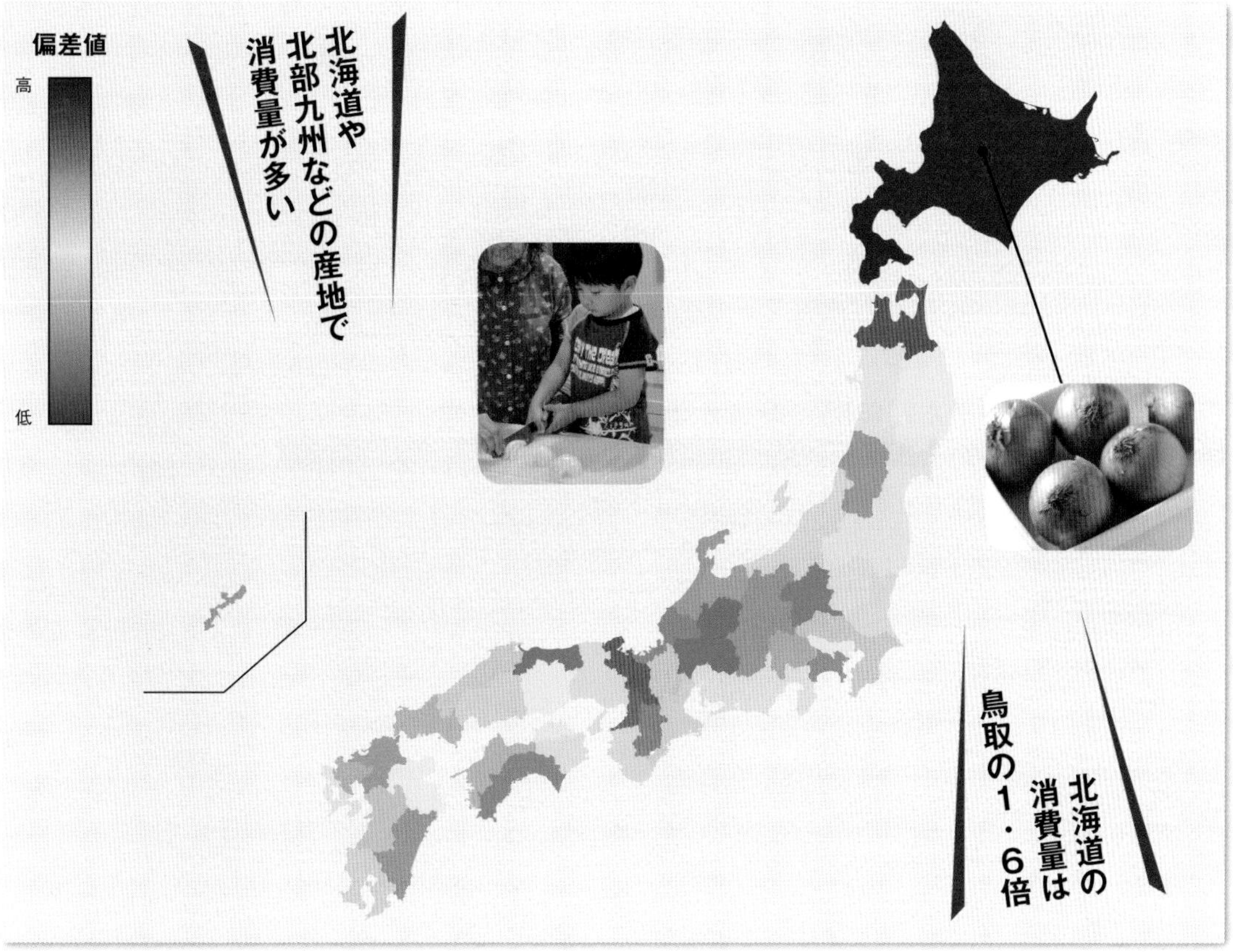
偏差値
高
低
北海道や北部九州などの産地で消費量が多い
北海道の消費量は鳥取の1・6倍

相関データ

【正の相関】

順	係数	項目
1	0.68	根菜消費量
2	0.55	魅力度
3	0.54	バス通勤・通学率
4	0.53	じゃがいも消費量
5	0.52	バター消費量
6	0.51	なす消費量
7	0.50	生鮮野菜消費量
8	0.48	人口集中度
9	0.47	ピーマン消費量
10	0.44	タマネギ生産量

【負の相関】

順	係数	項目
1	-0.61	結婚式場数
2	-0.55	高齢世帯の相対的貧困率
3	-0.55	運転免許保有者数
4	-0.53	小学生図書館利用率
5	-0.52	自動車販売店数
6	-0.52	自動車保有台数
7	-0.51	軽乗用車保有台数
8	-0.50	中小企業数
9	-0.50	軽バン・軽トラ保有台数
10	-0.50	共働き率

1位は産地の北海道

総務省の家計調査よりたまねぎ消費量のランキング。たまねぎは2番目に消費量が多い野菜で、1世帯あたりの消費量の全国平均は年間16・45kgです。

1位は北海道で21・49kg。2位以下は青森、京都、大阪、奈良の順。

最下位は鳥取で13・61kg。岐阜、群馬、福井、高知と続いています。

分布地図から、北日本、首都圏、関西、北部九州で消費量が多く、本州中部から北陸にかけて消費量が少ないことがわかります。

また、たまねぎ生産量と正の相関があり、たまねぎの生産が多い北海道は消費量も多くなっています。

ショウヒ

だいこん消費量

保存がききやすいため、寒冷地で好まれるだいこん。消費量は東日本で多く、西日本で少ない。

＜だいこん消費量・上位３県＞

1 岩手県
2 新潟県
3 宮城県

＜だいこん消費量・下位３県＞

1 岡山県
2 愛媛県
3 島根県

1世帯あたり年間だいこん消費量ランキング

順	県名	データ	偏差値
1	岩手県	18,785g	76.31
2	新潟県	18,056g	72.79
3	宮城県	16,843g	66.95
4	千葉県	16,333g	64.49
5	栃木県	16,219g	63.94
6	神奈川県	16,007g	62.92
7	福島県	15,587g	60.89
8	東京都	15,546g	60.69
9	山梨県	15,413g	60.05
10	埼玉県	15,361g	59.80
11	秋田県	15,285g	59.44
12	北海道	15,121g	58.65
13	京都府	14,784g	57.02
14	青森県	14,554g	55.91
15	茨城県	14,441g	55.37
16	奈良県	14,005g	53.27
17	大阪府	14,000g	53.24
18	静岡県	13,782g	52.19
19	石川県	13,517g	50.91
20	富山県	13,499g	50.83
21	長野県	13,353g	50.12
22	山形県	13,015g	48.49
23	愛知県	12,966g	48.26
24	広島県	12,935g	48.11
25	群馬県	12,788g	47.40
26	兵庫県	12,696g	46.95
27	鹿児島県	12,691g	46.93
28	福岡県	12,615g	46.56
29	滋賀県	12,602g	46.50
30	香川県	12,229g	44.70
31	岐阜県	12,181g	44.47
32	沖縄県	12,167g	44.40
33	和歌山県	11,876g	43.00
34	山口県	11,651g	41.92
35	長崎県	11,609g	41.71
36	鳥取県	11,583g	41.59
37	三重県	11,463g	41.01
38	佐賀県	11,378g	40.60
39	徳島県	11,349g	40.46
40	高知県	11,106g	39.29
41	大分県	11,071g	39.12
42	福井県	11,063g	39.08
43	熊本県	10,743g	37.54
44	宮崎県	10,608g	36.89
45	島根県	10,543g	36.58
46	愛媛県	10,507g	36.40
47	岡山県	10,477g	36.26
-	全国	13,291g	-

総務省家計調査 2016

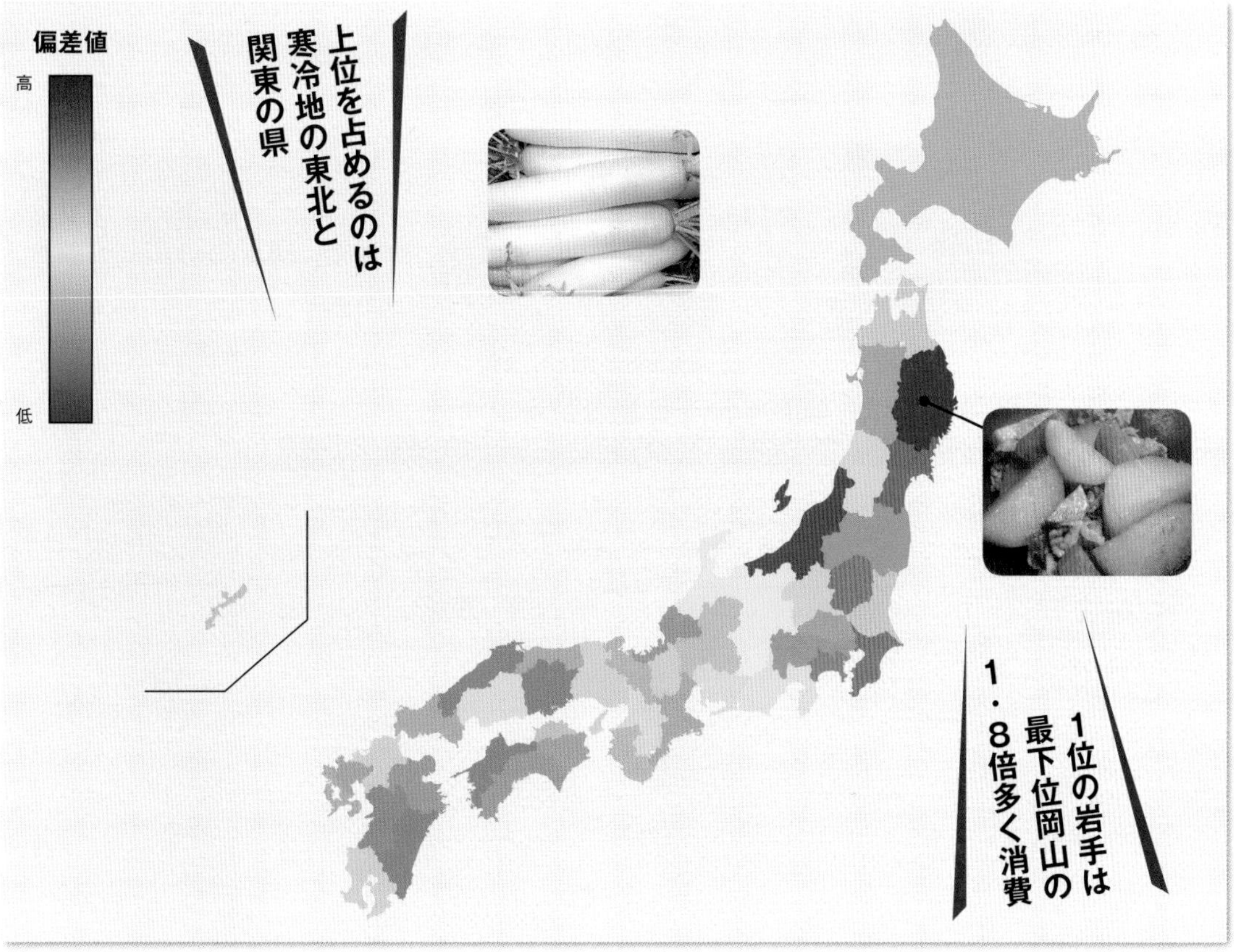
偏差値
高
低
上位を占めるのは寒冷地の東北と関東の県
1位の岩手は最下位岡山の1・8倍多く消費

相関データ

【正の相関】

順	係数	項目
1	0.86	生鮮野菜消費量
2	0.84	根菜消費量
3	0.79	ねぎ消費量
4	0.79	グレープフルーツ消費量
5	0.77	葉物野菜消費量
6	0.76	ブロッコリー消費量
7	0.72	ウイスキー消費量
8	0.71	サケ消費量
9	0.71	豚肉消費量
10	0.65	チーズ消費量

【負の相関】

順	係数	項目
1	-0.66	整形外科医師数
2	-0.64	合計特殊出生率
3	-0.62	IHクッキングヒーター普及率
4	-0.62	看護師数
5	-0.60	25歳以上釣り人口
6	-0.60	食器洗い機普及率
7	-0.59	牛肉消費量
8	-0.59	25歳以上バレーボール人口
9	-0.57	家電量販店
10	-0.55	年間真夏日数

東高西低型の傾向

総務省の家計調査よりだいこん消費量ランキング。だいこんは3番目に消費量が多い野菜で、1世帯あたり消費量の全国平均は年間13・29kgです。

1位は岩手で18・79kg。以下、新潟、宮城、千葉、栃木と、東北と関東の県が上位。

最下位は岡山で10・48グラム。以下、少ない順に、愛媛、島根、宮崎、熊本と続き、九州や四国で少なくなっています。

東日本で多く、西日本で少ない東高西低型といえます。

だいこんは漬物にしたり切り干しだいこんにしたりと、冬でも保存がききやすいので、寒さが厳しい地方で消費量が多いのでしょう。

ショウヒ

トマト消費量

首都圏から新潟にかけてが一大消費地。東日本で多く、西日本で少ない傾向にある。

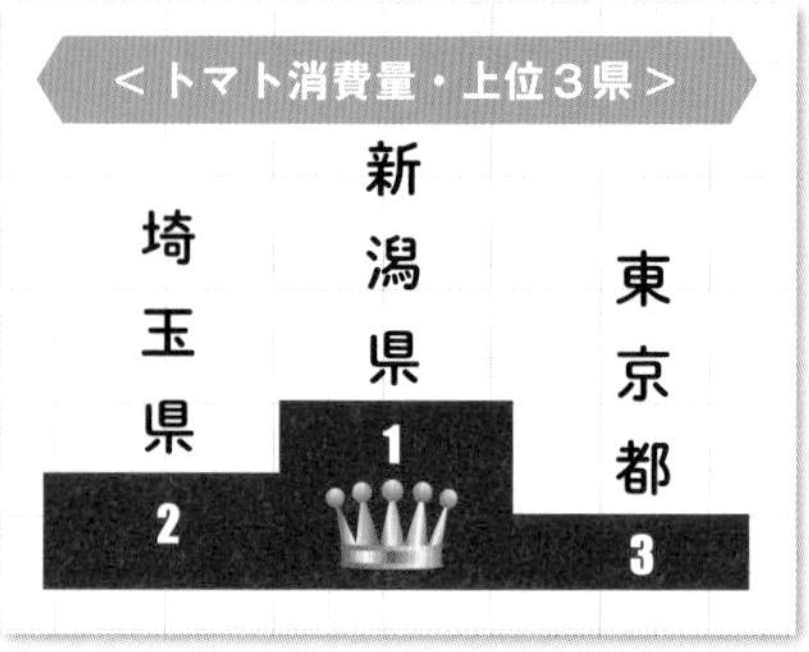

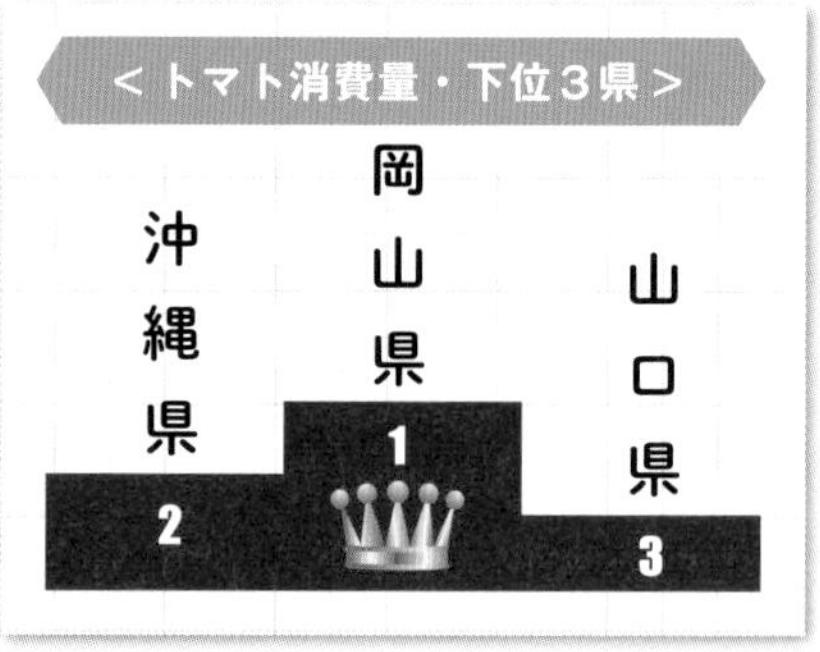

1世帯あたり年間トマト消費量ランキング

順	県名	データ	偏差値
1	新潟県	16,350g	75.01
2	埼玉県	15,545g	70.57
3	東京都	15,011g	67.62
4	群馬県	14,976g	67.43
5	千葉県	14,965g	67.37
6	神奈川県	14,924g	67.14
7	青森県	13,969g	61.87
8	栃木県	13,602g	59.85
9	京都府	13,108g	57.12
10	高知県	13,078g	56.96
11	秋田県	13,076g	56.95
12	愛知県	12,552g	54.06
13	奈良県	12,474g	53.63
14	長野県	12,404g	53.24
15	宮崎県	12,393g	53.18
16	富山県	12,115g	51.65
17	宮城県	12,107g	51.60
18	兵庫県	12,100g	51.56
19	岩手県	12,046g	51.27
20	山梨県	12,032g	51.19
21	滋賀県	11,967g	50.83
22	静岡県	11,942g	50.69
23	石川県	11,937g	50.67
24	福岡県	11,805g	49.94
25	三重県	11,772g	49.76
26	鹿児島県	11,417g	47.80
27	大阪府	11,380g	47.59
28	熊本県	11,315g	47.23
29	佐賀県	11,310g	47.21
30	福島県	11,220g	46.71
31	大分県	11,124g	46.18
32	福井県	11,035g	45.69
33	北海道	10,860g	44.73
34	長崎県	10,809g	44.44
35	茨城県	10,790g	44.34
36	徳島県	10,646g	43.54
37	岐阜県	10,409g	42.24
38	広島県	10,279g	41.52
39	島根県	9,968g	39.81
40	山形県	9,897g	39.41
41	和歌山県	9,703g	38.34
42	香川県	9,594g	37.74
43	鳥取県	9,407g	36.71
44	愛媛県	9,377g	36.55
45	山口県	9,018g	34.57
46	沖縄県	8,833g	33.54
47	岡山県	8,726g	32.95
-	全国	11,958g	-

総務省家計調査 2016

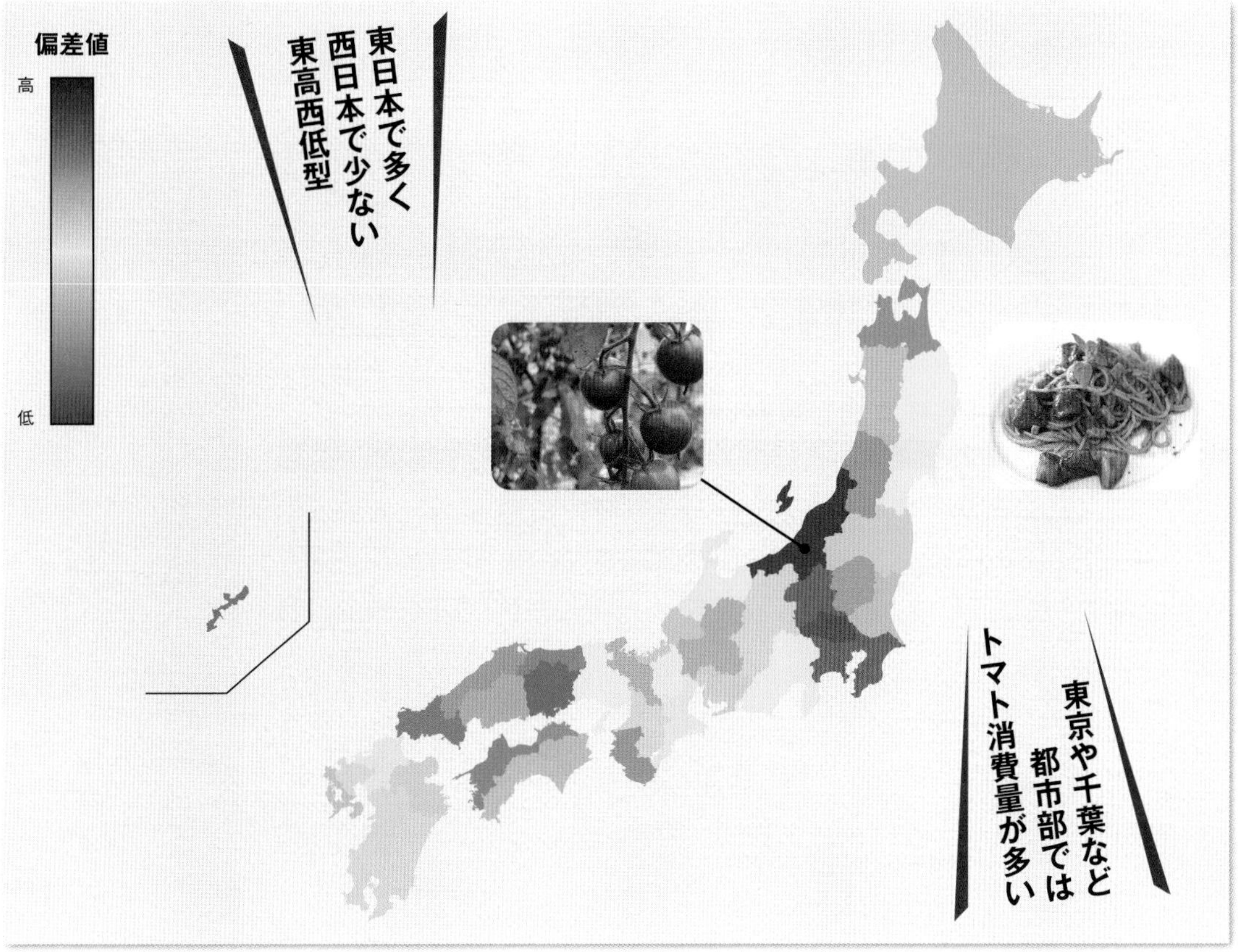
偏差値
高
低
東日本で多く
西日本で少ない
東高西低型
東京や千葉など
都市部では
トマト消費量が多い

相関データ

【正の相関】

順	係数	項目
1	0.77	生鮮野菜消費量
2	0.68	レタス消費量
3	0.65	グレープフルーツ消費量
4	0.64	ねぎ消費量
5	0.62	だいこん消費量
6	0.62	きゅうり消費量
7	0.61	さやまめ消費量
8	0.61	なす消費量
9	0.60	漬物消費量
10	0.57	ブロッコリー消費量

【負の相関】

順	係数	項目
1	-0.57	合計特殊出生率
2	-0.53	25歳以上釣り人口
3	-0.52	IHクッキングヒーター普及率
4	-0.52	100歳以上高齢者数
5	-0.52	整形外科医師数
6	-0.51	外科医師数
7	-0.51	軽乗用車保有台数
8	-0.50	高校男子硬式・軟式野球部員数
9	-0.49	幼稚園数
10	-0.47	看護師数

新潟が断トツ1位

総務省の家計調査よりトマト消費量のランキング。トマトは4番目に消費量が多い野菜で、1世帯あたり消費量の全国平均は年間11・96kgです。

1位は新潟で16・35kg。2位以下は埼玉、東京、群馬、千葉の順。

最下位は岡山で8・73kg。以下、少ない順に、沖縄、山口、愛媛、鳥取と続きます。

トマトの消費量の多い地域は、首都圏から新潟にかけて帯のようにつながっています。全般的には東日本で多く西日本で少ない傾向にあります。

相関関係を見るとトマト消費量が多いところは生野菜をよく食べ、レタスやグレープフルーツ、ねぎ、だいこん、きゅうり、さやまめ、なす、漬物、ブロッコリーの消費量も多くなっています。

ショウヒ

じゃがいも消費量

三大都市圏を筆頭に都市部で消費量が多く、国内最大の産地である北海道は地産地消。

<じゃがいも消費量・上位3県>

1 新潟県
2 北海道
3 静岡県

<じゃがいも消費量・下位3県>

1 長野県
2 青森県
3 山形県

1世帯あたり年間じゃがいも消費量ランキング

順	県名	データ	偏差値
1	新潟県	13,128g	70.10
2	北海道	12,425g	64.65
3	静岡県	12,337g	63.96
4	広島県	12,301g	63.68
5	京都府	12,130g	62.36
6	大阪府	12,119g	62.27
7	神奈川県	12,088g	62.03
8	長崎県	12,033g	61.61
9	埼玉県	11,764g	59.52
10	千葉県	11,671g	58.80
11	和歌山県	11,653g	58.66
12	富山県	11,624g	58.43
13	佐賀県	11,548g	57.85
14	鹿児島県	11,515g	57.59
15	奈良県	11,468g	57.22
16	東京都	11,335g	56.19
17	福岡県	11,206g	55.19
18	滋賀県	11,113g	54.47
19	福島県	11,068g	54.12
19	愛知県	11,068g	54.12
21	宮城県	11,023g	53.77
22	福井県	10,809g	52.11
23	香川県	10,536g	50.00
24	兵庫県	10,508g	49.78
25	徳島県	10,429g	49.17
26	島根県	10,352g	48.57
27	岡山県	10,273g	47.96
28	石川県	10,266g	47.90
29	愛媛県	10,215g	47.51
30	山口県	10,064g	46.34
31	栃木県	10,030g	46.07
32	群馬県	9,939g	45.37
33	大分県	9,935g	45.34
34	宮崎県	9,623g	42.92
35	岐阜県	9,597g	42.72
36	熊本県	9,582g	42.60
37	山梨県	9,531g	42.20
38	鳥取県	9,389g	41.10
39	三重県	9,224g	39.82
40	茨城県	9,049g	38.47
40	岩手県	9,049g	38.47
42	高知県	8,860g	37.00
43	秋田県	8,554g	34.63
44	沖縄県	8,421g	33.60
45	山形県	8,283g	32.53
46	青森県	8,227g	32.09
47	長野県	7,845g	29.13
-	全国	10,415g	-

総務省 家計調査 2016

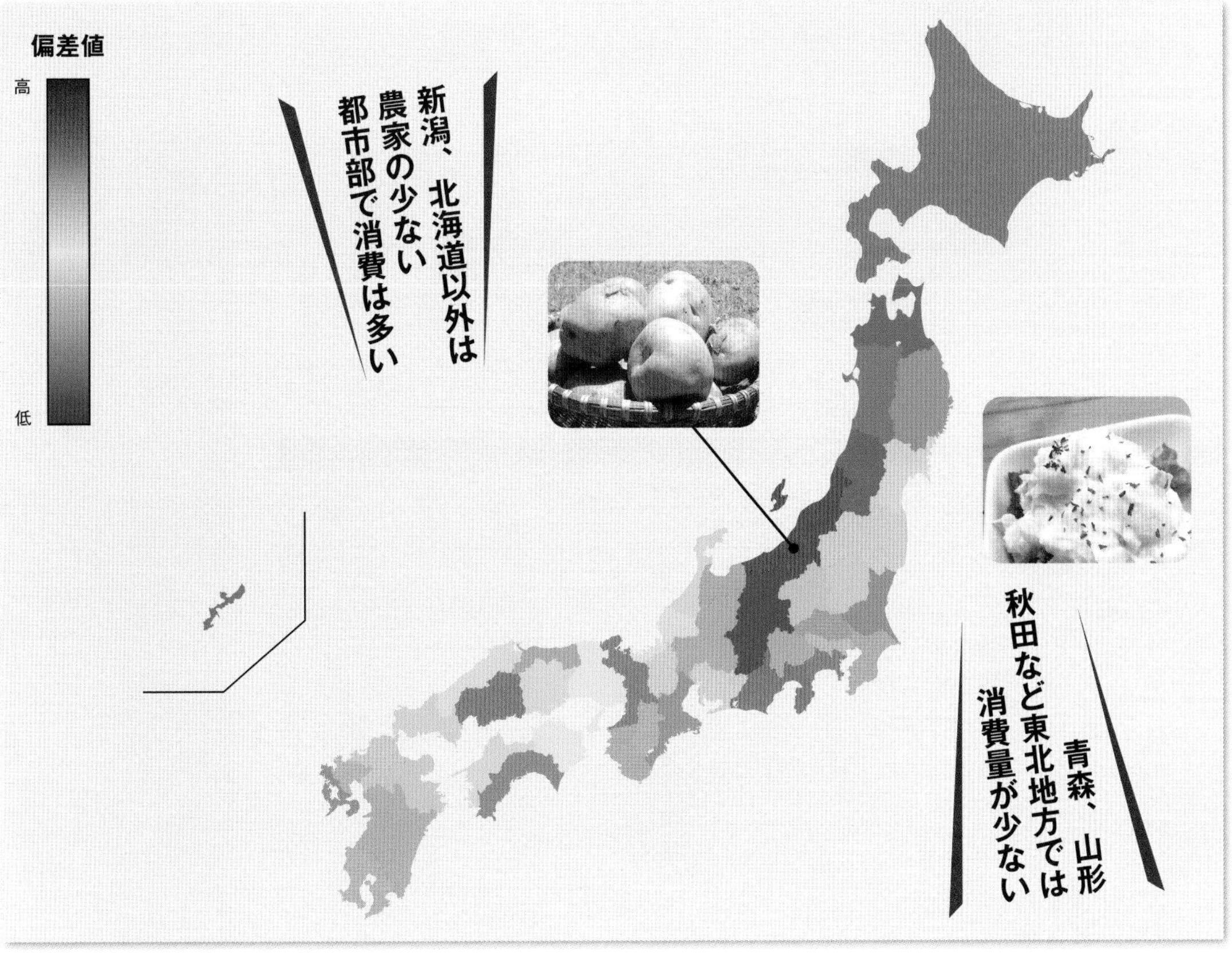
偏差値
高
低
新潟、北海道以外は
農家の少ない
都市部で消費は多い
青森、山形
秋田など東北地方では
消費量が少ない

相関データ

【正の相関】

順	係数	項目
1	0.61	かぼちゃ消費量
2	0.57	根菜消費量
3	0.57	都市ガス消費量
4	0.54	バター消費量
5	0.53	たまねぎ消費量
6	0.51	バス通勤・通学率
7	0.50	公共交通機関通勤・通学率
8	0.49	人口集中度
9	0.47	パン消費量
10	0.47	最低賃金

【負の相関】

順	係数	項目
1	-0.58	トラック保有台数
2	-0.58	軽バン・軽トラ保有台数
3	-0.57	農業就業人口
4	-0.53	保育園数
5	-0.52	美容室数
6	-0.52	自動車保有台数
7	-0.49	ホテル軒数
8	-0.49	睡眠時間
9	-0.49	自営業者数
10	-0.49	公民館数

都会人はじゃがいも好き

総務省の家計調査よりじゃがいも消費量のランキング。じゃがいもは5番目に消費量が多い野菜で、1世帯あたり消費量の全国平均は年間10・42kgです。

1位は新潟で13・13kg。2位は巨大産地である北海道で12・43kg。3位以下は静岡、広島、京都の順。最下位は長野で7・85kg。続いて少ない順に、青森、山形、沖縄、秋田。

分布地図から、三大都市圏を筆頭に都市部で消費量が多いことがわかります。北海道は国内最大の産地なので消費量も多くなっています。反対に東北地方は少なくなっています。

人口集中度と正の相関があり、人口が集中する都市部で消費量が多くなっています。

ショウヒ

にんじん消費量

沖縄を除いて東日本で消費量が多い。沖縄ではにんじんを使った家庭料理が人気。最下位は高知。

＜にんじん消費量・上位３県＞

1 沖縄県
2 岩手県
3 福島県

＜にんじん消費量・下位３県＞

1 高知県
2 岐阜県
3 愛媛県

１世帯あたり年間にんじん消費量ランキング

順	県名	データ	偏差値
1	沖縄県	11,486g	80.64
2	岩手県	10,531g	69.78
3	福島県	10,508g	69.52
4	新潟県	10,467g	69.05
5	神奈川県	9,854g	62.08
6	栃木県	9,786g	61.30
7	埼玉県	9,720g	60.55
8	青森県	9,623g	59.45
9	静岡県	9,611g	59.31
10	島根県	9,602g	59.21
11	広島県	9,502g	58.08
12	鹿児島県	9,422g	57.17
13	千葉県	9,223g	54.90
14	奈良県	9,184g	54.46
15	東京都	9,049g	52.92
16	宮城県	8,926g	51.53
17	香川県	8,910g	51.34
18	山梨県	8,895g	51.17
19	群馬県	8,893g	51.15
20	長野県	8,833g	50.47
21	滋賀県	8,804g	50.14
22	石川県	8,762g	49.66
23	秋田県	8,705g	49.01
24	佐賀県	8,701g	48.97
25	福岡県	8,696g	48.91
26	山口県	8,643g	48.31
27	大阪府	8,597g	47.78
28	富山県	8,575g	47.53
29	兵庫県	8,365g	45.15
30	京都府	8,330g	44.75
31	北海道	8,303g	44.44
32	岡山県	8,263g	43.99
33	長崎県	8,193g	43.19
34	鳥取県	8,184g	43.09
35	茨城県	8,150g	42.70
36	熊本県	8,139g	42.58
37	宮崎県	8,084g	41.95
38	徳島県	8,049g	41.55
39	大分県	7,894g	39.79
40	愛知県	7,859g	39.39
41	三重県	7,847g	39.26
42	山形県	7,825g	39.01
43	福井県	7,787g	38.57
44	和歌山県	7,764g	38.31
45	愛媛県	7,742g	38.06
46	岐阜県	7,686g	37.42
47	高知県	7,245g	32.41
-	全国	8,696g	-

総務省 家計調査 2016

ショウヒ

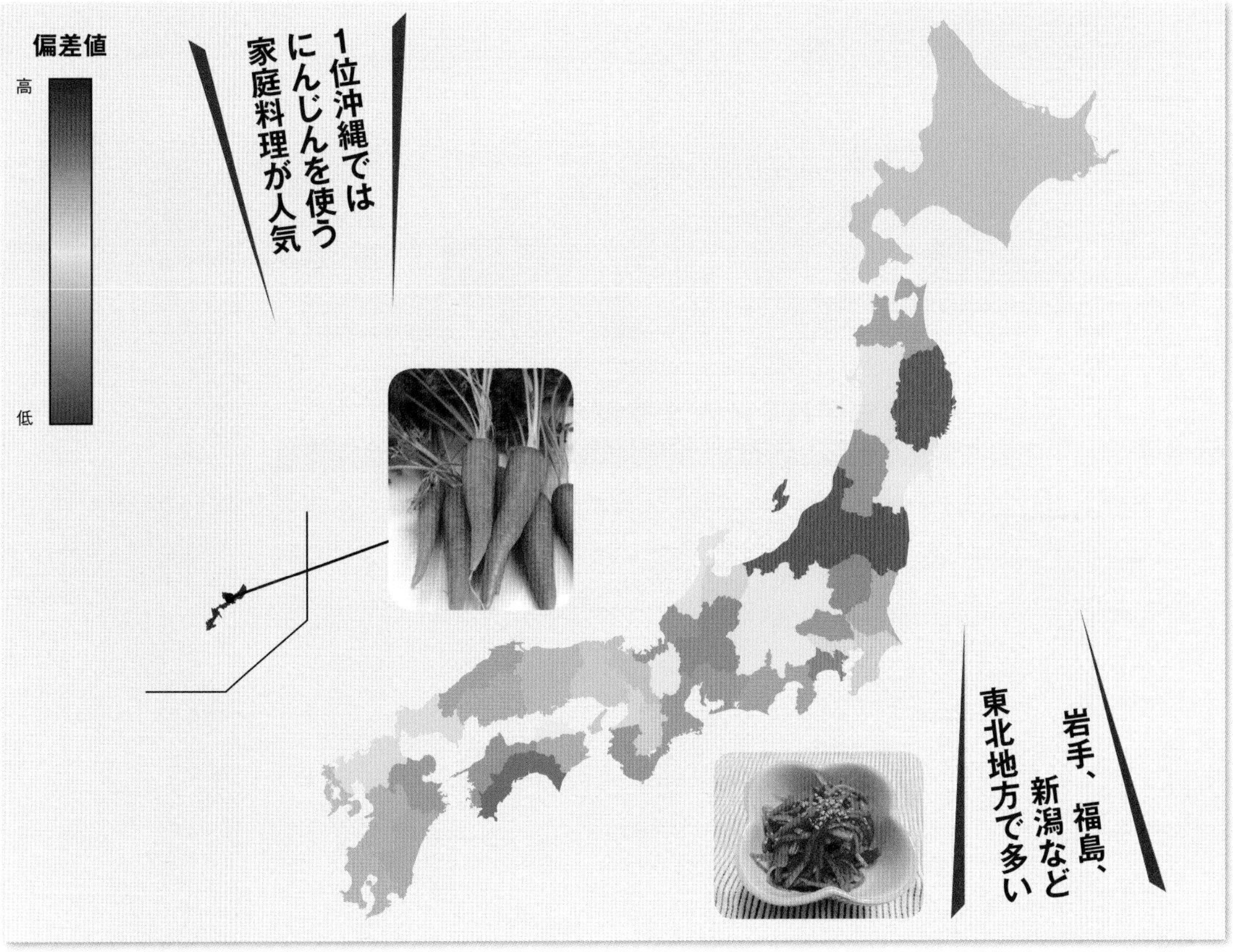
偏差値
高
低
1位沖縄ではにんじんを使う家庭料理が人気
岩手、福島、新潟など東北地方で多い

相関データ

【正の相関】

順	係数	項目
1	0.58	だいこん消費量
2	0.56	豚肉消費量
3	0.52	50代男性未婚率
4	0.51	根菜消費量
5	0.50	ベーコン消費量
6	0.49	チーズ消費量
7	0.48	生鮮野菜消費量
8	0.47	サケ消費量
9	0.44	ピーマン消費量
10	0.42	乾燥スープ消費量

【負の相関】

順	係数	項目
1	-0.49	焼肉店店舗数
2	-0.48	喫茶店店舗数
3	-0.48	25歳以上パチンコ人口
4	-0.48	食器洗い機普及率
5	-0.46	団塊の世代人口
6	-0.46	牛肉消費量
7	-0.43	キャンディー消費量
8	-0.42	現役医師数
9	-0.41	IHクッキングヒーター普及率
10	-0.41	マヨネーズ消費量

沖縄は高知の1・6倍

総務省の家計調査よりにんじん消費量のランキング。にんじんは6番目に消費量が多い野菜で、1世帯あたり消費量の全国平均は年間8・7kgです。

1位は沖縄で11・49kg、2位以下は岩手、福島、新潟、神奈川の順。

最下位は高知で7・25kg。以下、少ない順に、岐阜、愛媛、和歌山、福井と続いています。

分布地図から、東日本で消費量が多い傾向にあることがわかります。

1位の沖縄には「にんじんしりしり」と呼ばれる郷土料理があるため、にんじんの消費量が多くなっているのでしょう。

ショウヒ

はくさい消費量

消費量の分布は関西を筆頭に西日本で消費量が多く、東日本で少ない西高東低型。

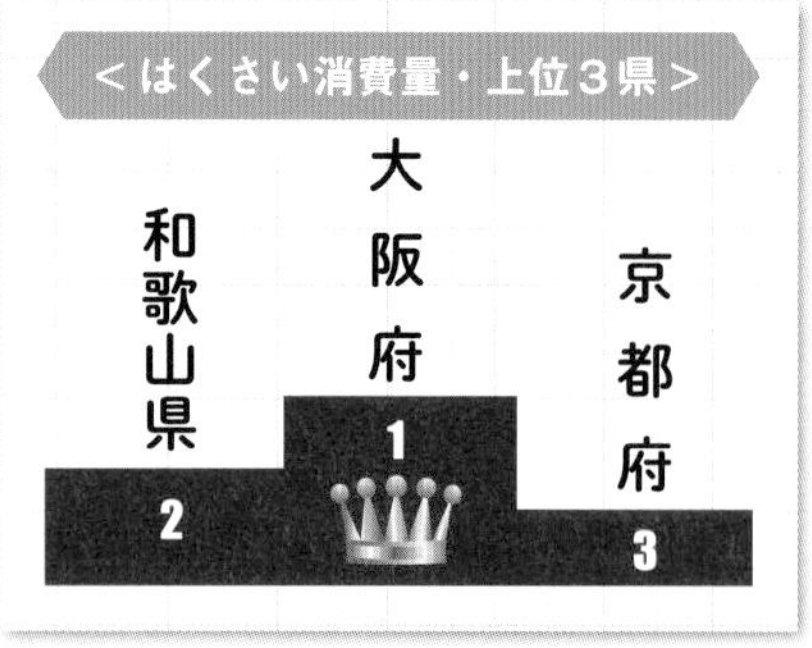

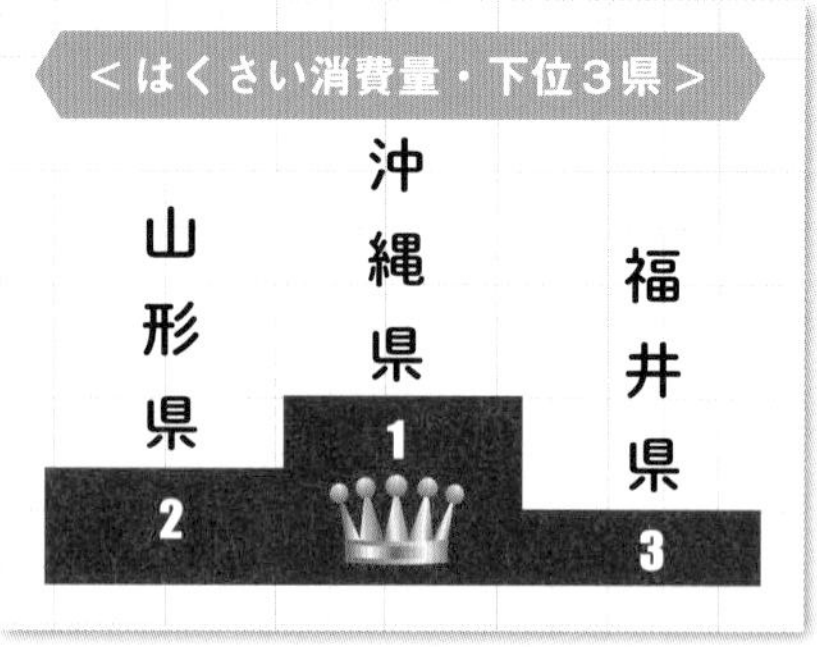

1世帯あたり年間はくさい消費量ランキング

順	県名	データ	偏差値
1	大阪府	11,715g	74.14
2	和歌山県	11,307g	71.01
3	京都府	10,778g	66.96
4	奈良県	10,710g	66.44
5	兵庫県	10,436g	64.34
6	高知県	10,038g	61.29
7	大分県	9,847g	59.82
8	宮崎県	9,816g	59.58
9	佐賀県	9,676g	58.51
10	香川県	9,266g	55.37
11	徳島県	9,265g	55.36
12	広島県	9,238g	55.15
13	福岡県	9,212g	54.96
14	山口県	9,094g	54.05
15	千葉県	9,043g	53.66
16	滋賀県	9,005g	53.37
17	静岡県	8,897g	52.54
18	岡山県	8,809g	51.87
19	神奈川県	8,745g	51.38
20	長崎県	8,728g	51.25
21	東京都	8,725g	51.22
22	埼玉県	8,703g	51.05
23	石川県	8,696g	51.00
24	島根県	8,552g	49.90
25	鹿児島県	8,548g	49.87
26	愛知県	8,423g	48.91
27	岩手県	8,318g	48.10
28	山梨県	8,290g	47.89
29	富山県	8,238g	47.49
30	北海道	8,236g	47.47
31	宮城県	8,149g	46.81
32	長野県	8,132g	46.68
33	栃木県	7,997g	45.64
34	岐阜県	7,928g	45.11
35	福島県	7,908g	44.96
36	三重県	7,821g	44.29
37	愛媛県	7,744g	43.70
38	鳥取県	7,684g	43.24
39	新潟県	7,659g	43.05
40	秋田県	7,507g	41.89
41	茨城県	7,399g	41.06
42	青森県	7,348g	40.67
43	熊本県	7,090g	38.69
44	群馬県	7,005g	38.04
45	福井県	6,245g	32.21
46	山形県	5,593g	27.22
47	沖縄県	5,015g	22.79
-	全国	8,450g	-

総務省 家計調査 2016

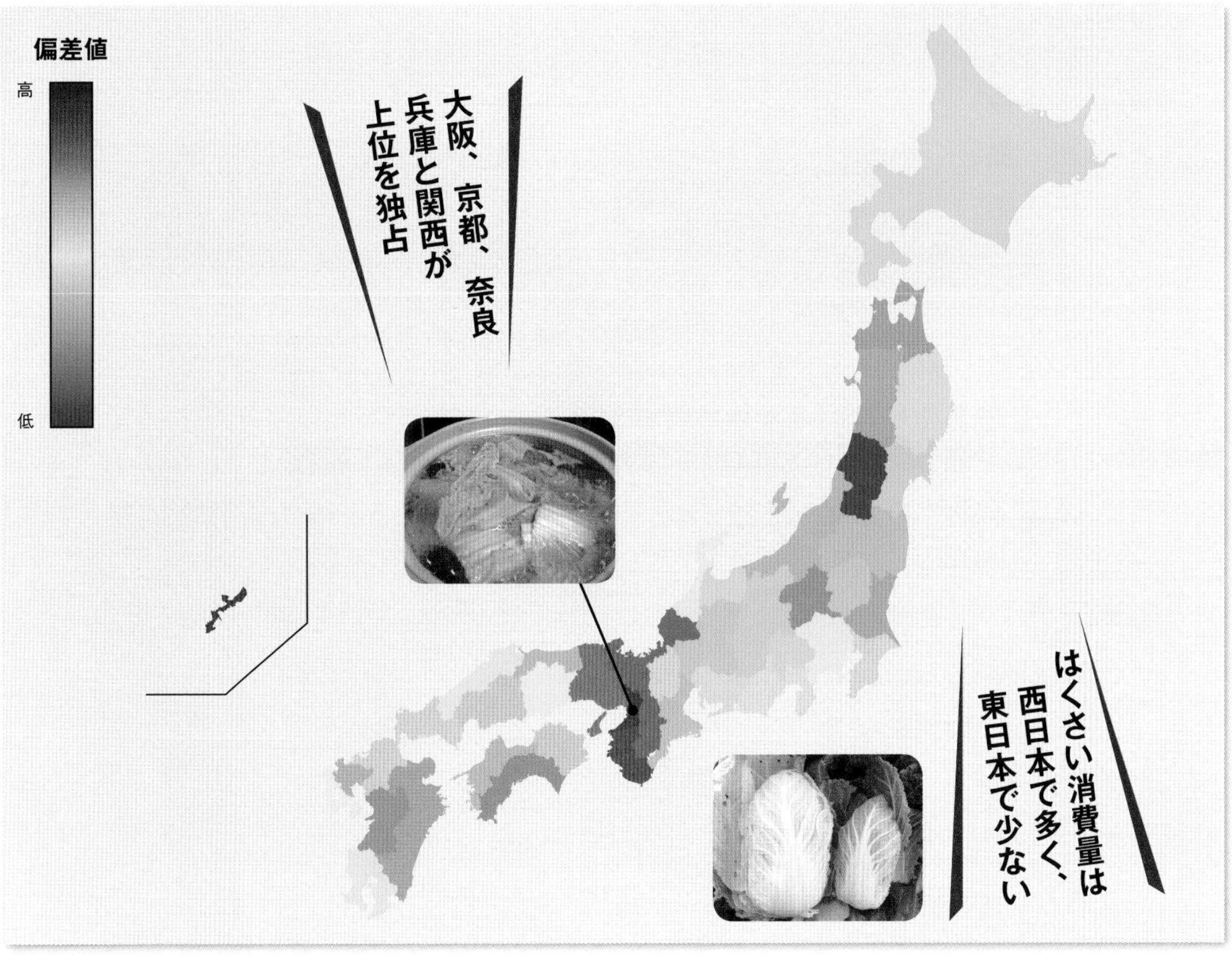
偏差値
高
低
大阪、京都、奈良
兵庫と関西が
上位を独占
はくさい消費量は
西日本で多く、
東日本で少ない

相関データ

【正の相関】

順	係数	項目
1	0.69	あんま、マッサージ、はり、きゅう施術所数
2	0.59	灘中学校合格者数
3	0.57	大阪大学合格者数
4	0.57	かぼちゃ消費量
5	0.56	鶏肉消費量
6	0.56	パン消費量
7	0.54	お好み焼・焼きそば・たこ焼店店舗数
8	0.54	京都大学合格者数
9	0.51	エビ消費量
10	0.50	在日韓国・朝鮮人

【負の相関】

順	係数	項目
1	-0.54	そば屋店舗数
2	-0.53	子育て世帯数
3	-0.53	納豆支出額
4	-0.53	中学生早寝早起き率
5	-0.52	中学生朝食摂取率
6	-0.51	ラーメン外食費用
7	-0.50	三世代世帯人数
8	-0.50	自家用車通勤・通学率
9	-0.50	ラーメン店舗数
10	-0.46	天ぷら・フライ消費量

1位大阪、最下位沖縄

総務省の家計調査よりはくさい消費量ランキング。はくさいは7番目に消費量が多い野菜で、1世帯あたり消費量の全国平均は年間8・45kgです。

1位は大阪で11・72kg。2位以下は和歌山、京都、奈良、兵庫の順。関西地方が上位を占めています。

最下位は沖縄で5・02kg。以下、少ない順に、山形、福井、群馬、熊本と続いています。

関西を筆頭に西日本で消費量が多く、東日本で少ない西高東低型になっています。

なお、鶏肉消費量と正の相関があり、鶏肉消費量が多い西日本ではくさいの消費量が多くなっています。

ショウヒ

きゅうり消費量

きゅうりの消費量は生産量の多い東日本と九州で多く、関西とその周辺で少なくなっている。

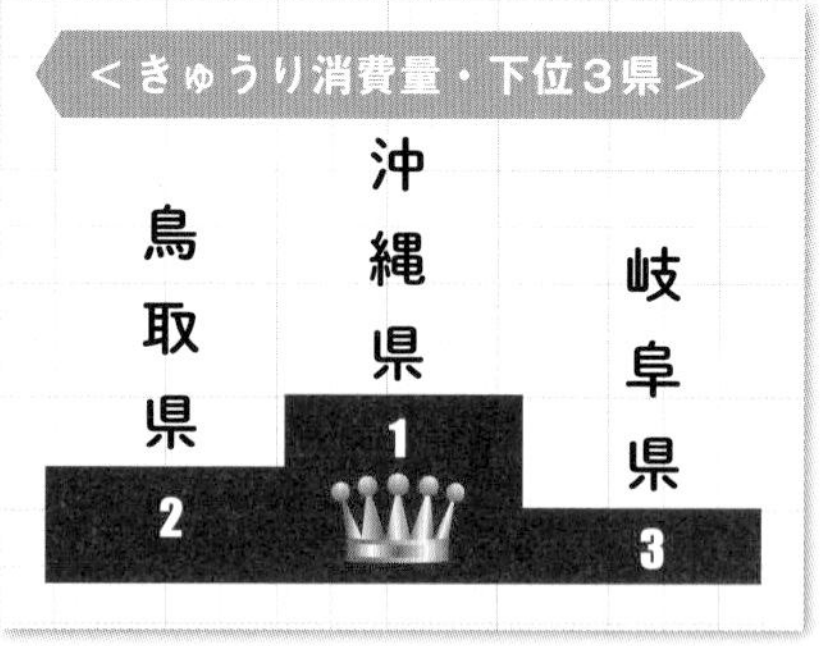

1世帯あたり年間きゅうり消費量ランキング

順	県名	データ	偏差値
1	福島県	10,779g	70.76
2	群馬県	10,684g	70.06
3	栃木県	10,387g	67.88
4	長野県	10,374g	67.79
5	山形県	10,330g	67.46
6	埼玉県	10,100g	65.77
7	神奈川県	9,795g	63.54
8	新潟県	9,553g	61.76
9	東京都	9,407g	60.69
10	山梨県	9,213g	59.27
11	千葉県	8,770g	56.01
12	岩手県	8,672g	55.30
13	鹿児島県	8,665g	55.24
14	高知県	8,546g	54.37
15	宮城県	8,412g	53.39
16	熊本県	8,409g	53.37
17	宮崎県	8,369g	53.07
18	長崎県	8,284g	52.45
19	大分県	8,115g	51.21
20	佐賀県	8,108g	51.16
21	茨城県	8,080g	50.95
22	秋田県	8,037g	50.64
23	福岡県	7,945g	49.96
24	広島県	7,881g	49.49
25	京都府	7,722g	48.32
26	青森県	7,530g	46.91
27	富山県	7,497g	46.67
28	静岡県	7,424g	46.14
29	石川県	7,372g	45.76
30	島根県	7,142g	44.07
31	愛知県	7,121g	43.91
32	滋賀県	7,061g	43.47
33	香川県	7,013g	43.12
34	山口県	6,967g	42.78
35	奈良県	6,963g	42.75
36	福井県	6,871g	42.08
37	大阪府	6,797g	41.54
38	北海道	6,794g	41.51
39	三重県	6,784g	41.44
40	愛媛県	6,741g	41.12
41	和歌山県	6,666g	40.57
42	徳島県	6,649g	40.45
43	兵庫県	6,573g	39.89
44	岡山県	5,999g	35.68
45	岐阜県	5,972g	35.48
46	鳥取県	5,650g	33.12
47	沖縄県	5,448g	31.64
-	全国	7,972g	-

総務省 家計調査 2016

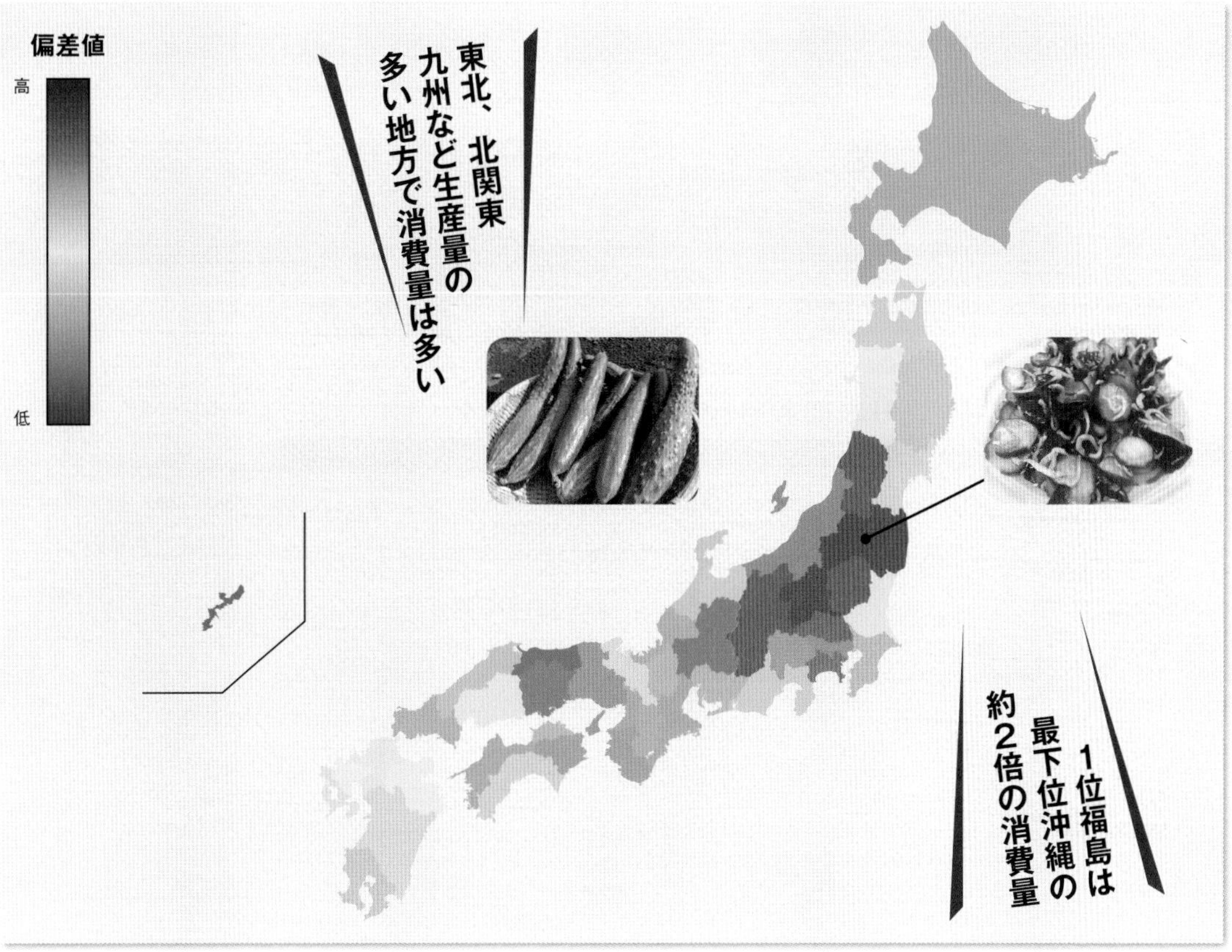
偏差値
高
低
東北、北関東
九州など生産量の
多い地方で消費量は多い
1位福島は
最下位沖縄の
約2倍の消費量

相関データ

【正の相関】

順	係数	項目
1	0.72	納豆支出額
2	0.64	ラーメン外食費用
3	0.63	生鮮野菜消費量
4	0.62	トマト消費量
5	0.62	セブンイレブン店舗数
6	0.61	干物消費率
7	0.60	野菜摂取量（女性）
8	0.60	野菜摂取量（男性）
9	0.56	葉物野菜消費量
10	0.53	グレープフルーツ消費量

【負の相関】

順	係数	項目
1	-0.58	喫茶店店舗数
2	-0.58	エビ消費量
3	-0.54	ケチャップ消費量
4	-0.51	牛肉消費量
5	-0.50	卵消費量
6	-0.47	大阪大学合格者数
7	-0.47	マーガリン消費量
8	-0.45	ソース消費量
9	-0.45	パン消費量
10	-0.44	生鮮肉消費量

消費量は産地で多い

総務省の家計調査よりきゅうり消費量ランキング。きゅうりは8番目に消費量が多い野菜で、1世帯あたり消費量の全国平均は年間7・97kgです。

1位は福島で10・78kg、2位以下は群馬、栃木、長野、山形の順。きゅうり生産量の多い東北と北関東地方が上位を占めています。

最下位は沖縄で5・45kg。以下、少ない順に、鳥取、岐阜、岡山、兵庫と続いています。

東日本と九州で消費量は多く、関西とその周辺で少なく、関西を中心とした同心円状に消費量が多いエリアが分布しています。

また、九州もきゅうりの生産量が多いことから、生産量が多い地方では消費量も多いようです。

ショウヒ

もやし消費量

もやし消費量は東北地方で多く、四国、九州、関西地方で少ない東高西低型。最下位は高知。

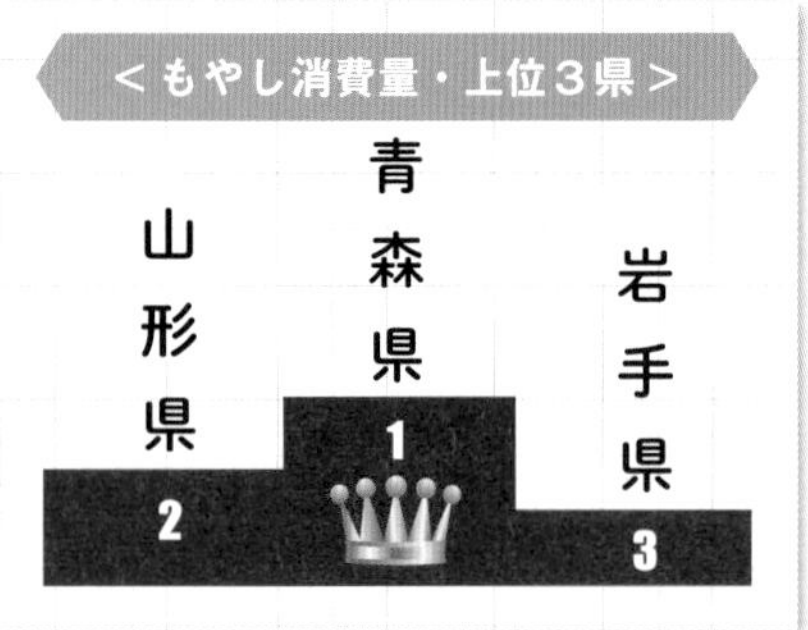

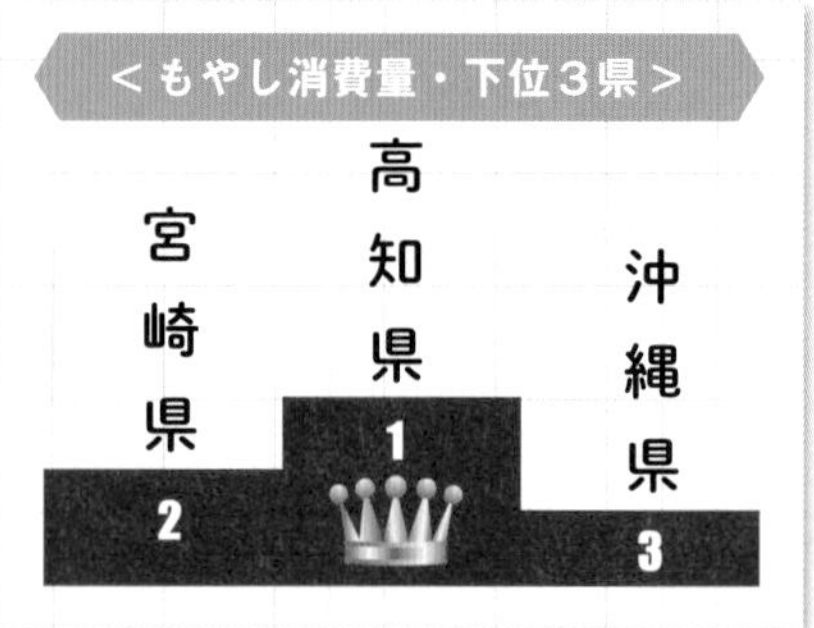

１世帯あたり年間もやし消費量ランキング

順	県名	データ	偏差値
1	青森県	10,146g	80.28
2	山形県	9,045g	70.23
3	岩手県	8,818g	68.16
4	新潟県	8,715g	67.22
5	秋田県	8,556g	65.77
6	鳥取県	8,398g	64.33
7	富山県	8,224g	62.74
8	宮城県	8,222g	62.73
9	福島県	8,097g	61.59
10	石川県	7,578g	56.85
11	北海道	7,450g	55.68
12	神奈川県	7,353g	54.80
13	佐賀県	7,323g	54.52
14	栃木県	7,313g	54.43
15	埼玉県	7,142g	52.87
16	千葉県	7,012g	51.69
17	島根県	6,927g	50.91
18	群馬県	6,922g	50.87
19	山梨県	6,862g	50.32
20	福井県	6,824g	49.97
21	東京都	6,692g	48.77
22	熊本県	6,667g	48.54
23	長野県	6,538g	47.36
24	愛知県	6,526g	47.25
25	鹿児島県	6,501g	47.03
26	大分県	6,441g	46.48
27	広島県	6,422g	46.30
28	岡山県	6,404g	46.14
29	福岡県	6,368g	45.81
30	岐阜県	6,359g	45.73
31	静岡県	6,328g	45.45
32	長崎県	6,280g	45.01
33	山口県	6,234g	44.59
34	京都府	6,160g	43.91
35	茨城県	6,140g	43.73
36	香川県	6,084g	43.22
37	徳島県	6,028g	42.71
38	奈良県	5,900g	41.54
39	滋賀県	5,757g	40.24
40	大阪府	5,723g	39.93
41	三重県	5,712g	39.83
42	和歌山県	5,577g	38.60
43	愛媛県	5,489g	37.79
44	兵庫県	5,443g	37.37
45	沖縄県	5,409g	37.06
46	宮崎県	5,390g	36.89
47	高知県	5,374g	36.74
-	全国	6,863g	-

総務省 家計調査 2016

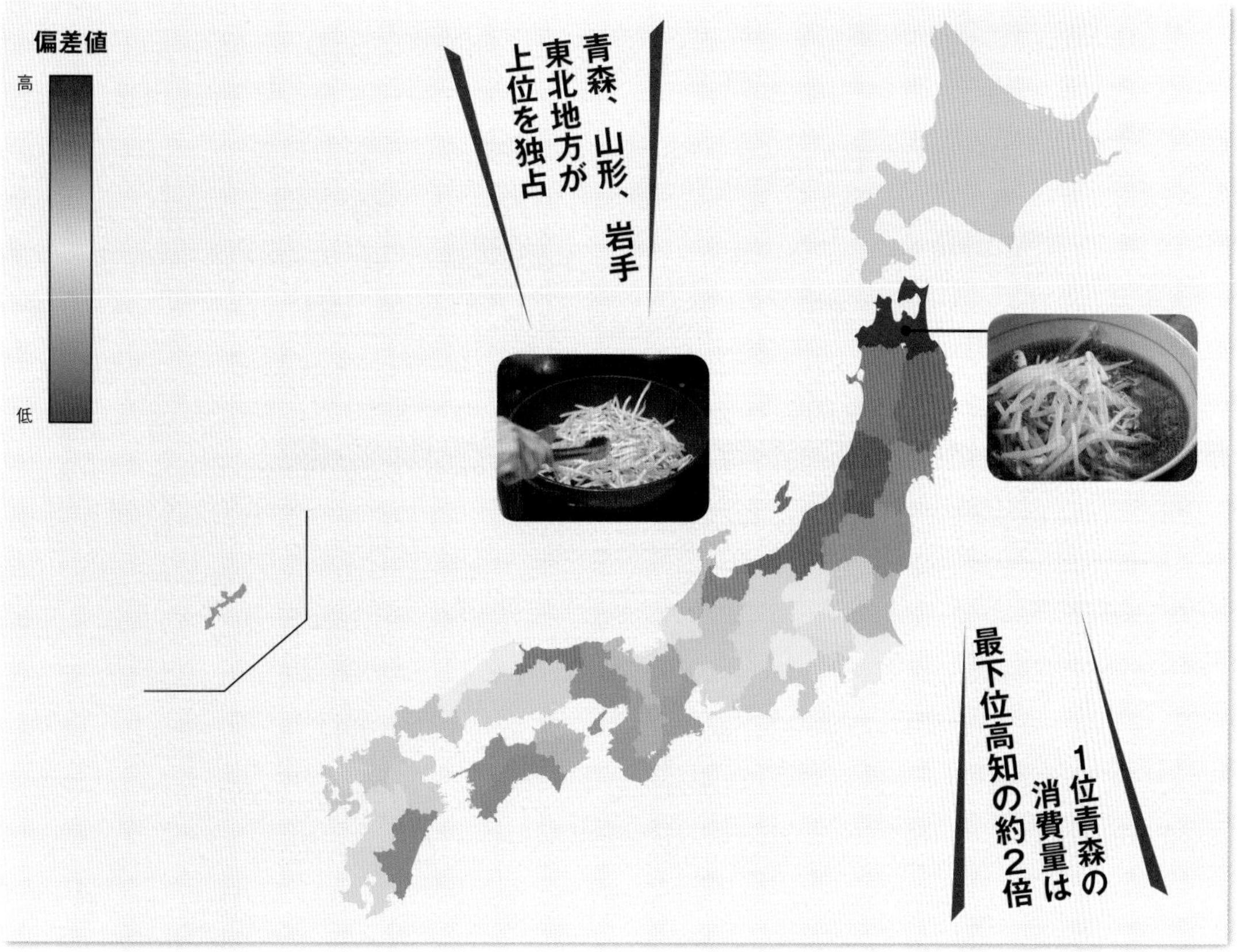
偏差値
高
低
青森、山形、岩手
東北地方が
上位を独占
1位青森の
消費量は
最下位高知の約2倍

相関データ

【正の相関】

順	係数	項目
1	0.81	イカ消費量
2	0.77	干物消費量
3	0.76	年間雪日数
4	0.75	年間降雪量
5	0.72	魚介類消費量
6	0.72	東北大学合格者数
7	0.71	インスタントラーメン消費量
8	0.70	サケ消費量
9	0.69	昆布消費量
10	0.69	ラーメン外食費用

【負の相関】

順	係数	項目
1	-0.71	年間晴れ日数
2	-0.71	年間平均気温
3	-0.69	年間日照時間
4	-0.68	年間真夏日数
5	-0.66	スポーツ活動率
6	-0.65	核家族率
7	-0.63	小学生通塾率
8	-0.60	パン屋店舗数
9	-0.55	住宅用太陽光発電普及率
10	-0.54	年間熱帯夜日数

消費量は雪国で多い

総務省の家計調査より都道府県別もやし消費量ランキング。もやしは9番目に消費量が多い野菜で、1世帯あたり消費量の全国平均は年間6・86kgです。

1位は青森で10・15kg、2位は山形で9・05kg。3位以下は岩手、新潟、秋田の順です。最下位は高知で5・37kg。以下、少ない順に、宮崎、沖縄、兵庫、愛媛と続きます。

分布地図から、もやし消費量は東北地方が上位を占めていることがわかります。

また、もやしの消費量は年間降雪量と正の相関が高く、雪国で消費量が多くなっています。

ショウヒ

レタス消費量

1位は神奈川、最下位は福井。首都圏を中心に関東で多く、北陸や九州で少なくなっている。

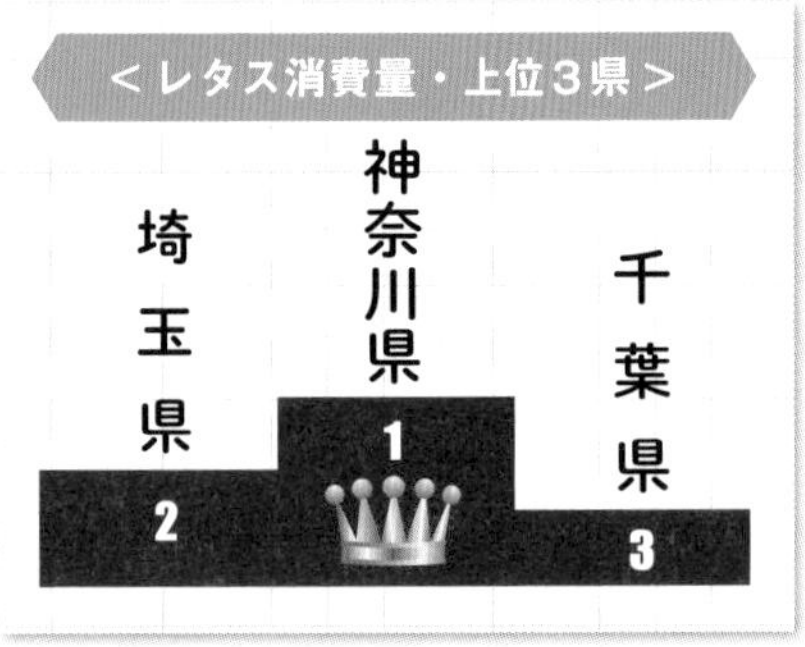

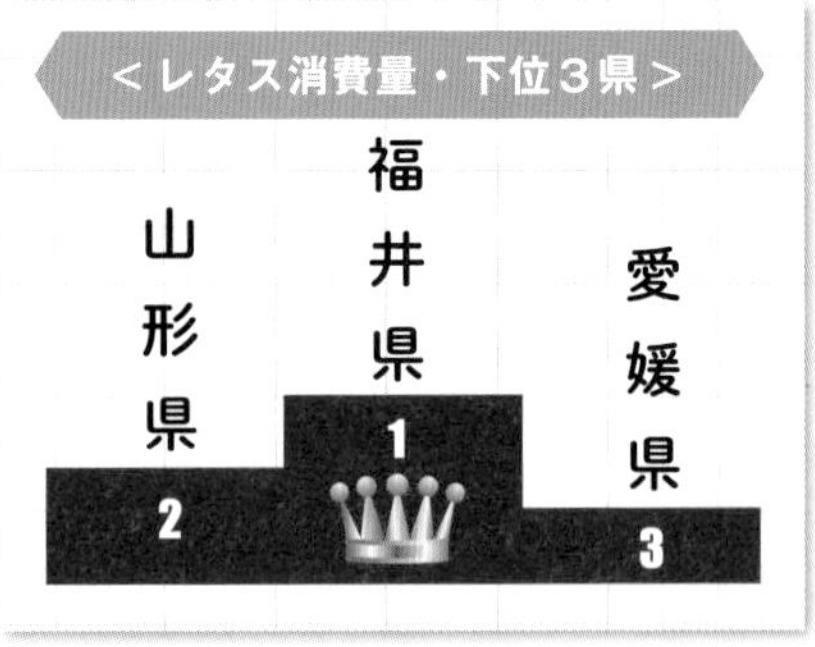

1世帯あたり年間レタス消費量ランキング

順	県名	データ	偏差値
1	神奈川県	7,625g	74.50
2	埼玉県	7,501g	72.97
3	千葉県	7,429g	72.08
4	東京都	7,269g	70.10
5	山梨県	6,961g	66.29
6	群馬県	6,547g	61.18
7	長野県	6,533g	61.00
8	栃木県	6,478g	60.32
9	静岡県	6,428g	59.70
10	茨城県	6,285g	57.94
11	京都府	6,232g	57.28
12	奈良県	6,219g	57.12
13	新潟県	6,186g	56.71
14	広島県	6,062g	55.18
15	北海道	5,940g	53.67
16	滋賀県	5,876g	52.88
17	愛知県	5,810g	52.07
18	青森県	5,752g	51.35
19	大阪府	5,713g	50.87
20	沖縄県	5,631g	49.85
21	岐阜県	5,579g	49.21
22	三重県	5,535g	48.67
23	兵庫県	5,461g	47.75
24	秋田県	5,408g	47.10
25	福岡県	5,346g	46.33
26	島根県	5,304g	45.81
27	熊本県	5,287g	45.60
28	長崎県	5,280g	45.51
29	鹿児島県	5,162g	44.06
30	香川県	5,152g	43.93
31	宮崎県	5,140g	43.78
32	佐賀県	5,115g	43.47
33	富山県	5,094g	43.21
34	福島県	5,062g	42.82
35	和歌山県	5,004g	42.10
36	大分県	4,961g	41.57
37	宮城県	4,954g	41.48
38	高知県	4,941g	41.32
39	徳島県	4,915g	41.00
40	岡山県	4,912g	40.96
41	岩手県	4,902g	40.84
42	山口県	4,894g	40.74
43	鳥取県	4,877g	40.53
44	石川県	4,774g	39.26
45	愛媛県	4,729g	38.70
46	山形県	4,557g	36.58
47	福井県	4,396g	34.59
-	全国	5,999g	-

総務省 家計調査 2016

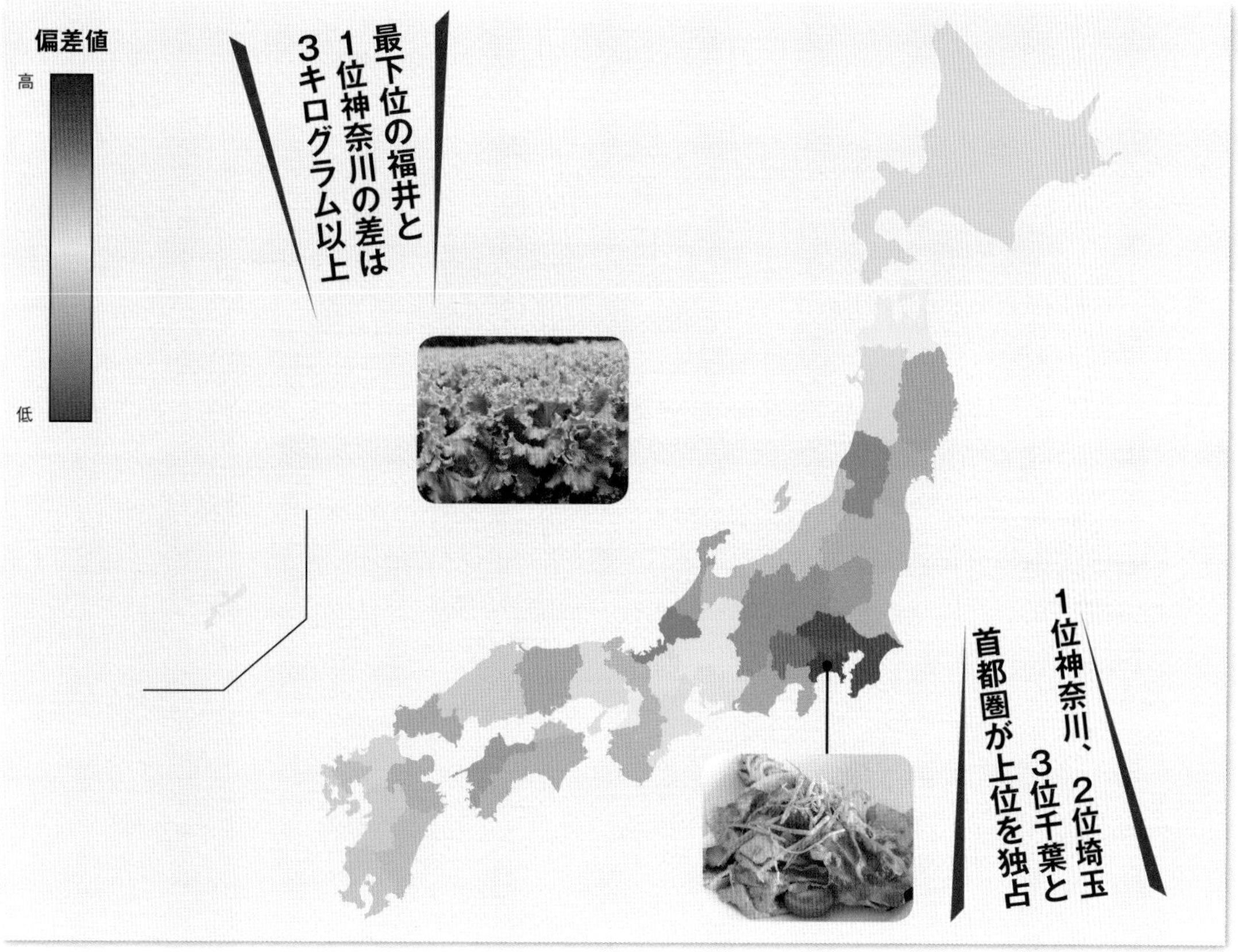
偏差値
高
低
最下位の福井と1位神奈川の差は3キログラム以上
1位神奈川、2位埼玉3位千葉と首都圏が上位を独占

相関データ

【正の相関】

順	係数	項目
1	0.76	男性初婚年齢
2	0.71	通勤時間
3	0.71	女性初婚年齢
4	0.71	最低賃金
5	0.70	25歳以上写真撮影人口
6	0.70	在日インド人
7	0.69	25歳以上英語学習人口
8	0.69	チーズ消費量
9	0.69	海外旅行者数
10	0.69	家賃

【負の相関】

順	係数	項目
1	-0.69	銀行店舗数
2	-0.65	小学校数
3	-0.65	高卒就職率
4	-0.65	地方公務員数
5	-0.64	軽自動車普及率
6	-0.63	地方交付税額
7	-0.62	魚屋店舗数
8	-0.60	スーパーマーケット店舗数
9	-0.60	郵便局軒数
10	-0.59	美容室数

全国平均は599グラム

総務省の家計調査よりレタス消費量の比較。レタスは10番目に消費量が多い野菜で、1世帯あたり消費量の全国平均は年間6・0kgです。

1位は神奈川で7・63kg、2位以下は埼玉、千葉、東京、山梨となっており、首都圏が上位を独占しています。最下位は福井で4・4kg。以下、少ない順に、山形、愛媛、石川、鳥取と続いています。

全体的に関東や関西で消費量が多く、それ以外で少なくなっています。

また、最低賃金と正の相関があり、最低賃金が高い都市部でレタス消費量が多くなっています。

果物消費量

果物消費量はりんごの消費量が大きく影響する。東北を中心に東日本で多く西日本で少ない傾向。

＜果物消費量・上位３県＞

1 岩手県
2 長野県
3 千葉県

＜果物消費量・下位３県＞

1 沖縄県
2 佐賀県
3 福井県

1世帯あたり年間果物消費量ランキング

順	県名	データ	偏差値
1	岩手県	97,535g	70.55
2	長野県	96,096g	68.74
3	千葉県	93,091g	64.96
4	新潟県	92,979g	64.82
5	秋田県	92,639g	64.39
6	福島県	90,005g	61.08
7	香川県	89,795g	60.81
8	愛媛県	89,502g	60.44
9	鳥取県	88,927g	59.72
10	青森県	88,082g	58.66
11	山形県	87,675g	58.15
12	奈良県	87,630g	58.09
13	和歌山県	86,128g	56.20
14	宮城県	85,817g	55.81
15	富山県	85,471g	55.37
16	群馬県	85,059g	54.86
17	広島県	84,840g	54.58
18	静岡県	84,575g	54.25
19	栃木県	83,523g	52.92
20	東京都	82,874g	52.11
21	茨城県	82,367g	51.47
22	大分県	82,087g	51.12
23	岡山県	81,372g	50.22
24	山梨県	81,067g	49.83
25	埼玉県	81,063g	49.83
26	三重県	80,832g	49.54
27	高知県	80,638g	49.29
28	神奈川県	79,068g	47.32
29	宮崎県	78,665g	46.81
30	愛知県	78,507g	46.61
31	島根県	77,779g	45.70
32	京都府	77,014g	44.73
33	石川県	77,006g	44.72
34	大阪府	76,248g	43.77
35	山口県	75,825g	43.24
36	長崎県	74,832g	41.99
37	兵庫県	74,771g	41.91
38	北海道	74,373g	41.41
39	徳島県	73,985g	40.92
40	滋賀県	73,322g	40.09
41	福岡県	73,007g	39.69
42	鹿児島県	71,352g	37.61
43	熊本県	70,692g	36.78
44	岐阜県	70,534g	36.58
45	福井県	70,126g	36.07
46	佐賀県	69,639g	35.46
47	沖縄県	57,967g	20.77
-	全国	80,384g	-

総務省家計調査 2016

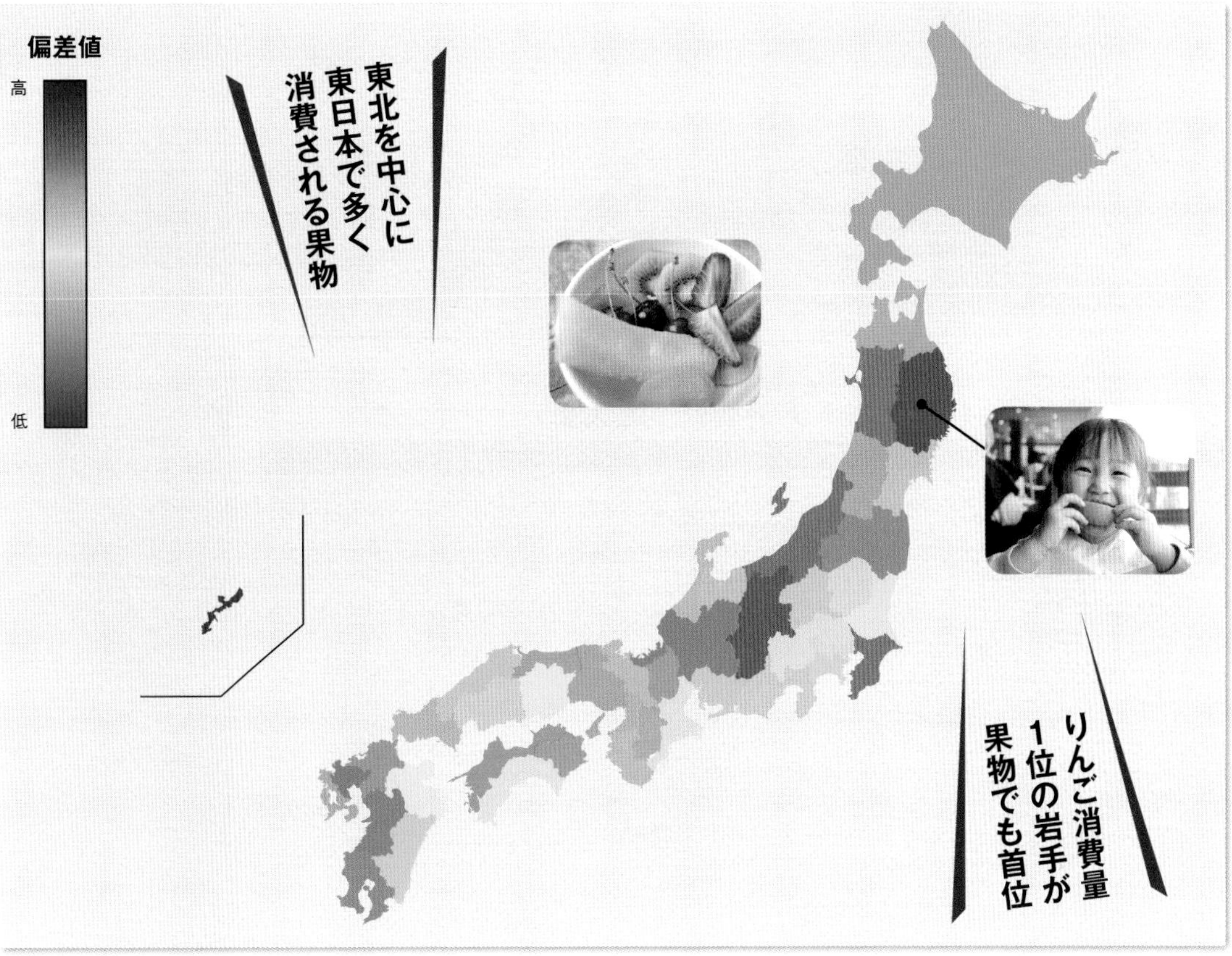
偏差値
高
低
東北を中心に東日本で多く消費される果物
りんご消費量1位の岩手が果物でも首位

相関データ

【正の相関】

順	係数	項目
1	0.67	りんご消費量
2	0.66	きのこ消費量
3	0.62	干物消費量
4	0.60	めん類消費量
5	0.60	葉物野菜消費量
6	0.58	わかめ消費量
7	0.56	サンマ消費量
8	0.55	つゆ・たれ消費量
9	0.54	日本酒消費量
10	0.52	ねぎ消費量

【負の相関】

順	係数	項目
1	-0.63	年間熱帯夜日数
2	-0.62	15歳未満人口（子供の数）
3	-0.59	年間平均気温
4	-0.59	プロ野球選手出身地
5	-0.57	小学生数
6	-0.53	年間真夏日数
7	-0.52	25歳以上ボウリング人口
8	-0.52	灯油価格
9	-0.52	キャバクラ店舗数
10	-0.44	ハンバーガーショップ店舗数

りんご消費量が影響

総務省の家計調査より果物消費量のランキング。全国平均は80・38kgで、1世帯あたり毎月6・7kgの消費となります。

1位は岩手で97・53kg。2位以下は長野、千葉、新潟、秋田の順。岩手はりんごの消費量でも1位です。

最下位は沖縄で57・97kg。以下、少ない順に、佐賀、福井、岐阜、熊本と続きます。

東北を中心に東日本で多い傾向。りんごの消費量が大きく影響しており、りんご消費量が多い地方は果物消費量も多くなっています。

また、年間平均気温と負の相関があり、気温が低いところで消費量が多くなっています。寒いところでりんごの消費量が多いためでしょうか。

バナナ消費量

ショウヒ

日本人がもっとも好きな果物がバナナ。東海から中国地方にかけて消費量が多い。

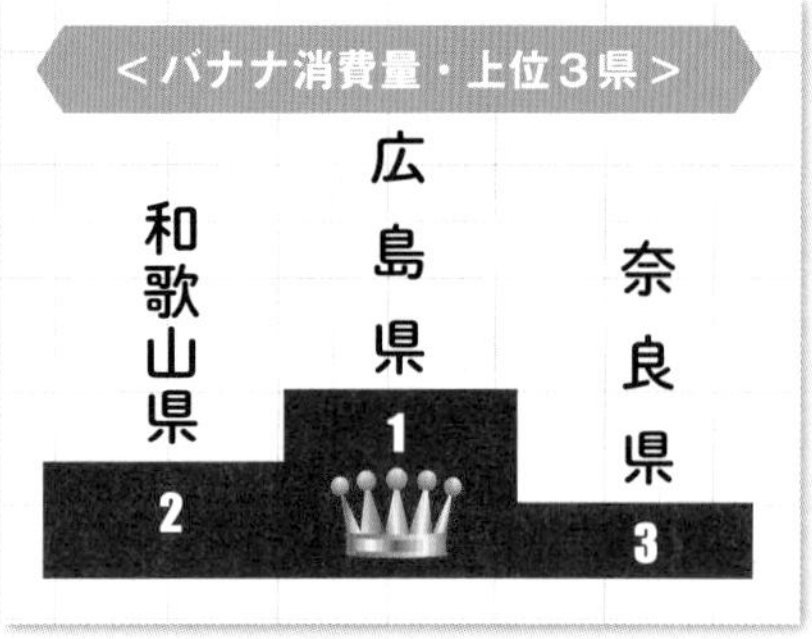

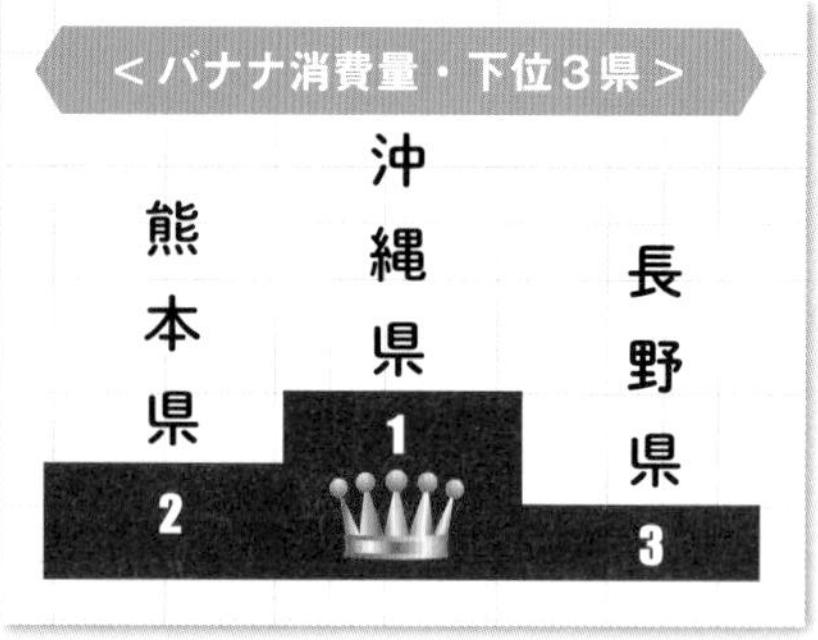

1世帯あたり年間バナナ消費量（購入量）ランキング

順	県名	データ	偏差値
1	広島県	22,326g	74.88
2	和歌山県	21,889g	72.33
3	奈良県	21,280g	68.77
4	香川県	20,800g	65.96
5	三重県	20,434g	63.82
6	愛知県	20,203g	62.47
7	兵庫県	19,556g	58.69
8	滋賀県	19,413g	57.85
9	富山県	19,399g	57.77
10	京都府	19,350g	57.49
11	鳥取県	19,340g	57.43
12	島根県	19,125g	56.17
13	石川県	19,110g	56.08
14	山口県	18,863g	54.64
15	青森県	18,853g	54.58
16	愛媛県	18,475g	52.37
17	新潟県	18,406g	51.97
18	岐阜県	18,375g	51.79
19	千葉県	18,356g	51.68
20	岩手県	18,273g	51.19
21	大阪府	18,250g	51.06
22	埼玉県	18,243g	51.01
23	岡山県	18,161g	50.54
24	栃木県	18,098g	50.17
25	神奈川県	17,803g	48.44
26	長崎県	17,789g	48.36
27	群馬県	17,766g	48.23
28	福島県	17,657g	47.59
29	佐賀県	17,584g	47.16
30	大分県	17,520g	46.79
31	鹿児島県	17,332g	45.69
32	宮城県	17,202g	44.93
33	東京都	17,191g	44.87
34	秋田県	17,151g	44.63
35	福岡県	17,093g	44.29
36	北海道	17,044g	44.01
37	静岡県	16,950g	43.46
38	山形県	16,925g	43.31
39	山梨県	16,601g	41.42
40	徳島県	16,577g	41.28
41	宮崎県	16,269g	39.48
42	福井県	16,078g	38.36
43	高知県	16,042g	38.15
44	茨城県	15,851g	37.03
45	長野県	15,804g	36.76
46	熊本県	14,536g	29.35
47	沖縄県	13,919g	25.74
-	全国	18,206g	-

総務省家計調査 2018

ショウヒ

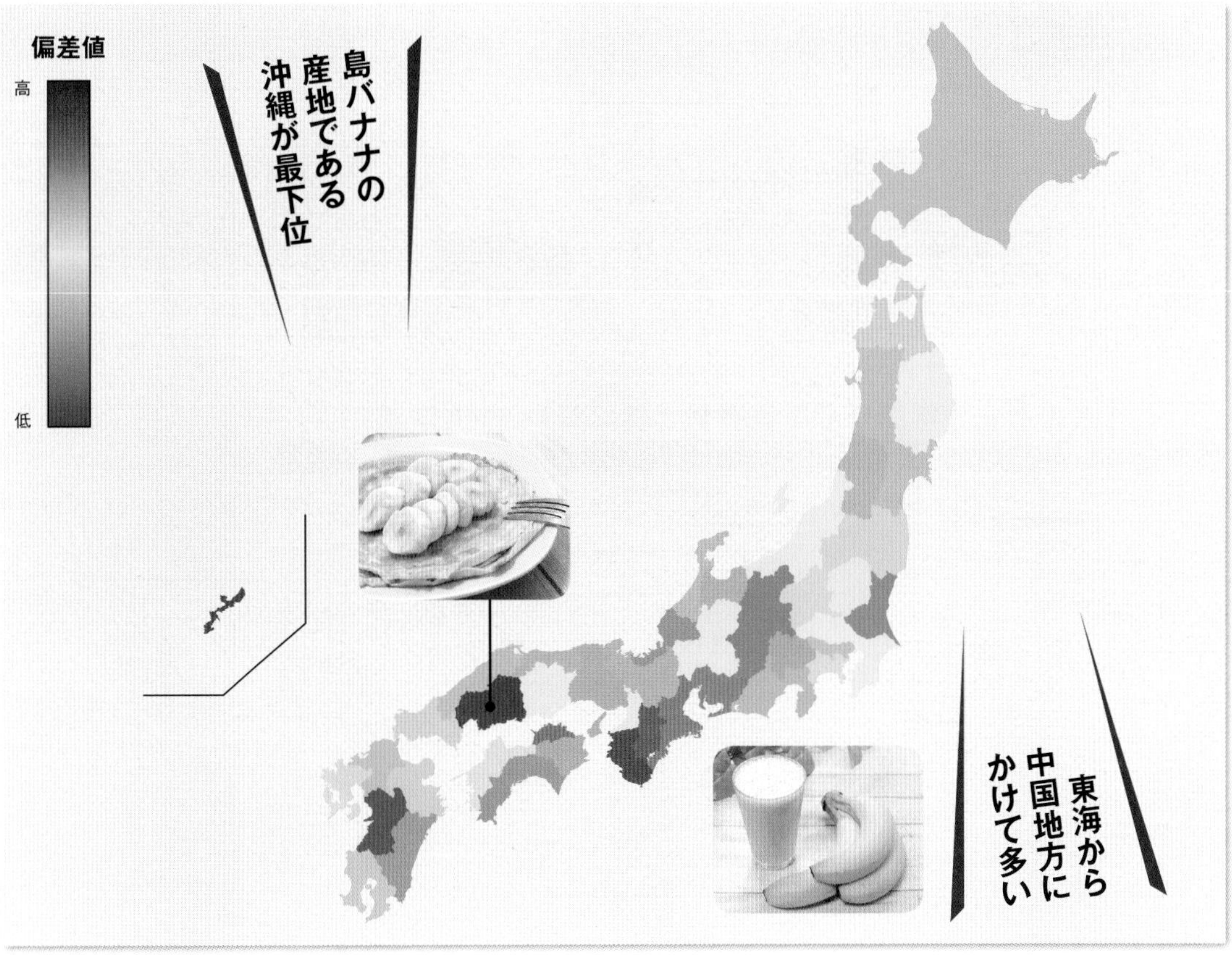
偏差値
高
低
島バナナの産地である沖縄が最下位
東海から中国地方にかけて多い

相関データ

【正の相関】

順	係数	項目
1	0.68	マーガリン消費量
2	0.63	かき(貝)消費量
3	0.61	牛乳消費量
4	0.60	ジャム消費量
5	0.58	ソース消費量
6	0.57	しめじ消費量
7	0.57	コーヒー消費量
8	0.56	タコ消費量
9	0.56	エビ消費量
10	0.56	パン消費量

【負の相関】

順	係数	項目
1	-0.55	飲み屋店舗数
2	-0.48	50代男性未婚率
3	-0.46	中学生図書館利用率
4	-0.45	雀荘数
5	-0.45	キャバクラ店舗数
6	-0.44	飲酒費用
7	-0.44	飲食店営業数(衛生行政報告例ベース)
8	-0.43	ホテル軒数
9	-0.42	弁当消費量
10	-0.42	そば屋店舗数

日本人に愛されるバナナ

総務省の家計調査よりバナナ消費量のランキング。果物のなかではもっとも消費量が多いのがバナナで、1世帯あたりの購入量の全国平均は年間18・21kgです。

1位は広島で22・33kg。2位以下は和歌山、奈良、香川、三重と続きます。

最下位は沖縄で13・92kg。これは広島の消費量の約半分です。2位以下は熊本、長野、茨城、高知です。

東海から中国地方にかけて消費量が多くなっており、マーガリン消費量など西高東低型ランキングと正の相関があります。

ショウヒ

りんご消費量

一大産地である長野や青森、岩手など東北で多く、産地から遠い西日本で少なくなっている。

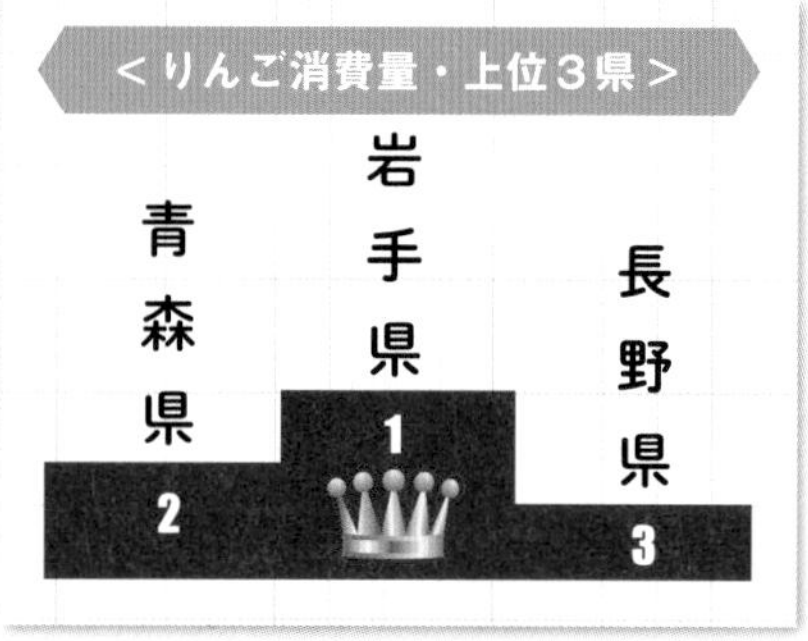

1世帯あたり年間りんご消費量（購入量）ランキング

順	県名	データ	偏差値
1	岩手県	28,964g	84.23
2	青森県	26,451g	78.94
3	長野県	25,855g	77.68
4	福島県	23,938g	73.64
5	秋田県	21,544g	68.60
6	山形県	16,953g	58.93
7	群馬県	14,486g	53.73
8	新潟県	13,783g	52.25
9	千葉県	13,775g	52.23
10	奈良県	13,114g	50.84
11	宮城県	13,085g	50.78
12	香川県	13,059g	50.73
13	広島県	13,042g	50.69
14	栃木県	13,038g	50.68
15	埼玉県	12,523g	49.60
16	島根県	12,222g	48.96
17	神奈川県	12,203g	48.92
18	茨城県	12,148g	48.81
19	石川県	11,966g	48.42
20	富山県	11,953g	48.40
21	山口県	11,515g	47.47
22	岐阜県	11,302g	47.03
23	滋賀県	11,065g	46.53
24	東京都	10,810g	45.99
25	高知県	10,804g	45.98
26	長崎県	10,738g	45.84
27	愛知県	10,714g	45.79
28	山梨県	10,711g	45.78
29	京都府	10,691g	45.74
30	和歌山県	10,685g	45.73
31	福岡県	10,647g	45.65
32	北海道	10,539g	45.42
33	兵庫県	10,305g	44.92
34	宮崎県	10,269g	44.85
35	鳥取県	10,190g	44.68
36	静岡県	10,026g	44.34
37	徳島県	9,941g	44.16
38	福井県	9,849g	43.96
39	大分県	9,845g	43.96
40	鹿児島県	9,843g	43.95
41	愛媛県	9,838g	43.94
42	佐賀県	9,801g	43.86
43	三重県	9,772g	43.80
44	大阪府	9,543g	43.32
45	岡山県	8,758g	41.67
46	熊本県	8,165g	40.42
47	沖縄県	7,096g	38.16
-	全国	12,287g	-

総務省家計調査 2018

ショウヒ

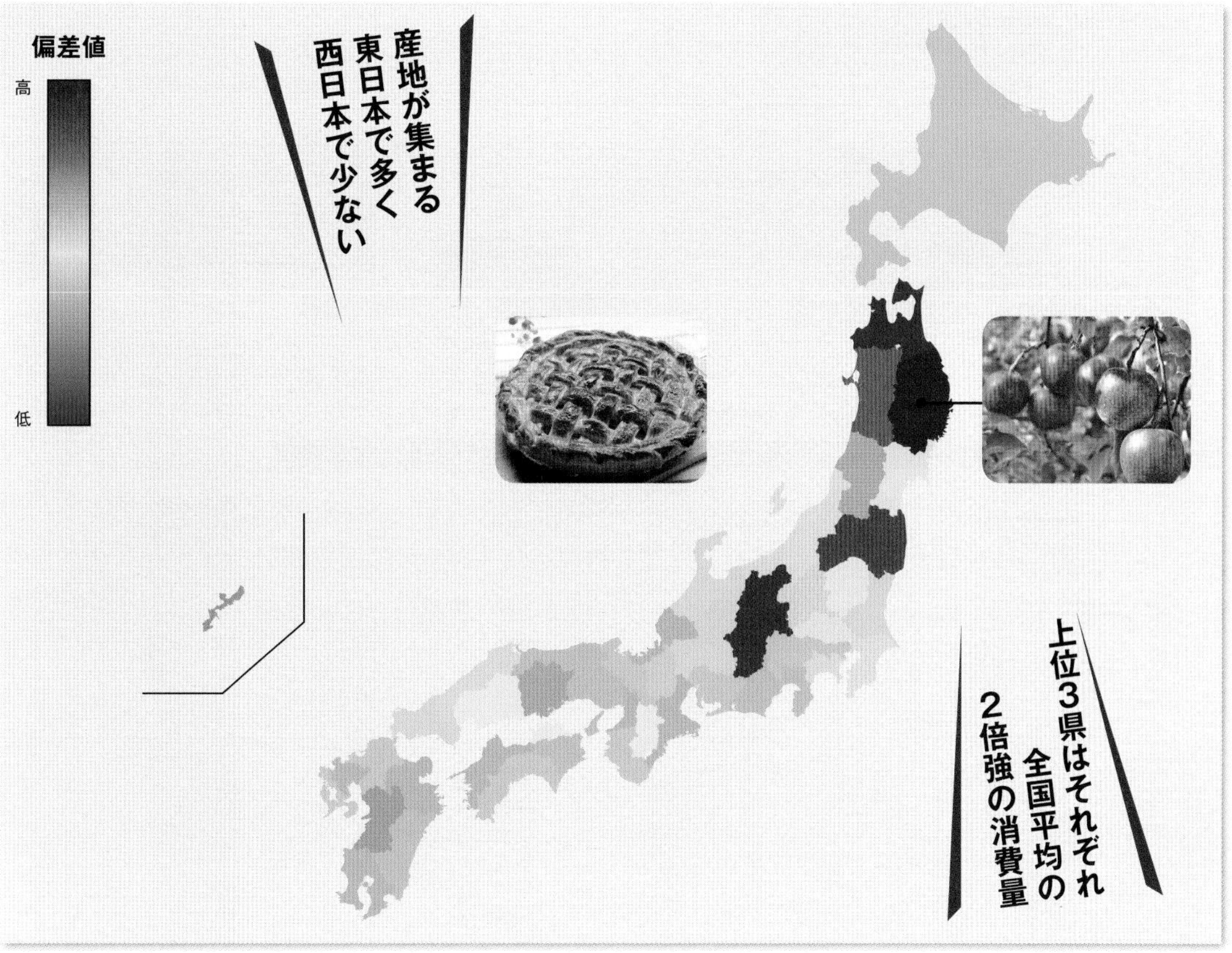
偏差値
高
低
産地が集まる
東日本で多く
西日本で少ない
上位3県はそれぞれ
全国平均の
2倍強の消費量

相関データ

【正の相関】

順	係数	項目
1	0.70	サンマ消費量
2	0.70	サケ消費量
3	0.69	年間雪日数
4	0.69	わかめ消費量
5	0.68	スキー・スノーボード場数
6	0.67	果物消費量
7	0.65	食塩消費量
8	0.63	納豆支出額
9	0.63	りんご生産量
10	0.63	灯油消費量

【負の相関】

順	係数	項目
1	-0.69	年間平均気温
2	-0.60	年間真夏日数
3	-0.59	エアコン普及率
4	-0.50	牛肉消費量
5	-0.50	中学生通塾率
6	-0.49	年間熱帯夜日数
7	-0.47	核家族率
8	-0.47	パン消費量
9	-0.46	ハンバーガー外食費用
10	-0.42	年間日照時間

りんごは地産地消の果物

総務省の家計調査よりりんご消費量のランキング。果物のなかで2番目に消費量が多く、1世帯あたりの購入量の全国平均は年間12・29kgです。

1位は岩手で28・96kg。全国平均の2倍強の量です。2位は青森で26・45kg。3位以下は長野、福島、秋田と続き、りんごの産地が上位を占めています。

最下位は沖縄で7・1kg。これは岩手の約4分の1の量です。以下、少ない順に、熊本、岡山、大阪、三重と続いています。

一大産地である長野や東北で多く、そこから遠方にあたる西日本で少なくなっているのが特徴です。

東日本で消費量が多いため、同じような分布となっているサンマ消費量と正の相関が高くなっています。

ショウヒ

みかん消費量

生産量が多い静岡や愛媛、和歌山で消費量が多い。最下位岐阜は長崎の約3分の1の量。

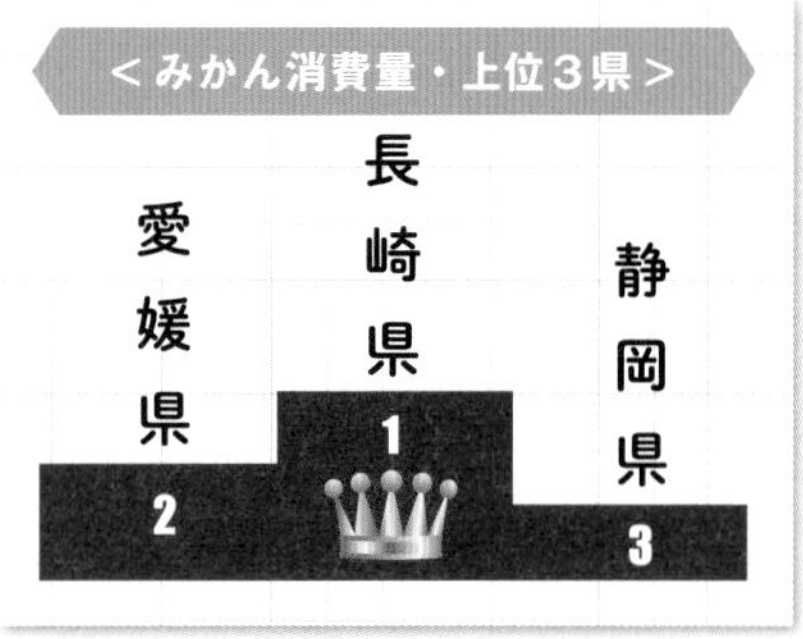

1世帯あたり年間みかん消費量（購入量）ランキング

順	県名	データ	偏差値
1	長崎県	18,189g	85.67
2	愛媛県	16,294g	76.29
3	静岡県	15,530g	72.51
4	大分県	14,172g	65.79
5	和歌山県	13,735g	63.62
6	熊本県	12,873g	59.35
7	鹿児島県	12,546g	57.74
8	新潟県	12,337g	56.70
9	佐賀県	11,951g	54.79
10	福井県	11,767g	53.88
11	香川県	11,574g	52.92
12	奈良県	11,542g	52.77
13	群馬県	11,528g	52.70
14	宮崎県	11,497g	52.54
15	千葉県	11,458g	52.35
16	山口県	11,284g	51.49
17	栃木県	11,112g	50.64
18	滋賀県	11,056g	50.36
19	徳島県	10,956g	49.87
20	三重県	10,896g	49.57
21	宮城県	10,836g	49.27
22	山梨県	10,580g	48.00
23	島根県	10,567g	47.94
24	埼玉県	10,566g	47.93
25	岡山県	10,490g	47.56
26	神奈川県	10,467g	47.44
27	茨城県	10,460g	47.41
28	東京都	10,413g	47.18
28	福岡県	10,413g	47.18
30	岩手県	10,393g	47.08
31	高知県	10,279g	46.51
32	鳥取県	10,161g	45.93
33	愛知県	10,128g	45.77
34	富山県	10,118g	45.72
35	秋田県	9,964g	44.95
36	長野県	9,935g	44.81
37	広島県	9,877g	44.52
38	北海道	9,869g	44.48
39	山形県	9,601g	43.16
40	石川県	9,562g	42.96
41	大阪府	9,331g	41.82
42	京都府	9,075g	40.55
43	福島県	8,904g	39.71
44	青森県	8,882g	39.60
45	沖縄県	8,136g	35.91
46	兵庫県	8,026g	35.36
47	岐阜県	6,880g	29.69
-	全国	10,879g	-

総務省家計調査 2018

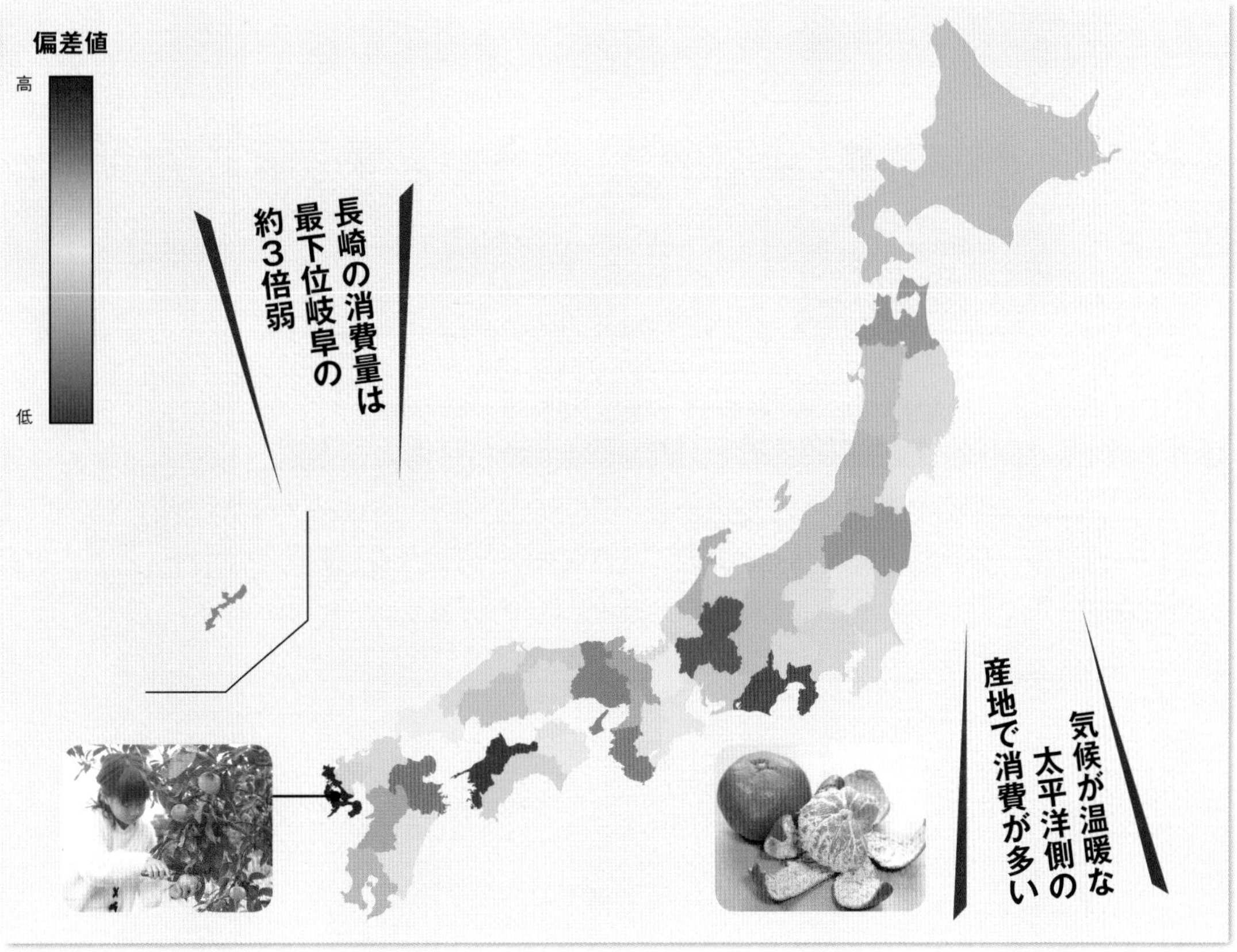
偏差値
高
低
長崎の消費量は最下位岐阜の約3倍弱
気候が温暖な太平洋側の産地で消費が多い

相関データ

【正の相関】

順	係数	項目
1	0.84	柑橘類消費量
2	0.58	男子Vリーグ選手出身地
3	0.58	みかん生産量
4	0.51	海岸延長
5	0.49	アジ消費量
6	0.47	カステラ消費量
7	0.45	漁業就業人口
8	0.44	養殖タイ漁獲量
9	0.42	あさり消費量
10	0.41	パン屋店舗数

【負の相関】

順	係数	項目
1	-0.45	25歳以上野球人口
2	-0.43	オレンジ消費量
3	-0.38	ほうれんそう消費量
4	-0.38	喫茶費用
5	-0.36	グレープフルーツ消費量
–	–	–
–	–	–
–	–	–
–	–	–
–	–	–

生産地で多く消費される

総務省の家計調査より、みかん消費量のランキング。果物のなかで3番目に消費量が多く、1世帯あたりの購入量の全国平均は10・88kgです。

1位は長崎県で18・19kg。2位以下は愛媛、静岡、大分、和歌山と続きます。上位はすべて温暖な気候のみかん産地が占めています。

最下位は岐阜で6・88kg。以下、兵庫、沖縄、青森、福島と続いています。

みかん生産量が多い静岡県や愛媛県、和歌山県で消費量が多くなっています。また、温暖な気候の太平洋側で多いのも特徴です。

オレンジ消費量と負の相関があり、オレンジ消費量が多いところはみかんの消費量が少なくなっています。みかんの産地ではみかん、それ以外ではオレンジが好まれているようです。

ショウヒ

すいか消費量

新潟、千葉、熊本、鳥取など、すいかの産地がそのまま消費量の上位を占める。最下位は沖縄。

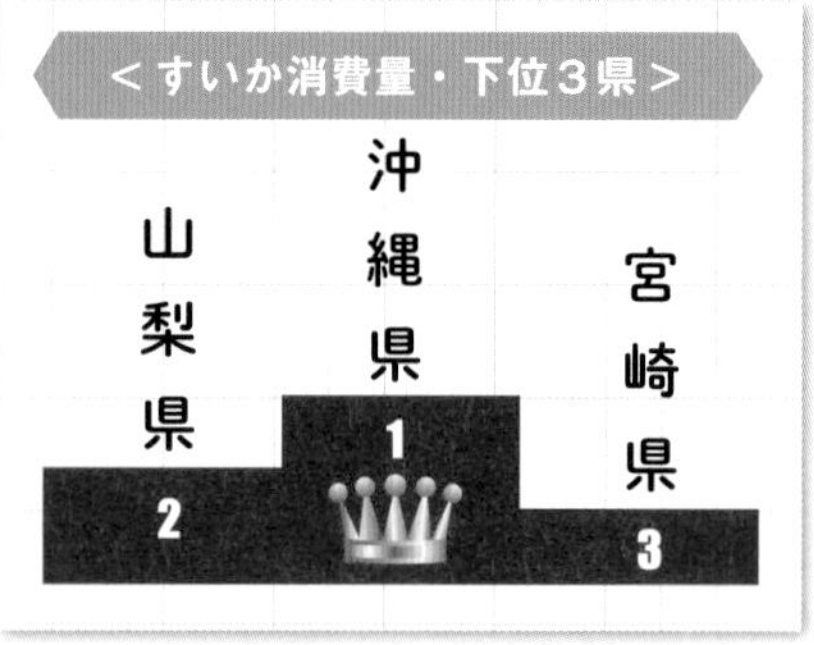

1世帯あたり年間すいか消費量（購入量）ランキング

順	県名	データ	偏差値
1	新潟県	5,747g	73.67
2	千葉県	5,384g	69.11
3	熊本県	5,354g	68.74
4	鳥取県	5,159g	66.28
5	大分県	5,047g	64.88
6	埼玉県	4,999g	64.27
7	長崎県	4,860g	62.53
8	広島県	4,746g	61.09
9	佐賀県	4,525g	58.32
10	秋田県	4,519g	58.24
11	東京都	4,465g	57.56
12	神奈川県	4,414g	56.92
13	栃木県	4,320g	55.74
14	愛知県	4,227g	54.57
15	石川県	4,155g	53.66
16	奈良県	4,150g	53.60
17	愛媛県	4,135g	53.41
18	大阪府	4,036g	52.17
19	群馬県	4,011g	51.85
20	福岡県	4,000g	51.72
21	和歌山県	3,997g	51.68
22	宮城県	3,964g	51.26
23	山形県	3,943g	51.00
24	山口県	3,656g	47.39
25	鹿児島県	3,646g	47.27
26	高知県	3,639g	47.18
27	北海道	3,637g	47.15
28	岩手県	3,579g	46.43
29	長野県	3,517g	45.65
30	香川県	3,497g	45.39
31	富山県	3,434g	44.60
32	島根県	3,422g	44.45
33	茨城県	3,381g	43.94
34	静岡県	3,350g	43.55
35	徳島県	3,349g	43.53
36	京都府	3,332g	43.32
37	岐阜県	3,285g	42.73
38	三重県	3,273g	42.58
39	青森県	3,241g	42.18
40	福井県	3,165g	41.22
41	兵庫県	3,106g	40.48
42	岡山県	2,929g	38.26
43	滋賀県	2,890g	37.77
44	福島県	2,775g	36.32
45	宮崎県	2,744g	35.93
46	山梨県	2,352g	31.00
47	沖縄県	2,225g	29.41
-	全国	3,890g	-

総務省家計調査 2018

ショウヒ

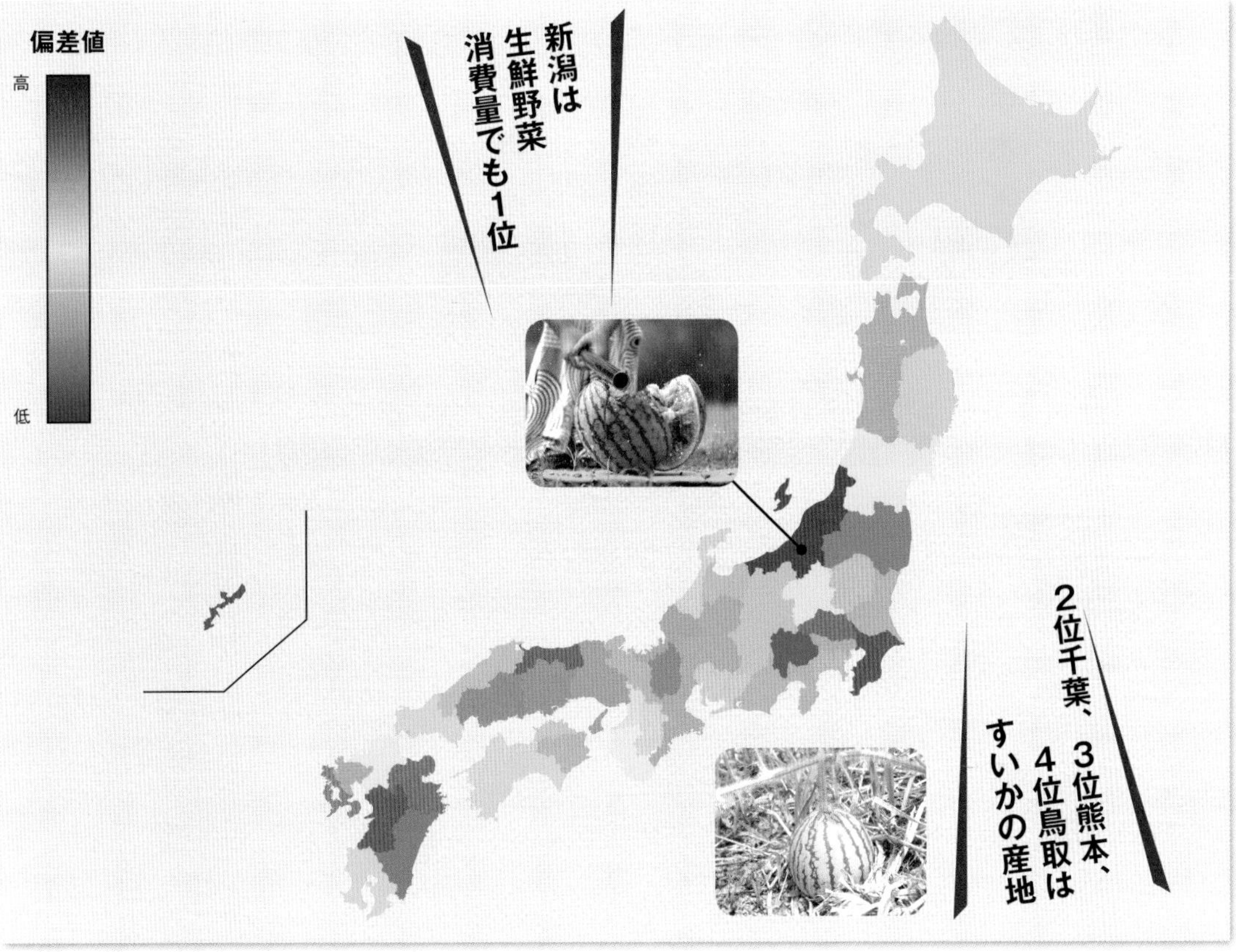
偏差値
高
低
新潟は生鮮野菜消費量でも1位
2位千葉、3位熊本、4位鳥取はすいかの産地

相関データ

【正の相関】

順	係数	項目
1	0.52	さといも消費量
2	0.50	スイカ生産量
3	0.46	ねぎ生産量
4	0.46	イワシ消費量
5	0.46	さやまめ消費量
6	0.41	なす消費量
7	0.40	生鮮野菜消費量
8	0.39	25歳以上将棋人口
9	0.38	あさり消費量
10	0.38	なし消費量

【負の相関】

順	係数	項目
1	-0.43	中学生数
2	-0.42	ホテル軒数
3	-0.39	幼稚園数
4	-0.35	かつお節・削り節消費量
–	–	–
–	–	–
–	–	–
–	–	–
–	–	–
–	–	–

新潟は平均の1・5倍

総務省の家計調査よりすいか消費量のランキング。果物のなかで4番目に消費量が多く、1世帯あたりの購入量の全国平均は3890gです。

1位は新潟で5747g。2位以下は千葉、熊本、鳥取、大分と続きます。千葉、熊本、鳥取はすいかの産地です。

最下位は沖縄で2225g。以下、少ない順に、山梨、宮崎、福島、滋賀です。

地域別の顕著な特徴はありませんが、総じてすいか生産量が多い地方で消費量も多くなっています。

埼玉や東京で消費が多いのは、一大産地である千葉から近い場所にあるからでしょう。

ショウヒ

イチゴ消費量

生産量日本一の栃木を中心に関東で消費量が多い。最下位はバナナ消費量と同様沖縄。

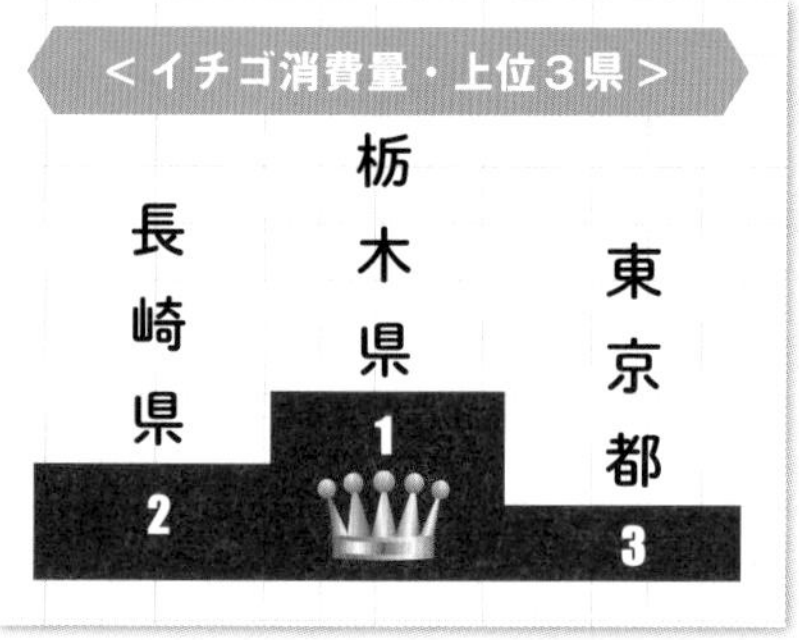

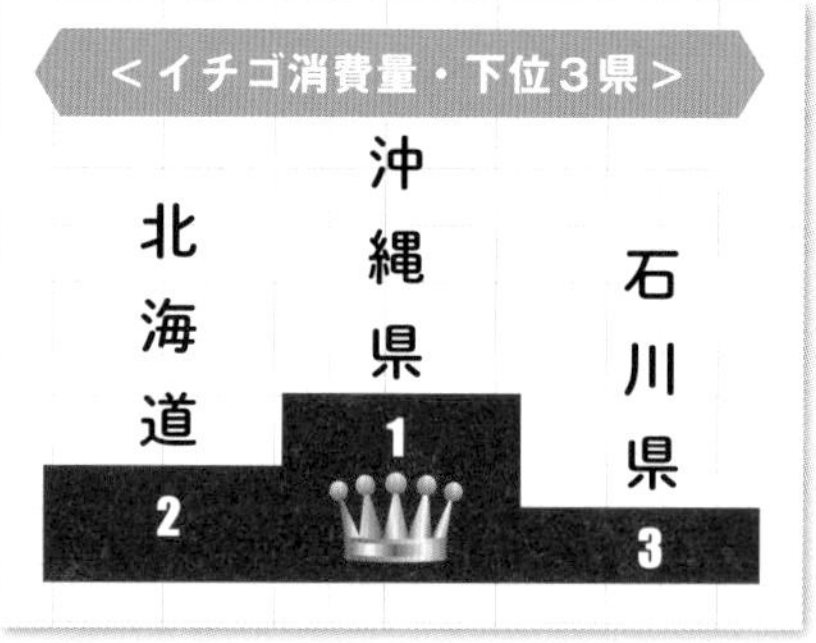

1世帯あたり年間イチゴ消費量（購入量）ランキング

順	県名	データ	偏差値
1	栃木県	3,401g	75.72
2	長崎県	3,085g	67.70
3	東京都	2,967g	64.71
4	千葉県	2,942g	64.08
5	岩手県	2,872g	62.30
5	奈良県	2,872g	62.30
7	群馬県	2,843g	61.56
8	茨城県	2,782g	60.02
9	愛知県	2,746g	59.10
10	埼玉県	2,727g	58.62
11	三重県	2,724g	58.55
12	神奈川県	2,705g	58.06
13	静岡県	2,672g	57.23
14	宮城県	2,658g	56.87
15	新潟県	2,579g	54.87
16	山口県	2,568g	54.59
17	島根県	2,524g	53.47
18	福島県	2,458g	51.80
19	山梨県	2,425g	50.96
20	岐阜県	2,410g	50.58
21	広島県	2,408g	50.53
22	山形県	2,405g	50.46
23	京都府	2,390g	50.08
24	大分県	2,308g	48.00
25	富山県	2,298g	47.74
26	香川県	2,297g	47.72
27	福岡県	2,270g	47.03
28	宮崎県	2,225g	45.89
29	秋田県	2,216g	45.66
30	和歌山県	2,212g	45.56
31	徳島県	2,211g	45.54
32	青森県	2,205g	45.38
33	佐賀県	2,204g	45.36
34	大阪府	2,188g	44.95
35	福井県	2,181g	44.77
36	愛媛県	2,162g	44.29
37	岡山県	2,146g	43.89
38	長野県	2,130g	43.48
39	高知県	2,127g	43.41
40	兵庫県	2,075g	42.09
41	滋賀県	2,071g	41.98
42	鳥取県	1,974g	39.52
43	鹿児島県	1,958g	39.12
44	熊本県	1,931g	38.43
45	石川県	1,839g	36.10
46	北海道	1,554g	28.87
47	沖縄県	1,245g	21.04
-	全国	2,391g	-

総務省家計調査 2018

ショウヒ

偏差値
高
低
バナナ消費量
最下位の
沖縄がいちごでも
消費量は
栃木を中心に
関東で多い

相関データ

【正の相関】

順	係数	項目
1	0.62	出産費用
2	0.57	高校生通学時間(往復)
3	0.56	せんべい消費量
4	0.55	プリン消費量
5	0.55	ゼリー消費量
6	0.53	漬物消費量
7	0.51	ねぎ消費量
8	0.51	コジマ店舗数
9	0.49	生鮮野菜消費量
10	0.49	きゅうり消費量

【負の相関】

順	係数	項目
1	-0.58	ホテル客室数
2	-0.57	貧困率
3	-0.54	新聞店店舗数
4	-0.52	飲み屋店舗数
5	-0.49	ホテル軒数
6	-0.48	父子・母子家庭数
7	-0.45	教会数
－	－	－
－	－	－
－	－	－

一大産地の栃木が1位

総務省の家計調査よりイチゴ消費量のランキング。果物のなかで7番目に消費量が多く、1世帯あたりの購入量の全国平均は2391g。

1位は人気品種とちおとめの一大産地である栃木で3401g。全国平均の約1・4倍の量です。以下、長崎、東京、千葉、岩手の順。

最下位は沖縄県で1245g。以下、少ない順に、北海道、石川、熊本、鹿児島と続いています。

栃木を中心に関東で消費量が多くなっています。

また、北関東に並ぶ生産量を誇る九州では、対照的に消費量が少なくなっています。

また、貧困率と負の相関があり、貧困率が低いところでイチゴの消費量が多くなっています。

ショウヒ

魚介類消費量

青森、秋田、鳥取など、漁獲高の多い漁港がある日本海側の県で消費量が多くなっている。

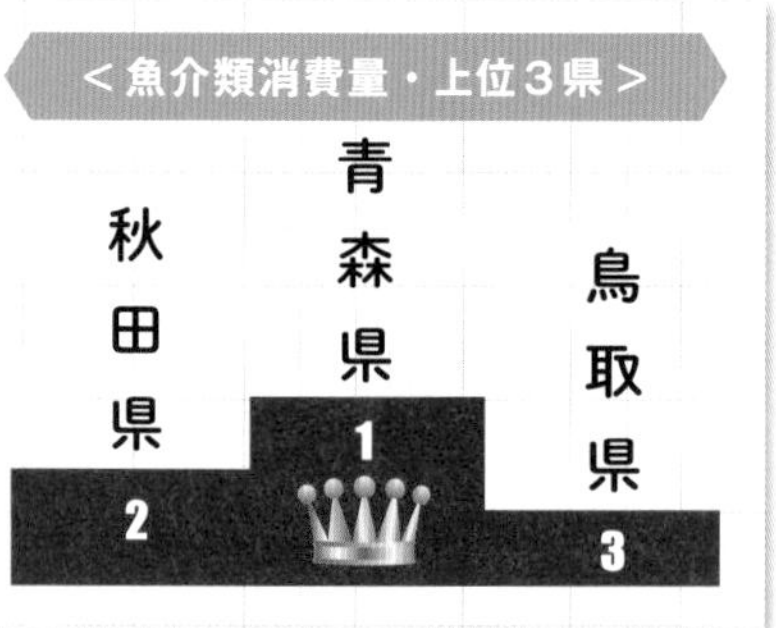

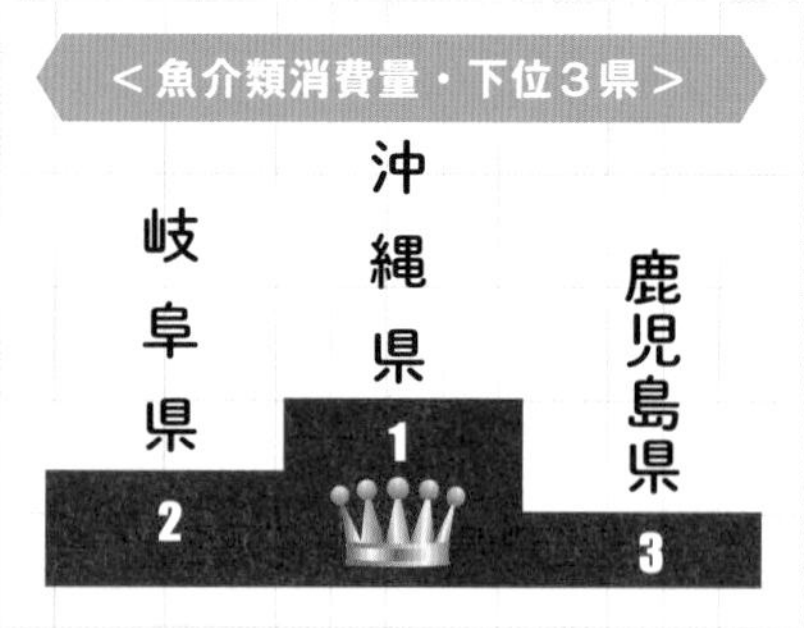

1世帯あたり年間魚介類消費量（購入量）ランキング

順	県名	データ	偏差値
1	青森県	60,394g	85.06
2	秋田県	51,523g	71.34
3	鳥取県	51,286g	70.97
4	新潟県	48,347g	66.42
5	富山県	47,683g	65.39
6	岩手県	45,241g	61.61
7	島根県	44,126g	59.89
8	北海道	42,797g	57.83
9	長崎県	41,899g	56.44
10	石川県	41,506g	55.83
11	山口県	40,424g	54.16
12	和歌山県	40,156g	53.75
13	佐賀県	39,973g	53.46
14	宮城県	39,867g	53.30
15	福岡県	39,426g	52.62
16	千葉県	38,462g	51.12
17	広島県	38,045g	50.48
18	山形県	37,794g	50.09
19	滋賀県	37,077g	48.98
20	三重県	36,577g	48.21
21	静岡県	36,206g	47.63
22	奈良県	36,125g	47.51
23	神奈川県	36,091g	47.46
24	高知県	35,987g	47.29
25	福井県	35,832g	47.05
26	京都府	35,825g	47.04
27	福島県	35,523g	46.58
28	大分県	35,511g	46.56
29	長野県	35,411g	46.40
30	茨城県	35,061g	45.86
31	岡山県	35,053g	45.85
32	大阪府	34,846g	45.53
33	埼玉県	34,690g	45.29
34	香川県	34,395g	44.83
35	山梨県	34,382g	44.81
36	東京都	34,078g	44.34
37	栃木県	34,066g	44.32
38	宮崎県	33,694g	43.75
39	愛媛県	33,559g	43.54
40	兵庫県	33,247g	43.05
41	群馬県	32,847g	42.43
42	熊本県	32,834g	42.41
43	愛知県	32,233g	41.48
44	徳島県	31,748g	40.73
45	鹿児島県	31,233g	39.94
46	岐阜県	29,995g	38.02
47	沖縄県	20,499g	23.33
-	全国	37,376g	-

総務省家計調査 2016

ショウヒ

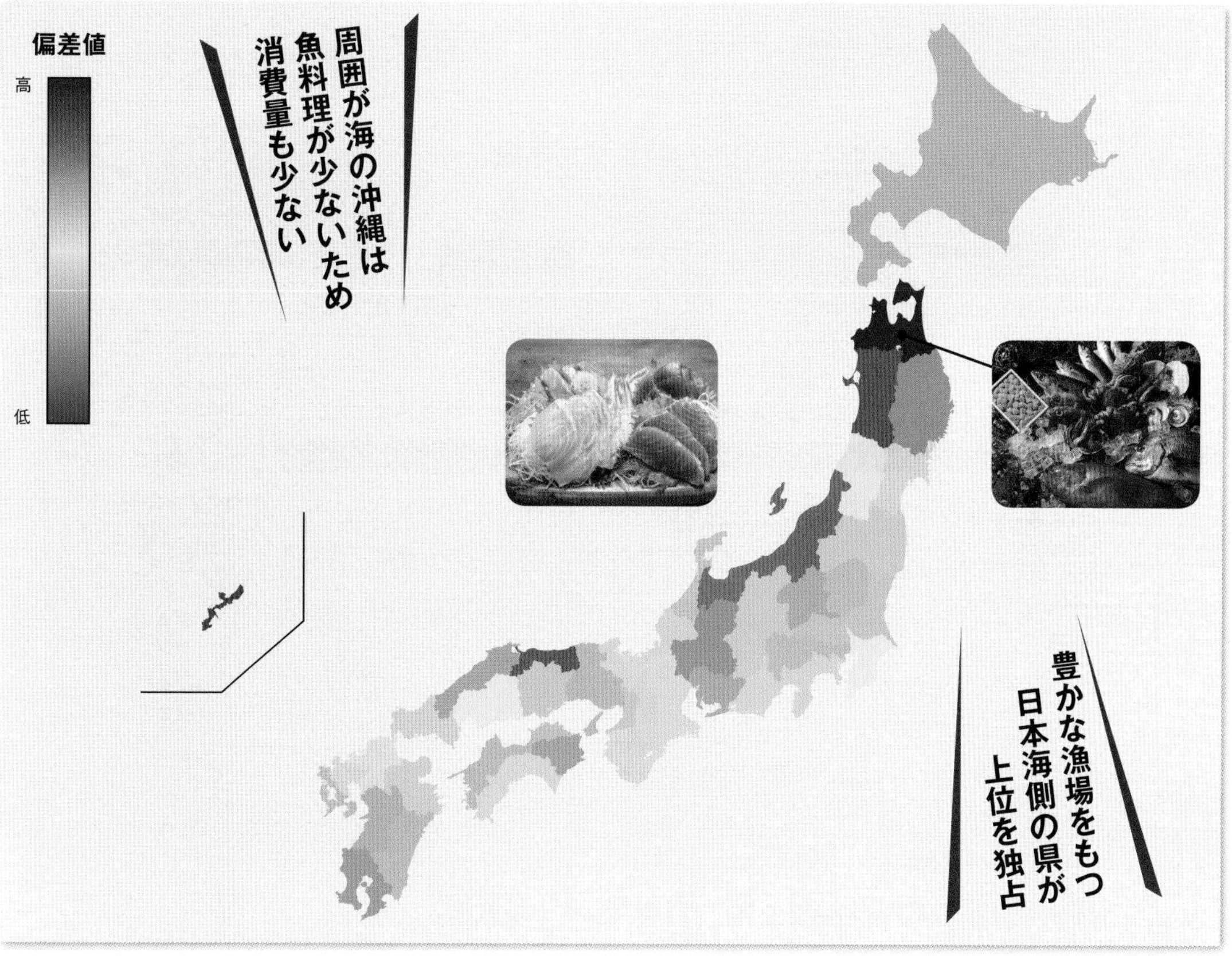
偏差値
高
低
周囲が海の沖縄は魚料理が少ないため消費量も少ない
豊かな漁場をもつ日本海側の県が上位を独占

相関データ

【正の相関】

順	係数	項目
1	0.97	生鮮魚介消費量
2	0.89	イカ消費量
3	0.83	干物消費量
4	0.82	カレイ消費量
5	0.77	貝類消費量
6	0.74	インスタントラーメン消費量
7	0.72	もやし消費量
8	0.67	年間降雪量
9	0.65	年間雪日数
10	0.64	ほたて貝消費量

【負の相関】

順	係数	項目
1	-0.68	年間真夏日数
2	-0.64	年間晴れ日数
3	-0.62	ハンバーガー外食費用
4	-0.62	年間平均気温
5	-0.58	25歳以上カラオケ人口
6	-0.56	ミネラルウォーター支出額
7	-0.56	25歳以上スポーツ人口
8	-0.55	25歳以上ゴルフ人口
9	-0.48	外食費用
10	-0.48	核家族率

青森県人は魚大好き

総務省家計調査より魚介類消費量のランキング。1世帯あたりの購入量の全国平均は37・38kgで、1日あたり約100gの魚介類を食べる計算になります。

1位は青森で60・39kg。2位以下は秋田、鳥取、新潟、富山の順。日本海側に位置し、漁獲高の多い県が上位を占めています。

最下位は沖縄で20・5kg。以下、少ない順に、岐阜、鹿児島、徳島、愛知と続きます。

分布地図から、日本海側の県で消費量が多くなっていることがわかります。

年間真夏日数や年間平均気温と負の相関があり、気温が低いところで魚介類の消費量が多い。寒いところの魚の方が脂がのっておいしいためでしょうか。

ショウヒ

サンマ消費量

東日本で多く西日本で少ない東高西低型。サンマ消費量が多い地方はサケやイカの消費量も多い。

＜サンマ消費量・上位３県＞

1 青森県
2 秋田県
3 宮城県

＜サンマ消費量・下位３県＞

1 宮崎県
2 鹿児島県
3 長崎県

1世帯あたり年間サンマ消費量（購入量）ランキング

順	県名	データ	偏差値
1	青森県	3,086g	81.51
2	秋田県	2,987g	79.65
3	宮城県	2,565g	71.69
4	岩手県	2,405g	68.67
5	北海道	2,349g	67.61
6	福島県	1,833g	57.88
7	山形県	1,817g	57.58
8	長野県	1,743g	56.18
9	新潟県	1,738g	56.09
10	千葉県	1,736g	56.05
11	茨城県	1,734g	56.02
12	栃木県	1,634g	54.13
13	岐阜県	1,560g	52.73
14	三重県	1,508g	51.75
15	愛媛県	1,485g	51.32
16	香川県	1,473g	51.09
17	鳥取県	1,417g	50.04
18	静岡県	1,404g	49.79
19	山口県	1,384g	49.41
20	神奈川県	1,372g	49.19
21	愛知県	1,363g	49.02
22	埼玉県	1,330g	48.40
23	山梨県	1,326g	48.32
24	奈良県	1,316g	48.13
25	群馬県	1,255g	46.98
26	広島県	1,229g	46.49
27	島根県	1,215g	46.23
28	滋賀県	1,212g	46.17
29	東京都	1,195g	45.85
30	石川県	1,176g	45.49
31	富山県	1,160g	45.19
32	大分県	1,153g	45.06
33	岡山県	1,152g	45.04
34	沖縄県	1,151g	45.02
35	和歌山県	1,116g	44.36
36	徳島県	1,103g	44.11
37	大阪府	1,101g	44.08
38	京都府	1,083g	43.74
39	兵庫県	1,049g	43.10
40	福岡県	971g	41.63
41	佐賀県	910g	40.47
42	高知県	898g	40.25
43	熊本県	807g	38.53
44	福井県	797g	38.34
45	長崎県	792g	38.25
46	鹿児島県	734g	37.16
47	宮崎県	684g	36.21
-	全国	1,411g	-

総務省家計調査 2016

ショウヒ

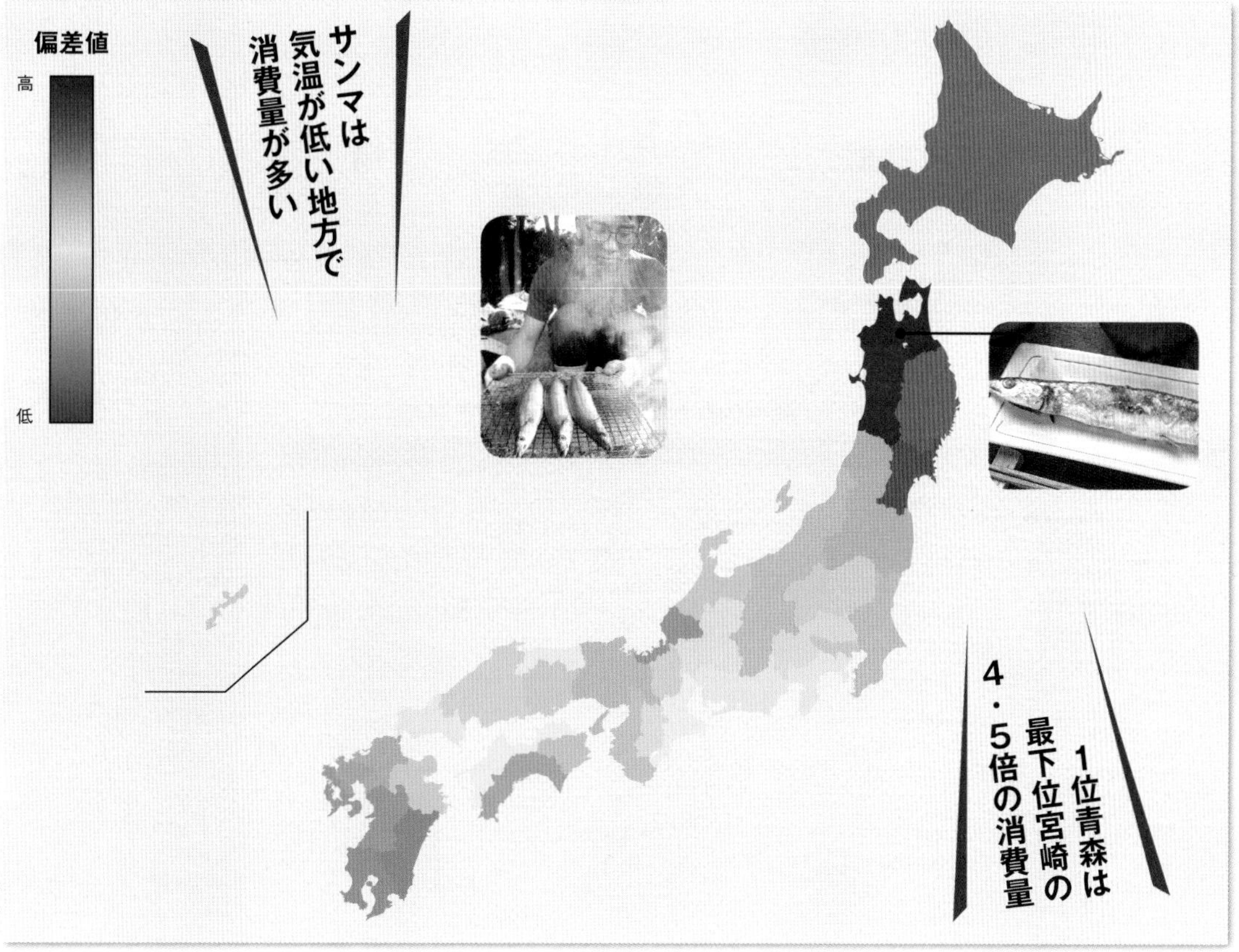
偏差値
高
低
サンマは気温が低い地方で消費量が多い
1位青森は最下位宮崎の4・5倍の消費量

相関データ

【正の相関】

順	係数	項目
1	0.78	サケ消費量
2	0.77	灯油消費量
3	0.76	東北大学合格者数
4	0.75	年間雪日数
5	0.73	ほたて貝消費量
6	0.70	りんご消費量
7	0.68	もやし消費量
8	0.68	干物消費量
9	0.66	イカ消費量
10	0.65	豚肉消費量

【負の相関】

順	係数	項目
1	-0.78	年間真夏日数
2	-0.76	年間平均気温
3	-0.71	道路舗装率
4	-0.70	エアコン普及率
5	-0.58	住宅用太陽光発電普及率
6	-0.57	傘購入量
7	-0.54	パン屋店舗数
8	-0.53	牛肉消費量
9	-0.52	現役医師数
10	-0.51	平均寿命：女性

消費量は東高西低型

総務省の家計調査よりサンマ消費量のランキング。１世帯あたりの購入量の全国平均は年間１４１１ｇです。

１位は青森で３０８６ｇ。２位以下は秋田、宮城、岩手、北海道となっています。

最下位は宮崎で６８４ｇ。続いて少ない順に、鹿児島、長崎、福井、熊本となっています。

サンマの漁場が多い東北を中心に東日本で消費量が多く西日本で少ない傾向です。

また、サンマ消費量が多い地方はサケやイカの消費量も多くなっています。

ショウヒ

サバ消費量

周防（山口県）や土佐（高知県）などサバの名産地もある西日本で多く、東日本で少ない。

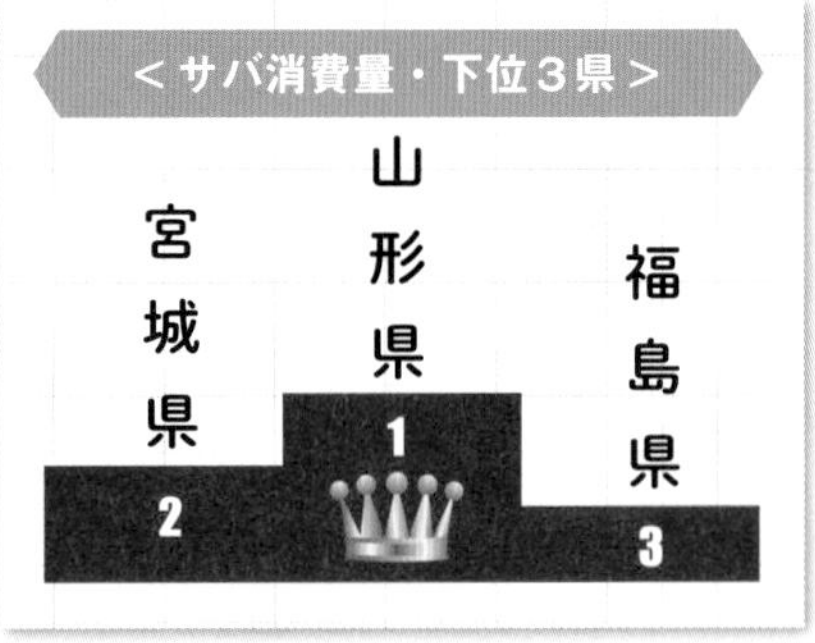

1世帯あたり年間サバ消費量（購入量）ランキング

順	県名	データ	偏差値
1	島根県	1,996g	77.77
2	鹿児島県	1,737g	69.10
3	鳥取県	1,717g	68.43
4	和歌山県	1,618g	65.11
5	宮崎県	1,572g	63.57
6	福岡県	1,560g	63.17
7	山口県	1,493g	60.93
8	高知県	1,467g	60.06
9	青森県	1,449g	59.45
10	広島県	1,443g	59.25
11	長崎県	1,413g	58.25
12	大分県	1,399g	57.78
13	佐賀県	1,373g	56.91
14	静岡県	1,351g	56.17
15	石川県	1,241g	52.49
16	滋賀県	1,222g	51.85
17	福井県	1,212g	51.52
18	大阪府	1,207g	51.35
19	香川県	1,192g	50.85
20	奈良県	1,184g	50.58
21	三重県	1,183g	50.54
22	愛媛県	1,182g	50.51
23	長野県	1,135g	48.94
24	富山県	1,128g	48.70
25	岐阜県	1,120g	48.43
26	新潟県	1,108g	48.03
27	熊本県	1,107g	48.00
28	秋田県	1,087g	47.33
29	千葉県	1,076g	46.96
30	埼玉県	1,039g	45.72
31	京都府	1,034g	45.55
32	山梨県	1,031g	45.45
33	神奈川県	1,008g	44.68
34	岡山県	1,000g	44.41
35	愛知県	986g	43.95
36	群馬県	955g	42.91
37	兵庫県	951g	42.77
38	徳島県	928g	42.00
39	栃木県	865g	39.89
40	岩手県	850g	39.39
41	茨城県	840g	39.06
42	東京都	834g	38.86
43	沖縄県	829g	38.69
44	北海道	744g	35.84
45	福島県	678g	33.63
46	宮城県	671g	33.40
47	山形県	623g	31.79
-	全国	1,130g	-

総務省家計調査 2016

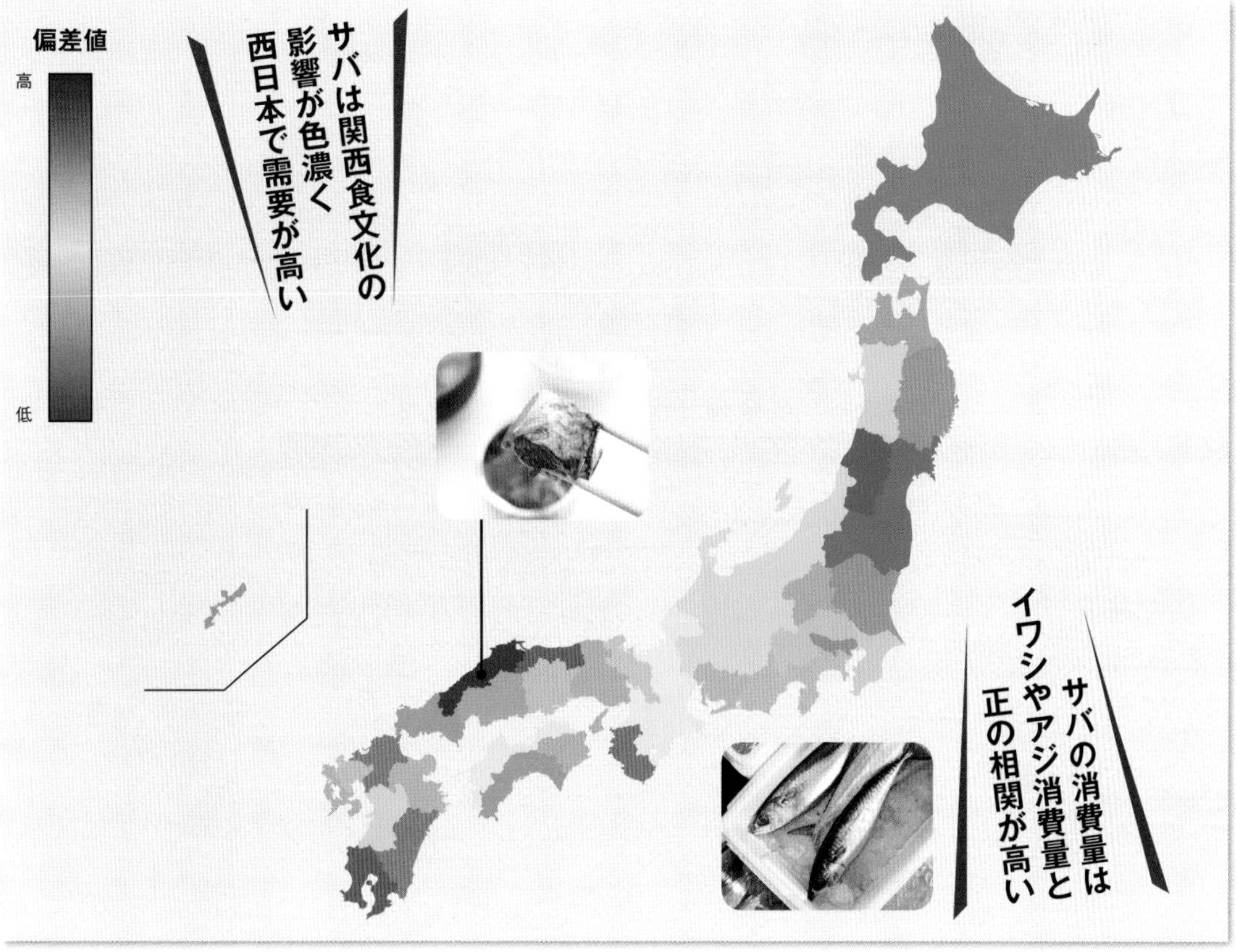
偏差値
高
低
サバは関西食文化の
影響が色濃く
西日本で需要が高い
サバの消費量は
イワシやアジ消費量と
正の相関が高い

相関データ

【正の相関】

順	係数	項目
1	0.74	イワシ消費量
2	0.72	アジ消費量
3	0.59	鶏肉消費量
4	0.56	アジ漁獲量
5	0.55	看護師数
6	0.54	100歳以上高齢者数
7	0.52	軽乗用車比率
8	0.51	25歳以上釣り人口
9	0.50	九州大学合格者数
10	0.49	酒屋店舗数

【負の相関】

順	係数	項目
1	-0.59	15歳以上買い物時間
2	-0.58	グレープフルーツ消費量
3	-0.55	チーズ消費量
4	-0.53	マグロ消費量
5	-0.53	ウイスキー消費量
6	-0.52	だいこん消費量
7	-0.50	納豆支出額
8	-0.50	生産年齢人口
9	-0.48	おにぎり消費量
10	-0.45	漬物消費量

山形は島根の約3倍

総務省の家計調査よりサバ消費量のランキング。1世帯あたりの購入量の全国平均は1130gです。

1位は島根で1996g。2位以下は鹿児島、鳥取、和歌山、宮崎の順です。

最下位は山形で623g。島根の3分の1に近い量です。以下、少ない順に、宮城、福島、北海道、沖縄と続きます。

西日本で消費量が多く東日本で少ない西高東低型です。

また、イワシ、アジ、ブリ、タイの消費量と正の相関が高く、これらの魚は西日本で消費量が多くなっています。

逆にマグロやサケ、サンマとは負の相関があり、これらの魚は東日本で多く食べられています。

ショウヒ

タイ消費量

西日本で消費量が多く東日本で少なくなる西高東低型。1位は佐賀、最下位は北海道。

<タイ消費量・上位３県>

1 佐賀県
2 熊本県
3 長崎県

<タイ消費量・下位３県>

1 北海道
2 群馬県
3 岩手県

1世帯あたり年間タイ消費量（購入量）ランキング

順	県名	データ	偏差値
1	佐賀県	2,061g	79.57
2	熊本県	1,893g	76.05
3	長崎県	1,491g	67.61
4	福岡県	1,488g	67.55
5	山口県	1,335g	64.34
6	愛媛県	1,265g	62.87
7	大分県	1,184g	61.17
8	広島県	1,037g	58.08
9	香川県	1,021g	57.75
10	京都府	1,020g	57.73
11	鹿児島県	1,007g	57.45
12	岡山県	954g	56.34
13	兵庫県	921g	55.65
14	島根県	914g	55.50
15	和歌山県	865g	54.47
16	奈良県	854g	54.24
17	大阪府	833g	53.80
18	秋田県	788g	52.86
19	滋賀県	776g	52.60
20	徳島県	607g	49.06
21	宮崎県	605g	49.02
22	高知県	592g	48.74
23	石川県	556g	47.99
24	沖縄県	468g	46.14
25	東京都	452g	45.80
26	愛知県	394g	44.59
27	鳥取県	393g	44.57
27	神奈川県	393g	44.57
29	三重県	390g	44.50
30	新潟県	317g	42.97
31	富山県	306g	42.74
32	岐阜県	302g	42.66
33	青森県	299g	42.59
34	千葉県	293g	42.47
35	埼玉県	282g	42.24
36	茨城県	238g	41.31
37	福島県	230g	41.15
38	長野県	223g	41.00
39	山梨県	222g	40.98
40	静岡県	220g	40.94
41	福井県	202g	40.56
42	栃木県	189g	40.29
43	宮城県	185g	40.20
44	山形県	182g	40.14
45	岩手県	169g	39.87
46	群馬県	147g	39.40
47	北海道	76g	37.91
-	全国	572g	-

総務省家計調査 2016

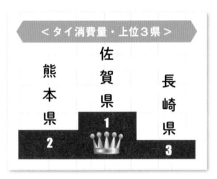

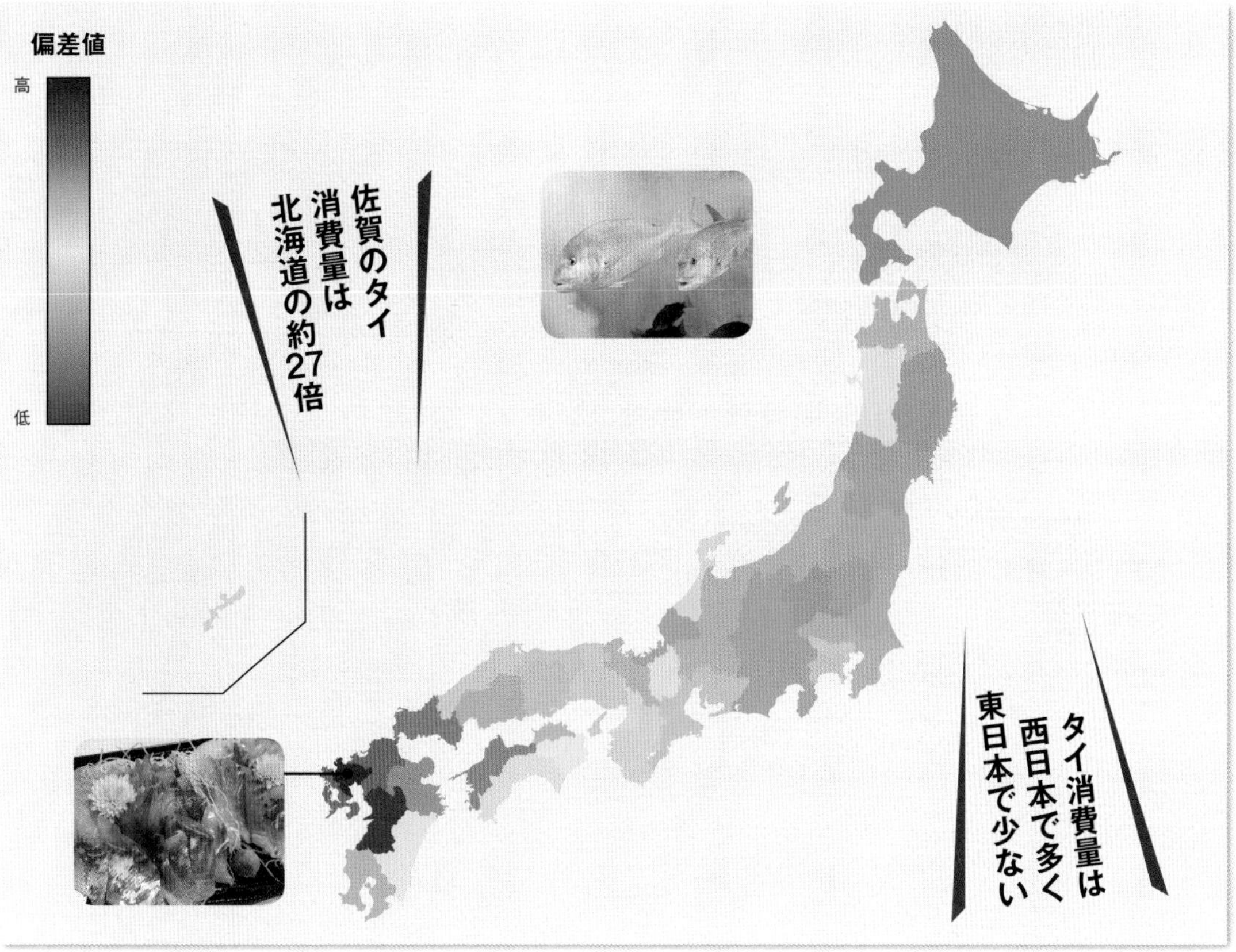
偏差値
高
低
佐賀のタイ消費量は北海道の約27倍
タイ消費量は西日本で多く東日本で少ない

相関データ

【正の相関】

順	係数	項目
1	0.79	九州大学合格者数
2	0.77	鶏肉消費量
3	0.69	消化器科医師数
4	0.69	生鮮肉消費量
5	0.67	牛肉消費量
6	0.66	アジ消費量
7	0.60	焼鳥店店舗数
8	0.60	海苔漁獲量
9	0.48	エビ消費量
10	0.46	サバ消費量

【負の相関】

順	係数	項目
1	-0.73	マグロ消費量
2	-0.66	おにぎり消費量
3	-0.63	グレープフルーツ消費量
4	-0.57	せんべい消費量
5	-0.53	だいこん消費量
6	-0.52	ウイスキー消費量
7	-0.51	納豆支出額
8	-0.50	サケ消費量
9	-0.50	干物消費率
10	-0.48	天ぷら・フライ消費量

西のタイ、東のマグロ

総務省の家計調査よりタイ（鯛）消費量のランキング。1世帯あたりの購入量の全国平均は572gです。

1位は佐賀で2061g。以下、熊本、長崎、福岡、山口の順。最下位は北海道で76g。以下、群馬、岩手と続きます。

北部九州を筆頭に西日本で消費量が多く東日本で少なくなっています。

鯛の消費量は西高東低型のため、鶏肉消費量や牛肉消費量、アジ消費量など同じ西高東低型の消費量と正の相関が高くなっています。

反対にマグロ消費量や納豆消費量、干物消費率など東日本で消費量が多いものとは負の相関になっています。

ショウヒ

貝類消費量

ほたて貝の北日本、しじみの山陰、牡蠣の瀬戸内海沿岸、あさりの東京湾周辺部で多い。

＜貝類消費量・上位３県＞

1 青森県
2 島根県
3 広島県

＜貝類消費量・下位３県＞

1 沖縄県
2 宮崎県
3 福井県

1世帯あたり年間貝類消費量ランキング

順	県名	データ	偏差値
1	青森県	6,073g	93.57
2	島根県	4,754g	76.79
3	広島県	3,701g	63.39
4	秋田県	3,603g	62.14
5	新潟県	3,574g	61.77
6	鳥取県	3,378g	59.28
7	北海道	3,314g	58.46
8	岩手県	3,245g	57.59
9	宮城県	3,230g	57.39
10	山梨県	3,151g	56.39
11	佐賀県	2,938g	53.68
12	香川県	2,888g	53.04
13	東京都	2,855g	52.62
14	千葉県	2,845g	52.50
15	岡山県	2,782g	51.69
16	神奈川県	2,686g	50.47
17	長野県	2,659g	50.13
18	大分県	2,589g	49.24
19	埼玉県	2,566g	48.94
20	京都府	2,514g	48.28
21	静岡県	2,512g	48.26
22	福岡県	2,496g	48.05
23	愛知県	2,483g	47.89
24	石川県	2,481g	47.86
25	長崎県	2,443g	47.38
26	茨城県	2,439g	47.33
27	三重県	2,422g	47.11
28	山形県	2,382g	46.60
29	福島県	2,332g	45.97
30	富山県	2,308g	45.66
31	山口県	2,276g	45.25
32	奈良県	2,258g	45.03
33	愛媛県	2,254g	44.97
33	和歌山県	2,254g	44.97
35	群馬県	2,235g	44.73
36	徳島県	2,174g	43.96
37	滋賀県	2,170g	43.91
38	大阪府	2,154g	43.70
39	兵庫県	2,087g	42.85
40	栃木県	2,081g	42.77
41	熊本県	2,059g	42.49
42	岐阜県	2,027g	42.09
43	高知県	2,015g	41.93
44	鹿児島県	1,945g	41.04
45	福井県	1,939g	40.97
46	宮崎県	1,800g	39.20
47	沖縄県	1,128g	30.65
-	全国	2,619g	-

総務省家計調査 2016

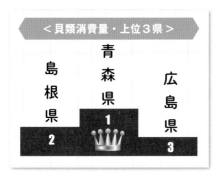

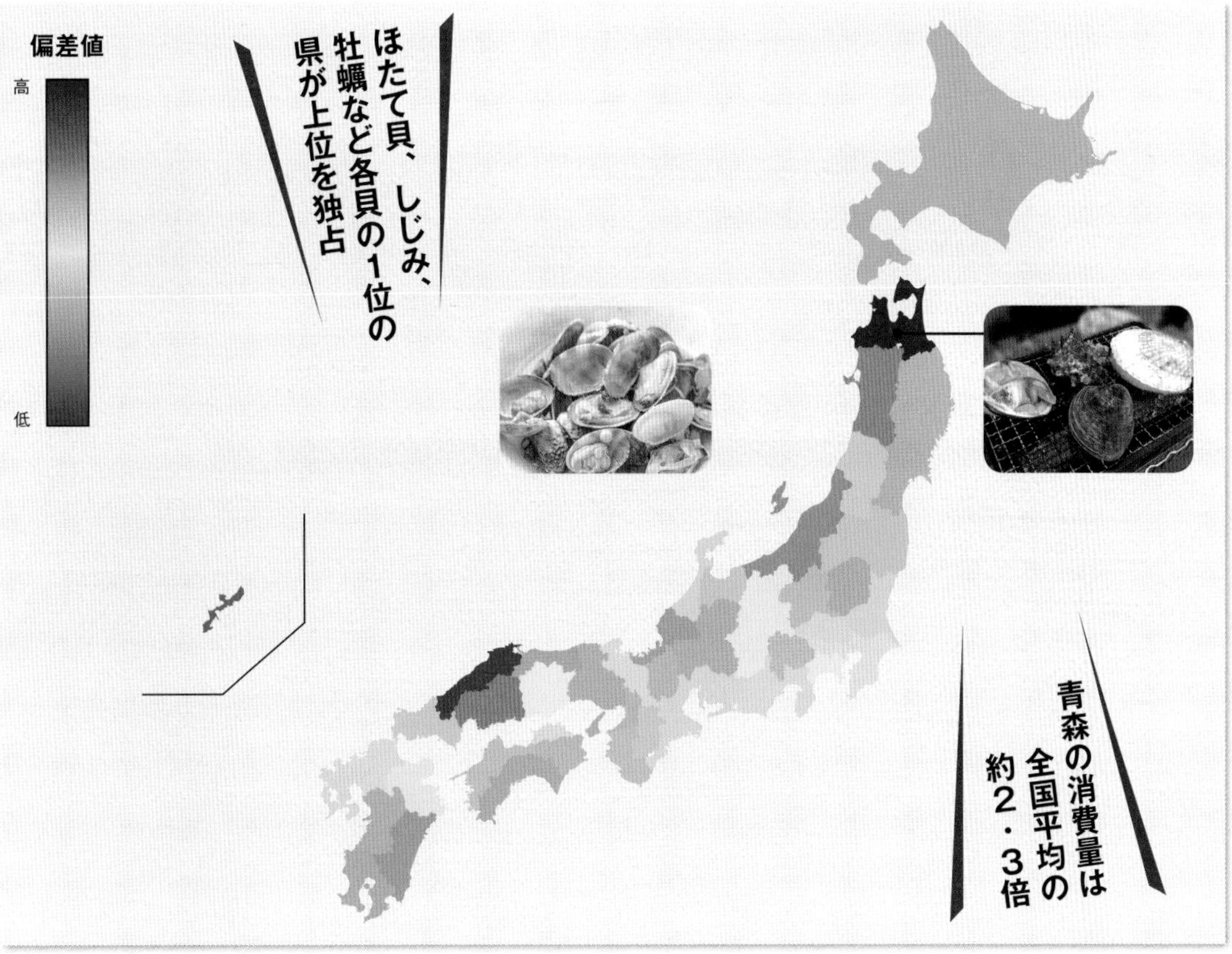
偏差値
高
低
ほたて貝、しじみ、牡蠣など各貝の1位の県が上位を独占
青森の消費量は全国平均の約2・3倍

相関データ

【正の相関】

順	係数	項目
1	0.77	魚介類消費量
2	0.75	生鮮魚介消費量
3	0.73	ほたて貝消費量
4	0.70	イカ消費量
5	0.68	しじみ消費量
6	0.68	カレイ消費量
7	0.65	りんご生産量
8	0.63	もやし消費量
9	0.63	干物消費量
10	0.61	サンマ消費量

【負の相関】

順	係数	項目
1	-0.57	年間真夏日数
2	-0.56	年間平均気温
3	-0.46	エアコン普及率
4	-0.46	15歳未満人口（子供の数）
5	-0.43	年間熱帯夜日数
6	-0.42	25歳以上ボウリング人口
7	-0.42	年間晴れ日数
8	-0.42	ハンバーガー外食費用
9	-0.41	25歳以上カラオケ人口
10	-0.41	25歳以上スポーツ人口

ほたて貝の青森が断トツ

総務省家計調査より貝類消費量のランキング。一世帯あたりの全国平均は年間2619gです。

1位はぶっちぎりで青森。6073gは全国平均の約2・3倍の消費量です。青森はほたて貝消費量で1位となっています。2位の島根は、しじみ消費量が1位、3位の広島は牡蠣の消費量が1位と、各貝の1位が上位を占めています。4位以下は秋田、新潟と続きます。

最下位は沖縄で1128g。魚介類の場合と同じく沖縄の消費量極端に少ない傾向にあります。以下、少ない順に、宮崎、福井、鹿児島、高知と続いています。

分布地図を見ると、ほたて貝消費量が多い北日本、しじみ消費量が多い山陰、牡蠣消費量が多い瀬戸内海沿岸、あさり消費量が多い東京湾周辺部で消費量が多くなっています。

ショウヒ

食塩消費量

北日本の日本海側で食塩消費量が多く、味噌の消費量も多くなっている。青森がぶっちぎりで1位。

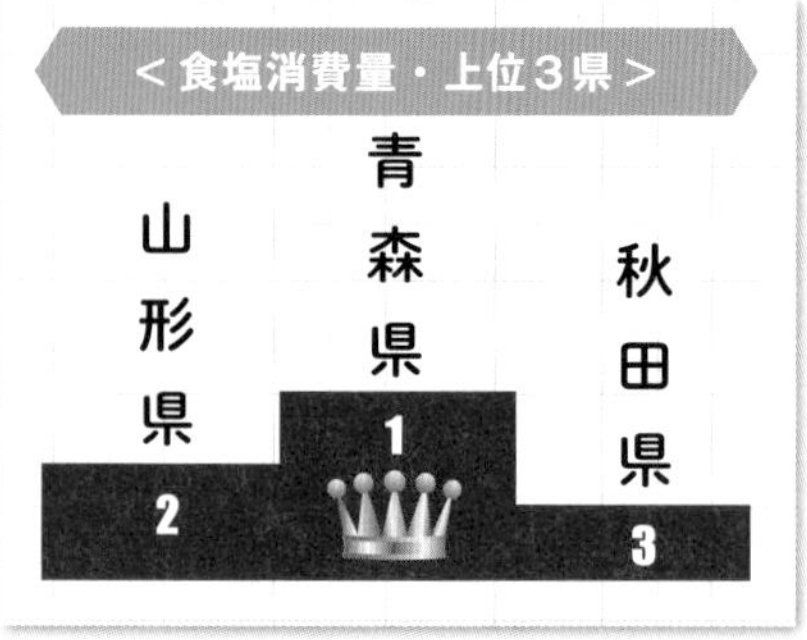

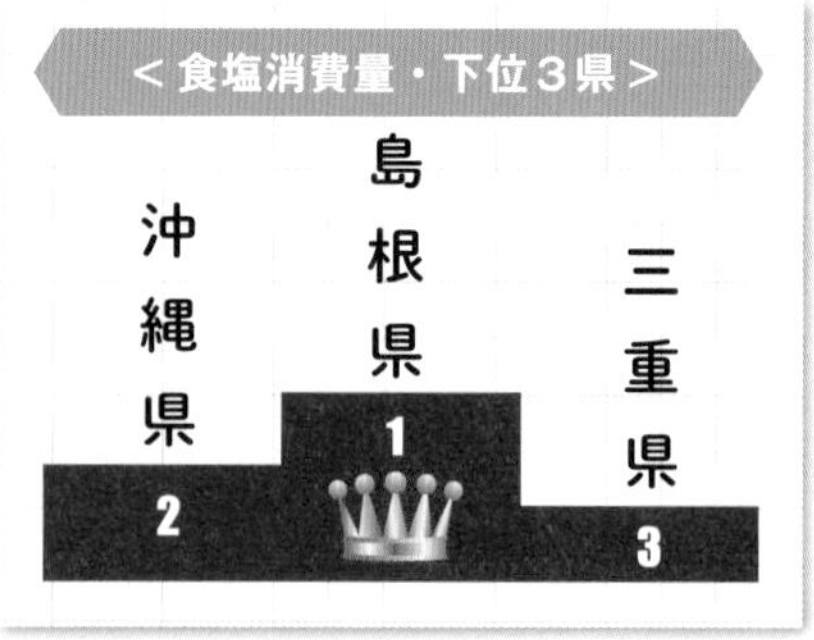

1世帯あたり年間食塩消費量ランキング

順	県名	データ	偏差値
1	青森県	3,848g	88.77
2	山形県	3,290g	78.13
3	秋田県	3,221g	76.81
4	長野県	2,819g	69.14
5	新潟県	2,579g	64.57
6	山梨県	2,036g	54.21
7	大分県	2,031g	54.12
8	岩手県	1,960g	52.76
9	和歌山県	1,929g	52.17
10	長崎県	1,913g	51.87
11	福井県	1,909g	51.79
12	岡山県	1,866g	50.97
13	福島県	1,864g	50.93
14	熊本県	1,861g	50.88
15	鹿児島県	1,828g	50.25
16	富山県	1,774g	49.22
17	群馬県	1,764g	49.03
18	広島県	1,763g	49.01
18	宮城県	1,763g	49.01
20	高知県	1,753g	48.82
21	奈良県	1,744g	48.64
22	鳥取県	1,730g	48.38
23	埼玉県	1,717g	48.13
24	栃木県	1,713g	48.05
25	香川県	1,707g	47.94
26	茨城県	1,697g	47.75
27	石川県	1,688g	47.58
28	北海道	1,668g	47.20
29	京都府	1,662g	47.08
30	静岡県	1,646g	46.78
31	福岡県	1,639g	46.64
32	佐賀県	1,618g	46.24
33	岐阜県	1,616g	46.20
34	愛媛県	1,609g	46.07
35	山口県	1,596g	45.82
36	東京都	1,574g	45.40
37	神奈川県	1,514g	44.26
38	徳島県	1,499g	43.97
39	宮崎県	1,490g	43.80
40	滋賀県	1,459g	43.21
41	千葉県	1,406g	42.20
42	愛知県	1,333g	40.81
43	大阪府	1,299g	40.16
44	兵庫県	1,269g	39.59
45	三重県	1,249g	39.21
46	沖縄県	1,242g	39.07
47	島根県	1,153g	37.38
-	全国	1,899g	-

総務省家計調査 2018

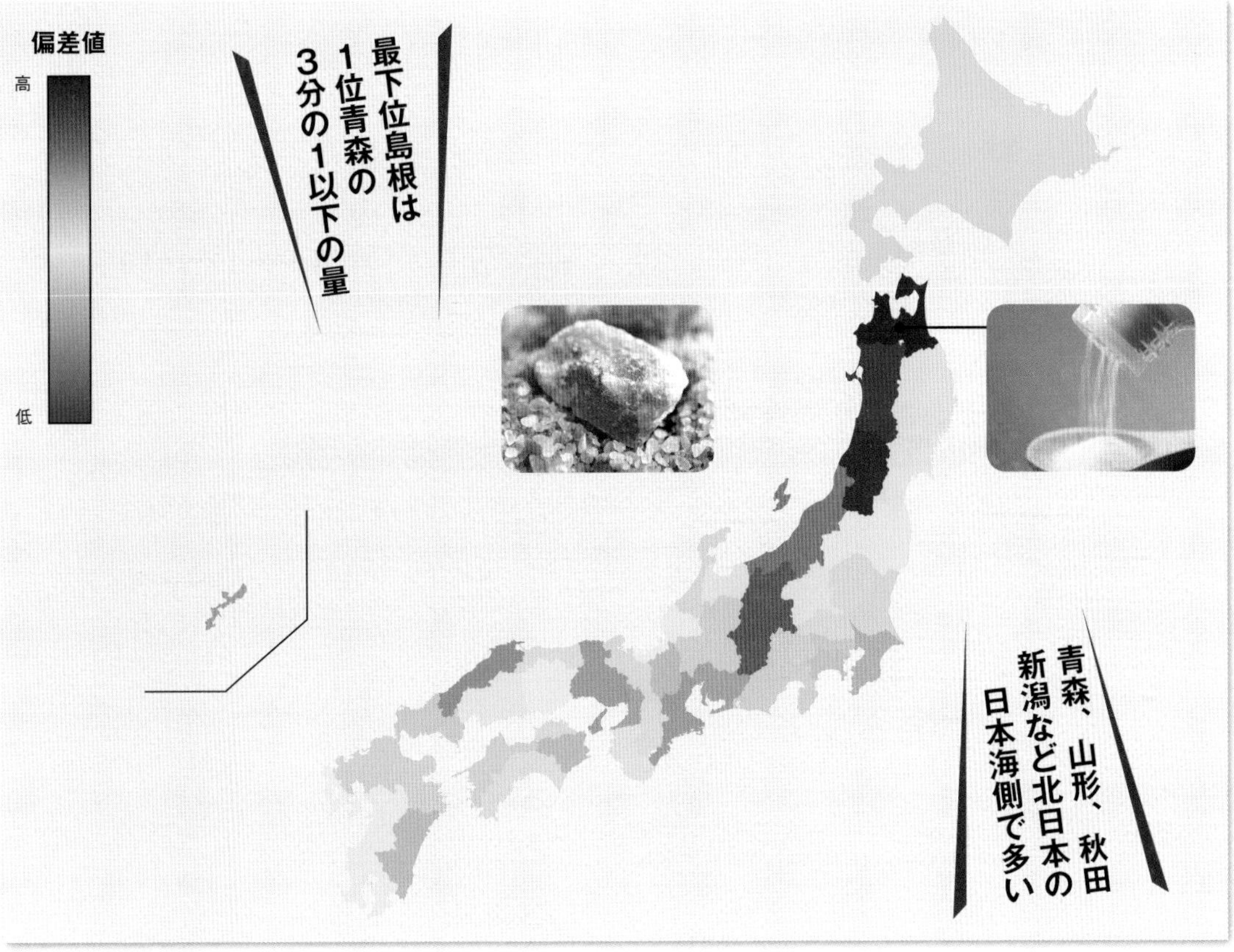
偏差値
高
低
最下位島根は1位青森の3分の1以下の量
青森、山形、秋田、新潟など北日本の日本海側で多い

相関データ

【正の相関】

順	係数	項目
1	0.72	ほたて貝消費量
2	0.68	灯油消費量
3	0.68	年間降雪量
4	0.67	イカ消費量
5	0.66	もやし消費量
6	0.65	睡眠時間
7	0.65	りんご消費量
8	0.64	年間雪日数
9	0.63	干物消費量
10	0.63	味噌消費量

【負の相関】

順	係数	項目
1	-0.56	年間平均気温
2	-0.56	25歳以上スポーツ人口
3	-0.55	スマートフォン普及率
4	-0.54	核家族率
5	-0.53	総人口増減率
6	-0.51	年間晴れ日数
7	-0.49	インターネット利用率
8	-0.49	パン消費量
9	-0.46	ソーシャルネットワーキングサービス(SNS)利用率
10	-0.46	ミネラルウォーター消費量

消費量は降雪量と相関

総務省家計調査より食塩消費量のランキング。１世帯あたりの全国平均は年間１８９９ｇです。

１位は青森で３８４８ｇ。２位以下は山形、秋田、長野、新潟の順です。

最下位は島根で１１５３ｇ。以下、少ない順に、沖縄、三重、兵庫、大阪です。

分布地図から、北日本の日本海側で消費量が多いことがわかります。

なお、味噌消費量と正の相関があり、塩の消費量が多い地方は味噌の消費量も多くなっています。

年間降雪量や干物消費量と正の相関があり、雪が多く干物をたくさん食べるところで食塩の消費量が多いです。濃い味の保存食文化のよるものと思われます。

ショウヒ

味噌消費量

本州中央部と東北地方で多く、関西で少ない傾向。1位長野は最下位兵庫の約2・3倍多い。

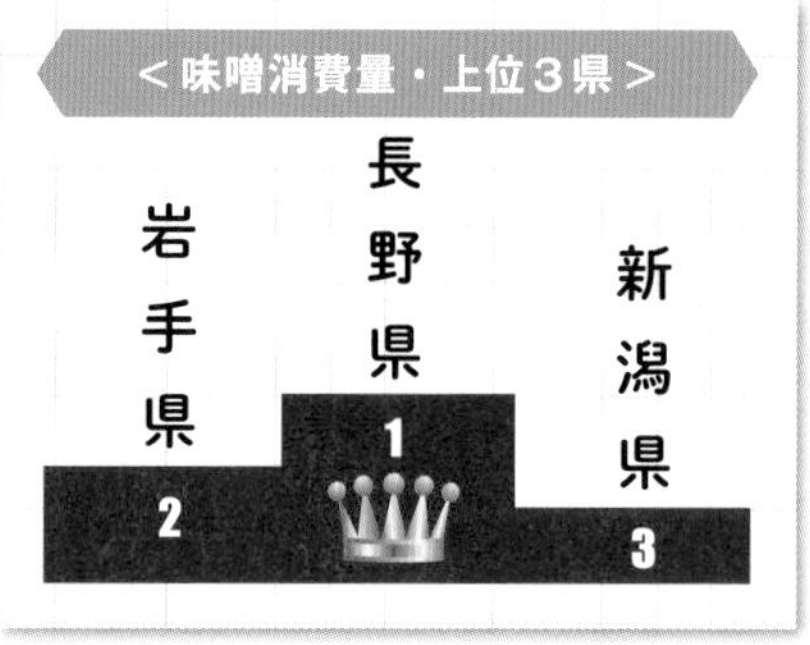

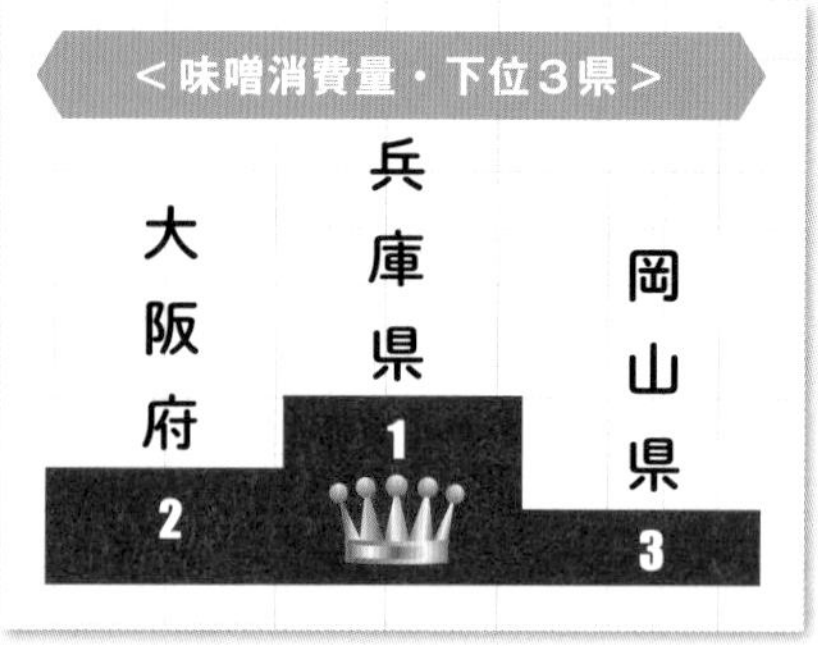

１世帯あたり年間味噌消費量ランキング

順	県名	データ	偏差値
1	長野県	8,085g	73.65
2	岩手県	7,803g	71.13
3	新潟県	7,605g	69.36
4	青森県	7,358g	67.15
5	秋田県	7,245g	66.14
6	富山県	7,114g	64.97
7	山形県	6,835g	62.47
8	宮崎県	6,511g	59.57
9	静岡県	6,406g	58.63
10	熊本県	6,283g	57.53
11	鹿児島県	6,108g	55.97
12	福島県	6,098g	55.88
13	長崎県	6,042g	55.38
14	鳥取県	5,947g	54.53
15	佐賀県	5,940g	54.46
16	大分県	5,929g	54.37
17	宮城県	5,807g	53.27
18	北海道	5,703g	52.34
19	山口県	5,585g	51.29
20	岐阜県	5,523g	50.73
21	石川県	5,426g	49.87
22	三重県	5,371g	49.37
23	福岡県	5,353g	49.21
24	福井県	5,345g	49.14
25	埼玉県	5,262g	48.40
26	茨城県	5,260g	48.38
27	千葉県	5,229g	48.10
28	徳島県	5,213g	47.96
29	愛知県	5,122g	47.15
30	神奈川県	4,968g	45.77
31	広島県	4,764g	43.94
31	島根県	4,764g	43.94
33	高知県	4,751g	43.83
34	群馬県	4,726g	43.60
35	栃木県	4,652g	42.94
36	愛媛県	4,574g	42.25
37	山梨県	4,424g	40.90
38	滋賀県	4,373g	40.45
38	和歌山県	4,373g	40.45
40	京都府	4,348g	40.22
41	東京都	4,313g	39.91
42	沖縄県	4,170g	38.63
43	香川県	4,005g	37.16
44	奈良県	3,977g	36.90
45	岡山県	3,919g	36.39
46	大阪府	3,644g	33.93
47	兵庫県	3,471g	32.38
-	全国	5,339g	-

総務省家計調査 2018

偏差値
高
低
味噌は雪国の
保存食として
重宝されている
1位長野は
信州味噌の産地
として有名

相関データ

【正の相関】

順	係数	項目
1	0.69	小学生早寝早起き率
2	0.65	もやし消費量
3	0.64	干物消費量
4	0.64	スキー・スノーボード場数
5	0.64	脳梗塞死亡者数
6	0.63	食塩消費量
7	0.62	第一次産業従業者数
8	0.62	睡眠時間
9	0.62	共働き率
10	0.60	ラーメン店舗数

【負の相関】

順	係数	項目
1	-0.63	パン消費量
2	-0.61	スマートフォン普及率
3	-0.60	ソーシャルネットワーキングサービス(SNS)利用率
4	-0.60	マクドナルド店舗数
5	-0.59	核家族率
6	-0.58	インターネット利用率
7	-0.56	大学進学率
8	-0.51	年間平均気温
9	-0.51	牛肉消費量
10	-0.50	ソース消費量

味噌消費は東高西低型

総務省の家計調査より味噌消費量のランキング。1世帯あたりの全国平均は年間5339gです。

1位は長野で8085g。全国平均より2746g多く消費しています。2位以下は岩手、新潟、青森、秋田の順です。

最下位は兵庫で3471g。1位長野より4614g少ない量です。以下、少ない順に、大阪、岡山、奈良、香川と続いています。

本州中央部と東北地方で多く、関西で少なくなっているのが特徴です。

年間雪日数や干物消費量と正の相関があり、雪が多く干物の消費量が多い地方で味噌の消費量も多くなっています。雪国は保存食の材料として味噌を多く使っているからでしょう。

ショウヒ

しょう油消費量

東北の日本海側と鳥取、九州の一部で多く、首都圏と関西で少ない。最下位は沖縄。

＜しょう油消費量・上位３県＞

1 山形県
2 鳥取県
3 青森県

＜しょう油消費量・下位３県＞

1 沖縄県
2 東京都
3 神奈川県

１世帯あたり年間しょう油消費量ランキング

順	県名	データ	偏差値
1	山形県	8,554mL	92.23
2	鳥取県	6,733mL	67.61
3	青森県	6,589mL	65.67
4	鹿児島県	6,317mL	61.99
5	大分県	6,261mL	61.23
6	佐賀県	6,160mL	59.87
7	秋田県	6,113mL	59.23
8	岡山県	5,967mL	57.26
9	長崎県	5,811mL	55.15
10	新潟県	5,797mL	54.96
11	島根県	5,794mL	54.92
12	香川県	5,739mL	54.18
13	千葉県	5,628mL	52.68
14	静岡県	5,617mL	52.53
15	京都府	5,523mL	51.26
16	三重県	5,510mL	51.08
17	富山県	5,508mL	51.05
18	岐阜県	5,493mL	50.85
19	栃木県	5,483mL	50.72
20	滋賀県	5,481mL	50.69
21	宮崎県	5,475mL	50.61
22	和歌山県	5,456mL	50.35
23	熊本県	5,436mL	50.08
24	福島県	5,395mL	49.53
25	群馬県	5,359mL	49.04
26	岩手県	5,334mL	48.70
27	茨城県	5,289mL	48.09
28	石川県	5,285mL	48.04
29	埼玉県	5,281mL	47.99
30	長野県	5,260mL	47.70
31	奈良県	5,202mL	46.92
32	福岡県	5,188mL	46.73
33	宮城県	5,183mL	46.66
34	愛知県	5,113mL	45.72
35	高知県	5,044mL	44.78
36	山梨県	4,983mL	43.96
37	徳島県	4,974mL	43.84
38	広島県	4,896mL	42.78
39	愛媛県	4,851mL	42.17
40	山口県	4,850mL	42.16
41	兵庫県	4,782mL	41.24
42	福井県	4,747mL	40.77
43	大阪府	4,706mL	40.21
44	北海道	4,649mL	39.44
45	神奈川県	4,585mL	38.58
46	東京都	4,267mL	34.28
47	沖縄県	3,542mL	24.48
-	全国	5,530mL	-

総務省家計調査 2018

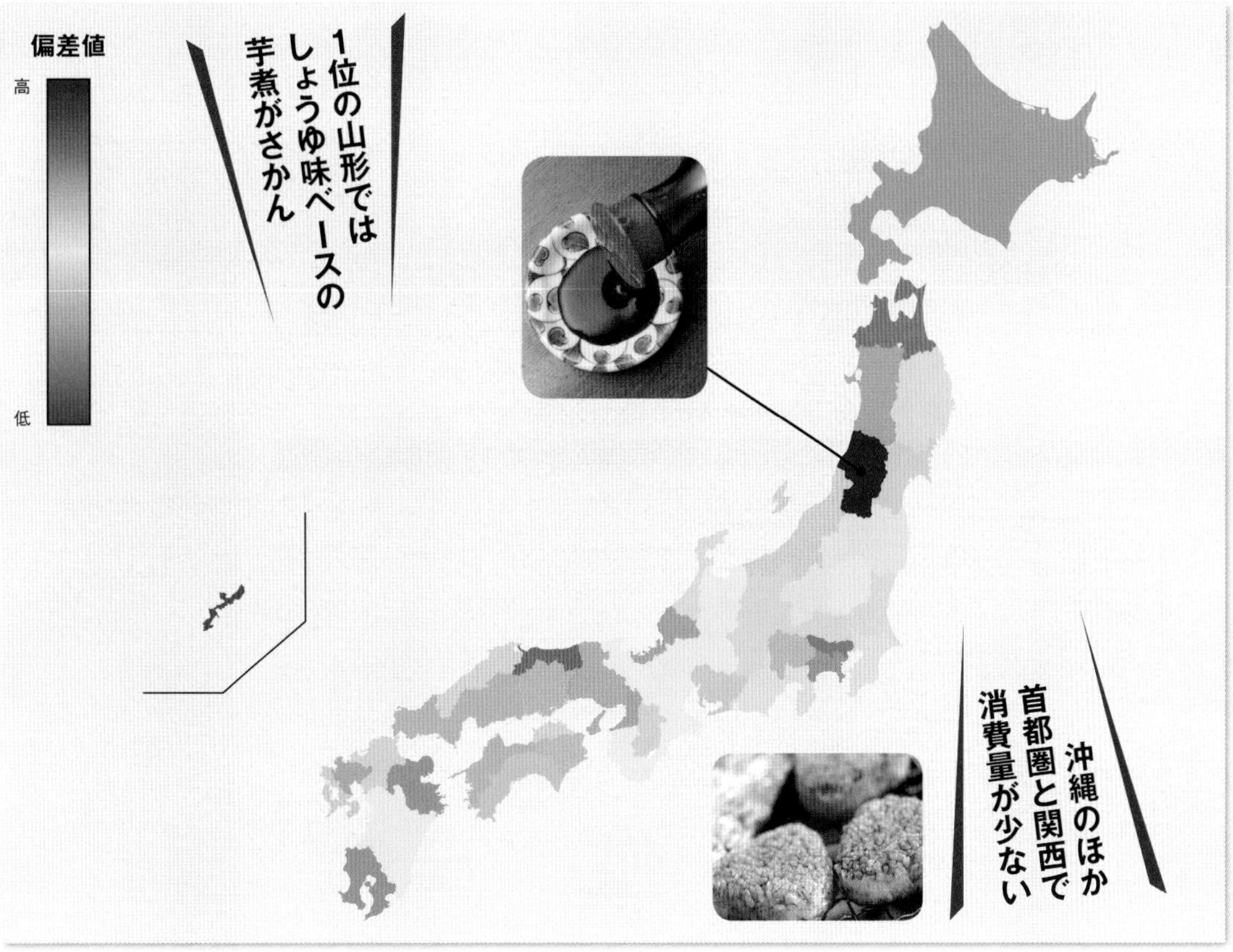
偏差値
高
低
1位の山形ではしょうゆ味ベースの芋煮がさかん
沖縄のほか首都圏と関西で消費量が少ない

相関データ

【正の相関】

順	係数	項目
1	0.65	マヨネーズ消費量
2	0.60	理容師数
3	0.58	食塩消費量
4	0.57	共働き率
5	0.57	ラーメン店舗数
6	0.55	農業就業人口
7	0.55	三世代世帯人数
8	0.55	砂糖消費量
9	0.54	インスタントラーメン消費量
10	0.50	もやし消費量

【負の相関】

順	係数	項目
1	-0.56	核家族率
2	-0.56	小学生携帯電話・スマートフォン所有率
3	-0.55	25歳以上カラオケ人口
4	-0.51	ソーシャルネットワーキングサービス(SNS)利用率
5	-0.51	25歳以上英語学習人口
6	-0.50	40代ひとり暮らし
7	-0.50	携帯電話普及率
8	-0.48	インターネット通販利用率
9	-0.48	小学生通塾率
10	-0.47	スマートフォン普及率

山形は平均の約1・5倍

総務省の家計調査よりしょう油消費量のランキング。1世帯あたりの全国平均は年間5530mL。家庭でよく使われる1L瓶に換算すると5・5本分にあたります。

1位は山形で8554mL。これは全国平均の約1・5倍の量。2位以下は鳥取、青森、鹿児島、大分の順。

最下位は沖縄県で3542mL。以下、東京、神奈川、北海道、大阪と続きます。

山形県はしょうゆ味の芋煮が調査対象になっているため消費量が多くなっています。味噌味ベースの庄内地方は山形県の消費量に含まれていません。

分布地図から、しょうゆ消費量は東北の日本海側や山陰・山陽、九州の一部で多く、首都圏と関西で少なくなっていることがわかります。

ショウヒ

砂糖消費量

長野県が断トツ。地方で多く消費され、首都圏で少ない。都市部は薄味文化が普及しているから。

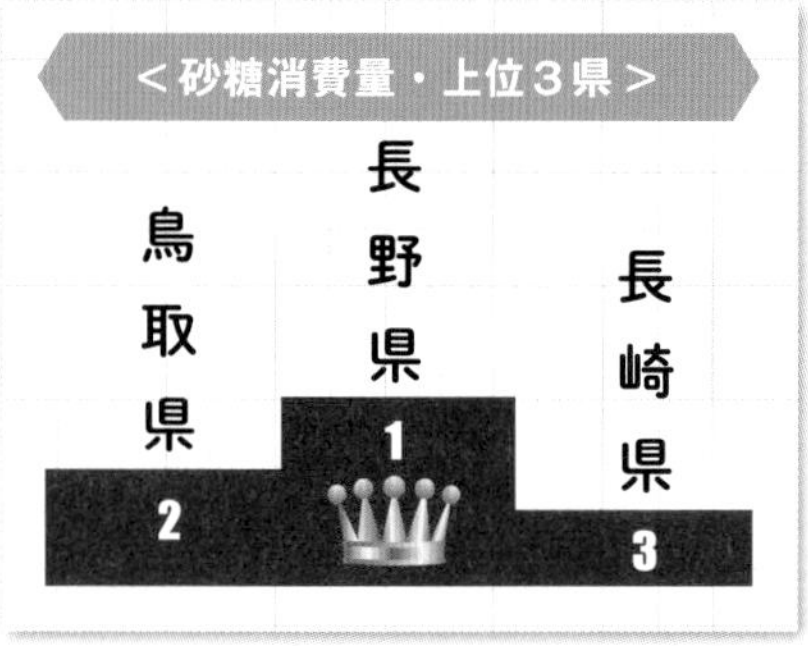

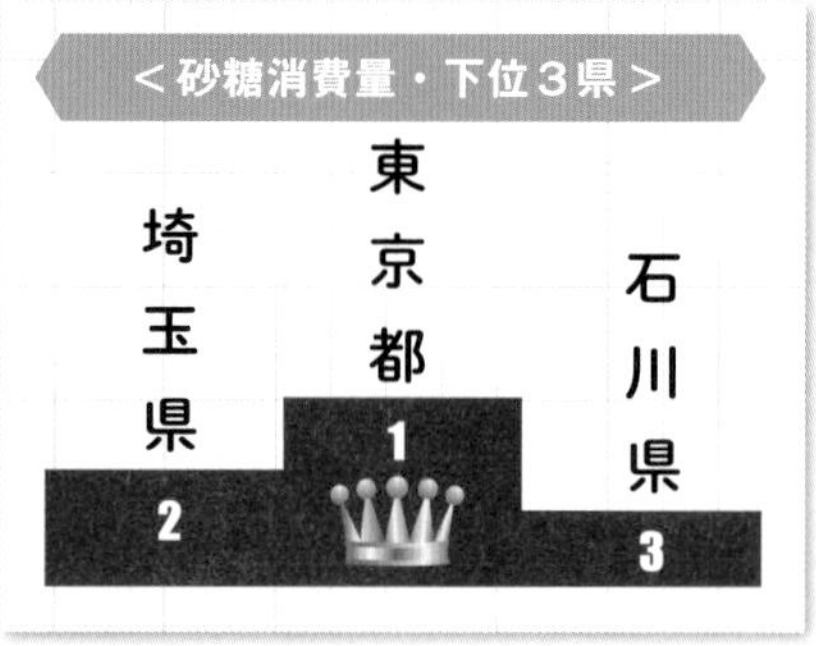

1世帯あたり年間砂糖消費量ランキング

順	県名	データ	偏差値
1	長野県	7,654g	77.72
2	鳥取県	6,959g	70.06
3	長崎県	6,862g	68.99
4	大分県	6,510g	65.11
5	山形県	6,448g	64.42
6	島根県	6,405g	63.95
7	宮崎県	6,206g	61.75
8	鹿児島県	5,989g	59.36
9	山口県	5,953g	58.96
10	秋田県	5,924g	58.64
11	和歌山県	5,839g	57.71
12	佐賀県	5,682g	55.98
13	愛媛県	5,656g	55.69
14	香川県	5,528g	54.28
15	奈良県	5,460g	53.53
16	熊本県	5,399g	52.86
17	新潟県	5,397g	52.83
18	福島県	5,318g	51.96
19	京都府	5,264g	51.37
20	岡山県	5,197g	50.63
21	兵庫県	5,105g	49.61
22	青森県	5,035g	48.84
23	岐阜県	5,029g	48.78
24	滋賀県	4,999g	48.45
25	富山県	4,968g	48.10
26	宮城県	4,964g	48.06
27	高知県	4,930g	47.69
28	静岡県	4,899g	47.34
29	群馬県	4,801g	46.26
30	徳島県	4,792g	46.16
31	栃木県	4,780g	46.03
32	福岡県	4,722g	45.39
33	三重県	4,685g	44.98
34	神奈川県	4,669g	44.81
35	北海道	4,586g	43.89
36	大阪府	4,559g	43.60
37	広島県	4,538g	43.36
38	山梨県	4,477g	42.69
39	茨城県	4,214g	39.79
40	福井県	4,142g	39.00
41	千葉県	4,124g	38.80
42	岩手県	4,077g	38.28
43	愛知県	3,987g	37.29
44	沖縄県	3,928g	36.64
45	石川県	3,761g	34.80
46	埼玉県	3,733g	34.49
47	東京都	3,423g	31.07
-	全国	5,373g	-

総務省家計調査 2018

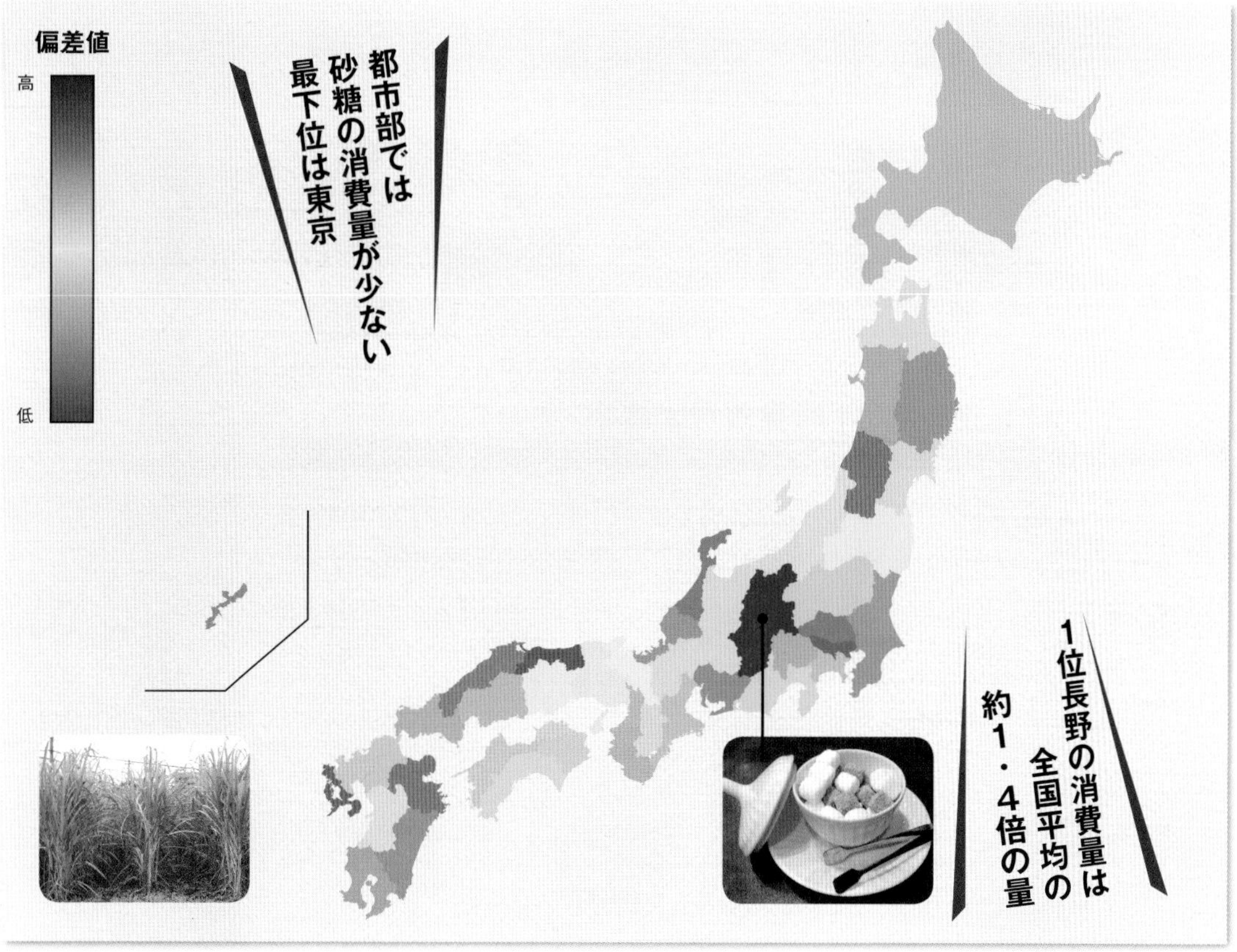
偏差値
高
低
都市部では砂糖の消費量が少ない
最下位は東京
1位長野の消費量は
全国平均の
約1・4倍の量

相関データ

【正の相関】

順	係数	項目
1	0.62	軽バン・軽トラ保有台数
2	0.61	65歳以上人口（高齢者数）
3	0.61	郵便局軒数
4	0.60	日帰り温泉数
5	0.60	賃貸住宅延べ床面積
6	0.59	25歳以上バレーボール人口
7	0.58	100歳以上高齢者数
8	0.55	マヨネーズ消費量
9	0.55	えのきたけ消費量
10	0.55	しょう油消費量

【負の相関】

順	係数	項目
1	-0.69	生産年齢人口
2	-0.61	牛丼チェーン店舗数
3	-0.59	四年制大学進学率
4	-0.58	スマートフォン普及率
5	-0.56	25歳以上映画鑑賞人口
6	-0.55	オンラインゲーム利用率
7	-0.55	中学生携帯電話・スマートフォン所有率
8	-0.55	15歳以上買い物時間
9	-0.54	25歳以上ジョギング・マラソン人口
10	-0.52	労働時間

首都圏は消費が少ない

総務省家計調査より砂糖消費量のランキング。1世帯あたりの全国平均は年間5373gです。

1位は長野で7654g。2位は鳥取、3位以下は長崎、大分、山形の順。

最下位は東京で3423g。これは長野の半分以下の量。以下、少ない順に、埼玉、石川、沖縄、愛知となります。

石川と愛知はお菓子消費量が多い県ですが、砂糖消費量は少なくなっています。

分布地図から、首都圏で砂糖の消費量が少なく、地方で多くなっていることがわかります。

ショウヒ

緑茶消費量

1位はお茶の産地・静岡。滋賀、奈良、京都など関西でも多く、本州の両端で少ない。

＜緑茶消費量・上位3県＞

1 静岡県
2 三重県
3 鹿児島県

＜緑茶消費量・下位3県＞

1 沖縄県
2 鳥取県
3 青森県

1世帯あたり年間緑茶消費量ランキング

順	県名	データ	偏差値
1	静岡県	1,520.8g	80.70
2	三重県	1,349.4g	72.83
3	鹿児島県	1,229.0g	67.30
4	滋賀県	1,189.4g	65.48
5	奈良県	1,119.6g	62.28
6	京都府	1,104.4g	61.58
7	長崎県	1,098.0g	61.29
8	佐賀県	1,050.0g	59.08
9	和歌山県	1,030.8g	58.20
10	石川県	1,024.6g	57.91
11	千葉県	1,000.0g	56.78
12	福岡県	944.6g	54.24
13	秋田県	935.8g	53.84
14	熊本県	919.4g	53.08
15	福井県	917.8g	53.01
16	神奈川県	916.7g	52.96
17	愛知県	892.4g	51.84
18	埼玉県	888.0g	51.64
19	東京都	871.4g	50.88
20	茨城県	864.4g	50.56
21	大分県	857.2g	50.23
22	島根県	849.8g	49.89
23	岐阜県	845.6g	49.69
24	宮崎県	841.6g	49.51
25	宮城県	838.6g	49.37
26	新潟県	826.0g	48.79
27	長野県	823.2g	48.67
28	大阪府	816.4g	48.35
29	群馬県	803.4g	47.76
30	栃木県	803.2g	47.75
31	富山県	791.4g	47.21
32	広島県	781.6g	46.76
33	山梨県	767.8g	46.12
34	兵庫県	709.0g	43.42
35	山口県	708.4g	43.39
36	岩手県	694.0g	42.73
37	福島県	678.2g	42.01
38	高知県	667.0g	41.49
39	愛媛県	620.8g	39.37
40	北海道	616.4g	39.17
41	香川県	613.4g	39.03
42	山形県	597.6g	38.31
43	徳島県	586.6g	37.80
44	岡山県	584.0g	37.68
45	青森県	551.4g	36.18
46	鳥取県	462.6g	32.11
47	沖縄県	454.0g	31.71
-	全国	846.4g	-

総務省 家計調査 2018

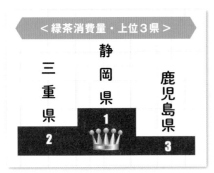

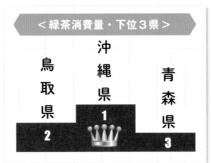

ショウヒ

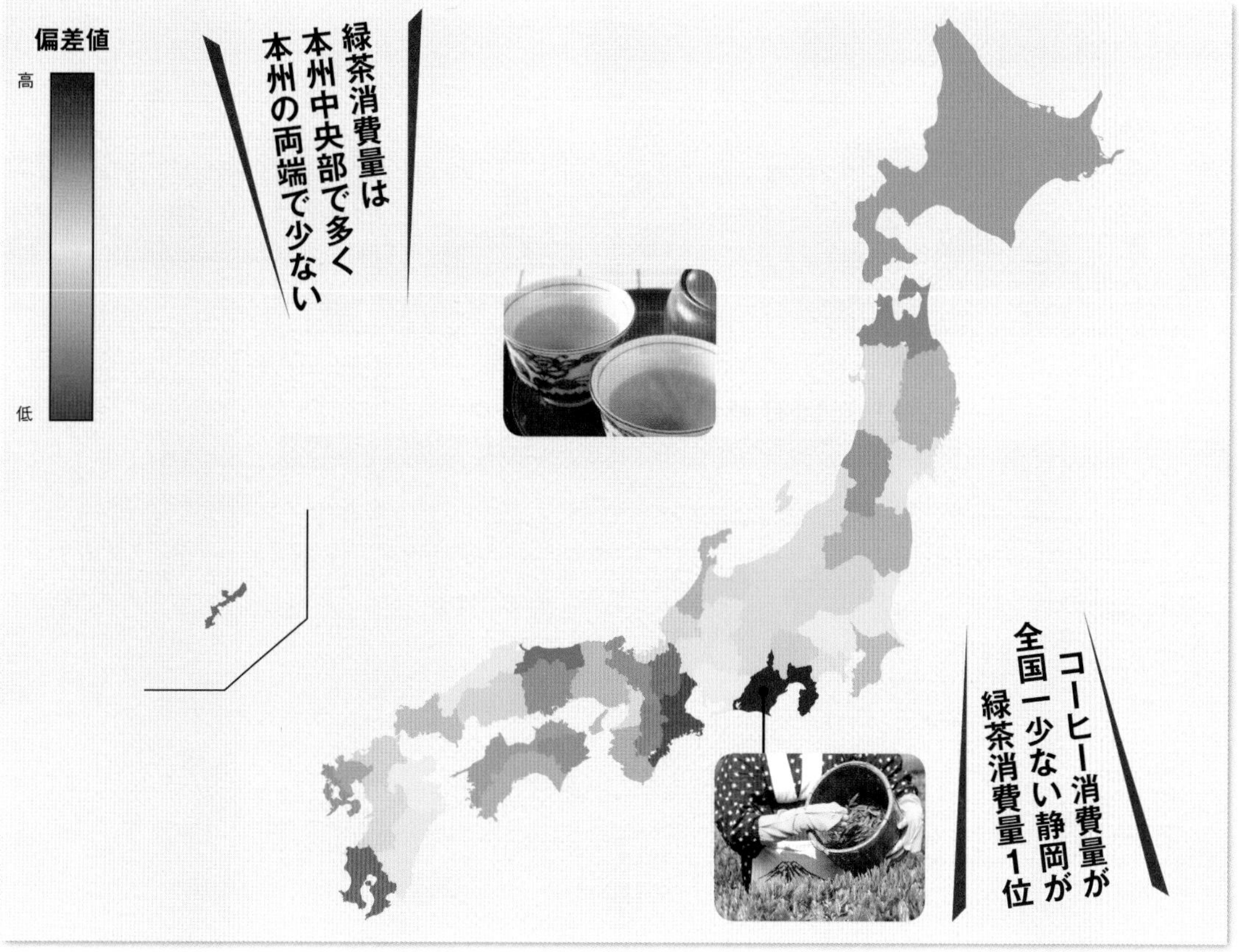
偏差値
高
低
緑茶消費量は
本州中央部で多く
本州の両端で少ない
コーヒー消費量が
全国一少ない静岡が
緑茶消費量1位

相関データ

【正の相関】

順	係数	項目
1	0.56	液体・粉末・顆粒だし消費量
2	0.44	あさり消費量
3	0.42	製造業界年収
4	0.41	1世帯あたり貯蓄額に占める有価証券比率
5	0.41	小学生宿題実行率
6	0.41	25歳以上和裁・洋裁人口
7	0.41	じゃがいも消費量
8	0.40	25歳以上国内旅行人口
–	–	–
–	–	–

【負の相関】

順	係数	項目
1	-0.63	炭酸飲料支出額
2	-0.53	ダイソー店舗数
3	-0.48	ボウリング場数
4	-0.46	ローソン店舗数
5	-0.43	中学女子サッカー部員数
6	-0.42	タクシー旅客輸送量
–	–	–
–	–	–
–	–	–
–	–	–

お茶の産地静岡が1位

総務省の家計調査より緑茶消費量のランキング。1世帯あたり消費量の全国平均は年間846・4g。

1位はお茶の産地として有名な静岡で1520・8g。全国平均の2倍近い消費量です。2位は三重で1349・4g。3位以下は鹿児島、滋賀、奈良の順。

奈良や京都が上位に入っているのは、日本文化と緑茶が深い関係にあるからでしょう。

反対に消費量が少ない順は、沖縄で454g、鳥取462・6g、以下、青森、岡山、徳島と続きます。

分布地図から、関西や東海、九州で消費量が多いことがわかります。

また、炭酸飲料消費量と負の相関があり、緑茶の消費量が多いところは炭酸飲料の消費量が少なくなっています。

紅茶消費量

ショウヒ

1位兵庫、2位神奈川、3位埼玉。紅茶消費量は首都圏と関西の二大都市周辺で多い。

＜紅茶消費量・上位３県＞

1 兵庫県
2 神奈川県
3 埼玉県

＜紅茶消費量・下位３県＞

1 愛媛県
2 福井県
3 山形県

１世帯あたり年間紅茶消費量ランキング

順	県名	データ	偏差値
1	兵庫県	352.4g	78.01
2	神奈川県	319.5g	72.31
3	埼玉県	317.8g	72.01
4	東京都	302.6g	69.38
5	奈良県	279.8g	65.43
6	京都府	267.4g	63.28
7	栃木県	257.8g	61.61
8	千葉県	241.6g	58.80
9	北海道	239.6g	58.46
10	滋賀県	238.8g	58.32
11	広島県	220.4g	55.13
12	群馬県	216.0g	54.36
13	岡山県	215.4g	54.26
14	山梨県	214.6g	54.12
15	大阪府	209.1g	53.17
16	愛知県	208.2g	53.01
17	沖縄県	201.6g	51.87
18	岩手県	195.6g	50.83
19	長崎県	194.6g	50.65
20	宮城県	192.4g	50.27
21	大分県	188.8g	49.65
22	和歌山県	187.2g	49.37
23	佐賀県	185.2g	49.02
24	岐阜県	180.0g	48.12
25	長野県	175.2g	47.29
26	石川県	171.6g	46.67
27	香川県	169.4g	46.28
28	静岡県	169.3g	46.27
29	三重県	168.0g	46.04
30	福岡県	167.2g	45.90
31	鹿児島県	160.0g	44.66
32	福島県	157.8g	44.27
33	茨城県	148.2g	42.61
34	富山県	147.0g	42.40
35	高知県	144.2g	41.92
36	徳島県	141.6g	41.46
37	鳥取県	140.6g	41.29
38	青森県	138.6g	40.94
39	島根県	137.8g	40.81
40	山口県	137.6g	40.77
41	新潟県	135.0g	40.32
42	熊本県	134.8g	40.29
43	宮崎県	134.2g	40.18
44	秋田県	124.8g	38.55
45	山形県	122.4g	38.14
46	福井県	108.8g	35.78
47	愛媛県	108.4g	35.71
-	全国	192.0g	-

総務省家計調査 2018

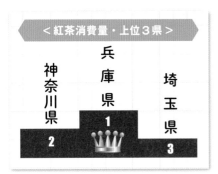

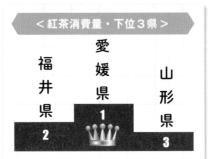

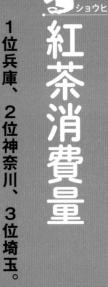

ショウヒ

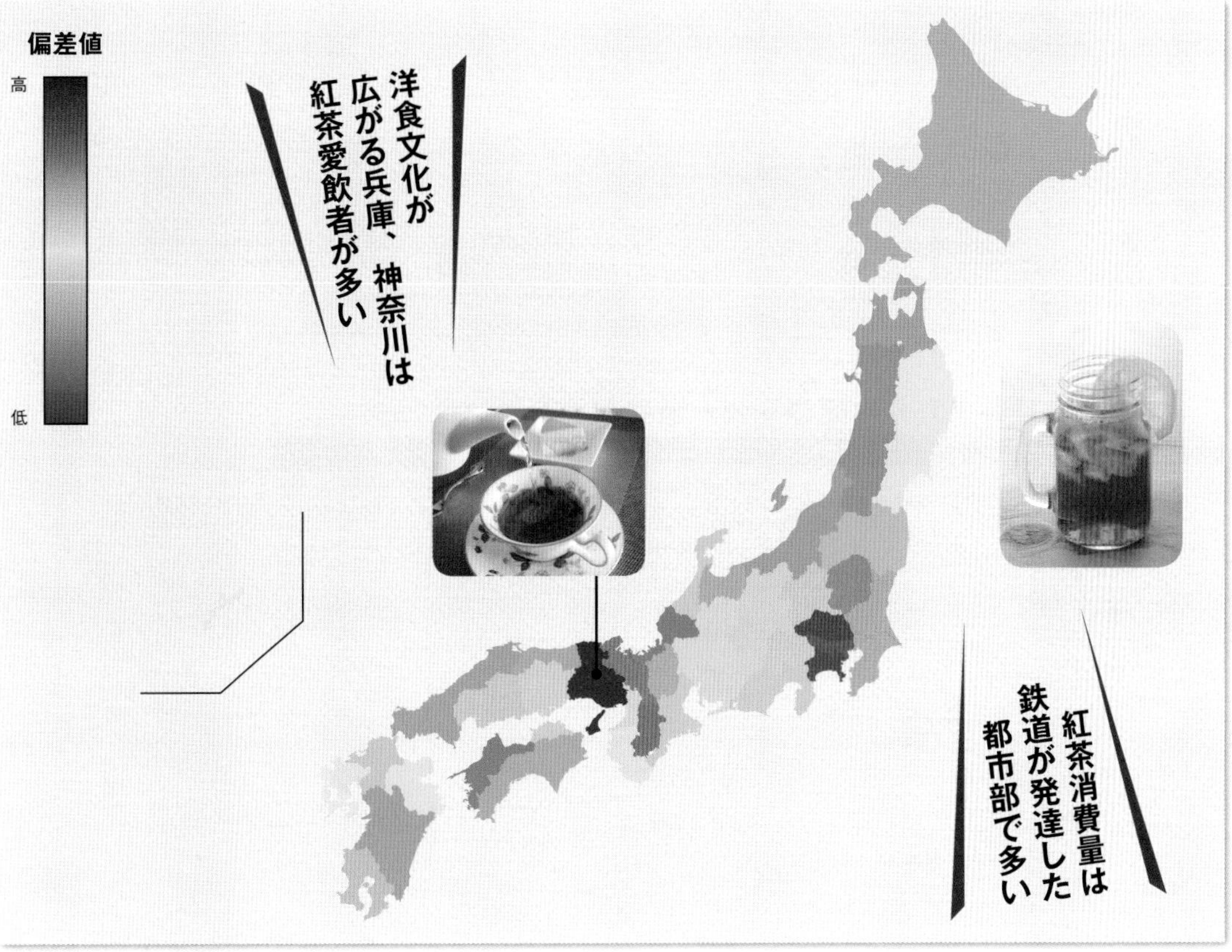
偏差値
高
低
洋食文化が広がる兵庫、神奈川は紅茶愛飲者が多い
紅茶消費量は鉄道が発達した都市部で多い

相関データ

【正の相関】

順	係数	項目
1	0.80	公共交通機関通勤・通学率
2	0.80	通勤時間
3	0.79	鉄道通勤・通学率
4	0.77	スマートフォン普及率
5	0.75	ピーマン消費量
6	0.71	バター消費量
7	0.70	ジャム消費量
8	0.68	チーズ消費量
9	0.66	レタス消費量
10	0.48	パン消費量

【負の相関】

順	係数	項目
1	-0.74	共働き率
2	-0.74	自家用車通勤・通学率
3	-0.73	軽乗用車保有台数
4	-0.71	ガソリンスタンド数
5	-0.70	睡眠時間
6	-0.69	高卒就職率
7	-0.65	農業就業人口
8	-0.51	味噌消費量
9	-0.50	ふりかけ消費量
10	-0.41	インスタントラーメン消費量

兵庫県人は紅茶を愛飲

総務省の家計調査より紅茶消費量のランキング。1世帯あたり消費量の全国平均は年間192gです。

1位は兵庫で352・4g。2位以下は神奈川、埼玉、東京、奈良と続きます。

最下位は愛媛で108・4g。以下、少ない順に、福井、山形、秋田、宮崎となっています。

分布地図を見ると首都圏と関西の二大都市周辺で消費量が多いことがわかります。

また、鉄道通勤・通学率や通勤時間との正の相関が高く、紅茶の消費量は鉄道が発達した都市部で多くなる傾向にあります。

さらに、パン消費量やバター消費量、ジャム消費量とも正の相関関係があり、洋食文化が進んでいる都市部で紅茶の消費量も多くなっているようです。

ショウヒ

コーヒー消費量

1位の京都では1日あたりカップで約5杯飲まれている。もっとも少ないのはお茶の産地の静岡。

＜コーヒー消費量・上位３県＞

1 京都府
2 広島県
3 鳥取県

＜コーヒー消費量・下位３県＞

1 静岡県
2 熊本県
3 鹿児島県

1世帯あたり年間コーヒー消費量ランキング

順	県名	データ	偏差値
1	京都府	3,567.0g	78.92
2	広島県	3,238.2g	69.53
3	鳥取県	3,196.4g	68.34
4	滋賀県	3,083.4g	65.11
5	奈良県	3,007.4g	62.94
6	石川県	2,991.2g	62.48
7	島根県	2,949.8g	61.30
8	北海道	2,860.4g	58.75
9	富山県	2,859.6g	58.72
10	岡山県	2,766.0g	56.05
11	青森県	2,744.4g	55.43
12	福岡県	2,741.4g	55.35
13	山口県	2,727.8g	54.96
14	香川県	2,725.0g	54.88
15	神奈川県	2,690.0g	53.88
16	岩手県	2,687.0g	53.80
17	愛媛県	2,678.2g	53.54
18	千葉県	2,671.2g	53.34
19	徳島県	2,667.8g	53.25
20	埼玉県	2,601.6g	51.36
21	新潟県	2,590.6g	51.04
22	茨城県	2,585.0g	50.88
23	山形県	2,560.4g	50.18
24	愛知県	2,556.2g	50.06
25	大分県	2,492.0g	48.23
26	大阪府	2,480.0g	47.88
27	東京都	2,467.4g	47.52
28	高知県	2,447.2g	46.95
29	岐阜県	2,413.6g	45.99
30	和歌山県	2,396.0g	45.49
31	三重県	2,389.6g	45.30
32	宮城県	2,383.2g	45.12
33	栃木県	2,379.2g	45.01
34	兵庫県	2,372.0g	44.80
35	群馬県	2,354.0g	44.29
36	長崎県	2,321.8g	43.37
37	沖縄県	2,313.6g	43.13
38	佐賀県	2,309.4g	43.01
39	秋田県	2,286.0g	42.34
40	福島県	2,245.2g	41.18
41	長野県	2,205.4g	40.04
42	山梨県	2,202.8g	39.97
43	福井県	2,098.2g	36.98
44	宮崎県	2,008.6g	34.42
45	鹿児島県	1,967.2g	33.24
46	熊本県	1,947.8g	32.69
47	静岡県	1,816.2g	28.93
-	全国	2,432.2g	-

総務省 家計調査 2018

ショウヒ

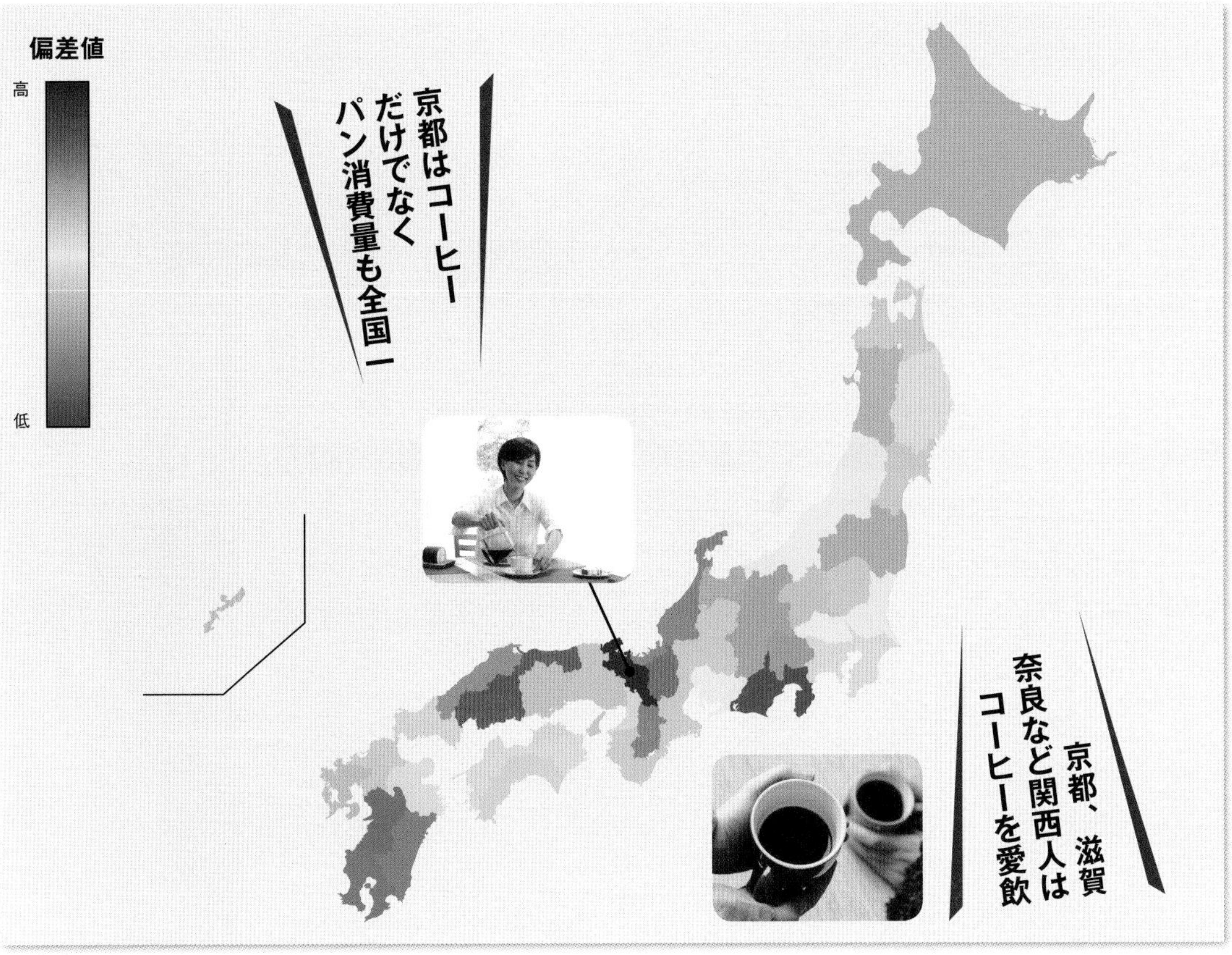
偏差値
高
低
京都はコーヒーだけでなくパン消費量も全国一
京都、滋賀、奈良など関西人はコーヒーを愛飲

相関データ

【正の相関】

順	係数	項目
1	0.58	マーガリン消費量
2	0.57	バナナ消費量
3	0.54	ジャム消費量
4	0.53	パン消費量
5	0.50	オレンジ消費量
6	0.49	牛乳消費量
7	0.48	25歳以上茶道人口
8	0.48	国宝・重要文化財数（建造物）
9	0.47	ソース消費量
–	–	–

【負の相関】

順	係数	項目
1	-0.50	バイク保有台数(125cc超)
2	-0.46	公立高校プール設置率
3	-0.44	豚畜産農家数
4	-0.42	焼酎消費量
5	-0.42	パチンコ台数
6	-0.41	日帰り温泉数
–	–	–
–	–	–
–	–	–
–	–	–

コーヒーを好む京都人

総務省の家計調査よりコーヒー消費量のランキング。1世帯あたり消費量の全国平均は年間2432・2gです。

1位は京都で3567g。京都の世帯は1日あたり9・77g、カップで換算すれば約4・9杯飲んでいることになります。2位は広島。以下、鳥取、滋賀、奈良の順。

最下位は静岡で1816・2g。以下、熊本、鹿児島、宮崎、福井と続きます。

分布地図から関西で多いことがわかります。パン消費量と正の相関にあるため、パン食文化が浸透している関西ではコーヒーの消費量も多いのです。

なお、喫茶費用が断トツの岐阜と愛知の消費量がそれほど多くないのは、両県では喫茶店で飲むことが多いからでしょう。

ショウヒ

炭酸飲料支出額

東北・北海道を中心に降雪量が多く寒い地方で、炭酸飲料の消費量が多い傾向が顕著。

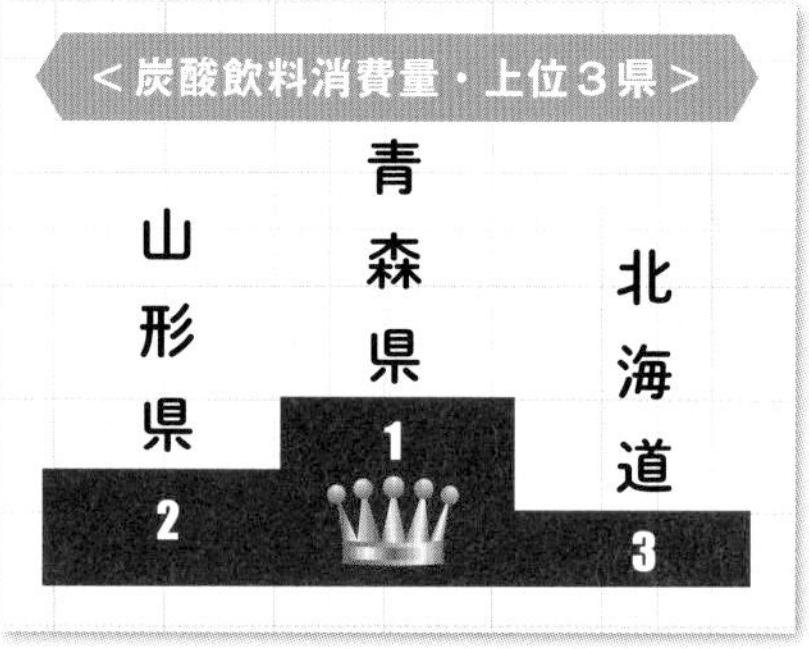

1世帯あたり年間炭酸飲料支出額ランキング

順	県名	データ	偏差値
1	青森県	7,915円	84.60
2	山形県	6,787円	70.81
3	北海道	6,440円	66.57
4	秋田県	6,017円	61.40
5	熊本県	5,970円	60.82
6	岩手県	5,942円	60.48
7	徳島県	5,878円	59.70
8	山口県	5,712円	57.67
9	千葉県	5,652円	56.93
10	福島県	5,629円	56.65
11	沖縄県	5,525円	55.38
12	鳥取県	5,524円	55.37
13	茨城県	5,508円	55.17
14	宮城県	5,507円	55.16
15	埼玉県	5,481円	54.84
16	東京都	5,451円	54.48
17	岡山県	5,444円	54.39
18	広島県	5,406円	53.93
19	大阪府	5,314円	52.80
20	佐賀県	5,278円	52.36
21	高知県	5,251円	52.03
22	香川県	5,236円	51.85
23	新潟県	5,225円	51.71
24	神奈川県	5,040円	49.45
25	群馬県	5,014円	49.14
26	富山県	4,987円	48.81
27	山梨県	4,967円	48.56
28	栃木県	4,927円	48.07
29	愛媛県	4,786円	46.35
30	福井県	4,679円	45.04
31	石川県	4,647円	44.65
32	福岡県	4,559円	43.57
33	滋賀県	4,553円	43.50
34	奈良県	4,548円	43.44
35	長野県	4,540円	43.34
36	愛知県	4,515円	43.04
37	京都府	4,445円	42.18
38	長崎県	4,350円	41.02
39	兵庫県	4,347円	40.98
39	宮崎県	4,347円	40.98
41	岐阜県	4,206円	39.26
42	大分県	4,181円	38.95
43	島根県	3,975円	36.43
44	和歌山県	3,888円	35.37
45	三重県	3,847円	34.87
46	鹿児島県	3,838円	34.76
47	静岡県	3,705円	33.13
-	全国	5,033円	-

総務省 家計調査 2018

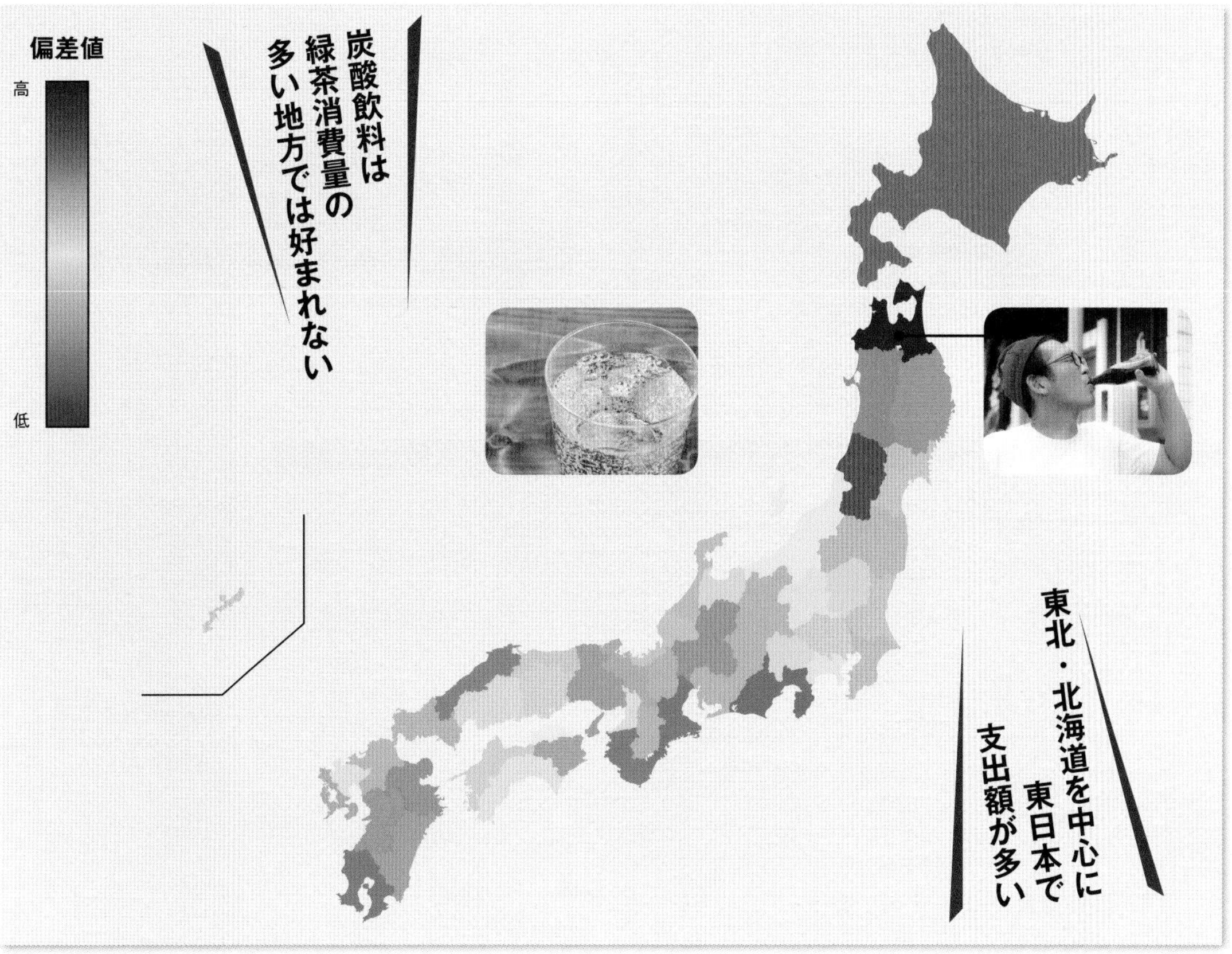
偏差値
高
低
炭酸飲料は緑茶消費量の多い地方では好まれない
東北・北海道を中心に東日本で支出額が多い

相関データ

【正の相関】

順	係数	項目
1	0.66	ほたて貝消費量
2	0.61	もやし消費量
3	0.60	灯油消費量
4	0.60	サンマ消費量
5	0.58	年間降雪量
6	0.57	インスタントラーメン消費量
7	0.56	りんご生産量
8	0.54	年間雪日数
9	0.54	サケ消費量
10	0.53	食塩消費量

【負の相関】

順	係数	項目
1	-0.63	緑茶消費量
2	-0.54	液体・粉末・顆粒だし消費量
3	-0.52	エアコン普及率
4	-0.49	ガソリン価格
5	-0.47	年間平均気温
6	-0.46	ボランティア活動参加率
7	-0.45	コメダ珈琲店店舗数
8	-0.44	年間真夏日数
–	–	–
–	–	–

1位青森、最下位静岡

総務省の家計調査より炭酸飲料支出額のランキング。1世帯あたり消費量の全国平均は年間5033円です。

1位は青森で7915円。2位以下は山形、北海道、秋田、熊本の順です。最下位は静岡で3705円。以下、少ない順に、鹿児島、三重、和歌山、島根と続いています。

分布地図から、東北・北海道を中心に東日本で消費量が多くなっていることがうかがえます。

また、炭酸飲料消費量は年間降雪量と正の相関、年間平均気温と負の相関があり、雪が多く寒い地方で炭酸飲料の消費量が多い傾向にあります。

緑茶消費量とは負の相関があり、炭酸飲料の消費量が多いところは緑茶の消費量が少なくなっています。

ショウヒ

ミネラルウォーター支出額

ミネラルウォーターの消費量は関東周辺と九州、四国など降雪量の少ない地方で多い。1位は沖縄。

1世帯あたり年間ミネラルウォーター支出額ランキング

順	県名	データ	偏差値
1	沖縄県	5,409円	78.14
2	東京都	4,763円	70.52
3	茨城県	4,441円	66.73
4	埼玉県	4,383円	66.05
5	千葉県	4,311円	65.20
6	福島県	4,255円	64.54
7	静岡県	4,052円	62.14
8	神奈川県	4,027円	61.85
9	大分県	3,617円	57.02
10	島根県	3,578円	56.56
11	愛媛県	3,526円	55.95
12	宮崎県	3,449円	55.04
13	栃木県	3,446円	55.00
14	宮城県	3,438円	54.91
15	鹿児島県	3,372円	54.13
16	群馬県	3,303円	53.32
17	福岡県	3,298円	53.26
18	香川県	3,293円	53.20
19	高知県	3,281円	53.06
20	大阪府	3,123円	51.20
21	長崎県	2,995円	49.69
22	山梨県	2,968円	49.37
23	佐賀県	2,936円	48.99
24	北海道	2,931円	48.93
25	愛知県	2,840円	47.86
26	奈良県	2,835円	47.80
27	和歌山県	2,824円	47.67
28	熊本県	2,712円	46.35
29	徳島県	2,705円	46.27
30	三重県	2,663円	45.78
31	京都府	2,658円	45.72
32	岡山県	2,606円	45.10
33	石川県	2,523円	44.13
34	広島県	2,473円	43.54
35	秋田県	2,367円	42.29
36	山口県	2,350円	42.09
37	岐阜県	2,331円	41.86
38	山形県	2,236円	40.74
39	滋賀県	2,234円	40.72
40	岩手県	2,214円	40.48
41	兵庫県	2,210円	40.44
42	長野県	2,182円	40.11
43	新潟県	1,974円	37.66
44	鳥取県	1,965円	37.55
45	福井県	1,928円	37.11
46	富山県	1,712円	34.57
47	青森県	1,272円	29.38
-	全国	3,207円	-

総務省家計調査 2018

ショウヒ

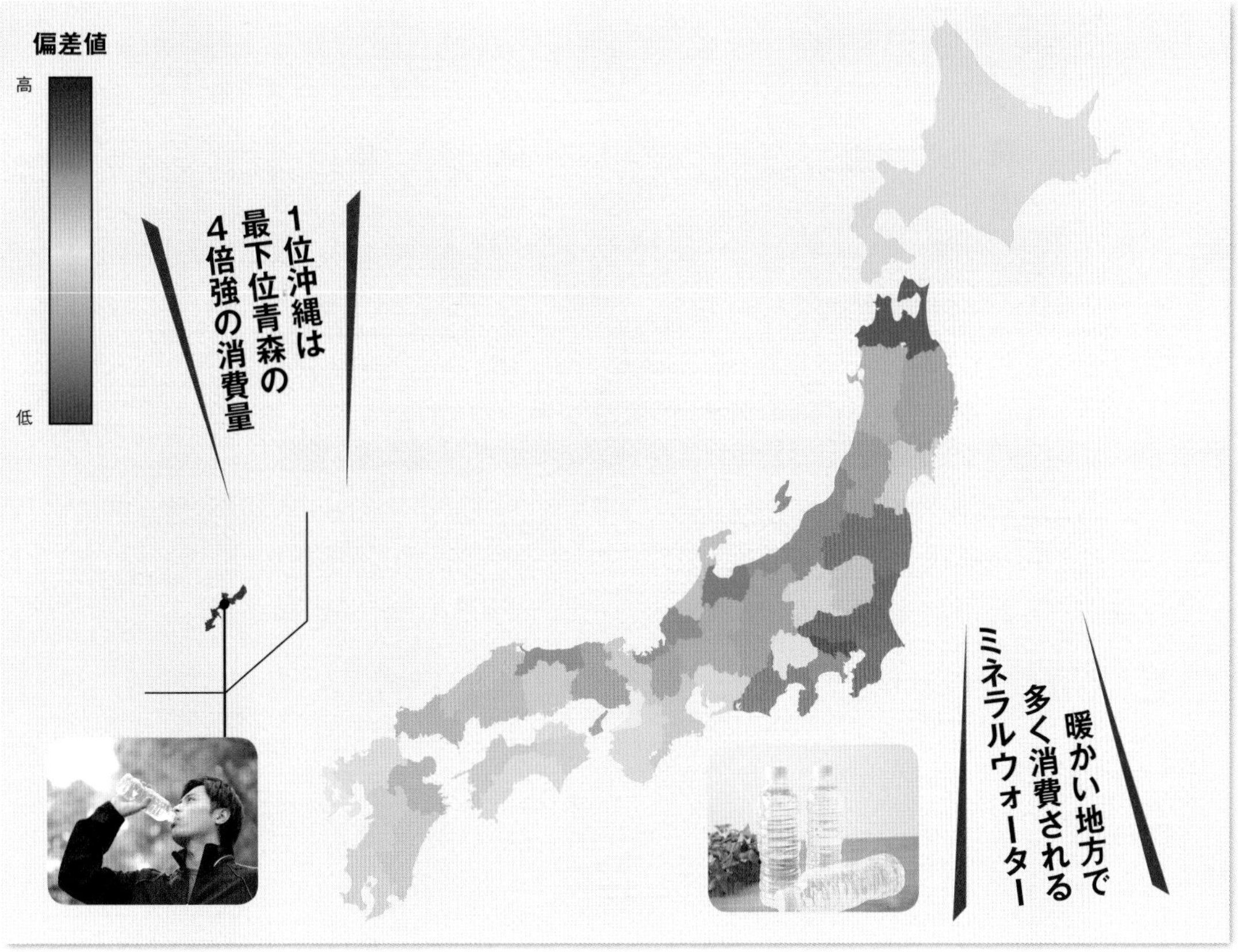
偏差値
高
低
1位沖縄は最下位青森の4倍強の消費量
暖かい地方で多く消費されるミネラルウォーター

相関データ

【正の相関】

順	係数	項目
1	0.64	60歳以上男性未婚率
2	0.61	25歳以上カラオケ人口
3	0.60	離婚件数
4	0.59	25歳以上ダンス・社交ダンス人口
5	0.55	バイク保有台数(125cc超)
6	0.54	25歳以上トレーニング人口
7	0.54	生産年齢人口増減率
8	0.53	在日アメリカ人
9	0.52	ハンバーガーショップ店舗数
10	0.43	年間平均気温

【負の相関】

順	係数	項目
1	-0.66	持ち家住宅延べ床面積
2	-0.57	持ち家率
3	-0.57	生鮮魚介消費量
4	-0.55	老舗企業数
5	-0.55	マヨネーズ消費量
6	-0.55	きのこ消費量
7	-0.53	カレイ消費量
8	-0.53	生け花・茶道教室数
9	-0.52	年間降雪量
10	-0.51	年間雪日数

沖縄が断トツ1位

総務省の家計調査よりミネラルウォーター消費量のランキング。1世帯あたり支出額の全国平均は年間3207円です。

1位は沖縄で5409円。2位以下は東京、茨城、埼玉、千葉の順。関東地方が上位を占めています。

最下位は青森で1272円。以下、富山、福井、鳥取、新潟と続き、東北、北陸地方では少ない傾向です。

関東周辺と九州、四国で多いのが特徴です。

また、年間降雪量と負の相関があり、年間平均気温と正の相関があることから、雪が少なく暖かい地方でミネラルウォーターの消費量が多いことがわかります。

ショウヒ

牛乳消費量

牛乳の消費量は首都圏と関西で多く、九州で少ない傾向。洋食の普及度と正の相関関係がある。

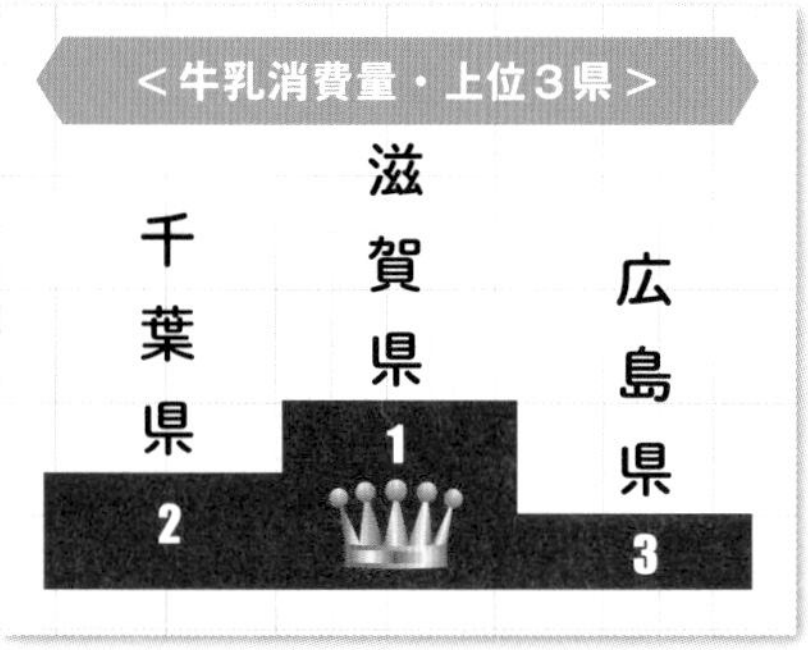

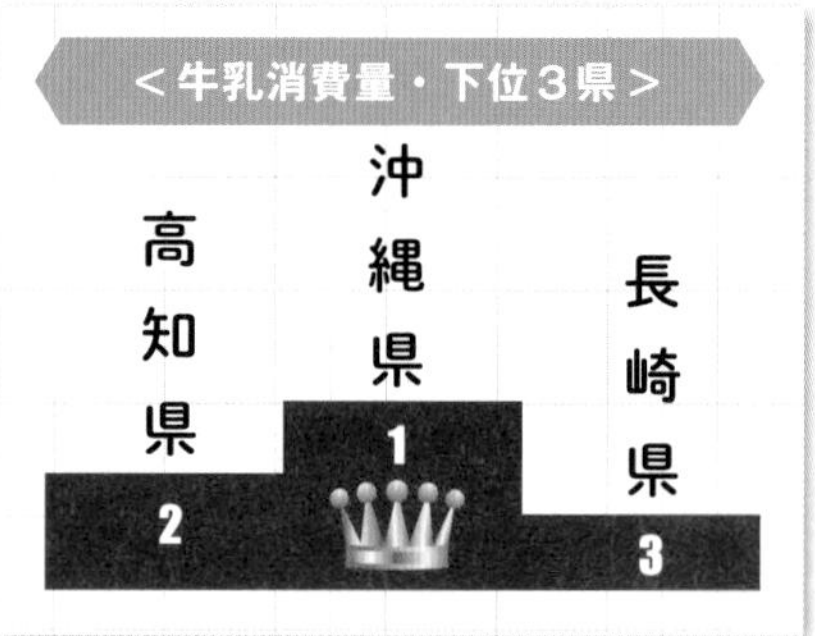

1世帯あたり年間牛乳消費量ランキング

順	県名	データ	偏差値
1	滋賀県	89.28L	65.95
2	千葉県	88.99L	65.60
3	広島県	87.79L	64.15
4	奈良県	86.96L	63.15
5	埼玉県	86.61L	62.73
6	兵庫県	86.41L	62.49
7	長野県	86.14L	62.17
8	鳥取県	84.38L	60.05
9	香川県	83.94L	59.52
10	岡山県	82.72L	58.05
11	新潟県	82.47L	57.74
12	京都府	82.09L	57.29
13	神奈川県	81.92L	57.08
14	山形県	81.68L	56.79
15	東京都	80.46L	55.32
16	富山県	80.34L	55.18
17	愛知県	79.66L	54.36
18	島根県	79.59L	54.28
19	岩手県	79.40L	54.05
20	静岡県	79.00L	53.56
21	徳島県	78.20L	52.60
22	山口県	78.04L	52.41
23	三重県	77.87L	52.20
24	宮城県	77.86L	52.19
25	大阪府	77.84L	52.17
26	石川県	77.63L	51.91
27	和歌山県	77.20L	51.40
28	群馬県	75.78L	49.69
29	栃木県	74.87L	48.59
30	佐賀県	74.43L	48.06
31	福島県	73.00L	46.34
32	北海道	72.85L	46.16
33	岐阜県	70.88L	43.78
34	茨城県	69.61L	42.25
35	愛媛県	69.12L	41.66
36	宮崎県	69.11L	41.65
37	福岡県	68.74L	41.21
38	青森県	68.21L	40.57
39	熊本県	67.24L	39.40
40	福井県	66.41L	38.40
41	山梨県	66.05L	37.96
42	大分県	65.96L	37.86
43	秋田県	65.88L	37.76
44	鹿児島県	65.83L	37.70
45	長崎県	65.13L	36.86
46	高知県	58.34L	28.68
47	沖縄県	52.02L	21.06
-	全国	77.84L	-

総務省家計調査 2018

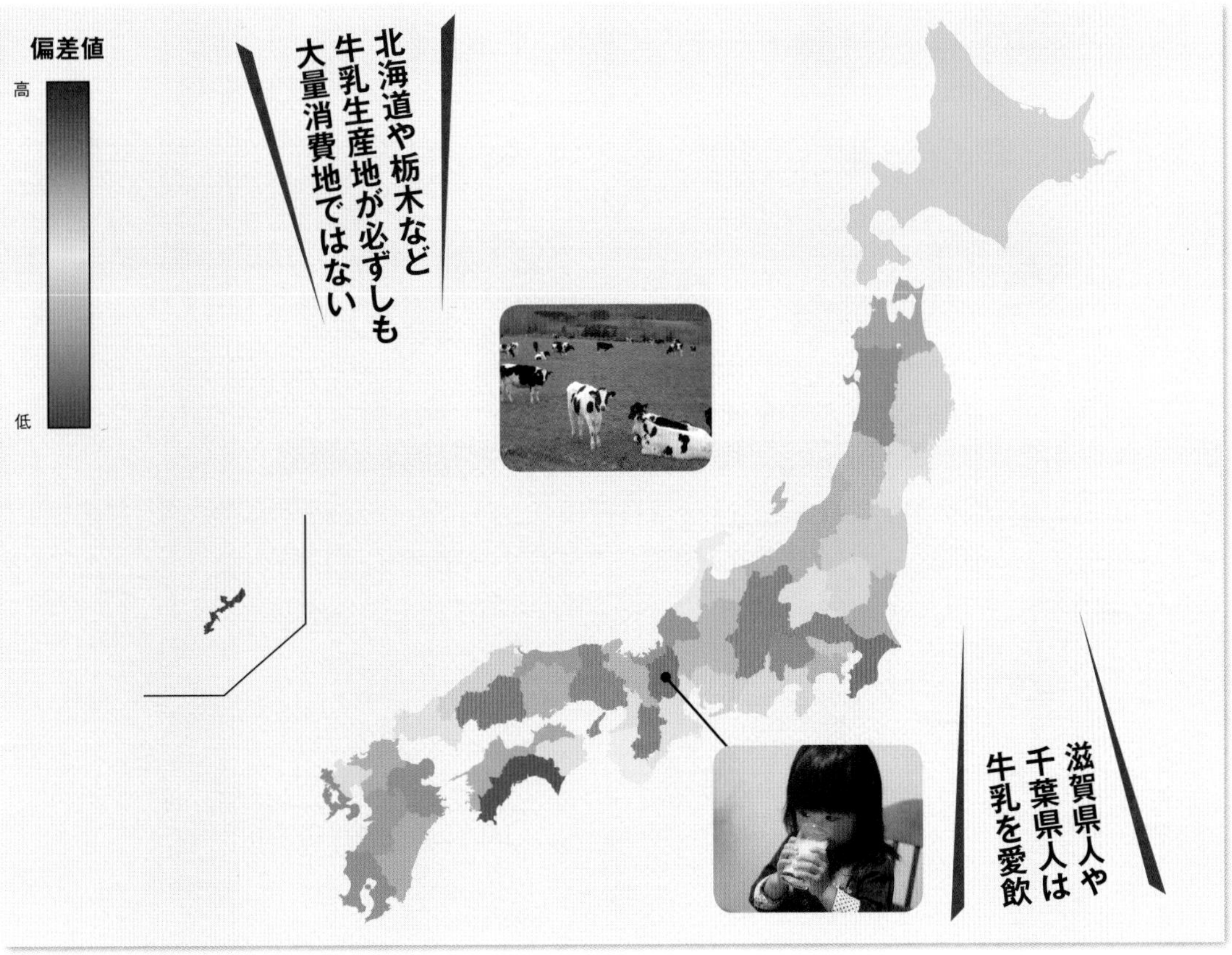
偏差値
高
低
北海道や栃木など牛乳生産地が必ずしも大量消費地ではない
滋賀県人や千葉県人は牛乳を愛飲

相関データ

【正の相関】

順	係数	項目
1	0.74	パソコン普及率
2	0.72	ジャム消費量
3	0.64	25歳以上編み物・手芸人口
4	0.64	電動ミシン普及率
5	0.64	鉄道切符代
6	0.62	25歳以上国内旅行人口
7	0.61	バナナ消費量
8	0.55	バター消費量
9	0.53	マーガリン消費量
10	0.52	パン消費量

【負の相関】

順	係数	項目
1	-0.66	飲み屋店舗数
2	-0.64	貧困率
3	-0.63	レンタルビデオ店店舗数
4	-0.55	中学校数
5	-0.54	弁当店・テイクアウト店店舗数
6	-0.54	飲食店店舗数（経済センサスベース）
7	-0.53	八百屋・果物屋店舗数
8	-0.49	焼酎消費量
9	-0.44	かつお節・削り節消費量
10	-0.44	アルコール消費量

平均は77・84L

総務省の家計調査より牛乳消費量のランキング。1世帯あたり消費量の全国平均は年間77・84Lです。

1位は滋賀で89・28L。以下は千葉、広島、奈良、埼玉と続きます。

最下位は沖縄で52・02L。以下、少ない順に、高知、長崎、鹿児島、秋田です。

首都圏と関西で多く、九州で少ないのが特徴です。

また、年間の切符代である鉄道切符代やジャム、バター、マーガリン、パンなどの消費量と正の相関があり、鉄道が発達し、洋食の普及度が高い都市部で消費量が多い傾向がうかがえます。

ショウヒ

ビール消費量

東京が断トツ1位。全国平均の1人あたり44・12Lは大瓶換算で約70本となる。

＜ビール消費量・上位３県＞

1 東京都
2 沖縄県
3 高知県

＜ビール消費量・下位３県＞

1 岐阜県
2 奈良県
3 滋賀県

20歳以上人口1人あたり年間ビール消費量ランキング

順	県名	データ	1人あたり	偏差値
1	東京都	736,655kL	63.88L	80.10
2	沖縄県	67,648kL	61.05L	76.05
3	高知県	35,344kL	58.42L	72.29
4	大阪府	400,342kL	54.71L	66.98
5	青森県	54,560kL	50.19L	60.52
6	新潟県	95,049kL	49.84L	60.02
7	北海道	223,889kL	49.59L	59.66
8	京都府	106,827kL	49.34L	59.31
9	岩手県	52,011kL	48.97L	58.78
10	秋田県	42,038kL	48.71L	58.40
11	富山県	41,306kL	46.67L	55.49
12	広島県	108,211kL	46.46L	55.19
13	石川県	43,579kL	46.12L	54.69
14	宮城県	87,778kL	45.46L	53.75
15	福井県	28,875kL	45.26L	53.47
16	鳥取県	20,908kL	44.48L	52.36
17	福島県	69,861kL	44.10L	51.81
18	宮崎県	39,401kL	44.02L	51.70
19	兵庫県	199,758kL	43.96L	51.61
20	福岡県	180,994kL	43.29L	50.65
21	和歌山県	34,137kL	43.10L	50.38
22	愛媛県	47,911kL	41.99L	48.79
23	山形県	38,725kL	41.73L	48.42
24	長野県	71,250kL	41.40L	47.95
25	愛知県	249,936kL	40.91L	47.25
26	佐賀県	27,240kL	40.66L	46.88
27	長崎県	45,757kL	40.64L	46.86
28	香川県	32,605kL	40.50L	46.66
29	島根県	22,954kL	40.13L	46.13
30	大分県	38,436kL	40.08L	46.06
31	神奈川県	297,639kL	39.27L	44.90
32	千葉県	202,300kL	39.03L	44.56
33	徳島県	24,455kL	38.88L	44.34
34	山口県	44,239kL	38.17L	43.33
35	熊本県	54,437kL	37.54L	42.43
36	栃木県	60,654kL	37.37L	42.19
37	静岡県	111,410kL	36.62L	41.12
38	山梨県	24,982kL	36.42L	40.82
39	鹿児島県	48,736kL	36.37L	40.75
40	岡山県	56,834kL	36.18L	40.48
41	三重県	53,627kL	36.06L	40.32
42	群馬県	57,577kL	35.52L	39.54
43	茨城県	85,192kL	35.51L	39.53
44	埼玉県	208,964kL	34.63L	38.27
45	滋賀県	38,265kL	33.65L	36.87
46	奈良県	37,299kL	33.27L	36.33
47	岐阜県	54,695kL	33.07L	36.03
-	全国	4,637,641kL	44.12L	-

国税庁統計情報 2016

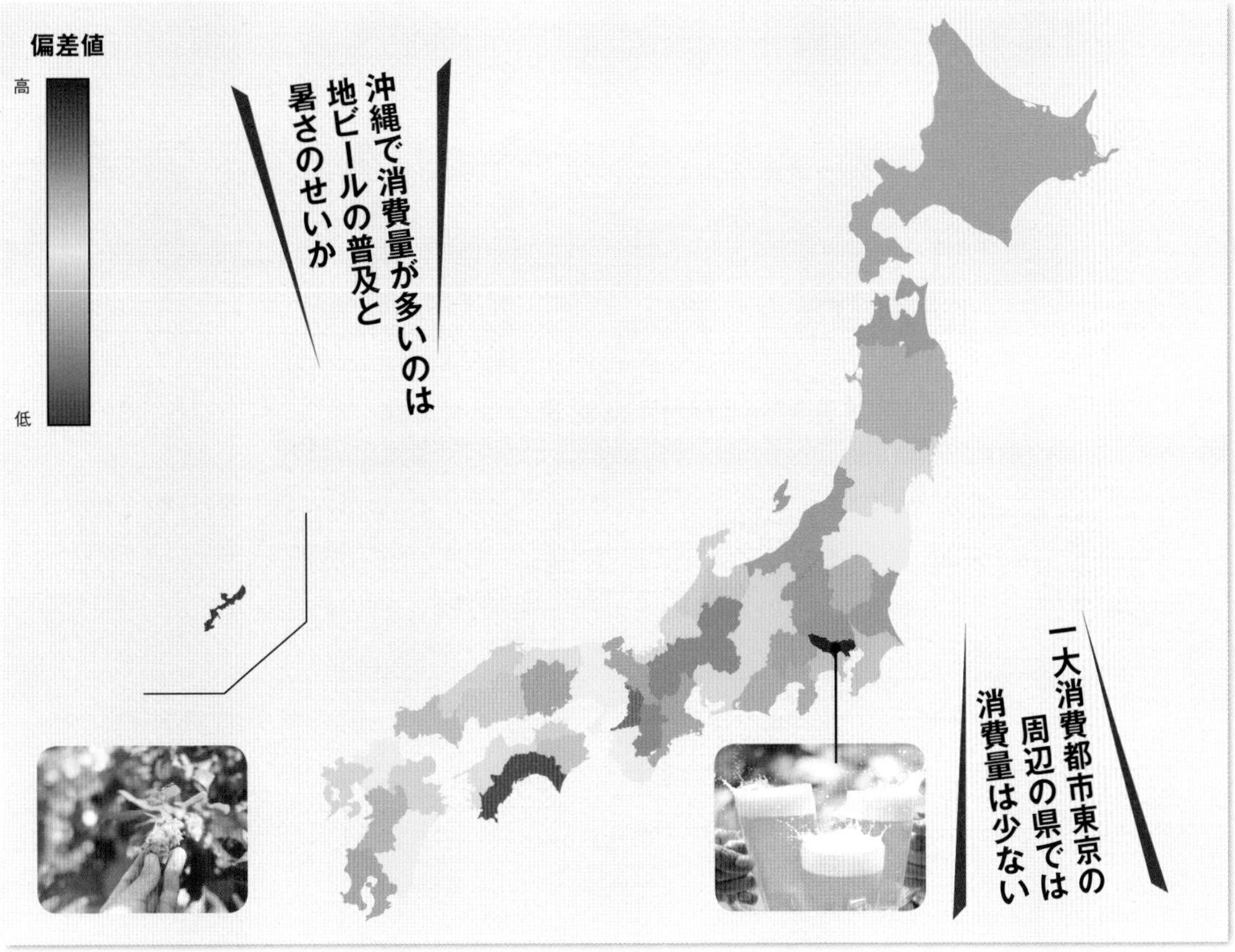
偏差値
高
低
沖縄で消費量が多いのは地ビールの普及と暑さのせいか
一大消費都市東京の周辺の県では消費量は少ない

相関データ

【正の相関】

順	係数	項目
1	0.69	飲食店店舗数（経済センサスベース）
2	0.66	アルコール消費量
3	0.64	飲み屋店舗数
4	0.60	高齢者の生活保護受給者数
5	0.54	大企業数
6	0.54	第三次産業従業者数
7	0.54	生活保護受給者
8	0.53	ひとり暮らし率
9	0.49	貧困率
10	0.49	上場企業数

【負の相関】

順	係数	項目
1	-0.74	夫婦数
2	-0.72	25歳以上園芸・ガーデニング人口
3	-0.64	ピアノ普及率
4	-0.54	運転免許保有者数
5	-0.54	25歳以上まちづくり活動人口
6	-0.54	工業生産額
7	-0.49	持ち家率
8	-0.49	自動車普及率
9	-0.48	製造業従業者数
10	0.00	25歳以上サイクリング人口

ビール消費量1位は東京

国税庁の統計情報よりビール消費量ランキング。全国のビール消費量は46億3764万1499Lで、20歳以上人口1人あたり44・12Lで、大瓶に換算して約70本にあたります。これは家庭内、飲食店を含めた総消費量にあたります。

1位は東京で63・88L。以下、沖縄、高知、大阪、青森の順。

最下位は岐阜。以下、少ない順に、奈良、滋賀、埼玉、茨城となっています。

東海から関東にかけての太平洋岸で消費量が少なく、東京だけ消費量が多いのが特徴。

東京は企業や飲食店の数が多く、職場の近くでビールを飲んで都外の自宅に帰る人が多いためと思われます。

ショウヒ

焼酎消費量

南九州で消費量が多く、関西を中心に本州中央部で少ない。上位は焼酎王国九州の県が占める。

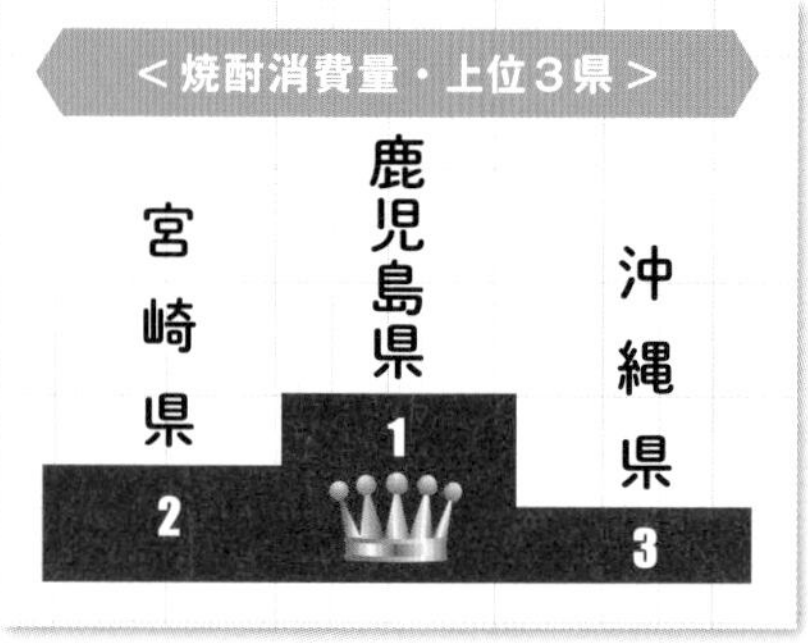

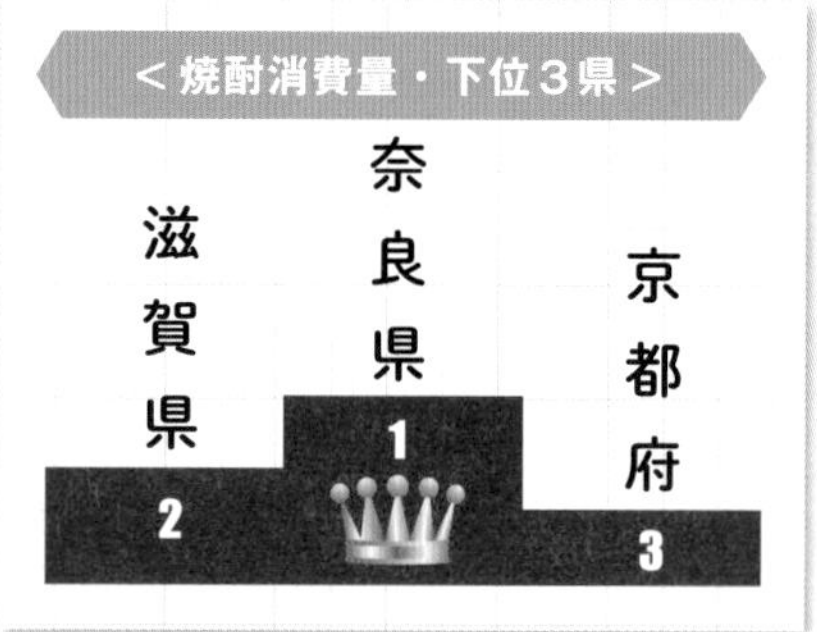

20歳以上人口1人あたり年間焼酎消費量ランキング

順	県名	データ	1人あたり	偏差値
1	鹿児島県	32,765kL	24.45L	95.64
2	宮崎県	18,293kL	20.44L	83.97
3	沖縄県	15,618kL	14.10L	65.53
4	大分県	12,724kL	13.27L	63.12
5	熊本県	15,853kL	10.93L	56.33
6	青森県	11,786kL	10.84L	56.07
7	長崎県	11,504kL	10.22L	54.25
8	秋田県	8,744kL	10.13L	54.00
9	福岡県	41,774kL	9.99L	53.59
10	岩手県	10,445kL	9.84L	53.14
11	東京都	111,985kL	9.71L	52.78
12	島根県	5,345kL	9.34L	51.71
13	北海道	41,808kL	9.26L	51.47
14	山形県	8,593kL	9.26L	51.46
15	福島県	13,677kL	8.63L	49.65
16	群馬県	13,996kL	8.63L	49.65
17	佐賀県	5,744kL	8.57L	49.47
18	宮城県	16,515kL	8.55L	49.41
19	山梨県	5,866kL	8.55L	49.40
20	広島県	19,776kL	8.49L	49.23
21	高知県	4,986kL	8.24L	48.50
22	山口県	9,400kL	8.11L	48.12
23	鳥取県	3,760kL	8.00L	47.80
24	栃木県	12,940kL	7.97L	47.72
25	新潟県	14,996kL	7.86L	47.41
26	埼玉県	47,387kL	7.85L	47.38
27	愛媛県	8,952kL	7.85L	47.35
28	長野県	13,450kL	7.82L	47.26
29	静岡県	23,735kL	7.80L	47.23
30	千葉県	38,507kL	7.43L	46.14
31	岡山県	11,492kL	7.32L	45.81
32	神奈川県	55,403kL	7.31L	45.80
33	徳島県	4,594kL	7.30L	45.78
34	茨城県	17,243kL	7.19L	45.44
35	香川県	5,504kL	6.84L	44.42
36	和歌山県	5,373kL	6.78L	44.27
37	大阪府	48,614kL	6.64L	43.86
38	石川県	6,238kL	6.60L	43.73
39	兵庫県	29,227kL	6.43L	43.24
40	富山県	5,626kL	6.36L	43.02
41	三重県	9,349kL	6.29L	42.82
42	福井県	3,952kL	6.19L	42.55
43	愛知県	36,257kL	5.94L	41.80
44	岐阜県	9,519kL	5.76L	41.27
45	京都府	12,395kL	5.73L	41.19
46	滋賀県	6,093kL	5.36L	40.12
47	奈良県	5,996kL	5.35L	40.09
-	全国	858,181kL	8.16L	-

国税庁統計情報 2016

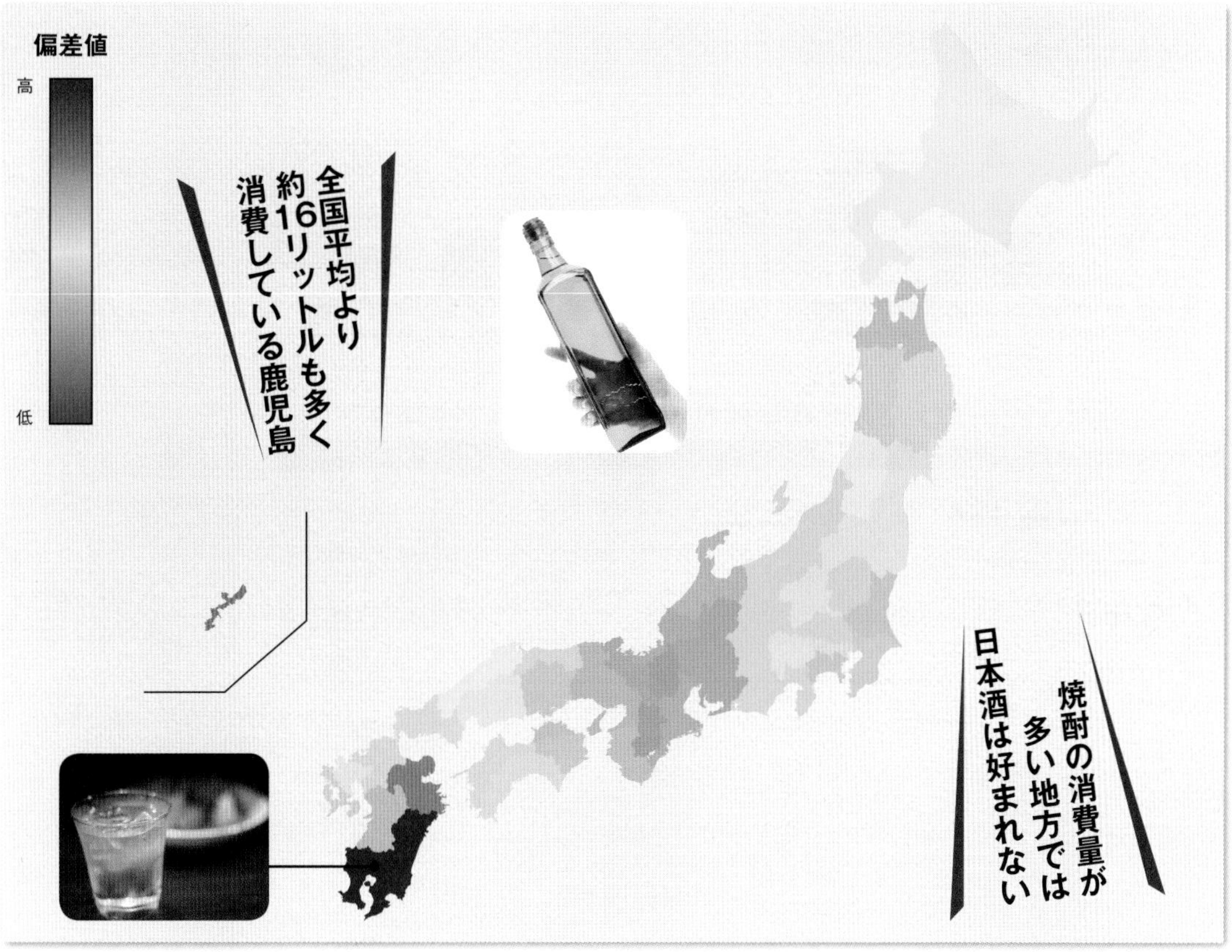
偏差値
高
低
全国平均より
約16リットルも多く
消費している鹿児島
焼酎の消費量が
多い地方では
日本酒は好まれない

相関データ

【正の相関】

順	係数	項目
1	0.88	豚畜産農家数
2	0.88	焼酎酒造場数
3	0.86	肉用牛畜産農家数
4	0.75	アルコール消費量
5	0.72	養殖ブリ漁獲量
6	0.65	食糧自給率(生産額ベース)
7	0.63	獣医師数
8	0.61	飲み屋店舗数
9	0.59	老人福祉・介護事業所数
10	0.59	第一次産業従業者数

【負の相関】

順	係数	項目
1	-0.60	中学生長時間ゲームプレイ率
2	-0.58	年収1000万円以上世帯数
3	-0.57	パソコン普及率
4	-0.55	マーガリン消費量
5	-0.53	四年制大学進学率
6	-0.51	コロッケ消費量
7	-0.51	ジャム消費量
8	-0.51	ハム消費量
9	-0.50	もち消費量
10	-0.42	日本酒消費量

鹿児島が突出して1位

国税庁統計情報より焼酎消費量のランキング。全国の消費量は88億5818万1045Lで、20歳以上人口1人あたり8・16Lです。これは家庭内、飲食店を含めた総消費量にあたります。

1位は産地の鹿児島で24・45L。全国平均より約16Lも多くなっています。2位以下は宮崎、沖縄、大分、熊本の順で九州各県が上位を占めています。

最下位は奈良で、以下、滋賀、京都、岐阜、愛知と続きます。

南九州で消費量が多く、関西を中心に本州中央部で消費量が少なくなっています。

日本酒消費量とは負の相関があり、焼酎消費量が多い地方は日本酒消費量が少なくなっています。

ショウヒ

日本酒消費量

日本酒は東北や北陸など日本海側で消費量が多く、焼酎王国の九州で少なくなっている。

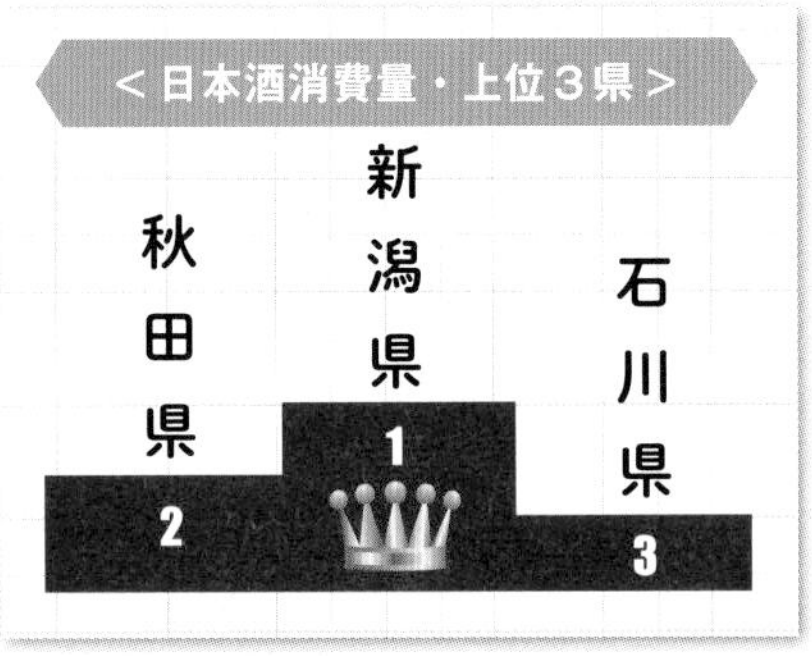

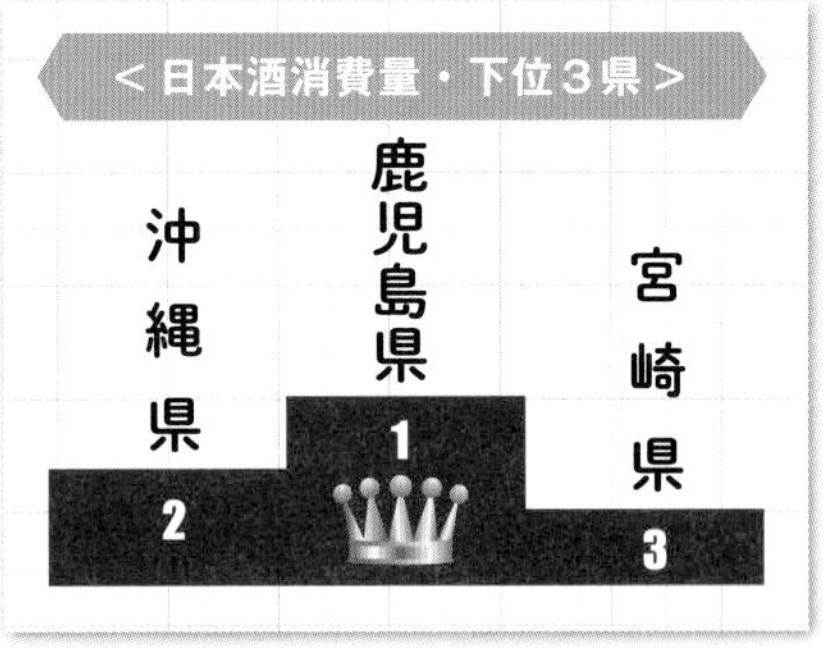

20歳以上人口1人あたり年間日本酒消費量ランキング

順	県名	データ	1人あたり	偏差値
1	新潟県	25,404kL	13.32L	85.83
2	秋田県	8,607kL	9.97L	69.47
3	石川県	8,956kL	9.48L	67.04
4	山形県	7,966kL	8.58L	62.68
5	福島県	13,321kL	8.41L	61.82
6	長野県	14,099kL	8.19L	60.76
7	富山県	7,237kL	8.18L	60.69
8	島根県	4,480kL	7.83L	59.00
9	鳥取県	3,513kL	7.47L	57.25
10	岩手県	7,807kL	7.35L	56.65
11	福井県	4,685kL	7.34L	56.61
12	青森県	7,643kL	7.03L	55.09
13	佐賀県	4,502kL	6.72L	53.56
14	宮城県	12,914kL	6.69L	53.41
15	東京都	76,125kL	6.60L	52.99
16	京都府	13,798kL	6.37L	51.87
17	高知県	3,840kL	6.35L	51.74
18	和歌山県	4,978kL	6.29L	51.44
19	岐阜県	9,726kL	5.88L	49.46
20	栃木県	9,517kL	5.86L	49.38
21	山梨県	4,022kL	5.86L	49.38
22	茨城県	13,630kL	5.68L	48.49
23	広島県	13,105kL	5.63L	48.22
24	滋賀県	6,289kL	5.53L	47.76
25	北海道	24,558kL	5.44L	47.31
26	奈良県	6,092kL	5.43L	47.28
27	愛媛県	6,174kL	5.41L	47.17
28	兵庫県	24,404kL	5.37L	46.97
29	群馬県	8,703kL	5.37L	46.96
30	静岡県	16,256kL	5.34L	46.84
31	岡山県	8,369kL	5.33L	46.76
32	山口県	6,170kL	5.32L	46.74
33	香川県	4,274kL	5.31L	46.67
34	徳島県	3,298kL	5.24L	46.35
35	大分県	4,947kL	5.16L	45.93
36	三重県	7,583kL	5.10L	45.65
37	福岡県	20,981kL	5.02L	45.25
38	大阪府	36,497kL	4.99L	45.10
39	長崎県	5,403kL	4.80L	44.17
40	千葉県	24,742kL	4.77L	44.05
41	埼玉県	27,036kL	4.48L	42.62
42	神奈川県	32,720kL	4.32L	41.82
43	愛知県	25,293kL	4.14L	40.96
44	熊本県	4,480kL	3.09L	35.82
45	宮崎県	2,311kL	2.58L	33.34
46	沖縄県	1,682kL	1.52L	28.14
47	鹿児島県	1,847kL	1.38L	27.46
-	全国	588,302kL	5.60L	-

国税庁統計情報 2016

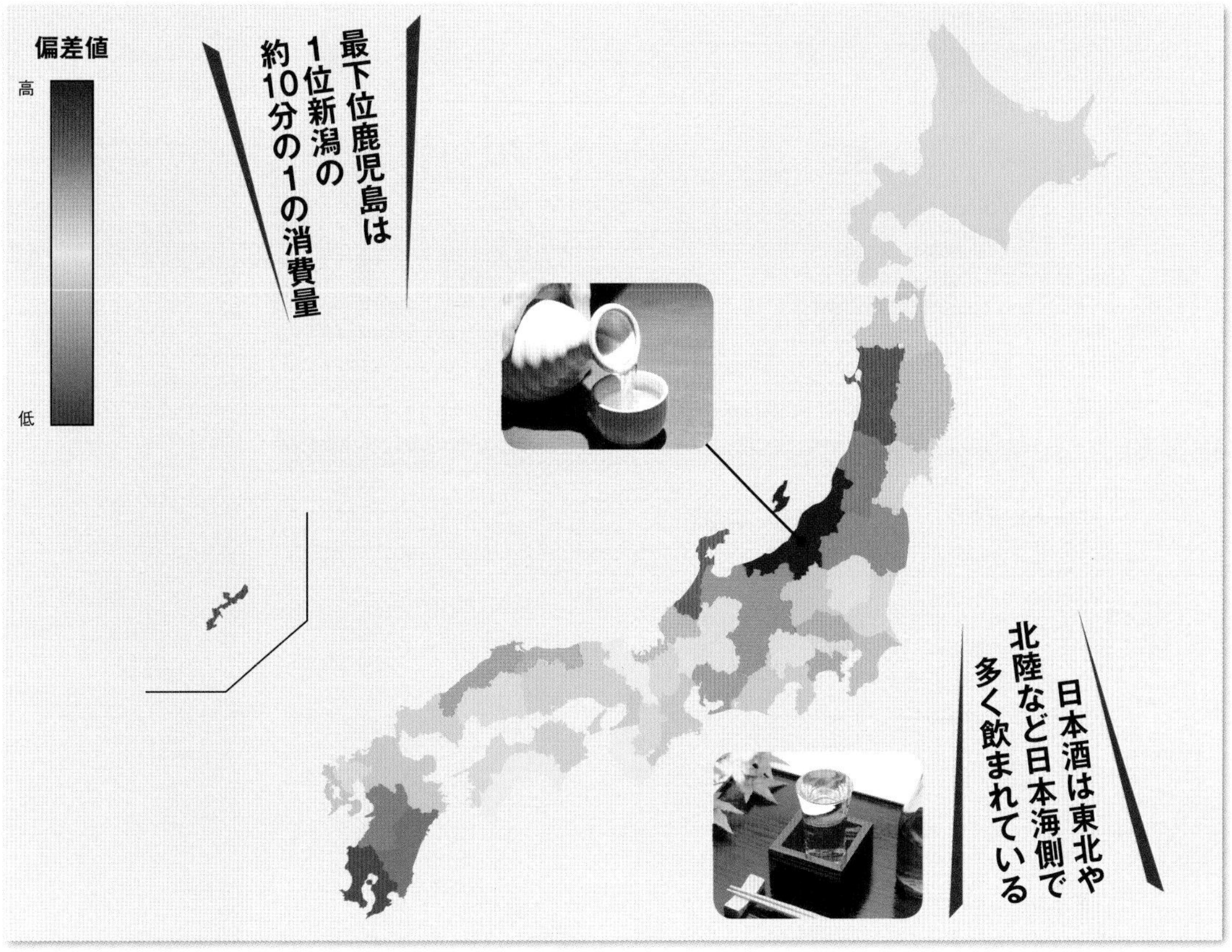
偏差値
高
低
最下位鹿児島は1位新潟の約10分の1の消費量
日本酒は東北や北陸など日本海側で多く飲まれている

相関データ

【正の相関】

順	係数	項目
1	0.73	老舗企業数
2	0.70	日本酒酒造場数
3	0.70	持ち家住宅延べ床面積
4	0.69	三世代世帯人数
5	0.68	イカ消費量
6	0.65	きのこ消費量
7	0.65	米生産量
8	0.63	年間雪日数
9	0.62	魚介類消費量
10	0.62	干物消費量

【負の相関】

順	係数	項目
1	-0.70	核家族率
2	-0.64	年間晴れ日数
3	-0.60	年間平均気温
4	-0.56	婚姻件数
5	-0.54	15歳未満人口（子供の数）
6	-0.54	カラオケボックス店舗数
7	-0.52	小学生数
8	-0.51	弁当店・テイクアウト店店舗数
9	-0.46	ミネラルウォーター支出額
10	-0.44	ハンバーガー外食費用

新潟の消費量は断トツ

国税庁の統計情報より日本酒消費量ランキング。全国の消費量は5億8830万Lで、20歳以上人口1人あたり5・6Lです。これは家庭内、飲食店を含めた総消費量にあたります。

1位は新潟で13・32Lと全国平均の2倍以上。以下、秋田、石川、山形、福島の順で、新潟が突出しています。

最下位は鹿児島で1・38L。以下、少ない順に、沖縄、宮崎、熊本、愛知と続きます。

東北や北陸など日本海側で消費量が多く、九州で少なくなっています。

焼酎消費量と負の相関があり、日本酒の消費量が多い地方は焼酎の消費量が少なくなっています。焼酎王国の九州がそうです。

米生産量や年間雪日数と正の相関があり、雪深い米の産地で日本酒の消費量が多い傾向にあります。

ショウヒ

ワイン消費量

大都市東京と産地の山梨が1人あたり消費量の2強。ぶどうの産地で消費は多い。

20歳以上人口1人あたり年間ワイン消費量ランキング

順	県名	データ	1人あたり	偏差値
1	東京都	114,251kL	9.91L	96.78
2	山梨県	5,880kL	8.57L	88.00
3	長野県	7,083kL	4.12L	58.76
4	京都府	8,504kL	3.93L	57.53
5	大阪府	28,623kL	3.91L	57.42
6	神奈川県	27,909kL	3.68L	55.91
7	北海道	16,389kL	3.63L	55.57
8	沖縄県	3,998kL	3.61L	55.43
9	宮城県	6,380kL	3.30L	53.43
10	千葉県	16,405kL	3.17L	52.52
11	和歌山県	2,456kL	3.10L	52.10
12	埼玉県	18,296kL	3.03L	51.65
13	福岡県	12,626kL	3.02L	51.57
14	山形県	2,661kL	2.87L	50.56
15	兵庫県	12,895kL	2.84L	50.37
16	岩手県	2,844kL	2.68L	49.32
17	石川県	2,488kL	2.63L	49.02
18	青森県	2,858kL	2.63L	49.00
19	新潟県	4,955kL	2.60L	48.80
20	宮崎県	2,295kL	2.56L	48.57
21	愛知県	15,544kL	2.54L	48.44
22	広島県	5,766kL	2.48L	47.99
23	大分県	2,349kL	2.45L	47.82
24	栃木県	3,970kL	2.45L	47.80
25	静岡県	7,359kL	2.42L	47.62
26	群馬県	3,869kL	2.39L	47.41
27	福島県	3,725kL	2.35L	47.18
28	秋田県	2,020kL	2.34L	47.11
29	島根県	1,318kL	2.30L	46.87
30	茨城県	5,206kL	2.17L	45.99
31	富山県	1,879kL	2.12L	45.68
32	熊本県	2,904kL	2.00L	44.89
33	岐阜県	3,259kL	1.97L	44.68
34	長崎県	2,173kL	1.93L	44.41
35	高知県	1,126kL	1.86L	43.96
36	三重県	2,746kL	1.85L	43.87
37	奈良県	2,064kL	1.84L	43.83
38	徳島県	1,158kL	1.84L	43.83
39	岡山県	2,887kL	1.84L	43.81
40	香川県	1,454kL	1.81L	43.60
41	愛媛県	2,032kL	1.78L	43.43
42	鳥取県	833kL	1.77L	43.38
43	滋賀県	2,015kL	1.77L	43.38
44	鹿児島県	2,314kL	1.73L	43.08
45	福井県	1,100kL	1.72L	43.06
46	佐賀県	1,086kL	1.62L	42.38
47	山口県	1,848kL	1.59L	42.21
-	全国	379,802kL	3.61L	-

国税庁統計情報 2016

ショウヒ

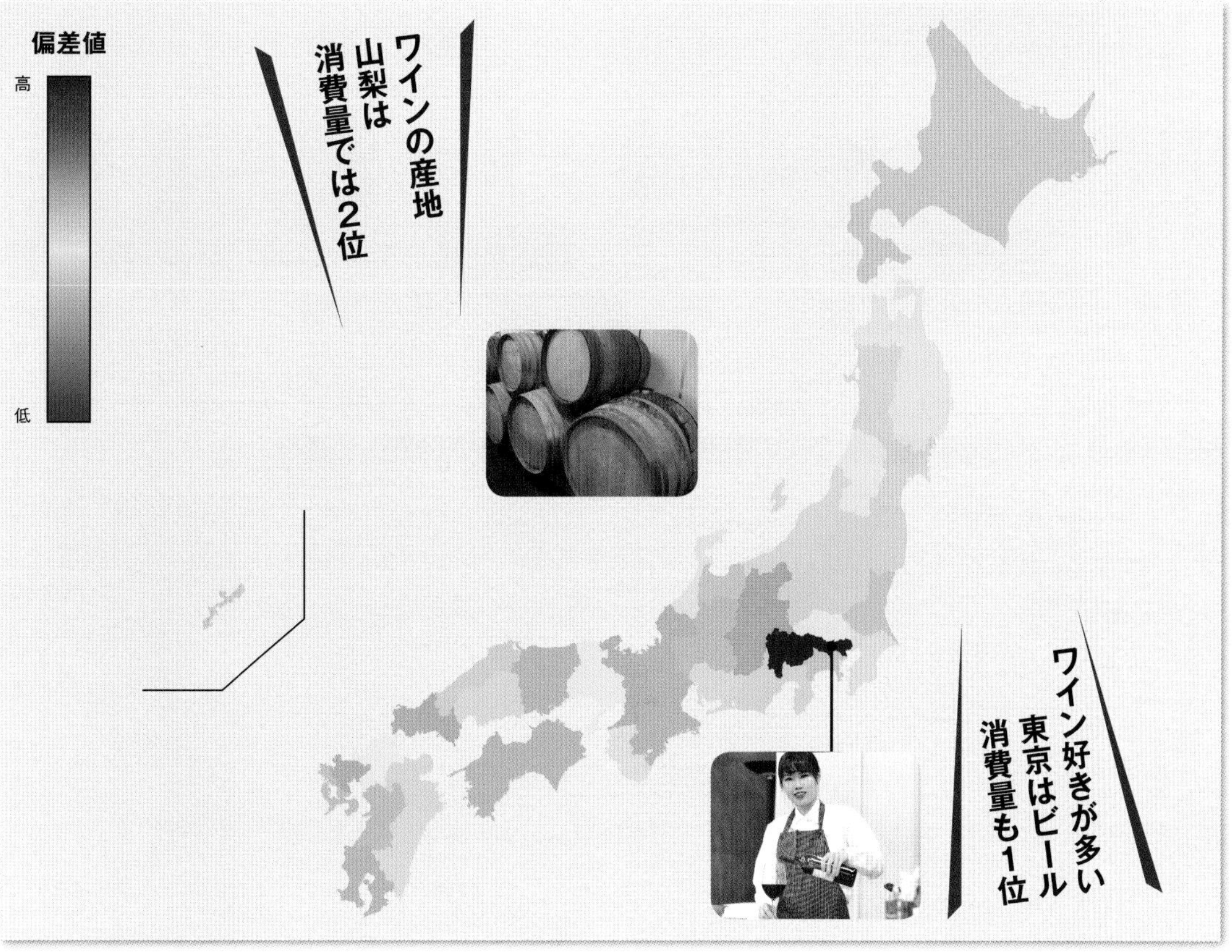
偏差値
高
低
ワインの産地
山梨は
消費量では2位
ワイン好きが多い
東京はビール
消費量も1位

相関データ

【正の相関】

順	係数	項目
1	0.75	松屋店舗数
2	0.74	在日フランス人
3	0.72	弁護士数
4	0.71	公認会計士数
5	0.71	在日イタリア人
6	0.70	大企業数
7	0.70	スターバックスコーヒー店舗数
8	0.70	上場企業数
9	0.55	ワイン酒造場数
10	0.53	ぶどう生産量

【負の相関】

順	係数	項目
1	-0.57	自動車普及率
2	-0.54	賃貸住宅延べ床面積
3	-0.51	家電量販店
4	-0.51	高卒就職率
5	-0.51	自動車販売店数
6	-0.49	戸建て率
7	-0.49	軽乗用車保有台数
8	-0.49	25歳以上まちづくり活動人口
9	-0.46	卵消費量
10	-0.45	自家用車通勤・通学率

東京が断トツ1位

国税庁の統計情報よりワイン消費量のランキング。全国のワイン消費量は3億7980万2000Lで、20歳以上人口1人あたり平均3・61Lの消費量となります。これは家庭内、飲食店を含めた総消費量にあたります。

1位は東京で20歳以上人口1人あたり9・91L。全国平均の約2・8倍の量です。2位はワイン産地の山梨で8・57L。3位以下は長野、京都、大阪の順。関西の都市でも好まれていることがわかります。

最下位は山口で1・59L。以下、佐賀、福井、鹿児島、滋賀です。

ぶどう生産量と正の相関があり、山梨や長野のようなぶどう生産量が多い地方でワイン消費量が多くなっています。

また、大企業数と正の相関があり、大企業が多い都市部でワイン消費量が多いと言えます。

ショウヒ

ウイスキー消費量

典型的な東高西低型。ビール消費量でも1位の東京がウイスキー消費量でもトップ。

20歳以上人口1人あたり年間ウイスキー消費量ランキング

順	県名	データ	1人あたり	偏差値
1	東京都	27,195kL	2.36L	84.20
2	宮城県	3,555kL	1.84L	70.03
3	青森県	1,834kL	1.69L	65.81
4	山梨県	1,118kL	1.63L	64.24
5	北海道	7,239kL	1.60L	63.52
6	福島県	2,467kL	1.56L	62.26
7	秋田県	1,330kL	1.54L	61.81
8	山形県	1,366kL	1.47L	59.92
9	神奈川県	10,702kL	1.41L	58.28
10	大阪府	10,291kL	1.41L	58.12
11	新潟県	2,664kL	1.40L	57.86
12	千葉県	6,985kL	1.35L	56.51
13	岩手県	1,424kL	1.34L	56.33
14	長野県	2,304kL	1.34L	56.27
15	栃木県	2,083kL	1.28L	54.75
16	群馬県	2,077kL	1.28L	54.70
17	茨城県	3,043kL	1.27L	54.34
18	京都府	2,562kL	1.18L	52.01
19	埼玉県	6,889kL	1.14L	50.87
20	大分県	1,078kL	1.12L	50.39
21	静岡県	3,413kL	1.12L	50.33
22	福岡県	4,581kL	1.10L	49.61
23	富山県	926kL	1.05L	48.26
24	石川県	941kL	1.00L	46.87
25	広島県	2,286kL	0.98L	46.48
26	兵庫県	4,449kL	0.98L	46.42
27	鳥取県	450kL	0.96L	45.82
28	愛知県	5,649kL	0.92L	44.93
29	高知県	552kL	0.91L	44.59
30	三重県	1,318kL	0.89L	43.87
31	島根県	502kL	0.88L	43.64
32	徳島県	551kL	0.88L	43.59
33	香川県	691kL	0.86L	43.11
34	岡山県	1,336kL	0.85L	42.89
35	岐阜県	1,347kL	0.81L	41.90
36	沖縄県	891kL	0.80L	41.63
37	奈良県	873kL	0.78L	40.93
38	愛媛県	887kL	0.78L	40.89
39	宮崎県	679kL	0.76L	40.38
40	山口県	875kL	0.75L	40.28
41	長崎県	839kL	0.75L	40.01
42	福井県	472kL	0.74L	39.86
43	滋賀県	837kL	0.74L	39.76
44	佐賀県	482kL	0.72L	39.30
45	和歌山県	556kL	0.70L	38.83
46	熊本県	1,015kL	0.70L	38.77
47	鹿児島県	744kL	0.56L	34.81
-	全国	135,456kL	1.29L	-

国税庁統計情報 2016

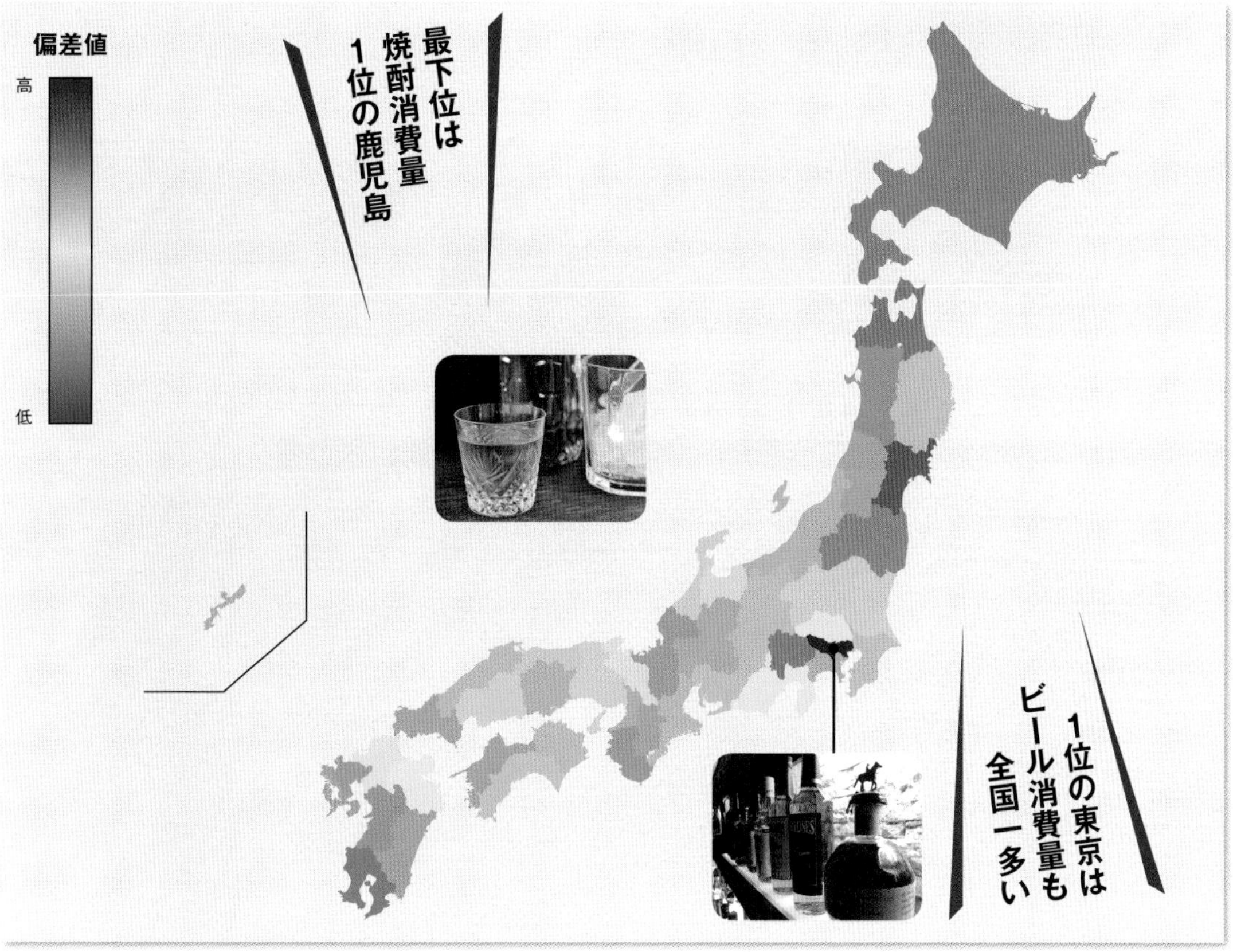
偏差値
高
低
最下位は焼酎消費量1位の鹿児島
1位の東京はビール消費量も全国一多い

相関データ

【正の相関】

順	係数	項目
1	0.75	中華料理店店舗数
2	0.72	だいこん消費量
3	0.69	グレープフルーツ消費量
4	0.69	ワイン消費量
5	0.68	ねぎ消費量
6	0.67	サケ消費量
7	0.66	30代男性未婚率
8	0.66	生鮮野菜消費量
9	0.64	コンビニ店舗数
10	0.62	納豆支出額

【負の相関】

順	係数	項目
1	-0.68	家電量販店
2	-0.65	軽乗用車比率
3	-0.65	合計特殊出生率
4	-0.63	25歳以上釣り人口
5	-0.59	小学生数
6	-0.59	年間真夏日数
7	-0.55	年間平均気温
8	-0.53	サバ消費量
9	-0.52	牛肉消費量
10	-0.52	タイ消費量

ウイスキーは東高西低

国税庁の統計情報よりウイスキー消費量のランキング。全国のウイスキー消費量は1億3545万6135L。平均は20歳以上人口1人あたり1・29L。これは家庭内、飲食店を含めた総消費量にあたります。

1位は東京で2・36Lと全国平均の1・8倍の消費量となっています。2位以下は宮城、青森、山梨、北海道と続きます。

最下位は、焼酎消費量1位の鹿児島で0・56L。以下、少ない順に、熊本、和歌山、佐賀、滋賀です。

九州の県が下位10県中5県を占めており、九州でウイスキーの消費量が少なくなっています。

全国的には典型的な東高西低型で、納豆消費量やサケ消費量のように東日本で消費量が多い項目と正の相関が高くなっています。

お菓子支出額

東日本で支出額が多く、西日本で少ない東高西低型。全国平均は8万2726円。

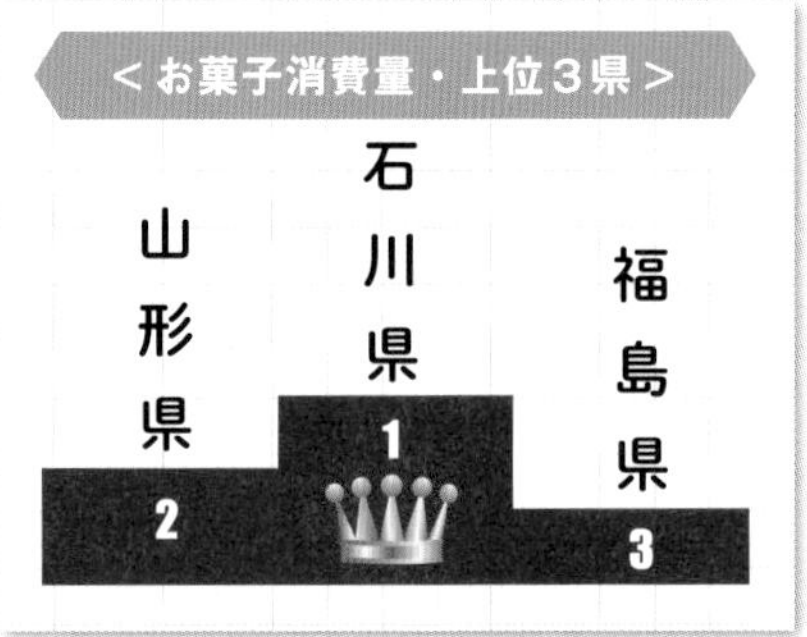

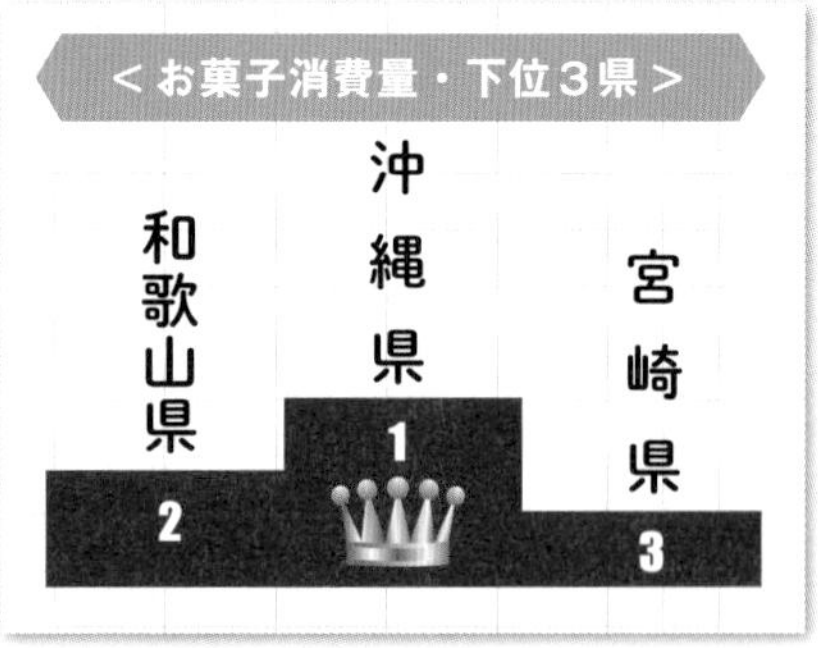

1世帯あたり年間お菓子支出額ランキング

順	県名	データ	偏差値
1	石川県	101,382円	76.85
2	山形県	94,860円	66.97
3	福島県	93,818円	65.39
4	愛知県	90,547円	60.43
5	奈良県	90,467円	60.31
6	三重県	90,336円	60.11
7	宮城県	90,237円	59.96
8	東京都	90,211円	59.93
9	埼玉県	90,205円	59.92
10	滋賀県	89,979円	59.57
11	千葉県	89,862円	59.40
12	茨城県	89,508円	58.86
13	神奈川県	88,832円	57.84
14	栃木県	87,746円	56.19
15	京都府	87,489円	55.80
16	富山県	87,370円	55.62
17	岡山県	86,867円	54.86
18	岩手県	86,352円	54.08
19	静岡県	85,787円	53.22
20	岐阜県	85,245円	52.40
21	福井県	84,340円	51.03
22	島根県	83,707円	50.07
23	群馬県	83,664円	50.01
24	山口県	83,377円	49.57
25	香川県	82,391円	48.08
26	山梨県	81,428円	46.62
27	高知県	81,234円	46.33
28	北海道	81,159円	46.21
29	長野県	80,933円	45.87
30	鳥取県	80,922円	45.85
31	秋田県	80,497円	45.21
32	青森県	80,261円	44.85
33	広島県	80,054円	44.54
34	兵庫県	80,029円	44.50
35	徳島県	79,856円	44.24
36	大分県	79,781円	44.12
37	大阪府	79,382円	43.52
38	佐賀県	78,799円	42.64
39	福岡県	78,389円	42.02
40	新潟県	78,311円	41.90
41	愛媛県	77,677円	40.94
42	熊本県	77,490円	40.65
43	鹿児島県	77,012円	39.93
44	長崎県	76,985円	39.89
45	宮崎県	70,898円	30.67
46	和歌山県	70,733円	30.42
47	沖縄県	65,595円	22.63
-	全国	82,726円	-

総務省 家計調査 2018

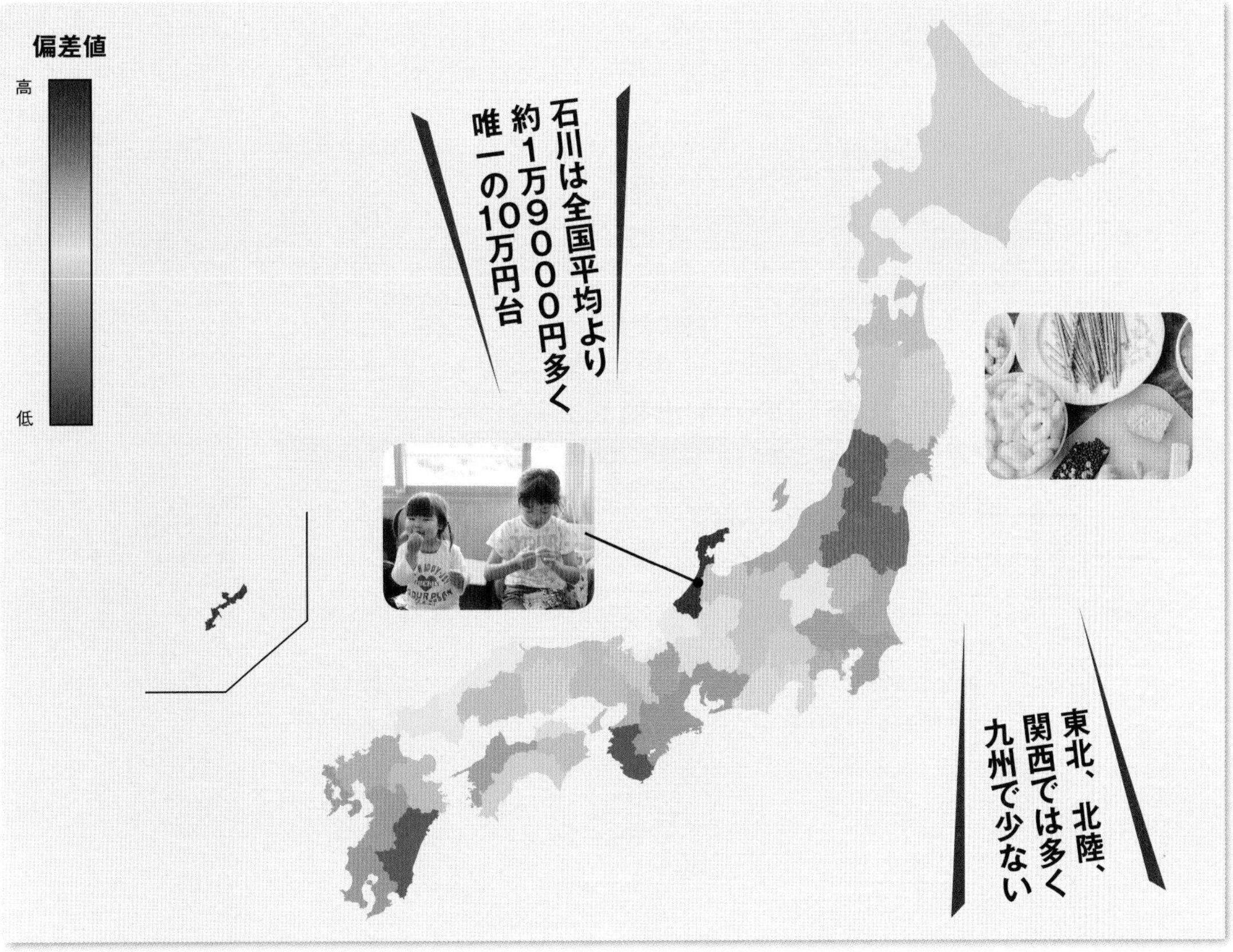
偏差値
高
低
石川は全国平均より
約1万9000円多く
唯一の10万円台
東北、北陸、
関西では多く
九州で少ない

相関データ

【正の相関】

順	係数	項目
1	0.80	せんべい消費量
2	0.73	プリン消費量
3	0.71	漬物消費量
4	0.67	ケーキ消費量
5	0.67	25歳以上日帰り旅行人口
6	0.67	年収1000万円以上世帯数
7	0.66	アイスクリーム・シャーベット消費量
8	0.65	乾燥スープ消費量
9	0.65	チョコレート消費量
10	0.62	ゼリー消費量

【負の相関】

順	係数	項目
1	-0.73	貧困率
2	-0.70	父子・母子家庭数
3	-0.65	老人福祉・介護事業所数
4	-0.61	再婚件数
5	-0.59	飲み屋店舗数
6	-0.58	軽乗用車比率
7	-0.57	弁当店・テイクアウト店店舗数
8	-0.56	教会数
9	-0.48	焼酎消費量
10	-0.45	かつお節・削り節消費量

石川県人はお菓子大好き

総務省の家計調査よりお菓子消費量のランキング。1世帯あたり支出額の全国平均は年間8万2726円です。

1位は石川で10万1382円。唯一の10万円代です。2位は山形で9万4860円。3位以下は福島、愛知、奈良の順です。最下位は沖縄で6万5595円。以下、和歌山、宮崎、長崎、鹿児島と続きます。

分布地図から、東日本で消費量が多く、西日本で少ない東高西低型であることがわかります。

貧困率とは負の相関があり、貧困率が低いところでお菓子の消費量が多くなっています。生活が苦しくなるとお菓子の出費を削ると言えそうです。また、せんべい消費量やプリン消費量など、菓子類各品目との正の相関が高く、お菓子消費量が多いところはこれらの消費量が多くなっています。

ショウヒ

納豆支出額

分布地図から「関西人の納豆嫌い」が一目瞭然。関西は関東の半分程度の支出額となっている。

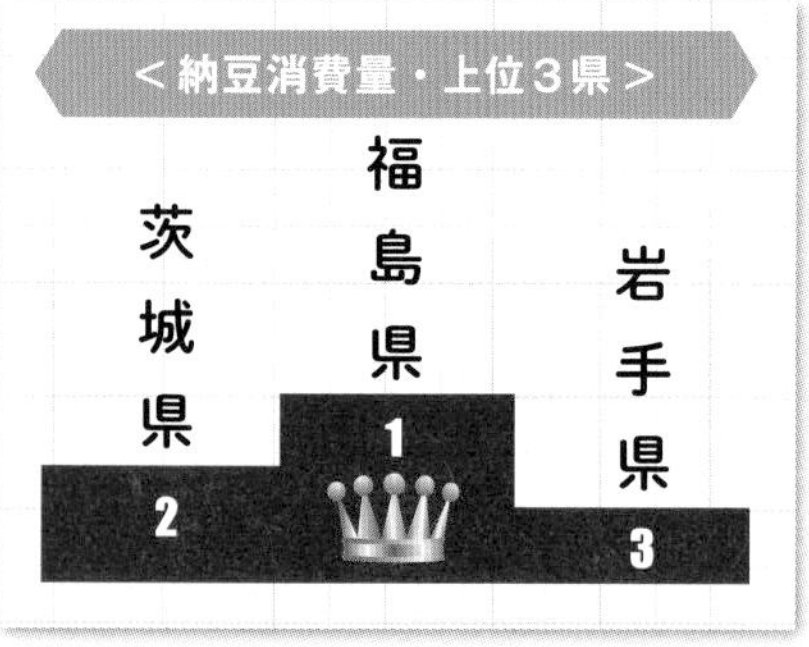

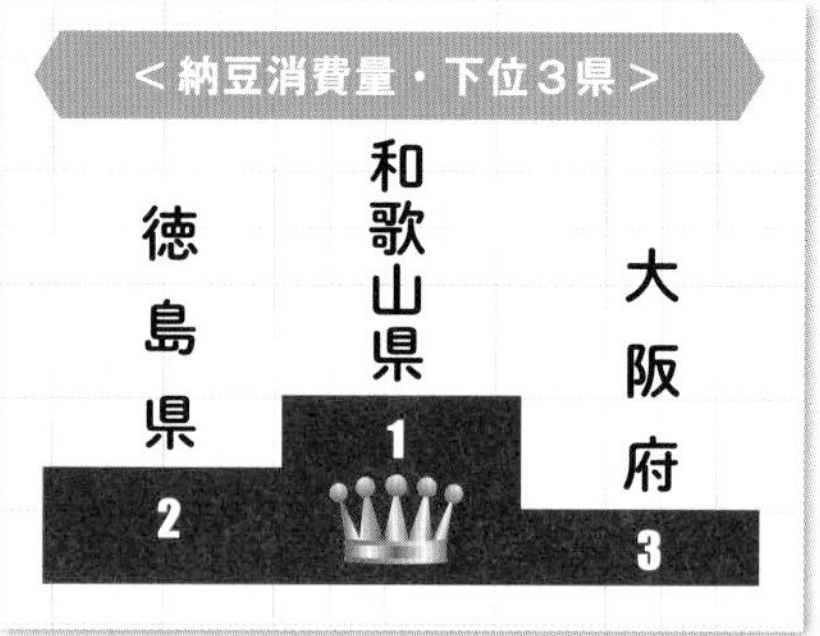

1世帯あたり年間納豆支出額ランキング

順	県名	データ	偏差値
1	福島県	5,606円	70.72
2	茨城県	5,496円	69.60
3	岩手県	5,406円	68.69
4	群馬県	5,348円	68.10
5	山形県	5,308円	67.70
6	宮城県	4,884円	63.41
7	青森県	4,789円	62.45
8	栃木県	4,665円	61.19
9	秋田県	4,604円	60.57
10	長野県	4,458円	59.09
11	山梨県	4,396円	58.47
12	埼玉県	4,291円	57.40
13	新潟県	4,233円	56.82
14	千葉県	4,226円	56.75
15	富山県	4,019円	54.65
16	熊本県	3,883円	53.27
17	神奈川県	3,856円	53.00
18	東京都	3,808円	52.51
19	北海道	3,772円	52.15
20	静岡県	3,597円	50.38
21	石川県	3,577円	50.18
22	大分県	3,566円	50.06
23	鹿児島県	3,454円	48.93
24	福井県	3,348円	47.86
25	福岡県	3,296円	47.33
26	岐阜県	3,212円	46.48
27	佐賀県	3,135円	45.70
28	滋賀県	3,113円	45.48
29	宮崎県	3,061円	44.95
30	愛知県	3,059円	44.93
31	三重県	3,053円	44.87
32	広島県	2,945円	43.78
33	長崎県	2,941円	43.74
34	京都府	2,849円	42.81
35	島根県	2,811円	42.42
36	鳥取県	2,808円	42.39
37	山口県	2,777円	42.08
38	愛媛県	2,657円	40.86
39	奈良県	2,587円	40.15
40	沖縄県	2,573円	40.01
41	兵庫県	2,485円	39.12
42	岡山県	2,455円	38.82
43	香川県	2,446円	38.73
44	高知県	2,254円	36.78
45	大阪府	2,231円	36.55
46	徳島県	2,152円	35.75
47	和歌山県	1,815円	32.34
-	全国	3,541円	-

総務省 家計調査 2016

ショウヒ

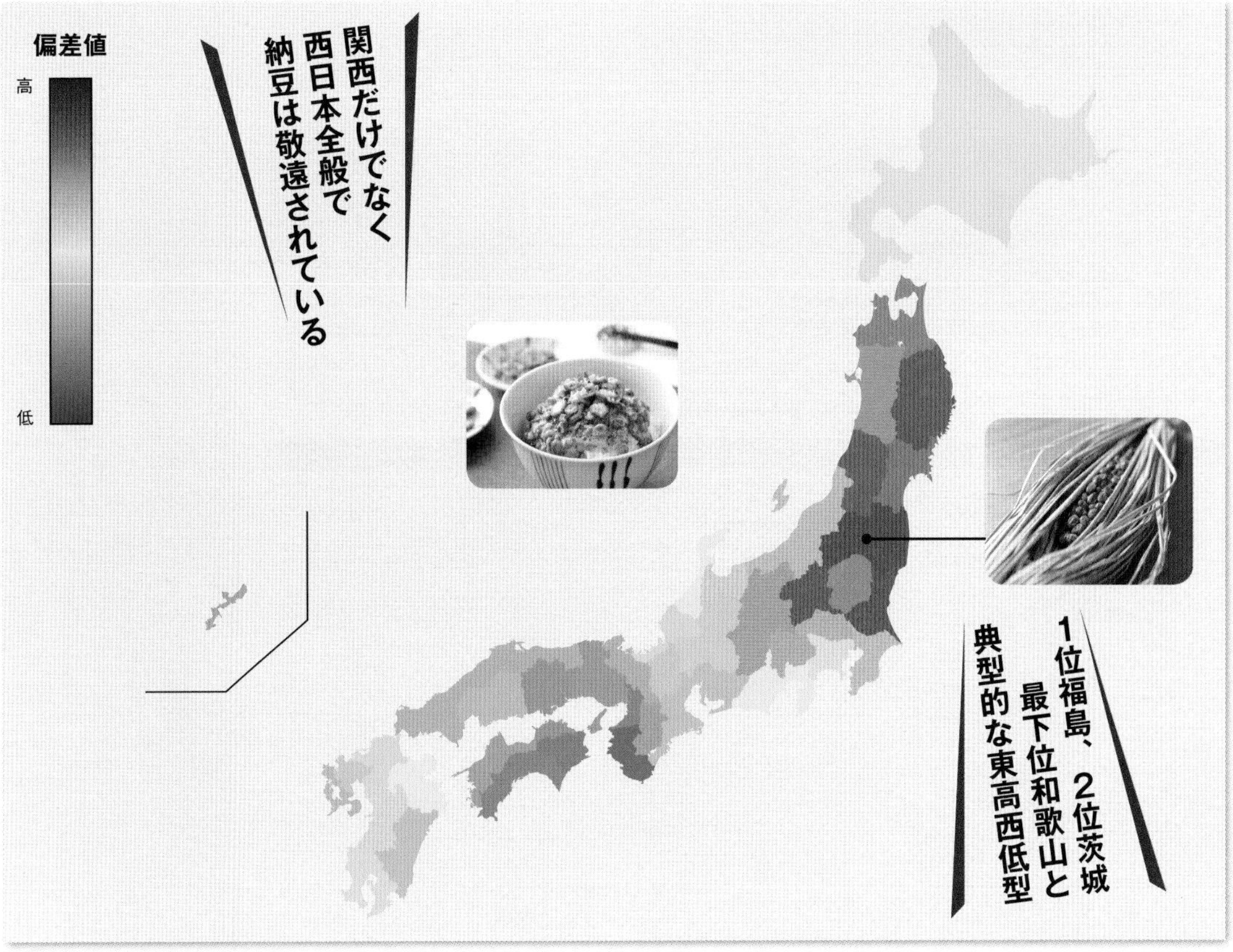
偏差値
高
低
関西だけでなく
西日本全般で
納豆は敬遠されている
1位福島、2位茨城
最下位和歌山と
典型的な東高西低型

相関データ

【正の相関】

順	係数	項目
1	0.79	ラーメン外食費用
2	0.74	サケ消費量
3	0.72	きゅうり消費量
4	0.70	わかめ消費量
5	0.70	グレープフルーツ消費量
6	0.70	中華料理店店舗数
7	0.68	もやし消費量
8	0.67	干物消費率
9	0.64	だいこん消費量
10	0.63	りんご消費量

【負の相関】

順	係数	項目
1	-0.74	牛肉消費量
2	-0.70	喫茶店店舗数
3	-0.66	年間平均気温
4	-0.65	現役医師数
5	-0.64	お好み焼・焼きそば・たこ焼店店舗数
6	-0.64	パン消費量
7	-0.62	鶏肉消費量
8	-0.62	年間真夏日数
9	-0.61	生鮮肉消費量
10	-0.60	エビ消費量

福島県人は納豆好き

総務省の家計調査より納豆消費量ランキング。1世帯あたり支出額の全国平均は年間3541円です。

1位は福島で5606円。2位は納豆の産地・茨城で5496円。3位以下は岩手、群馬、山形と続きます。

福島では小学校の給食で納豆がよく食べられています。

最下位は和歌山で1815円。1位福島とは3791円の差です。以下、少ない順に、徳島、大阪、高知、香川となっています。

分布地図を見れば「関西人の納豆嫌い」が一目瞭然です。

関西は関東の半分程度の消費量となっており、全国的に見ても典型的な東高西低型のデータです。

ショウヒ

インスタントラーメン消費量

青森、新潟、富山など、雪国の東北、北陸地方でよく食されているインスタントラーメン。

1世帯あたり年間インスタントラーメン消費量ランキング

順	県名	データ	偏差値
1	青森県	9,227g	86.31
2	鳥取県	8,164g	73.83
3	新潟県	7,742g	68.87
4	富山県	7,634g	67.61
5	山形県	7,523g	66.30
6	高知県	6,950g	59.57
7	宮城県	6,711g	56.77
8	秋田県	6,679g	56.39
9	福島県	6,620g	55.70
10	佐賀県	6,560g	54.99
11	北海道	6,536g	54.71
12	大分県	6,484g	54.10
13	徳島県	6,472g	53.96
14	大阪府	6,438g	53.56
15	山口県	6,424g	53.40
16	岩手県	6,401g	53.13
17	島根県	6,315g	52.12
18	熊本県	6,232g	51.14
19	栃木県	6,227g	51.08
20	奈良県	6,148g	50.16
21	愛知県	6,102g	49.62
22	岡山県	6,088g	49.45
23	福岡県	6,073g	49.28
24	宮崎県	6,042g	48.91
25	愛媛県	5,918g	47.46
26	神奈川県	5,905g	47.30
27	広島県	5,877g	46.97
28	埼玉県	5,801g	46.08
29	鹿児島県	5,770g	45.72
30	石川県	5,724g	45.18
31	香川県	5,668g	44.52
32	京都府	5,637g	44.16
33	和歌山県	5,599g	43.71
34	群馬県	5,548g	43.11
35	長崎県	5,544g	43.06
36	静岡県	5,525g	42.84
37	福井県	5,518g	42.76
38	山梨県	5,487g	42.39
39	三重県	5,453g	41.99
40	千葉県	5,433g	41.76
41	茨城県	5,422g	41.63
42	岐阜県	5,340g	40.67
43	兵庫県	5,315g	40.37
44	長野県	5,283g	40.00
45	滋賀県	5,186g	38.86
46	東京都	4,931g	35.86
47	沖縄県	4,656g	32.64
-	全国	6,123g	-

総務省 家計調査 2016

ショウヒ

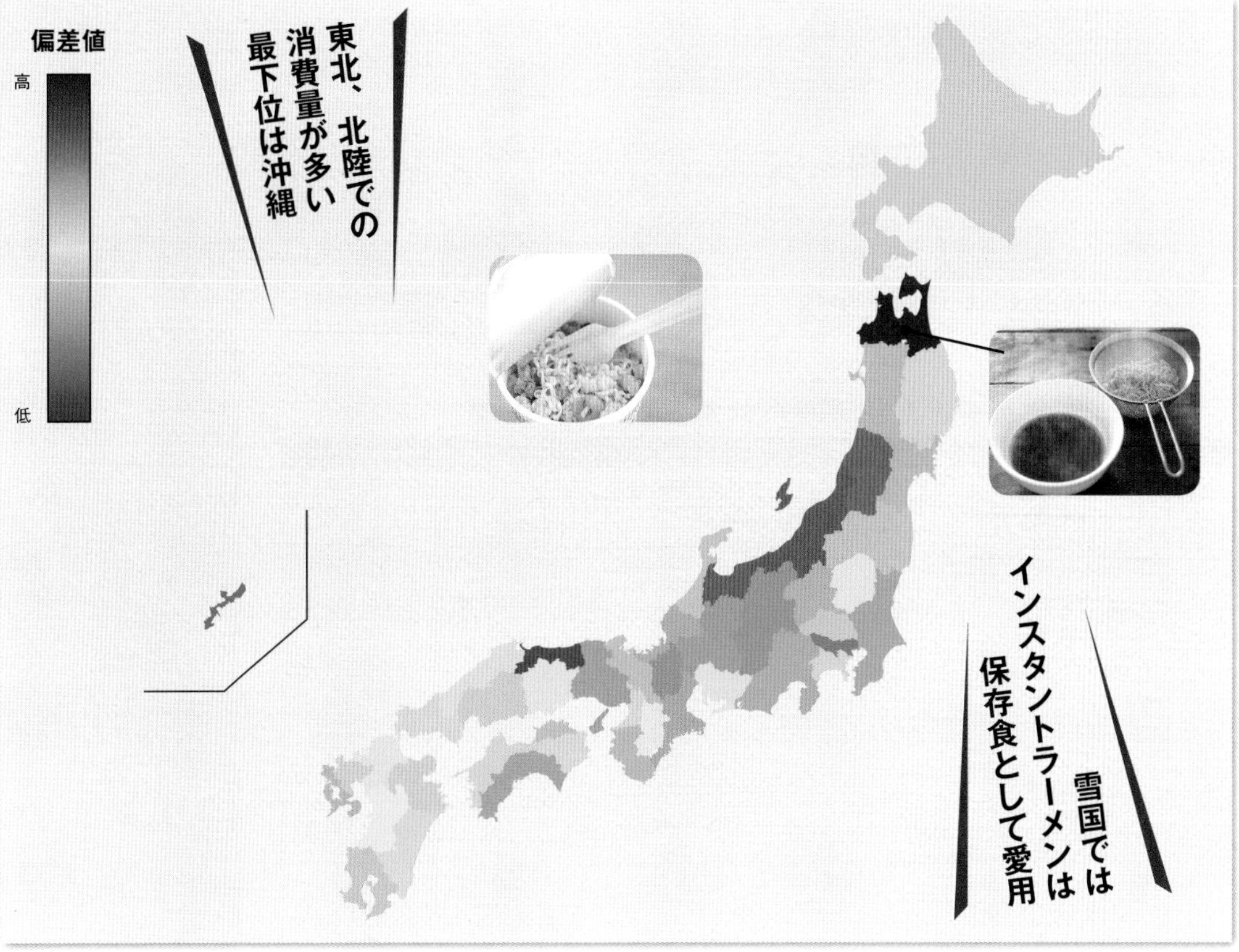
偏差値
高
低
東北、北陸での消費量が多い
最下位は沖縄
雪国ではインスタントラーメンは保存食として愛用

相関データ

【正の相関】

順	係数	項目
1	0.78	イカ消費量
2	0.74	魚介類消費量
3	0.71	もやし消費量
4	0.70	生鮮魚介消費量
5	0.68	カレールウ消費量
6	0.67	カレイ消費量
7	0.66	干物消費量
8	0.61	ほたて貝消費量
9	0.60	年間降雪量
10	0.55	年間雪日数

【負の相関】

順	係数	項目
1	-0.65	25歳以上スポーツ人口
2	-0.58	25歳以上ゴルフ人口
3	-0.56	スマートフォン普及率
4	-0.56	25歳以上カラオケ人口
5	-0.52	総人口増減率
6	-0.52	在日外国人
7	-0.51	インターネット利用率
8	-0.51	マクドナルド店舗数
9	-0.50	ミネラルウォーター支出額
10	-0.49	外食費用

1位は降雪量の多い青森

総務省の家計調査よりインスタントラーメン消費量ランキング。1世帯あたり消費量の全国平均は年間6123gです。

1位は青森で9227g、2位は鳥取で8164g。3位以下は新潟、富山、山形の順。最下位は沖縄で4656g。以下、少ない順に、東京、滋賀、長野、兵庫と続きます。

東北、北陸、九州、四国で消費量が多く、本州中央部で消費量が少なくなっています。

インスタントラーメン消費量は年間降雪量や干物消費量と正の相関が高く、雪が多く干物消費量が多い地域で多いのが特徴です。

保存食の濃い味文化が、同じ濃い味文化のラーメンにつながっているようです。

ショウヒ

パン消費量

パンの消費量は関西で多く、東北で少ない。関西から離れるほど少なくなる傾向が顕著。

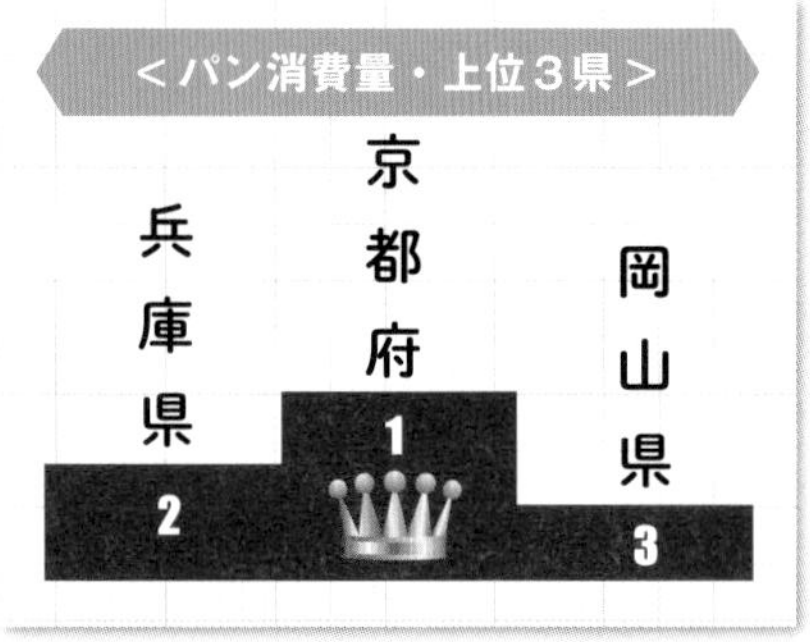

1世帯あたり年間パン消費量ランキング

順	県名	データ	偏差値
1	京都府	61,545g	75.28
2	兵庫県	58,803g	71.29
3	岡山県	56,666g	68.18
4	大阪府	55,487g	66.46
5	滋賀県	54,749g	65.38
6	奈良県	53,798g	64.00
7	広島県	49,749g	58.10
8	島根県	49,586g	57.86
9	和歌山県	49,157g	57.24
10	愛知県	49,051g	57.08
11	神奈川県	48,539g	56.34
12	富山県	48,229g	55.89
13	千葉県	47,458g	54.76
14	鳥取県	47,452g	54.75
15	愛媛県	47,377g	54.64
16	石川県	47,116g	54.26
17	東京都	46,696g	53.65
18	三重県	46,677g	53.63
19	埼玉県	45,786g	52.33
20	長崎県	45,349g	51.69
21	福岡県	45,106g	51.34
22	静岡県	45,069g	51.28
23	徳島県	44,979g	51.15
24	山口県	44,750g	50.82
25	香川県	44,159g	49.96
26	岐阜県	43,730g	49.33
27	新潟県	42,963g	48.21
28	福井県	42,932g	48.17
29	群馬県	42,878g	48.09
30	鹿児島県	40,567g	44.72
31	高知県	40,496g	44.62
32	栃木県	40,070g	44.00
33	佐賀県	40,034g	43.95
34	長野県	39,576g	43.28
35	沖縄県	39,174g	42.70
36	大分県	39,016g	42.47
37	茨城県	38,877g	42.26
38	北海道	38,698g	42.00
39	山梨県	37,943g	40.90
40	熊本県	37,331g	40.01
41	宮崎県	36,489g	38.78
42	青森県	36,291g	38.50
43	宮城県	35,223g	36.94
44	岩手県	34,252g	35.53
45	山形県	33,129g	33.89
46	秋田県	33,123g	33.88
47	福島県	30,730g	30.40
-	全国	45,087g	-

総務省 家計調査 2016

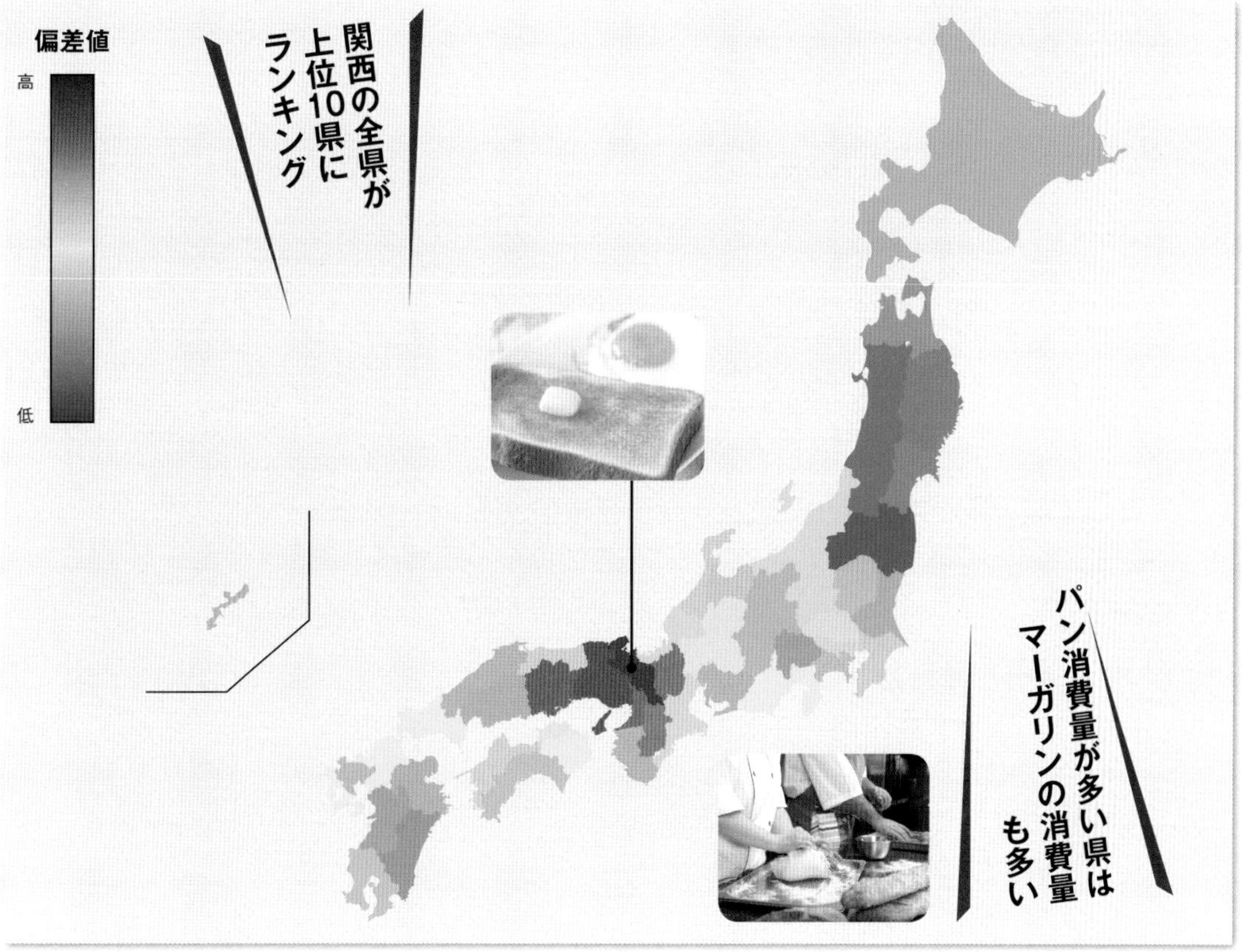
偏差値
高
低
関西の全県が上位10県にランキング
パン消費量が多い県はマーガリンの消費量も多い

相関データ

【正の相関】

順	係数	項目
1	0.80	マーガリン消費量
2	0.72	食器洗い機普及率
3	0.72	大阪大学合格者数
4	0.71	小学生通塾率
5	0.68	ソース消費量
6	0.67	京都大学合格者数
7	0.64	大学進学率
8	0.64	日本維新の会得票率(直近10年間)
9	0.61	インターネット利用率
10	0.60	お好み焼・焼きそば・たこ焼店店舗数

【負の相関】

順	係数	項目
1	-0.67	ラーメン外食費用
2	-0.67	ラブホテル軒数
3	-0.65	睡眠時間
4	-0.64	食糧自給率(生産額ベース)
5	-0.64	納豆支出額
6	-0.64	ラーメン店舗数
7	-0.64	農業就業人口
8	-0.63	味噌消費量
9	-0.60	高卒就職率
10	-0.58	ガソリンスタンド数

関西人はパン好きが多い

総務省の家計調査よりパン消費量の比較。1世帯あたり消費量の全国平均は年間45・09kgです。

1位は京都で61・55kg。2位以下は兵庫、岡山、大阪、滋賀の順です。最下位は福島で、以下、秋田、山形、岩手、宮城。東北各県が下位を占めています。

分布地図を見ると関西の全県が上位10県に入っており、パンの消費量が多いことがわかります。

隣接する中国地方、東海地方も消費量が多く、関西から離れるほど消費量が少なくなる傾向があります。

また、地方よりも都市部で消費量が多くなっています。

マーガリン消費量とは正の相関が高く、パンの消費量が多いところはマーガリンの消費量も多くなっています。パンと一緒に食べられるためでしょう。

第2章

47都道府県別ランキング

北海道

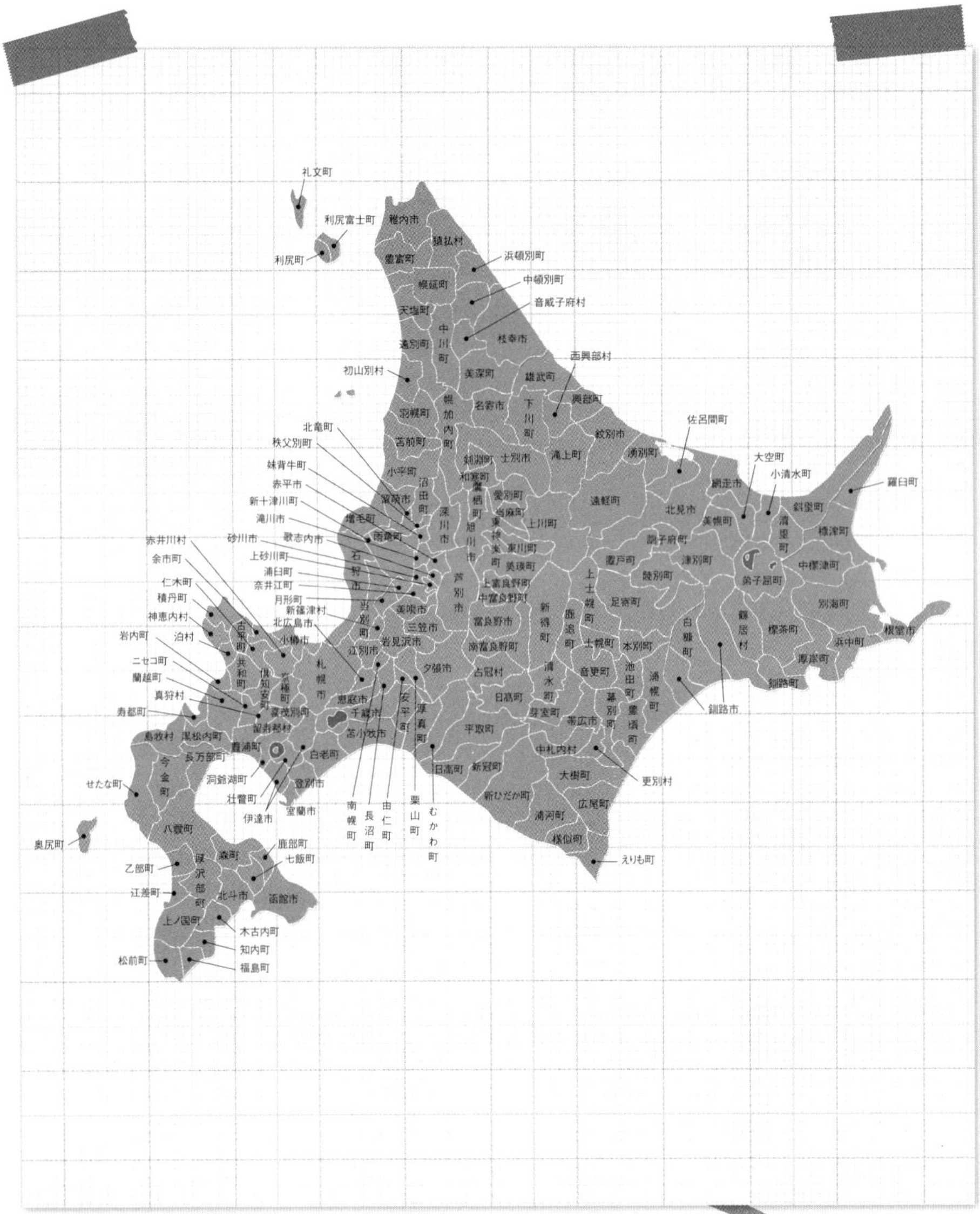

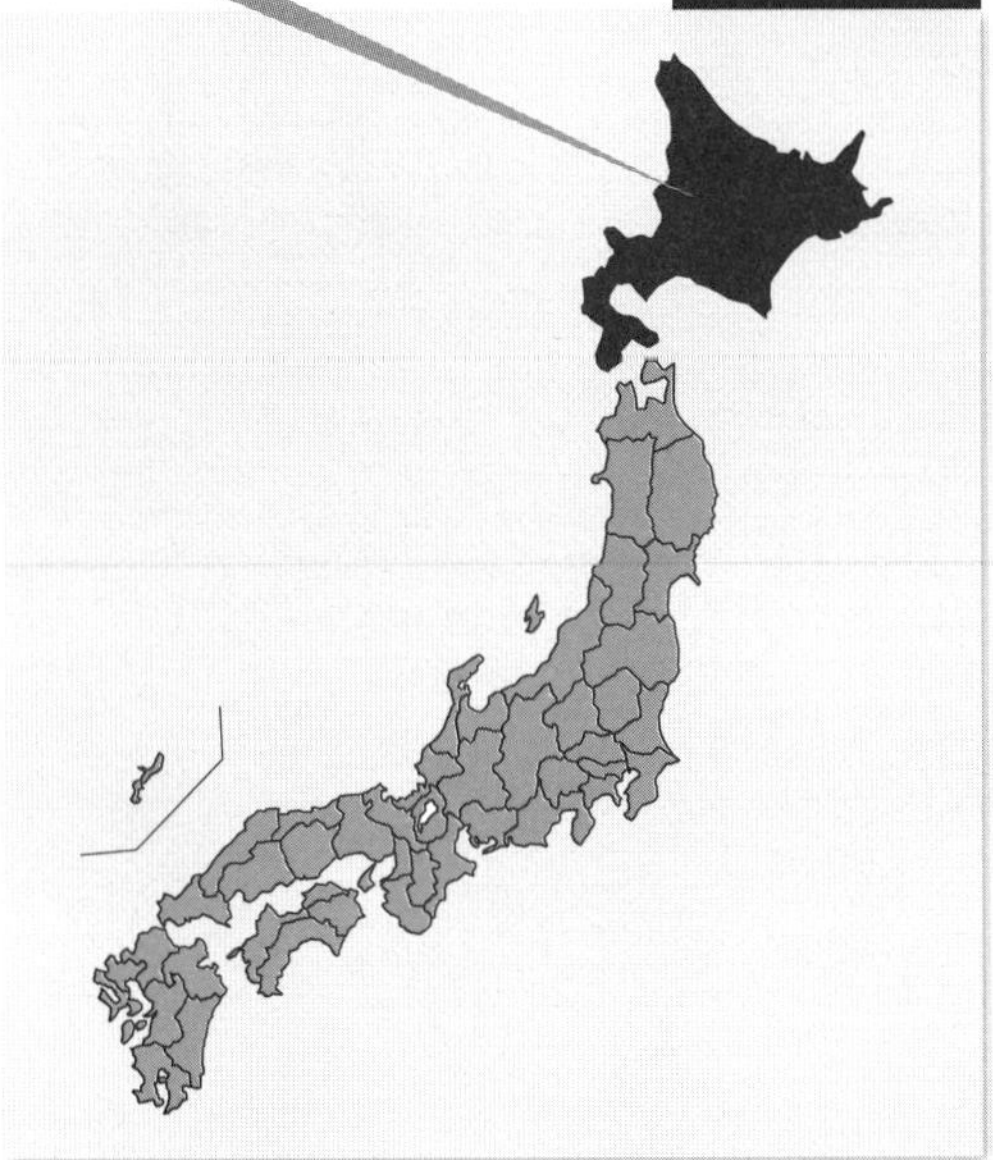

DATA

人口総数（人）	5,290,000
男性人口（人）	2,490,000
女性人口（人）	2,800,000
面積（km²）	8,342,400
平均気温（℃）	9.5
年間降水（mm）	1,282.0
市町村数	179
県庁所在地	札幌市

人口集中度が高く都市型のライフスタイルが定着している北海道。一方で広大な土地で生産される農産物が豊富にあり、食生活ではたまねぎやじゃがいもの消費量が高い。

北海道のランキング

1位	テレビ・ラジオ・新聞・雑誌閲覧時間	86P
1位	たまねぎ消費量	130P
2位	米消費量	124P
2位	中学バドミントン部員数	14P
2位	小学生長時間ネット利用率	118P
2位	じゃがいも消費量	136P
3位	炭酸飲料支出額	184P
3位	25歳以上スキー・スノーボード人口	36P
3位	25歳以上編み物・手芸人口	60P
4位	野球場数	80P
4位	休養・くつろぎ時間	90P
5位	サンマ消費量	162P
5位	25歳以上スポーツ観戦人口	46P
5位	労働時間	94P
5位	ウイスキー消費量	198P
6位	水泳プール数	76P
6位	25歳以上サイクリング人口	32P
7位	貝類消費量	168P
7位	ワイン消費量	196P
7位	ビール消費量	190P
8位	魚介類消費量	160P
8位	25歳以上パチンコ人口	54P
8位	コーヒー消費量	182P
9位	Facebookユーザー数	100P
9位	25歳以上テレビゲーム人口	52P
9位	紅茶消費量	180P
10位	睡眠時間	92P
11位	25歳以上カラオケ人口	56P
11位	もやし消費量	144P
11位	インスタントラーメン消費量	204P
12位	だいこん消費量	132P
13位	鉄道通勤・通学率	96P
13位	焼酎消費量	192P
14位	ソーシャルネットワーキングサービス(SNS)利用率	102P
14位	中学バスケットボール部員数	24P
15位	レタス消費量	146P
15位	25歳以上写真撮影人口	50P
16位	25歳以上囲碁人口	74P
18位	味噌消費量	172P
19位	納豆支出額	202P
21位	陸上競技場数	78P
21位	25歳以上英語学習人口	62P
22位	生鮮野菜消費量	126P
24位	ミネラルウォーター支出額	186P
25位	日本酒消費量	194P
25位	中学軟式野球部員数	16P
25位	体育館数	82P
26位	25歳以上釣り人口	42P
26位	女性の家事労働時間	88P
27位	すいか消費量	156P
28位	お菓子支出額	200P
28位	食塩消費量	170P
30位	25歳以上茶道人口	66P
30位	はくさい消費量	140P
31位	にんじん消費量	138P
31位	インターネット利用率	104P
31位	25歳以上ゲートボール人口	38P
31位	キャベツ消費量	128P
32位	中学サッカー部員数	8P
32位	小学生学校外学習率	114P
32位	りんご消費量	152P
32位	牛乳消費量	188P
33位	高校男子ラグビー部員数	30P
33位	トマト消費量	134P
34位	25歳以上スポーツ人口	44P
34位	25歳以上園芸・ガーデニング人口	58P
35位	小学生通学時間	110P
35位	砂糖消費量	176P
35位	小学生通塾率	106P
36位	25歳以上ゴルフ人口	40P
36位	25歳以上楽器演奏人口	48P
36位	エンゲル係数	122P
36位	自家用車通勤・通学率	98P
36位	バナナ消費量	150P
37位	中学陸上競技部員数	20P
38位	パン消費量	206P
38位	中学卓球部員数	22P
38位	みかん消費量	154P
38位	果物消費量	148P
38位	きゅうり消費量	142P
40位	緑茶消費量	178P
40位	中学バレーボール部員数	18P
41位	中学水泳部員数	10P
41位	25歳以上登山・ハイキング人口	34P
42位	小学生地域行事参加率	116P
42位	25歳以上将棋人口	72P
43位	25歳以上ボランティア人口	70P
43位	小学生読書率	108P
44位	しょう油消費量	174P
44位	サバ消費量	164P
45位	小学生朝食摂取率	120P
45位	25歳以上華道人口	68P
45位	25歳以上書道人口	64P
46位	中学剣道部員数	12P
46位	イチゴ消費量	158P
46位	小学生宿題実行率	112P
47位	中学テニス部員数	26P
47位	中学生運動部参加率	28P
47位	タイ消費量	166P
47位	食事時間	84P

青森県

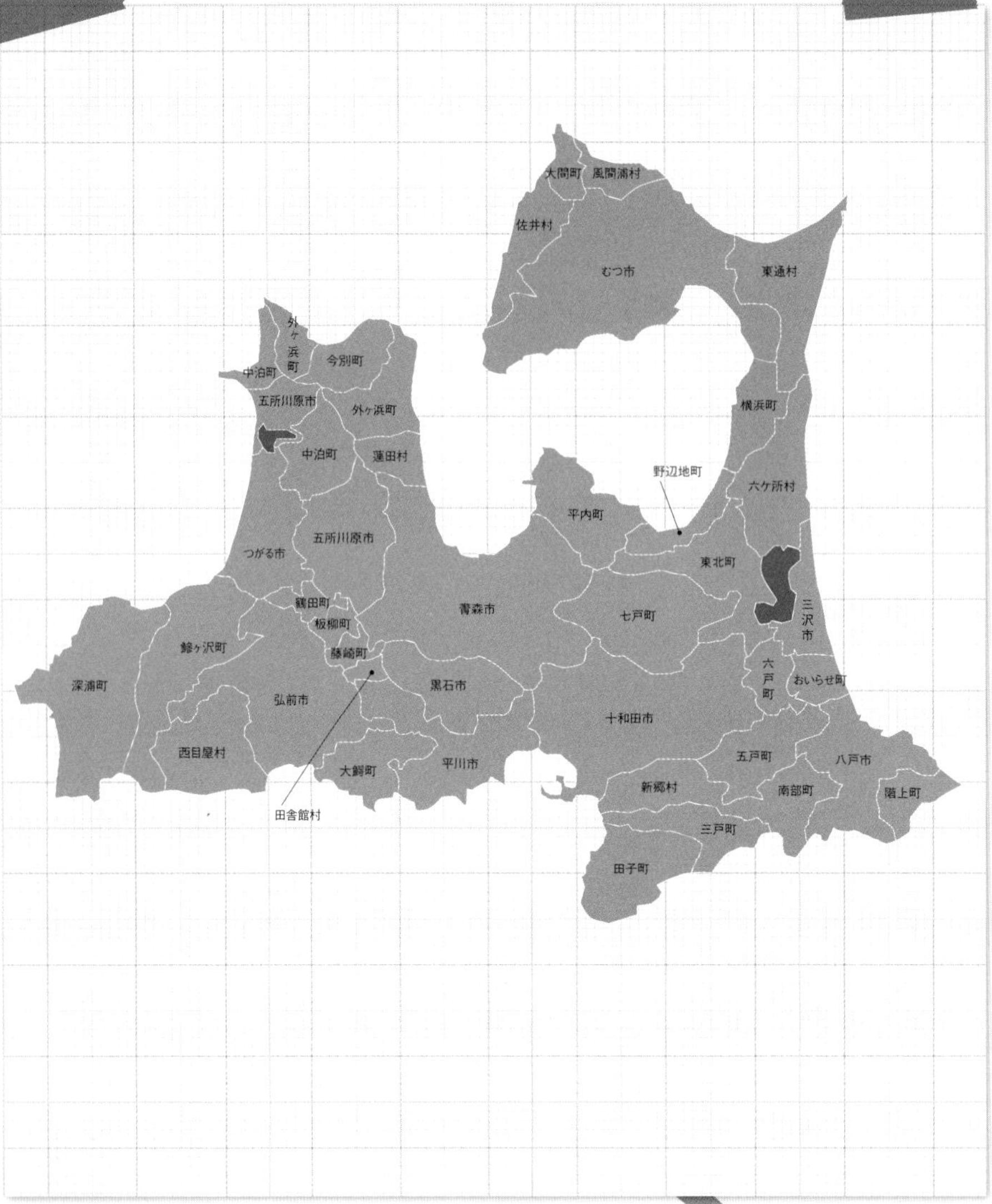

DATA

人口総数（人）	1,260,000
男性人口（人）	590,000
女性人口（人）	670,000
面積（km²）	964,600
平均気温（℃）	11.0
年間降水（mm）	1,553.0
市町村数	40
県庁所在地	青森市

もやし、魚介類、貝類、サンマ、食塩、インスタントラーメンの消費量が全国1位の青森県。冬期の保存食に食塩を多く用い、即席めんを重用していることがわかる。

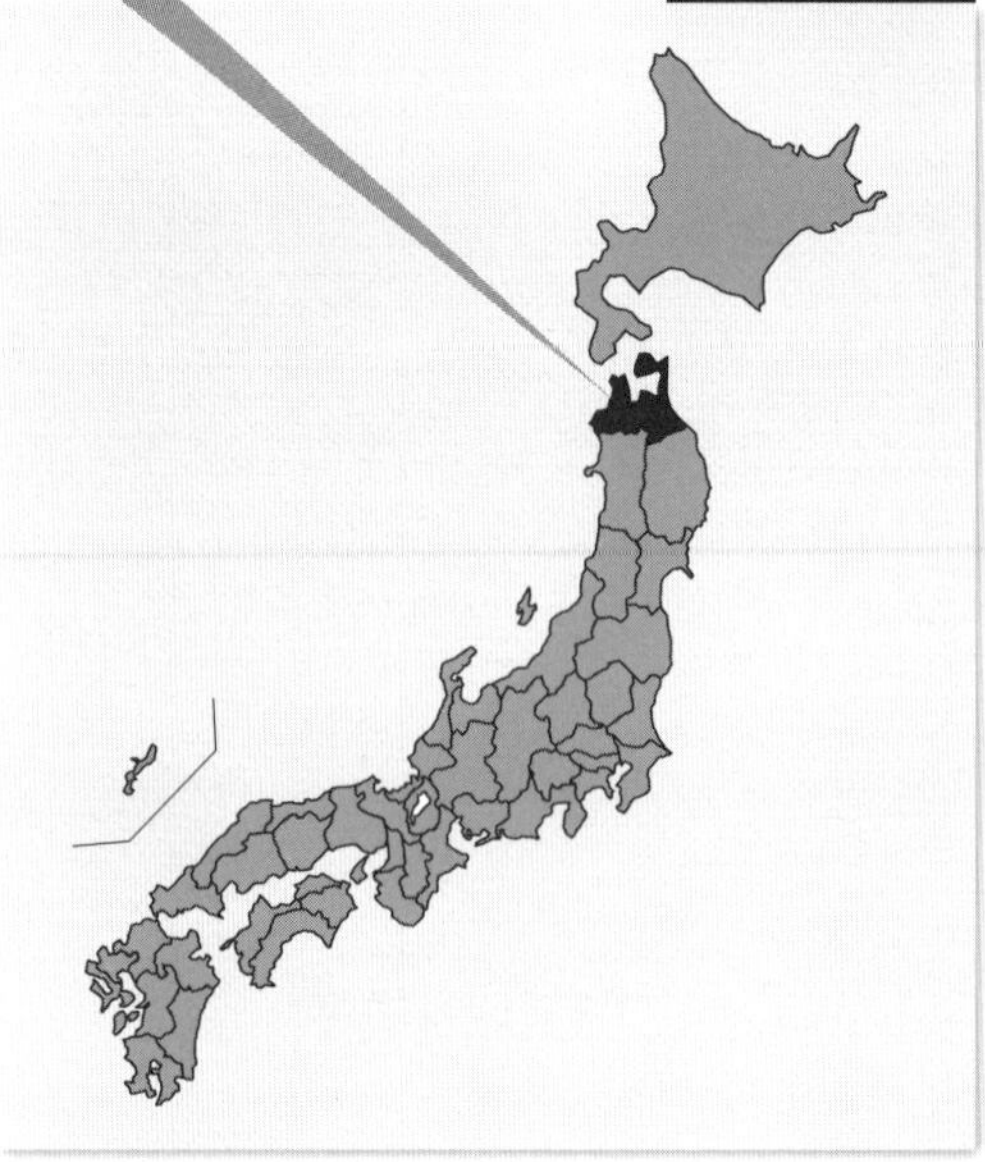

青森県のランキング

1位	もやし消費量	144P
1位	インスタントラーメン消費量	204P
1位	食塩消費量	170P
1位	炭酸飲料支出額	184P
1位	貝類消費量	168P
1位	サンマ消費量	162P
1位	魚介類消費量	160P
2位	テレビ・ラジオ・新聞・雑誌閲覧時間	86P
2位	睡眠時間	92P
2位	りんご消費量	152P
2位	中学陸上競技部員数	20P
2位	たまねぎ消費量	130P
3位	ウイスキー消費量	198P
3位	中学軟式野球部員数	16P
3位	しょう油消費量	174P
4位	陸上競技場数	78P
4位	味噌消費量	172P
4位	エンゲル係数	122P
5位	高校男子ラグビー部員数	30P
5位	ビール消費量	190P
6位	焼酎消費量	192P
6位	中学生運動部参加率	28P
7位	トマト消費量	134P
7位	納豆支出額	202P
8位	休養・くつろぎ時間	90P
8位	にんじん消費量	138P
9位	サバ消費量	164P
10位	米消費量	124P
10位	果物消費量	148P
11位	水泳プール数	76P
11位	コーヒー消費量	182P
11位	中学バスケットボール部員数	24P
11位	中学バレーボール部員数	18P
12位	日本酒消費量	194P

12位	小学生宿題実行率	112P
14位	生鮮野菜消費量	126P
14位	だいこん消費量	132P
15位	小学生朝食摂取率	120P
15位	バナナ消費量	150P
18位	ワイン消費量	196P
18位	小学生読書率	108P
18位	野球場数	80P
18位	レタス消費量	146P
18位	中学バドミントン部員数	14P
19位	25歳以上パチンコ人口	54P
19位	自家用車通勤・通学率	98P
21位	小学生学校外学習率	114P
22位	中学剣道部員数	12P
22位	砂糖消費量	176P
23位	労働時間	94P
23位	食事時間	84P
24位	体育館数	82P
24位	25歳以上スキー・スノーボード人口	36P
26位	きゅうり消費量	142P
26位	中学卓球部員数	22P
27位	25歳以上将棋人口	72P
27位	25歳以上釣り人口	42P
28位	25歳以上編み物・手芸人口	60P
29位	小学生通学時間	110P
30位	中学水泳部員数	10P
32位	キャベツ消費量	128P
32位	お菓子支出額	200P
32位	イチゴ消費量	158P
33位	タイ消費量	166P
34位	中学テニス部員数	26P
36位	小学生長時間ネット利用率	118P
36位	25歳以上囲碁人口	74P
38位	紅茶消費量	180P

38位	牛乳消費量	188P
38位	中学サッカー部員数	8P
38位	小学生地域行事参加率	116P
39位	25歳以上テレビゲーム人口	52P
39位	25歳以上サイクリング人口	32P
39位	すいか消費量	156P
42位	はくさい消費量	140P
42位	25歳以上登山・ハイキング人口	34P
42位	パン消費量	206P
43位	インターネット利用率	104P
43位	女性の家事労働時間	88P
43位	25歳以上華道人口	68P
43位	25歳以上茶道人口	66P
44位	鉄道通勤・通学率	96P
44位	みかん消費量	154P
44位	25歳以上園芸・ガーデニング人口	58P
45位	ソーシャルネットワーキングサービス(SNS)利用率	102P
45位	小学生通塾率	106P
45位	25歳以上ゲートボール人口	38P
45位	25歳以上スポーツ観戦人口	46P
45位	緑茶消費量	178P
45位	Facebookユーザー数	100P
45位	25歳以上ボランティア人口	70P
46位	25歳以上楽器演奏人口	48P
46位	じゃがいも消費量	136P
46位	25歳以上カラオケ人口	56P
47位	ミネラルウォーター支出額	186P
47位	25歳以上写真撮影人口	50P
47位	25歳以上英語学習人口	62P
47位	25歳以上スポーツ人口	44P
47位	25歳以上ゴルフ人口	40P
47位	25歳以上書道人口	64P

岩手県

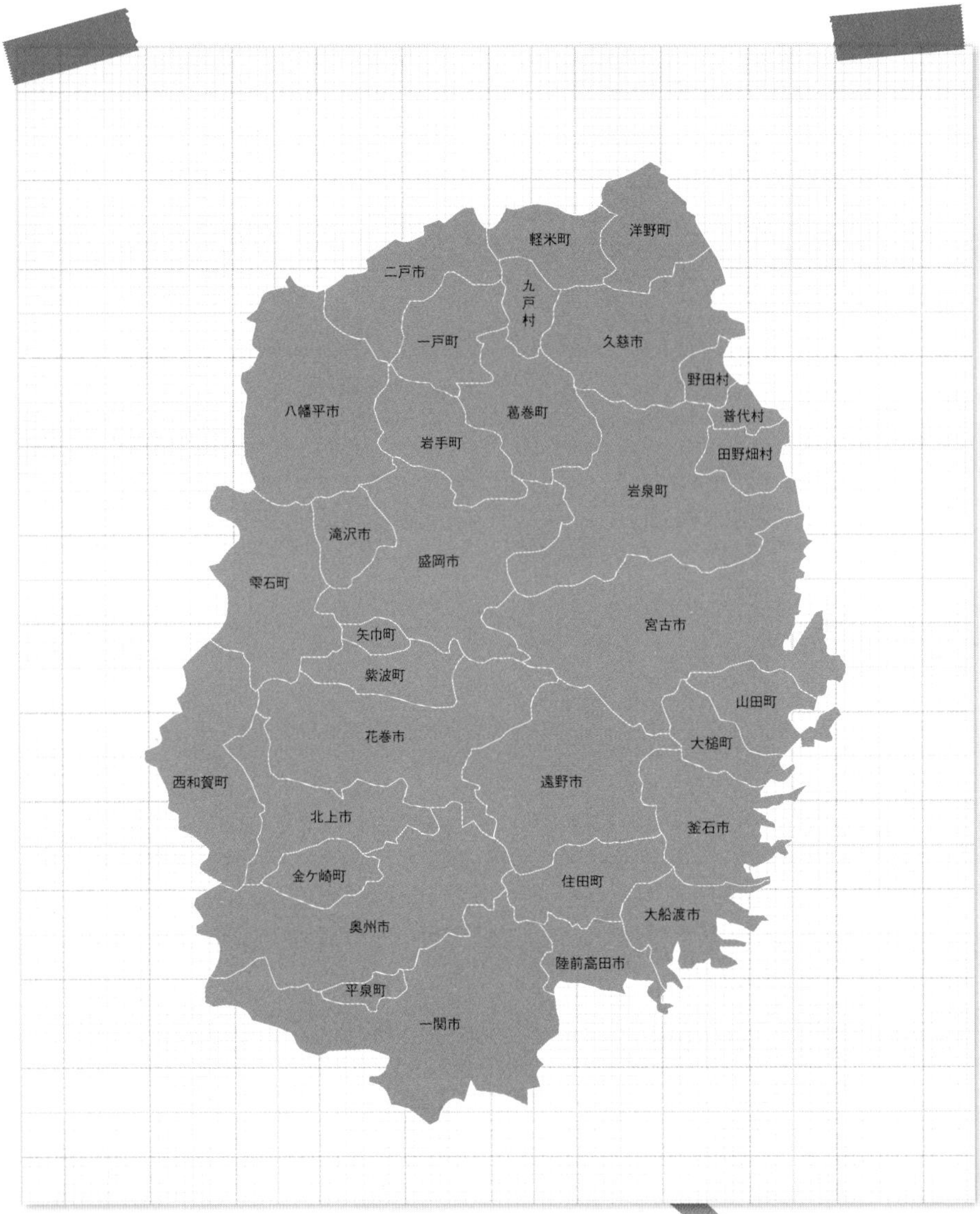

DATA

人口総数（人）	1,240,000
男性人口（人）	600,000
女性人口（人）	640,000
面積（km²）	1,527,500
平均気温（℃）	11.0
年間降水（mm）	1,322.0
市町村数	33
県庁所在地	盛岡市

北海道の次に広い岩手県。小中学生の生活調査では、中学生運動部参加率と小学生読書率が全国1位。食生活では、産地らしくりんごと果物の消費量が全国1位という結果。

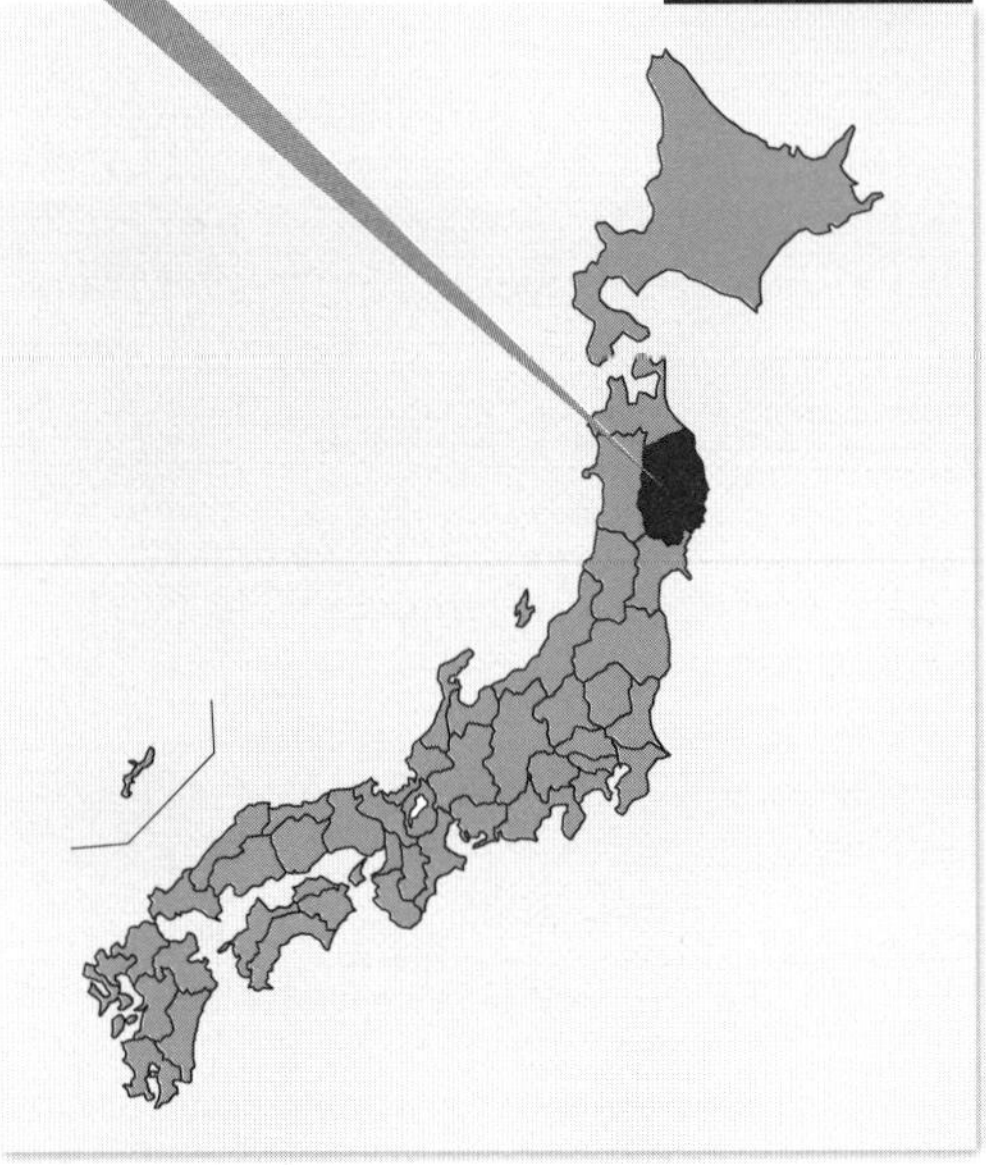

岩手県のランキング

1位	小学生読書率	108P
1位	中学生運動部参加率	28P
1位	だいこん消費量	132P
1位	果物消費量	148P
1位	りんご消費量	152P
2位	にんじん消費量	138P
2位	高校男子ラグビー部員数	30P
2位	味噌消費量	172P
2位	中学軟式野球部員数	16P
3位	もやし消費量	144P
3位	納豆支出額	202P
3位	中学バレーボール部員数	18P
4位	中学卓球部員数	22P
4位	小学生地域行事参加率	116P
4位	サンマ消費量	162P
4位	体育館数	82P
5位	睡眠時間	92P
5位	イチゴ消費量	158P
6位	魚介類消費量	160P
6位	炭酸飲料支出額	184P
7位	小学生学校外学習率	114P
7位	小学生朝食摂取率	120P
7位	中学バドミントン部員数	14P
8位	食塩消費量	170P
8位	貝類消費量	168P
8位	中学バスケットボール部員数	24P
8位	25歳以上編み物・手芸人口	60P
8位	野球場数	80P
8位	生鮮野菜消費量	126P
8位	陸上競技場数	78P
9位	ビール消費量	190P
9位	食事時間	84P
10位	焼酎消費量	192P
10位	日本酒消費量	194P
11位	中学剣道部員数	12P
12位	きゅうり消費量	142P
12位	水泳プール数	76P
13位	ウイスキー消費量	198P
13位	25歳以上ボランティア人口	70P
14位	25歳以上パチンコ人口	54P
14位	自家用車通勤・通学率	98P
14位	25歳以上スポーツ観戦人口	46P
16位	ワイン消費量	196P
16位	インスタントラーメン消費量	204P
16位	コーヒー消費量	182P
17位	25歳以上ゲートボール人口	38P
17位	米消費量	124P
18位	紅茶消費量	180P
18位	お菓子支出額	200P
19位	トマト消費量	134P
19位	牛乳消費量	188P
19位	休養・くつろぎ時間	90P
20位	たまねぎ消費量	130P
20位	小学生宿題実行率	112P
20位	バナナ消費量	150P
20位	25歳以上スキー・スノーボード人口	36P
20位	25歳以上園芸・ガーデニング人口	58P
20位	エンゲル係数	122P
22位	25歳以上釣り人口	42P
23位	キャベツ消費量	128P
26位	しょう油消費量	174P
26位	中学サッカー部員数	8P
27位	中学テニス部員数	26P
27位	はくさい消費量	140P
28位	25歳以上登山・ハイキング人口	34P
28位	すいか消費量	156P
29位	労働時間	94P
30位	みかん消費量	154P
31位	小学生通学時間	110P
32位	鉄道通勤・通学率	96P
34位	中学水泳部員数	10P
36位	緑茶消費量	178P
36位	テレビ・ラジオ・新聞・雑誌閲覧時間	86P
37位	小学生長時間ネット利用率	118P
38位	25歳以上茶道人口	66P
38位	25歳以上将棋人口	72P
39位	25歳以上囲碁人口	74P
40位	25歳以上テレビゲーム人口	52P
40位	サバ消費量	164P
40位	じゃがいも消費量	136P
40位	25歳以上華道人口	68P
40位	ミネラルウォーター支出額	186P
41位	レタス消費量	146P
42位	砂糖消費量	176P
42位	25歳以上サイクリング人口	32P
42位	25歳以上楽器演奏人口	48P
42位	25歳以上写真撮影人口	50P
43位	25歳以上英語学習人口	62P
44位	女性の家事労働時間	88P
44位	中学陸上競技部員数	20P
44位	パン消費量	206P
44位	Facebookユーザー数	100P
44位	25歳以上書道人口	64P
45位	25歳以上スポーツ人口	44P
45位	タイ消費量	166P
45位	25歳以上カラオケ人口	56P
46位	25歳以上ゴルフ人口	40P
46位	小学生通塾率	106P
46位	ソーシャルネットワーキングサービス(SNS)利用率	102P
47位	インターネット利用率	104P

宮城県

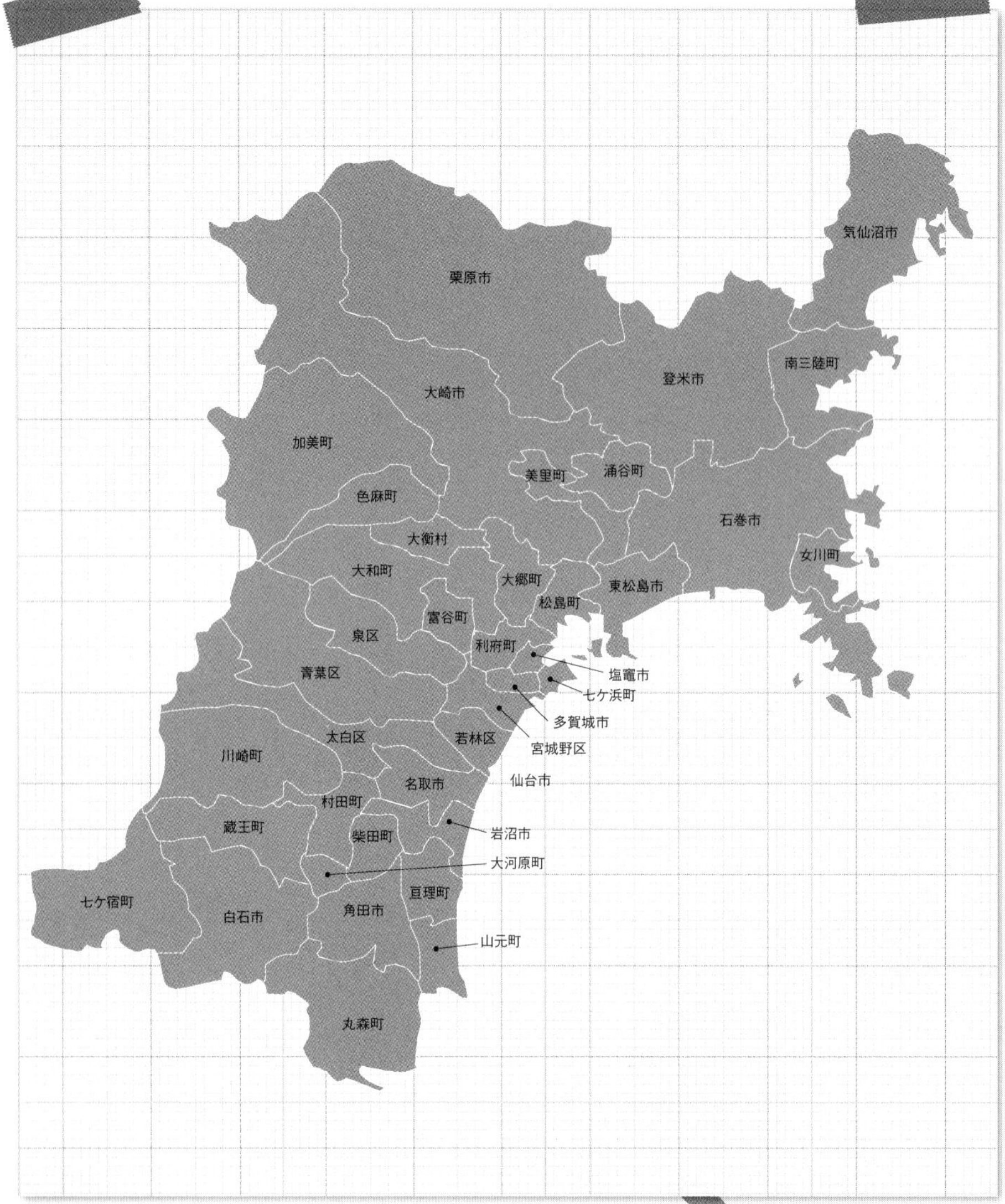

DATA

人口総数（人）	2,320,000
男性人口（人）	1,130,000
女性人口（人）	1,180,000
面積（km²）	728,200
平均気温（℃）	13.6
年間降水（mm）	1082.0
市町村数	35
県庁所在地	仙台市

25歳以上スポーツ観戦人口とウイスキー消費量が全国2位の宮城県。前者は楽天生命パーク（仙台市）をホームとする東北楽天ゴールデンイーグルスの動員力によるものだ。

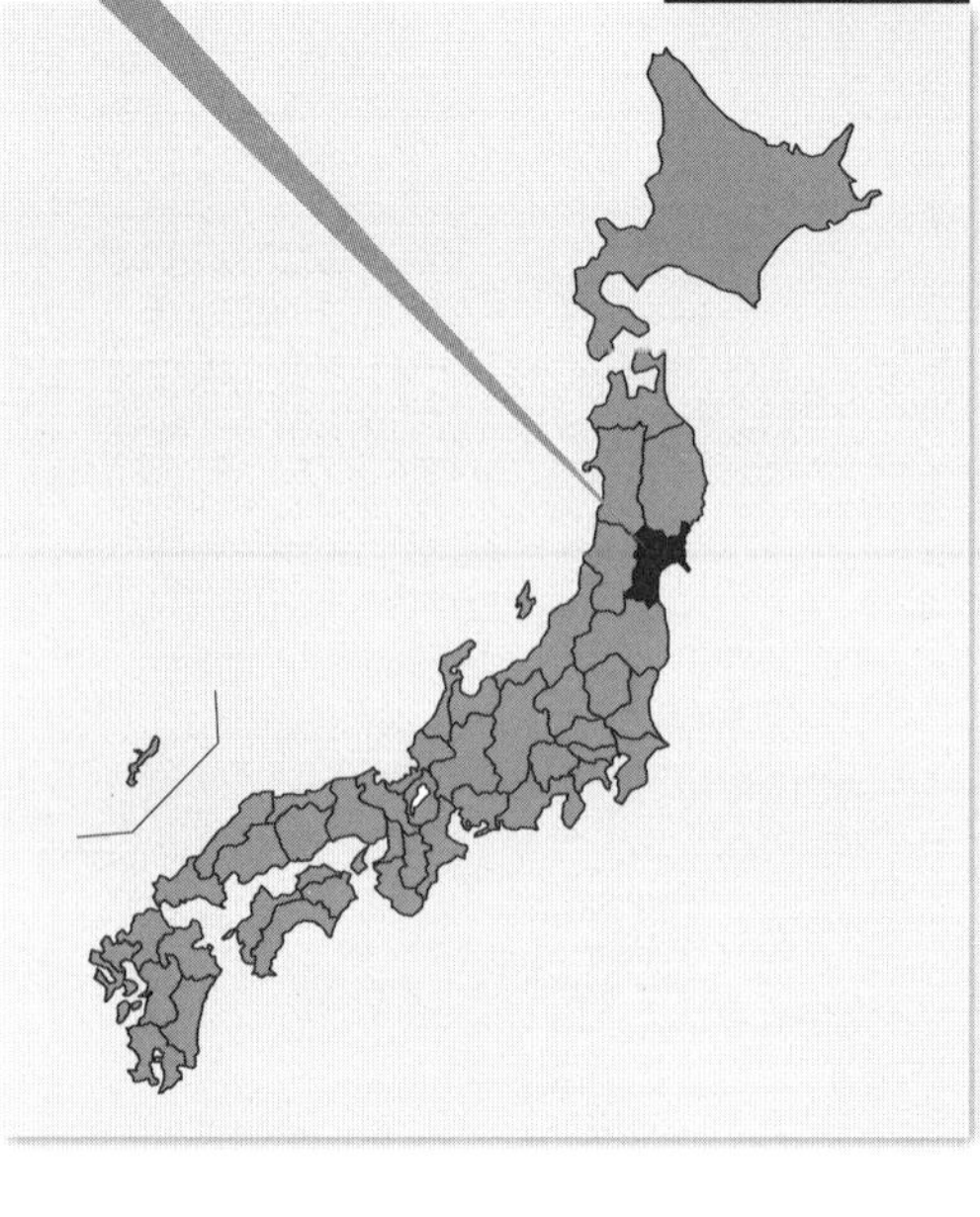

宮城県のランキング

2位	ウイスキー消費量	198P
2位	25歳以上スポーツ観戦人口	46P
3位	中学バドミントン部員数	14P
3位	だいこん消費量	132P
3位	サンマ消費量	162P
3位	25歳以上将棋人口	72P
4位	中学生運動部参加率	28P
5位	25歳以上編み物・手芸人口	60P
6位	納豆支出額	202P
6位	中学剣道部員数	12P
7位	25歳以上囲碁人口	74P
7位	お菓子支出額	200P
7位	インスタントラーメン消費量	204P
8位	労働時間	94P
8位	もやし消費量	144P
9位	小学生朝食摂取率	120P
9位	ワイン消費量	196P
9位	貝類消費量	168P
10位	生鮮野菜消費量	126P
10位	25歳以上楽器演奏人口	48P
11位	エンゲル係数	122P
11位	りんご消費量	152P
12位	小学生宿題実行率	112P
12位	鉄道通勤・通学率	96P
13位	25歳以上カラオケ人口	56P
13位	25歳以上英語学習人口	62P
14位	イチゴ消費量	158P
14位	魚介類消費量	160P
14位	炭酸飲料支出額	184P
14位	果物消費量	148P
14位	ミネラルウォーター支出額	186P
14位	25歳以上写真撮影人口	50P
14位	日本酒消費量	194P
14位	ビール消費量	190P

15位	きゅうり消費量	142P
15位	小学生地域行事参加率	116P
15位	睡眠時間	92P
16位	25歳以上園芸・ガーデニング人口	58P
16位	にんじん消費量	138P
16位	25歳以上パチンコ人口	54P
17位	トマト消費量	134P
17位	味噌消費量	172P
17位	インターネット利用率	104P
18位	中学水泳部員数	10P
18位	中学卓球部員数	22P
18位	食塩消費量	170P
18位	食事時間	84P
18位	焼酎消費量	192P
19位	25歳以上スポーツ人口	44P
19位	小学生学校外学習率	114P
19位	中学バスケットボール部員数	24P
20位	25歳以上テレビゲーム人口	52P
20位	中学軟式野球部員数	16P
20位	中学バレーボール部員数	18P
20位	紅茶消費量	180P
21位	みかん消費量	154P
21位	じゃがいも消費量	136P
21位	中学テニス部員数	26P
22位	すいか消費量	156P
23位	中学サッカー部員数	8P
23位	25歳以上スキー・スノーボード人口	36P
23位	野球場数	80P
24位	中学陸上競技部員数	20P
24位	たまねぎ消費量	130P
24位	牛乳消費量	188P
25位	高校男子ラグビー部員数	30P
25位	緑茶消費量	178P
26位	小学生通学時間	110P

26位	砂糖消費量	176P
27位	小学生読書率	108P
27位	25歳以上ボランティア人口	70P
27位	25歳以上登山・ハイキング人口	34P
29位	女性の家事労働時間	88P
30位	体育館数	82P
30位	小学生通塾率	106P
31位	25歳以上釣り人口	42P
31位	陸上競技場数	78P
31位	Facebookユーザー数	100P
31位	はくさい消費量	140P
32位	自家用車通勤・通学率	98P
32位	バナナ消費量	150P
32位	コーヒー消費量	182P
33位	しょう油消費量	174P
33位	小学生長時間ネット利用率	118P
33位	テレビ・ラジオ・新聞・雑誌閲覧時間	86P
34位	25歳以上ゲートボール人口	38P
34位	25歳以上ゴルフ人口	40P
34位	25歳以上華道人口	68P
34位	25歳以上サイクリング人口	32P
35位	ソーシャルネットワーキングサービス(SNS)利用率	102P
36位	25歳以上書道人口	64P
37位	レタス消費量	146P
38位	水泳プール数	76P
41位	25歳以上茶道人口	66P
42位	キャベツ消費量	128P
43位	タイ消費量	166P
43位	米消費量	124P
43位	パン消費量	206P
44位	休養・くつろぎ時間	90P
46位	サバ消費量	164P

秋田県

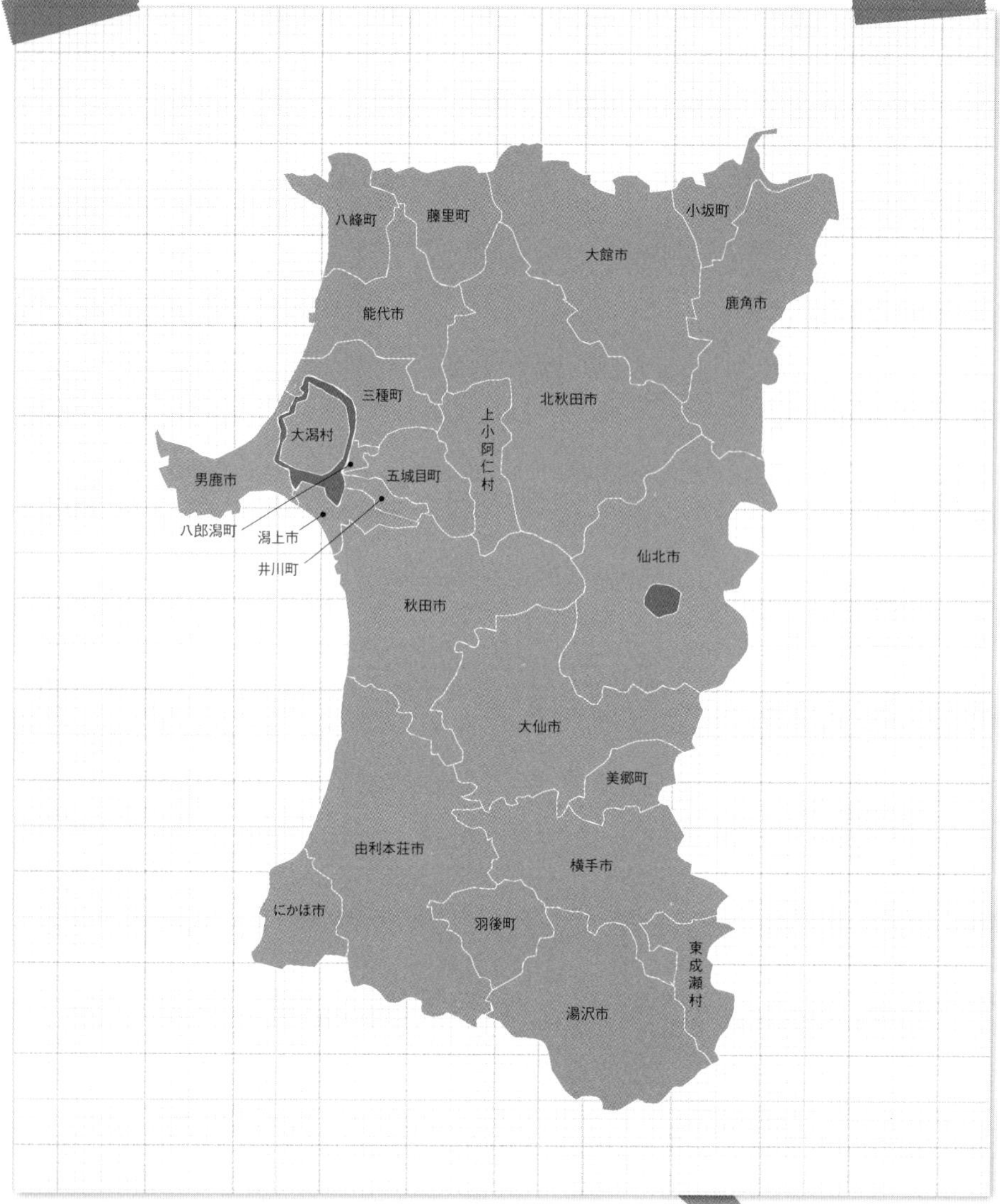

秋田県の特徴は、小中学生を対象とした項目のうち中学軟式野球部員数、中学バスケ部員数、小学生自宅学習率、小学生宿題実行率が全国1位である点。睡眠時間も首位だ。

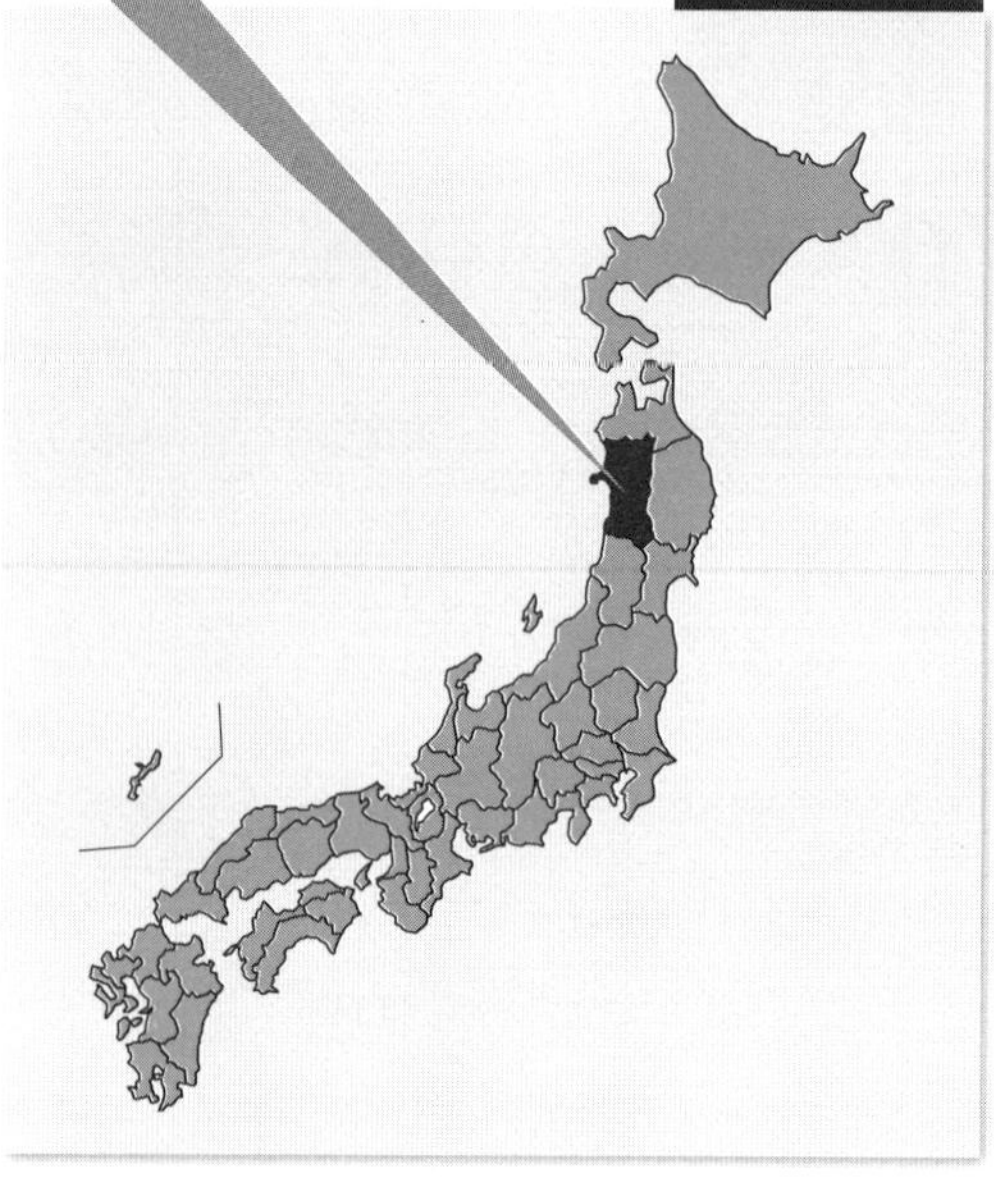

DATA

人口総数（人）	980,000
男性人口（人）	460,000
女性人口（人）	520,000
面積（km²）	1,163,800
平均気温（℃）	12.3
年間降水（mm）	2016.5
市町村数	25
県庁所在地	秋田市

秋田県のランキング

1位	休養・くつろぎ時間	90P
1位	睡眠時間	92P
1位	中学軟式野球部員数	16P
1位	小学生宿題実行率	112P
1位	小学生学校外学習率	114P
1位	中学バスケットボール部員数	24P
2位	日本酒消費量	194P
2位	野球場数	80P
2位	キャベツ消費量	128P
2位	体育館数	82P
2位	魚介類消費量	160P
2位	サンマ消費量	162P
3位	小学生朝食摂取率	120P
3位	食塩消費量	170P
3位	食事時間	84P
4位	貝類消費量	168P
4位	中学陸上競技部員数	20P
4位	自家用車通勤・通学率	98P
4位	炭酸飲料支出額	184P
5位	果物消費量	148P
5位	もやし消費量	144P
5位	味噌消費量	172P
5位	りんご消費量	152P
5位	小学生読書率	108P
6位	生鮮野菜消費量	126P
6位	高校男子ラグビー部員数	30P
6位	陸上競技場数	78P
7位	水泳プール数	76P
7位	しょう油消費量	174P
7位	小学生地域行事参加率	116P
7位	ウイスキー消費量	198P
8位	焼酎消費量	192P
8位	小学生通学時間	110P
8位	インスタントラーメン消費量	204P

9位	納豆支出額	202P
10位	すいか消費量	156P
10位	砂糖消費量	176P
10位	ビール消費量	190P
11位	だいこん消費量	132P
11位	トマト消費量	134P
11位	中学水泳部員数	10P
12位	25歳以上スポーツ観戦人口	46P
13位	緑茶消費量	178P
13位	25歳以上スキー・スノーボード人口	36P
14位	25歳以上ゲートボール人口	38P
16位	エンゲル係数	122P
18位	タイ消費量	166P
19位	女性の家事労働時間	88P
20位	中学剣道部員数	12P
22位	きゅうり消費量	142P
22位	中学生運動部参加率	28P
22位	米消費量	124P
23位	中学卓球部員数	22P
23位	テレビ・ラジオ・新聞・雑誌閲覧時間	86P
23位	25歳以上編み物・手芸人口	60P
23位	にんじん消費量	138P
24位	レタス消費量	146P
26位	たまねぎ消費量	130P
28位	ワイン消費量	196P
28位	サバ消費量	164P
29位	イチゴ消費量	158P
30位	25歳以上園芸・ガーデニング人口	58P
31位	25歳以上登山・ハイキング人口	34P
31位	お菓子支出額	200P
31位	25歳以上ボランティア人口	70P
34位	ソーシャルネットワーキングサービス(SNS)利用率	102P
34位	バナナ消費量	150P
35位	ミネラルウォーター支出額	186P

35位	みかん消費量	154P
36位	中学バレーボール部員数	18P
36位	25歳以上茶道人口	66P
36位	25歳以上パチンコ人口	54P
38位	25歳以上サイクリング人口	32P
39位	コーヒー消費量	182P
39位	鉄道通勤・通学率	96P
40位	はくさい消費量	140P
40位	25歳以上将棋人口	72P
40位	労働時間	94P
41位	25歳以上華道人口	68P
41位	25歳以上楽器演奏人口	48P
42位	25歳以上ゴルフ人口	40P
42位	25歳以上書道人口	64P
43位	牛乳消費量	188P
43位	25歳以上囲碁人口	74P
43位	中学テニス部員数	26P
43位	25歳以上釣り人口	42P
43位	じゃがいも消費量	136P
44位	紅茶消費量	180P
45位	25歳以上英語学習人口	62P
45位	中学バドミントン部員数	14P
45位	小学生長時間ネット利用率	118P
45位	インターネット利用率	104P
45位	25歳以上写真撮影人口	50P
45位	25歳以上テレビゲーム人口	52P
46位	パン消費量	206P
46位	25歳以上スポーツ人口	44P
47位	小学生通塾率	106P
47位	Facebookユーザー数	100P
47位	25歳以上カラオケ人口	56P
47位	中学サッカー部員数	8P

山形県

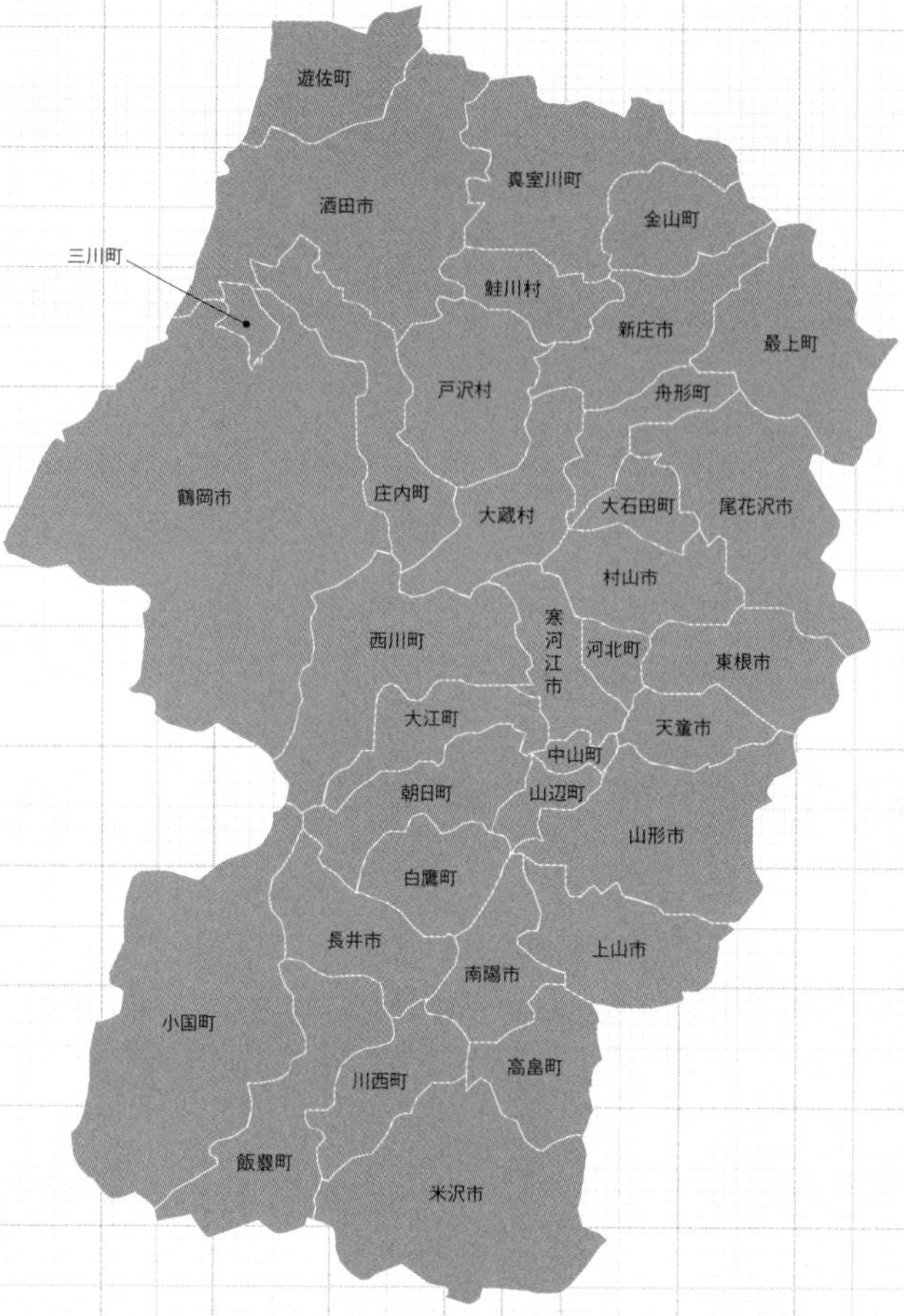

DATA

人口総数（人）	1,090,000
男性人口（人）	530,000
女性人口（人）	570,000
面積（km²）	932,300
平均気温（℃）	12.6
年間降水（mm）	1124.0
市町村数	35
県庁所在地	山形市

しょうゆ味の芋煮で知られる山形市での抽出調査のためか、しょうゆ消費量が突出して多く全国1位。食生活の傾向は青森県と似ており、もやし消費量と食塩消費量は青森県に次ぎ2位。

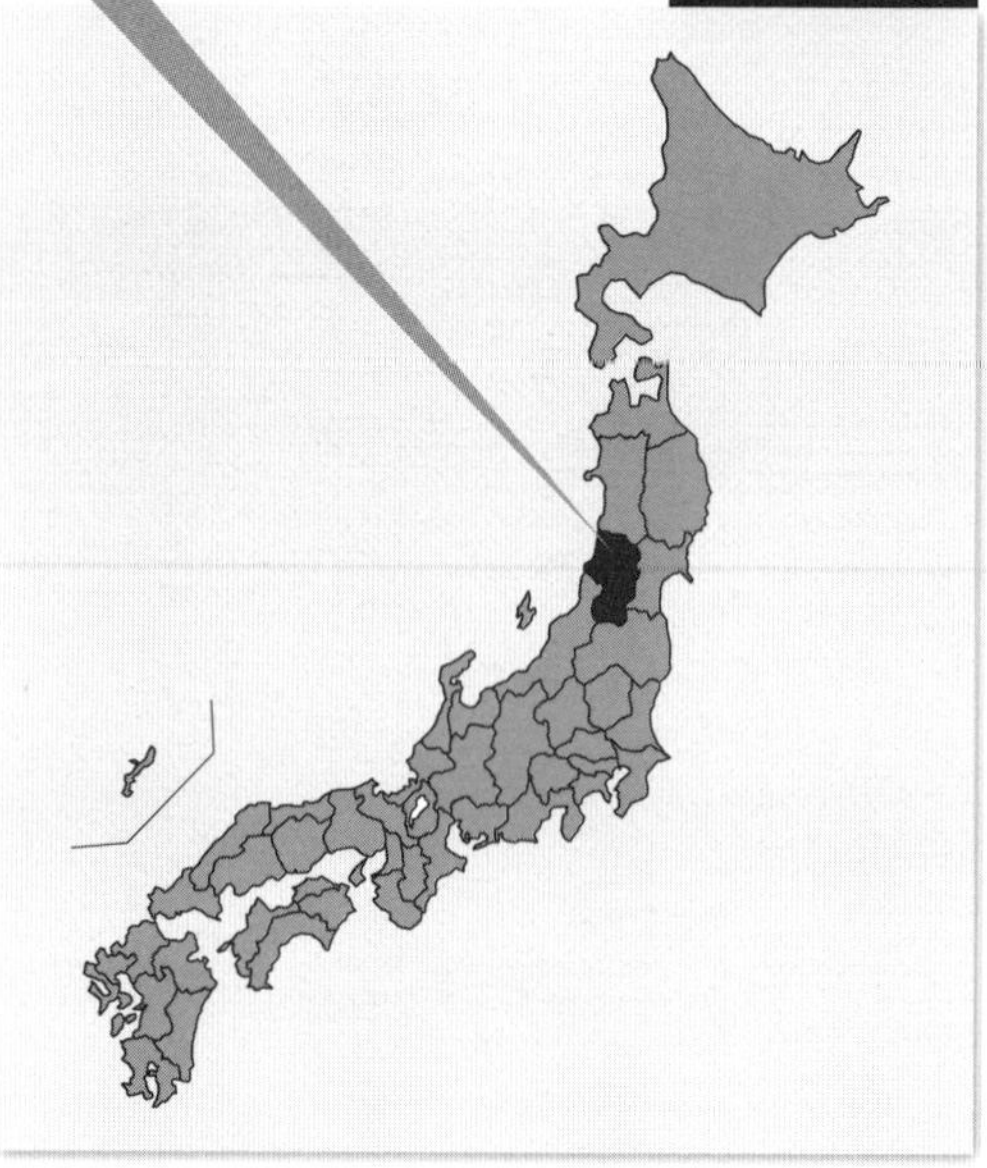

山形県のランキング

1位	しょう油消費量	174P
2位	自家用車通勤・通学率	98P
2位	中学水泳部員数	10P
2位	小学生地域行事参加率	116P
2位	もやし消費量	144P
2位	食塩消費量	170P
2位	炭酸飲料支出額	184P
2位	お菓子支出額	200P
3位	睡眠時間	92P
3位	中学生運動部参加率	28P
3位	米消費量	124P
3位	小学生学校外学習率	114P
3位	小学生読書率	108P
4位	日本酒消費量	194P
5位	砂糖消費量	176P
5位	きゅうり消費量	142P
5位	納豆支出額	202P
5位	インスタントラーメン消費量	204P
5位	中学サッカー部員数	8P
6位	りんご消費量	152P
6位	小学生朝食摂取率	120P
7位	陸上競技場数	78P
7位	サンマ消費量	162P
7位	味噌消費量	172P
8位	ウイスキー消費量	198P
9位	中学剣道部員数	12P
9位	25歳以上スキー・スノーボード人口	36P
9位	中学卓球部員数	22P
9位	25歳以上釣り人口	42P
11位	果物消費量	148P
11位	25歳以上ボランティア人口	70P
13位	25歳以上園芸・ガーデニング人口	58P
13位	25歳以上華道人口	68P
14位	牛乳消費量	188P

14位	焼酎消費量	192P
14位	ワイン消費量	196P
15位	水泳プール数	76P
15位	中学バレーボール部員数	18P
17位	25歳以上編み物・手芸人口	60P
18位	体育館数	82P
18位	魚介類消費量	160P
18位	中学陸上競技部員数	20P
18位	25歳以上将棋人口	72P
19位	中学軟式野球部員数	16P
19位	生鮮野菜消費量	126P
19位	テレビ・ラジオ・新聞・雑誌閲覧時間	86P
21位	野球場数	80P
22位	だいこん消費量	132P
22位	小学生通学時間	110P
22位	イチゴ消費量	158P
22位	25歳以上パチンコ人口	54P
23位	ビール消費量	190P
23位	コーヒー消費量	182P
23位	すいか消費量	156P
23位	25歳以上登山・ハイキング人口	34P
24位	休養・くつろぎ時間	90P
25位	25歳以上書道人口	64P
25位	キャベツ消費量	128P
25位	中学バドミントン部員数	14P
26位	食事時間	84P
28位	貝類消費量	168P
29位	25歳以上ゲートボール人口	38P
29位	中学バスケットボール部員数	24P
29位	25歳以上カラオケ人口	56P
31位	25歳以上サイクリング人口	32P
31位	25歳以上スポーツ観戦人口	46P
33位	25歳以上茶道人口	66P
33位	小学生長時間ネット利用率	118P

34位	25歳以上テレビゲーム人口	52P
34位	エンゲル係数	122P
37位	中学テニス部員数	26P
37位	小学生宿題実行率	112P
38位	ミネラルウォーター支出額	186P
38位	バナナ消費量	150P
39位	労働時間	94P
39位	25歳以上写真撮影人口	50P
39位	みかん消費量	154P
39位	たまねぎ消費量	130P
40位	25歳以上楽器演奏人口	48P
40位	トマト消費量	134P
41位	インターネット利用率	104P
41位	25歳以上ゴルフ人口	40P
42位	Facebookユーザー数	100P
42位	緑茶消費量	178P
42位	鉄道通勤・通学率	96P
42位	にんじん消費量	138P
43位	ソーシャルネットワーキングサービス(SNS)利用率	102P
44位	25歳以上スポーツ人口	44P
44位	タイ消費量	166P
44位	25歳以上英語学習人口	62P
44位	小学生通塾率	106P
45位	パン消費量	206P
45位	紅茶消費量	180P
45位	じゃがいも消費量	136P
46位	女性の家事労働時間	88P
46位	25歳以上囲碁人口	74P
46位	レタス消費量	146P
46位	高校男子ラグビー部員数	30P
46位	はくさい消費量	140P
47位	サバ消費量	164P

福島県

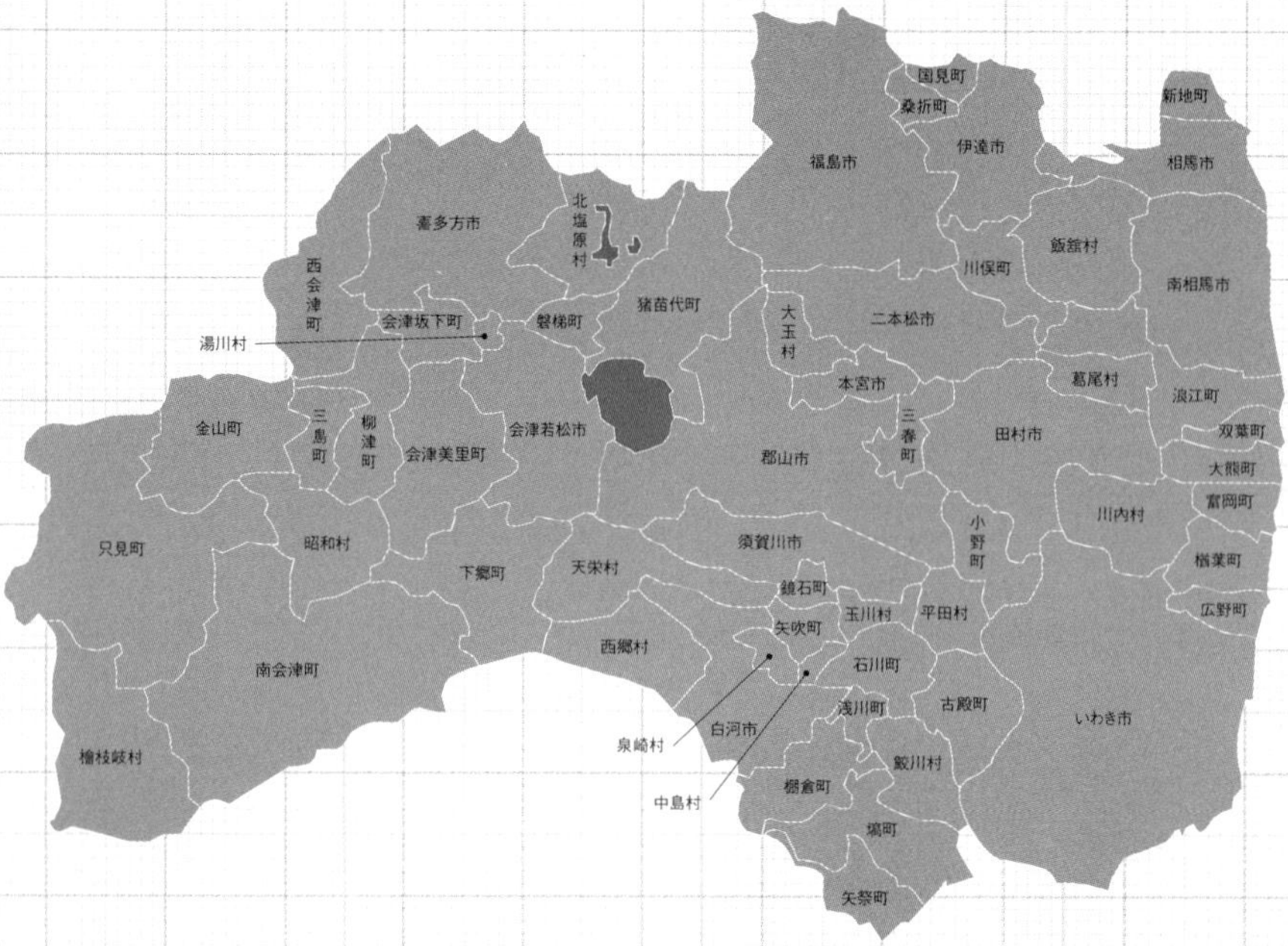

DATA

人口総数（人）	1,860,000
男性人口（人）	920,000
女性人口（人）	940,000
面積（km²）	1,378,400
平均気温（℃）	14.2
年間降水（mm）	828.0
市町村数	59
県庁所在地	福島市

東北地方で2番目の人口を擁する福島県。納豆消費量やきゅうりの消費量も多くなっており、福島県はどちらも全国1位だ。駅伝が盛んで中学陸上競技部員数も首位。

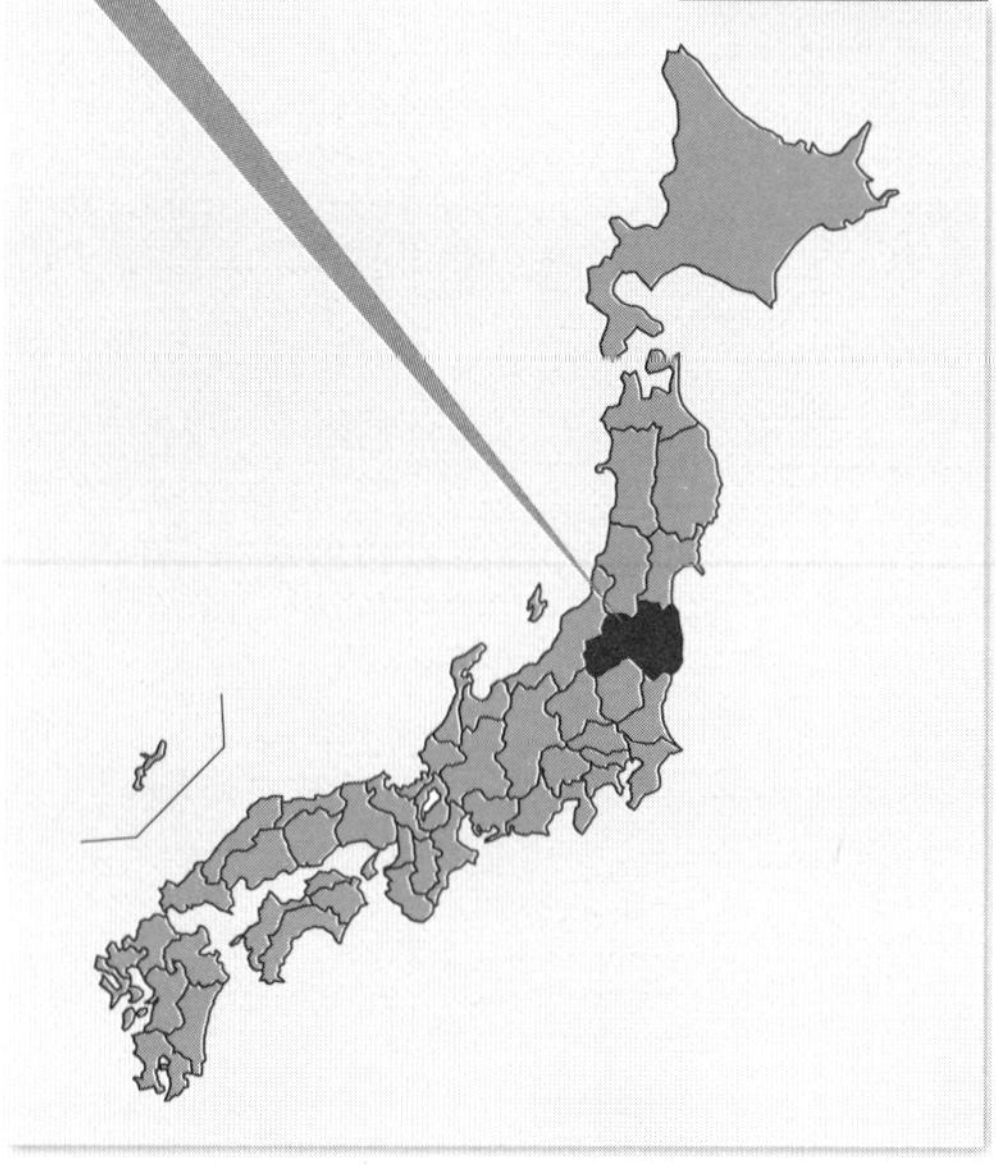

福島県のランキング

1位	納豆支出額	202P
1位	きゅうり消費量	142P
1位	中学陸上競技部員数	20P
2位	中学卓球部員数	22P
3位	水泳プール数	76P
3位	にんじん消費量	138P
3位	お菓子支出額	200P
4位	小学生読書率	108P
4位	りんご消費量	152P
5位	中学水泳部員数	10P
5位	中学生運動部参加率	28P
5位	休養・くつろぎ時間	90P
5位	日本酒消費量	194P
6位	サンマ消費量	162P
6位	睡眠時間	92P
6位	ミネラルウォーター支出額	186P
6位	ウイスキー消費量	198P
6位	自家用車通勤・通学率	98P
6位	果物消費量	148P
6位	中学バレーボール部員数	18P
7位	だいこん消費量	132P
8位	体育館数	82P
9位	インスタントラーメン消費量	204P
9位	もやし消費量	144P
9位	25歳以上園芸・ガーデニング人口	58P
10位	テレビ・ラジオ・新聞・雑誌閲覧時間	86P
10位	中学軟式野球部員数	16P
10位	炭酸飲料支出額	184P
11位	米消費量	124P
11位	小学生学校外学習率	114P
12位	味噌消費量	172P
13位	食塩消費量	170P
13位	生鮮野菜消費量	126P
14位	中学剣道部員数	12P

15位	焼酎消費量	192P
15位	中学バドミントン部員数	14P
15位	小学生通学時間	110P
15位	25歳以上サイクリング人口	32P
16位	小学生朝食摂取率	120P
17位	25歳以上スキー・スノーボード人口	36P
17位	ビール消費量	190P
17位	野球場数	80P
17位	中学テニス部員数	26P
18位	イチゴ消費量	158P
18位	陸上競技場数	78P
18位	25歳以上ボランティア人口	70P
18位	25歳以上パチンコ人口	54P
18位	砂糖消費量	176P
18位	食事時間	84P
18位	25歳以上登山・ハイキング人口	34P
19位	労働時間	94P
19位	じゃがいも消費量	136P
20位	25歳以上編み物・手芸人口	60P
22位	中学バスケットボール部員数	24P
22位	25歳以上ゲートボール人口	38P
24位	しょう油消費量	174P
25位	たまねぎ消費量	130P
25位	25歳以上スポーツ観戦人口	46P
25位	小学生長時間ネット利用率	118P
26位	25歳以上写真撮影人口	50P
27位	エンゲル係数	122P
27位	キャベツ消費量	128P
27位	魚介類消費量	160P
27位	ワイン消費量	196P
27位	25歳以上ゴルフ人口	40P
28位	バナナ消費量	150P
29位	貝類消費量	168P
29位	25歳以上テレビゲーム人口	52P

30位	トマト消費量	134P
30位	鉄道通勤・通学率	96P
31位	牛乳消費量	188P
31位	中学サッカー部員数	8P
31位	25歳以上書道人口	64P
31位	25歳以上囲碁人口	74P
32位	紅茶消費量	180P
32位	小学生地域行事参加率	116P
34位	レタス消費量	146P
35位	はくさい消費量	140P
36位	インターネット利用率	104P
36位	高校男子ラグビー部員数	30P
37位	タイ消費量	166P
37位	緑茶消費量	178P
38位	25歳以上英語学習人口	62P
39位	25歳以上将棋人口	72P
39位	25歳以上スポーツ人口	44P
39位	25歳以上カラオケ人口	56P
40位	小学生通塾率	106P
40位	Facebookユーザー数	100P
40位	コーヒー消費量	182P
42位	小学生宿題実行率	112P
43位	みかん消費量	154P
43位	25歳以上楽器演奏人口	48P
44位	すいか消費量	156P
44位	ソーシャルネットワーキングサービス(SNS)利用率	102P
45位	25歳以上茶道人口	66P
45位	サバ消費量	164P
46位	25歳以上華道人口	68P
47位	女性の家事労働時間	88P
47位	25歳以上釣り人口	42P
47位	パン消費量	206P

茨城県

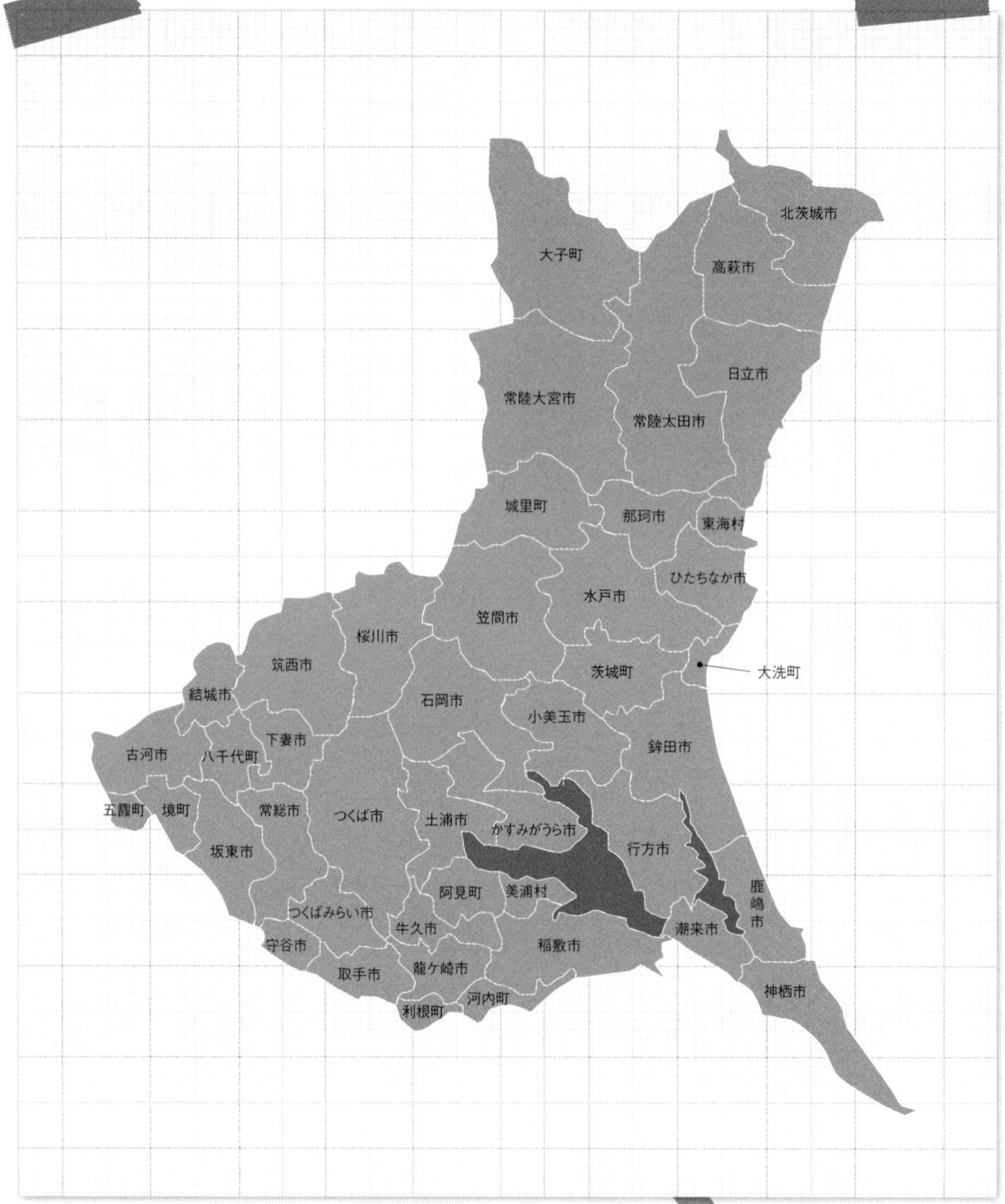

DATA

人口総数（人）	2,800,000
男性人口（人）	1,440,000
女性人口（人）	1,440,000
面積（km²）	609,700
平均気温（℃）	15.3
年間降水（mm）	1282.5
市町村数	44
県庁所在地	水戸市

茨城県が全国1位となっている項目は中学サッカー部員数、25歳以上園芸・ガーデニング人口、25歳以上ゴルフ人口。食生活では、特産品である納豆の消費量が全国2位。

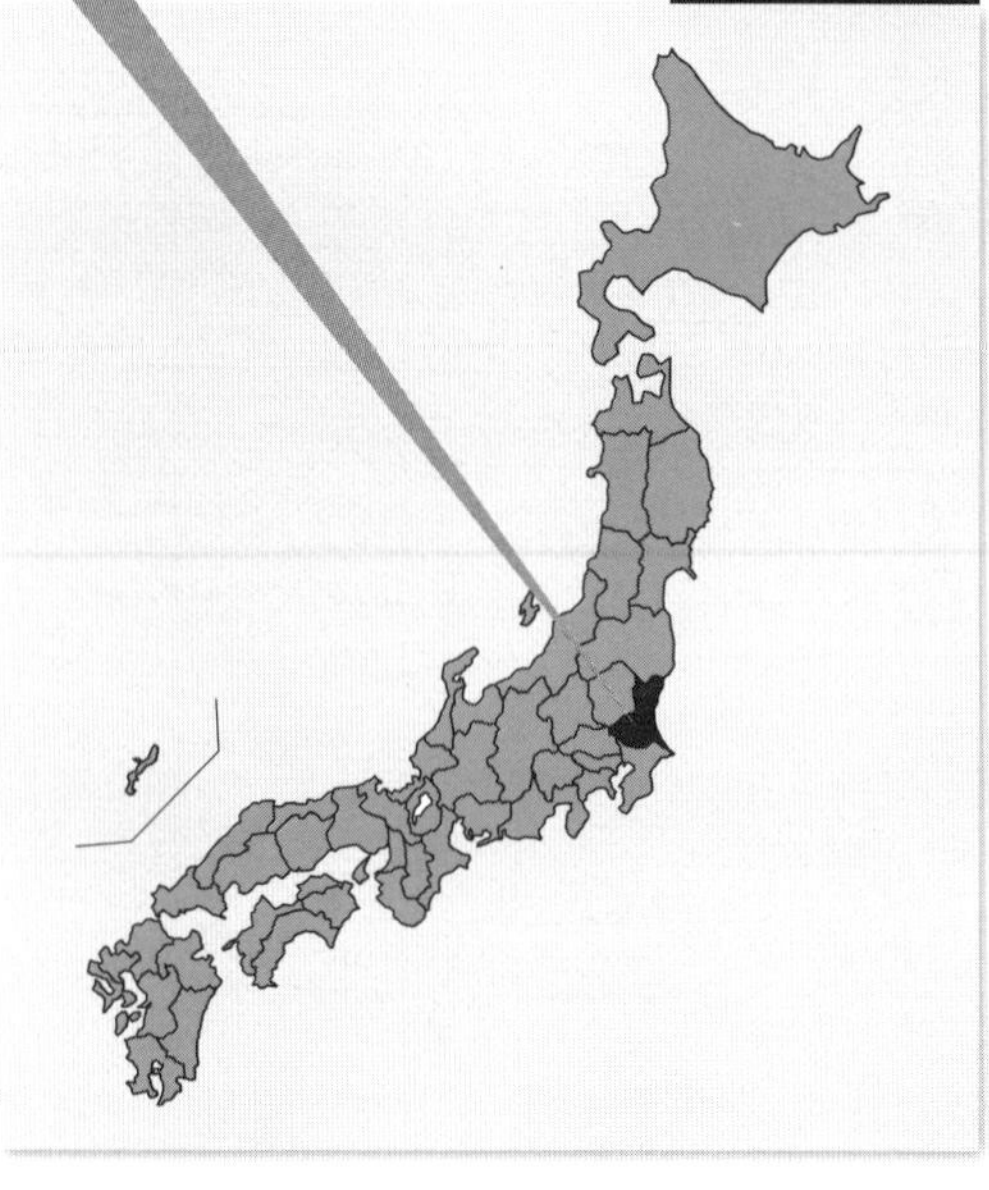

茨城県のランキング

1位	中学サッカー部員数	8P
1位	25歳以上ゴルフ人口	40P
1位	25歳以上園芸・ガーデニング人口	58P
2位	納豆支出額	202P
3位	ミネラルウォーター支出額	186P
6位	小学生学校外学習率	114P
7位	小学生読書率	108P
7位	中学剣道部員数	12P
8位	イチゴ消費量	158P
9位	野球場数	80P
9位	25歳以上サイクリング人口	32P
10位	25歳以上書道人口	64P
10位	レタス消費量	146P
10位	25歳以上写真撮影人口	50P
11位	25歳以上スポーツ人口	44P
11位	サンマ消費量	162P
12位	労働時間	94P
12位	小学生通学時間	110P
12位	お菓子支出額	200P
12位	25歳以上英語学習人口	62P
13位	中学生運動部参加率	28P
13位	炭酸飲料支出額	184P
14位	鉄道通勤・通学率	96P
14位	25歳以上登山・ハイキング人口	34P
15位	だいこん消費量	132P
15位	食事時間	84P
16位	小学生長時間ネット利用率	118P
16位	中学卓球部員数	22P
16位	25歳以上カラオケ人口	56P
16位	25歳以上テレビゲーム人口	52P
17位	ウイスキー消費量	198P
18位	自家用車通勤・通学率	98P
18位	りんご消費量	152P
18位	25歳以上囲碁人口	74P

18位	中学テニス部員数	26P
19位	小学生朝食摂取率	120P
20位	緑茶消費量	178P
21位	きゅうり消費量	142P
21位	果物消費量	148P
22位	ソーシャルネットワーキングサービス(SNS)利用率	102P
22位	日本酒消費量	194P
22位	コーヒー消費量	182P
23位	25歳以上茶道人口	66P
23位	高校男子ラグビー部員数	30P
25位	中学バスケットボール部員数	24P
25位	女性の家事労働時間	88P
25位	25歳以上楽器演奏人口	48P
25位	インターネット利用率	104P
25位	小学生通塾率	106P
26位	キャベツ消費量	128P
26位	25歳以上スポーツ観戦人口	46P
26位	味噌消費量	172P
26位	25歳以上華道人口	68P
26位	食塩消費量	170P
26位	貝類消費量	168P
27位	しょう油消費量	174P
27位	25歳以上スキー・スノーボード人口	36P
27位	みかん消費量	154P
28位	25歳以上ボランティア人口	70P
28位	テレビ・ラジオ・新聞・雑誌閲覧時間	86P
29位	陸上競技場数	78P
29位	たまねぎ消費量	130P
29位	生鮮野菜消費量	126P
29位	睡眠時間	92P
29位	小学生地域行事参加率	116P
30位	魚介類消費量	160P
30位	中学バレーボール部員数	18P
30位	ワイン消費量	196P

30位	休養・くつろぎ時間	90P
31位	小学生宿題実行率	112P
32位	25歳以上パチンコ人口	54P
33位	すいか消費量	156P
33位	紅茶消費量	180P
33位	25歳以上ゲートボール人口	38P
34位	牛乳消費量	188P
34位	焼酎消費量	192P
34位	水泳プール数	76P
34位	25歳以上将棋人口	72P
34位	Facebookユーザー数	100P
35位	もやし消費量	144P
35位	にんじん消費量	138P
35位	トマト消費量	134P
35位	体育館数	82P
35位	25歳以上編み物・手芸人口	60P
36位	タイ消費量	166P
37位	パン消費量	206P
38位	中学バドミントン部員数	14P
39位	砂糖消費量	176P
39位	25歳以上釣り人口	42P
40位	じゃがいも消費量	136P
40位	中学軟式野球部員数	16P
41位	サバ消費量	164P
41位	はくさい消費量	140P
41位	インスタントラーメン消費量	204P
43位	ビール消費量	190P
43位	中学水泳部員数	10P
44位	バナナ消費量	150P
44位	エンゲル係数	122P
46位	米消費量	124P
46位	中学陸上競技部員数	20P

栃木県

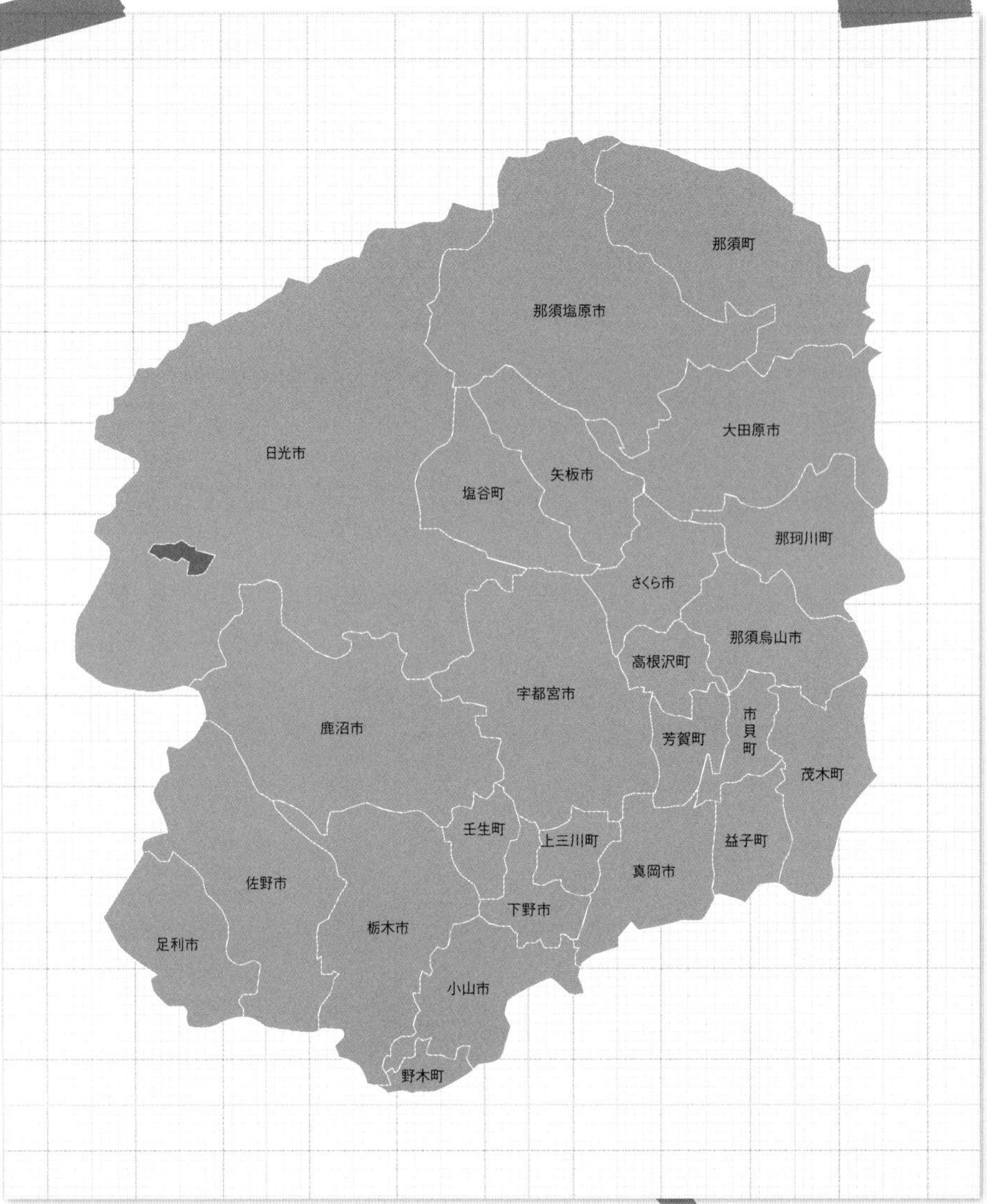

DATA

人口総数（人）	1,950,000
男性人口（人）	970,000
女性人口（人）	980,000
面積（km²）	640,800
平均気温（℃）	15.2
年間降水（mm）	1257.0
市町村数	25
県庁所在地	宇都宮市

栃木県は、野球場数、中学剣道部員数、イチゴ消費量で全国1位を獲得している。とちおとめやとちひめが有名な栃木県はイチゴの生産量も1位であり、名実共にイチゴ王国と言える。

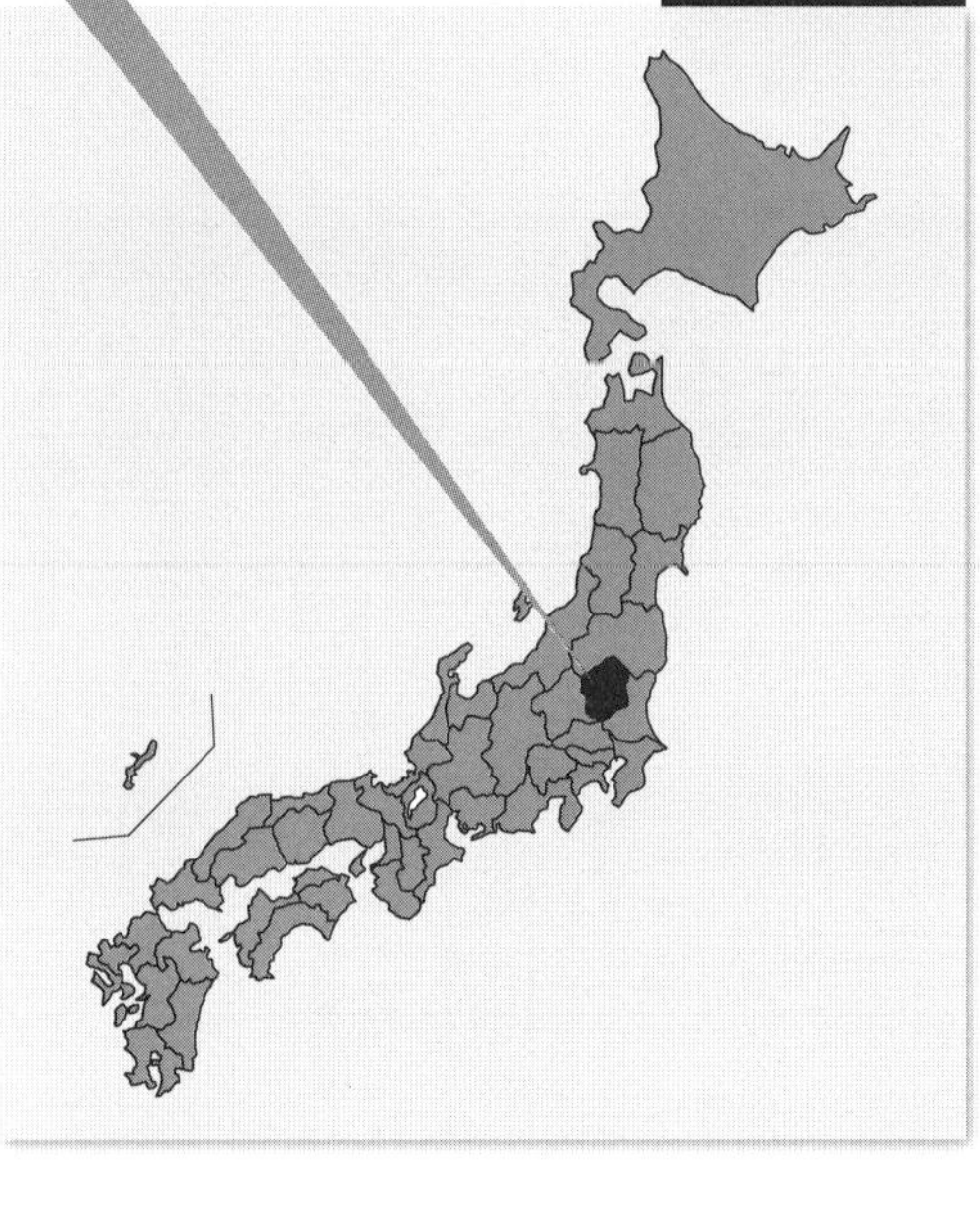

栃木県のランキング

1位	イチゴ消費量	158P
1位	中学剣道部員数	12P
1位	野球場数	80P
3位	きゅうり消費量	142P
3位	25歳以上園芸・ガーデニング人口	58P
5位	だいこん消費量	132P
6位	にんじん消費量	138P
7位	紅茶消費量	180P
7位	小学生学校外学習率	114P
7位	小学生通学時間	110P
8位	納豆支出額	202P
8位	中学陸上競技部員数	20P
8位	レタス消費量	146P
8位	トマト消費量	134P
9位	キャベツ消費量	128P
9位	生鮮野菜消費量	126P
9位	食事時間	84P
9位	25歳以上ゴルフ人口	40P
9位	中学水泳部員数	10P
9位	25歳以上スポーツ人口	44P
10位	自家用車通勤・通学率	98P
10位	25歳以上サイクリング人口	32P
11位	中学サッカー部員数	8P
11位	25歳以上登山・ハイキング人口	34P
11位	25歳以上テレビゲーム人口	52P
12位	小学生朝食摂取率	120P
12位	サンマ消費量	162P
13位	25歳以上楽器演奏人口	48P
13位	陸上競技場数	78P
13位	ミネラルウォーター支出額	186P
13位	すいか消費量	156P
14位	りんご消費量	152P
14位	もやし消費量	144P
14位	中学卓球部員数	22P
14位	25歳以上スキー・スノーボード人口	36P
14位	お菓子支出額	200P
15位	インターネット利用率	104P
15位	ウイスキー消費量	198P
15位	中学生運動部参加率	28P
15位	中学テニス部員数	26P
16位	たまねぎ消費量	130P
16位	25歳以上写真撮影人口	50P
17位	みかん消費量	154P
17位	25歳以上英語学習人口	62P
18位	労働時間	94P
19位	インスタントラーメン消費量	204P
19位	しょう油消費量	174P
19位	果物消費量	148P
20位	鉄道通勤・通学率	96P
20位	日本酒消費量	194P
20位	小学生地域行事参加率	116P
20位	中学バドミントン部員数	14P
20位	小学生宿題実行率	112P
21位	小学生読書率	108P
21位	25歳以上将棋人口	72P
22位	25歳以上カラオケ人口	56P
23位	水泳プール数	76P
23位	睡眠時間	92P
24位	ワイン消費量	196P
24位	焼酎消費量	192P
24位	食塩消費量	170P
24位	25歳以上茶道人口	66P
24位	バナナ消費量	150P
24位	小学生通塾率	106P
25位	エンゲル係数	122P
26位	25歳以上パチンコ人口	54P
28位	ソーシャルネットワーキングサービス(SNS)利用率	102P
28位	炭酸飲料支出額	184P
28位	Facebookユーザー数	100P
29位	牛乳消費量	188P
29位	25歳以上書道人口	64P
29位	体育館数	82P
30位	休養・くつろぎ時間	90P
30位	緑茶消費量	178P
31位	じゃがいも消費量	136P
31位	米消費量	124P
31位	テレビ・ラジオ・新聞・雑誌閲覧時間	86P
31位	砂糖消費量	176P
32位	中学軟式野球部員数	16P
32位	パン消費量	206P
32位	25歳以上華道人口	68P
33位	はくさい消費量	140P
33位	コーヒー消費量	182P
33位	小学生長時間ネット利用率	118P
34位	25歳以上ボランティア人口	70P
35位	味噌消費量	172P
35位	25歳以上スポーツ観戦人口	46P
36位	ビール消費量	190P
36位	25歳以上ゲートボール人口	38P
37位	魚介類消費量	160P
37位	25歳以上囲碁人口	74P
38位	女性の家事労働時間	88P
39位	25歳以上編み物・手芸人口	60P
39位	サバ消費量	164P
40位	25歳以上釣り人口	42P
40位	貝類消費量	168P
41位	高校男子ラグビー部員数	30P
42位	タイ消費量	166P
44位	中学バスケットボール部員数	24P
45位	中学バレーボール部員数	18P

群馬県

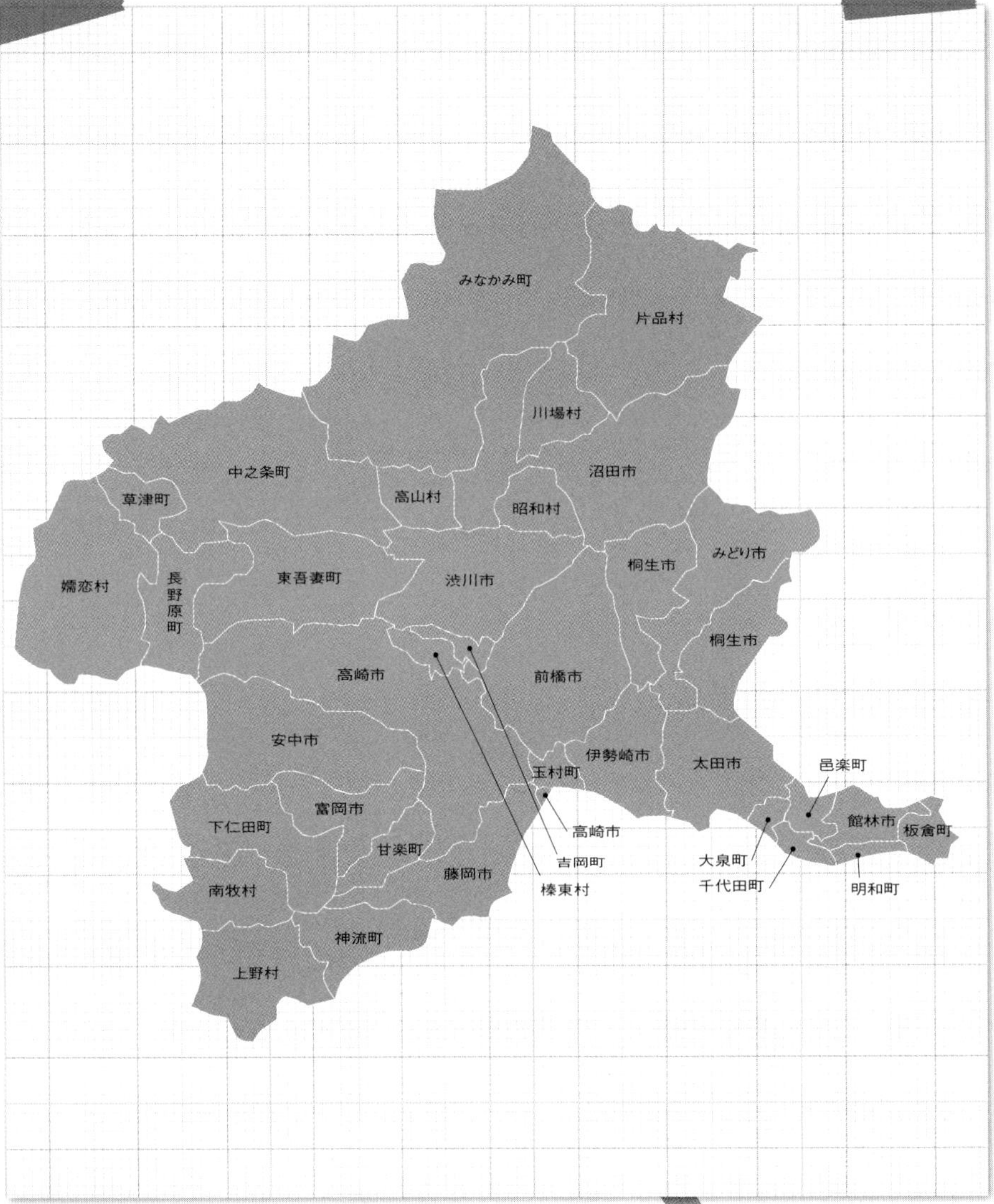

DATA

人口総数（人）	1,950,000
男性人口（人）	970,000
女性人口（人）	990,000
面積（km²）	636,200
平均気温（℃）	16.1
年間降水（mm）	1046.5
市町村数	35
県庁所在地	前橋市

きゅうりの産地である群馬県はきゅうりの消費量も2位。持ち家率が高く庭があるマイホームが多いためか、25歳以上園芸・ガーデンング人口が2位に。

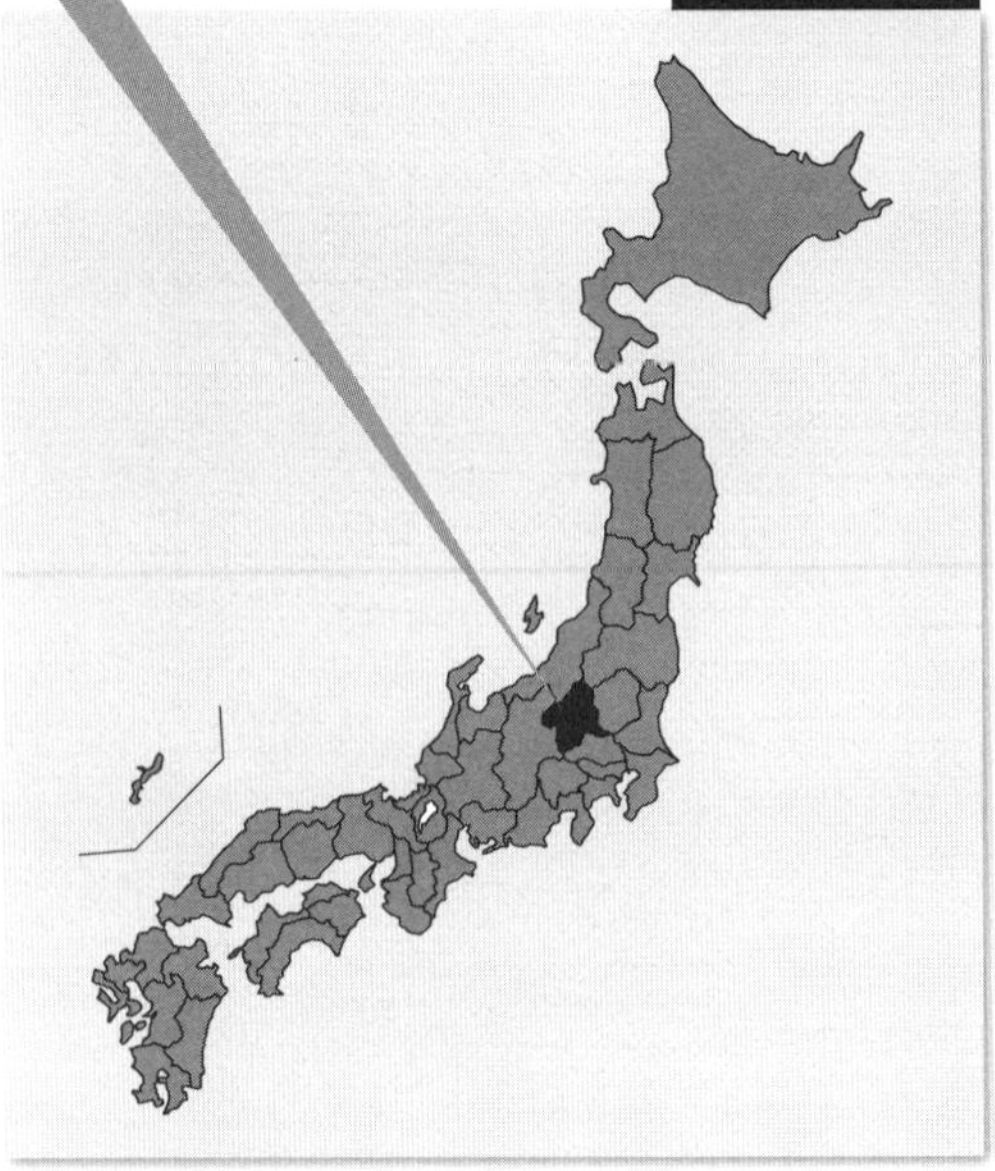

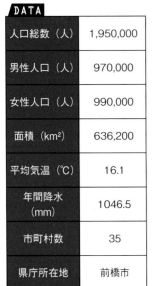

群馬県のランキング

2位	25歳以上園芸・ガーデニング人口	58P
2位	きゅうり消費量	142P
3位	中学剣道部員数	12P
4位	25歳以上サイクリング人口	32P
4位	トマト消費量	134P
4位	25歳以上書道人口	64P
4位	中学水泳部員数	10P
4位	納豆支出額	202P
5位	自家用車通勤・通学率	98P
5位	25歳以上スキー・スノーボード人口	36P
6位	レタス消費量	146P
6位	25歳以上登山・ハイキング人口	34P
7位	野球場数	80P
7位	25歳以上ゴルフ人口	40P
7位	りんご消費量	152P
7位	イチゴ消費量	158P
9位	小学生宿題実行率	112P
9位	中学生運動部参加率	28P
9位	25歳以上ゲートボール人口	38P
9位	陸上競技場数	78P
10位	中学卓球部員数	22P
10位	中学テニス部員数	26P
11位	25歳以上写真撮影人口	50P
12位	インターネット利用率	104P
12位	紅茶消費量	180P
13位	食事時間	84P
13位	みかん消費量	154P
13位	25歳以上スポーツ人口	44P
13位	高校男子ラグビー部員数	30P
15位	25歳以上カラオケ人口	56P
15位	ソーシャルネットワーキングサービス(SNS)利用率	102P
15位	25歳以上華道人口	68P
15位	労働時間	94P
15位	米消費量	124P
16位	小学生地域行事参加率	116P
16位	ミネラルウォーター支出額	186P
16位	ウイスキー消費量	198P
16位	焼酎消費量	192P
16位	果物消費量	148P
17位	食塩消費量	170P
17位	Facebookユーザー数	100P
17位	小学生学校外学習率	114P
18位	もやし消費量	144P
18位	エンゲル係数	122P
18位	25歳以上楽器演奏人口	48P
18位	小学生読書率	108P
19位	すいか消費量	156P
19位	にんじん消費量	138P
19位	25歳以上将棋人口	72P
19位	25歳以上ボランティア人口	70P
20位	小学生朝食摂取率	120P
20位	中学サッカー部員数	8P
20位	中学陸上競技部員数	20P
20位	小学生通塾率	106P
21位	25歳以上編み物・手芸人口	60P
22位	キャベツ消費量	128P
23位	小学生長時間ネット利用率	118P
23位	25歳以上テレビゲーム人口	52P
23位	お菓子支出額	200P
23位	生鮮野菜消費量	126P
23位	中学バレーボール部員数	18P
24位	25歳以上英語学習人口	62P
25位	サンマ消費量	162P
25位	炭酸飲料支出額	184P
25位	鉄道通勤・通学率	96P
25位	だいこん消費量	132P
25位	しょう油消費量	174P
26位	中学バスケットボール部員数	24P
26位	小学生通学時間	110P
26位	水泳プール数	76P
26位	ワイン消費量	196P
27位	バナナ消費量	150P
28位	中学バドミントン部員数	14P
28位	睡眠時間	92P
28位	牛乳消費量	188P
29位	日本酒消費量	194P
29位	緑茶消費量	178P
29位	砂糖消費量	176P
29位	パン消費量	206P
30位	25歳以上スポーツ観戦人口	46P
31位	中学軟式野球部員数	16P
31位	体育館数	82P
31位	25歳以上茶道人口	66P
31位	女性の家事労働時間	88P
32位	じゃがいも消費量	136P
34位	インスタントラーメン消費量	204P
34位	テレビ・ラジオ・新聞・雑誌閲覧時間	86P
34位	味噌消費量	172P
35位	コーヒー消費量	182P
35位	貝類消費量	168P
36位	サバ消費量	164P
36位	25歳以上釣り人口	42P
37位	25歳以上パチンコ人口	54P
37位	休養・くつろぎ時間	90P
41位	魚介類消費量	160P
42位	ビール消費量	190P
44位	はくさい消費量	140P
44位	25歳以上囲碁人口	74P
45位	たまねぎ消費量	130P
46位	タイ消費量	166P

埼玉県

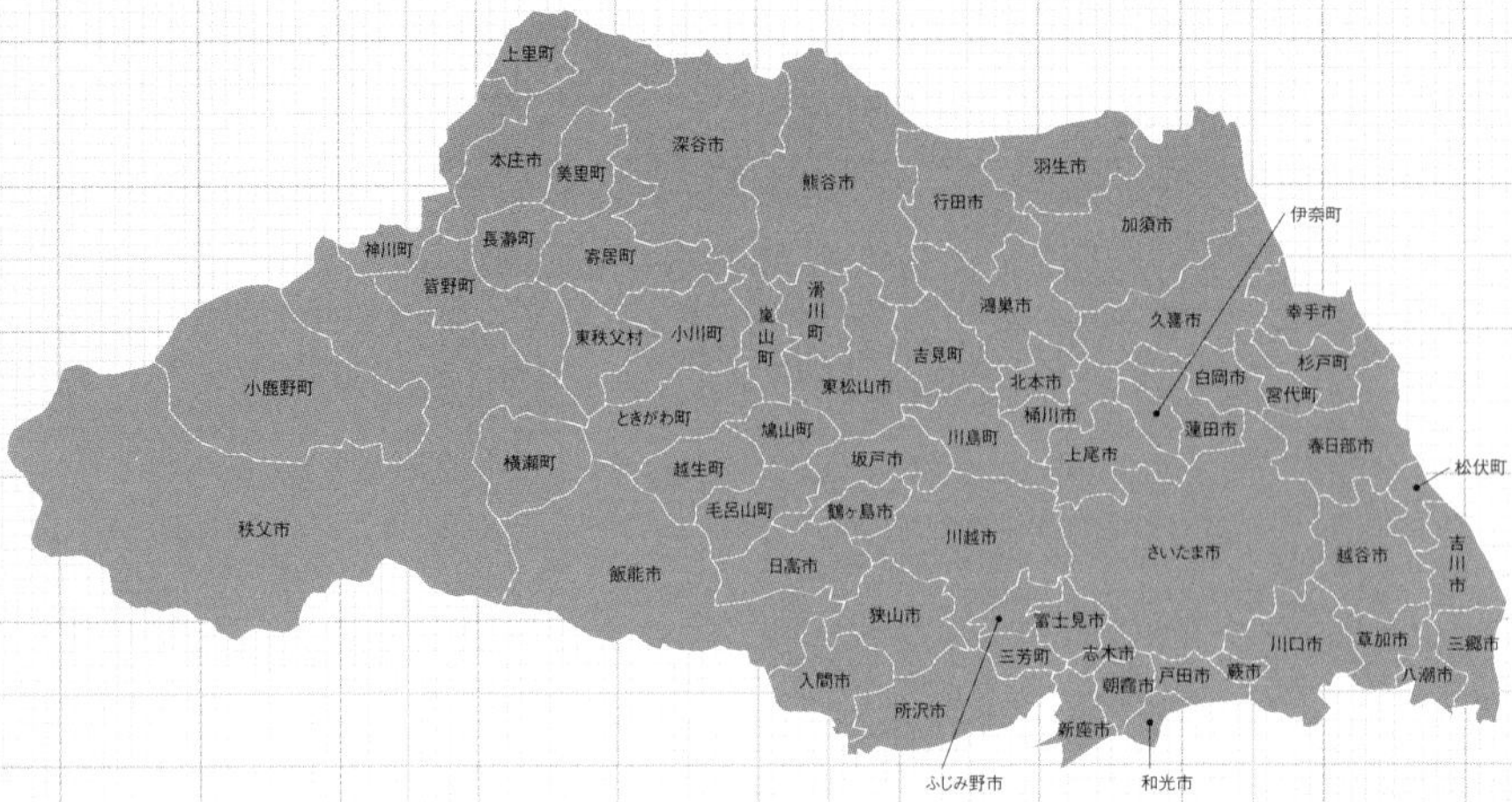

DATA

人口総数（人）	7,330,000
男性人口（人）	3,660,000
女性人口（人）	3,670,000
面積（km²）	379,800
平均気温（℃）	16.4
年間降水（mm）	1056.0
市町村数	63
県庁所在地	さいたま市

東京のベッドタウン化が進んでいる埼玉県。小学生宿題実行率が全国１位を獲得している。これは「決められたことをきちんとする」県民性のあらわれといえよう。

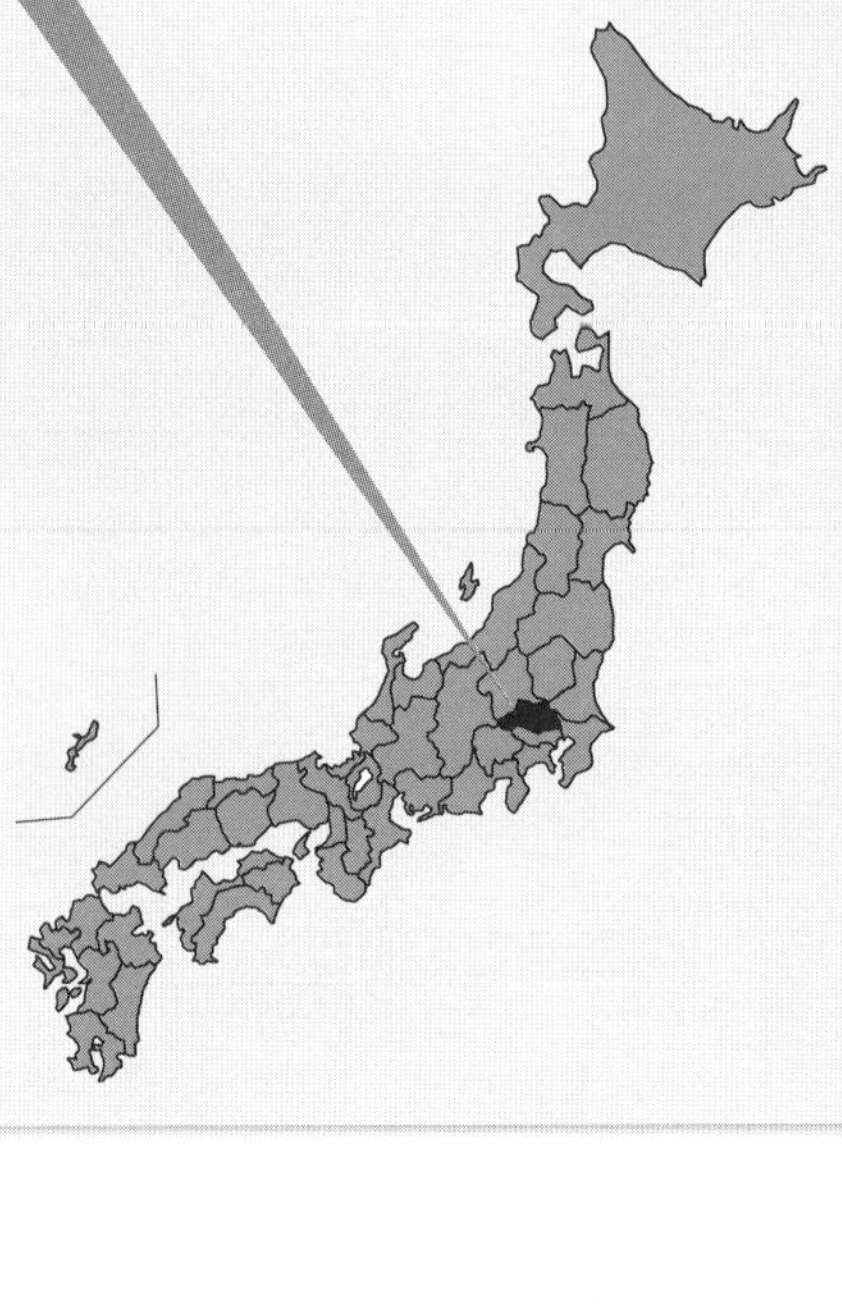

埼玉県のランキング

1位	小学生宿題実行率	112P
2位	25歳以上スポーツ人口	44P
2位	トマト消費量	134P
2位	レタス消費量	146P
2位	25歳以上書道人口	64P
2位	25歳以上将棋人口	72P
3位	中学サッカー部員数	8P
3位	25歳以上写真撮影人口	50P
3位	生鮮野菜消費量	126P
3位	紅茶消費量	180P
3位	インターネット利用率	104P
4位	ミネラルウォーター支出額	186P
4位	25歳以上登山・ハイキング人口	34P
4位	鉄道通勤・通学率	96P
5位	牛乳消費量	188P
5位	ソーシャルネットワーキングサービス(SNS)利用率	102P
5位	25歳以上カラオケ人口	56P
6位	25歳以上英語学習人口	62P
6位	食事時間	84P
6位	25歳以上テレビゲーム人口	52P
6位	25歳以上楽器演奏人口	48P
6位	すいか消費量	156P
6位	きゅうり消費量	142P
6位	中学バスケットボール部員数	24P
7位	にんじん消費量	138P
8位	25歳以上ゴルフ人口	40P
8位	25歳以上サイクリング人口	32P
9位	女性の家事労働時間	88P
9位	お菓子支出額	200P
9位	たまねぎ消費量	130P
9位	じゃがいも消費量	136P
10位	キャベツ消費量	128P
10位	だいこん消費量	132P
10位	イチゴ消費量	158P
10位	25歳以上スキー・スノーボード人口	36P
11位	25歳以上スポーツ観戦人口	46P
12位	ワイン消費量	196P
12位	納豆支出額	202P
12位	中学剣道部員数	12P
12位	労働時間	94P
13位	小学生読書率	108P
15位	りんご消費量	152P
15位	25歳以上編み物・手芸人口	60P
15位	中学卓球部員数	22P
15位	炭酸飲料支出額	184P
15位	もやし消費量	144P
16位	小学生朝食摂取率	120P
16位	中学テニス部員数	26P
17位	中学生運動部参加率	28P
18位	高校男子ラグビー部員数	30P
18位	緑茶消費量	178P
19位	貝類消費量	168P
19位	小学生長時間ネット利用率	118P
19位	パン消費量	206P
19位	小学生通塾率	106P
19位	野球場数	80P
19位	中学陸上競技部員数	20P
19位	ウイスキー消費量	198P
20位	コーヒー消費量	182P
22位	はくさい消費量	140P
22位	バナナ消費量	150P
22位	サンマ消費量	162P
23位	25歳以上園芸・ガーデニング人口	58P
23位	中学バドミントン部員数	14P
23位	食塩消費量	170P
24位	みかん消費量	154P
24位	エンゲル係数	122P
25位	味噌消費量	172P
25位	果物消費量	148P
25位	Facebookユーザー数	100P
26位	焼酎消費量	192P
26位	小学生通学時間	110P
26位	米消費量	124P
28位	インスタントラーメン消費量	204P
29位	しょう油消費量	174P
30位	サバ消費量	164P
32位	中学バレーボール部員数	18P
33位	25歳以上華道人口	68P
33位	魚介類消費量	160P
33位	25歳以上囲碁人口	74P
33位	小学生地域行事参加率	116P
34位	小学生学校外学習率	114P
35位	25歳以上ゲートボール人口	38P
35位	タイ消費量	166P
37位	中学水泳部員数	10P
37位	25歳以上茶道人口	66P
38位	テレビ・ラジオ・新聞・雑誌閲覧時間	86P
38位	陸上競技場数	78P
39位	25歳以上ボランティア人口	70P
41位	日本酒消費量	194P
43位	中学軟式野球部員数	16P
43位	自家用車通勤・通学率	98P
43位	25歳以上パチンコ人口	54P
44位	ビール消費量	190P
45位	25歳以上釣り人口	42P
45位	体育館数	82P
46位	砂糖消費量	176P
46位	睡眠時間	92P
47位	水泳プール数	76P
47位	休養・くつろぎ時間	90P

千葉県

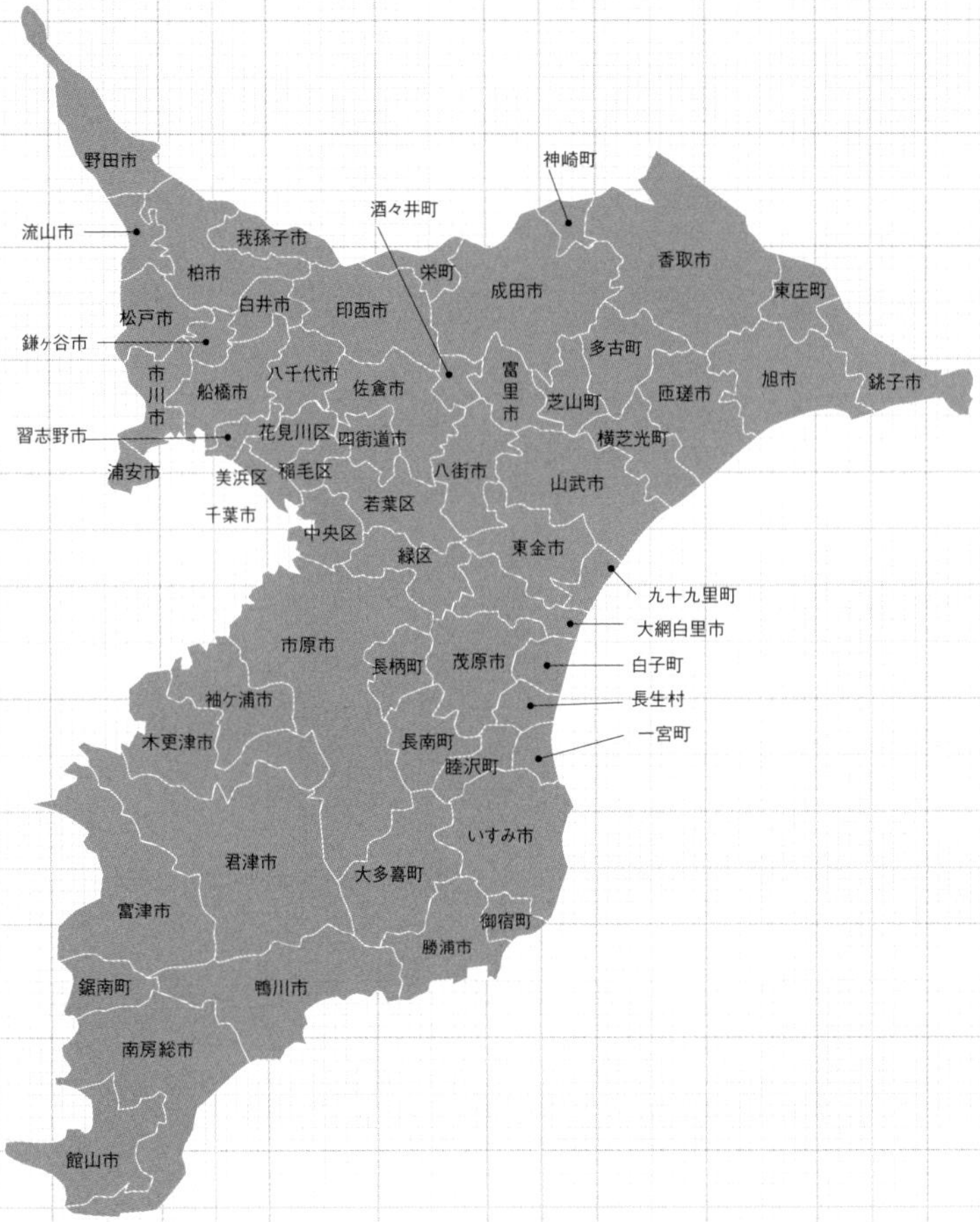

DATA

人口総数（人）	6,260,000
男性人口（人）	3,110,000
女性人口（人）	3,150,000
面積（km²）	515,800
平均気温（℃）	17.2
年間降水（mm）	1261.0
市町村数	54
県庁所在地	千葉市

労働時間と25歳以上ゴルフ人口が2位で25歳以上スポーツ人口が4位となっており、平日はしっかり働き休日は体を動かすのが千葉県の県民性と言えそうだ。

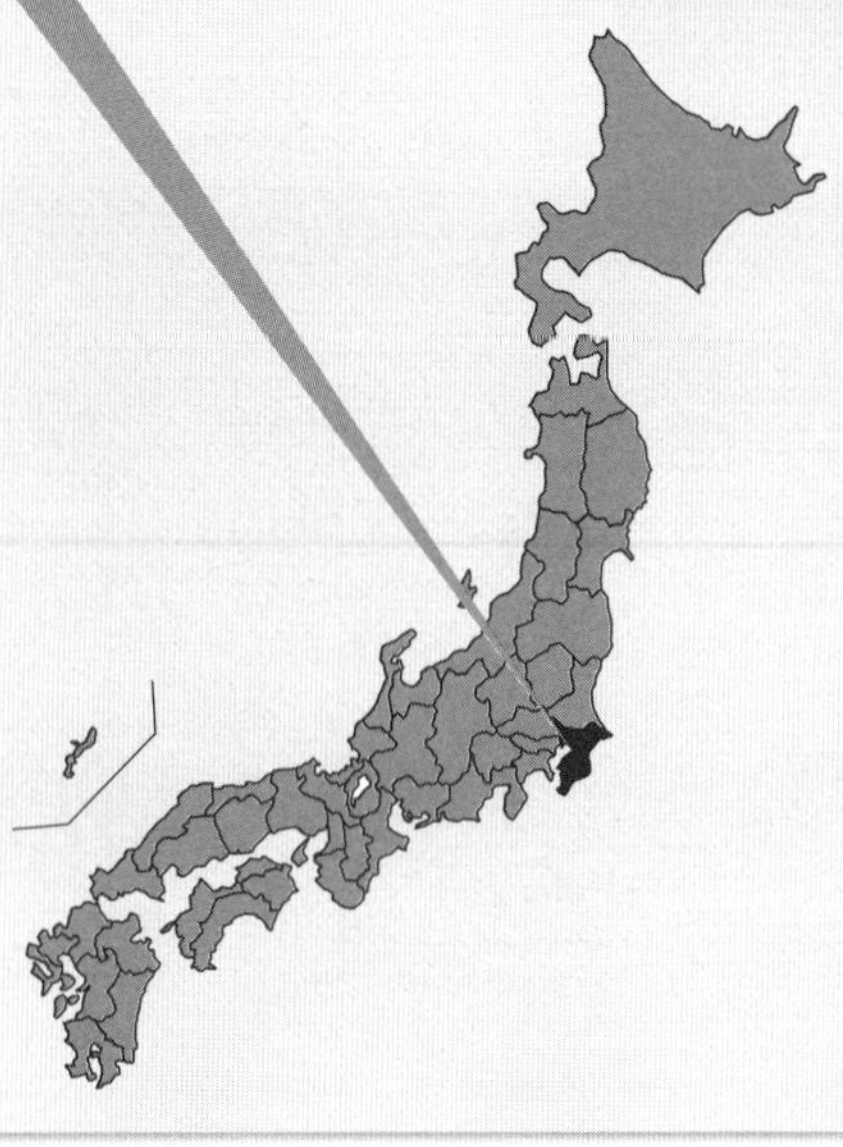

千葉県のランキング

2位	25歳以上ゴルフ人口	40P
2位	労働時間	94P
2位	牛乳消費量	188P
2位	すいか消費量	156P
3位	レタス消費量	146P
3位	鉄道通勤・通学率	96P
3位	果物消費量	148P
3位	25歳以上英語学習人口	62P
3位	女性の家事労働時間	88P
4位	25歳以上カラオケ人口	56P
4位	だいこん消費量	132P
4位	25歳以上テレビゲーム人口	52P
4位	25歳以上写真撮影人口	50P
4位	25歳以上スポーツ人口	44P
4位	イチゴ消費量	158P
4位	生鮮野菜消費量	126P
4位	25歳以上将棋人口	72P
5位	25歳以上サイクリング人口	32P
5位	トマト消費量	134P
5位	ミネラルウォーター支出額	186P
5位	25歳以上囲碁人口	74P
6位	キャベツ消費量	128P
6位	小学生通塾率	106P
7位	食事時間	84P
8位	25歳以上スキー・スノーボード人口	36P
8位	25歳以上登山・ハイキング人口	34P
8位	25歳以上スポーツ観戦人口	46P
8位	25歳以上楽器演奏人口	48P
8位	紅茶消費量	180P
8位	インターネット利用率	104P
8位	25歳以上園芸・ガーデニング人口	58P
9位	中学サッカー部員数	8P
9位	25歳以上編み物・手芸人口	60P
9位	りんご消費量	152P
9位	炭酸飲料支出額	184P
10位	じゃがいも消費量	136P
10位	サンマ消費量	162P
10位	ワイン消費量	196P
11位	きゅうり消費量	142P
11位	緑茶消費量	178P
11位	お菓子支出額	200P
12位	たまねぎ消費量	130P
12位	ウイスキー消費量	198P
12位	Facebookユーザー数	100P
12位	ソーシャルネットワーキングサービス(SNS)利用率	102P
13位	にんじん消費量	138P
13位	しょう油消費量	174P
13位	小学生長時間ネット利用率	118P
13位	パン消費量	206P
14位	貝類消費量	168P
14位	納豆支出額	202P
15位	はくさい消費量	140P
15位	中学剣道部員数	12P
15位	みかん消費量	154P
15位	中学陸上競技部員数	20P
15位	エンゲル係数	122P
16位	魚介類消費量	160P
16位	もやし消費量	144P
17位	中学バレーボール部員数	18P
18位	コーヒー消費量	182P
19位	バナナ消費量	150P
25位	25歳以上釣り人口	42P
26位	高校男子ラグビー部員数	30P
26位	25歳以上書道人口	64P
27位	味噌消費量	172P
27位	中学バドミントン部員数	14P
28位	中学卓球部員数	22P
28位	小学生読書率	108P
29位	25歳以上茶道人口	66P
29位	サバ消費量	164P
30位	25歳以上ボランティア人口	70P
30位	中学バスケットボール部員数	24P
30位	焼酎消費量	192P
31位	中学テニス部員数	26P
32位	25歳以上ゲートボール人口	38P
32位	野球場数	80P
32位	ビール消費量	190P
33位	中学生運動部参加率	28P
34位	休養・くつろぎ時間	90P
34位	小学生宿題実行率	112P
34位	小学生学校外学習率	114P
34位	タイ消費量	166P
37位	25歳以上華道人口	68P
38位	小学生朝食摂取率	120P
39位	陸上競技場数	78P
40位	日本酒消費量	194P
40位	中学水泳部員数	10P
40位	インスタントラーメン消費量	204P
40位	米消費量	124P
41位	砂糖消費量	176P
41位	小学生地域行事参加率	116P
41位	食塩消費量	170P
41位	テレビ・ラジオ・新聞・雑誌閲覧時間	86P
41位	25歳以上パチンコ人口	54P
42位	中学軟式野球部員数	16P
42位	水泳プール数	76P
42位	自家用車通勤・通学率	98P
43位	体育館数	82P
43位	小学生通学時間	110P
45位	睡眠時間	92P

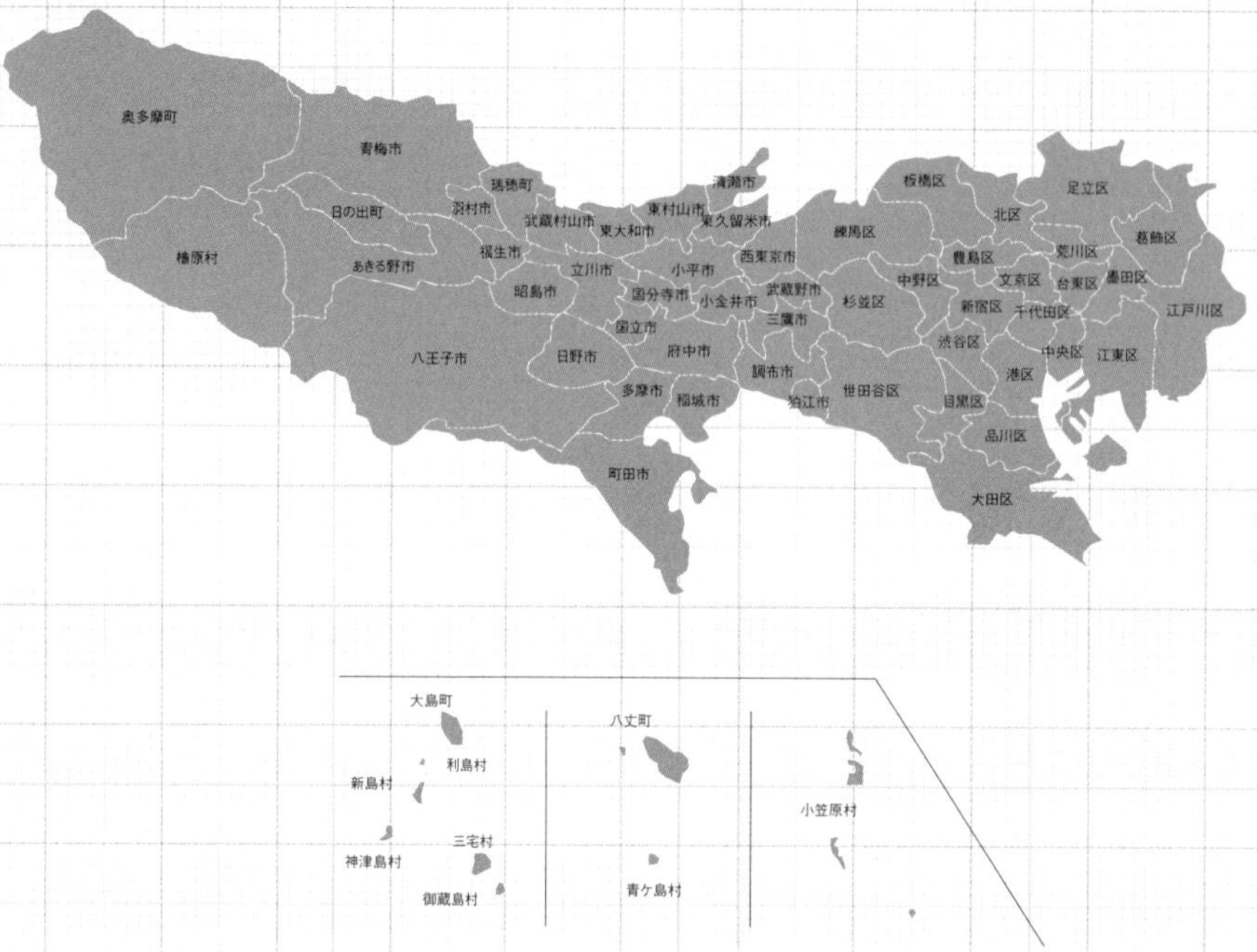

東京都

DATA

人口総数（人）	13,820,000
男性人口（人）	6,800,000
女性人口（人）	7,020,000
面積（km²）	219,400
平均気温（℃）	16.8
年間降水(mm)	1445.5
市町村数	62
県庁所在地	新宿区(東京)

人と大企業と情報が集積している首都東京。多くの項目で第1位を獲得していることが大きな特徴。たとえば食生活では、ウイスキー、ビール、ワインの各消費量が全国1位だ。

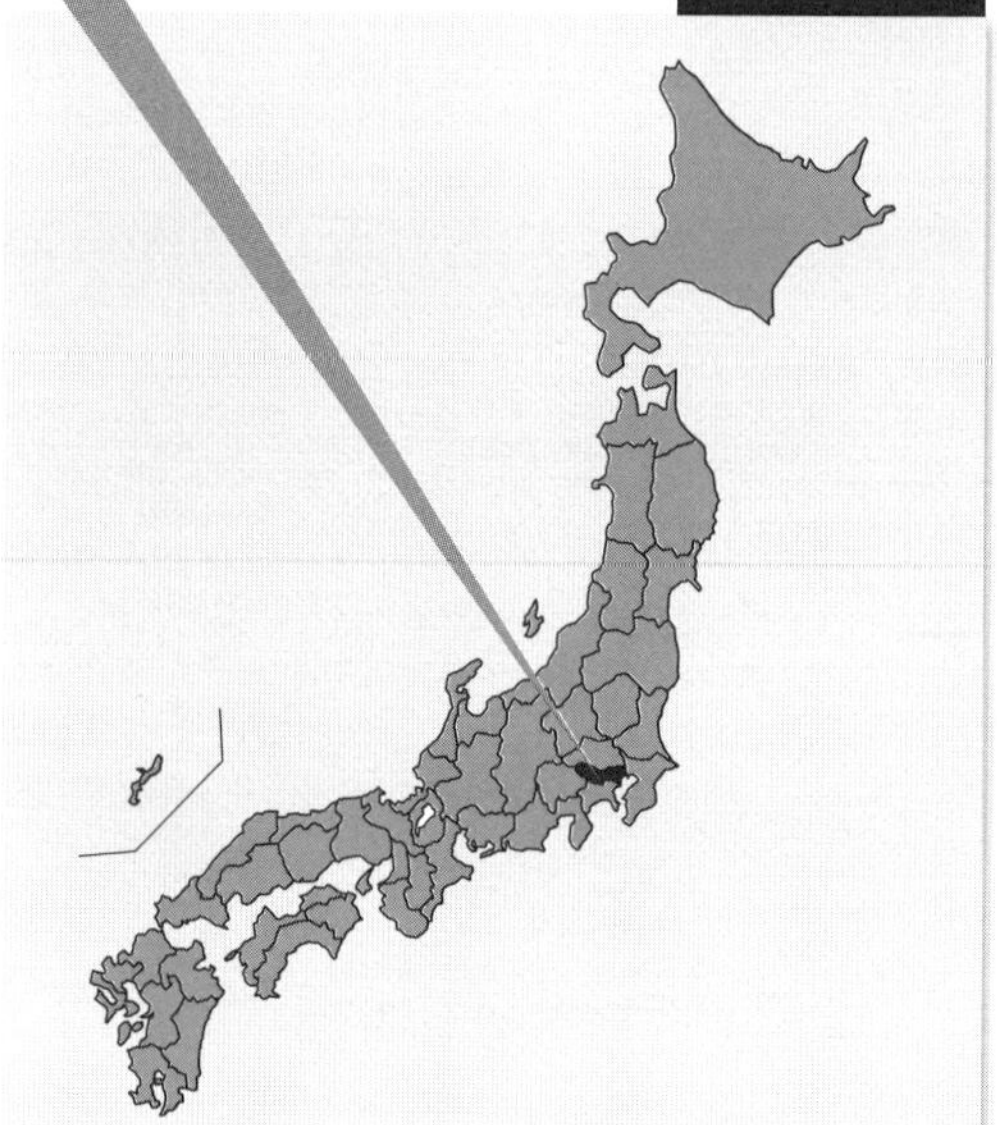

東京都のランキング

1位	小学生通塾率	106P
1位	ビール消費量	190P
1位	25歳以上スポーツ人口	44P
1位	25歳以上テレビゲーム人口	52P
1位	25歳以上英語学習人口	62P
1位	25歳以上登山・ハイキング人口	34P
1位	25歳以上サイクリング人口	32P
1位	25歳以上楽器演奏人口	48P
1位	25歳以上写真撮影人口	50P
1位	鉄道通勤・通学率	96P
1位	Facebookユーザー数	100P
1位	ワイン消費量	196P
1位	ウイスキー消費量	198P
1位	インターネット利用率	104P
2位	食事時間	84P
2位	ミネラルウォーター支出額	186P
2位	25歳以上カラオケ人口	56P
2位	ソーシャルネットワーキングサービス(SNS)利用率	102P
3位	25歳以上囲碁人口	74P
3位	トマト消費量	134P
3位	イチゴ消費量	158P
3位	25歳以上ゴルフ人口	40P
4位	レタス消費量	146P
4位	紅茶消費量	180P
4位	25歳以上スキー・スノーボード人口	36P
5位	労働時間	94P
5位	生鮮野菜消費量	126P
5位	25歳以上将棋人口	72P
6位	25歳以上スポーツ観戦人口	46P
8位	お菓子支出額	200P
8位	だいこん消費量	132P
9位	きゅうり消費量	142P
9位	中学バドミントン部員数	14P
10位	25歳以上茶道人口	66P
10位	25歳以上編み物・手芸人口	60P
11位	25歳以上書道人口	64P
11位	すいか消費量	156P
11位	焼酎消費量	192P
12位	エンゲル係数	122P
13位	中学バスケットボール部員数	24P
13位	貝類消費量	168P
14位	中学水泳部員数	10P
14位	小学生長時間ネット利用率	118P
15位	日本酒消費量	194P
15位	にんじん消費量	138P
15位	牛乳消費量	188P
16位	キャベツ消費量	128P
16位	じゃがいも消費量	136P
16位	炭酸飲料支出額	184P
16位	小学生読書率	108P
17位	パン消費量	206P
18位	納豆支出額	202P
19位	緑茶消費量	178P
20位	果物消費量	148P
21位	はくさい消費量	140P
21位	もやし消費量	144P
21位	たまねぎ消費量	130P
22位	小学生朝食摂取率	120P
24位	りんご消費量	152P
25位	タイ消費量	166P
27位	コーヒー消費量	182P
28位	みかん消費量	154P
29位	中学サッカー部員数	8P
29位	サンマ消費量	162P
31位	25歳以上華道人口	68P
31位	高校男子ラグビー部員数	30P
33位	バナナ消費量	150P
34位	野球場数	80P
35位	小学生通学時間	110P
36位	食塩消費量	170P
36位	魚介類消費量	160P
37位	小学生学校外学習率	114P
39位	中学テニス部員数	26P
41位	休養・くつろぎ時間	90P
41位	中学剣道部員数	12P
41位	味噌消費量	172P
42位	サバ消費量	164P
42位	睡眠時間	92P
42位	中学陸上競技部員数	20P
43位	25歳以上ゲートボール人口	38P
44位	陸上競技場数	78P
45位	中学生運動部参加率	28P
45位	女性の家事労働時間	88P
45位	小学生宿題実行率	112P
45位	中学卓球部員数	22P
46位	25歳以上ボランティア人口	70P
46位	インスタントラーメン消費量	204P
46位	小学生地域行事参加率	116P
46位	25歳以上園芸・ガーデニング人口	58P
46位	25歳以上釣り人口	42P
46位	水泳プール数	76P
46位	しょう油消費量	174P
46位	25歳以上パチンコ人口	54P
47位	自家用車通勤・通学率	98P
47位	中学バレーボール部員数	18P
47位	中学軟式野球部員数	16P
47位	米消費量	124P
47位	テレビ・ラジオ・新聞・雑誌閲覧時間	86P
47位	体育館数	82P
47位	砂糖消費量	176P

神奈川県

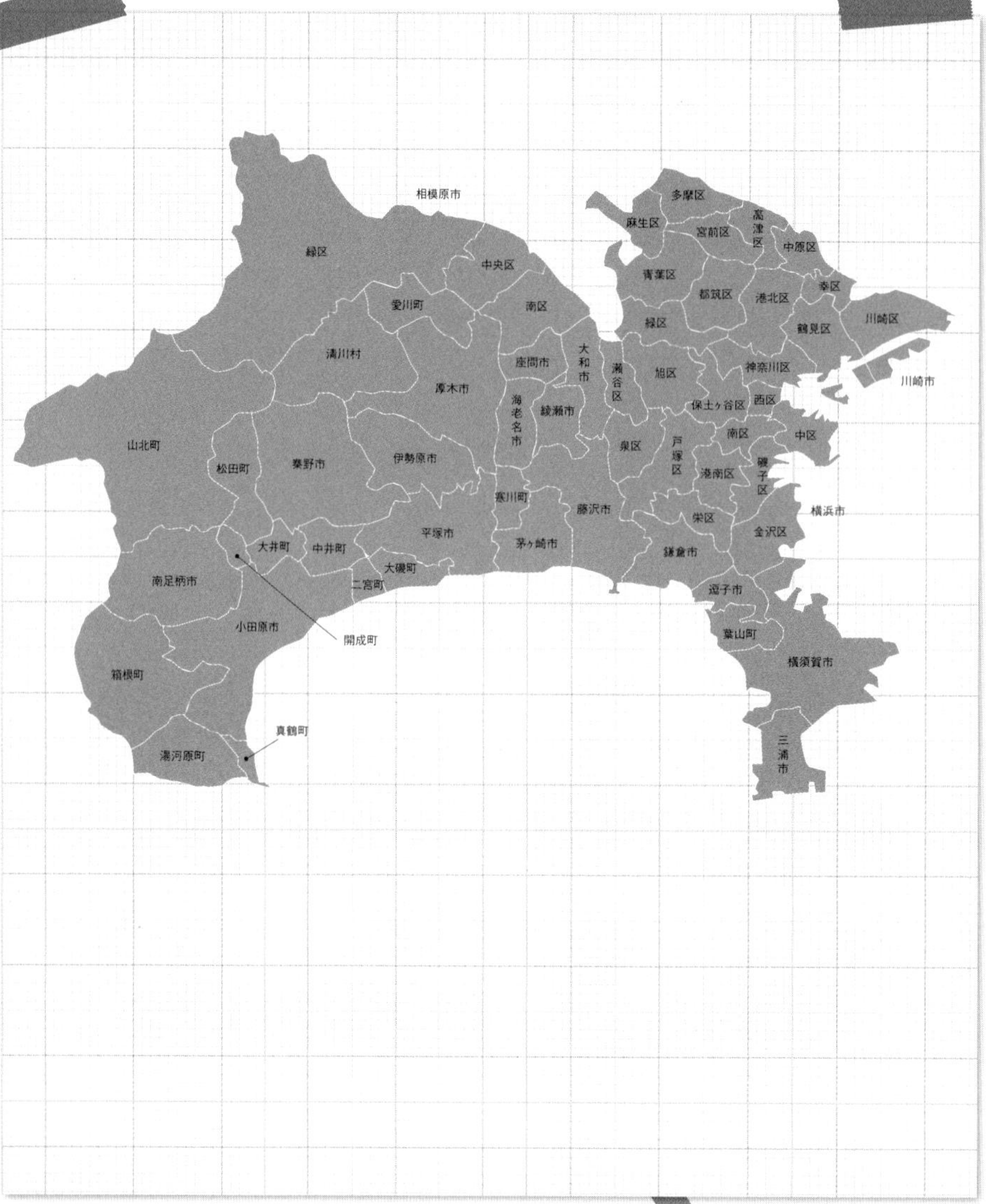

DATA

人口総数（人）	9,180,000
男性人口（人）	4,580,000
女性人口（人）	4,600,000
面積（km²）	241,600
平均気温（℃）	17.1
年間降水（mm）	1573.5
市町村数	33
県庁所在地	横浜市

横浜市、川崎市、相模原市の三大都市を擁する神奈川県。労働時間とSNS利用率が1位、テレビゲーム人口が2位と、しっかり働きデジタルガジェットを使いこなしている

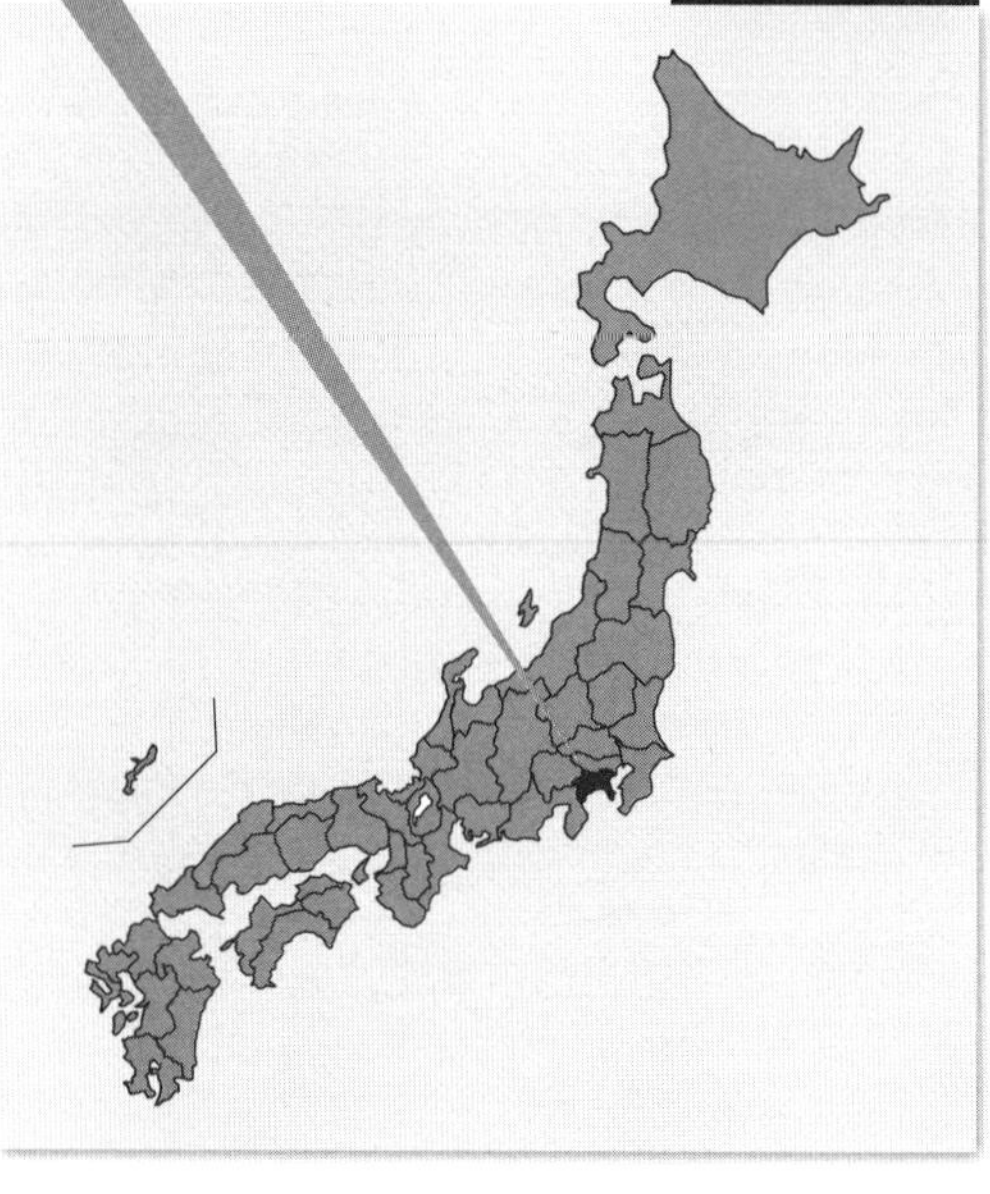

神奈川県のランキング

1位	ソーシャルネットワーキングサービス(SNS)利用率	102P
1位	労働時間	94P
1位	レタス消費量	146P
2位	生鮮野菜消費量	126P
2位	25歳以上テレビゲーム人口	52P
2位	25歳以上写真撮影人口	50P
2位	25歳以上楽器演奏人口	48P
2位	小学生通塾率	106P
2位	インターネット利用率	104P
2位	紅茶消費量	180P
2位	25歳以上英語学習人口	62P
2位	25歳以上登山・ハイキング人口	34P
2位	鉄道通勤・通学率	96P
3位	25歳以上カラオケ人口	56P
3位	25歳以上スポーツ人口	44P
3位	25歳以上サイクリング人口	32P
4位	Facebookユーザー数	100P
4位	25歳以上スポーツ観戦人口	46P
4位	キャベツ消費量	128P
5位	にんじん消費量	138P
5位	25歳以上書道人口	64P
6位	トマト消費量	134P
6位	だいこん消費量	132P
6位	たまねぎ消費量	130P
6位	25歳以上将棋人口	72P
6位	小学生長時間ネット利用率	118P
6位	25歳以上編み物・手芸人口	60P
6位	ワイン消費量	196P
7位	きゅうり消費量	142P
7位	じゃがいも消費量	136P
8位	ミネラルウォーター支出額	186P
9位	ウイスキー消費量	198P
11位	パン消費量	206P
11位	25歳以上囲碁人口	74P

12位	すいか消費量	156P
12位	中学バドミントン部員数	14P
12位	エンゲル係数	122P
12位	イチゴ消費量	158P
12位	25歳以上スキー・スノーボード人口	36P
12位	もやし消費量	144P
13位	牛乳消費量	188P
13位	お菓子支出額	200P
14位	25歳以上ゴルフ人口	40P
15位	コーヒー消費量	182P
16位	緑茶消費量	178P
16位	貝類消費量	168P
17位	納豆支出額	202P
17位	りんご消費量	152P
17位	女性の家事労働時間	88P
18位	食事時間	84P
19位	はくさい消費量	140P
20位	サンマ消費量	162P
22位	中学水泳部員数	10P
22位	25歳以上華道人口	68P
23位	魚介類消費量	160P
24位	炭酸飲料支出額	184P
24位	中学サッカー部員数	8P
25位	バナナ消費量	150P
25位	中学陸上競技部員数	20P
25位	25歳以上茶道人口	66P
26位	インスタントラーメン消費量	204P
26位	みかん消費量	154P
27位	タイ消費量	166P
28位	果物消費量	148P
29位	高校男子ラグビー部員数	30P
30位	味噌消費量	172P
31位	小学生宿題実行率	112P
31位	ビール消費量	190P

32位	焼酎消費量	192P
33位	小学生朝食摂取率	120P
33位	中学剣道部員数	12P
33位	サバ消費量	164P
34位	中学バスケットボール部員数	24P
34位	砂糖消費量	176P
35位	米消費量	124P
36位	25歳以上ボランティア人口	70P
37位	食塩消費量	170P
37位	25歳以上園芸・ガーデニング人口	58P
38位	休養・くつろぎ時間	90P
39位	小学生地域行事参加率	116P
39位	小学生読書率	108P
40位	水泳プール数	76P
41位	中学生運動部参加率	28P
41位	中学卓球部員数	22P
42位	日本酒消費量	194P
44位	体育館数	82P
44位	中学テニス部員数	26P
44位	25歳以上パチンコ人口	54P
44位	テレビ・ラジオ・新聞・雑誌閲覧時間	86P
44位	小学生学校外学習率	114P
44位	25歳以上釣り人口	42P
45位	しょう油消費量	174P
45位	自家用車通勤・通学率	98P
45位	中学軟式野球部員数	16P
46位	25歳以上ゲートボール人口	38P
46位	陸上競技場数	78P
46位	小学生通学時間	110P
46位	中学バレーボール部員数	18P
46位	野球場数	80P
47位	睡眠時間	92P

新潟県

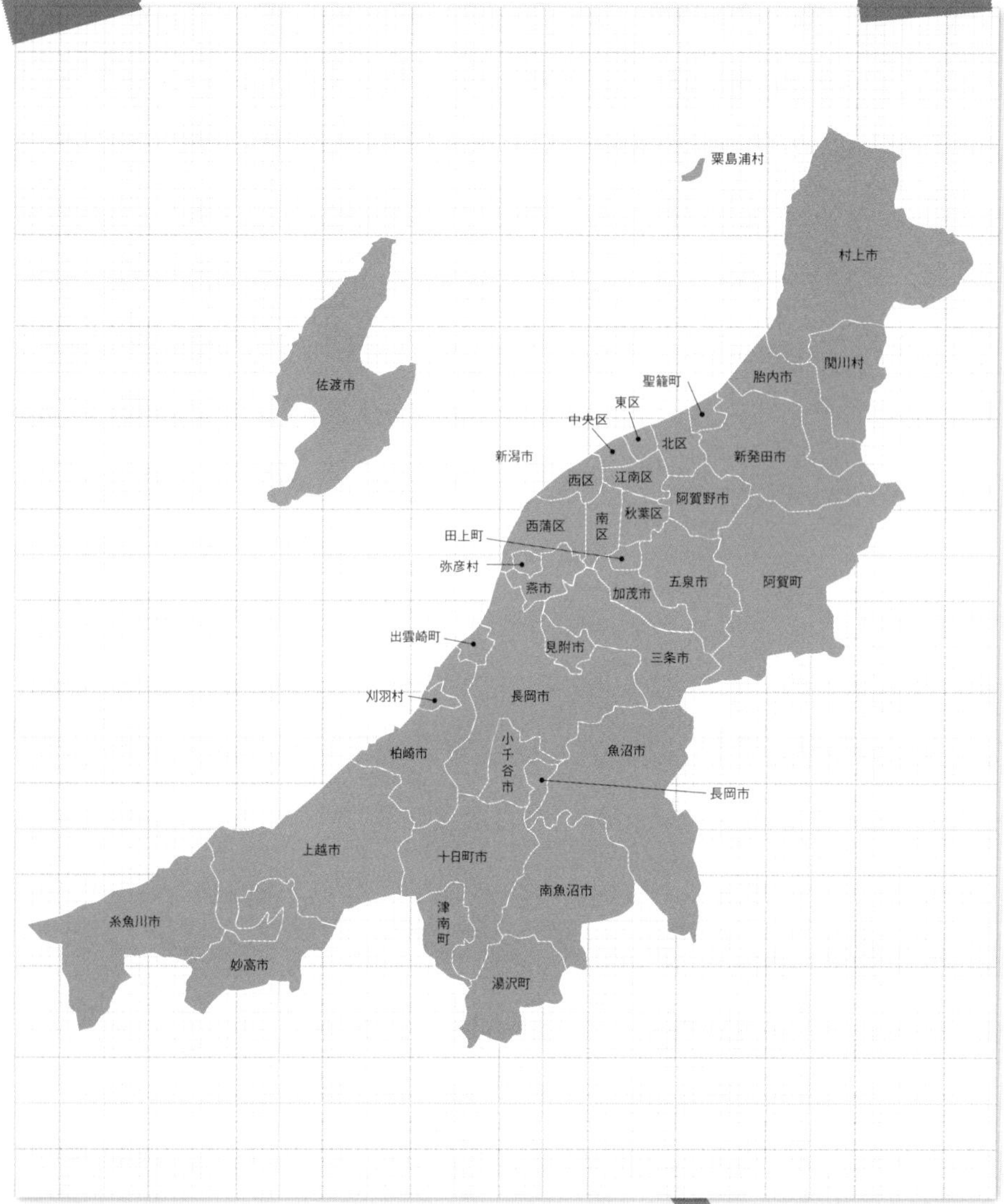

DATA

人口総数（人）	2,250,000
男性人口（人）	1,090,000
女性人口（人）	1,160,000
面積（km²）	1,258,400
平均気温（℃）	14.3
年間降水（mm）	1795.5
市町村数	30
県庁所在地	新潟市

県内全域が豪雪地帯にあたる新潟県。農産物の生産がさかんで、じゃがいも、トマト、生鮮野菜類、すいかの各消費量で全国1位。銘酒の産地ゆえに日本酒消費量も首位だ。

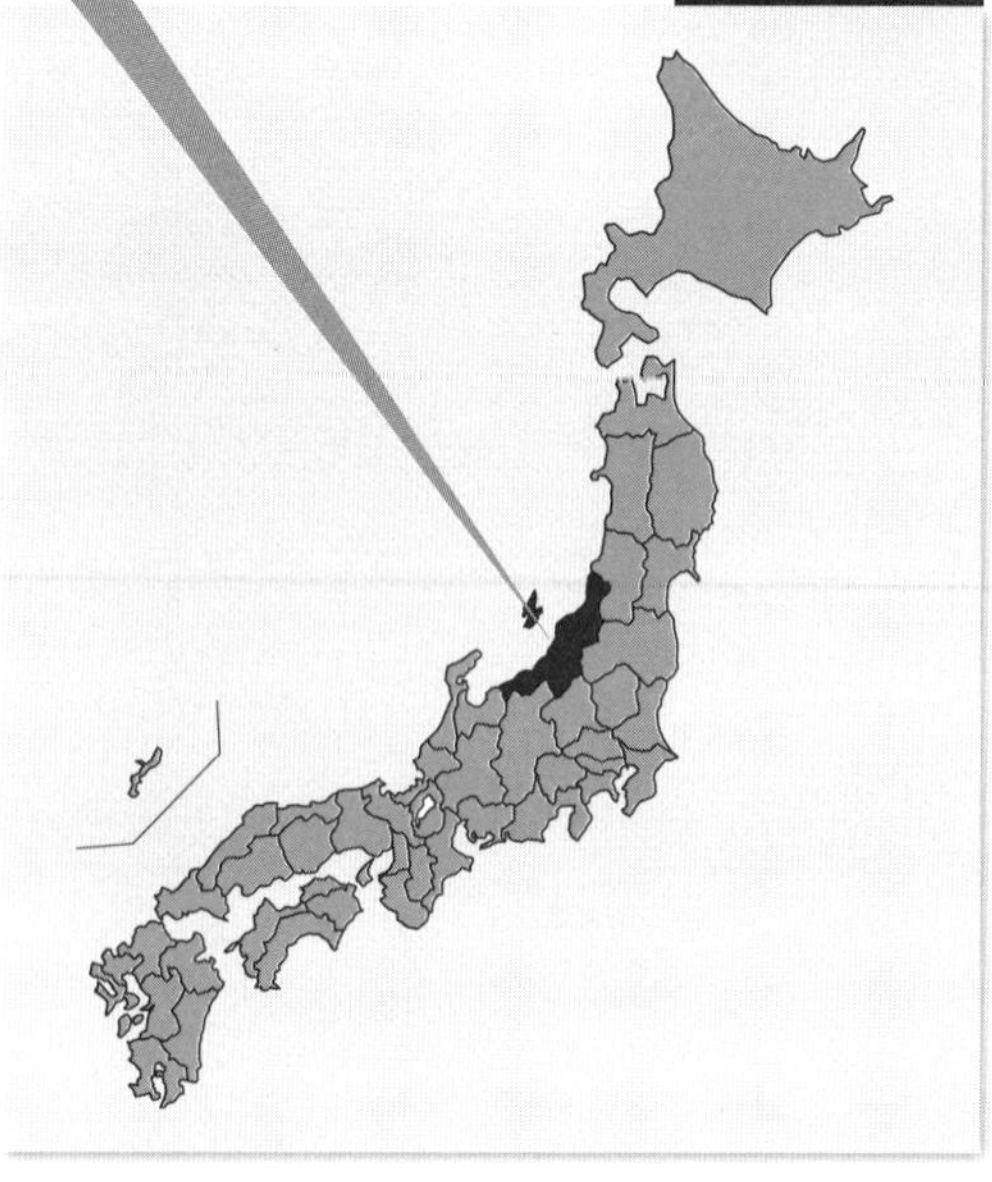

新潟県のランキング

1位	日本酒消費量	194P
1位	生鮮野菜消費量	126P
1位	じゃがいも消費量	136P
1位	トマト消費量	134P
1位	中学卓球部員数	22P
1位	すいか消費量	156P
2位	だいこん消費量	132P
2位	小学生学校外学習率	114P
3位	インスタントラーメン消費量	204P
3位	味噌消費量	172P
3位	中学陸上競技部員数	20P
4位	にんじん消費量	138P
4位	米消費量	124P
4位	果物消費量	148P
4位	もやし消費量	144P
4位	魚介類消費量	160P
5位	キャベツ消費量	128P
5位	休養・くつろぎ時間	90P
5位	食塩消費量	170P
5位	貝類消費量	168P
6位	小学生地域行事参加率	116P
6位	ビール消費量	190P
6位	25歳以上スキー・スノーボード人口	36P
7位	小学生朝食摂取率	120P
7位	中学バレーボール部員数	18P
8位	きゅうり消費量	142P
8位	みかん消費量	154P
8位	りんご消費量	152P
9位	睡眠時間	92P
9位	中学軟式野球部員数	16P
9位	サンマ消費量	162P
10位	しょう油消費量	174P
11位	ウイスキー消費量	198P
11位	牛乳消費量	188P

11位	自家用車通勤・通学率	98P
13位	レタス消費量	146P
13位	25歳以上茶道人口	66P
13位	納豆支出額	202P
14位	エンゲル係数	122P
14位	体育館数	82P
15位	野球場数	80P
15位	たまねぎ消費量	130P
15位	イチゴ消費量	158P
16位	陸上競技場数	78P
16位	小学生宿題実行率	112P
16位	水泳プール数	76P
17位	バナナ消費量	150P
17位	テレビ・ラジオ・新聞・雑誌閲覧時間	86P
17位	砂糖消費量	176P
17位	25歳以上登山・ハイキング人口	34P
19位	労働時間	94P
19位	ワイン消費量	196P
20位	中学バスケットボール部員数	24P
20位	中学生運動部参加率	28P
21位	小学生通学時間	110P
21位	コーヒー消費量	182P
23位	炭酸飲料支出額	184P
24位	25歳以上華道人口	68P
25位	焼酎消費量	192P
26位	緑茶消費量	178P
26位	サバ消費量	164P
27位	中学剣道部員数	12P
27位	パン消費量	206P
27位	鉄道通勤・通学率	96P
28位	25歳以上園芸・ガーデニング人口	58P
29位	中学テニス部員数	26P
30位	タイ消費量	166P
30位	中学バドミントン部員数	14P

31位	食事時間	84P
32位	高校男子ラグビー部員数	30P
33位	25歳以上書道人口	64P
33位	25歳以上釣り人口	42P
33位	25歳以上将棋人口	72P
34位	25歳以上囲碁人口	74P
35位	25歳以上サイクリング人口	32P
35位	中学水泳部員数	10P
36位	25歳以上テレビゲーム人口	52P
36位	25歳以上編み物・手芸人口	60P
37位	小学生読書率	108P
37位	25歳以上楽器演奏人口	48P
37位	ソーシャルネットワーキングサービス(SNS)利用率	102P
37位	25歳以上カラオケ人口	56P
38位	25歳以上ゴルフ人口	40P
38位	25歳以上ゲートボール人口	38P
38位	小学生通塾率	106P
38位	Facebookユーザー数	100P
38位	25歳以上写真撮影人口	50P
39位	25歳以上パチンコ人口	54P
39位	はくさい消費量	140P
39位	25歳以上英語学習人口	62P
40位	小学生長時間ネット利用率	118P
40位	女性の家事労働時間	88P
40位	お菓子支出額	200P
41位	25歳以上ボランティア人口	70P
41位	紅茶消費量	180P
42位	インターネット利用率	104P
42位	25歳以上スポーツ観戦人口	46P
42位	25歳以上スポーツ人口	44P
43位	ミネラルウォーター支出額	186P
44位	中学サッカー部員数	8P

富山県

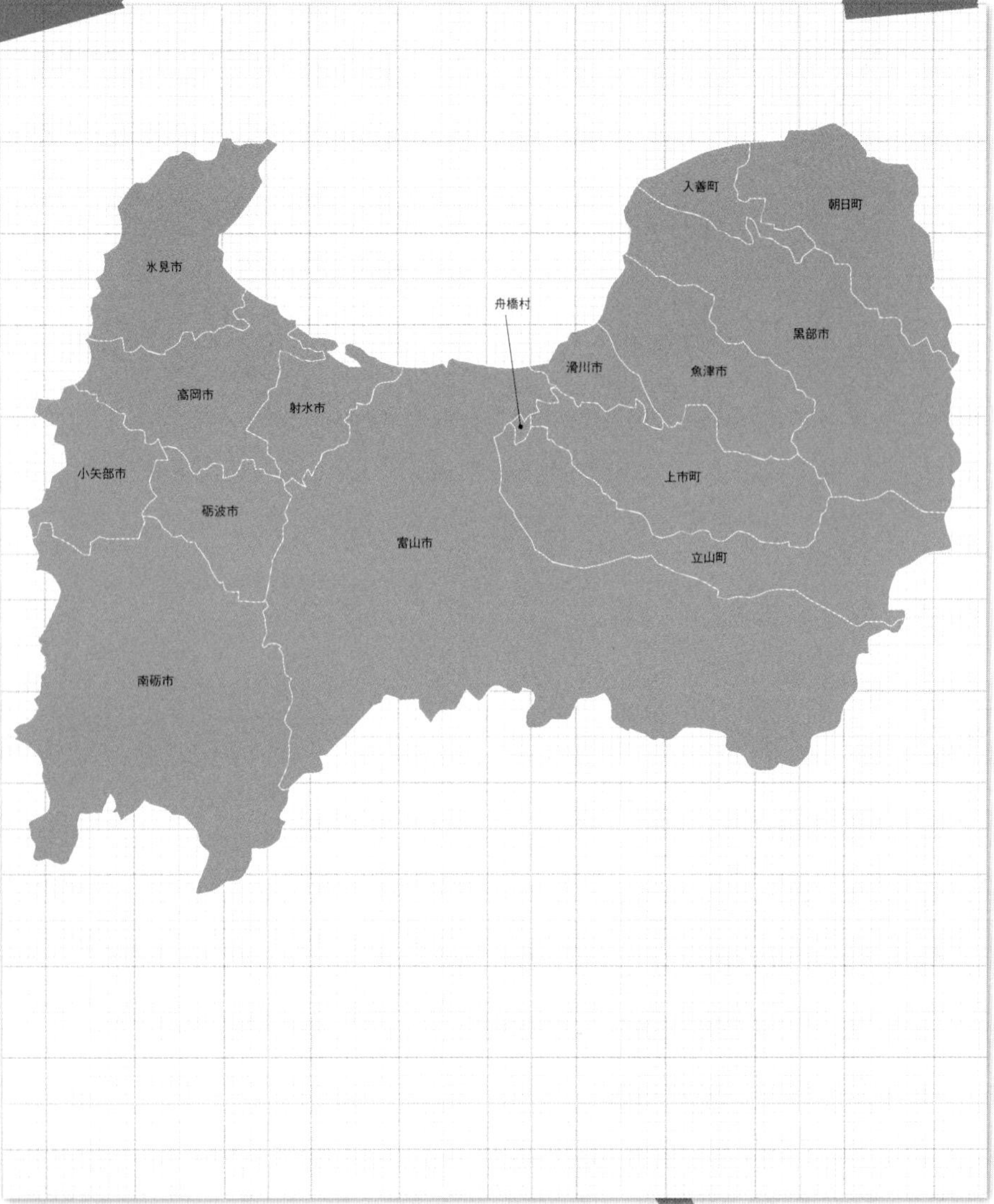

DATA

人口総数（人）	1,050,000
男性人口（人）	510,000
女性人口（人）	540,000
面積（km²）	424,800
平均気温（℃）	15.0
年間降水（mm）	2751.0
市町村数	15
県庁所在地	富山市

自家用車通勤・通学率が全国1位で持ち家率と住宅延べ面積も全国屈指の富山県は大きな家と車社会の農村型社会と言えよう。雪国ゆえにスキー・スノボ人口も多い。

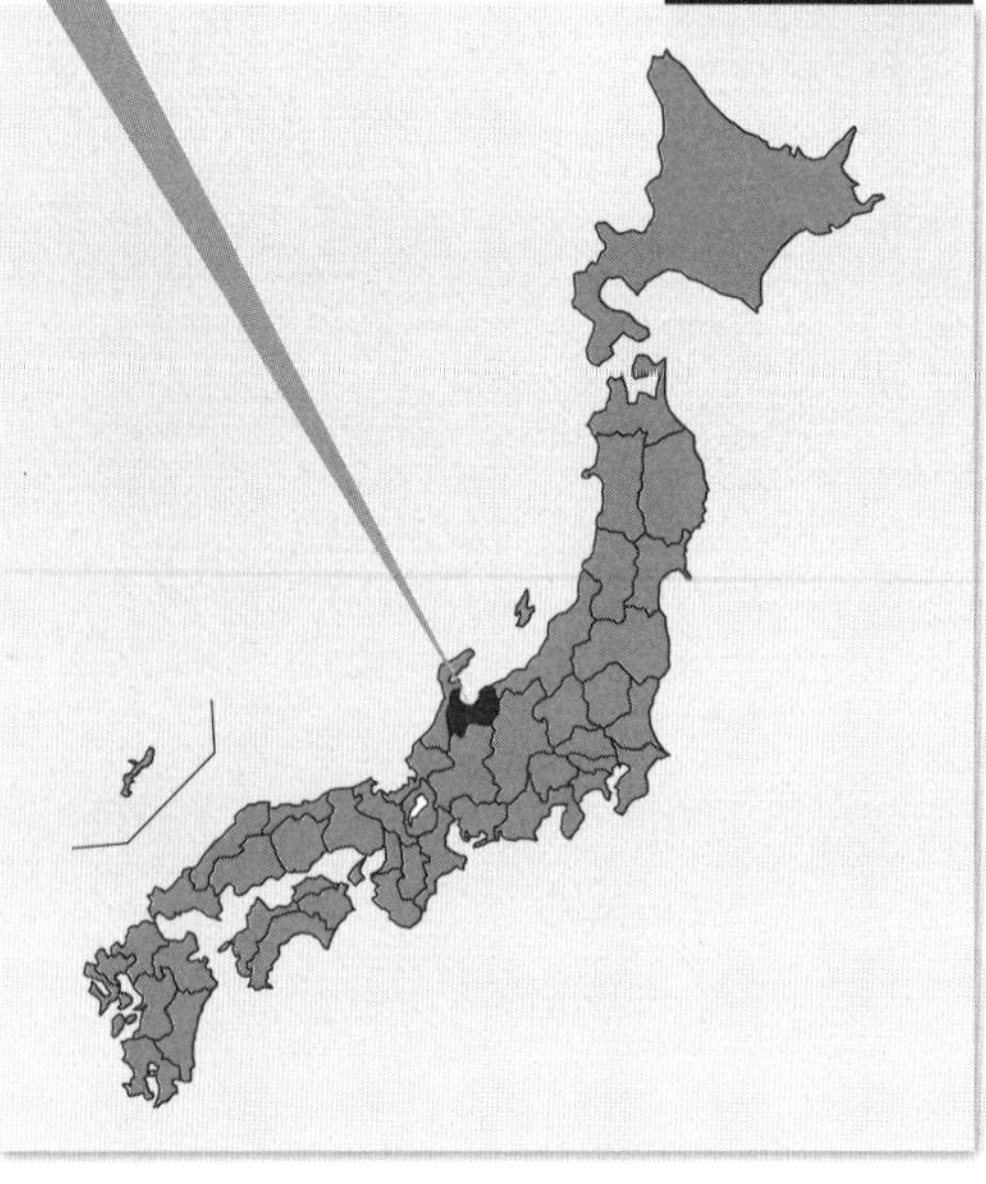

富山県のランキング

1位	中学バドミントン部員数	14P
1位	自家用車通勤・通学率	98P
2位	25歳以上スキー・スノーボード人口	36P
2位	25歳以上茶道人口	66P
4位	25歳以上囲碁人口	74P
4位	インスタントラーメン消費量	204P
5位	中学剣道部員数	12P
5位	魚介類消費量	160P
6位	味噌消費量	172P
6位	小学生通学時間	110P
7位	25歳以上華道人口	68P
7位	もやし消費量	144P
7位	小学生学校外学習率	114P
7位	25歳以上ボランティア人口	70P
7位	日本酒消費量	194P
7位	小学生地域行事参加率	116P
8位	米消費量	124P
9位	バナナ消費量	150P
9位	コーヒー消費量	182P
10位	小学生朝食摂取率	120P
10位	体育館数	82P
11位	小学生読書率	108P
11位	ビール消費量	190P
12位	陸上競技場数	78P
12位	じゃがいも消費量	136P
12位	パン消費量	206P
12位	中学生運動部参加率	28P
13位	25歳以上登山・ハイキング人口	34P
14位	休養・くつろぎ時間	90P
15位	納豆支出額	202P
15位	果物消費量	148P
16位	トマト消費量	134P
16位	牛乳消費量	188P
16位	25歳以上サイクリング人口	32P
16位	お菓子支出額	200P
16位	食塩消費量	170P
17位	しょう油消費量	174P
17位	25歳以上写真撮影人口	50P
17位	水泳プール数	76P
17位	25歳以上園芸・ガーデニング人口	58P
19位	睡眠時間	92P
19位	25歳以上テレビゲーム人口	52P
20位	りんご消費量	152P
20位	25歳以上スポーツ人口	44P
20位	だいこん消費量	132P
21位	生鮮野菜消費量	126P
21位	25歳以上ゴルフ人口	40P
22位	中学バレーボール部員数	18P
22位	高校男子ラグビー部員数	30P
23位	25歳以上ゲートボール人口	38P
23位	25歳以上スポーツ観戦人口	46P
23位	ウイスキー消費量	198P
24位	サバ消費量	164P
24位	25歳以上編み物・手芸人口	60P
24位	野球場数	80P
24位	インターネット利用率	104P
25位	小学生長時間ネット利用率	118P
25位	砂糖消費量	176P
25位	イチゴ消費量	158P
26位	炭酸飲料支出額	184P
26位	テレビ・ラジオ・新聞・雑誌閲覧時間	86P
26位	女性の家事労働時間	88P
26位	中学陸上競技部員数	20P
26位	鉄道通勤・通学率	96P
27位	25歳以上楽器演奏人口	48P
27位	労働時間	94P
27位	きゅうり消費量	142P
27位	中学軟式野球部員数	16P
28位	にんじん消費量	138P
28位	25歳以上英語学習人口	62P
28位	25歳以上パチンコ人口	54P
29位	はくさい消費量	140P
29位	キャベツ消費量	128P
29位	中学卓球部員数	22P
29位	25歳以上釣り人口	42P
30位	貝類消費量	168P
30位	Facebookユーザー数	100P
30位	25歳以上カラオケ人口	56P
31位	緑茶消費量	178P
31位	ワイン消費量	196P
31位	サンマ消費量	162P
31位	タイ消費量	166P
31位	すいか消費量	156P
32位	中学テニス部員数	26P
33位	レタス消費量	146P
33位	小学生通塾率	106P
34位	紅茶消費量	180P
34位	みかん消費量	154P
36位	中学水泳部員数	10P
37位	小学生宿題実行率	112P
37位	たまねぎ消費量	130P
37位	25歳以上将棋人口	72P
38位	25歳以上書道人口	64P
39位	ソーシャルネットワーキングサービス(SNS)利用率	102P
39位	中学バスケットボール部員数	24P
39位	エンゲル係数	122P
40位	焼酎消費量	192P
41位	食事時間	84P
42位	中学サッカー部員数	8P
46位	ミネラルウォーター支出額	186P

石川県

北陸新幹線が開通し、観光客が急増している石川県は、お菓子消費量と25歳茶道人口が全国1位。加賀百万石の古都らしく茶道文化が息づき、茶菓子の種類も豊富だ。

DATA

人口総数（人）	1,140,000
男性人口（人）	560,000
女性人口（人）	590,000
面積（km²）	418,600
平均気温（℃）	15.5
年間降水（mm）	2765.5
市町村数	19
県庁所在地	金沢市

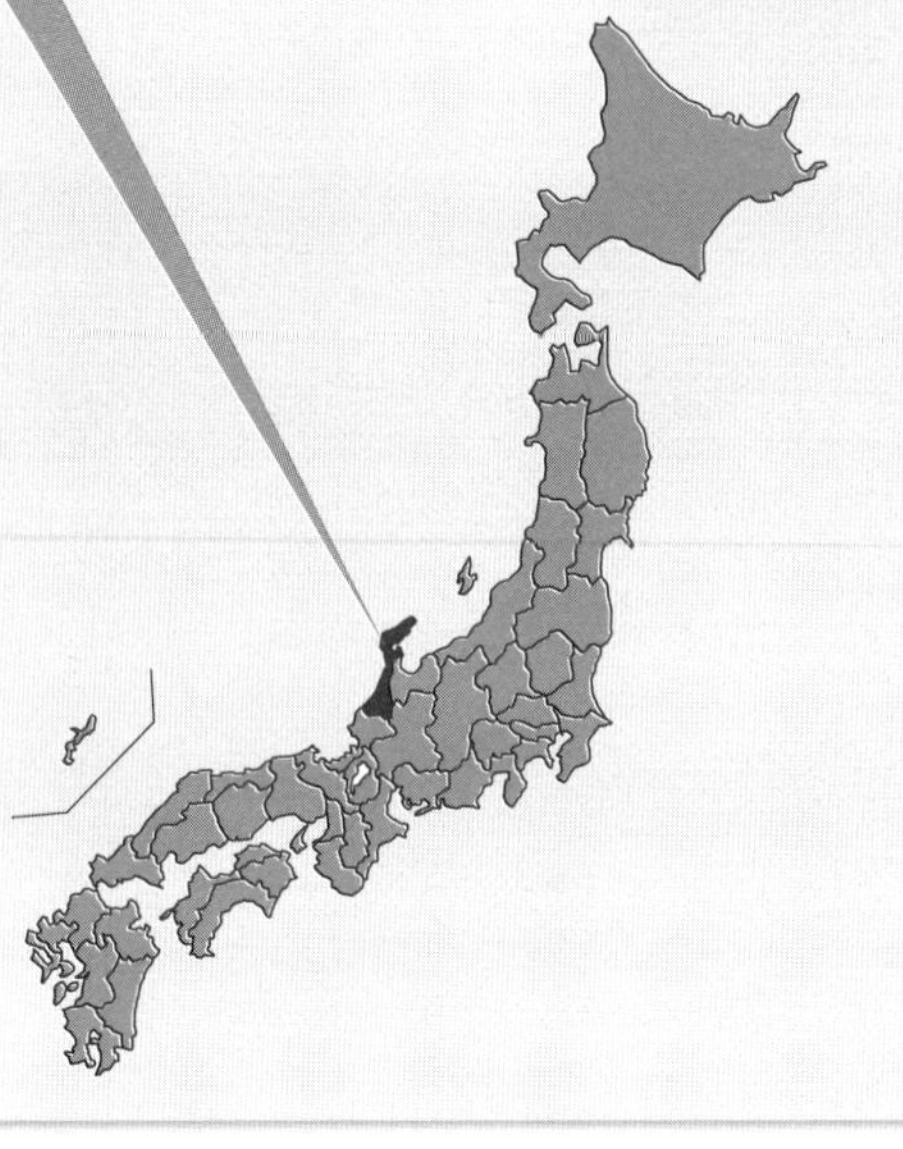

石川県のランキング

1位	25歳以上茶道人口	66P
1位	お菓子支出額	200P
1位	25歳以上将棋人口	72P
3位	25歳以上華道人口	68P
3位	日本酒消費量	194P
5位	25歳以上パチンコ人口	54P
6位	コーヒー消費量	182P
7位	小学生学校外学習率	114P
7位	25歳以上スキー・スノーボード人口	36P
9位	25歳以上ボランティア人口	70P
9位	中学生運動部参加率	28P
10位	緑茶消費量	178P
10位	もやし消費量	144P
10位	25歳以上ゲートボール人口	38P
10位	陸上競技場数	78P
10位	魚介類消費量	160P
10位	小学生地域行事参加率	116P
11位	労働時間	94P
11位	中学バドミントン部員数	14P
12位	小学生朝食摂取率	120P
13位	体育館数	82P
13位	ビール消費量	190P
13位	野球場数	80P
13位	バナナ消費量	150P
14位	25歳以上書道人口	64P
14位	水泳プール数	76P
14位	Facebookユーザー数	100P
14位	25歳以上サイクリング人口	32P
14位	中学陸上競技部員数	20P
15位	25歳以上英語学習人口	62P
15位	25歳以上テレビゲーム人口	52P
15位	25歳以上スポーツ観戦人口	46P
15位	25歳以上スポーツ人口	44P
15位	すいか消費量	156P

15位	サバ消費量	164P
16位	パン消費量	206P
16位	中学バレーボール部員数	18P
16位	25歳以上釣り人口	42P
17位	ワイン消費量	196P
17位	自家用車通勤・通学率	98P
17位	中学水泳部員数	10P
18位	インターネット利用率	104P
19位	休養・くつろぎ時間	90P
19位	だいこん消費量	132P
19位	睡眠時間	92P
19位	中学剣道部員数	12P
19位	りんご消費量	152P
20位	ソーシャルネットワーキングサービス(SNS)利用率	102P
20位	米消費量	124P
21位	納豆支出額	202P
21位	中学バスケットボール部員数	24P
21位	味噌消費量	172P
22位	25歳以上写真撮影人口	50P
22位	にんじん消費量	138P
23位	はくさい消費量	140P
23位	トマト消費量	134P
23位	タイ消費量	166P
23位	25歳以上楽器演奏人口	48P
24位	25歳以上園芸・ガーデニング人口	58P
24位	ウイスキー消費量	198P
24位	貝類消費量	168P
24位	25歳以上カラオケ人口	56P
25位	25歳以上登山・ハイキング人口	34P
25位	小学生長時間ネット利用率	118P
26位	25歳以上編み物・手芸人口	60P
26位	紅茶消費量	180P
26位	牛乳消費量	188P
26位	中学テニス部員数	26P

27位	小学生宿題実行率	112P
27位	食塩消費量	170P
28位	じゃがいも消費量	136P
28位	しょう油消費量	174P
29位	きゅうり消費量	142P
30位	インスタントラーメン消費量	204P
30位	生鮮野菜消費量	126P
30位	25歳以上ゴルフ人口	40P
30位	中学軟式野球部員数	16P
30位	サンマ消費量	162P
31位	炭酸飲料支出額	184P
31位	小学生読書率	108P
32位	テレビ・ラジオ・新聞・雑誌閲覧時間	86P
32位	25歳以上囲碁人口	74P
33位	果物消費量	148P
33位	ミネラルウォーター支出額	186P
33位	鉄道通勤・通学率	96P
33位	女性の家事労働時間	88P
34位	小学生通塾率	106P
34位	食事時間	84P
36位	中学卓球部員数	22P
38位	たまねぎ消費量	130P
38位	エンゲル係数	122P
38位	焼酎消費量	192P
40位	高校男子ラグビー部員数	30P
40位	小学生通学時間	110P
40位	みかん消費量	154P
41位	キャベツ消費量	128P
43位	中学サッカー部員数	8P
44位	レタス消費量	146P
45位	砂糖消費量	176P
45位	イチゴ消費量	158P

福井県

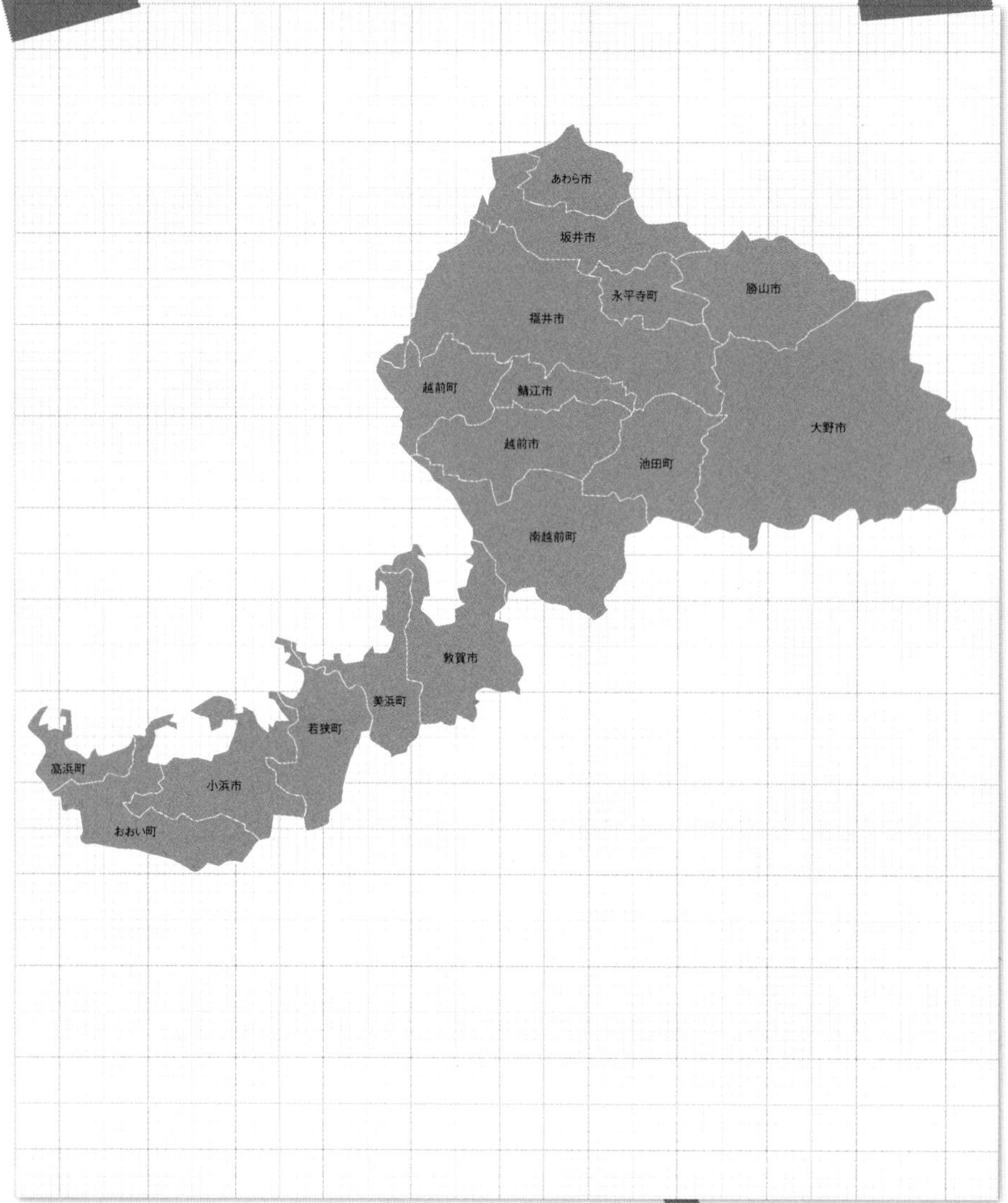

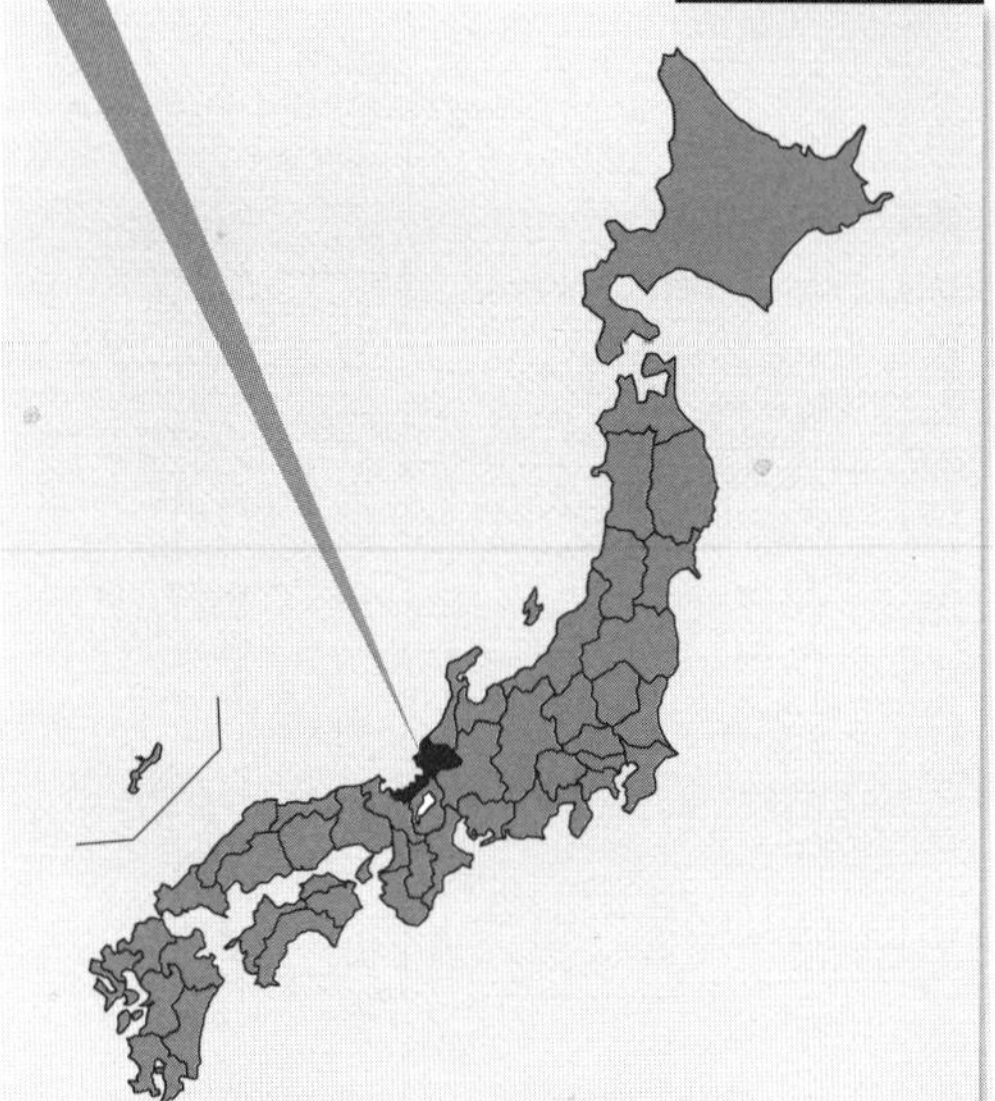

DATA

人口総数（人）	770,000
男性人口（人）	380,000
女性人口（人）	400,000
面積（km²）	419,100
平均気温（℃）	15.3
年間降水（mm）	2632.0
市町村数	17
県庁所在地	福井市

北陸地方に位置するが、より関西圏に近い福井県。小学生朝食摂取率や小学生地域行事参加率、小学生宿題実行率、小学生読書率も高く子育てに適した地域といえそう。

福井県のランキング

1位	中学バレーボール部員数	18P
2位	小学生朝食摂取率	120P
3位	自家用車通勤・通学率	98P
3位	小学生地域行事参加率	116P
4位	25歳以上パチンコ人口	54P
5位	野球場数	80P
5位	25歳以上ボランティア人口	70P
5位	25歳以上華道人口	68P
6位	小学生宿題実行率	112P
7位	エンゲル係数	122P
7位	小学生読書率	108P
8位	25歳以上茶道人口	66P
10位	みかん消費量	154P
11位	25歳以上スキー・スノーボード人口	36P
11位	食塩消費量	170P
11位	日本酒消費量	194P
12位	体育館数	82P
12位	中学卓球部員数	22P
13位	中学バドミントン部員数	14P
13位	中学軟式野球部員数	16P
13位	Facebookユーザー数	100P
14位	陸上競技場数	78P
14位	25歳以上将棋人口	72P
15位	ビール消費量	190P
15位	睡眠時間	92P
15位	25歳以上ゲートボール人口	38P
15位	緑茶消費量	178P
17位	中学生運動部参加率	28P
17位	中学剣道部員数	12P
17位	サバ消費量	164P
19位	休養・くつろぎ時間	90P
19位	25歳以上登山・ハイキング人口	34P
19位	水泳プール数	76P
19位	25歳以上書道人口	64P
20位	もやし消費量	144P
21位	25歳以上サイクリング人口	32P
21位	女性の家事労働時間	88P
21位	お菓子支出額	200P
21位	労働時間	94P
22位	じゃがいも消費量	136P
24位	納豆支出額	202P
24位	味噌消費量	172P
25位	25歳以上囲碁人口	74P
25位	小学生学校外学習率	114P
25位	魚介類消費量	160P
26位	25歳以上テレビゲーム人口	52P
26位	食事時間	84P
28位	中学サッカー部員数	8P
28位	パン消費量	206P
29位	小学生通塾率	106P
30位	炭酸飲料支出額	184P
30位	インターネット利用率	104P
31位	25歳以上英語学習人口	62P
31位	中学陸上競技部員数	20P
32位	25歳以上ゴルフ人口	40P
32位	トマト消費量	134P
32位	25歳以上カラオケ人口	56P
32位	25歳以上編み物・手芸人口	60P
33位	25歳以上スポーツ人口	44P
33位	25歳以上園芸・ガーデニング人口	58P
34位	25歳以上楽器演奏人口	48P
35位	イチゴ消費量	158P
35位	25歳以上写真撮影人口	50P
35位	25歳以上釣り人口	42P
35位	鉄道通勤・通学率	96P
36位	米消費量	124P
36位	きゅうり消費量	142P
37位	小学生長時間ネット利用率	118P
37位	インスタントラーメン消費量	204P
38位	小学生通学時間	110P
38位	りんご消費量	152P
40位	牛乳消費量	188P
40位	砂糖消費量	176P
40位	すいか消費量	156P
41位	タイ消費量	166P
42位	バナナ消費量	150P
42位	しょう油消費量	174P
42位	ウイスキー消費量	198P
42位	焼酎消費量	192P
42位	だいこん消費量	132P
42位	ソーシャルネットワーキングサービス(SNS)利用率	102P
43位	コーヒー消費量	182P
43位	高校男子ラグビー部員数	30P
43位	25歳以上スポーツ観戦人口	46P
43位	にんじん消費量	138P
44位	たまねぎ消費量	130P
44位	サンマ消費量	162P
45位	テレビ・ラジオ・新聞・雑誌閲覧時間	86P
45位	中学バスケットボール部員数	24P
45位	ワイン消費量	196P
45位	中学テニス部員数	26P
45位	はくさい消費量	140P
45位	ミネラルウォーター支出額	186P
45位	果物消費量	148P
45位	貝類消費量	168P
46位	紅茶消費量	180P
46位	生鮮野菜消費量	126P
46位	キャベツ消費量	128P
47位	中学水泳部員数	10P
47位	レタス消費量	146P

山梨県

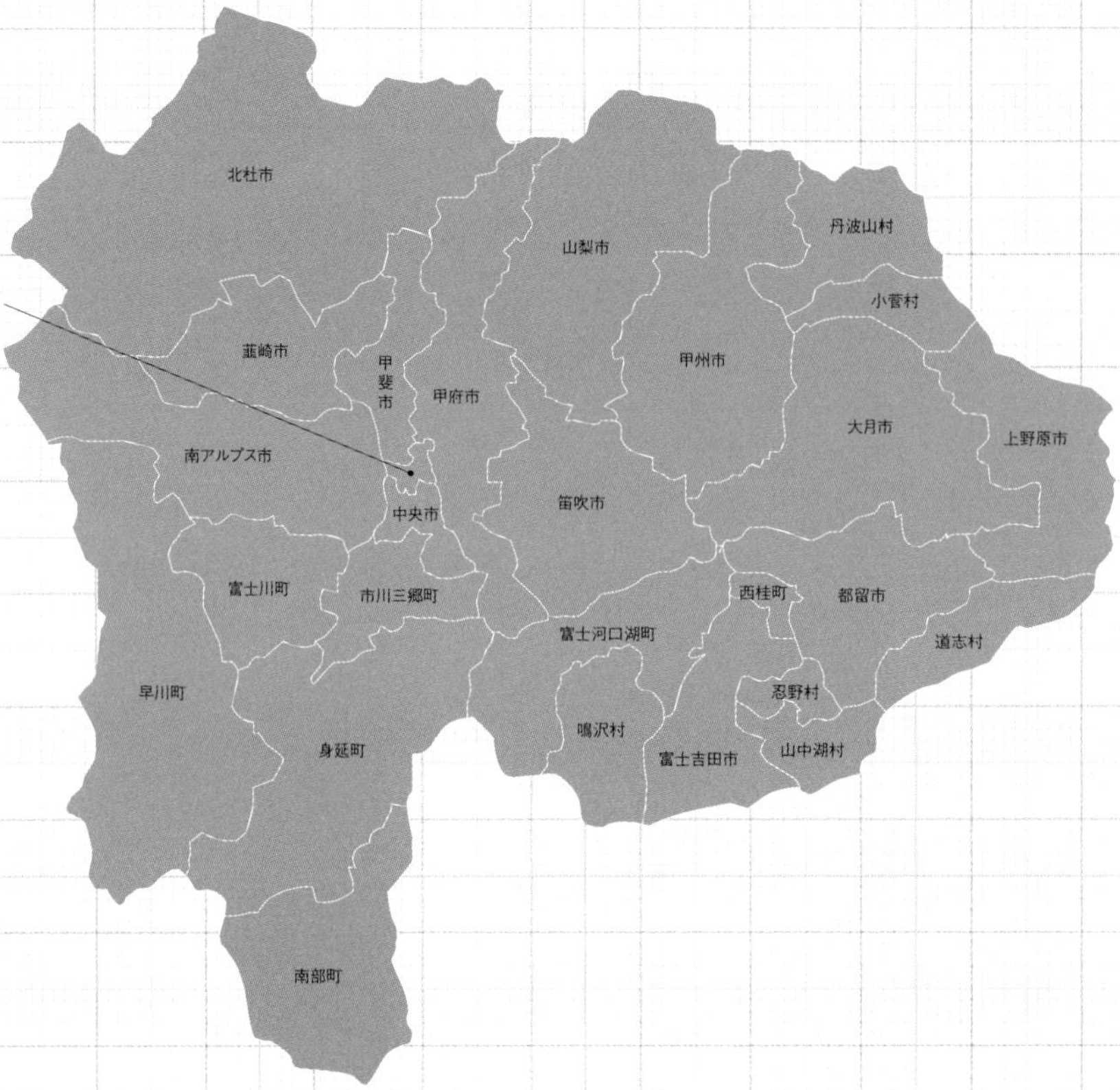

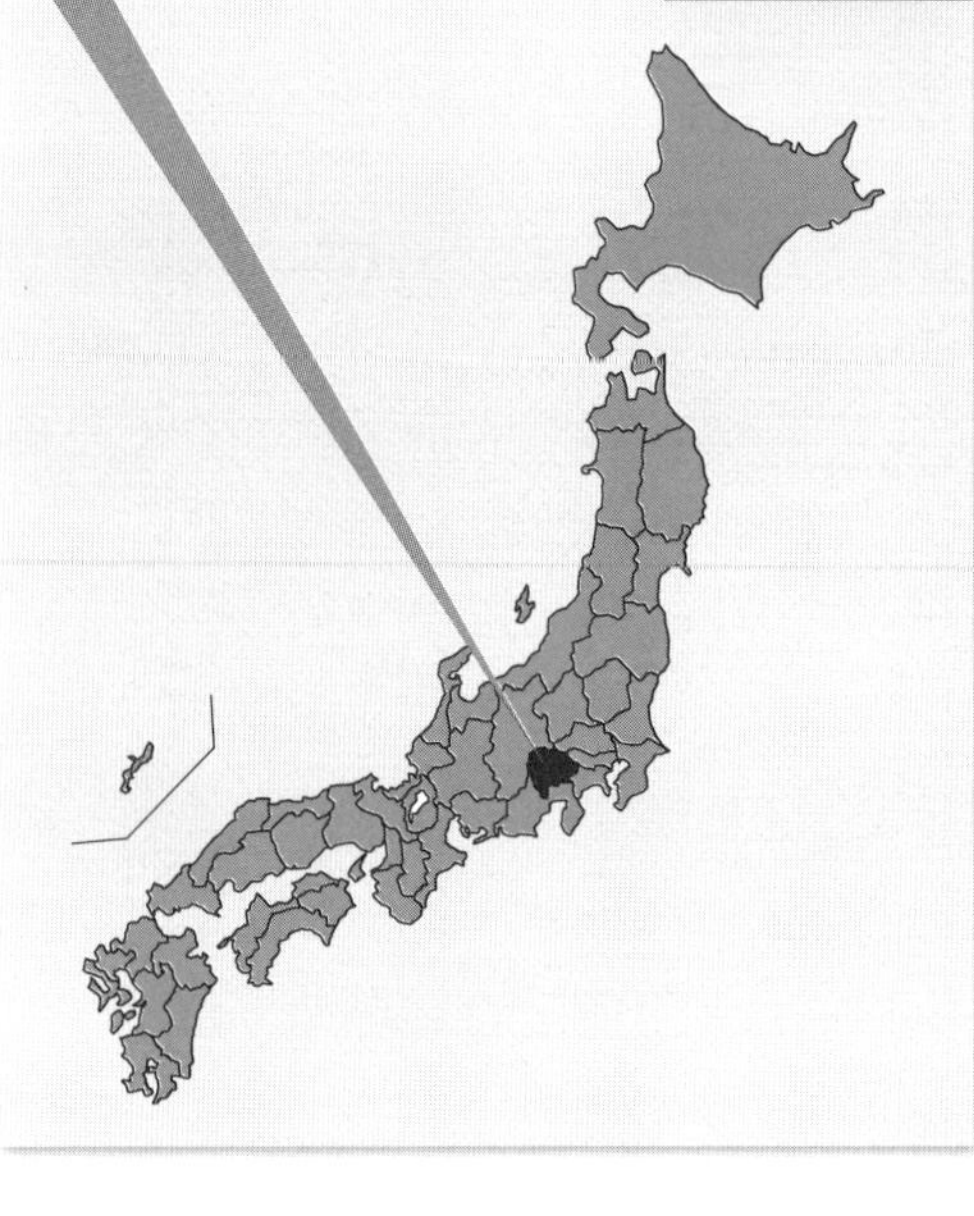

食事時間が全国1位。ぶどうの産地でワイン消費量も多く全国2位。山梨県民はワインを飲みながらゆっくり食事を楽しんでいるようだ。小学生朝食摂取率も高く食への意識が高い

DATA

人口総数（人）	820,000
男性人口（人）	400,000
女性人口（人）	420,000
面積（km²）	446,500
平均気温（℃）	16.0
年間降水（mm）	1153.5
市町村数	27
県庁所在地	甲府市

山梨県のランキング

1位	水泳プール数	76P
1位	食事時間	84P
2位	ワイン消費量	196P
2位	25歳以上ゲートボール人口	38P
3位	中学バスケットボール部員数	24P
3位	中学テニス部員数	26P
4位	ウイスキー消費量	198P
5位	25歳以上ゴルフ人口	40P
5位	レタス消費量	146P
5位	小学生朝食摂取率	120P
6位	食塩消費量	170P
7位	25歳以上書道人口	64P
7位	体育館数	82P
8位	高校男子ラグビー部員数	30P
9位	だいこん消費量	132P
9位	25歳以上カラオケ人口	56P
10位	きゅうり消費量	142P
10位	貝類消費量	168P
11位	納豆支出額	202P
11位	25歳以上園芸・ガーデニング人口	58P
12位	米消費量	124P
12位	小学生地域行事参加率	116P
14位	女性の家事労働時間	88P
14位	紅茶消費量	180P
15位	中学サッカー部員数	8P
15位	中学生運動部参加率	28P
16位	25歳以上スポーツ人口	44P
16位	25歳以上ボランティア人口	70P
16位	自家用車通勤・通学率	98P
16位	25歳以上登山・ハイキング人口	34P
17位	25歳以上スポーツ観戦人口	46P
17位	小学生通学時間	110P
18位	ソーシャルネットワーキングサービス(SNS)利用率	102P
18位	にんじん消費量	138P

19位	キャベツ消費量	128P
19位	イチゴ消費量	158P
19位	陸上競技場数	78P
19位	25歳以上スキー・スノーボード人口	36P
19位	もやし消費量	144P
19位	焼酎消費量	192P
20位	生鮮野菜消費量	126P
20位	25歳以上茶道人口	66P
20位	小学生学校外学習率	114P
20位	小学生宿題実行率	112P
20位	トマト消費量	134P
21位	エンゲル係数	122P
21位	日本酒消費量	194P
21位	小学生読書率	108P
21位	25歳以上囲碁人口	74P
22位	インターネット利用率	104P
22位	みかん消費量	154P
22位	ミネラルウォーター支出額	186P
22位	鉄道通勤・通学率	96P
23位	25歳以上華道人口	68P
23位	サンマ消費量	162P
23位	小学生通塾率	106P
24位	果物消費量	148P
24位	睡眠時間	92P
25位	25歳以上英語学習人口	62P
25位	中学剣道部員数	12P
26位	Facebookユーザー数	100P
26位	お菓子支出額	200P
27位	炭酸飲料支出額	184P
27位	野球場数	80P
27位	25歳以上写真撮影人口	50P
28位	りんご消費量	152P
28位	はくさい消費量	140P
30位	25歳以上サイクリング人口	32P

30位	25歳以上テレビゲーム人口	52P
31位	25歳以上パチンコ人口	54P
31位	25歳以上将棋人口	72P
32位	中学卓球部員数	22P
32位	サバ消費量	164P
32位	中学バドミントン部員数	14P
33位	緑茶消費量	178P
33位	25歳以上編み物・手芸人口	60P
34位	中学陸上競技部員数	20P
35位	中学軟式野球部員数	16P
35位	魚介類消費量	160P
36位	たまねぎ消費量	130P
36位	しょう油消費量	174P
37位	じゃがいも消費量	136P
37位	味噌消費量	172P
37位	テレビ・ラジオ・新聞・雑誌閲覧時間	86P
38位	インスタントラーメン消費量	204P
38位	休養・くつろぎ時間	90P
38位	ビール消費量	190P
38位	砂糖消費量	176P
39位	パン消費量	206P
39位	バナナ消費量	150P
39位	タイ消費量	166P
41位	牛乳消費量	188P
41位	小学生長時間ネット利用率	118P
41位	労働時間	94P
42位	コーヒー消費量	182P
42位	25歳以上釣り人口	42P
42位	中学水泳部員数	10P
43位	中学バレーボール部員数	18P
44位	25歳以上楽器演奏人口	48P
46位	すいか消費量	156P

長野県

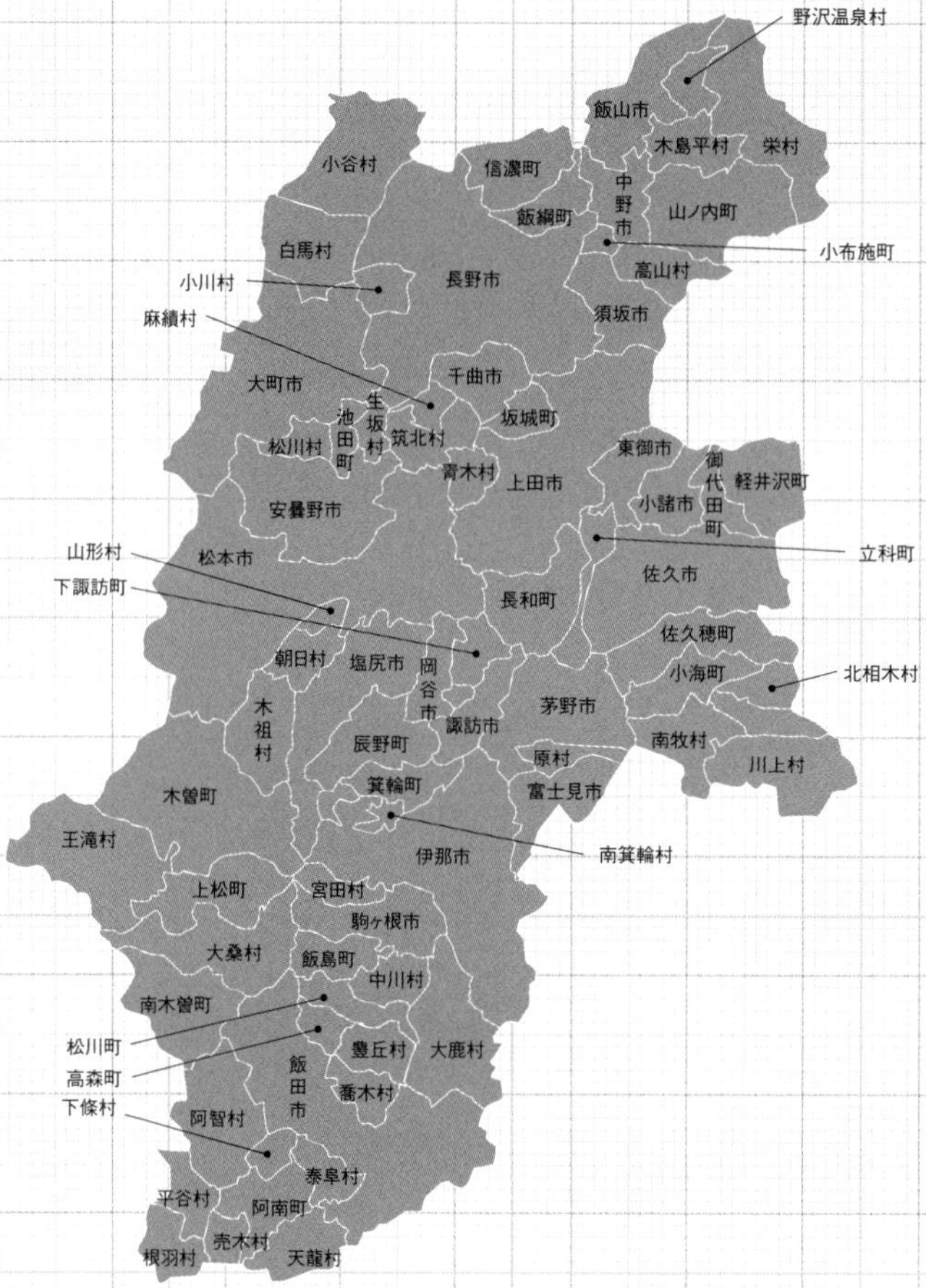

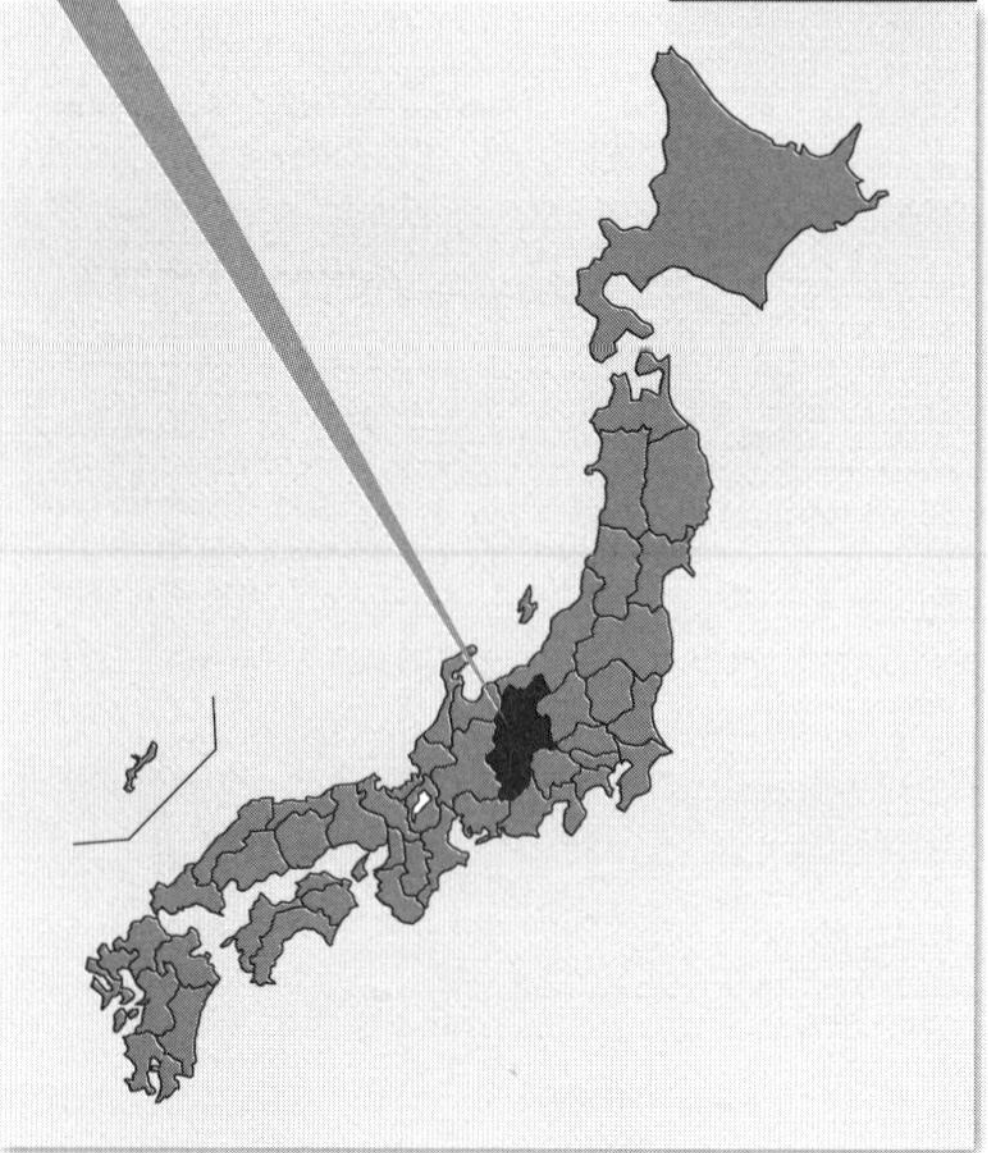

DATA

人口総数（人）	2,060,000
男性人口（人）	1,010,000
女性人口（人）	1,060,000
面積（km²）	1,356,200
平均気温（℃）	13.0
年間降水（mm）	886.0
市町村数	77
県庁所在地	長野市

長野県は、味噌、キャベツ、砂糖の各消費量が全国1位。果物の生産も盛んで果物消費量も2位。また、スキー場が多いため、25歳以上スキー・スノボ人口も首位だ。

長野県のランキング

1位	味噌消費量	172P
1位	砂糖消費量	176P
1位	キャベツ消費量	128P
1位	小学生地域行事参加率	116P
1位	25歳以上スキー・スノーボード人口	36P
2位	果物消費量	148P
3位	食事時間	84P
3位	りんご消費量	152P
3位	小学生朝食摂取率	120P
3位	ワイン消費量	196P
3位	25歳以上ゲートボール人口	38P
4位	きゅうり消費量	142P
4位	25歳以上ボランティア人口	70P
4位	食塩消費量	170P
5位	中学バスケットボール部員数	24P
6位	25歳以上華道人口	68P
6位	日本酒消費量	194P
6位	野球場数	80P
6位	25歳以上園芸・ガーデニング人口	58P
7位	レタス消費量	146P
7位	牛乳消費量	188P
8位	自家用車通勤・通学率	98P
8位	中学バレーボール部員数	18P
8位	サンマ消費量	162P
9位	体育館数	82P
10位	25歳以上ゴルフ人口	40P
10位	25歳以上登山・ハイキング人口	34P
10位	納豆支出額	202P
11位	生鮮野菜消費量	126P
11位	25歳以上楽器演奏人口	48P
11位	女性の家事労働時間	88P
12位	25歳以上書道人口	64P
12位	睡眠時間	92P
14位	トマト消費量	134P
14位	ウイスキー消費量	198P
14位	25歳以上スポーツ人口	44P
15位	小学生読書率	108P
16位	25歳以上編み物・手芸人口	60P
17位	小学生通学時間	110P
17位	貝類消費量	168P
18位	水泳プール数	76P
18位	25歳以上カラオケ人口	56P
18位	25歳以上英語学習人口	62P
20位	にんじん消費量	138P
20位	陸上競技場数	78P
21位	だいこん消費量	132P
21位	25歳以上写真撮影人口	50P
21位	25歳以上スポーツ観戦人口	46P
22位	25歳以上将棋人口	72P
23位	サバ消費量	164P
23位	もやし消費量	144P
23位	Facebookユーザー数	100P
24位	鉄道通勤・通学率	96P
24位	25歳以上囲碁人口	74P
24位	ビール消費量	190P
25位	インターネット利用率	104P
25位	小学生学校外学習率	114P
25位	25歳以上テレビゲーム人口	52P
25位	紅茶消費量	180P
26位	ソーシャルネットワーキングサービス(SNS)利用率	102P
27位	小学生通塾率	106P
27位	25歳以上茶道人口	66P
27位	緑茶消費量	178P
28位	焼酎消費量	192P
29位	すいか消費量	156P
29位	中学剣道部員数	12P
29位	お菓子支出額	200P
29位	魚介類消費量	160P
30位	25歳以上パチンコ人口	54P
30位	小学生宿題実行率	112P
30位	しょう油消費量	174P
32位	25歳以上サイクリング人口	32P
32位	はくさい消費量	140P
33位	中学水泳部員数	10P
34位	パン消費量	206P
35位	中学サッカー部員数	8P
35位	炭酸飲料支出額	184P
36位	みかん消費量	154P
36位	中学陸上競技部員数	20P
38位	イチゴ消費量	158P
38位	タイ消費量	166P
39位	米消費量	124P
41位	たまねぎ消費量	130P
41位	中学軟式野球部員数	16P
41位	中学テニス部員数	26P
41位	25歳以上釣り人口	42P
41位	休養・くつろぎ時間	90P
41位	労働時間	94P
41位	コーヒー消費量	182P
42位	テレビ・ラジオ・新聞・雑誌閲覧時間	86P
42位	ミネラルウォーター支出額	186P
42位	中学卓球部員数	22P
42位	エンゲル係数	122P
43位	中学バドミントン部員数	14P
44位	中学生運動部参加率	28P
44位	インスタントラーメン消費量	204P
45位	小学生長時間ネット利用率	118P
45位	バナナ消費量	150P
47位	じゃがいも消費量	136P
47位	高校男子ラグビー部員数	30P

岐阜県

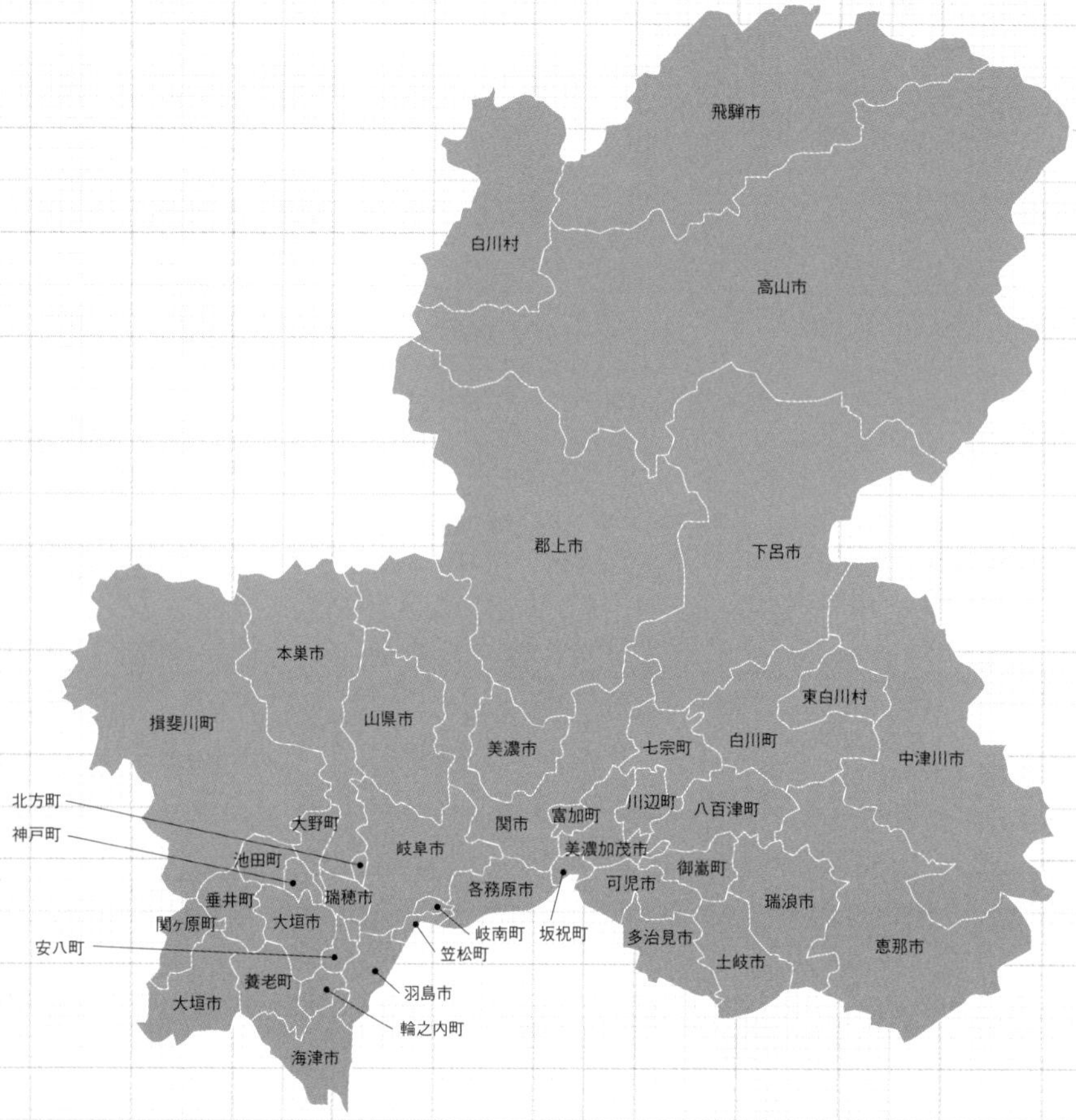

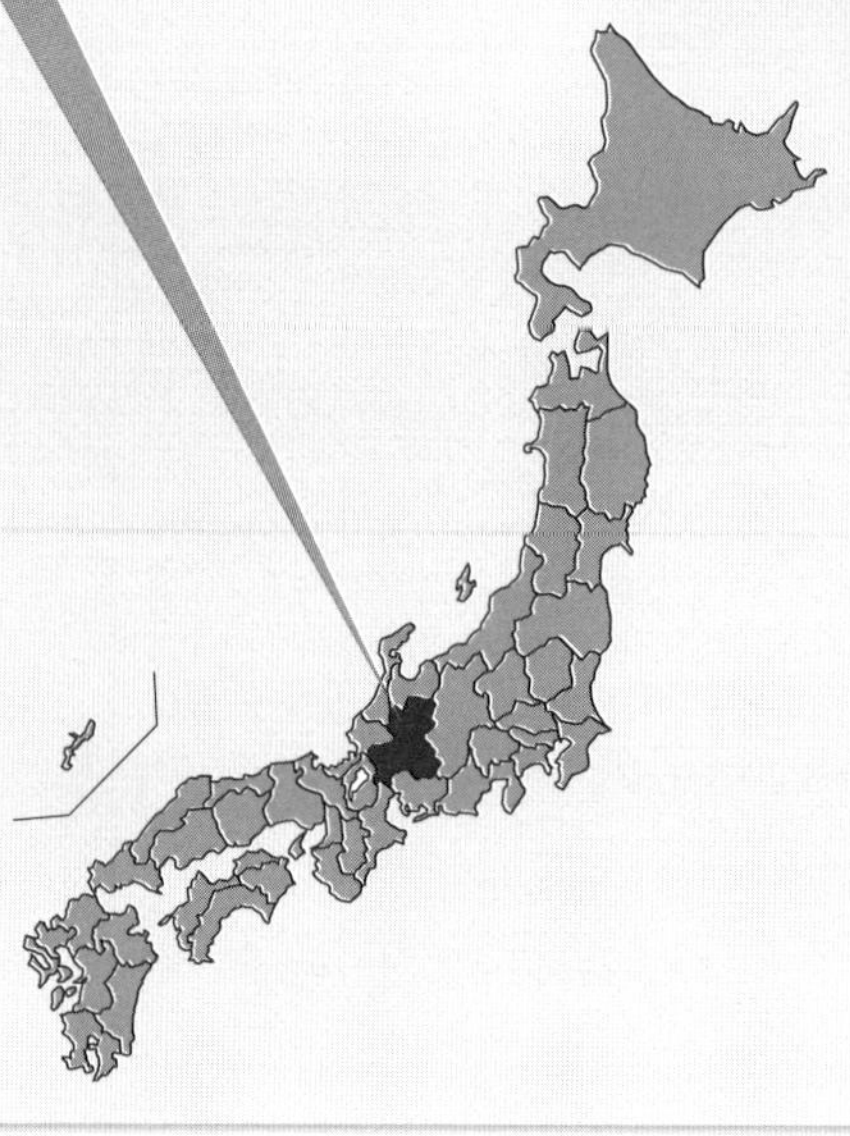

DATA

人口総数（人）	2,000,000
男性人口（人）	970,000
女性人口（人）	1,030,000
面積（km²）	1,062,100
平均気温（℃）	16.9
年間降水（mm）	2087.0
市町村数	42
県庁所在地	岐阜市

飛騨山脈をはじめ山岳地帯にある岐阜県は、25歳以上ボランティア人口が全国2位で、小学生地域行事参加率も4位と高く、地域や社会に貢献しようとする意識が高い。

岐阜県のランキング

2位	25歳以上ボランティア人口	70P
4位	中学剣道部員数	12P
4位	小学生地域行事参加率	116P
4位	小学生学校外学習率	114P
8位	小学生通学時間	110P
9位	25歳以上パチンコ人口	54P
10位	女性の家事労働時間	88P
11位	野球場数	80P
11位	中学生運動部参加率	28P
12位	小学生朝食摂取率	120P
12位	中学陸上競技部員数	20P
12位	中学バスケットボール部員数	24P
12位	25歳以上登山・ハイキング人口	34P
13位	25歳以上ゴルフ人口	40P
13位	サンマ消費量	162P
13位	中学卓球部員数	22P
14位	25歳以上茶道人口	66P
14位	小学生通塾率	106P
15位	自家用車通勤・通学率	98P
16位	25歳以上英語学習人口	62P
17位	25歳以上スポーツ人口	44P
17位	25歳以上テレビゲーム人口	52P
17位	25歳以上書道人口	64P
18位	25歳以上スキー・スノーボード人口	36P
18位	インターネット利用率	104P
18位	鉄道通勤・通学率	96P
18位	しょう油消費量	174P
18位	25歳以上園芸・ガーデニング人口	58P
18位	バナナ消費量	150P
19位	Facebookユーザー数	100P
19位	休養・くつろぎ時間	90P
19位	体育館数	82P
19位	日本酒消費量	194P
19位	25歳以上ゲートボール人口	38P
19位	中学バレーボール部員数	18P
19位	25歳以上楽器演奏人口	48P
19位	25歳以上華道人口	68P
20位	イチゴ消費量	158P
20位	味噌消費量	172P
20位	25歳以上囲碁人口	74P
20位	お菓子支出額	200P
21位	レタス消費量	146P
22位	りんご消費量	152P
22位	25歳以上編み物・手芸人口	60P
22位	中学テニス部員数	26P
22位	25歳以上サイクリング人口	32P
23位	砂糖消費量	176P
23位	緑茶消費量	178P
24位	25歳以上釣り人口	42P
24位	紅茶消費量	180P
24位	25歳以上写真撮影人口	50P
24位	テレビ・ラジオ・新聞・雑誌閲覧時間	86P
24位	中学バドミントン部員数	14P
24位	中学軟式野球部員数	16P
25位	陸上競技場数	78P
25位	中学水泳部員数	10P
25位	小学生宿題実行率	112P
25位	サバ消費量	164P
26位	納豆支出額	202P
26位	パン消費量	206P
27位	労働時間	94P
27位	米消費量	124P
27位	水泳プール数	76P
28位	小学生長時間ネット利用率	118P
29位	コーヒー消費量	182P
29位	睡眠時間	92P
30位	エンゲル係数	122P
30位	もやし消費量	144P
31位	だいこん消費量	132P
32位	ソーシャルネットワーキングサービス(SNS)利用率	102P
32位	タイ消費量	166P
33位	食塩消費量	170P
33位	ワイン消費量	196P
33位	牛乳消費量	188P
33位	小学生読書率	108P
34位	高校男子ラグビー部員数	30P
34位	食事時間	84P
34位	はくさい消費量	140P
35位	じゃがいも消費量	136P
35位	ウイスキー消費量	198P
37位	すいか消費量	156P
37位	ミネラルウォーター支出額	186P
37位	トマト消費量	134P
37位	中学サッカー部員数	8P
39位	キャベツ消費量	128P
40位	25歳以上カラオケ人口	56P
41位	炭酸飲料支出額	184P
41位	25歳以上将棋人口	72P
41位	25歳以上スポーツ観戦人口	46P
42位	貝類消費量	168P
42位	インスタントラーメン消費量	204P
42位	生鮮野菜消費量	126P
44位	焼酎消費量	192P
44位	果物消費量	148P
45位	きゅうり消費量	142P
46位	にんじん消費量	138P
46位	たまねぎ消費量	130P
46位	魚介類消費量	160P
47位	ビール消費量	190P
47位	みかん消費量	154P

静岡県

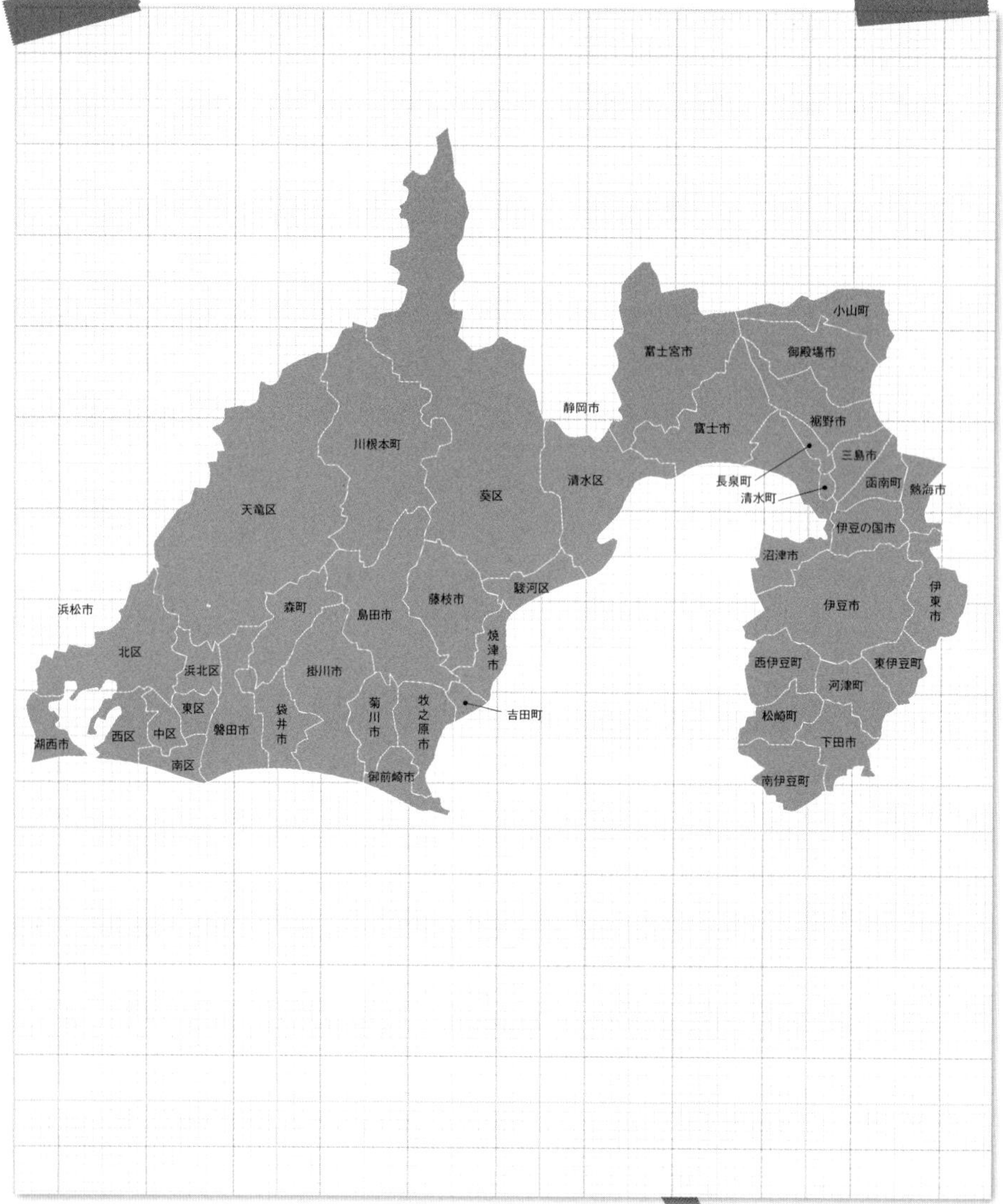

DATA

人口総数（人）	3,660,000
男性人口（人）	1,800,000
女性人口（人）	1,860,000
面積（km²）	777,700
平均気温（℃）	17.7
年間降水（mm）	2442.0
市町村数	35
県庁所在地	静岡市

日照時間が長く温暖な気候に恵まれた静岡県は緑茶と米の消費量が全国1位。前者は全国屈指のお茶の産地なので納得の結果といえよう。名産のみかん消費量も多い。

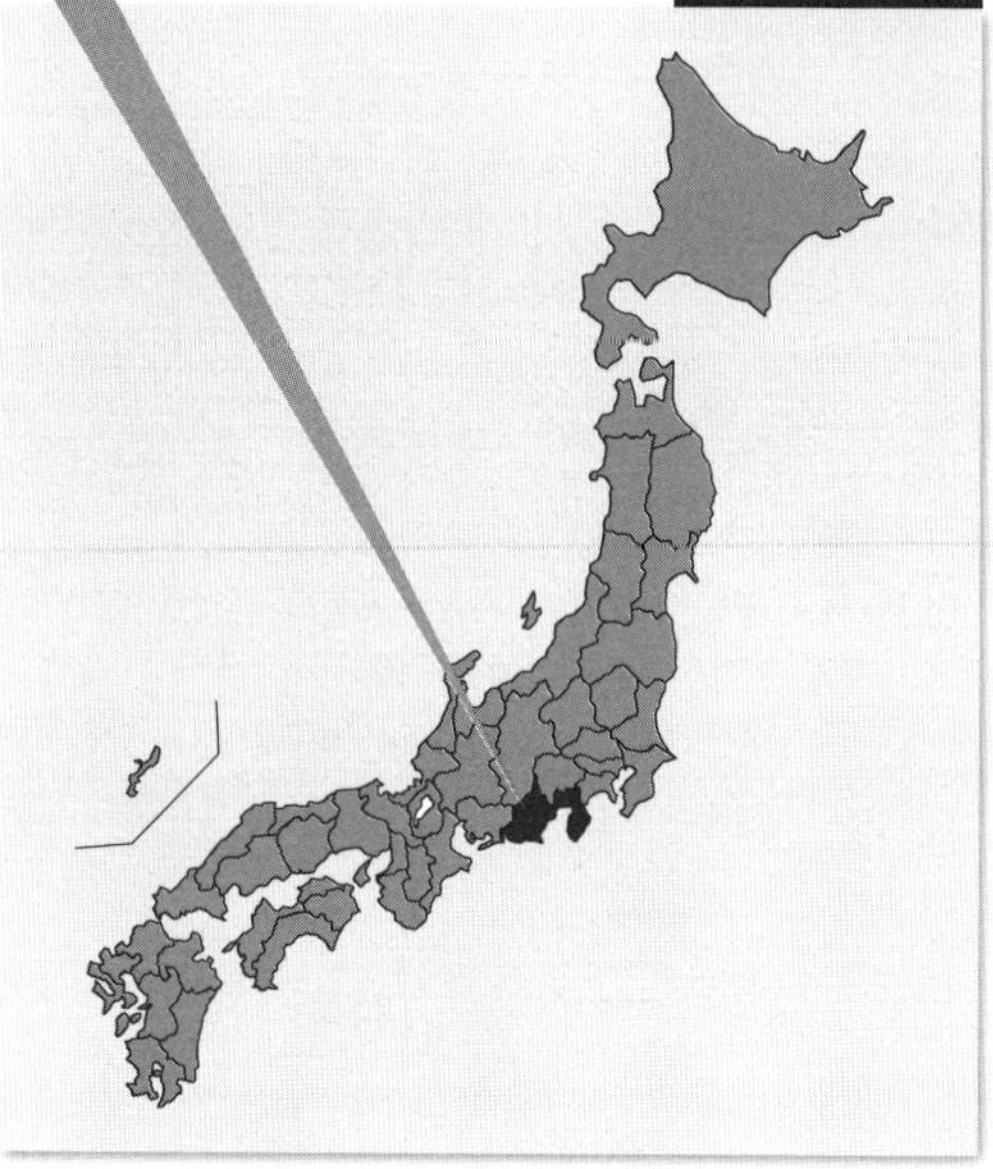

静岡県のランキング

1位	緑茶消費量	178P
1位	米消費量	124P
3位	じゃがいも消費量	136P
3位	女性の家事労働時間	88P
3位	みかん消費量	154P
3位	小学生宿題実行率	112P
5位	中学バレーボール部員数	18P
6位	中学卓球部員数	22P
7位	中学サッカー部員数	8P
7位	ミネラルウォーター支出額	186P
9位	レタス消費量	146P
9位	にんじん消費量	138P
9位	中学バスケットボール部員数	24P
9位	味噌消費量	172P
11位	Facebookユーザー数	100P
11位	25歳以上茶道人口	66P
12位	25歳以上テレビゲーム人口	52P
12位	小学生学校外学習率	114P
12位	小学生読書率	108P
12位	25歳以上スポーツ人口	44P
13位	イチゴ消費量	158P
13位	小学生通学時間	110P
13位	中学水泳部員数	10P
13位	小学生通塾率	106P
13位	インターネット利用率	104P
13位	中学生運動部参加率	28P
13位	キャベツ消費量	128P
14位	中学テニス部員数	26P
14位	しょう油消費量	174P
14位	サバ消費量	164P
16位	小学生地域行事参加率	116P
16位	中学陸上競技部員数	20P
17位	生鮮野菜消費量	126P
17位	25歳以上楽器演奏人口	48P
17位	たまねぎ消費量	130P
17位	25歳以上ボランティア人口	70P
17位	はくさい消費量	140P
17位	テレビ・ラジオ・新聞・雑誌閲覧時間	86P
18位	だいこん消費量	132P
18位	25歳以上サイクリング人口	32P
18位	果物消費量	148P
18位	サンマ消費量	162P
19位	鉄道通勤・通学率	96P
19位	25歳以上英語学習人口	62P
19位	お菓子支出額	200P
20位	小学生朝食摂取率	120P
20位	牛乳消費量	188P
20位	納豆支出額	202P
21位	魚介類消費量	160P
21位	25歳以上華道人口	68P
21位	貝類消費量	168P
21位	ウイスキー消費量	198P
21位	25歳以上カラオケ人口	56P
21位	25歳以上登山・ハイキング人口	34P
22位	トマト消費量	134P
22位	エンゲル係数	122P
22位	パン消費量	206P
23位	中学剣道部員数	12P
23位	25歳以上囲碁人口	74P
23位	労働時間	94P
23位	25歳以上写真撮影人口	50P
23位	25歳以上パチンコ人口	54P
25位	25歳以上園芸・ガーデニング人口	58P
25位	25歳以上編み物・手芸人口	60P
25位	25歳以上スキー・スノーボード人口	36P
25位	ワイン消費量	196P
26位	25歳以上ゴルフ人口	40P
27位	ソーシャルネットワーキングサービス(SNS)利用率	102P
28位	砂糖消費量	176P
28位	紅茶消費量	180P
28位	野球場数	80P
28位	きゅうり消費量	142P
28位	自家用車通勤・通学率	98P
28位	25歳以上ゲートボール人口	38P
29位	焼酎消費量	192P
30位	25歳以上書道人口	64P
30位	日本酒消費量	194P
30位	食塩消費量	170P
31位	もやし消費量	144P
32位	水泳プール数	76P
32位	陸上競技場数	78P
32位	小学生長時間ネット利用率	118P
33位	休養・くつろぎ時間	90P
34位	25歳以上釣り人口	42P
34位	すいか消費量	156P
34位	食事時間	84P
35位	25歳以上将棋人口	72P
36位	りんご消費量	152P
36位	インスタントラーメン消費量	204P
36位	25歳以上スポーツ観戦人口	46P
37位	ビール消費量	190P
37位	バナナ消費量	150P
37位	睡眠時間	92P
40位	タイ消費量	166P
40位	体育館数	82P
42位	高校男子ラグビー部員数	30P
44位	中学軟式野球部員数	16P
46位	中学バドミントン部員数	14P
47位	コーヒー消費量	182P
47位	炭酸飲料支出額	184P

愛知県

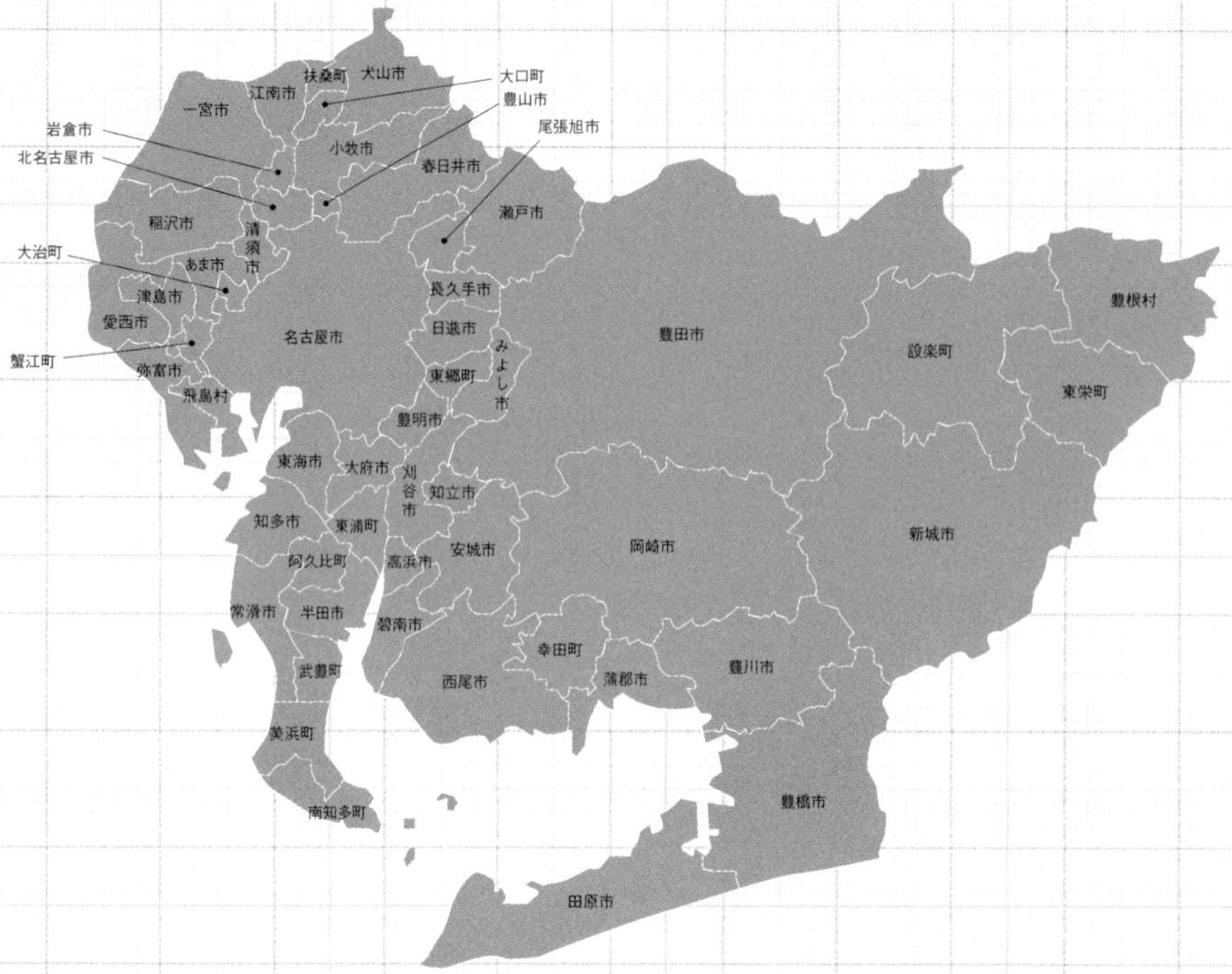

DATA

人口総数（人）	7,540,000
男性人口（人）	3,770,000
女性人口（人）	3,770,000
面積（km²）	517,300
平均気温（℃）	16.9
年間降水（mm）	1695.5
市町村数	54
県庁所在地	名古屋市

日本列島の中央に位置する愛知県。意外にも全国1位、2位の項目はない。特徴は、25歳以上テレビゲーム人口とインターネット利用率が上位にあることでデジタル好きと言えそう。

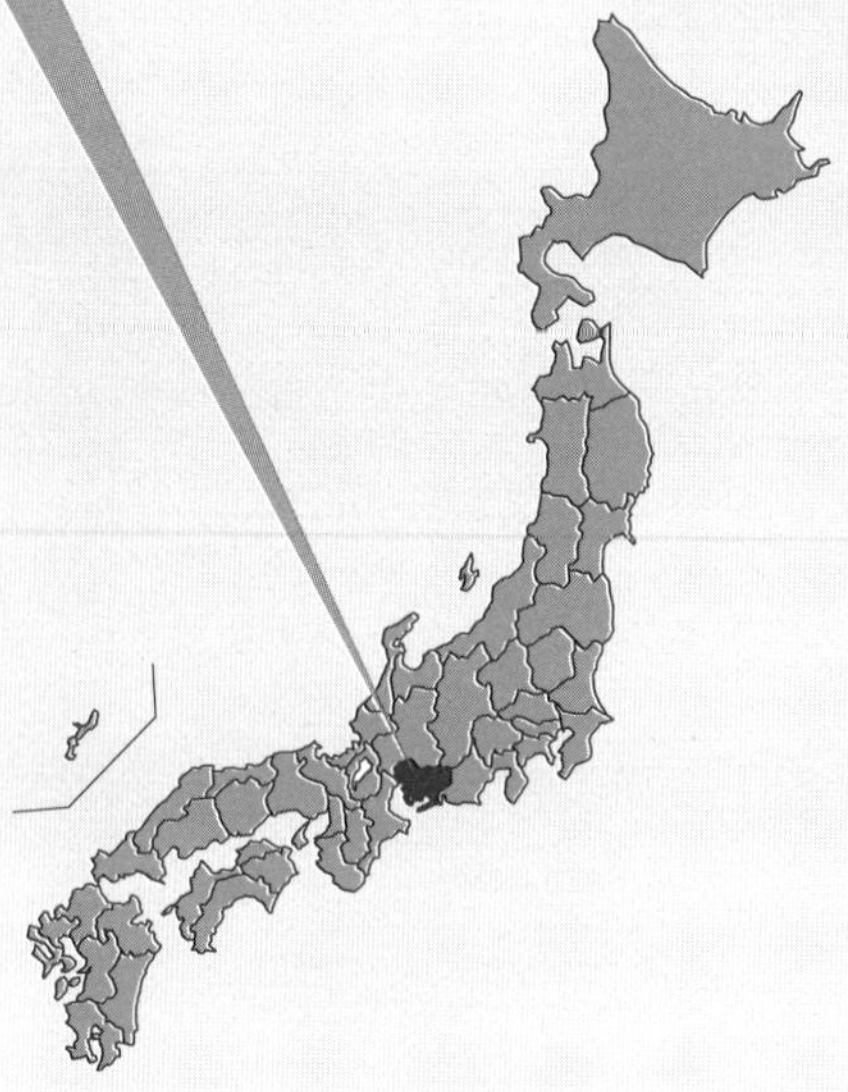

愛知県のランキング

3位	25歳以上テレビゲーム人口	52P
4位	インターネット利用率	104P
4位	小学生長時間ネット利用率	118P
4位	お菓子支出額	200P
5位	25歳以上スポーツ人口	44P
5位	25歳以上写真撮影人口	50P
6位	Facebookユーザー数	100P
6位	バナナ消費量	150P
6位	中学水泳部員数	10P
6位	25歳以上ゴルフ人口	40P
7位	25歳以上スポーツ観戦人口	46P
7位	25歳以上楽器演奏人口	48P
8位	中学剣道部員数	12P
9位	ソーシャルネットワーキングサービス(SNS)利用率	102P
9位	鉄道通勤・通学率	96P
9位	25歳以上英語学習人口	62P
9位	小学生宿題実行率	112P
9位	エンゲル係数	122P
9位	イチゴ消費量	158P
10位	25歳以上カラオケ人口	56P
10位	小学生通塾率	106P
10位	パン消費量	206P
12位	25歳以上サイクリング人口	32P
12位	トマト消費量	134P
13位	25歳以上パチンコ人口	54P
13位	25歳以上将棋人口	72P
14位	すいか消費量	156P
14位	中学バレーボール部員数	18P
16位	25歳以上スキー・スノーボード人口	36P
16位	高校男子ラグビー部員数	30P
16位	紅茶消費量	180P
17位	25歳以上茶道人口	66P
17位	レタス消費量	146P
17位	牛乳消費量	188P

17位	緑茶消費量	178P
18位	たまねぎ消費量	130P
19位	じゃがいも消費量	136P
20位	25歳以上登山・ハイキング人口	34P
20位	女性の家事労働時間	88P
20位	25歳以上釣り人口	42P
21位	ワイン消費量	196P
21位	米消費量	124P
21位	サンマ消費量	162P
21位	インスタントラーメン消費量	204P
22位	中学卓球部員数	22P
22位	25歳以上書道人口	64P
23位	だいこん消費量	132P
23位	労働時間	94P
23位	中学バスケットボール部員数	24P
23位	貝類消費量	168P
24位	生鮮野菜消費量	126P
24位	もやし消費量	144P
24位	コーヒー消費量	182P
25位	ミネラルウォーター支出額	186P
25位	ビール消費量	190P
26位	小学生地域行事参加率	116P
26位	はくさい消費量	140P
26位	タイ消費量	166P
27位	25歳以上編み物・手芸人口	60P
27位	休養・くつろぎ時間	90P
27位	25歳以上ゲートボール人口	38P
27位	りんご消費量	152P
28位	キャベツ消費量	128P
28位	テレビ・ラジオ・新聞・雑誌閲覧時間	86P
28位	ウイスキー消費量	198P
29位	味噌消費量	172P
30位	納豆支出額	202P
30位	25歳以上華道人口	68P

30位	中学テニス部員数	26P
30位	果物消費量	148P
31位	野球場数	80P
31位	小学生朝食摂取率	120P
31位	きゅうり消費量	142P
31位	中学生運動部参加率	28P
33位	中学サッカー部員数	8P
33位	みかん消費量	154P
34位	しょう油消費量	174P
34位	食事時間	84P
35位	サバ消費量	164P
35位	25歳以上園芸・ガーデニング人口	58P
35位	25歳以上囲碁人口	74P
36位	炭酸飲料支出額	184P
37位	自家用車通勤・通学率	98P
38位	中学軟式野球部員数	16P
38位	小学生通学時間	110P
39位	水泳プール数	76P
39位	中学陸上競技部員数	20P
39位	睡眠時間	92P
40位	にんじん消費量	138P
40位	25歳以上ボランティア人口	70P
42位	体育館数	82P
42位	食塩消費量	170P
43位	焼酎消費量	192P
43位	日本酒消費量	194P
43位	魚介類消費量	160P
43位	砂糖消費量	176P
43位	小学生読書率	108P
44位	中学バドミントン部員数	14P
45位	陸上競技場数	78P
46位	小学生学校外学習率	114P

三重県

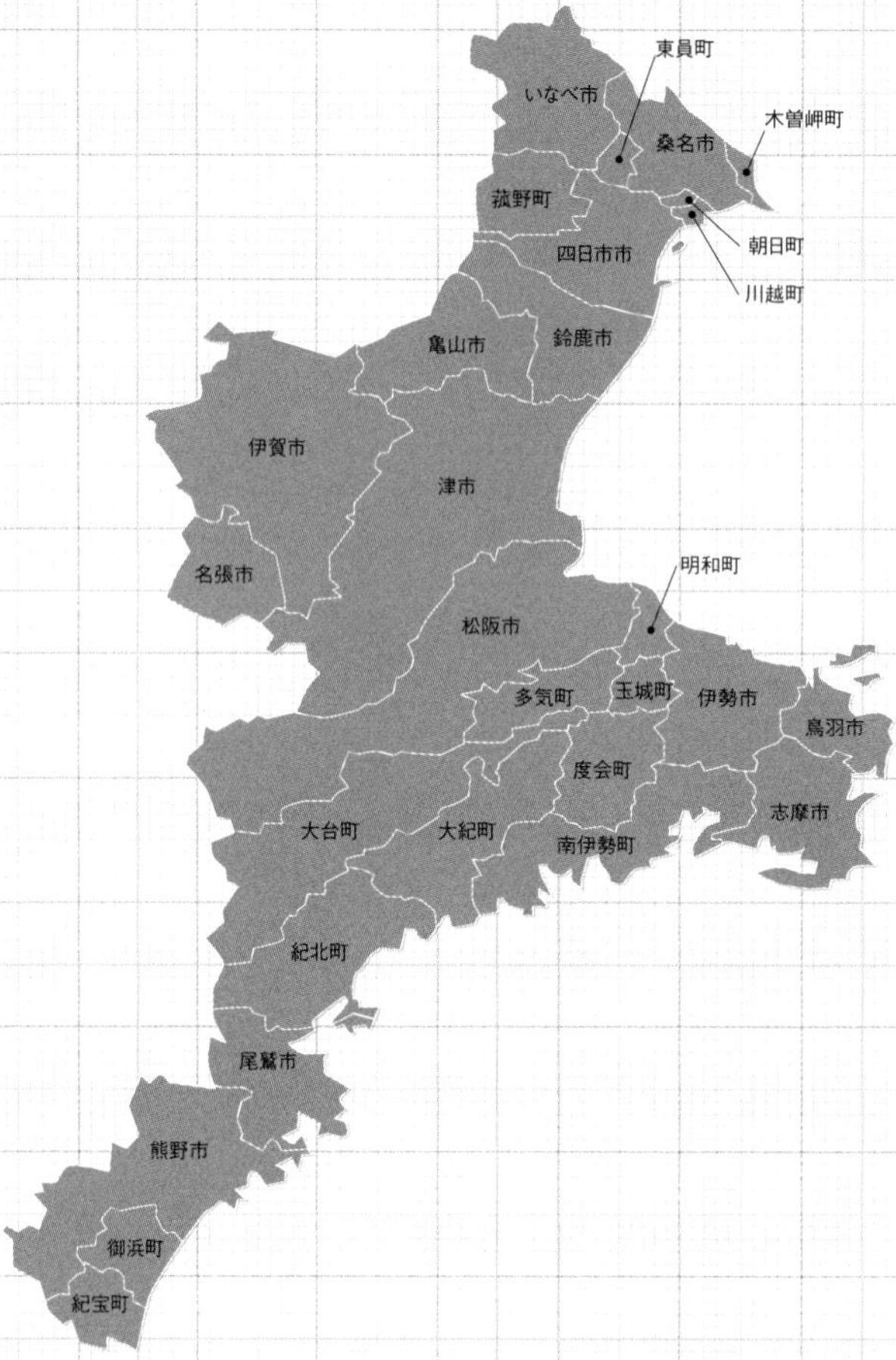

DATA

人口総数（人）	1,790,000
男性人口（人）	870,000
女性人口（人）	920,000
面積（km²）	577,400
平均気温（℃）	16.9
年間降水（mm）	1720.0
市町村数	29
県庁所在地	津市

伊勢神宮が鎮座することで名高い三重県。静岡県、鹿児島県に次ぐお茶の産地でもあるため、緑茶消費量は全国第2位。また、女性の家事労働時間も第2位という結果。

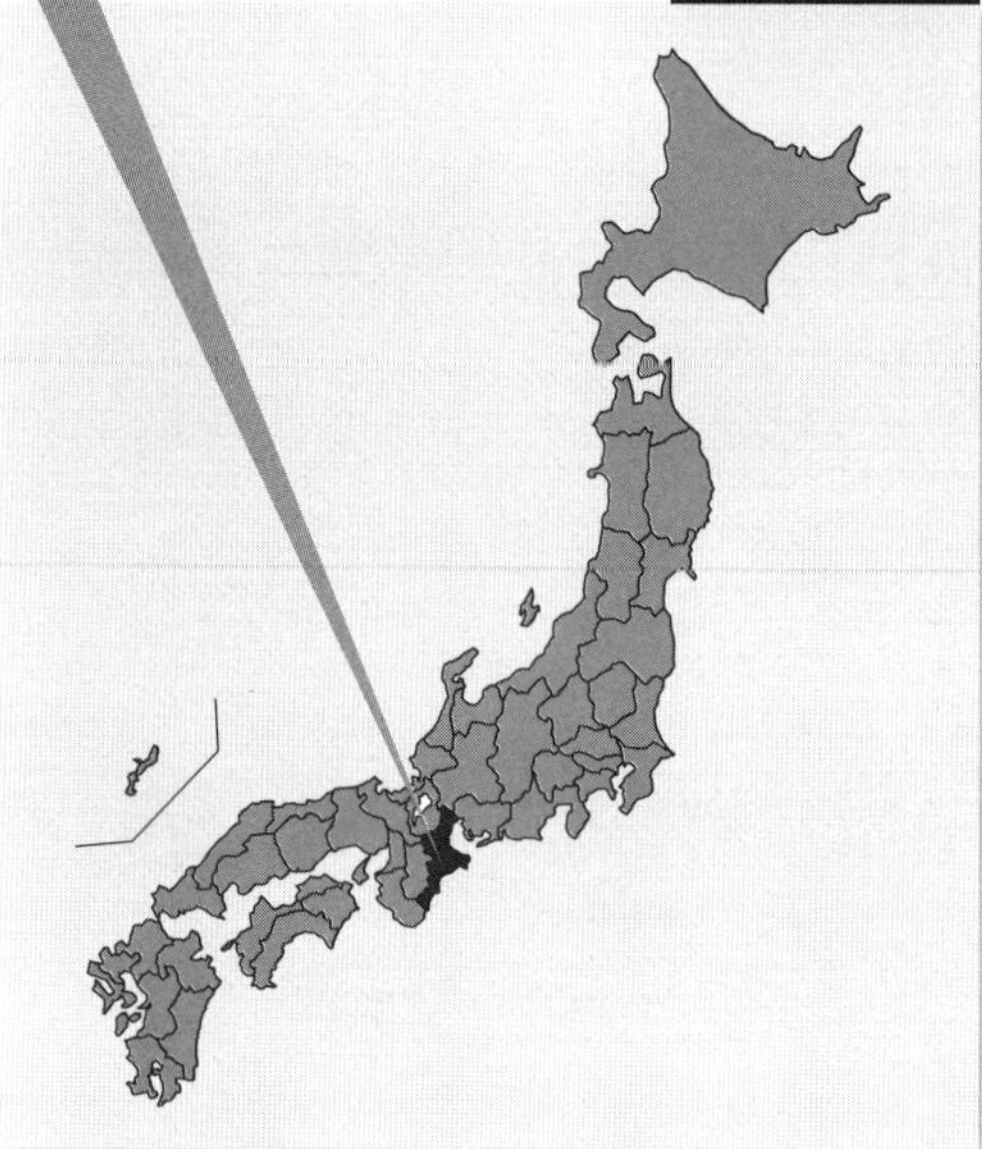

三重県のランキング

2位	女性の家事労働時間	88P
2位	緑茶消費量	178P
5位	バナナ消費量	150P
6位	お菓子支出額	200P
6位	25歳以上茶道人口	66P
7位	中学生運動部参加率	28P
7位	中学卓球部員数	22P
8位	25歳以上テレビゲーム人口	52P
8位	小学生通学時間	110P
9位	小学生長時間ネット利用率	118P
9位	中学テニス部員数	26P
9位	小学生通塾率	106P
10位	ソーシャルネットワーキングサービス(SNS)利用率	102P
10位	中学バスケットボール部員数	24P
11位	イチゴ消費量	158P
11位	25歳以上パチンコ人口	54P
11位	中学陸上競技部員数	20P
11位	25歳以上編み物・手芸人口	60P
12位	中学サッカー部員数	8P
12位	25歳以上ゴルフ人口	40P
12位	中学バレーボール部員数	18P
12位	小学生宿題実行率	112P
13位	米消費量	124P
14位	テレビ・ラジオ・新聞・雑誌閲覧時間	86P
14位	25歳以上楽器演奏人口	48P
14位	サンマ消費量	162P
14位	25歳以上英語学習人口	62P
14位	25歳以上華道人口	68P
15位	インターネット利用率	104P
15位	Facebookユーザー数	100P
15位	25歳以上ボランティア人口	70P
16位	25歳以上書道人口	64P
16位	しょう油消費量	174P
16位	鉄道通勤・通学率	96P

17位	25歳以上囲碁人口	74P
18位	パン消費量	206P
18位	中学軟式野球部員数	16P
18位	25歳以上写真撮影人口	50P
19位	25歳以上園芸・ガーデニング人口	58P
20位	自家用車通勤・通学率	98P
20位	みかん消費量	154P
20位	魚介類消費量	160P
20位	高校男子ラグビー部員数	30P
21位	サバ消費量	164P
21位	25歳以上釣り人口	42P
22位	味噌消費量	172P
22位	レタス消費量	146P
22位	25歳以上スポーツ人口	44P
22位	25歳以上登山・ハイキング人口	34P
23位	牛乳消費量	188P
24位	休養・くつろぎ時間	90P
24位	小学生地域行事参加率	116P
25位	25歳以上カラオケ人口	56P
25位	トマト消費量	134P
26位	果物消費量	148P
26位	25歳以上ゲートボール人口	38P
26位	25歳以上将棋人口	72P
26位	25歳以上スキー・スノーボード人口	36P
27位	貝類消費量	168P
28位	エンゲル係数	122P
29位	タイ消費量	166P
29位	紅茶消費量	180P
30位	ウイスキー消費量	198P
30位	ミネラルウォーター支出額	186P
31位	納豆支出額	202P
31位	コーヒー消費量	182P
32位	たまねぎ消費量	130P
32位	小学生朝食摂取率	120P

32位	25歳以上スポーツ観戦人口	46P
32位	睡眠時間	92P
33位	25歳以上サイクリング人口	32P
33位	野球場数	80P
33位	砂糖消費量	176P
34位	小学生学校外学習率	114P
34位	中学剣道部員数	12P
34位	陸上競技場数	78P
36位	体育館数	82P
36位	はくさい消費量	140P
36位	日本酒消費量	194P
36位	水泳プール数	76P
36位	中学バドミントン部員数	14P
36位	ワイン消費量	196P
37位	だいこん消費量	132P
37位	労働時間	94P
38位	小学生読書率	108P
38位	生鮮野菜消費量	126P
38位	すいか消費量	156P
39位	きゅうり消費量	142P
39位	じゃがいも消費量	136P
39位	インスタントラーメン消費量	204P
41位	にんじん消費量	138P
41位	ビール消費量	190P
41位	焼酎消費量	192P
41位	食事時間	84P
41位	もやし消費量	144P
43位	りんご消費量	152P
43位	キャベツ消費量	128P
44位	中学水泳部員数	10P
45位	食塩消費量	170P
45位	炭酸飲料支出額	184P

滋賀県

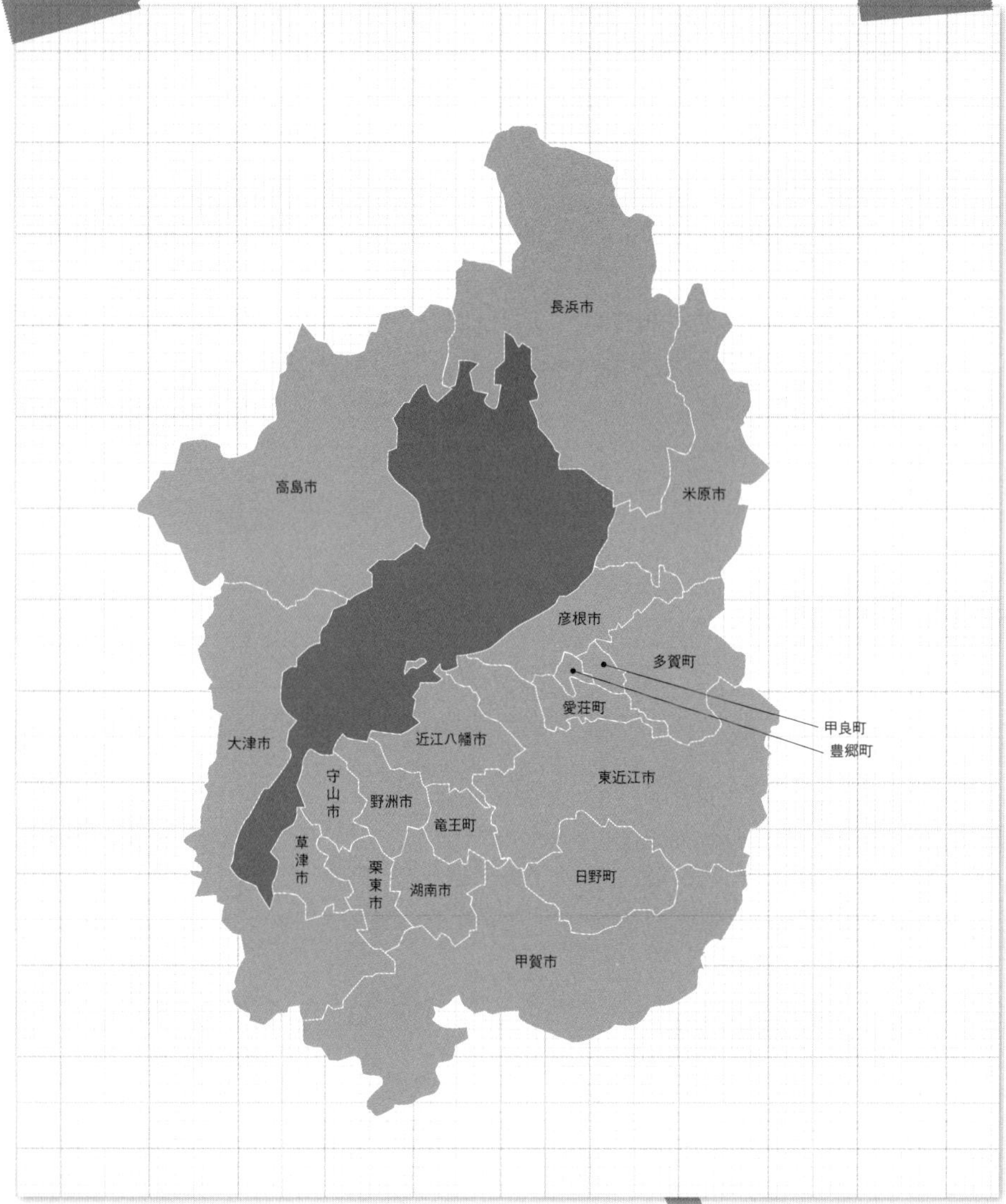

日本最大の湖である琵琶湖を擁する滋賀県は小学生通学時間、牛乳消費量、25歳以上ボランティア人口が第1位となっている。コーヒーやパンの消費量も多く洋食好き。

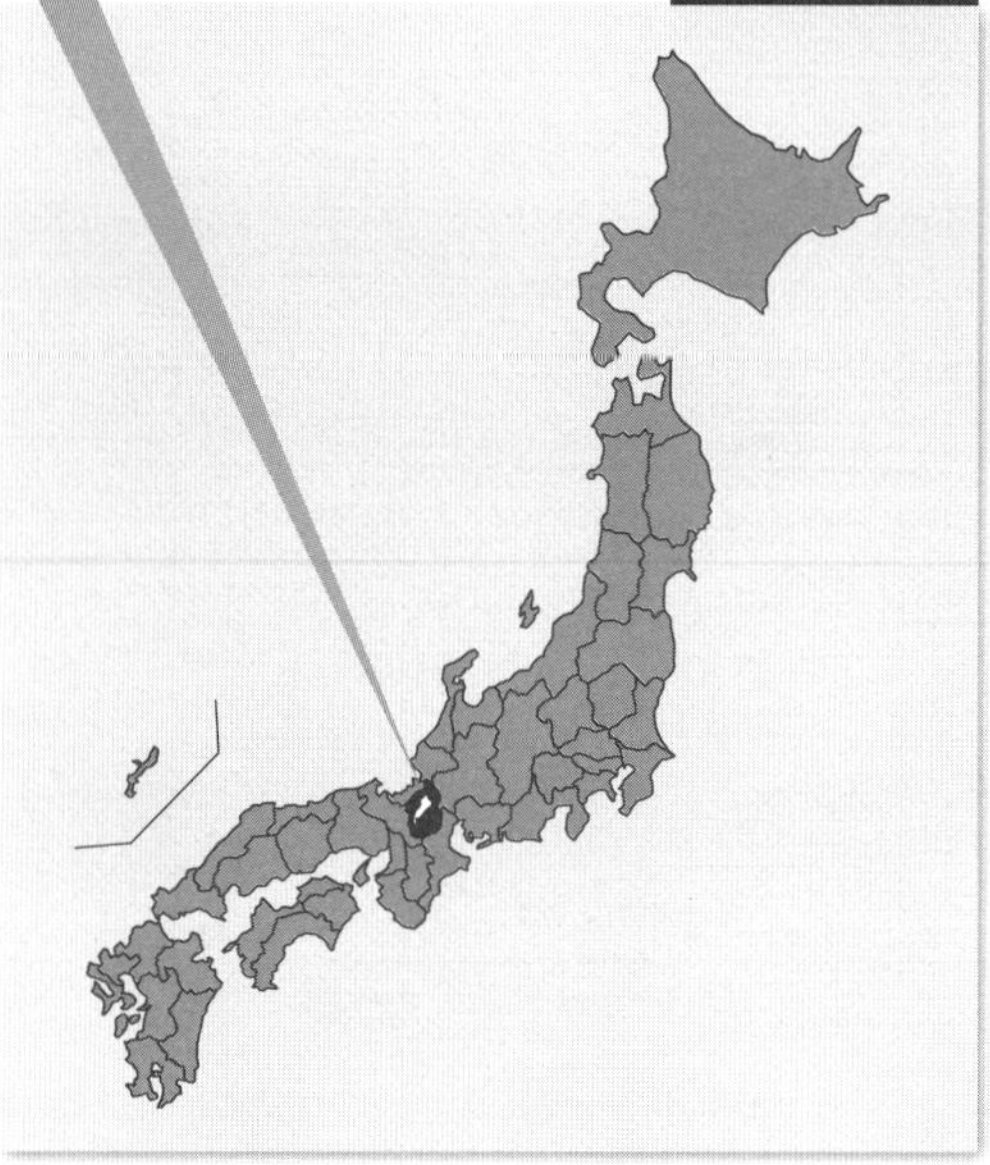

DATA

人口総数（人）	1,410,000
男性人口（人）	700,000
女性人口（人）	720,000
面積（km²）	401,700
平均気温（℃）	15.7
年間降水（mm）	1863.0
市町村数	19
県庁所在地	大津市

滋賀県のランキング

1位	25歳以上ボランティア人口	70P
1位	小学生通学時間	110P
1位	牛乳消費量	188P
3位	25歳以上楽器演奏人口	48P
4位	緑茶消費量	178P
4位	コーヒー消費量	182P
5位	パン消費量	206P
5位	25歳以上園芸・ガーデニング人口	58P
6位	小学生宿題実行率	112P
6位	25歳以上スポーツ人口	44P
6位	インターネット利用率	104P
7位	25歳以上サイクリング人口	32P
7位	25歳以上カラオケ人口	56P
7位	25歳以上テレビゲーム人口	52P
8位	労働時間	94P
8位	エンゲル係数	122P
8位	25歳以上写真撮影人口	50P
8位	バナナ消費量	150P
8位	25歳以上ゲートボール人口	38P
9位	中学陸上競技部員数	20P
10位	休養・くつろぎ時間	90P
10位	紅茶消費量	180P
10位	小学生朝食摂取率	120P
10位	鉄道通勤・通学率	96P
10位	中学バドミントン部員数	14P
10位	25歳以上英語学習人口	62P
10位	お菓子支出額	200P
11位	たまねぎ消費量	130P
11位	小学生地域行事参加率	116P
11位	25歳以上華道人口	68P
11位	ソーシャルネットワーキングサービス(SNS)利用率	102P
11位	小学生長時間ネット利用率	118P
12位	25歳以上将棋人口	72P
12位	25歳以上編み物・手芸人口	60P

12位	小学生通塾率	106P
14位	米消費量	124P
15位	25歳以上書道人口	64P
15位	25歳以上スキー・スノーボード人口	36P
15位	25歳以上登山・ハイキング人口	34P
16位	Facebookユーザー数	100P
16位	サバ消費量	164P
16位	中学バスケットボール部員数	24P
16位	はくさい消費量	140P
16位	女性の家事労働時間	88P
16位	レタス消費量	146P
17位	25歳以上釣り人口	42P
18位	じゃがいも消費量	136P
18位	みかん消費量	154P
18位	25歳以上ゴルフ人口	40P
19位	魚介類消費量	160P
19位	タイ消費量	166P
19位	中学サッカー部員数	8P
20位	しょう油消費量	174P
21位	にんじん消費量	138P
21位	トマト消費量	134P
23位	中学テニス部員数	26P
23位	食事時間	84P
23位	りんご消費量	152P
24位	日本酒消費量	194P
24位	砂糖消費量	176P
24位	高校男子ラグビー部員数	30P
25位	生鮮野菜消費量	126P
26位	中学水泳部員数	10P
26位	25歳以上茶道人口	66P
27位	25歳以上パチンコ人口	54P
27位	25歳以上スポーツ観戦人口	46P
28位	納豆支出額	202P
28位	サンマ消費量	162P

29位	だいこん消費量	132P
30位	中学生運動部参加率	28P
30位	陸上競技場数	78P
30位	中学卓球部員数	22P
30位	小学生学校外学習率	114P
30位	キャベツ消費量	128P
32位	睡眠時間	92P
32位	きゅうり消費量	142P
33位	水泳プール数	76P
33位	自家用車通勤・通学率	98P
33位	炭酸飲料支出額	184P
33位	体育館数	82P
36位	小学生読書率	108P
37位	貝類消費量	168P
38位	味噌消費量	172P
39位	ミネラルウォーター支出額	186P
39位	もやし消費量	144P
39位	中学軟式野球部員数	16P
39位	野球場数	80P
40位	果物消費量	148P
40位	食塩消費量	170P
40位	中学剣道部員数	12P
41位	中学バレーボール部員数	18P
41位	イチゴ消費量	158P
41位	25歳以上囲碁人口	74P
43位	すいか消費量	156P
43位	ワイン消費量	196P
43位	ウイスキー消費量	198P
45位	インスタントラーメン消費量	204P
45位	ビール消費量	190P
46位	焼酎消費量	192P
46位	テレビ・ラジオ・新聞・雑誌閲覧時間	86P

京都府

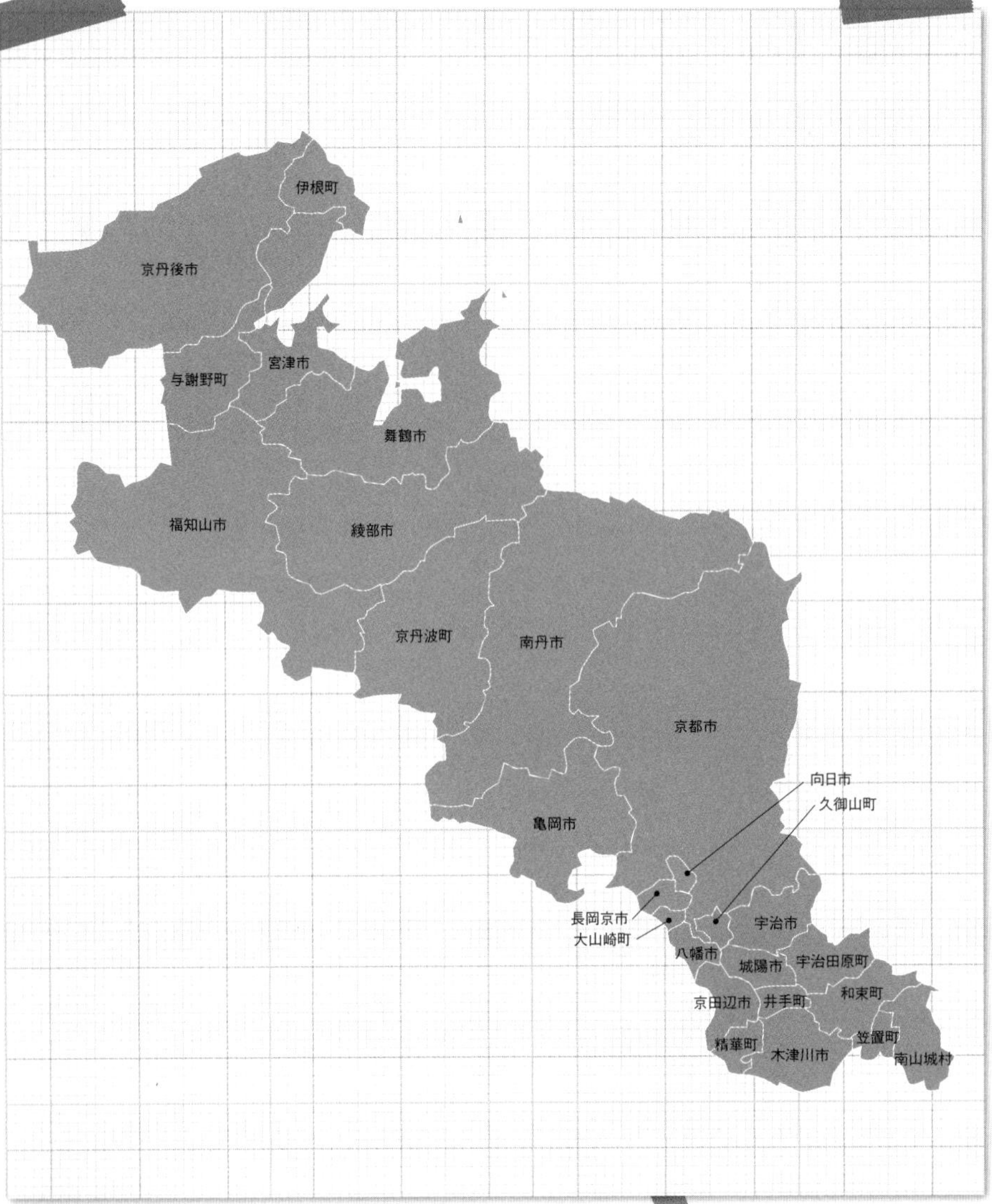

DATA

人口総数（人）	2,590,000
男性人口（人）	1,240,000
女性人口（人）	1,350,000
面積（km²）	461,200
平均気温（℃）	16.9
年間降水（mm）	1770.0
市町村数	26
県庁所在地	京都市

伝統文化が息づく京都市を擁する京都府は、コーヒー消費量とパン消費量がともに全国1位だ。古都ではあるが、パン食文化の浸透に伴いコーヒーの愛飲者も多い。

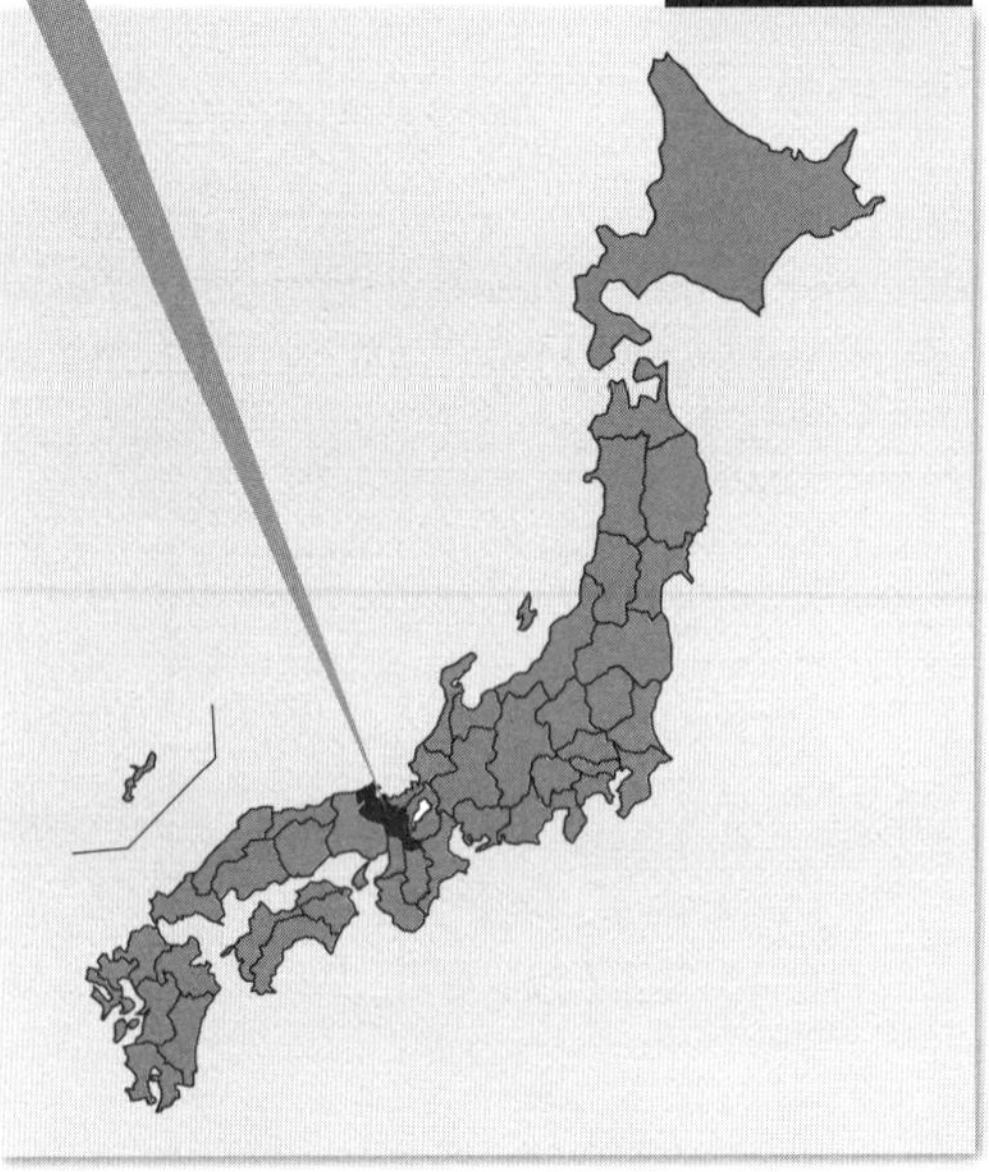

京都府のランキング

1位	パン消費量	206P
1位	コーヒー消費量	182P
1位	エンゲル係数	122P
1位	25歳以上華道人口	68P
1位	25歳以上編み物・手芸人口	60P
2位	25歳以上サイクリング人口	32P
3位	たまねぎ消費量	130P
3位	はくさい消費量	140P
3位	25歳以上書道人口	64P
4位	中学バスケットボール部員数	24P
4位	25歳以上英語学習人口	62P
4位	ワイン消費量	196P
4位	25歳以上楽器演奏人口	48P
5位	25歳以上茶道人口	66P
5位	Facebookユーザー数	100P
5位	じゃがいも消費量	136P
6位	中学陸上競技部員数	20P
6位	紅茶消費量	180P
6位	緑茶消費量	178P
6位	小学生長時間ネット利用率	118P
7位	食事時間	84P
7位	生鮮野菜消費量	126P
7位	高校男子ラグビー部員数	30P
7位	25歳以上スポーツ人口	44P
7位	インターネット利用率	104P
8位	鉄道通勤・通学率	96P
8位	小学生通塾率	106P
8位	ビール消費量	190P
9位	25歳以上写真撮影人口	50P
9位	トマト消費量	134P
9位	25歳以上登山・ハイキング人口	34P
10位	タイ消費量	166P
10位	バナナ消費量	150P
11位	レタス消費量	146P
12位	小学生宿題実行率	112P
12位	牛乳消費量	188P
13位	25歳以上囲碁人口	74P
13位	だいこん消費量	132P
13位	ソーシャルネットワーキングサービス(SNS)利用率	102P
13位	25歳以上テレビゲーム人口	52P
15位	しょう油消費量	174P
15位	キャベツ消費量	128P
15位	お菓子支出額	200P
16位	25歳以上将棋人口	72P
16位	25歳以上スポーツ観戦人口	46P
16位	25歳以上ゲートボール人口	38P
16位	日本酒消費量	194P
18位	ウイスキー消費量	198P
18位	米消費量	124P
19位	砂糖消費量	176P
19位	中学テニス部員数	26P
20位	25歳以上カラオケ人口	56P
20位	貝類消費量	168P
22位	中学サッカー部員数	8P
23位	イチゴ消費量	158P
24位	小学生通学時間	110P
25位	きゅうり消費量	142P
26位	魚介類消費量	160P
27位	小学生地域行事参加率	116P
27位	中学水泳部員数	10P
28位	25歳以上ゴルフ人口	40P
28位	中学生運動部参加率	28P
29位	25歳以上スキー・スノーボード人口	36P
29位	食塩消費量	170P
29位	りんご消費量	152P
30位	にんじん消費量	138P
31位	ミネラルウォーター支出額	186P
31位	サバ消費量	164P
31位	中学卓球部員数	22P
31位	中学バドミントン部員数	14P
31位	25歳以上園芸・ガーデニング人口	58P
32位	果物消費量	148P
32位	25歳以上釣り人口	42P
32位	睡眠時間	92P
32位	インスタントラーメン消費量	204P
33位	労働時間	94P
34位	納豆支出額	202P
34位	小学生読書率	108P
34位	休養・くつろぎ時間	90P
34位	もやし消費量	144P
35位	中学バレーボール部員数	18P
36位	女性の家事労働時間	88P
36位	すいか消費量	156P
36位	中学軟式野球部員数	16P
37位	25歳以上ボランティア人口	70P
37位	炭酸飲料支出額	184P
38位	サンマ消費量	162P
38位	小学生朝食摂取率	120P
40位	味噌消費量	172P
41位	体育館数	82P
41位	水泳プール数	76P
41位	野球場数	80P
42位	テレビ・ラジオ・新聞・雑誌閲覧時間	86P
42位	陸上競技場数	78P
42位	25歳以上パチンコ人口	54P
42位	中学剣道部員数	12P
42位	みかん消費量	154P
44位	自家用車通勤・通学率	98P
44位	小学生学校外学習率	114P
45位	焼酎消費量	192P

大阪府

西日本経済の中心地である大阪府。小学生長時間ネット利用率が第1位、Facebookユーザー数が第2位という結果から、都市型のライフスタイルがうかがえる。

DATA

人口総数（人）	8,810,000
男性人口（人）	4,230,000
女性人口（人）	4,580,000
面積（km²）	190,500
平均気温（℃）	17.4
年間降水（mm）	1651.5
市町村数	43
県庁所在地	大阪市

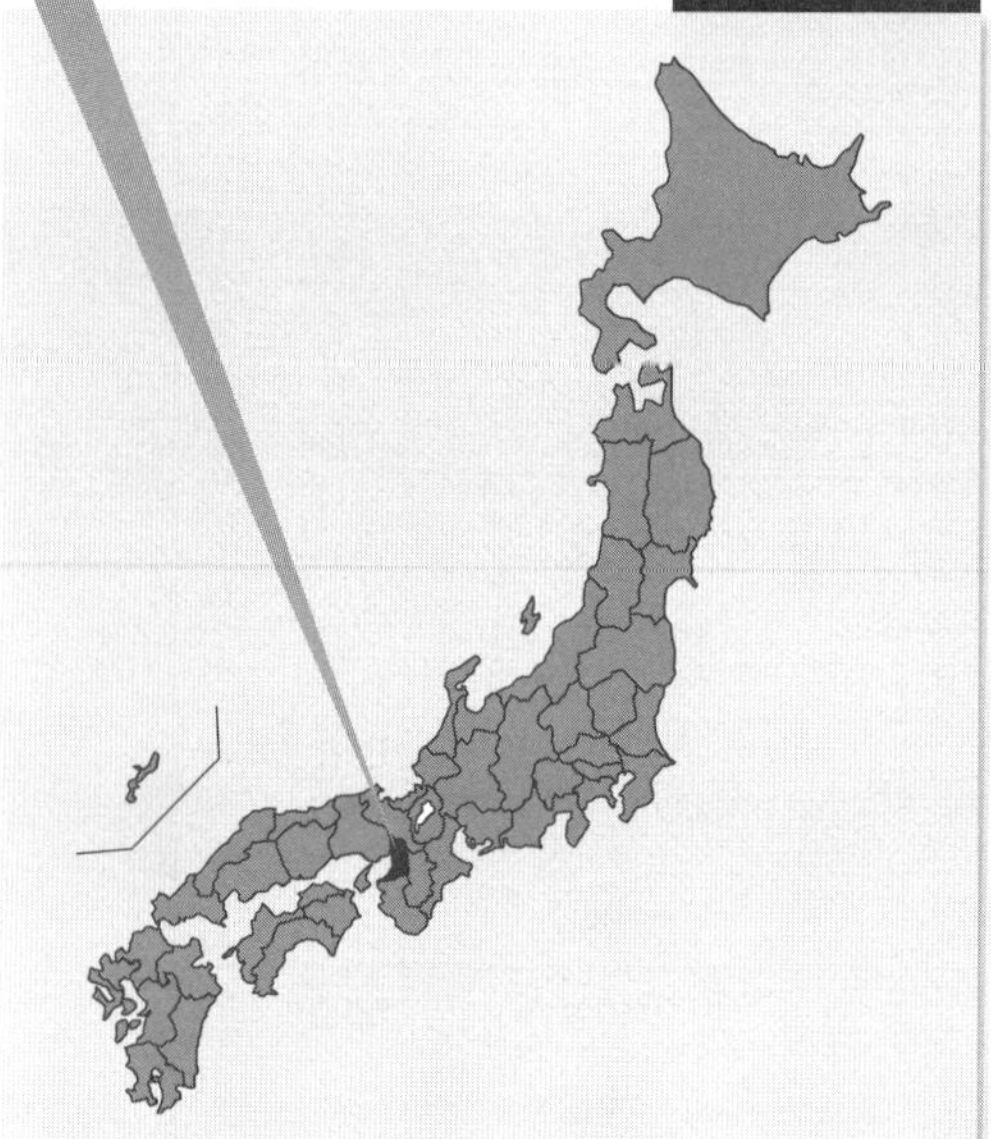

大阪府のランキング

1位	小学生長時間ネット利用率	118P
1位	はくさい消費量	140P
2位	Facebookユーザー数	100P
3位	中学水泳部員数	10P
3位	エンゲル係数	122P
4位	ビール消費量	190P
4位	ソーシャルネットワーキングサービス(SNS)利用率	102P
4位	パン消費量	206P
4位	たまねぎ消費量	130P
5位	25歳以上テレビゲーム人口	52P
5位	ワイン消費量	196P
5位	鉄道通勤・通学率	96P
5位	インターネット利用率	104P
6位	じゃがいも消費量	136P
6位	25歳以上カラオケ人口	56P
7位	小学生通塾率	106P
7位	25歳以上登山・ハイキング人口	34P
8位	25歳以上将棋人口	72P
8位	25歳以上英語学習人口	62P
9位	食事時間	84P
10位	ウイスキー消費量	198P
12位	25歳以上囲碁人口	74P
12位	テレビ・ラジオ・新聞・雑誌閲覧時間	86P
13位	25歳以上写真撮影人口	50P
13位	25歳以上スポーツ観戦人口	46P
13位	25歳以上サイクリング人口	32P
14位	インスタントラーメン消費量	204P
14位	女性の家事労働時間	88P
14位	キャベツ消費量	128P
15位	25歳以上楽器演奏人口	48P
15位	米消費量	124P
15位	紅茶消費量	180P
16位	生鮮野菜消費量	126P
17位	タイ消費量	166P
17位	だいこん消費量	132P
17位	労働時間	94P
18位	サバ消費量	164P
18位	すいか消費量	156P
18位	25歳以上スポーツ人口	44P
19位	中学バドミントン部員数	14P
19位	高校男子ラグビー部員数	30P
19位	25歳以上編み物・手芸人口	60P
19位	炭酸飲料支出額	184P
19位	レタス消費量	146P
20位	ミネラルウォーター支出額	186P
20位	25歳以上書道人口	64P
20位	25歳以上ゴルフ人口	40P
21位	バナナ消費量	150P
21位	中学陸上競技部員数	20P
22位	25歳以上茶道人口	66P
25位	牛乳消費量	188P
26位	コーヒー消費量	182P
27位	にんじん消費量	138P
27位	トマト消費量	134P
28位	緑茶消費量	178P
29位	小学生宿題実行率	112P
30位	25歳以上釣り人口	42P
30位	25歳以上スキー・スノーボード人口	36P
32位	魚介類消費量	160P
33位	25歳以上パチンコ人口	54P
34位	果物消費量	148P
34位	イチゴ消費量	158P
35位	中学テニス部員数	26P
35位	25歳以上華道人口	68P
36位	砂糖消費量	176P
37位	お菓子支出額	200P
37位	きゅうり消費量	142P
37位	焼酎消費量	192P
37位	サンマ消費量	162P
38位	中学バスケットボール部員数	24P
38位	貝類消費量	168P
38位	日本酒消費量	194P
40位	中学卓球部員数	22P
40位	もやし消費量	144P
40位	小学生通学時間	110P
41位	中学サッカー部員数	8P
41位	みかん消費量	154P
41位	睡眠時間	92P
42位	25歳以上ゲートボール人口	38P
42位	中学バレーボール部員数	18P
43位	食塩消費量	170P
43位	しょう油消費量	174P
43位	休養・くつろぎ時間	90P
43位	中学生運動部参加率	28P
44位	小学生朝食摂取率	120P
44位	小学生地域行事参加率	116P
44位	りんご消費量	152P
45位	中学剣道部員数	12P
45位	納豆支出額	202P
45位	水泳プール数	76P
46位	中学軟式野球部員数	16P
46位	小学生読書率	108P
46位	体育館数	82P
46位	自家用車通勤・通学率	98P
46位	味噌消費量	172P
47位	25歳以上園芸・ガーデニング人口	58P
47位	25歳以上ボランティア人口	70P
47位	陸上競技場数	78P
47位	小学生学校外学習率	114P
47位	野球場数	80P

兵庫県

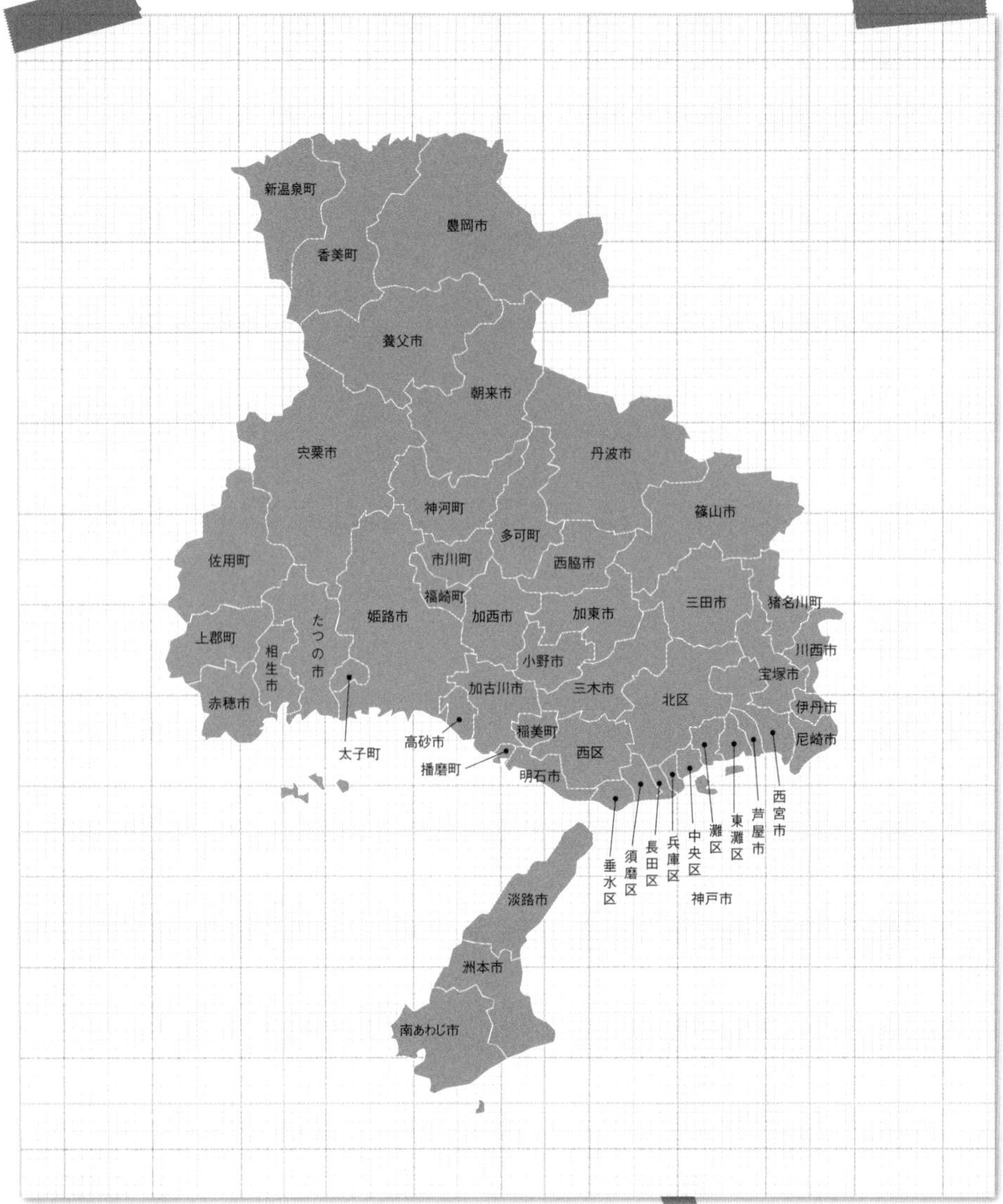

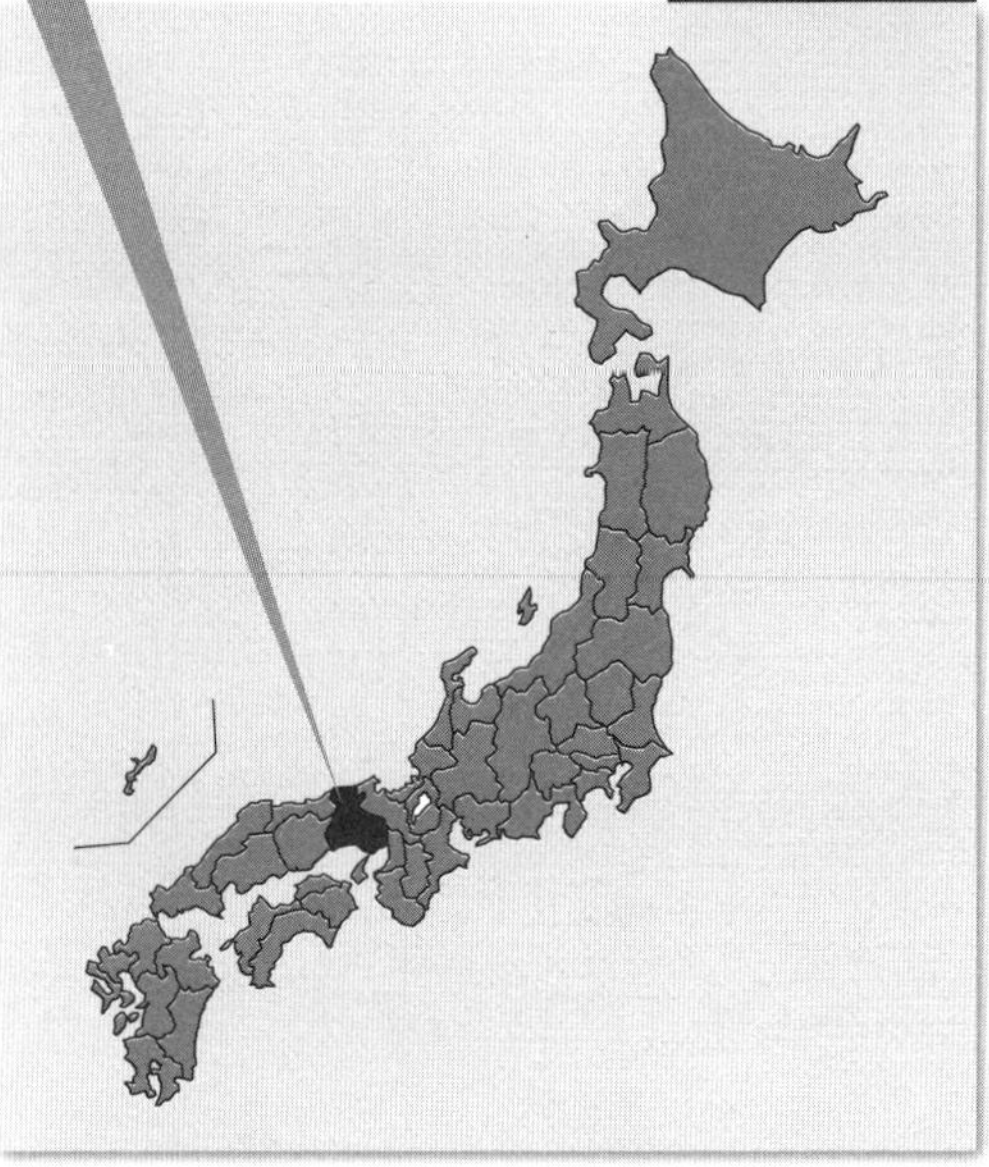

DATA

人口総数（人）	5,480,000
男性人口（人）	2,610,000
女性人口（人）	2,870,000
面積（km²）	840,100
平均気温（℃）	17.4
年間降水（mm）	2037.5
市町村数	41
県庁所在地	神戸市

甲子園球場や宝塚歌劇で知られる兵庫県。神戸港を通じて、いち早く欧米文化が浸透した地域ゆえに、紅茶消費量は全国1位、パン消費量は2位となっている。

兵庫県のランキング

1位	紅茶消費量	180P
2位	パン消費量	206P
2位	エンゲル係数	122P
2位	25歳以上編み物・手芸人口	60P
3位	小学生通塾率	106P
4位	25歳以上ゴルフ人口	40P
5位	25歳以上登山・ハイキング人口	34P
5位	25歳以上英語学習人口	62P
5位	25歳以上楽器演奏人口	48P
5位	はくさい消費量	140P
6位	25歳以上書道人口	64P
6位	小学生宿題実行率	112P
6位	牛乳消費量	188P
7位	25歳以上写真撮影人口	50P
7位	バナナ消費量	150P
7位	女性の家事労働時間	88P
7位	鉄道通勤・通学率	96P
8位	ソーシャルネットワーキングサービス(SNS)利用率	102P
8位	Facebookユーザー数	100P
8位	25歳以上スポーツ人口	44P
8位	労働時間	94P
9位	インターネット利用率	104P
9位	25歳以上スポーツ観戦人口	46P
10位	25歳以上テレビゲーム人口	52P
11位	中学テニス部員数	26P
11位	25歳以上サイクリング人口	32P
12位	小学生長時間ネット利用率	118P
12位	25歳以上カラオケ人口	56P
12位	25歳以上釣り人口	42P
13位	食事時間	84P
13位	中学陸上競技部員数	20P
13位	タイ消費量	166P
15位	25歳以上将棋人口	72P
15位	ワイン消費量	196P

17位	高校男子ラグビー部員数	30P
18位	トマト消費量	134P
18位	25歳以上茶道人口	66P
19位	ビール消費量	190P
20位	25歳以上華道人口	68P
21位	砂糖消費量	176P
21位	25歳以上スキー・スノーボード人口	36P
22位	中学軟式野球部員数	16P
23位	レタス消費量	146P
24位	中学水泳部員数	10P
24位	じゃがいも消費量	136P
24位	中学バスケットボール部員数	24P
25位	25歳以上ゲートボール人口	38P
26位	だいこん消費量	132P
26位	ウイスキー消費量	198P
27位	25歳以上囲碁人口	74P
27位	休養・くつろぎ時間	90P
27位	テレビ・ラジオ・新聞・雑誌閲覧時間	86P
27位	中学卓球部員数	22P
28位	生鮮野菜消費量	126P
28位	日本酒消費量	194P
29位	にんじん消費量	138P
29位	中学バレーボール部員数	18P
30位	たまねぎ消費量	130P
32位	25歳以上ボランティア人口	70P
32位	中学剣道部員数	12P
33位	りんご消費量	152P
34位	緑茶消費量	178P
34位	お菓子支出額	200P
34位	コーヒー消費量	182P
34位	中学生運動部参加率	28P
36位	小学生地域行事参加率	116P
37位	果物消費量	148P
37位	サバ消費量	164P

38位	小学生朝食摂取率	120P
38位	25歳以上パチンコ人口	54P
38位	体育館数	82P
39位	貝類消費量	168P
39位	炭酸飲料支出額	184P
39位	サンマ消費量	162P
39位	焼酎消費量	192P
40位	中学サッカー部員数	8P
40位	魚介類消費量	160P
40位	キャベツ消費量	128P
40位	陸上競技場数	78P
40位	イチゴ消費量	158P
41位	納豆支出額	202P
41位	自家用車通勤・通学率	98P
41位	ミネラルウォーター支出額	186P
41位	小学生学校外学習率	114P
41位	米消費量	124P
41位	小学生読書率	108P
41位	しょう油消費量	174P
41位	すいか消費量	156P
42位	25歳以上園芸・ガーデニング人口	58P
42位	中学バドミントン部員数	14P
43位	きゅうり消費量	142P
43位	睡眠時間	92P
43位	インスタントラーメン消費量	204P
43位	小学生通学時間	110P
44位	食塩消費量	170P
44位	もやし消費量	144P
44位	水泳プール数	76P
45位	野球場数	80P
46位	みかん消費量	154P
47位	味噌消費量	172P

奈良県

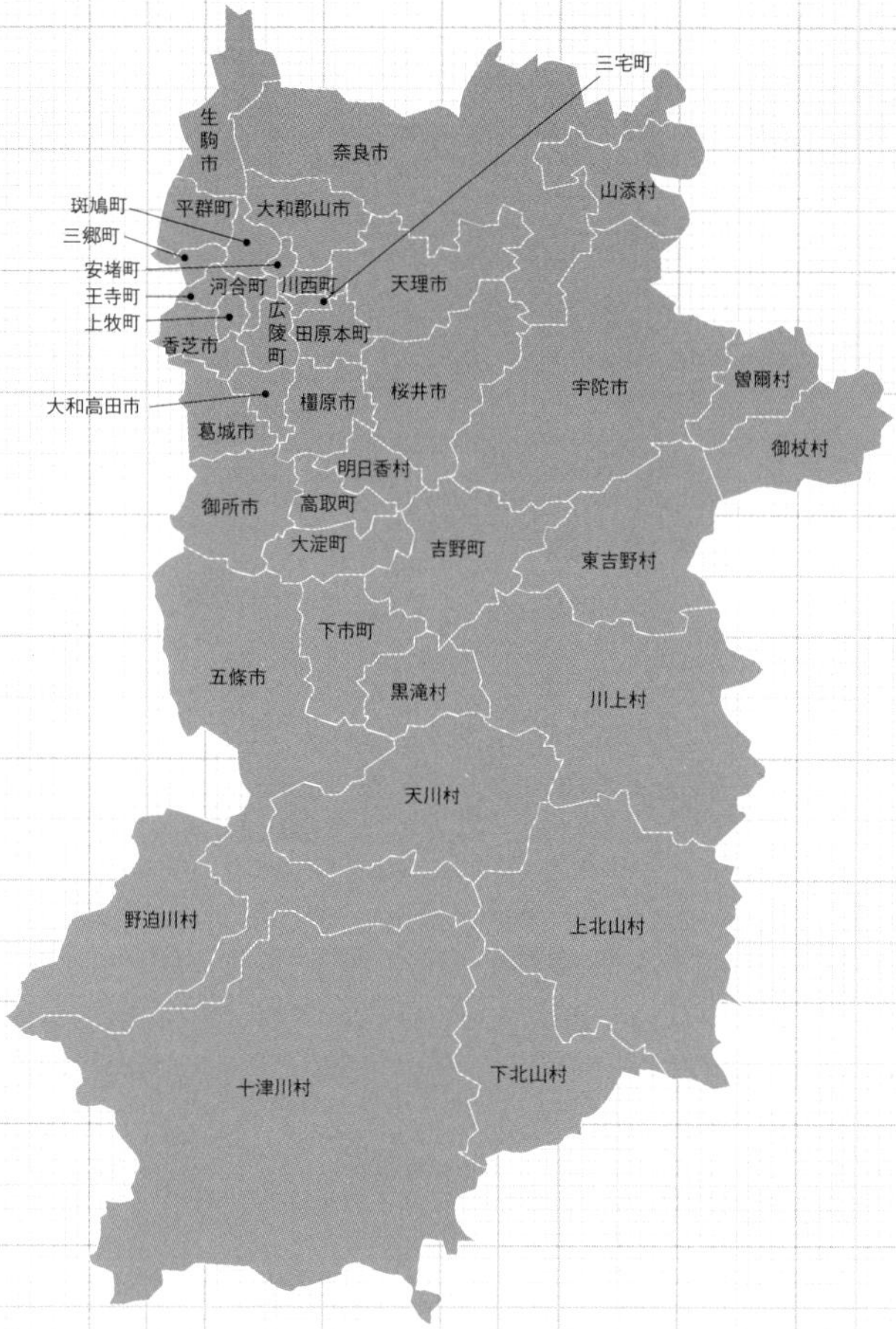

古代日本の中心地として栄えた奈良県。25歳以上華道人口が2位と多いのは古都ゆえか。共働き率が低く専業主婦が多い奈良県は女性の家事労働時間も全国1位だ。

DATA

人口総数（人）	1,340,000
男性人口（人）	630,000
女性人口（人）	710,000
面積（km²）	369,100
平均気温（℃）	16.2
年間降水（mm）	1646.5
市町村数	39
県庁所在地	奈良市

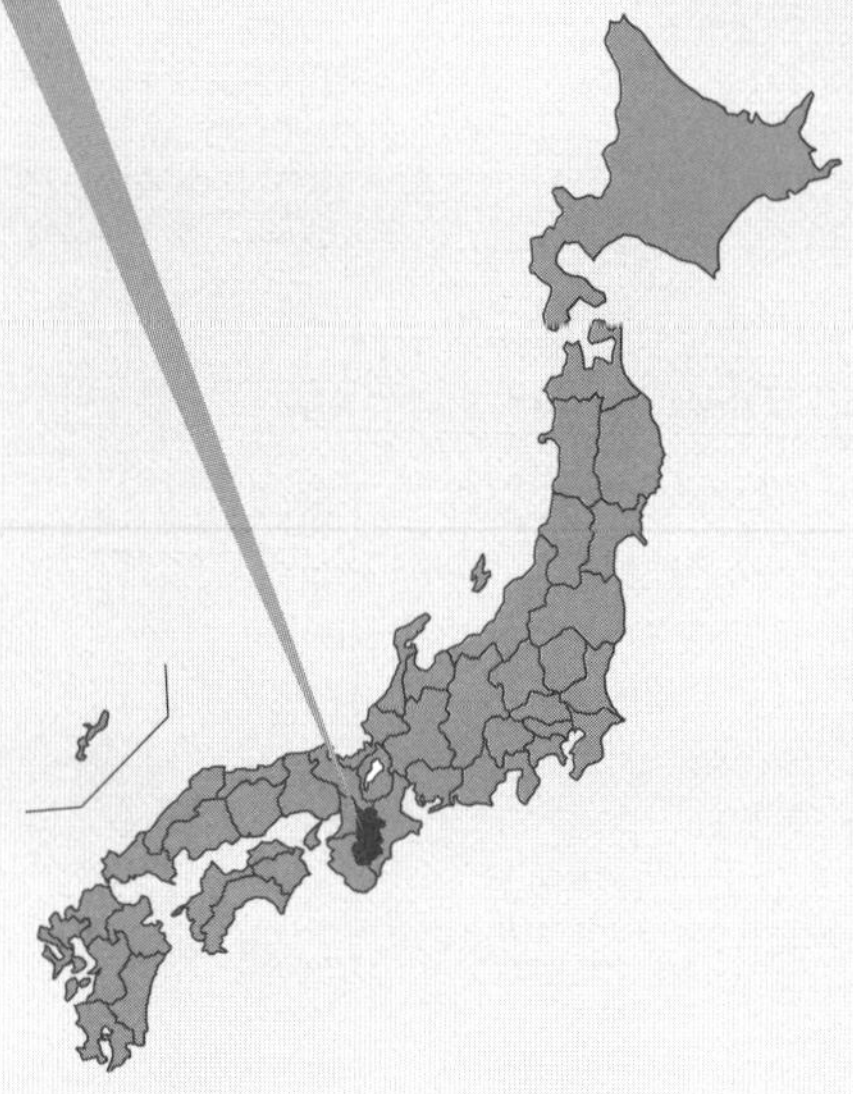

奈良県のランキング

1位	女性の家事労働時間	88P
2位	小学生通学時間	110P
2位	25歳以上華道人口	68P
3位	小学生長時間ネット利用率	118P
3位	25歳以上茶道人口	66P
3位	食事時間	84P
3位	バナナ消費量	150P
3位	25歳以上登山・ハイキング人口	34P
4位	労働時間	94P
4位	小学生通塾率	106P
4位	25歳以上編み物・手芸人口	60P
4位	25歳以上園芸・ガーデニング人口	58P
4位	はくさい消費量	140P
4位	牛乳消費量	188P
5位	たまねぎ消費量	130P
5位	イチゴ消費量	158P
5位	緑茶消費量	178P
5位	紅茶消費量	180P
5位	コーヒー消費量	182P
5位	お菓子支出額	200P
6位	鉄道通勤・通学率	96P
6位	25歳以上囲碁人口	74P
6位	パン消費量	206P
6位	ソーシャルネットワーキングサービス(SNS)利用率	102P
6位	25歳以上写真撮影人口	50P
7位	米消費量	124P
7位	25歳以上英語学習人口	62P
7位	25歳以上将棋人口	72P
9位	25歳以上書道人口	64P
10位	インターネット利用率	104P
10位	中学水泳部員数	10P
10位	りんご消費量	152P
10位	25歳以上スポーツ人口	44P
11位	25歳以上ゴルフ人口	40P
12位	高校男子ラグビー部員数	30P
12位	生鮮野菜消費量	126P
12位	レタス消費量	146P
12位	みかん消費量	154P
12位	果物消費量	148P
13位	トマト消費量	134P
14位	にんじん消費量	138P
14位	中学バドミントン部員数	14P
14位	25歳以上カラオケ人口	56P
15位	じゃがいも消費量	136P
15位	砂糖消費量	176P
16位	25歳以上楽器演奏人口	48P
16位	だいこん消費量	132P
16位	タイ消費量	166P
16位	小学生宿題実行率	112P
16位	すいか消費量	156P
18位	25歳以上スポーツ観戦人口	46P
18位	中学バスケットボール部員数	24P
18位	キャベツ消費量	128P
19位	休養・くつろぎ時間	90P
20位	インスタントラーメン消費量	204P
20位	サバ消費量	164P
21位	食塩消費量	170P
21位	25歳以上テレビゲーム人口	52P
22位	体育館数	82P
22位	魚介類消費量	160P
23位	25歳以上サイクリング人口	32P
24位	サンマ消費量	162P
25位	25歳以上ボランティア人口	70P
26位	ミネラルウォーター支出額	186P
26位	日本酒消費量	194P
29位	エンゲル係数	122P
30位	25歳以上ゲートボール人口	38P
31位	25歳以上スキー・スノーボード人口	36P
31位	しょう油消費量	174P
32位	中学陸上競技部員数	20P
32位	貝類消費量	168P
33位	中学軟式野球部員数	16P
33位	Facebookユーザー数	100P
34位	テレビ・ラジオ・新聞・雑誌閲覧時間	86P
34位	中学卓球部員数	22P
34位	炭酸飲料支出額	184P
35位	きゅうり消費量	142P
35位	小学生地域行事参加率	116P
35位	水泳プール数	76P
37位	ワイン消費量	196P
37位	ウイスキー消費量	198P
37位	25歳以上釣り人口	42P
38位	もやし消費量	144P
38位	中学テニス部員数	26P
38位	中学剣道部員数	12P
39位	納豆支出額	202P
40位	自家用車通勤・通学率	98P
41位	小学生朝食摂取率	120P
42位	野球場数	80P
42位	中学生運動部参加率	28P
43位	陸上競技場数	78P
43位	小学生学校外学習率	114P
43位	睡眠時間	92P
44位	味噌消費量	172P
44位	中学バレーボール部員数	18P
45位	小学生読書率	108P
45位	25歳以上パチンコ人口	54P
46位	ビール消費量	190P
46位	中学サッカー部員数	8P
47位	焼酎消費量	192P

和歌山県

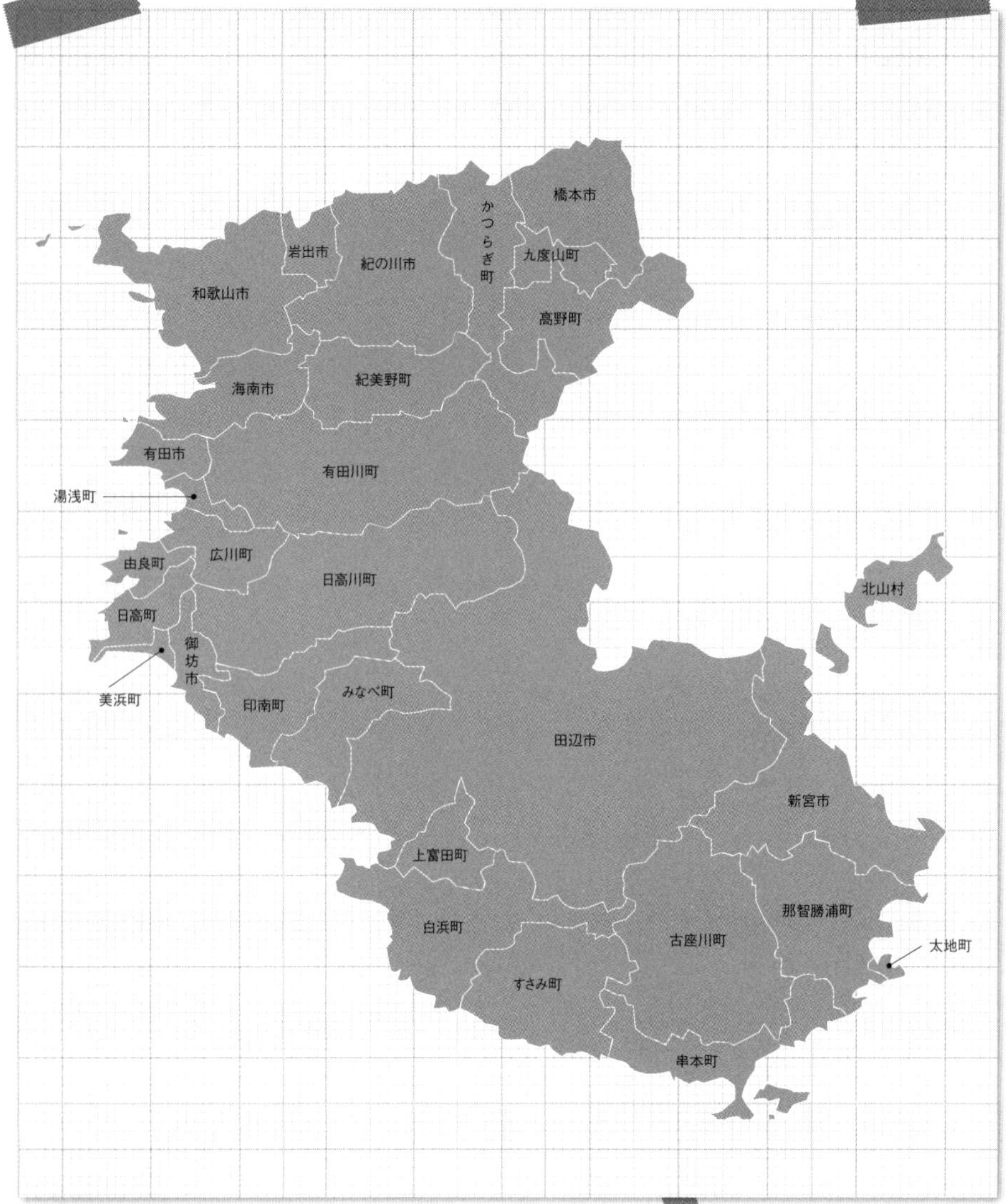

DATA

人口総数（人）	940,000
男性人口（人）	440,000
女性人口（人）	500,000
面積（km²）	472,500
平均気温（℃）	17.3
年間降水（mm）	1950.5
市町村数	30
県庁所在地	和歌山市

高野山と熊野三山を擁し、信仰の地として知られる和歌山県。名産のみかんの消費量が多く、入り組んだ海岸線が多いせいか25歳以上釣り人口も多い。

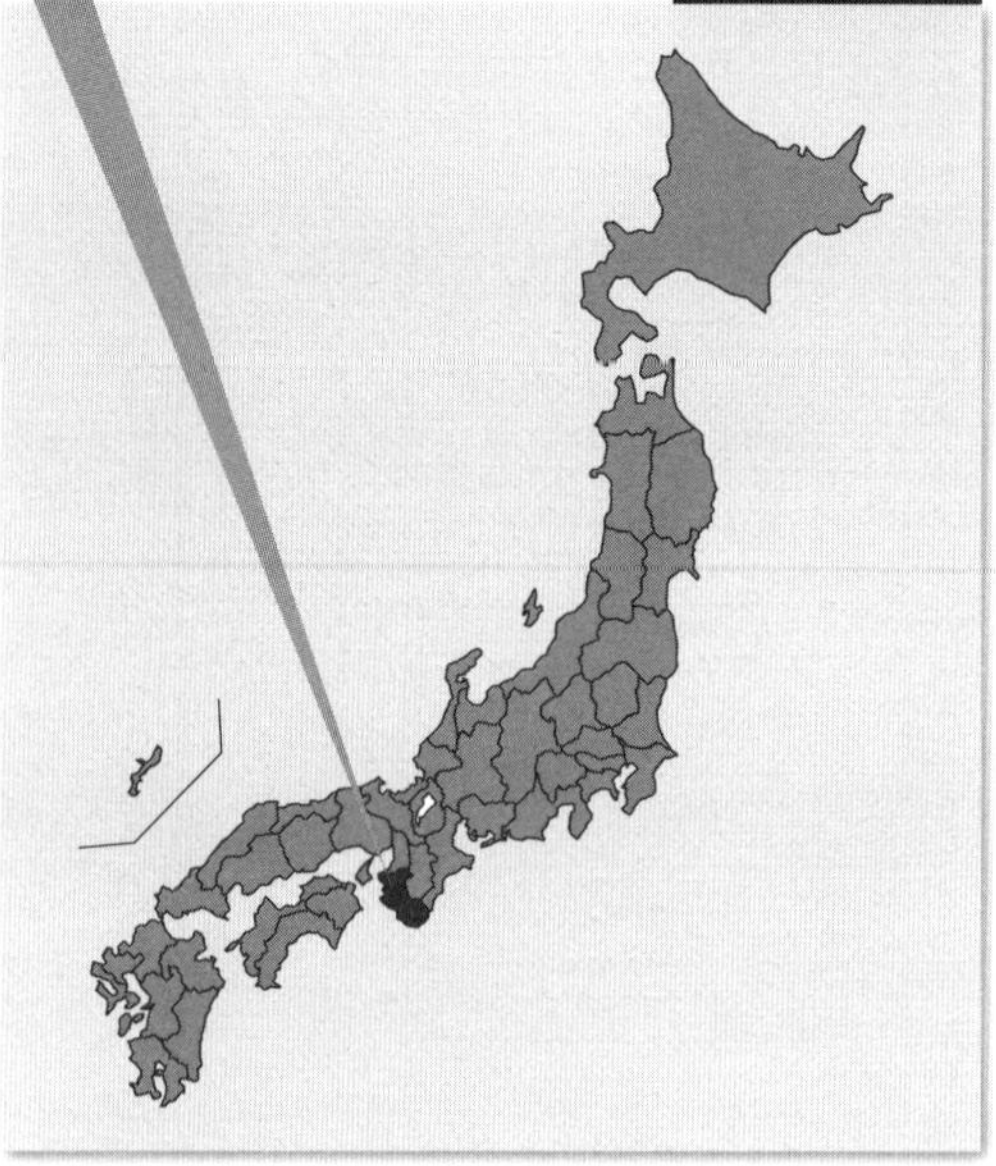

和歌山県のランキング

2位	バナナ消費量	150P
2位	はくさい消費量	140P
2位	中学テニス部員数	26P
3位	女性の家事労働時間	88P
4位	サバ消費量	164P
5位	みかん消費量	154P
5位	中学陸上競技部員数	20P
5位	エンゲル係数	122P
5位	小学生通塾率	106P
6位	25歳以上釣り人口	42P
8位	小学生長時間ネット利用率	118P
8位	水泳プール数	76P
8位	25歳以上書道人口	64P
9位	パン消費量	206P
9位	緑茶消費量	178P
9位	食塩消費量	170P
11位	ワイン消費量	196P
11位	砂糖消費量	176P
11位	じゃがいも消費量	136P
12位	休養・くつろぎ時間	90P
12位	魚介類消費量	160P
12位	テレビ・ラジオ・新聞・雑誌閲覧時間	86P
13位	果物消費量	148P
13位	睡眠時間	92P
14位	高校男子ラグビー部員数	30P
15位	タイ消費量	166P
16位	小学生宿題実行率	112P
17位	25歳以上カラオケ人口	56P
17位	鉄道通勤・通学率	96P
18位	日本酒消費量	194P
19位	米消費量	124P
20位	インターネット利用率	104P
20位	野球場数	80P
21位	すいか消費量	156P
21位	ビール消費量	190P
22位	紅茶消費量	180P
22位	しょう油消費量	174P
23位	ソーシャルネットワーキングサービス(SNS)利用率	102P
23位	食事時間	84P
24位	25歳以上楽器演奏人口	48P
24位	25歳以上パチンコ人口	54P
24位	中学生運動部参加率	28P
25位	25歳以上華道人口	68P
26位	体育館数	82P
27位	ミネラルウォーター支出額	186P
27位	陸上競技場数	78P
27位	牛乳消費量	188P
28位	25歳以上将棋人口	72P
28位	中学バスケットボール部員数	24P
30位	りんご消費量	152P
30位	イチゴ消費量	158P
30位	コーヒー消費量	182P
31位	たまねぎ消費量	130P
31位	25歳以上ゴルフ人口	40P
31位	25歳以上テレビゲーム人口	52P
31位	中学水泳部員数	10P
31位	自家用車通勤・通学率	98P
32位	25歳以上園芸・ガーデニング人口	58P
33位	小学生通学時間	110P
33位	貝類消費量	168P
33位	だいこん消費量	132P
33位	中学卓球部員数	22P
33位	インスタントラーメン消費量	204P
34位	生鮮野菜消費量	126P
35位	キャベツ消費量	128P
35位	25歳以上英語学習人口	62P
35位	サンマ消費量	162P
35位	レタス消費量	146P
36位	焼酎消費量	192P
36位	Facebookユーザー数	100P
36位	小学生朝食摂取率	120P
37位	中学剣道部員数	12P
37位	25歳以上スポーツ人口	44P
37位	25歳以上スキー・スノーボード人口	36P
37位	小学生地域行事参加率	116P
37位	25歳以上サイクリング人口	32P
37位	中学軟式野球部員数	16P
37位	25歳以上編み物・手芸人口	60P
37位	25歳以上写真撮影人口	50P
37位	25歳以上ゲートボール人口	38P
38位	中学バレーボール部員数	18P
38位	味噌消費量	172P
39位	小学生読書率	108P
40位	25歳以上スポーツ観戦人口	46P
40位	25歳以上登山・ハイキング人口	34P
40位	25歳以上茶道人口	66P
41位	きゅうり消費量	142P
41位	中学バドミントン部員数	14P
41位	トマト消費量	134P
41位	小学生学校外学習率	114P
42位	もやし消費量	144P
42位	25歳以上ボランティア人口	70P
44位	にんじん消費量	138P
44位	炭酸飲料支出額	184P
45位	ウイスキー消費量	198P
45位	中学サッカー部員数	8P
46位	労働時間	94P
46位	お菓子支出額	200P
47位	25歳以上囲碁人口	74P
47位	納豆支出額	202P

鳥取県

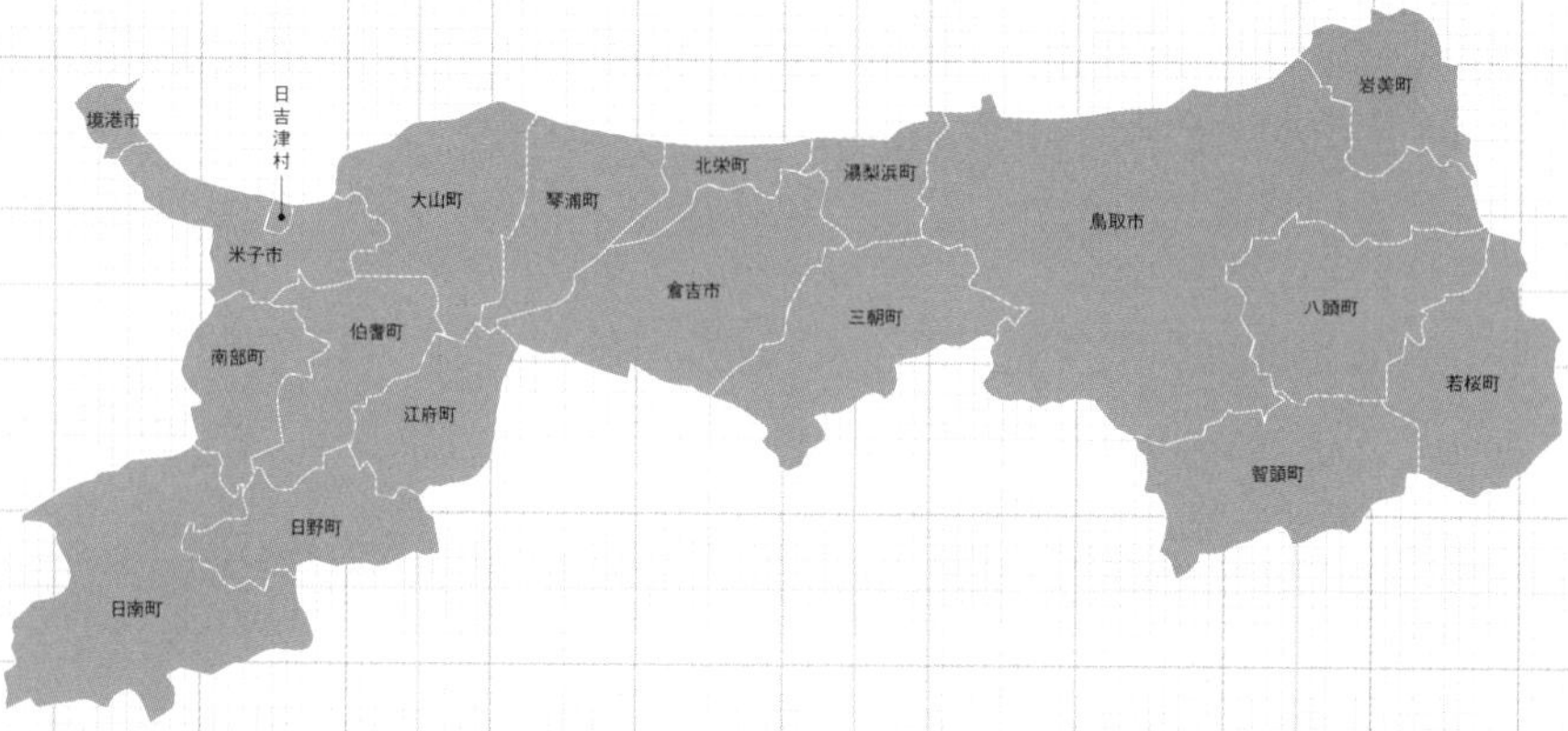

DATA

人口総数（人）	560,000
男性人口（人）	270,000
女性人口（人）	290,000
面積（km²）	350,700
平均気温（℃）	15.7
年間降水（mm）	2183.5
市町村数	19
県庁所在地	鳥取市

鳥取砂丘で知られる鳥取県。特徴は、体育館数、中学水泳部員数がともに全国1位であること。また、中学生運動部参加率、砂糖消費量など5項目が2位となっている。

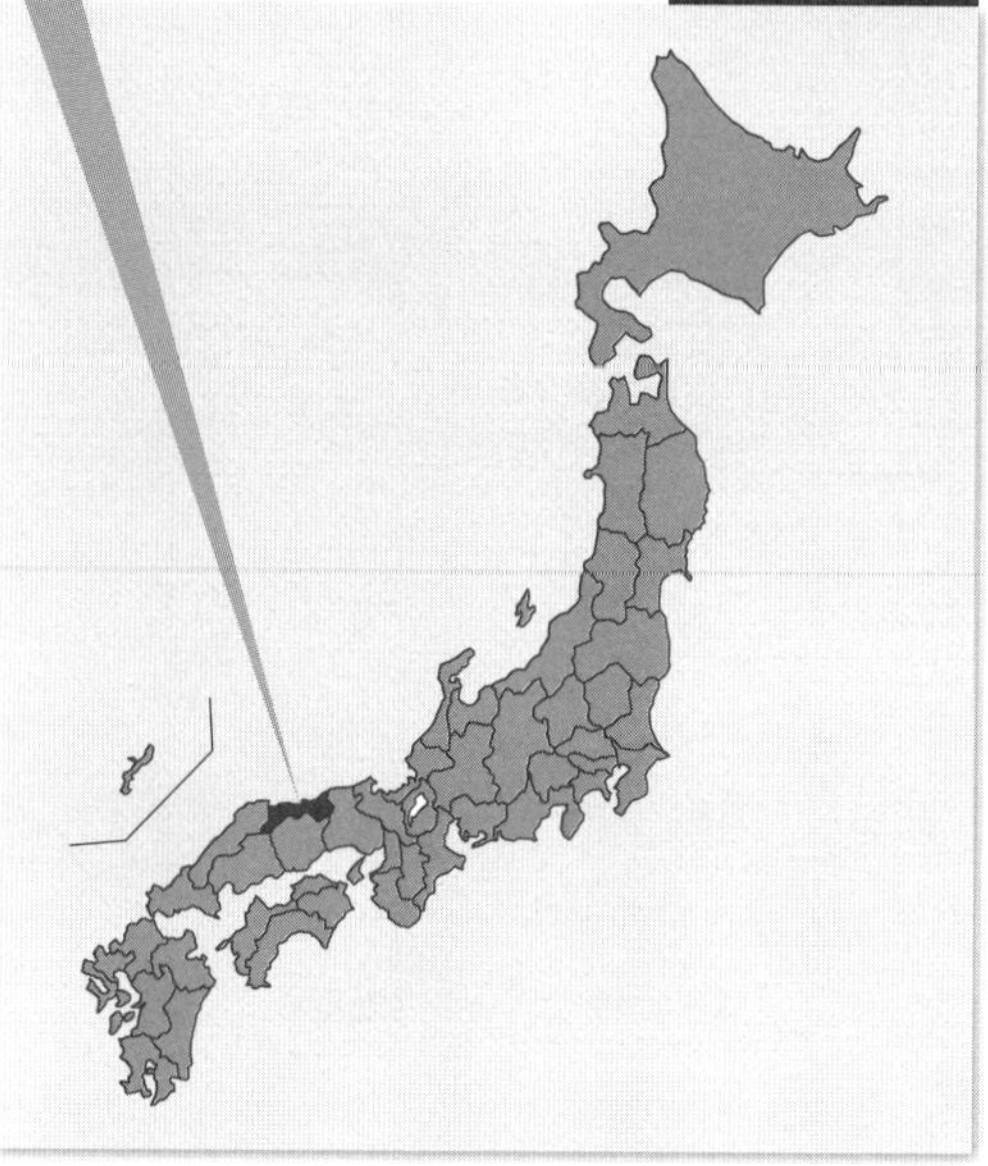

鳥取県のランキング

1位	体育館数	82P
1位	中学水泳部員数	10P
2位	インスタントラーメン消費量	204P
2位	水泳プール数	76P
2位	砂糖消費量	176P
2位	中学生運動部参加率	28P
2位	しょう油消費量	174P
3位	魚介類消費量	160P
3位	サバ消費量	164P
3位	コーヒー消費量	182P
4位	すいか消費量	156P
4位	25歳以上茶道人口	66P
4位	中学サッカー部員数	8P
4位	中学バドミントン部員数	14P
6位	貝類消費量	168P
6位	もやし消費量	144P
7位	中学バスケットボール部員数	24P
7位	25歳以上ゲートボール人口	38P
7位	中学陸上競技部員数	20P
8位	牛乳消費量	188P
8位	25歳以上ボランティア人口	70P
9位	果物消費量	148P
9位	小学生地域行事参加率	116P
9位	自家用車通勤・通学率	98P
9位	日本酒消費量	194P
9位	25歳以上囲碁人口	74P
10位	テレビ・ラジオ・新聞・雑誌閲覧時間	86P
10位	野球場数	80P
10位	25歳以上華道人口	68P
10位	小学生読書率	108P
11位	バナナ消費量	150P
12位	炭酸飲料支出額	184P
14位	休養・くつろぎ時間	90P
14位	味噌消費量	172P
14位	小学生通学時間	110P
14位	25歳以上釣り人口	42P
14位	パン消費量	206P
15位	25歳以上パチンコ人口	54P
15位	陸上競技場数	78P
15位	睡眠時間	92P
16位	中学軟式野球部員数	16P
16位	小学生朝食摂取率	120P
16位	ビール消費量	190P
17位	サンマ消費量	162P
17位	エンゲル係数	122P
20位	中学テニス部員数	26P
20位	中学卓球部員数	22P
21位	中学バレーボール部員数	18P
21位	女性の家事労働時間	88P
22位	食塩消費量	170P
22位	25歳以上スキー・スノーボード人口	36P
23位	焼酎消費量	192P
24位	中学剣道部員数	12P
25位	小学生学校外学習率	114P
25位	25歳以上将棋人口	72P
26位	25歳以上楽器演奏人口	48P
26位	25歳以上登山・ハイキング人口	34P
27位	ウイスキー消費量	198P
27位	高校男子ラグビー部員数	30P
27位	タイ消費量	166P
29位	25歳以上サイクリング人口	32P
30位	お菓子支出額	200P
31位	25歳以上編み物・手芸人口	60P
32位	みかん消費量	154P
33位	米消費量	124P
33位	労働時間	94P
34位	にんじん消費量	138P
35位	25歳以上スポーツ人口	44P
35位	りんご消費量	152P
36位	だいこん消費量	132P
36位	納豆支出額	202P
36位	鉄道通勤・通学率	96P
37位	小学生通塾率	106P
37位	キャベツ消費量	128P
37位	紅茶消費量	180P
37位	25歳以上英語学習人口	62P
37位	25歳以上ゴルフ人口	40P
38位	じゃがいも消費量	136P
38位	はくさい消費量	140P
39位	インターネット利用率	104P
39位	25歳以上書道人口	64P
40位	25歳以上園芸・ガーデニング人口	58P
41位	25歳以上テレビゲーム人口	52P
41位	25歳以上写真撮影人口	50P
41位	ソーシャルネットワーキングサービス(SNS)利用率	102P
42位	25歳以上カラオケ人口	56P
42位	ワイン消費量	196P
42位	小学生宿題実行率	112P
42位	イチゴ消費量	158P
43位	トマト消費量	134P
43位	小学生長時間ネット利用率	118P
43位	レタス消費量	146P
44位	ミネラルウォーター支出額	186P
44位	生鮮野菜消費量	126P
46位	緑茶消費量	178P
46位	Facebookユーザー数	100P
46位	25歳以上スポーツ観戦人口	46P
46位	食事時間	84P
46位	きゅうり消費量	142P
47位	たまねぎ消費量	130P

島根県

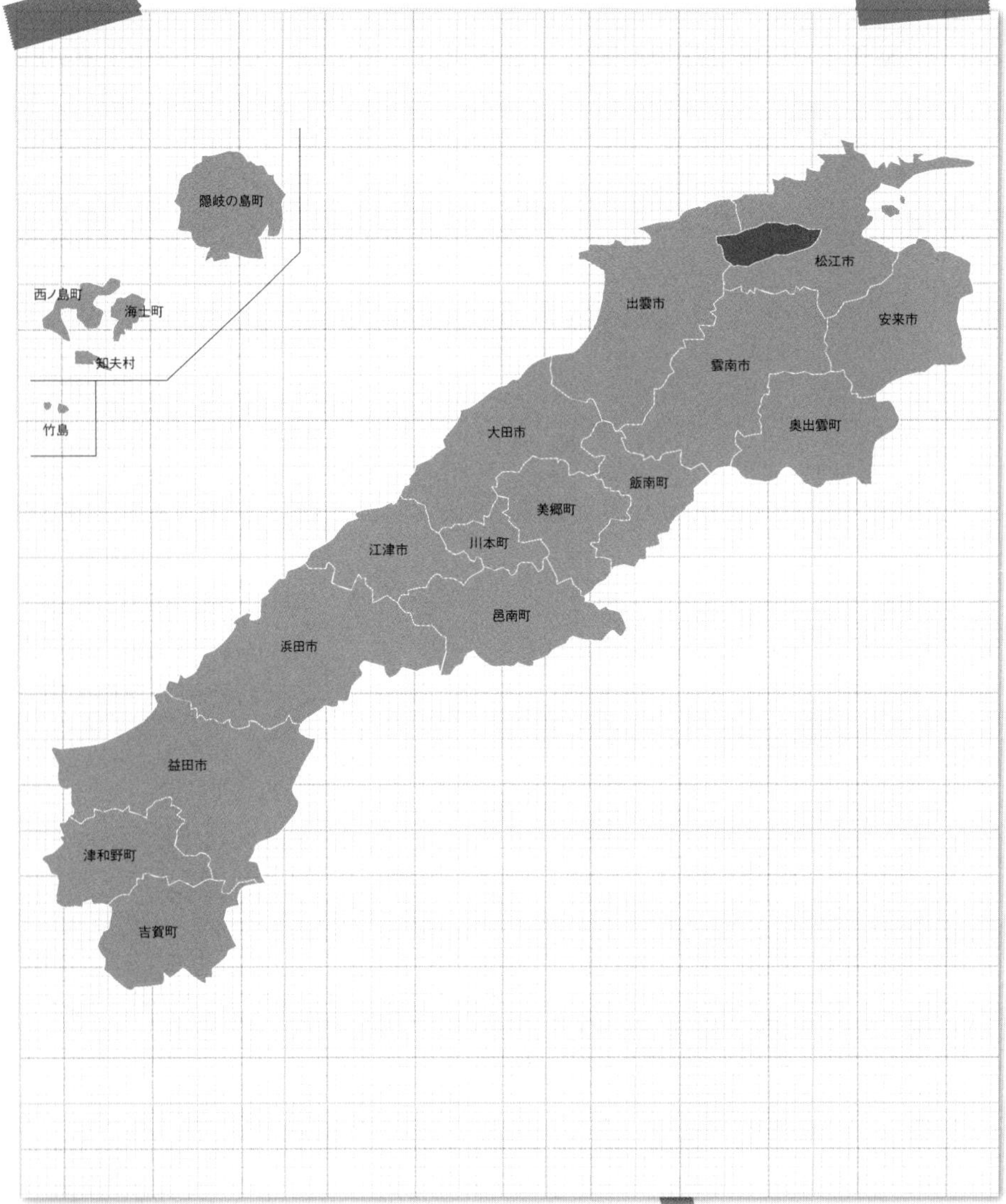

DATA

人口総数（人）	680,000
男性人口（人）	330,000
女性人口（人）	350,000
面積（km²）	670,800
平均気温（℃）	15.6
年間降水（mm）	1976.5
市町村数	19
県庁所在地	松江市

日本神話の舞台となった島根県。漁獲量は多くないものの、サバ消費量は全国1位。ほかに小学生朝食摂取率も首位、休養・くつろぎ時間など4項目で第2位に。

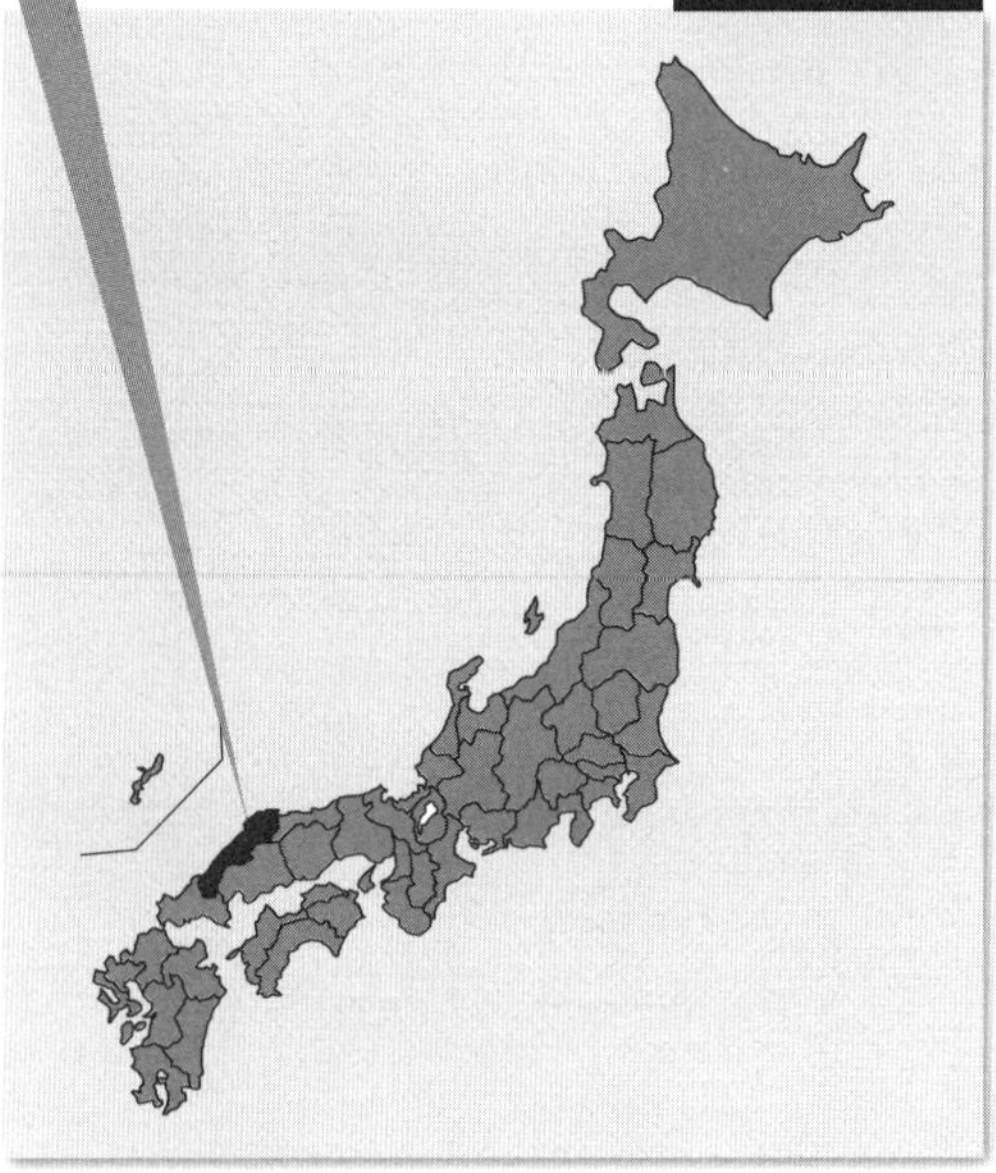

島根県のランキング

1位	サバ消費量	164P
1位	小学生朝食摂取率	120P
2位	休養・くつろぎ時間	90P
2位	陸上競技場数	78P
2位	貝類消費量	168P
2位	中学バレーボール部員数	18P
3位	25歳以上ボランティア人口	70P
4位	25歳以上釣り人口	42P
4位	中学軟式野球部員数	16P
5位	体育館数	82P
5位	水泳プール数	76P
5位	小学生学校外学習率	114P
5位	25歳以上ゲートボール人口	38P
6位	砂糖消費量	176P
7位	コーヒー消費量	182P
7位	25歳以上茶道人口	66P
7位	自家用車通勤・通学率	98P
7位	魚介類消費量	160P
7位	睡眠時間	92P
8位	25歳以上囲碁人口	74P
8位	25歳以上華道人口	68P
8位	小学生通学時間	110P
8位	パン消費量	206P
8位	日本酒消費量	194P
10位	中学陸上競技部員数	20P
10位	にんじん消費量	138P
10位	たまねぎ消費量	130P
10位	ミネラルウォーター支出額	186P
10位	中学剣道部員数	12P
11位	しょう油消費量	174P
12位	バナナ消費量	150P
12位	焼酎消費量	192P
12位	野球場数	80P
13位	小学生地域行事参加率	116P
14位	タイ消費量	166P
16位	りんご消費量	152P
17位	女性の家事労働時間	88P
17位	イチゴ消費量	158P
17位	インスタントラーメン消費量	204P
17位	中学卓球部員数	22P
17位	もやし消費量	144P
18位	牛乳消費量	188P
18位	中学サッカー部員数	8P
18位	25歳以上編み物・手芸人口	60P
20位	キャベツ消費量	128P
20位	25歳以上スポーツ観戦人口	46P
22位	25歳以上園芸・ガーデニング人口	58P
22位	25歳以上楽器演奏人口	48P
22位	お菓子支出額	200P
22位	緑茶消費量	178P
22位	Facebookユーザー数	100P
23位	みかん消費量	154P
24位	小学生読書率	108P
24位	はくさい消費量	140P
24位	米消費量	124P
25位	中学生運動部参加率	28P
26位	レタス消費量	146P
26位	食事時間	84P
26位	じゃがいも消費量	136P
27位	サンマ消費量	162P
28位	高校男子ラグビー部員数	30P
29位	ワイン消費量	196P
29位	ビール消費量	190P
30位	25歳以上将棋人口	72P
30位	きゅうり消費量	142P
31位	果物消費量	148P
31位	味噌消費量	172P
31位	ウイスキー消費量	198P
32位	中学水泳部員数	10P
32位	すいか消費量	156P
33位	25歳以上スキー・スノーボード人口	36P
33位	中学テニス部員数	26P
33位	ソーシャルネットワーキングサービス(SNS)利用率	102P
34位	25歳以上登山・ハイキング人口	34P
35位	生鮮野菜消費量	126P
35位	納豆支出額	202P
35位	インターネット利用率	104P
37位	エンゲル係数	122P
37位	小学生宿題実行率	112P
38位	テレビ・ラジオ・新聞・雑誌閲覧時間	86P
39位	紅茶消費量	180P
39位	トマト消費量	134P
40位	25歳以上サイクリング人口	32P
40位	25歳以上パチンコ人口	54P
40位	25歳以上英語学習人口	62P
40位	25歳以上スポーツ人口	44P
40位	25歳以上書道人口	64P
43位	25歳以上ゴルフ人口	40P
43位	25歳以上写真撮影人口	50P
43位	炭酸飲料支出額	184P
43位	中学バスケットボール部員数	24P
43位	小学生長時間ネット利用率	118P
43位	小学生通塾率	106P
44位	25歳以上カラオケ人口	56P
45位	鉄道通勤・通学率	96P
45位	だいこん消費量	132P
46位	25歳以上テレビゲーム人口	52P
47位	食塩消費量	170P
47位	中学バドミントン部員数	14P
47位	労働時間	94P

岡山県

中国・四国地方の交通網の要となっている岡山県。25歳以上書道人口と25歳以上囲碁人口がともに全国1位。芸術・文化に対する県民の関心度の高さがうかがえる。

DATA

人口総数（人）	1,900,000
男性人口（人）	910,000
女性人口（人）	990,000
面積（km²）	711,400
平均気温（℃）	16.3
年間降水（mm）	1410.0
市町村数	27
県庁所在地	岡山市

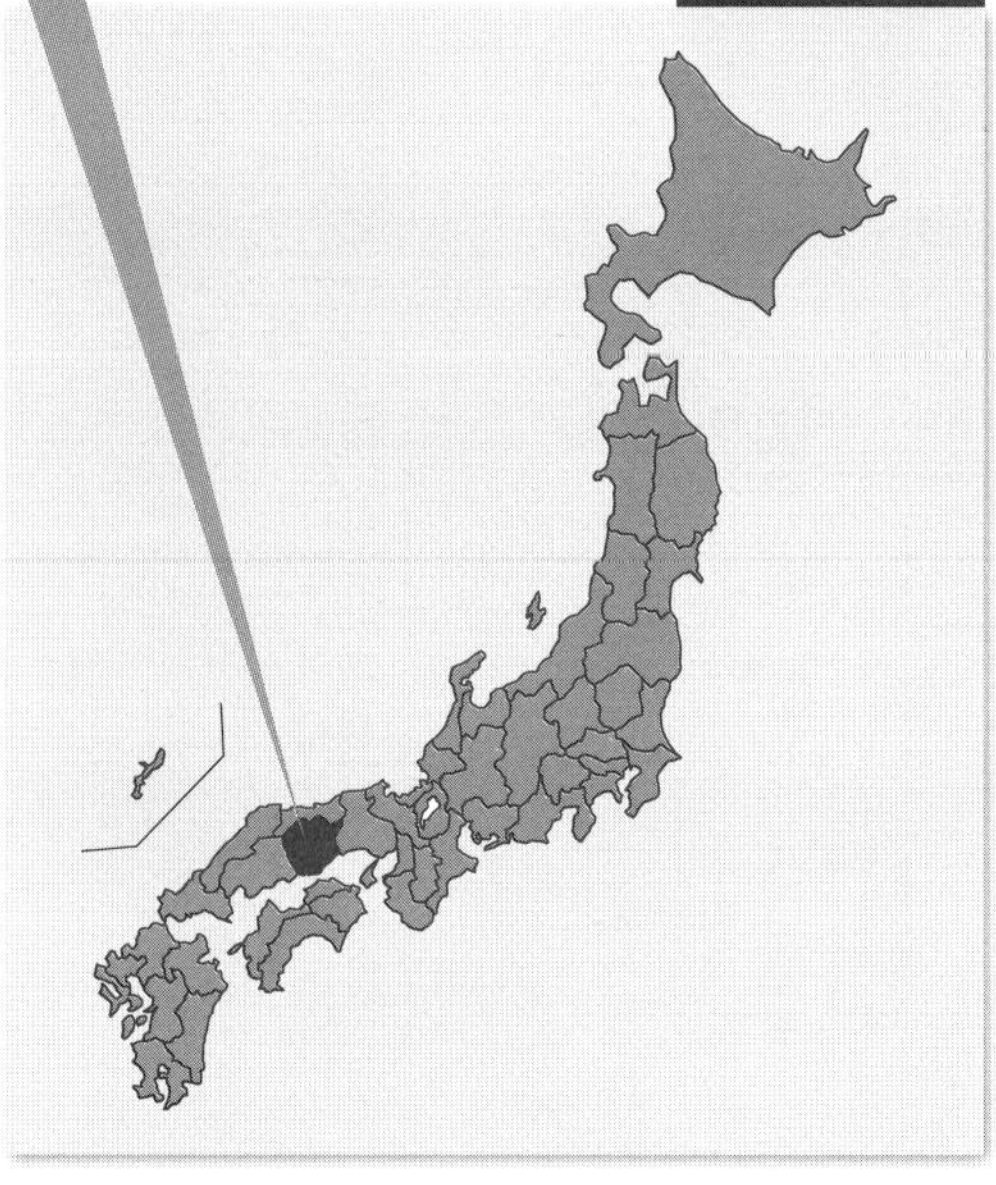

岡山県のランキング

1位	25歳以上書道人口	64P
1位	25歳以上囲碁人口	74P
3位	パン消費量	206P
5位	中学テニス部員数	26P
7位	25歳以上園芸・ガーデニング人口	58P
7位	25歳以上編み物・手芸人口	60P
8位	しょう油消費量	174P
10位	牛乳消費量	188P
10位	コーヒー消費量	182P
11位	女性の家事労働時間	88P
12位	食塩消費量	170P
12位	タイ消費量	166P
12位	25歳以上華道人口	68P
13位	紅茶消費量	180P
14位	小学生長時間ネット利用率	118P
14位	25歳以上ボランティア人口	70P
14位	休養・くつろぎ時間	90P
15位	小学生学校外学習率	114P
15位	貝類消費量	168P
16位	中学バドミントン部員数	14P
16位	小学生宿題実行率	112P
16位	小学生通学時間	110P
16位	25歳以上ゴルフ人口	40P
16位	25歳以上茶道人口	66P
17位	25歳以上将棋人口	72P
17位	小学生通塾率	106P
17位	炭酸飲料支出額	184P
17位	お菓子支出額	200P
18位	25歳以上釣り人口	42P
18位	はくさい消費量	140P
20位	インターネット利用率	104P
20位	砂糖消費量	176P
20位	25歳以上サイクリング人口	32P
20位	25歳以上写真撮影人口	50P

20位	25歳以上楽器演奏人口	48P
21位	鉄道通勤・通学率	96P
21位	Facebookユーザー数	100P
22位	インスタントラーメン消費量	204P
22位	野球場数	80P
23位	陸上競技場数	78P
23位	たまねぎ消費量	130P
23位	バナナ消費量	150P
23位	果物消費量	148P
24位	ソーシャルネットワーキングサービス(SNS)利用率	102P
24位	25歳以上スポーツ観戦人口	46P
25位	小学生朝食摂取率	120P
25位	みかん消費量	154P
25位	小学生読書率	108P
25位	自家用車通勤・通学率	98P
25位	中学卓球部員数	22P
26位	食事時間	84P
26位	労働時間	94P
26位	25歳以上スポーツ人口	44P
27位	25歳以上テレビゲーム人口	52P
27位	25歳以上カラオケ人口	56P
27位	じゃがいも消費量	136P
28位	もやし消費量	144P
28位	25歳以上スキー・スノーボード人口	36P
29位	25歳以上英語学習人口	62P
29位	中学軟式野球部員数	16P
29位	25歳以上登山・ハイキング人口	34P
30位	小学生地域行事参加率	116P
30位	水泳プール数	76P
31位	焼酎消費量	192P
31位	魚介類消費量	160P
31位	日本酒消費量	194P
32位	ミネラルウォーター支出額	186P
32位	にんじん消費量	138P

32位	エンゲル係数	122P
33位	キャベツ消費量	128P
33位	サンマ消費量	162P
34位	ウイスキー消費量	198P
34位	中学バレーボール部員数	18P
34位	サバ消費量	164P
34位	中学サッカー部員数	8P
34位	体育館数	82P
34位	25歳以上パチンコ人口	54P
35位	中学剣道部員数	12P
35位	中学生運動部参加率	28P
35位	中学陸上競技部員数	20P
36位	睡眠時間	92P
37位	イチゴ消費量	158P
37位	高校男子ラグビー部員数	30P
39位	25歳以上ゲートボール人口	38P
39位	ワイン消費量	196P
40位	ビール消費量	190P
40位	レタス消費量	146P
40位	テレビ・ラジオ・新聞・雑誌閲覧時間	86P
42位	納豆支出額	202P
42位	すいか消費量	156P
43位	生鮮野菜消費量	126P
44位	緑茶消費量	178P
44位	きゅうり消費量	142P
45位	米消費量	124P
45位	りんご消費量	152P
45位	味噌消費量	172P
45位	中学水泳部員数	10P
47位	中学バスケットボール部員数	24P
47位	トマト消費量	134P
47位	だいこん消費量	132P

広島県

DATA

人口総数（人）	2,820,000
男性人口（人）	1,370,000
女性人口（人）	1,450,000
面積（km²）	848,000
平均気温（℃）	16.8
年間降水（mm）	1878.5
市町村数	23
県庁所在地	広島市

瀬戸内海に面する広島県。熱狂的なファンを得ている広島カープの本拠地だけあり、25歳以上スポーツ観戦人口は第1位。バナナ消費量とコーヒー消費量も多い。

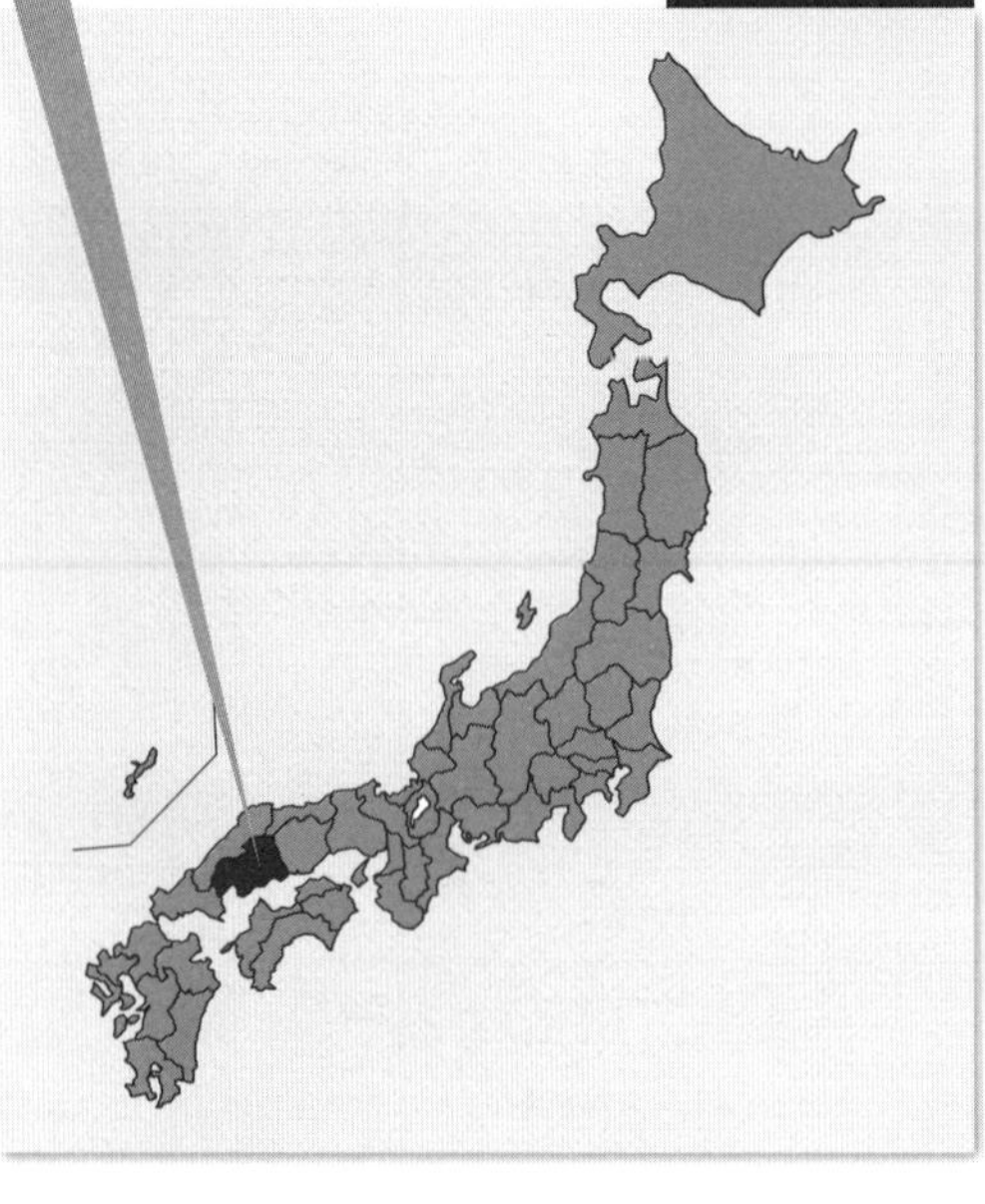

広島県のランキング

1位	バナナ消費量	150P
1位	25歳以上スポーツ観戦人口	46P
2位	コーヒー消費量	182P
3位	牛乳消費量	188P
3位	貝類消費量	168P
3位	25歳以上釣り人口	42P
4位	じゃがいも消費量	136P
5位	小学生読書率	108P
6位	中学テニス部員数	26P
7位	パン消費量	206P
8位	タイ消費量	166P
8位	キャベツ消費量	128P
8位	女性の家事労働時間	88P
8位	すいか消費量	156P
10位	サバ消費量	164P
10位	Facebookユーザー数	100P
11位	にんじん消費量	138P
11位	中学軟式野球部員数	16P
11位	紅茶消費量	180P
11位	インターネット利用率	104P
12位	25歳以上写真撮影人口	50P
12位	25歳以上楽器演奏人口	48P
12位	ビール消費量	190P
12位	はくさい消費量	140P
13位	りんご消費量	152P
13位	25歳以上編み物・手芸人口	60P
14位	25歳以上テレビゲーム人口	52P
14位	レタス消費量	146P
14位	たまねぎ消費量	130P
15位	食事時間	84P
15位	鉄道通勤・通学率	96P
15位	25歳以上茶道人口	66P
15位	生鮮野菜消費量	126P
16位	中学サッカー部員数	8P
17位	魚介類消費量	160P
17位	中学陸上競技部員数	20P
17位	中学バスケットボール部員数	24P
17位	果物消費量	148P
18位	食塩消費量	170P
18位	炭酸飲料支出額	184P
18位	小学生通塾率	106P
19位	小学生通学時間	110P
19位	25歳以上囲碁人口	74P
19位	25歳以上ゴルフ人口	40P
19位	エンゲル係数	122P
19位	25歳以上サイクリング人口	32P
20位	焼酎消費量	192P
20位	小学生宿題実行率	112P
21位	イチゴ消費量	158P
21位	中学卓球部員数	22P
21位	小学生学校外学習率	114P
22位	テレビ・ラジオ・新聞・雑誌閲覧時間	86P
22位	25歳以上英語学習人口	62P
22位	中学バドミントン部員数	14P
22位	ワイン消費量	196P
22位	小学生朝食摂取率	120P
23位	日本酒消費量	194P
23位	小学生長時間ネット利用率	118P
23位	25歳以上将棋人口	72P
23位	25歳以上書道人口	64P
24位	だいこん消費量	132P
24位	水泳プール数	76P
24位	きゅうり消費量	142P
24位	25歳以上ゲートボール人口	38P
24位	25歳以上スポーツ人口	44P
25位	ソーシャルネットワーキングサービス(SNS)利用率	102P
25位	ウイスキー消費量	198P
26位	中学生運動部参加率	28P
26位	25歳以上カラオケ人口	56P
26位	サンマ消費量	162P
27位	インスタントラーメン消費量	204P
27位	もやし消費量	144P
27位	中学バレーボール部員数	18P
28位	25歳以上華道人口	68P
28位	小学生地域行事参加率	116P
29位	25歳以上パチンコ人口	54P
31位	労働時間	94P
31位	味噌消費量	172P
32位	緑茶消費量	178P
32位	納豆支出額	202P
32位	25歳以上登山・ハイキング人口	34P
32位	米消費量	124P
32位	体育館数	82P
33位	お菓子支出額	200P
34位	ミネラルウォーター支出額	186P
34位	25歳以上スキー・スノーボード人口	36P
35位	高校男子ラグビー部員数	30P
35位	陸上競技場数	78P
37位	みかん消費量	154P
37位	砂糖消費量	176P
38位	しょう油消費量	174P
38位	トマト消費量	134P
38位	中学水泳部員数	10P
38位	25歳以上ボランティア人口	70P
39位	25歳以上園芸・ガーデニング人口	58P
39位	睡眠時間	92P
39位	自家用車通勤・通学率	98P
43位	野球場数	80P
43位	中学剣道部員数	12P
44位	休養・くつろぎ時間	90P

山口県

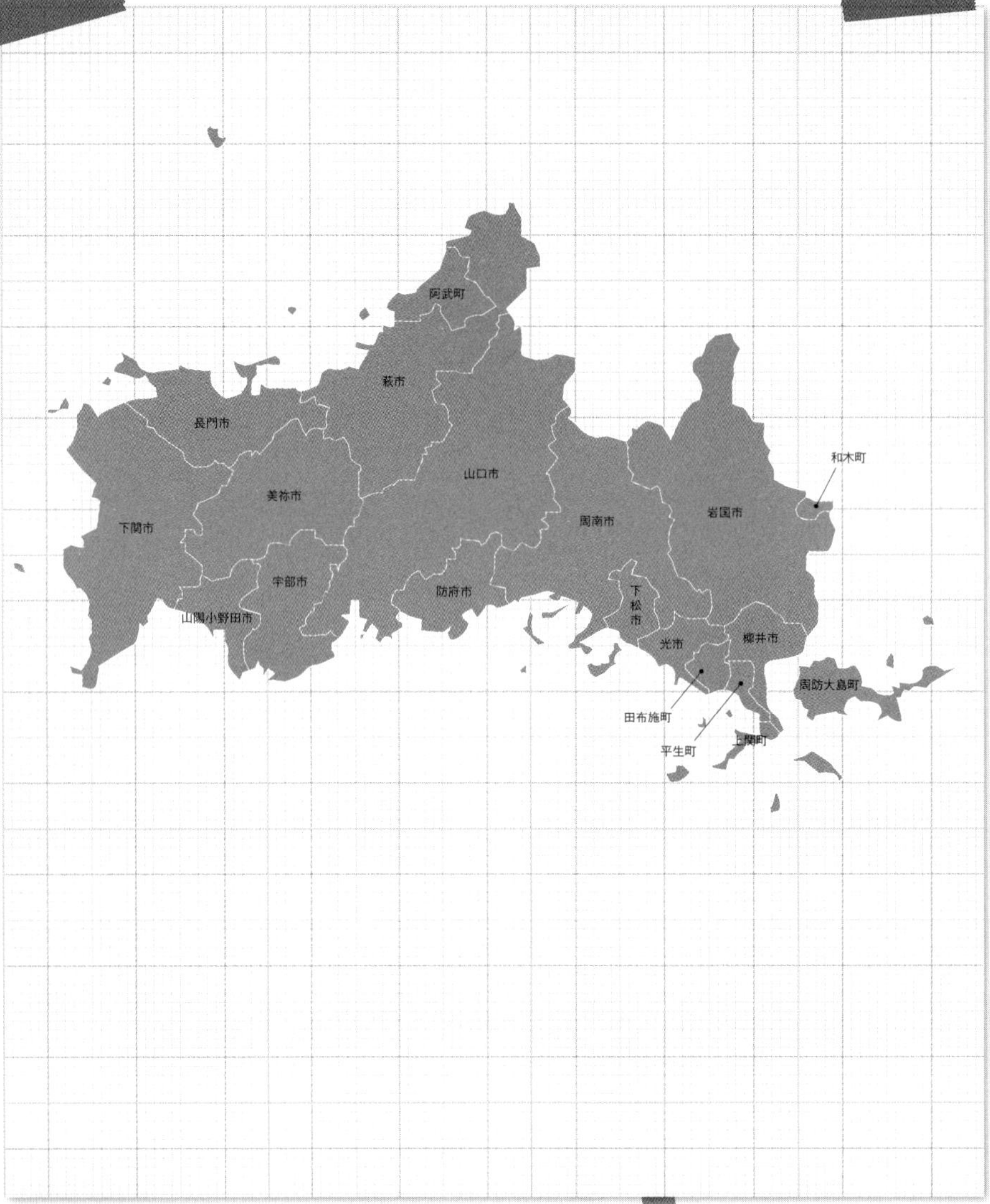

DATA

人口総数（人）	1,370,000
男性人口（人）	650,000
女性人口（人）	720,000
面積（km²）	611,300
平均気温（℃）	16.0
年間降水（mm）	1939.5
市町村数	19
県庁所在地	山口市

1位の中学テニス部員数を筆頭に、中学生運動部参加率も7位と部活が盛んな山口県。一方、25歳以上スポーツ人口はそれほど多くなく、子どもと大人の違いが目立っている。

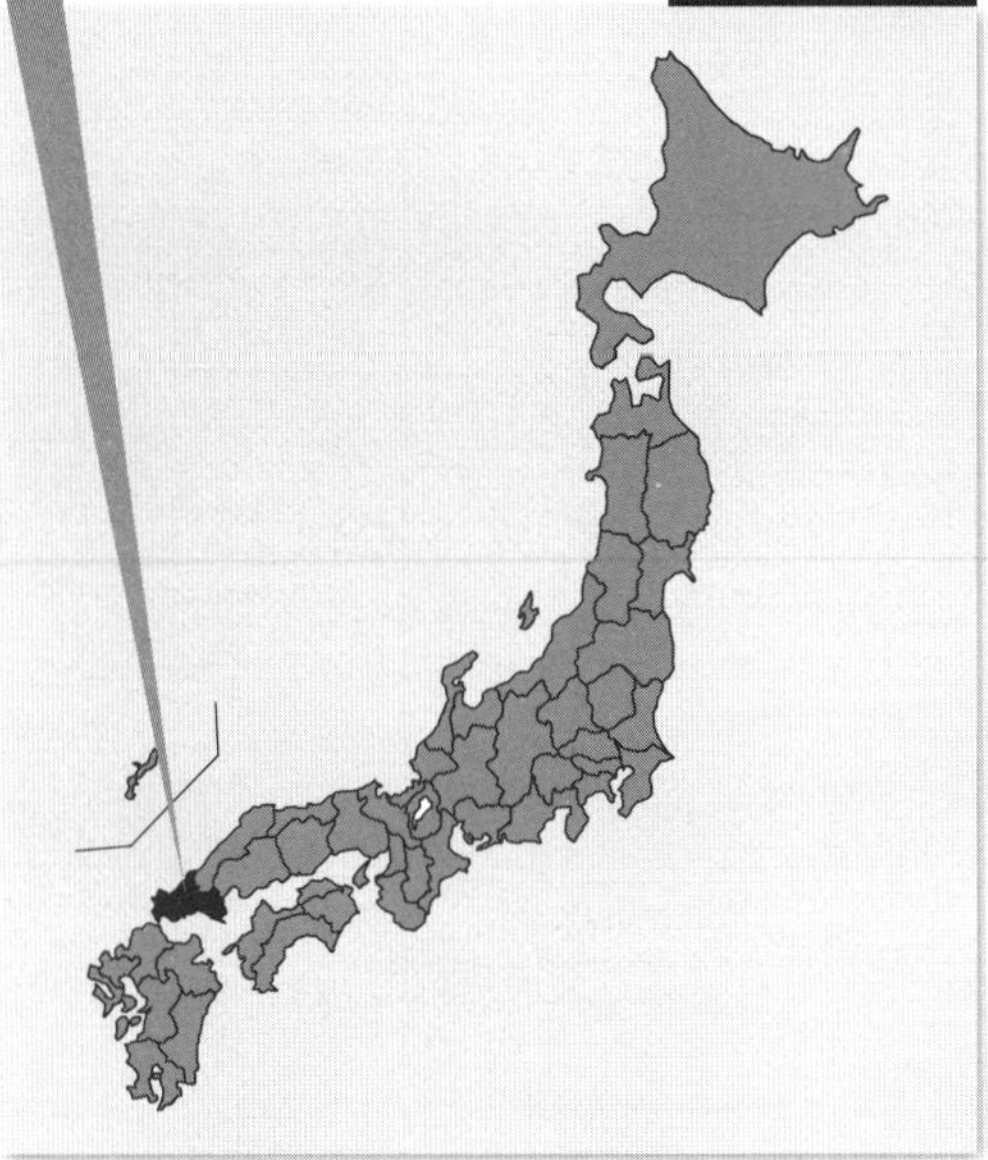

山口県のランキング

1位	中学テニス部員数	26P
3位	テレビ・ラジオ・新聞・雑誌閲覧時間	86P
4位	小学生宿題実行率	112P
4位	25歳以上華道人口	68P
5位	タイ消費量	166P
6位	女性の家事労働時間	88P
7位	25歳以上釣り人口	42P
7位	サバ消費量	164P
7位	中学軟式野球部員数	16P
8位	炭酸飲料支出額	184P
8位	中学生運動部参加率	28P
9位	砂糖消費量	176P
11位	魚介類消費量	160P
11位	中学卓球部員数	22P
12位	25歳以上園芸・ガーデニング人口	58P
13位	コーヒー消費量	182P
14位	バナナ消費量	150P
14位	はくさい消費量	140P
14位	25歳以上編み物・手芸人口	60P
14位	小学生学校外学習率	114P
15位	25歳以上囲碁人口	74P
15位	インスタントラーメン消費量	204P
15位	中学水泳部員数	10P
16位	イチゴ消費量	158P
16位	みかん消費量	154P
17位	25歳以上パチンコ人口	54P
19位	サンマ消費量	162P
19位	味噌消費量	172P
20位	小学生通学時間	110P
21位	水泳プール数	76P
21位	25歳以上茶道人口	66P
21位	中学剣道部員数	12P
21位	りんご消費量	152P
22位	小学生地域行事参加率	116P

22位	小学生通塾率	106P
22位	自家用車通勤・通学率	98P
22位	25歳以上スポーツ観戦人口	46P
22位	25歳以上ゴルフ人口	40P
22位	牛乳消費量	188P
22位	焼酎消費量	192P
22位	中学陸上競技部員数	20P
24位	すいか消費量	156P
24位	睡眠時間	92P
24位	お菓子支出額	200P
24位	パン消費量	206P
25位	中学サッカー部員数	8P
25位	25歳以上サイクリング人口	32P
25位	25歳以上写真撮影人口	50P
26位	にんじん消費量	138P
26位	25歳以上ボランティア人口	70P
27位	小学生朝食摂取率	120P
27位	中学バスケットボール部員数	24P
27位	25歳以上英語学習人口	62P
27位	体育館数	82P
27位	インターネット利用率	104P
28位	小学生長時間ネット利用率	118P
28位	25歳以上テレビゲーム人口	52P
29位	25歳以上将棋人口	72P
29位	鉄道通勤・通学率	96P
30位	じゃがいも消費量	136P
30位	高校男子ラグビー部員数	30P
30位	小学生読書率	108P
31位	貝類消費量	168P
31位	25歳以上楽器演奏人口	48P
31位	25歳以上スポーツ人口	44P
32位	日本酒消費量	194P
32位	25歳以上スキー・スノーボード人口	36P
33位	25歳以上登山・ハイキング人口	34P

33位	もやし消費量	144P
33位	中学バレーボール部員数	18P
33位	労働時間	94P
34位	ビール消費量	190P
34位	きゅうり消費量	142P
34位	たまねぎ消費量	130P
34位	米消費量	124P
34位	中学バドミントン部員数	14P
34位	休養・くつろぎ時間	90P
34位	だいこん消費量	132P
35位	食塩消費量	170P
35位	緑茶消費量	178P
35位	果物消費量	148P
36位	25歳以上カラオケ人口	56P
36位	ソーシャルネットワーキングサービス(SNS)利用率	102P
36位	ミネラルウォーター支出額	186P
36位	陸上競技場数	78P
37位	納豆支出額	202P
37位	Facebookユーザー数	100P
37位	25歳以上書道人口	64P
38位	キャベツ消費量	128P
39位	生鮮野菜消費量	126P
39位	食事時間	84P
40位	紅茶消費量	180P
40位	しょう油消費量	174P
40位	ウイスキー消費量	198P
41位	25歳以上ゲートボール人口	38P
42位	レタス消費量	146P
44位	野球場数	80P
45位	トマト消費量	134P
46位	エンゲル係数	122P
47位	ワイン消費量	196P

徳島県

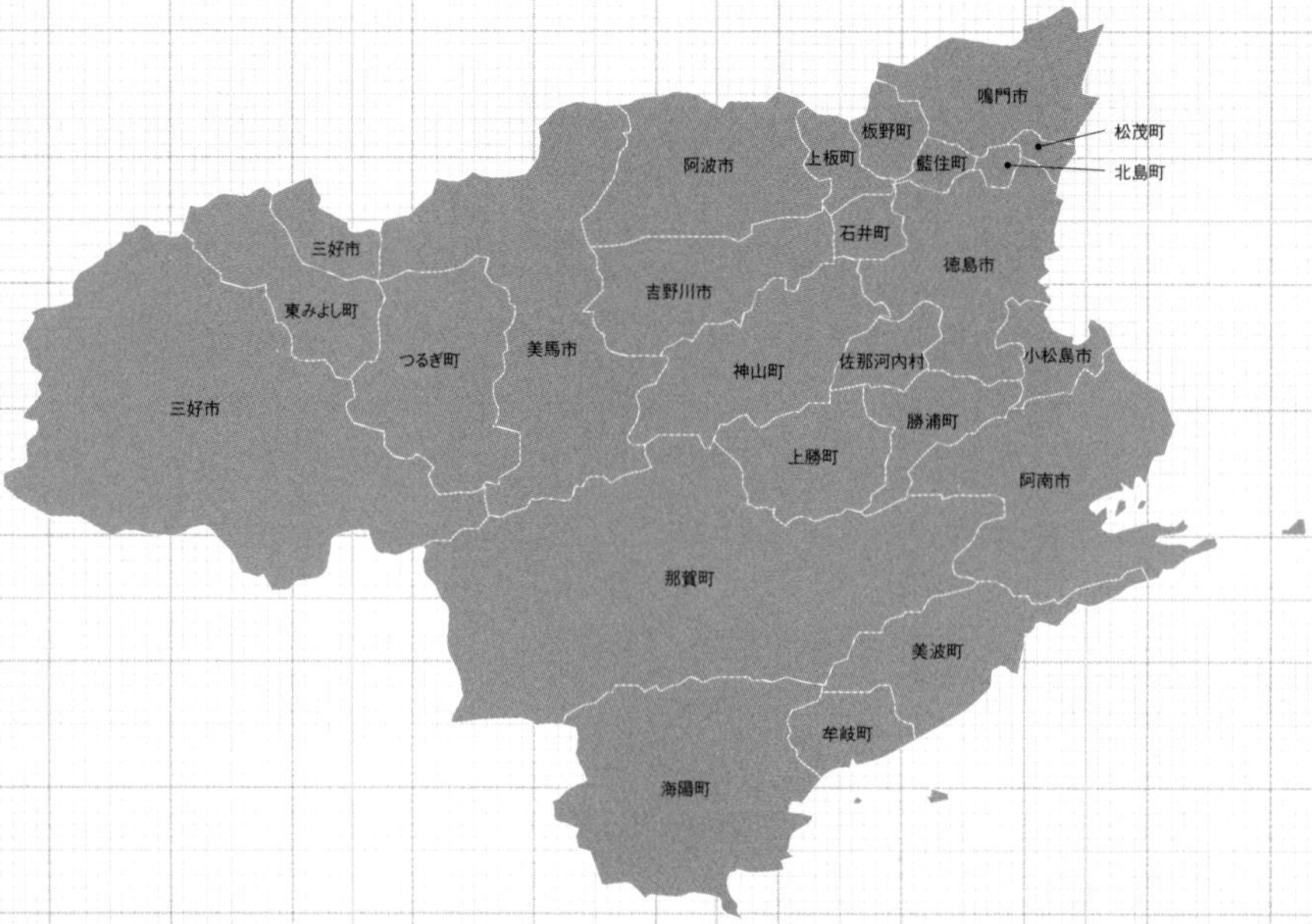

DATA

人口総数（人）	740,000
男性人口（人）	350,000
女性人口（人）	390,000
面積（km²）	414,700
平均気温（℃）	17.1
年間降水（mm）	1760.0
市町村数	24
県庁所在地	徳島市

阿波踊りで知られる徳島県。第1位、2位を獲得している項目はないが、高校男子ラグビー部員数が全国3位、中学卓球部員数が第5位と学生スポーツはさかんだ。

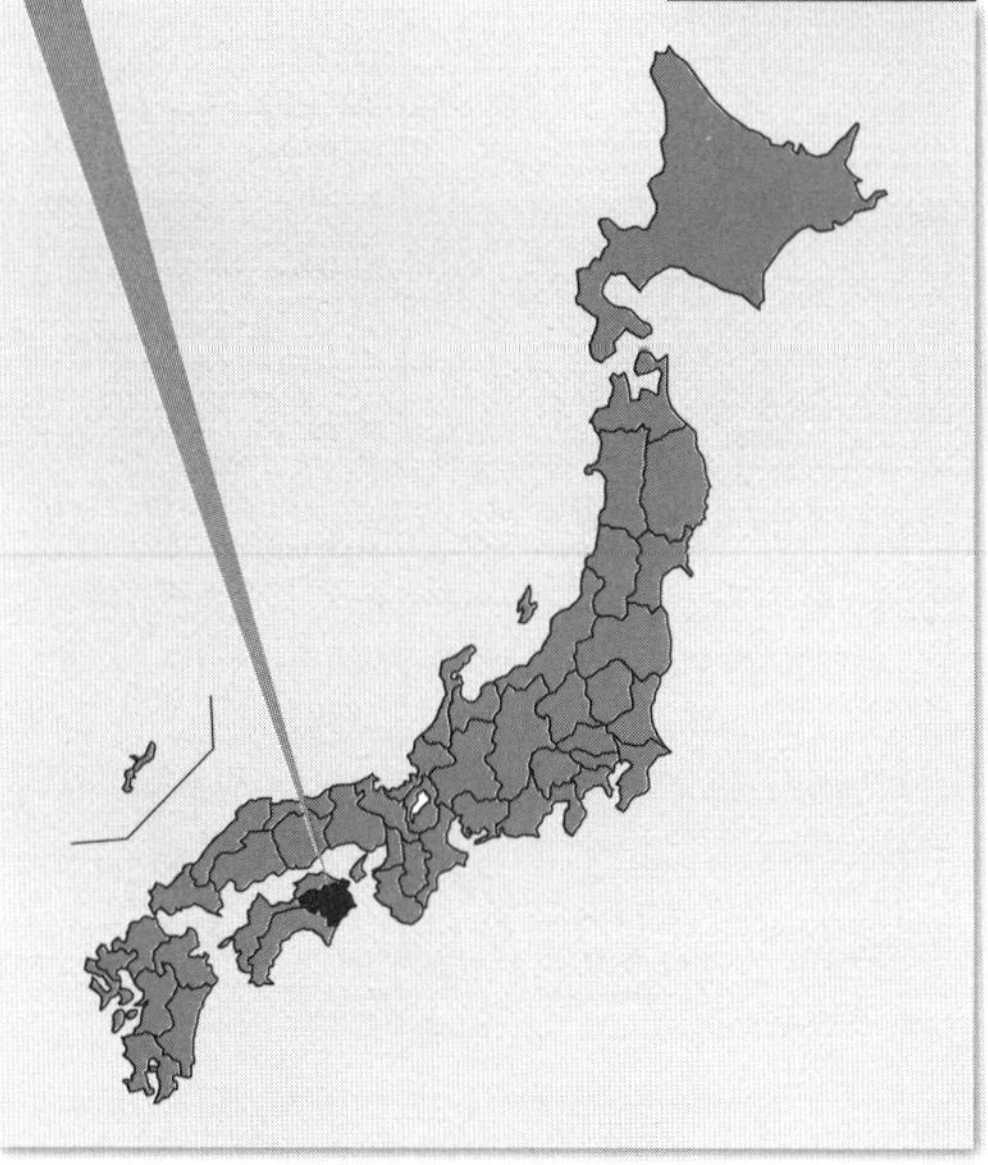

徳島県のランキング

3位	高校男子ラグビー部員数	30P
4位	テレビ・ラジオ・新聞・雑誌閲覧時間	86P
5位	中学卓球部員数	22P
6位	中学サッカー部員数	8P
7位	炭酸飲料支出額	184P
9位	水泳プール数	76P
9位	小学生宿題実行率	112P
11位	小学生通塾率	106P
11位	キャベツ消費量	128P
11位	はくさい消費量	140P
11位	体育館数	82P
13位	インスタントラーメン消費量	204P
15位	食事時間	84P
19位	みかん消費量	154P
19位	小学生長時間ネット利用率	118P
19位	コーヒー消費量	182P
19位	睡眠時間	92P
20位	タイ消費量	166P
21位	牛乳消費量	188P
21位	自家用車通勤・通学率	98P
23位	小学生通学時間	110P
23位	小学生読書率	108P
23位	パン消費量	206P
23位	中学軟式野球部員数	16P
23位	25歳以上釣り人口	42P
24位	休養・くつろぎ時間	90P
25位	じゃがいも消費量	136P
26位	中学剣道部員数	12P
26位	25歳以上園芸・ガーデニング人口	58P
26位	25歳以上サイクリング人口	32P
27位	25歳以上華道人口	68P
28位	味噌消費量	172P
28位	中学テニス部員数	26P
28位	たまねぎ消費量	130P
29位	中学バドミントン部員数	14P
29位	ミネラルウォーター支出額	186P
30位	野球場数	80P
30位	25歳以上英語学習人口	62P
30位	砂糖消費量	176P
30位	米消費量	124P
30位	ソーシャルネットワーキングサービス(SNS)利用率	102P
31位	イチゴ消費量	158P
32位	25歳以上スポーツ人口	44P
32位	25歳以上将棋人口	72P
32位	ウイスキー消費量	198P
33位	小学生学校外学習率	114P
33位	中学バスケットボール部員数	24P
33位	ビール消費量	190P
33位	25歳以上ゴルフ人口	40P
33位	焼酎消費量	192P
33位	25歳以上楽器演奏人口	48P
33位	25歳以上ボランティア人口	70P
33位	女性の家事労働時間	88P
33位	25歳以上スポーツ観戦人口	46P
33位	中学陸上競技部員数	20P
34位	25歳以上書道人口	64P
34位	日本酒消費量	194P
34位	インターネット利用率	104P
35位	25歳以上登山・ハイキング人口	34P
35位	25歳以上スキー・スノーボード人口	36P
35位	25歳以上パチンコ人口	54P
35位	お菓子支出額	200P
35位	すいか消費量	156P
35位	25歳以上テレビゲーム人口	52P
36位	紅茶消費量	180P
36位	貝類消費量	168P
36位	サンマ消費量	162P
36位	25歳以上写真撮影人口	50P
36位	トマト消費量	134P
36位	小学生朝食摂取率	120P
36位	生鮮野菜消費量	126P
36位	中学生運動部参加率	28P
37位	もやし消費量	144P
37位	しょう油消費量	174P
37位	中学バレーボール部員数	18P
37位	陸上競技場数	78P
37位	りんご消費量	152P
38位	25歳以上カラオケ人口	56P
38位	25歳以上囲碁人口	74P
38位	にんじん消費量	138P
38位	食塩消費量	170P
38位	ワイン消費量	196P
38位	サバ消費量	164P
39位	中学水泳部員数	10P
39位	だいこん消費量	132P
39位	レタス消費量	146P
39位	果物消費量	148P
40位	バナナ消費量	150P
42位	きゅうり消費量	142P
42位	25歳以上茶道人口	66P
43位	Facebookユーザー数	100P
43位	鉄道通勤・通学率	96P
43位	緑茶消費量	178P
44位	25歳以上ゲートボール人口	38P
44位	労働時間	94P
44位	魚介類消費量	160P
45位	小学生地域行事参加率	116P
45位	エンゲル係数	122P
46位	25歳以上編み物・手芸人口	60P
46位	納豆支出額	202P

香川県

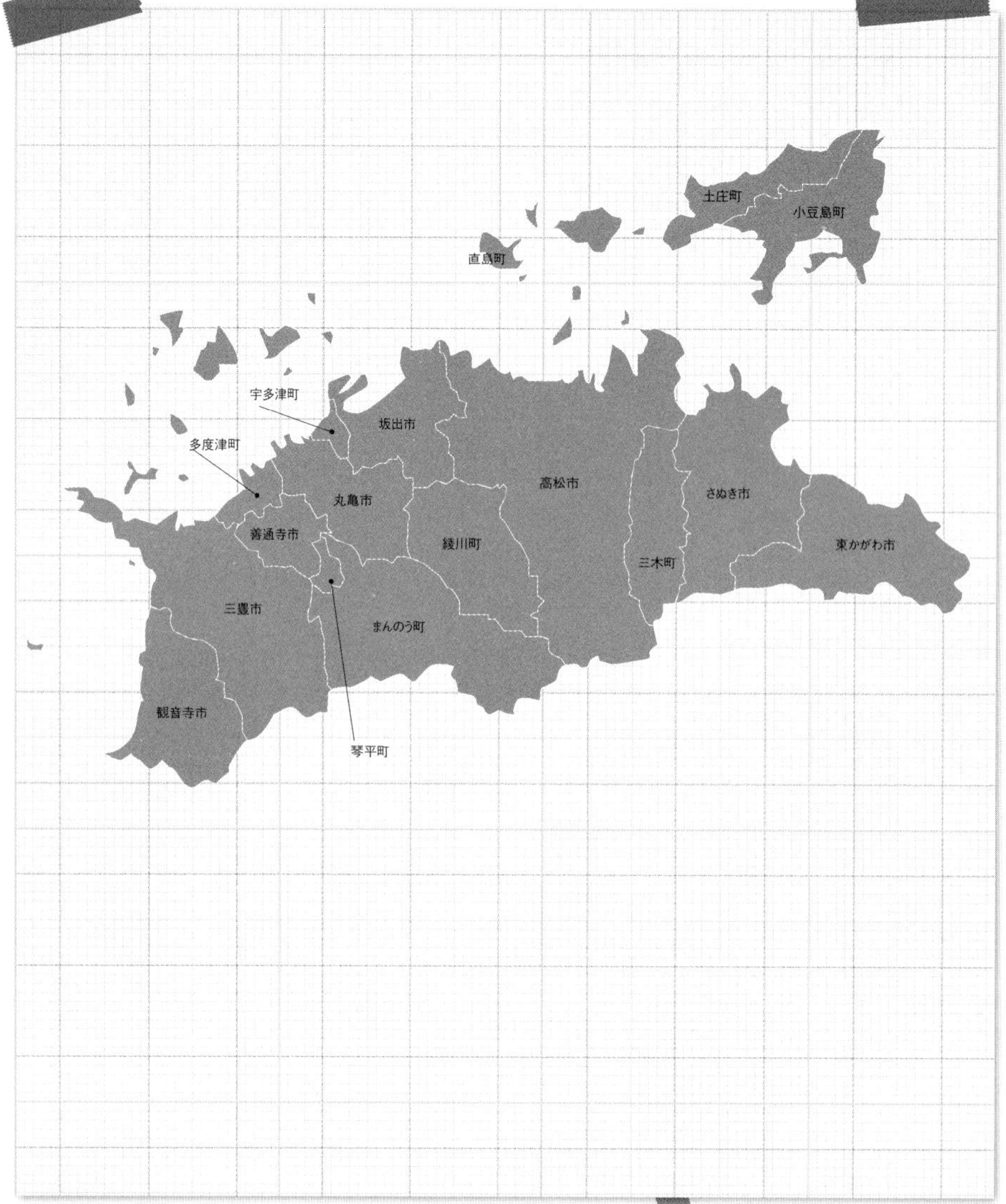

DATA

人口総数（人）	960,000
男性人口（人）	470,000
女性人口（人）	500,000
面積（km²）	187,700
平均気温（℃）	17.0
年間降水（mm）	1575.0
市町村数	17
県庁所在地	高松市

全国最小面積の香川県はエンゲル係数が最も低く支出に占める食料費が少ない。そんな中でも果物消費量が多く、果物にお金をかけているようだ。

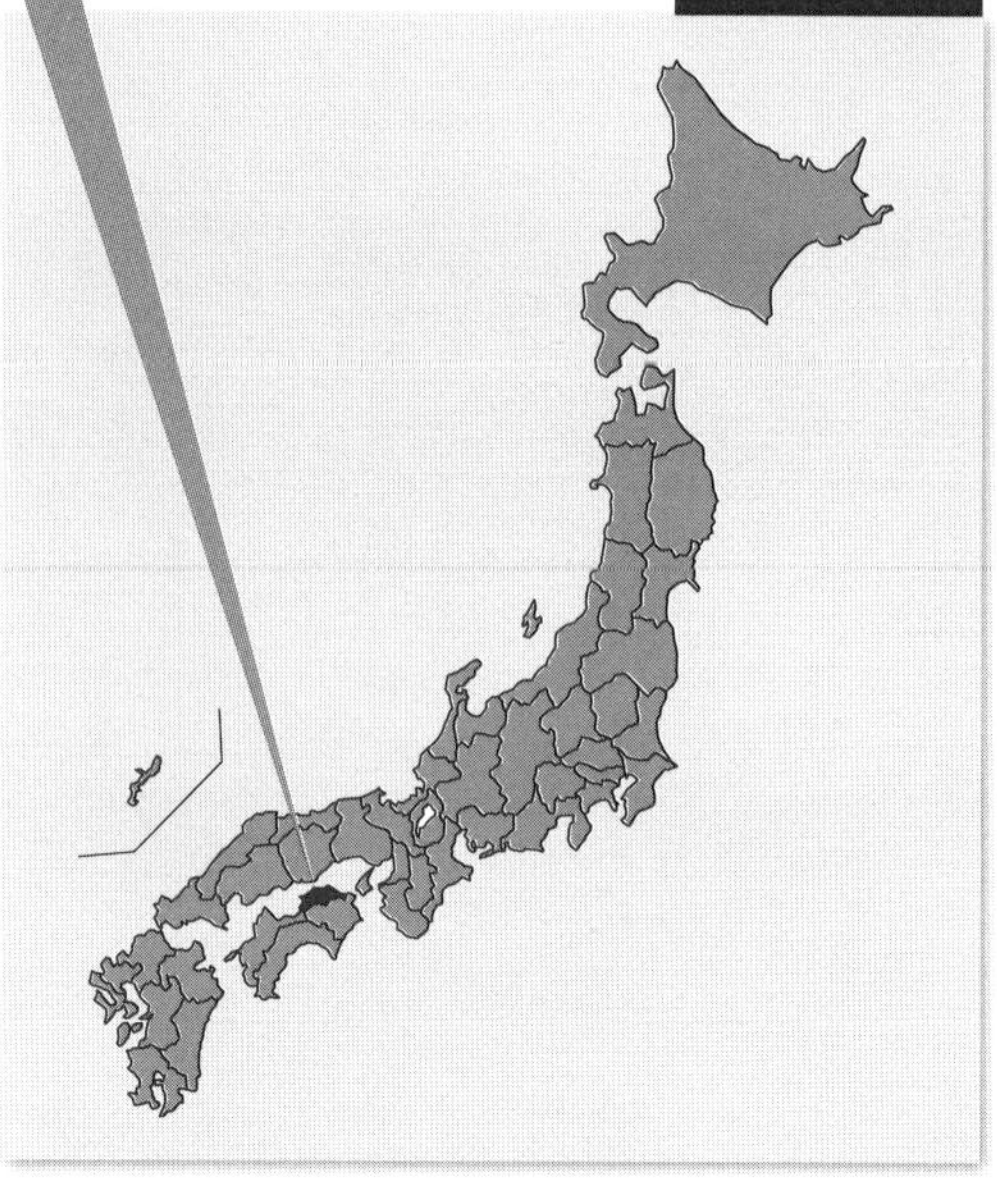

香川県のランキング

4位	バナナ消費量	150P
5位	中学バドミントン部員数	14P
7位	果物消費量	148P
7位	キャベツ消費量	128P
9位	25歳以上茶道人口	66P
9位	牛乳消費量	188P
9位	タイ消費量	166P
10位	はくさい消費量	140P
10位	25歳以上囲碁人口	74P
10位	25歳以上園芸・ガーデニング人口	58P
11位	女性の家事労働時間	88P
11位	みかん消費量	154P
12位	貝類消費量	168P
12位	りんご消費量	152P
12位	労働時間	94P
12位	しょう油消費量	174P
13位	中学剣道部員数	12P
14位	野球場数	80P
14位	コーヒー消費量	182P
14位	砂糖消費量	176P
15位	テレビ・ラジオ・新聞・雑誌閲覧時間	86P
16位	小学生長時間ネット利用率	118P
16位	ソーシャルネットワーキングサービス(SNS)利用率	102P
16位	サンマ消費量	162P
16位	25歳以上華道人口	68P
17位	にんじん消費量	138P
18位	小学生読書率	108P
18位	ミネラルウォーター支出額	186P
18位	Facebookユーザー数	100P
19位	サバ消費量	164P
19位	中学卓球部員数	22P
20位	25歳以上将棋人口	72P
20位	小学生通塾率	106P
21位	25歳以上楽器演奏人口	48P

21位	小学生学校外学習率	114P
22位	中学生運動部参加率	28P
22位	炭酸飲料支出額	184P
22位	25歳以上ボランティア人口	70P
23位	鉄道通勤・通学率	96P
23位	25歳以上英語学習人口	62P
23位	じゃがいも消費量	136P
24位	中学テニス部員数	26P
24位	25歳以上テレビゲーム人口	52P
24位	自家用車通勤・通学率	98P
25位	食塩消費量	170P
25位	お菓子支出額	200P
25位	パン消費量	206P
25位	25歳以上パチンコ人口	54P
25位	水泳プール数	76P
26位	中学軟式野球部員数	16P
26位	イチゴ消費量	158P
27位	25歳以上スポーツ人口	44P
27位	たまねぎ消費量	130P
27位	睡眠時間	92P
27位	紅茶消費量	180P
28位	体育館数	82P
28位	25歳以上サイクリング人口	32P
28位	ビール消費量	190P
28位	25歳以上写真撮影人口	50P
28位	25歳以上書道人口	64P
28位	25歳以上釣り人口	42P
29位	25歳以上ゴルフ人口	40P
29位	インターネット利用率	104P
29位	中学水泳部員数	10P
30位	25歳以上登山・ハイキング人口	34P
30位	レタス消費量	146P
30位	すいか消費量	156P
30位	中学サッカー部員数	8P

30位	小学生通学時間	110P
30位	だいこん消費量	132P
31位	インスタントラーメン消費量	204P
31位	中学バレーボール部員数	18P
32位	生鮮野菜消費量	126P
33位	きゅうり消費量	142P
33位	ウイスキー消費量	198P
33位	陸上競技場数	78P
33位	日本酒消費量	194P
34位	小学生地域行事参加率	116P
34位	魚介類消費量	160P
35位	焼酎消費量	192P
36位	25歳以上スキー・スノーボード人口	36P
36位	もやし消費量	144P
37位	米消費量	124P
38位	休養・くつろぎ時間	90P
38位	25歳以上編み物・手芸人口	60P
39位	25歳以上スポーツ観戦人口	46P
40位	25歳以上ゲートボール人口	38P
40位	中学バスケットボール部員数	24P
40位	ワイン消費量	196P
41位	中学陸上競技部員数	20P
41位	緑茶消費量	178P
41位	25歳以上カラオケ人口	56P
41位	食事時間	84P
42位	小学生宿題実行率	112P
42位	小学生朝食摂取率	120P
42位	トマト消費量	134P
43位	味噌消費量	172P
43位	納豆支出額	202P
44位	高校男子ラグビー部員数	30P
47位	エンゲル係数	122P

愛媛県

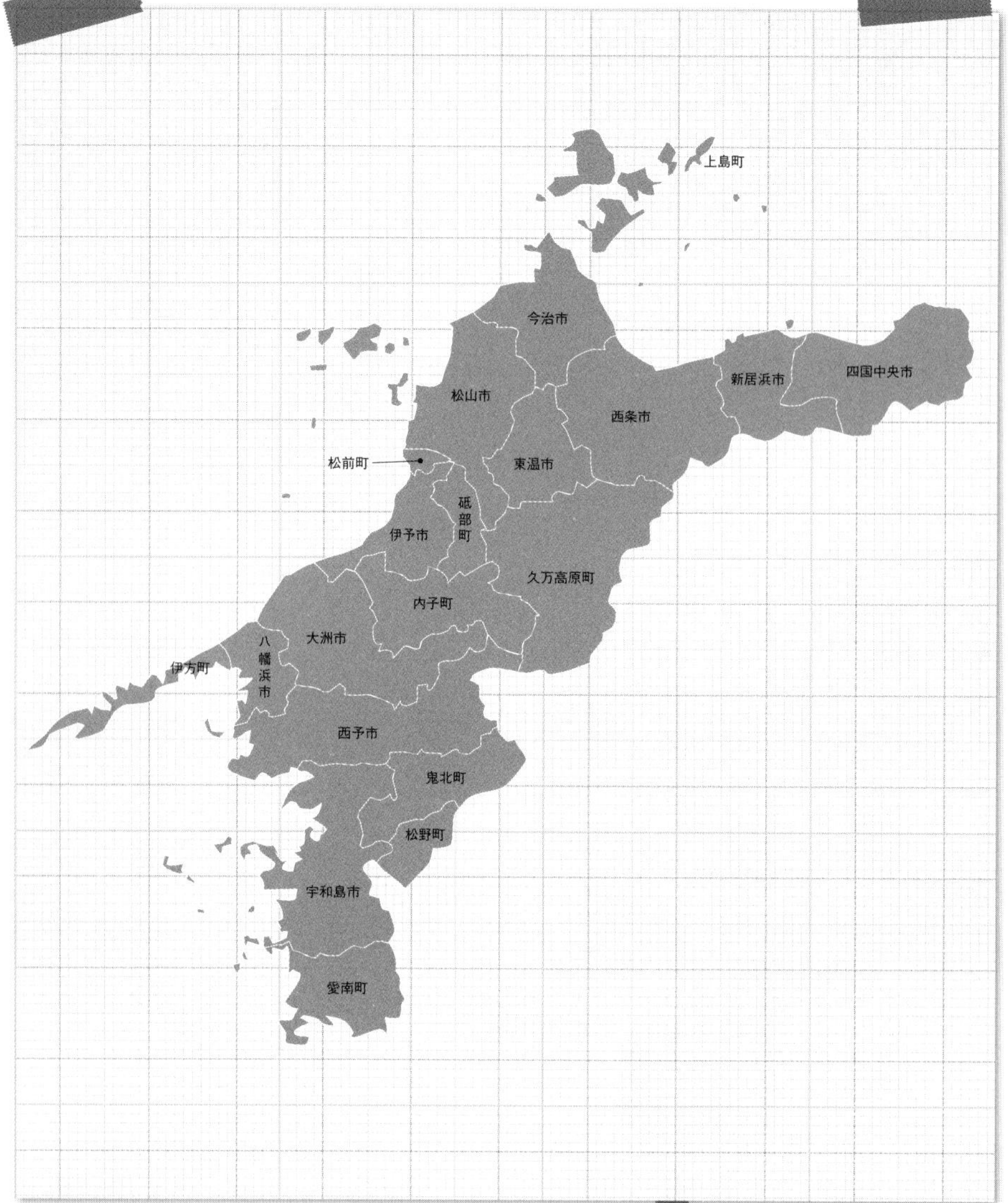

DATA

人口総数（人）	1,350,000
男性人口（人）	640,000
女性人口（人）	710,000
面積（km²）	567,600
平均気温（℃）	17.1
年間降水（mm）	1796.5
市町村数	20
県庁所在地	松山市

道後温泉（松山市）で知られる愛媛県。産地らしく、みかん消費量は全国2位。中学卓球部員数、中学バレーボール部員数、中学テニス部員数は多く中学生スポーツがさかん。

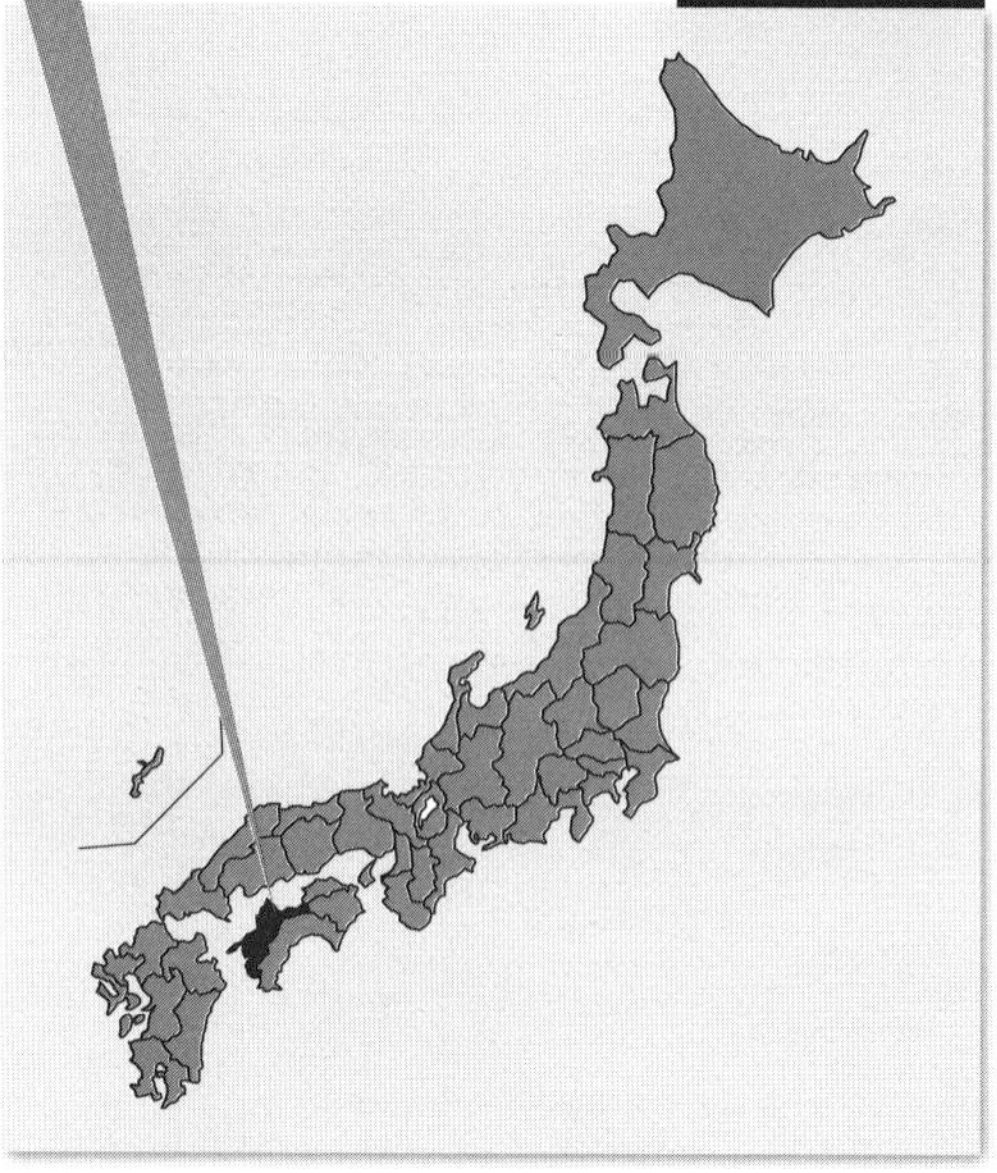

愛媛県のランキング

2位	みかん消費量	154P
3位	中学卓球部員数	22P
3位	小学生通学時間	110P
4位	中学バレーボール部員数	18P
4位	中学テニス部員数	26P
4位	テレビ・ラジオ・新聞・雑誌閲覧時間	86P
6位	タイ消費量	166P
8位	中学サッカー部員数	8P
8位	果物消費量	148P
8位	中学水泳部員数	10P
11位	ミネラルウォーター支出額	186P
11位	25歳以上将棋人口	72P
12位	25歳以上茶道人口	66P
12位	休養・くつろぎ時間	90P
13位	砂糖消費量	176P
14位	小学生読書率	108P
15位	パン消費量	206P
15位	25歳以上園芸・ガーデニング人口	58P
15位	小学生学校外学習率	114P
15位	体育館数	82P
15位	サンマ消費量	162P
15位	小学生通塾率	106P
15位	高校男子ラグビー部員数	30P
16位	バナナ消費量	150P
16位	中学剣道部員数	12P
17位	すいか消費量	156P
17位	コーヒー消費量	182P
18位	小学生地域行事参加率	116P
18位	25歳以上華道人口	68P
19位	25歳以上釣り人口	42P
20位	25歳以上ゲートボール人口	38P
21位	中学生運動部参加率	28P
21位	25歳以上パチンコ人口	54P
21位	25歳以上書道人口	64P

21位	中学軟式野球部員数	16P
22位	水泳プール数	76P
22位	ビール消費量	190P
22位	25歳以上テレビゲーム人口	52P
22位	サバ消費量	164P
23位	エンゲル係数	122P
23位	25歳以上スポーツ人口	44P
24位	小学生宿題実行率	112P
25位	インスタントラーメン消費量	204P
26位	女性の家事労働時間	88P
26位	睡眠時間	92P
27位	日本酒消費量	194P
27位	焼酎消費量	192P
27位	25歳以上サイクリング人口	32P
28位	米消費量	124P
28位	陸上競技場数	78P
29位	じゃがいも消費量	136P
29位	25歳以上スポーツ観戦人口	46P
29位	炭酸飲料支出額	184P
29位	25歳以上ボランティア人口	70P
31位	25歳以上カラオケ人口	56P
31位	小学生長時間ネット利用率	118P
31位	ソーシャルネットワーキングサービス(SNS)利用率	102P
31位	食事時間	84P
32位	25歳以上英語学習人口	62P
32位	インターネット利用率	104P
33位	貝類消費量	168P
34位	25歳以上写真撮影人口	50P
34位	食塩消費量	170P
35位	自家用車通勤・通学率	98P
35位	たまねぎ消費量	130P
35位	牛乳消費量	188P
35位	Facebookユーザー数	100P
36位	イチゴ消費量	158P

36位	味噌消費量	172P
36位	中学バスケットボール部員数	24P
36位	野球場数	80P
37位	労働時間	94P
37位	中学バドミントン部員数	14P
37位	はくさい消費量	140P
38位	25歳以上登山・ハイキング人口	34P
38位	納豆支出額	202P
38位	鉄道通勤・通学率	96P
38位	ウイスキー消費量	198P
38位	中学陸上競技部員数	20P
38位	25歳以上スキー・スノーボード人口	36P
39位	25歳以上楽器演奏人口	48P
39位	しょう油消費量	174P
39位	緑茶消費量	178P
39位	魚介類消費量	160P
40位	きゅうり消費量	142P
40位	25歳以上編み物・手芸人口	60P
41位	お菓子支出額	200P
41位	りんご消費量	152P
41位	ワイン消費量	196P
42位	25歳以上囲碁人口	74P
43位	もやし消費量	144P
44位	キャベツ消費量	128P
44位	トマト消費量	134P
44位	25歳以上ゴルフ人口	40P
45位	小学生朝食摂取率	120P
45位	レタス消費量	146P
45位	にんじん消費量	138P
45位	生鮮野菜消費量	126P
46位	だいこん消費量	132P
47位	紅茶消費量	180P

高知県

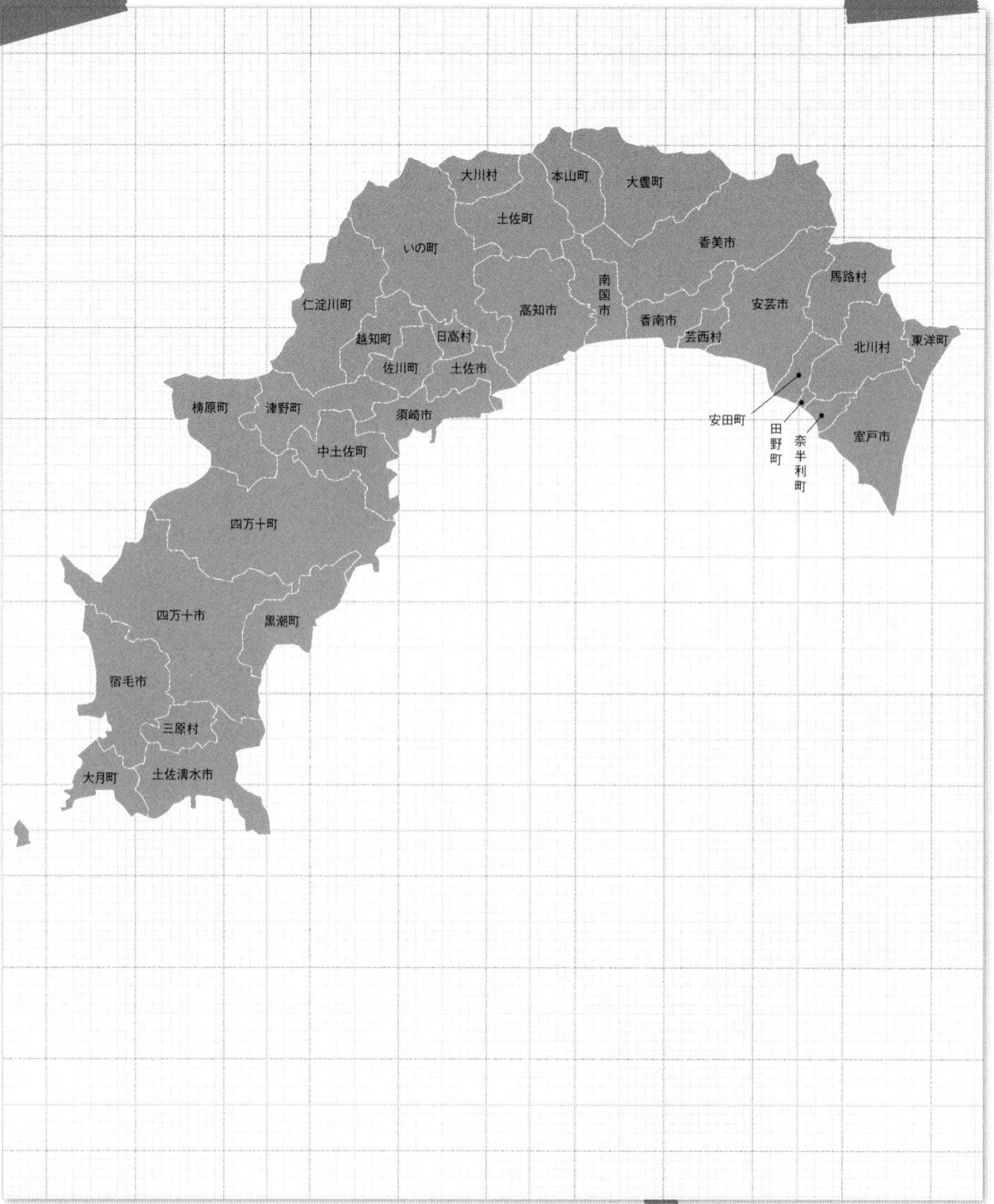

DATA

人口総数（人）	710,000
男性人口（人）	330,000
女性人口（人）	370,000
面積（km²）	710,400
平均気温（℃）	17.4
年間降水（mm）	3092.5
市町村数	34
県庁所在地	高知市

ビール消費量と睡眠時間がともに第3位で25歳以上パチンコ人口が6位、休養・くつろぎ時間が10位なのに対し、労働時間は45位と短く、人生を楽しむことに長けているようだ。

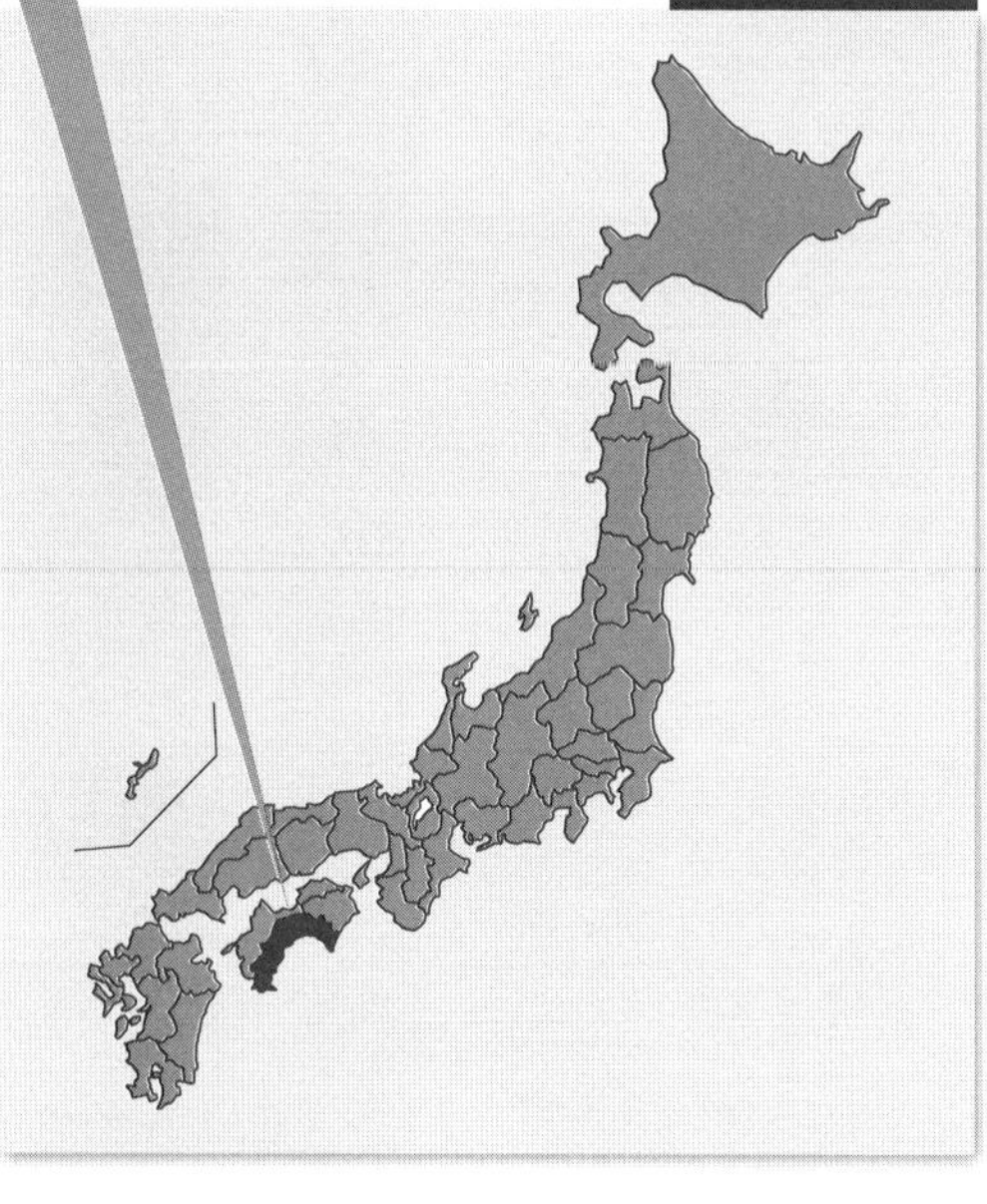

高知県のランキング

3位	ビール消費量	190P
3位	睡眠時間	92P
6位	はくさい消費量	140P
6位	インスタントラーメン消費量	204P
6位	テレビ・ラジオ・新聞・雑誌閲覧時間	86P
6位	25歳以上パチンコ人口	54P
8位	25歳以上釣り人口	42P
8位	サバ消費量	164P
10位	休養・くつろぎ時間	90P
10位	トマト消費量	134P
14位	きゅうり消費量	142P
15位	小学生通塾率	106P
16位	体育館数	82P
17位	中学軟式野球部員数	16P
17位	日本酒消費量	194P
17位	小学生読書率	108P
19位	ミネラルウォーター支出額	186P
20位	食塩消費量	170P
21位	小学生長時間ネット利用率	118P
21位	中学水泳部員数	10P
21位	炭酸飲料支出額	184P
21位	焼酎消費量	192P
21位	中学サッカー部員数	8P
22位	タイ消費量	166P
24位	陸上競技場数	78P
24位	魚介類消費量	160P
25位	りんご消費量	152P
25位	小学生宿題実行率	112P
26位	すいか消費量	156P
26位	中学バドミントン部員数	14P
26位	中学バレーボール部員数	18P
27位	果物消費量	148P
27位	お菓子支出額	200P
27位	砂糖消費量	176P
27位	小学生朝食摂取率	120P
28位	コーヒー消費量	182P
28位	中学陸上競技部員数	20P
29位	野球場数	80P
29位	ウイスキー消費量	198P
29位	ソーシャルネットワーキングサービス(SNS)利用率	102P
30位	自家用車通勤・通学率	98P
31位	小学生学校外学習率	114P
31位	パン消費量	206P
31位	みかん消費量	154P
31位	食事時間	84P
31位	水泳プール数	76P
32位	中学バスケットボール部員数	24P
33位	味噌消費量	172P
35位	紅茶消費量	180P
35位	しょう油消費量	174P
35位	小学生通学時間	110P
35位	ワイン消費量	196P
36位	25歳以上英語学習人口	62P
36位	25歳以上将棋人口	72P
38位	米消費量	124P
38位	レタス消費量	146P
38位	高校男子ラグビー部員数	30P
38位	緑茶消費量	178P
39位	イチゴ消費量	158P
39位	中学卓球部員数	22P
39位	女性の家事労働時間	88P
39位	中学剣道部員数	12P
40位	25歳以上スキー・スノーボード人口	36P
40位	中学生運動部参加率	28P
40位	だいこん消費量	132P
40位	25歳以上ゴルフ人口	40P
41位	鉄道通勤・通学率	96P
41位	生鮮野菜消費量	126P
41位	Facebookユーザー数	100P
42位	サンマ消費量	162P
42位	じゃがいも消費量	136P
43位	貝類消費量	168P
43位	25歳以上テレビゲーム人口	52P
43位	バナナ消費量	150P
43位	エンゲル係数	122P
43位	25歳以上園芸・ガーデニング人口	58P
43位	小学生地域行事参加率	116P
43位	25歳以上スポーツ人口	44P
43位	25歳以上カラオケ人口	56P
43位	25歳以上サイクリング人口	32P
43位	たまねぎ消費量	130P
44位	納豆支出額	202P
44位	25歳以上ボランティア人口	70P
45位	25歳以上登山・ハイキング人口	34P
45位	インターネット利用率	104P
45位	労働時間	94P
45位	25歳以上編み物・手芸人口	60P
45位	25歳以上楽器演奏人口	48P
45位	キャベツ消費量	128P
45位	25歳以上囲碁人口	74P
46位	中学テニス部員数	26P
46位	25歳以上茶道人口	66P
46位	25歳以上書道人口	64P
46位	牛乳消費量	188P
46位	25歳以上写真撮影人口	50P
47位	25歳以上華道人口	68P
47位	にんじん消費量	138P
47位	25歳以上スポーツ観戦人口	46P
47位	もやし消費量	144P
47位	25歳以上ゲートボール人口	38P

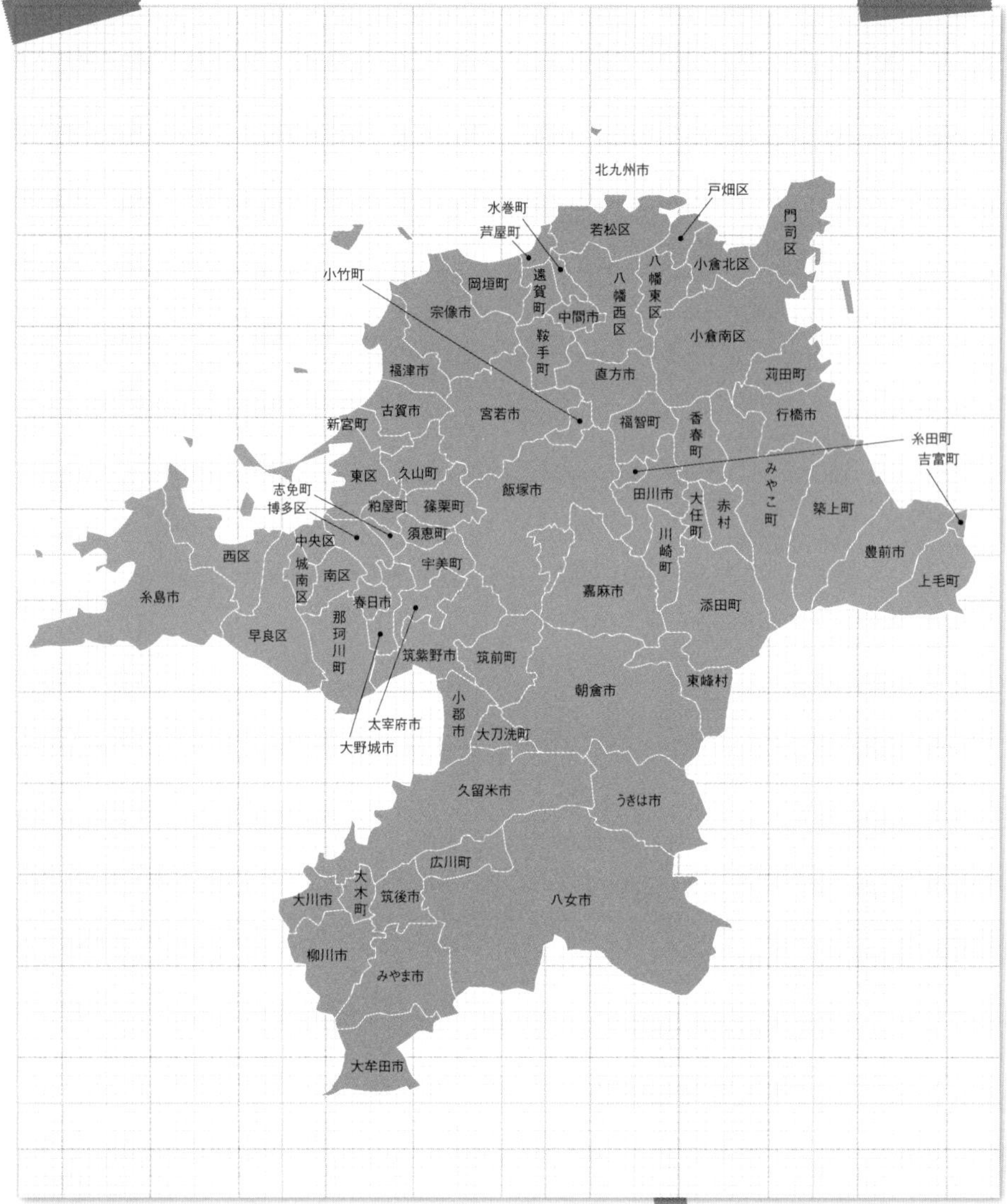

福岡県

古代には大陸や朝鮮半島との交易で栄えた福岡県。25歳以上スポーツ観戦人口が全国3位と多いのは、野球、サッカー、バスケットボールのプロチームがあるためか。

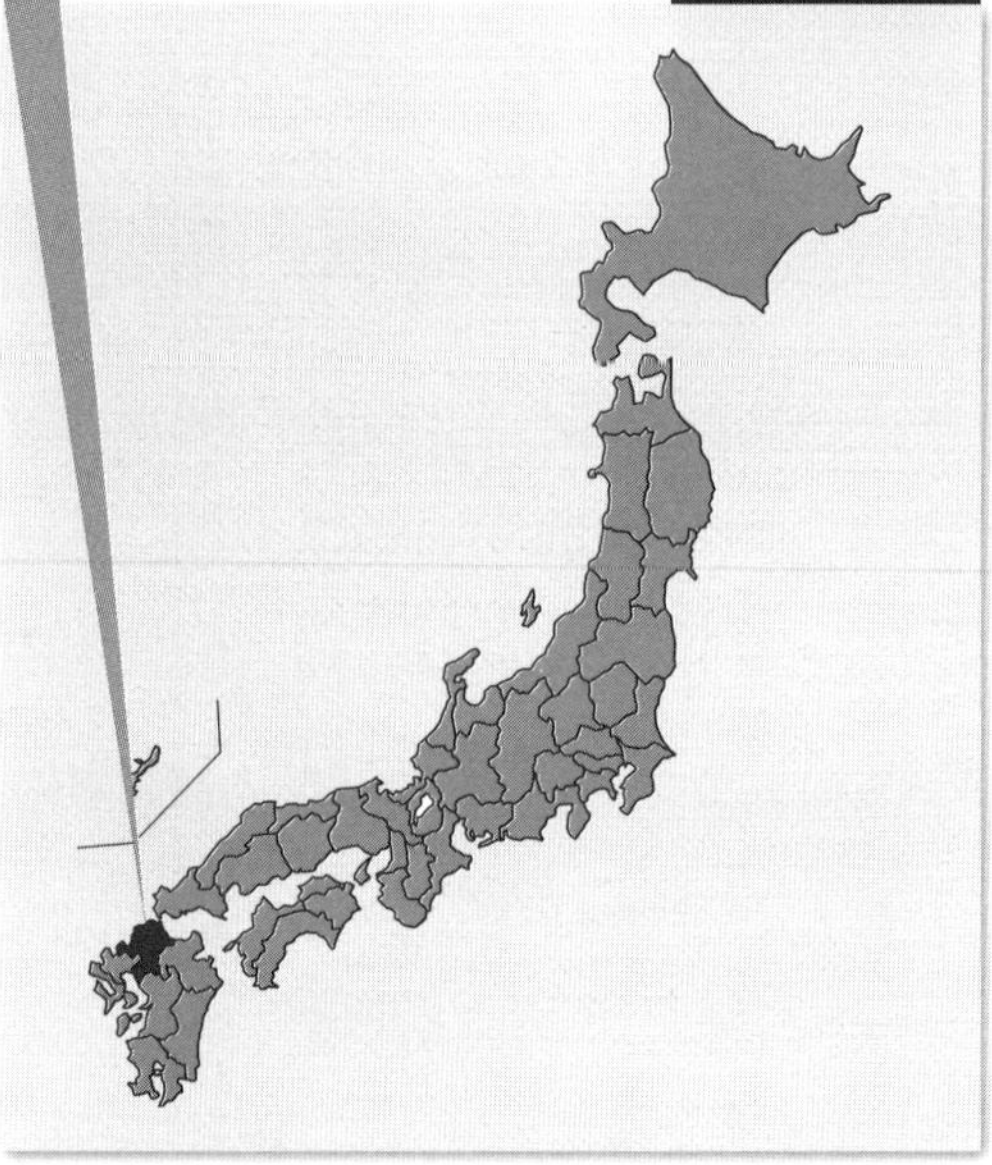

DATA

人口総数（人）	5,110,000
男性人口（人）	2,420,000
女性人口（人）	2,690,000
面積（km²）	498,700
平均気温（℃）	17.7
年間降水（mm）	1617.0
市町村数	60
県庁所在地	福岡市

福岡県のランキング

3位	25歳以上スポーツ観戦人口	46P
3位	労働時間	94P
3位	ソーシャルネットワーキングサービス(SNS)利用率	102P
4位	タイ消費量	166P
5位	小学生長時間ネット利用率	118P
6位	サバ消費量	164P
7位	たまねぎ消費量	130P
7位	Facebookユーザー数	100P
8位	25歳以上カラオケ人口	56P
9位	25歳以上華道人口	68P
9位	焼酎消費量	192P
11位	鉄道通勤・通学率	96P
11位	高校男子ラグビー部員数	30P
12位	中学水泳部員数	10P
12位	コーヒー消費量	182P
12位	緑茶消費量	178P
13位	ワイン消費量	196P
13位	インターネット利用率	104P
13位	はくさい消費量	140P
15位	テレビ・ラジオ・新聞・雑誌閲覧時間	86P
15位	魚介類消費量	160P
17位	キャベツ消費量	128P
17位	じゃがいも消費量	136P
17位	25歳以上サイクリング人口	32P
17位	ミネラルウォーター支出額	186P
18位	25歳以上テレビゲーム人口	52P
18位	生鮮野菜消費量	126P
18位	中学剣道部員数	12P
19位	25歳以上写真撮影人口	50P
19位	25歳以上茶道人口	66P
20位	25歳以上パチンコ人口	54P
20位	25歳以上英語学習人口	62P
20位	ビール消費量	190P
20位	すいか消費量	156P
21位	女性の家事労働時間	88P
21位	パン消費量	206P
21位	25歳以上ゲートボール人口	38P
22位	ウイスキー消費量	198P
22位	貝類消費量	168P
22位	25歳以上囲碁人口	74P
23位	味噌消費量	172P
23位	インスタントラーメン消費量	204P
23位	25歳以上ボランティア人口	70P
23位	きゅうり消費量	142P
24位	25歳以上登山・ハイキング人口	34P
24位	トマト消費量	134P
24位	25歳以上書道人口	64P
24位	25歳以上将棋人口	72P
25位	にんじん消費量	138P
25位	納豆支出額	202P
25位	レタス消費量	146P
25位	25歳以上ゴルフ人口	40P
26位	小学生通塾率	106P
27位	イチゴ消費量	158P
27位	休養・くつろぎ時間	90P
28位	みかん消費量	154P
28位	だいこん消費量	132P
28位	25歳以上楽器演奏人口	48P
29位	もやし消費量	144P
29位	米消費量	124P
29位	睡眠時間	92P
29位	水泳プール数	76P
29位	25歳以上編み物・手芸人口	60P
29位	中学陸上競技部員数	20P
30位	紅茶消費量	180P
30位	25歳以上スポーツ人口	44P
31位	食塩消費量	170P
31位	りんご消費量	152P
32位	炭酸飲料支出額	184P
32位	しょう油消費量	174P
32位	砂糖消費量	176P
33位	エンゲル係数	122P
33位	中学バドミントン部員数	14P
34位	中学軟式野球部員数	16P
34位	食事時間	84P
35位	バナナ消費量	150P
36位	中学サッカー部員数	8P
37位	牛乳消費量	188P
37位	小学生学校外学習率	114P
37位	中学卓球部員数	22P
37位	体育館数	82P
37位	野球場数	80P
37位	日本酒消費量	194P
38位	自家用車通勤・通学率	98P
38位	25歳以上釣り人口	42P
39位	中学バレーボール部員数	18P
39位	お菓子支出額	200P
40位	サンマ消費量	162P
40位	小学生地域行事参加率	116P
40位	小学生通学時間	110P
41位	25歳以上園芸・ガーデニング人口	58P
41位	果物消費量	148P
41位	陸上競技場数	78P
41位	小学生宿題実行率	112P
42位	25歳以上スキー・スノーボード人口	36P
42位	中学テニス部員数	26P
42位	小学生読書率	108P
46位	中学生運動部参加率	28P
46位	中学バスケットボール部員数	24P
47位	小学生朝食摂取率	120P

佐賀県

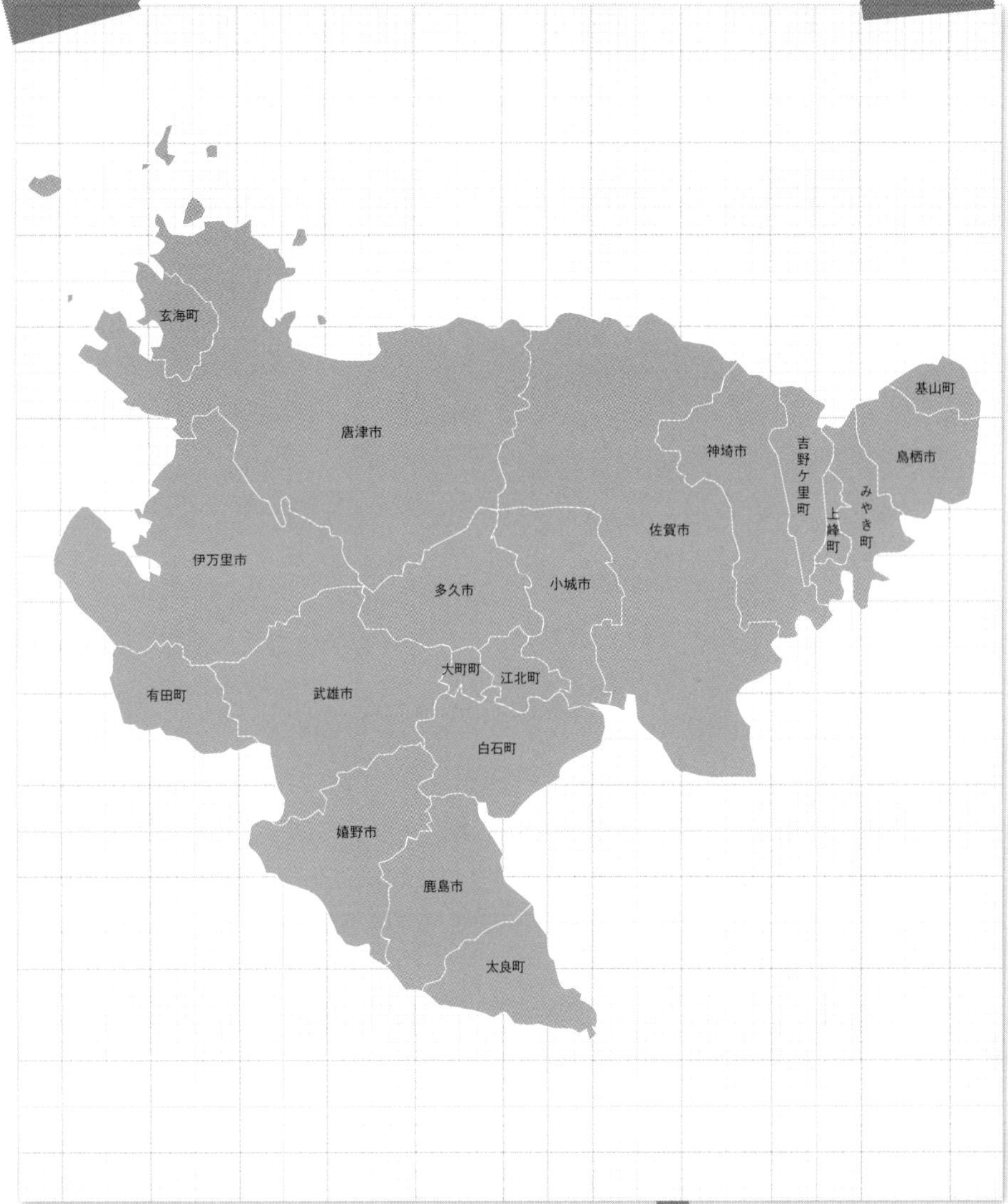

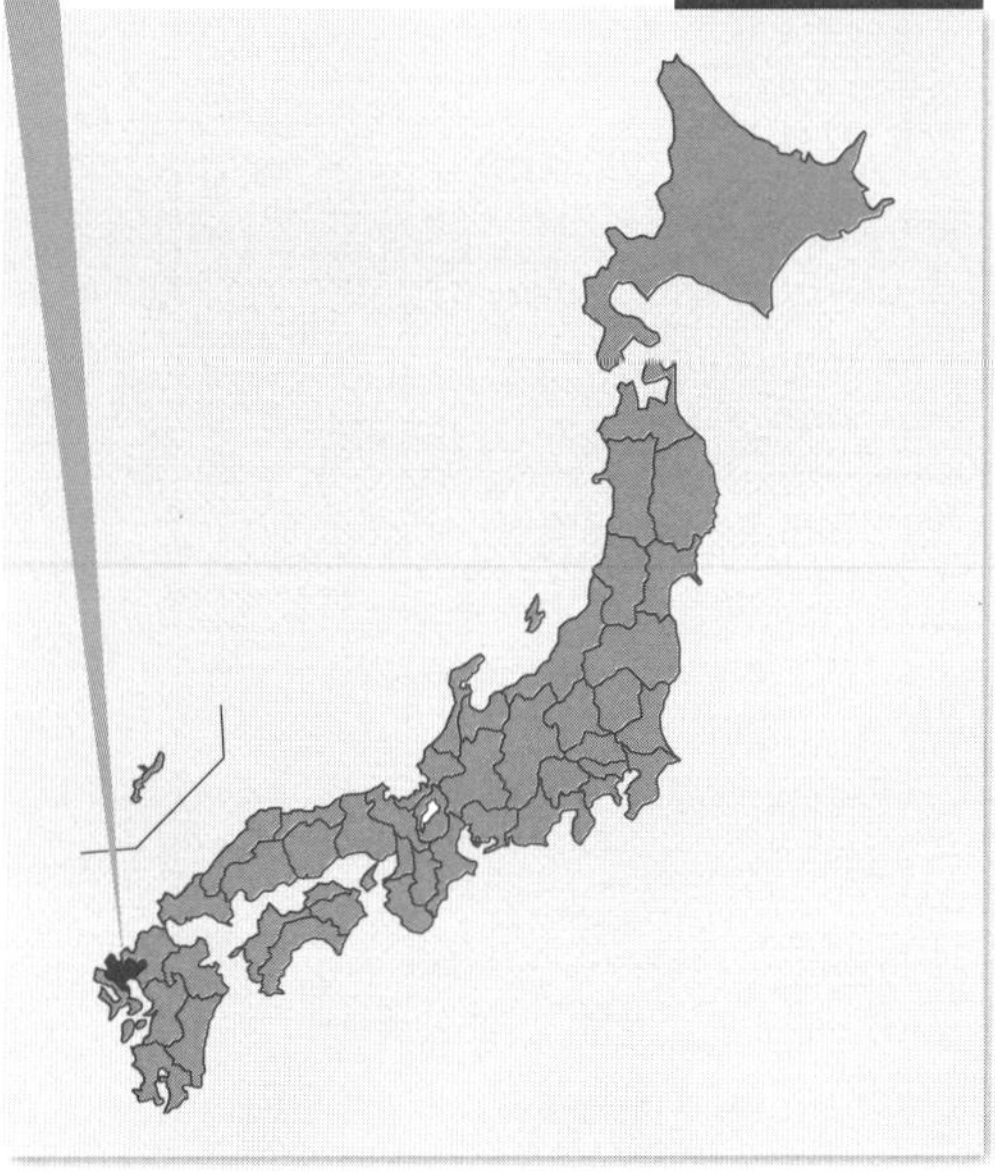

九州で一番面積の小さい佐賀県。九州はタイ消費量が多い地域であり、なかでも佐賀県は全国1位だ。また、剣道も盛んで中学剣道部員数が2位になっている。

DATA

人口総数（人）	820,000
男性人口（人）	390,000
女性人口（人）	430,000
面積（km²）	244,100
平均気温（℃）	17.4
年間降水（mm）	1877.0
市町村数	20
県庁所在地	佐賀市

佐賀県のランキング

1位	タイ消費量	166P
2位	中学剣道部員数	12P
3位	小学生通学時間	110P
5位	米消費量	124P
6位	しょう油消費量	174P
6位	25歳以上ボランティア人口	70P
8位	たまねぎ消費量	130P
8位	緑茶消費量	178P
8位	中学テニス部員数	26P
9位	みかん消費量	154P
9位	はくさい消費量	140P
9位	すいか消費量	156P
10位	インスタントラーメン消費量	204P
10位	25歳以上スポーツ観戦人口	46P
10位	中学バレーボール部員数	18P
10位	25歳以上パチンコ人口	54P
11位	貝類消費量	168P
12位	25歳以上ゲートボール人口	38P
12位	キャベツ消費量	128P
12位	中学軟式野球部員数	16P
12位	砂糖消費量	176P
13位	中学サッカー部員数	8P
13位	もやし消費量	144P
13位	自家用車通勤・通学率	98P
13位	じゃがいも消費量	136P
13位	魚介類消費量	160P
13位	サバ消費量	164P
13位	日本酒消費量	194P
14位	小学生地域行事参加率	116P
15位	味噌消費量	172P
15位	25歳以上釣り人口	42P
15位	労働時間	94P
17位	休養・くつろぎ時間	90P
17位	焼酎消費量	192P

17位	25歳以上華道人口	68P
18位	25歳以上書道人口	64P
18位	睡眠時間	92P
19位	中学水泳部員数	10P
20位	炭酸飲料支出額	184P
20位	水泳プール数	76P
20位	テレビ・ラジオ・新聞・雑誌閲覧時間	86P
20位	きゅうり消費量	142P
21位	ソーシャルネットワーキングサービス(SNS)利用率	102P
21位	体育館数	82P
21位	小学生長時間ネット利用率	118P
22位	陸上競技場数	78P
23位	ミネラルウォーター支出額	186P
23位	紅茶消費量	180P
23位	中学陸上競技部員数	20P
24位	25歳以上サイクリング人口	32P
24位	中学卓球部員数	22P
24位	にんじん消費量	138P
25位	小学生朝食摂取率	120P
26位	ビール消費量	190P
26位	生鮮野菜消費量	126P
26位	小学生読書率	108P
26位	野球場数	80P
27位	納豆支出額	202P
28位	鉄道通勤・通学率	96P
28位	インターネット利用率	104P
28位	25歳以上囲碁人口	74P
29位	中学生運動部参加率	28P
29位	バナナ消費量	150P
29位	25歳以上園芸・ガーデニング人口	58P
29位	25歳以上楽器演奏人口	48P
29位	トマト消費量	134P
30位	牛乳消費量	188P
31位	エンゲル係数	122P

31位	小学生宿題実行率	112P
32位	食塩消費量	170P
32位	Facebookユーザー数	100P
32位	レタス消費量	146P
32位	25歳以上写真撮影人口	50P
33位	イチゴ消費量	158P
33位	パン消費量	206P
34位	25歳以上茶道人口	66P
34位	25歳以上英語学習人口	62P
34位	25歳以上カラオケ人口	56P
35位	中学バスケットボール部員数	24P
36位	小学生通塾率	106P
37位	25歳以上テレビゲーム人口	52P
38位	コーヒー消費量	182P
38位	お菓子支出額	200P
38位	だいこん消費量	132P
39位	高校男子ラグビー部員数	30P
39位	小学生学校外学習率	114P
39位	25歳以上ゴルフ人口	40P
40位	女性の家事労働時間	88P
40位	中学バドミントン部員数	14P
41位	25歳以上スポーツ人口	44P
41位	25歳以上スキー・スノーボード人口	36P
41位	サンマ消費量	162P
42位	りんご消費量	152P
42位	25歳以上編み物・手芸人口	60P
43位	25歳以上将棋人口	72P
44位	ウイスキー消費量	198P
45位	食事時間	84P
46位	25歳以上登山・ハイキング人口	34P
46位	果物消費量	148P
46位	ワイン消費量	196P

42 長崎県

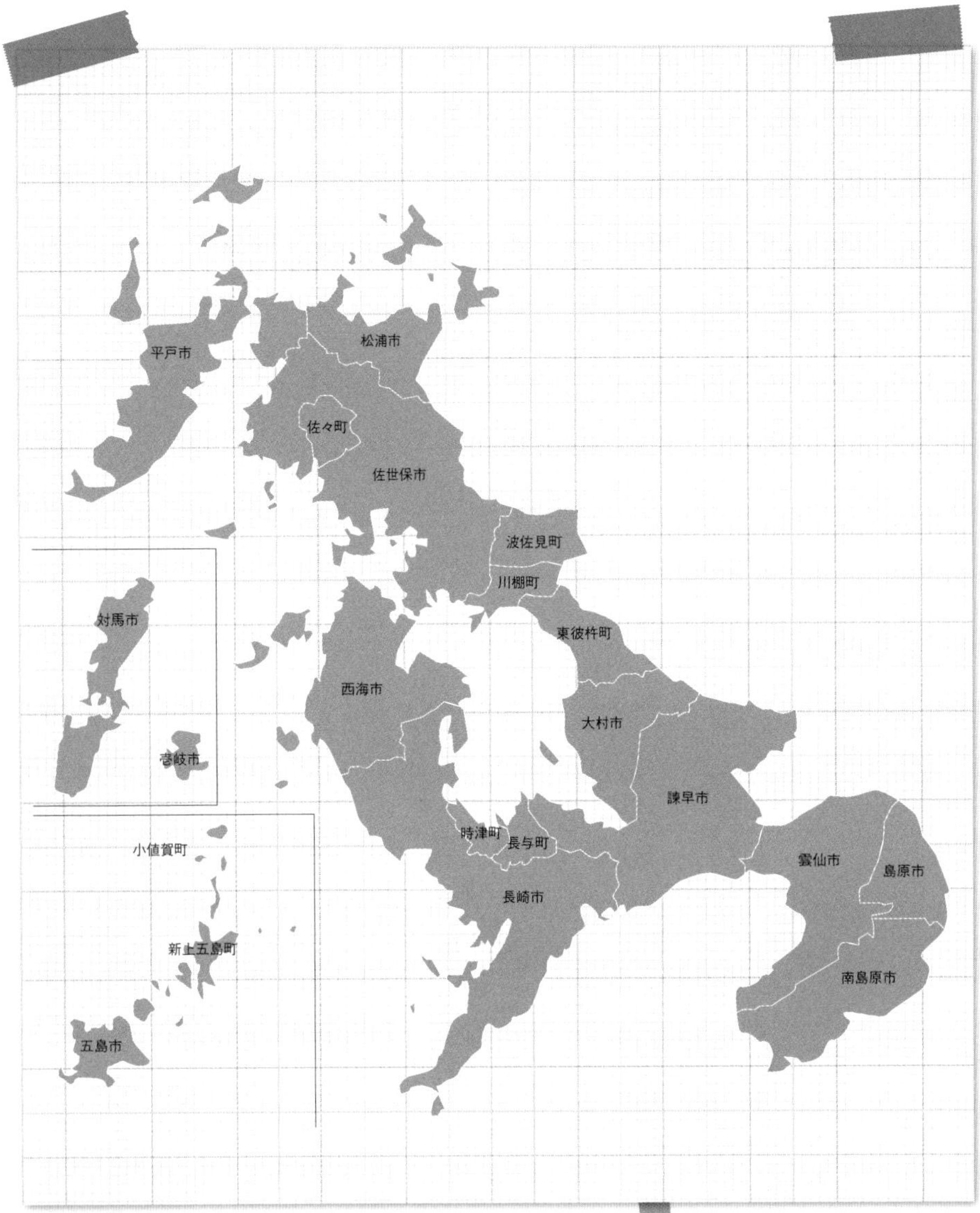

DATA

人口総数（人）	1,340,000
男性人口（人）	630,000
女性人口（人）	710,000
面積（km²）	413,100
平均気温（℃）	17.7
年間降水（mm）	1821.0
市町村数	21
県庁所在地	長崎市

47都道府県中もっとも島が多い長崎県。多くの島と入り組んだ地形で海岸線延長が北海道に次いで長く、漁場に恵まれているため25歳以上釣り人口が1位となっている。

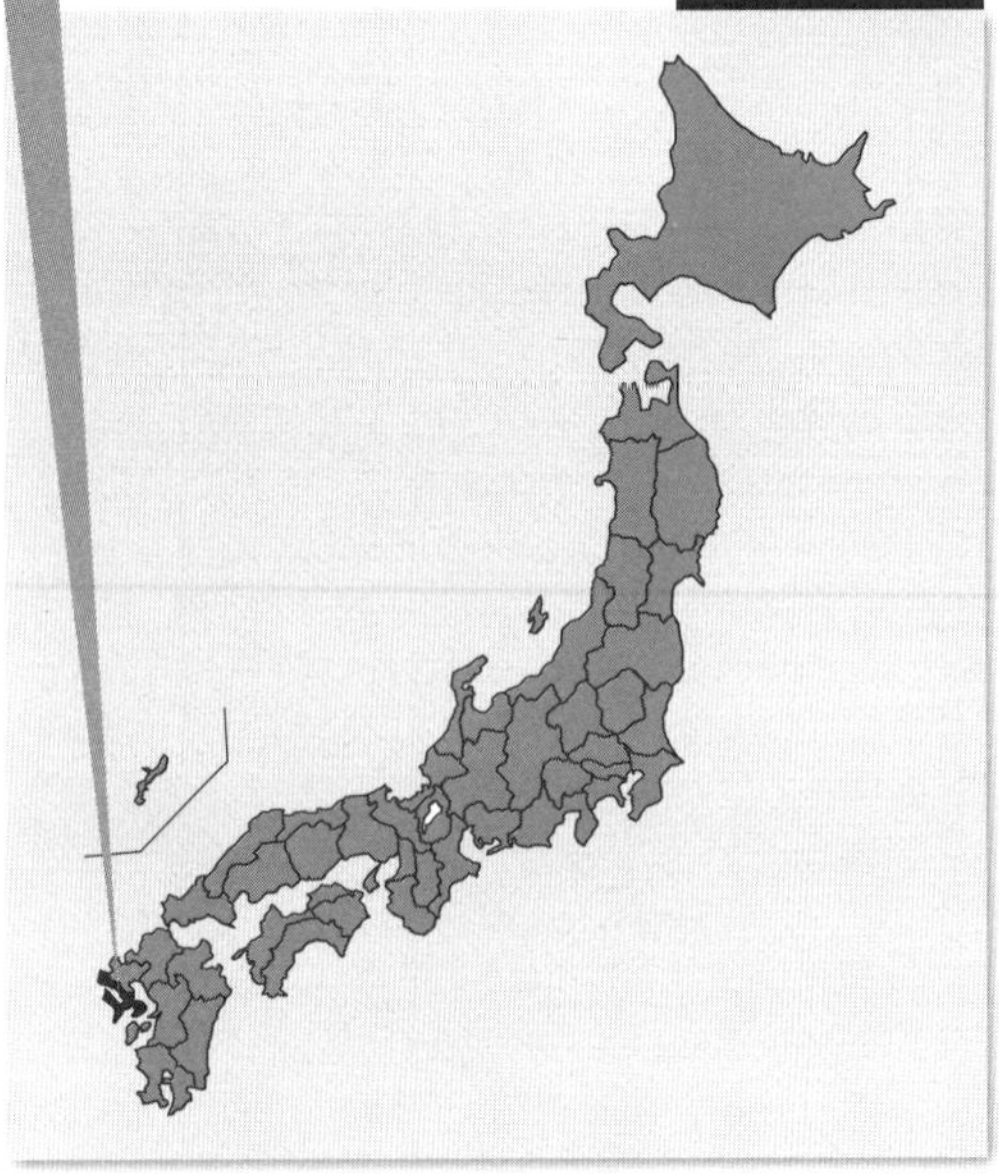

長崎県のランキング

1位	25歳以上釣り人口	42P
1位	みかん消費量	154P
1位	高校男子ラグビー部員数	30P
2位	イチゴ消費量	158P
3位	砂糖消費量	176P
3位	タイ消費量	166P
6位	テレビ・ラジオ・新聞・雑誌閲覧時間	86P
6位	エンゲル係数	122P
6位	米消費量	124P
7位	中学水泳部員数	10P
7位	焼酎消費量	192P
7位	休養・くつろぎ時間	90P
7位	すいか消費量	156P
7位	緑茶消費量	178P
8位	中学バドミントン部員数	14P
8位	じゃがいも消費量	136P
9位	魚介類消費量	160P
9位	しょう油消費量	174P
10位	食塩消費量	170P
10位	水泳プール数	76P
11位	25歳以上ゲートボール人口	38P
11位	サバ消費量	164P
12位	小学生学校外学習率	114P
12位	25歳以上パチンコ人口	54P
13位	味噌消費量	172P
13位	中学バレーボール部員数	18P
13位	中学テニス部員数	26P
15位	中学バスケットボール部員数	24P
17位	体育館数	82P
17位	陸上競技場数	78P
18位	きゅうり消費量	142P
19位	中学生運動部参加率	28P
19位	紅茶消費量	180P
19位	たまねぎ消費量	130P

20位	パン消費量	206P
20位	はくさい消費量	140P
21位	ミネラルウォーター支出額	186P
22位	小学生朝食摂取率	120P
24位	Facebookユーザー数	100P
24位	25歳以上ボランティア人口	70P
25位	貝類消費量	168P
26位	バナナ消費量	150P
26位	りんご消費量	152P
27位	ビール消費量	190P
27位	小学生宿題実行率	112P
27位	中学サッカー部員数	8P
27位	25歳以上書道人口	64P
27位	中学陸上競技部員数	20P
28位	小学生読書率	108P
28位	25歳以上茶道人口	66P
28位	レタス消費量	146P
28位	中学軟式野球部員数	16P
29位	労働時間	94P
30位	25歳以上囲碁人口	74P
31位	生鮮野菜消費量	126P
31位	女性の家事労働時間	88P
31位	中学剣道部員数	12P
31位	小学生地域行事参加率	116P
31位	鉄道通勤・通学率	96P
32位	睡眠時間	92P
32位	小学生通塾率	106P
32位	もやし消費量	144P
33位	25歳以上英語学習人口	62P
33位	納豆支出額	202P
33位	にんじん消費量	138P
34位	ワイン消費量	196P
34位	25歳以上スポーツ観戦人口	46P
34位	自家用車通勤・通学率	98P

34位	25歳以上編み物・手芸人口	60P
34位	トマト消費量	134P
34位	小学生通学時間	110P
34位	キャベツ消費量	128P
35位	中学卓球部員数	22P
35位	だいこん消費量	132P
35位	インスタントラーメン消費量	204P
35位	25歳以上カラオケ人口	56P
35位	野球場数	80P
36位	果物消費量	148P
36位	コーヒー消費量	182P
38位	インターネット利用率	104P
38位	炭酸飲料支出額	184P
38位	25歳以上華道人口	68P
38位	25歳以上園芸・ガーデニング人口	58P
38位	25歳以上スポーツ人口	44P
39位	25歳以上登山・ハイキング人口	34P
39位	日本酒消費量	194P
40位	ソーシャルネットワーキングサービス(SNS)利用率	102P
41位	ウイスキー消費量	198P
41位	食事時間	84P
44位	25歳以上スキー・スノーボード人口	36P
44位	25歳以上写真撮影人口	50P
44位	25歳以上テレビゲーム人口	52P
44位	お菓子支出額	200P
45位	サンマ消費量	162P
45位	牛乳消費量	188P
45位	25歳以上ゴルフ人口	40P
46位	25歳以上将棋人口	72P
47位	小学生長時間ネット利用率	118P
47位	25歳以上楽器演奏人口	48P
47位	25歳以上サイクリング人口	32P

熊本県

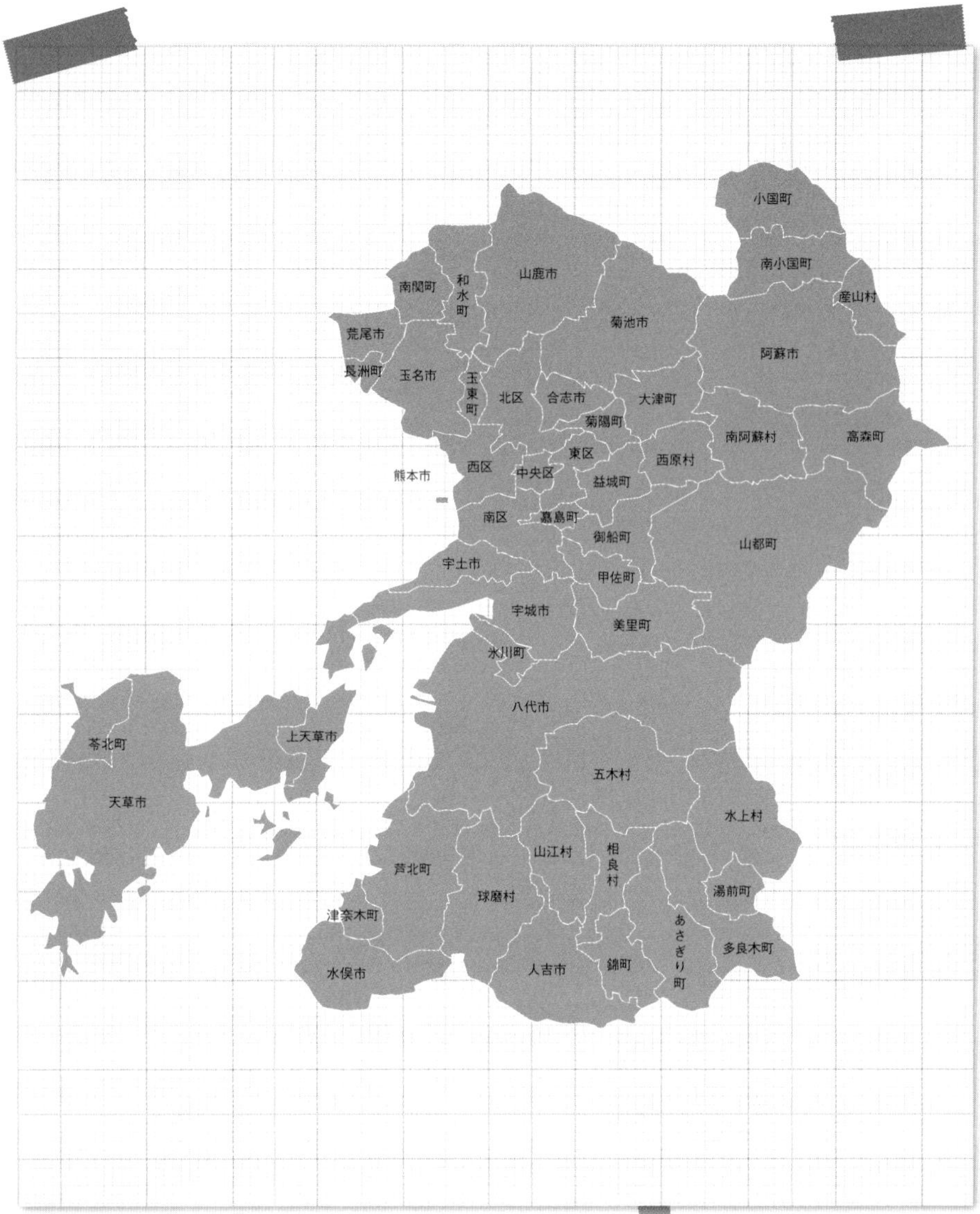

DATA

人口総数（人）	1,760,000
男性人口（人）	830,000
女性人口（人）	930,000
面積（km²）	741,000
平均気温（℃）	17.5
年間降水（mm）	1950.5
市町村数	45
県庁所在地	熊本市

九州の中央部に位置する熊本県。25歳以上パチンコ人口が全国1位となっている。九州南部はパチンコ店舗数が多く、鹿児島県、宮崎県も上位を占めている。

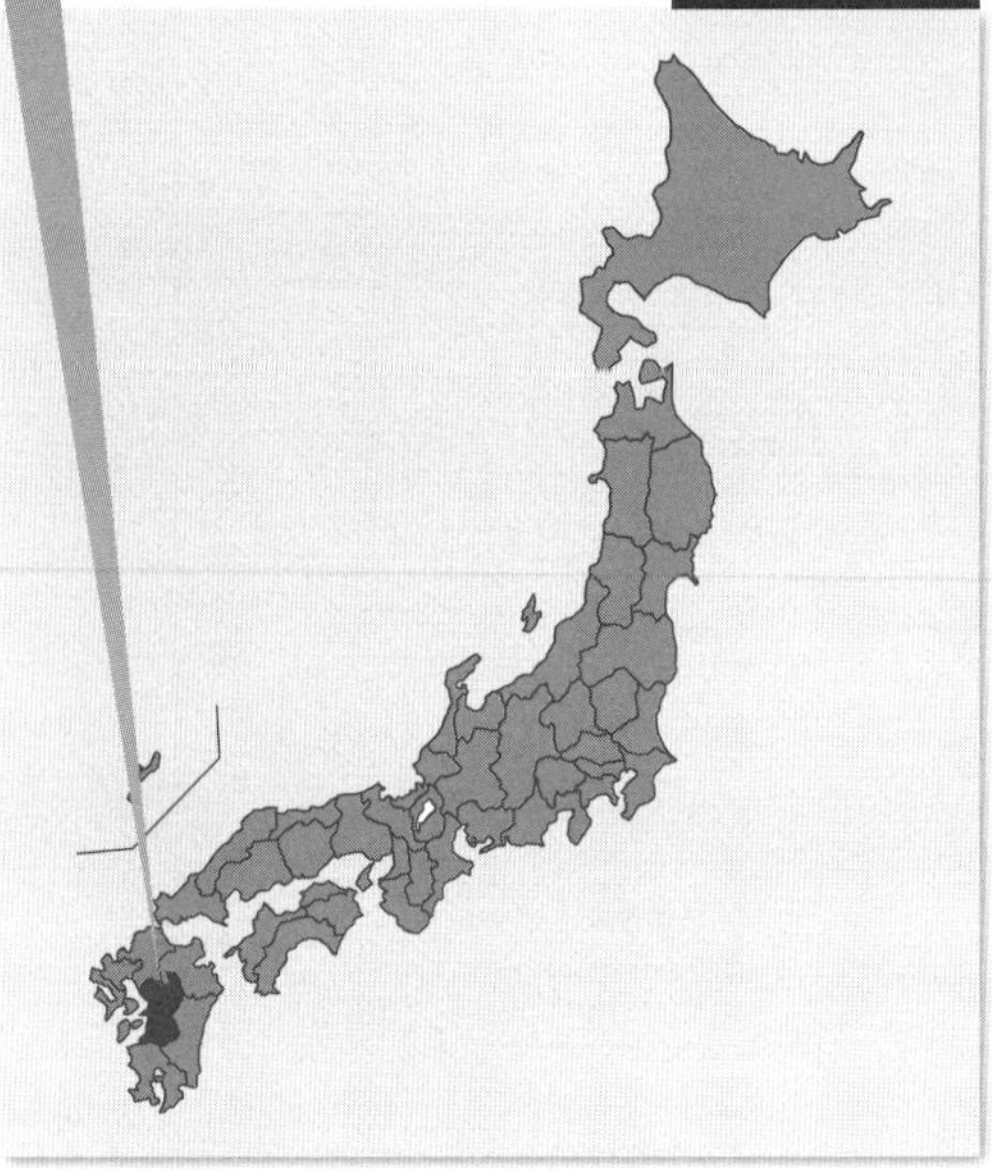

熊本県のランキング

1位	25歳以上パチンコ人口	54P
2位	中学サッカー部員数	8P
2位	25歳以上釣り人口	42P
2位	タイ消費量	166P
3位	すいか消費量	156P
4位	25歳以上ゲートボール人口	38P
5位	焼酎消費量	192P
5位	炭酸飲料支出額	184P
6位	みかん消費量	154P
6位	体育館数	82P
10位	25歳以上将棋人口	72P
10位	味噌消費量	172P
12位	25歳以上ボランティア人口	70P
14位	中学軟式野球部員数	16P
14位	食塩消費量	170P
14位	緑茶消費量	178P
14位	睡眠時間	92P
16位	中学水泳部員数	10P
16位	砂糖消費量	176P
16位	納豆支出額	202P
16位	きゅうり消費量	142P
17位	ソーシャルネットワーキングサービス(SNS)利用率	102P
17位	中学バドミントン部員数	14P
18位	食事時間	84P
18位	インスタントラーメン消費量	204P
19位	小学生地域行事参加率	116P
20位	テレビ・ラジオ・新聞・雑誌閲覧時間	86P
21位	労働時間	94P
21位	高校男子ラグビー部員数	30P
22位	もやし消費量	144P
23位	しょう油消費量	174P
23位	米消費量	124P
25位	中学バレーボール部員数	18P
25位	野球場数	80P

26位	25歳以上英語学習人口	62P
26位	陸上競技場数	78P
26位	自家用車通勤・通学率	98P
27位	Facebookユーザー数	100P
27位	小学生朝食摂取率	120P
27位	レタス消費量	146P
27位	サバ消費量	164P
28位	小学生学校外学習率	114P
28位	トマト消費量	134P
28位	中学剣道部員数	12P
28位	ミネラルウォーター支出額	186P
29位	25歳以上華道人口	68P
29位	25歳以上スポーツ人口	44P
29位	25歳以上囲碁人口	74P
30位	25歳以上写真撮影人口	50P
30位	25歳以上楽器演奏人口	48P
31位	小学生通学時間	110P
32位	25歳以上書道人口	64P
32位	25歳以上茶道人口	66P
32位	ワイン消費量	196P
32位	休養・くつろぎ時間	90P
33位	25歳以上カラオケ人口	56P
33位	インターネット利用率	104P
33位	たまねぎ消費量	130P
34位	小学生宿題実行率	112P
35位	ビール消費量	190P
35位	小学生読書率	108P
35位	25歳以上ゴルフ人口	40P
35位	エンゲル係数	122P
36位	キャベツ消費量	128P
36位	中学テニス部員数	26P
36位	じゃがいも消費量	136P
36位	にんじん消費量	138P
36位	25歳以上サイクリング人口	32P

36位	25歳以上園芸・ガーデニング人口	58P
37位	水泳プール数	76P
37位	小学生長時間ネット利用率	118P
37位	25歳以上登山・ハイキング人口	34P
38位	25歳以上テレビゲーム人口	52P
39位	中学生運動部参加率	28P
39位	小学生通塾率	106P
39位	牛乳消費量	188P
40位	パン消費量	206P
40位	生鮮野菜消費量	126P
40位	女性の家事労働時間	88P
40位	鉄道通勤・通学率	96P
41位	貝類消費量	168P
41位	中学バスケットボール部員数	24P
42位	魚介類消費量	160P
42位	お菓子支出額	200P
42位	紅茶消費量	180P
43位	中学陸上競技部員数	20P
43位	はくさい消費量	140P
43位	果物消費量	148P
43位	サンマ消費量	162P
43位	25歳以上スキー・スノーボード人口	36P
43位	だいこん消費量	132P
43位	25歳以上編み物・手芸人口	60P
44位	25歳以上スポーツ観戦人口	46P
44位	日本酒消費量	194P
44位	イチゴ消費量	158P
44位	中学卓球部員数	22P
46位	バナナ消費量	150P
46位	コーヒー消費量	182P
46位	ウイスキー消費量	198P
46位	りんご消費量	152P

大分県

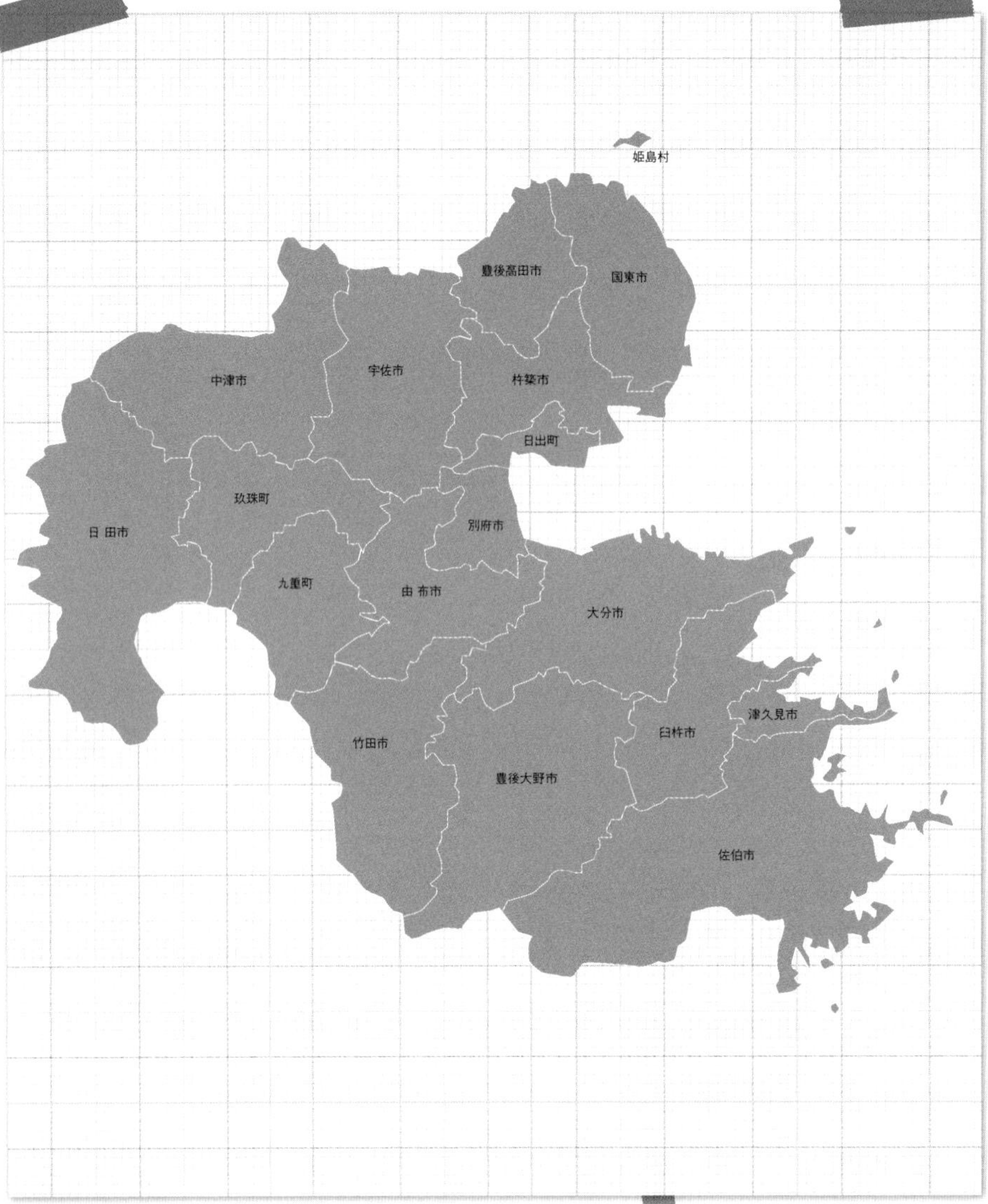

DATA

人口総数（人）	1,140,000
男性人口（人）	540,000
女性人口（人）	600,000
面積（km²）	634,100
平均気温（℃）	17.1
年間降水（mm）	1663.0
市町村数	18
県庁所在地	大分市

別府温泉や湯布院温泉などの温泉地として知られる大分県。野球場数が全国3位にランキングしているほか、砂糖、みかん、焼酎の各消費量が多いことが特徴といえよう。

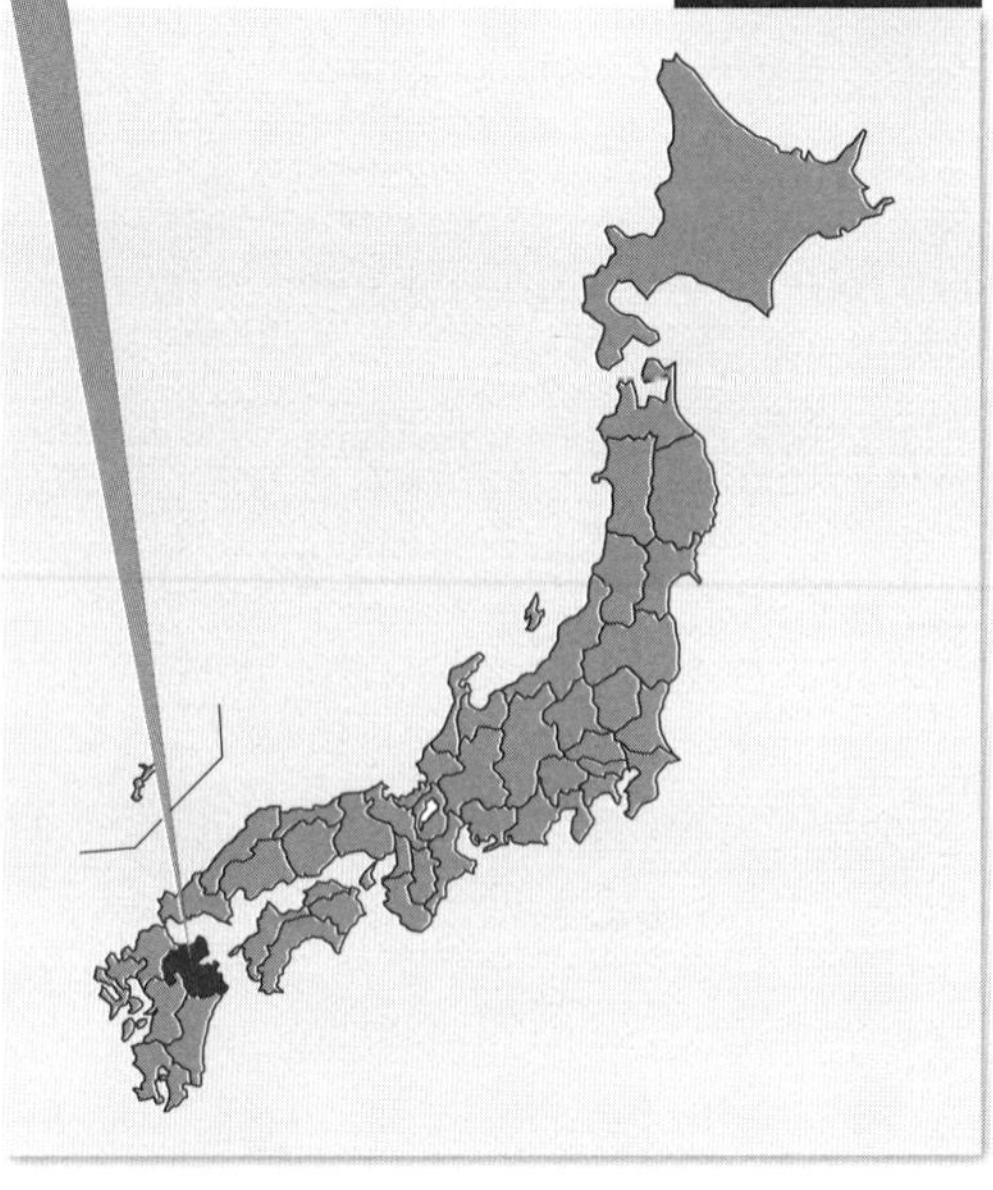

大分県のランキング

3位	野球場数	80P
4位	砂糖消費量	176P
4位	みかん消費量	154P
4位	焼酎消費量	192P
4位	水泳プール数	76P
5位	しょう油消費量	174P
5位	中学軟式野球部員数	16P
5位	すいか消費量	156P
7位	25歳以上パチンコ人口	54P
7位	食塩消費量	170P
7位	はくさい消費量	140P
7位	中学テニス部員数	26P
7位	タイ消費量	166P
8位	中学卓球部員数	22P
8位	休養・くつろぎ時間	90P
8位	テレビ・ラジオ・新聞・雑誌閲覧時間	86P
9位	25歳以上将棋人口	72P
9位	ミネラルウォーター支出額	186P
9位	高校男子ラグビー部員数	30P
11位	陸上競技場数	78P
12位	インスタントラーメン消費量	204P
12位	サバ消費量	164P
13位	25歳以上書道人口	64P
13位	25歳以上釣り人口	42P
13位	25歳以上ゲートボール人口	38P
15位	25歳以上ゴルフ人口	40P
16位	味噌消費量	172P
18位	小学生長時間ネット利用率	118P
18位	ソーシャルネットワーキングサービス(SNS)利用率	102P
18位	貝類消費量	168P
19位	睡眠時間	92P
19位	きゅうり消費量	142P
20位	ウイスキー消費量	198P
20位	25歳以上ボランティア人口	70P

20位	Facebookユーザー数	100P
21位	女性の家事労働時間	88P
21位	緑茶消費量	178P
21位	キャベツ消費量	128P
21位	紅茶消費量	180P
22位	たまねぎ消費量	130P
22位	果物消費量	148P
22位	納豆支出額	202P
22位	小学生地域行事参加率	116P
23位	体育館数	82P
23位	自家用車通勤・通学率	98P
23位	中学水泳部員数	10P
23位	ワイン消費量	196P
24位	イチゴ消費量	158P
25位	コーヒー消費量	182P
25位	米消費量	124P
26位	もやし消費量	144P
26位	25歳以上囲碁人口	74P
27位	25歳以上園芸・ガーデニング人口	58P
28位	魚介類消費量	160P
28位	小学生学校外学習率	114P
28位	小学生通塾率	106P
28位	中学バレーボール部員数	18P
28位	25歳以上スポーツ人口	44P
28位	25歳以上カラオケ人口	56P
28位	25歳以上スポーツ観戦人口	46P
29位	25歳以上写真撮影人口	50P
30位	中学剣道部員数	12P
30位	ビール消費量	190P
30位	中学陸上競技部員数	20P
30位	バナナ消費量	150P
31位	小学生読書率	108P
31位	トマト消費量	134P
32位	25歳以上楽器演奏人口	48P

32位	中学生運動部参加率	28P
32位	サンマ消費量	162P
33位	じゃがいも消費量	136P
33位	生鮮野菜消費量	126P
33位	労働時間	94P
33位	25歳以上テレビゲーム人口	52P
35位	日本酒消費量	194P
35位	25歳以上茶道人口	66P
36位	お菓子支出額	200P
36位	パン消費量	206P
36位	レタス消費量	146P
36位	25歳以上登山・ハイキング人口	34P
36位	25歳以上華道人口	68P
37位	中学バスケットボール部員数	24P
37位	小学生宿題実行率	112P
37位	インターネット利用率	104P
37位	鉄道通勤・通学率	96P
39位	りんご消費量	152P
39位	中学バドミントン部員数	14P
39位	25歳以上スキー・スノーボード人口	36P
39位	食事時間	84P
39位	中学サッカー部員数	8P
39位	にんじん消費量	138P
41位	エンゲル係数	122P
41位	25歳以上編み物・手芸人口	60P
41位	25歳以上サイクリング人口	32P
41位	だいこん消費量	132P
42位	炭酸飲料支出額	184P
42位	牛乳消費量	188P
42位	25歳以上英語学習人口	62P
43位	小学生通学時間	110P
43位	小学生朝食摂取率	120P

宮崎県

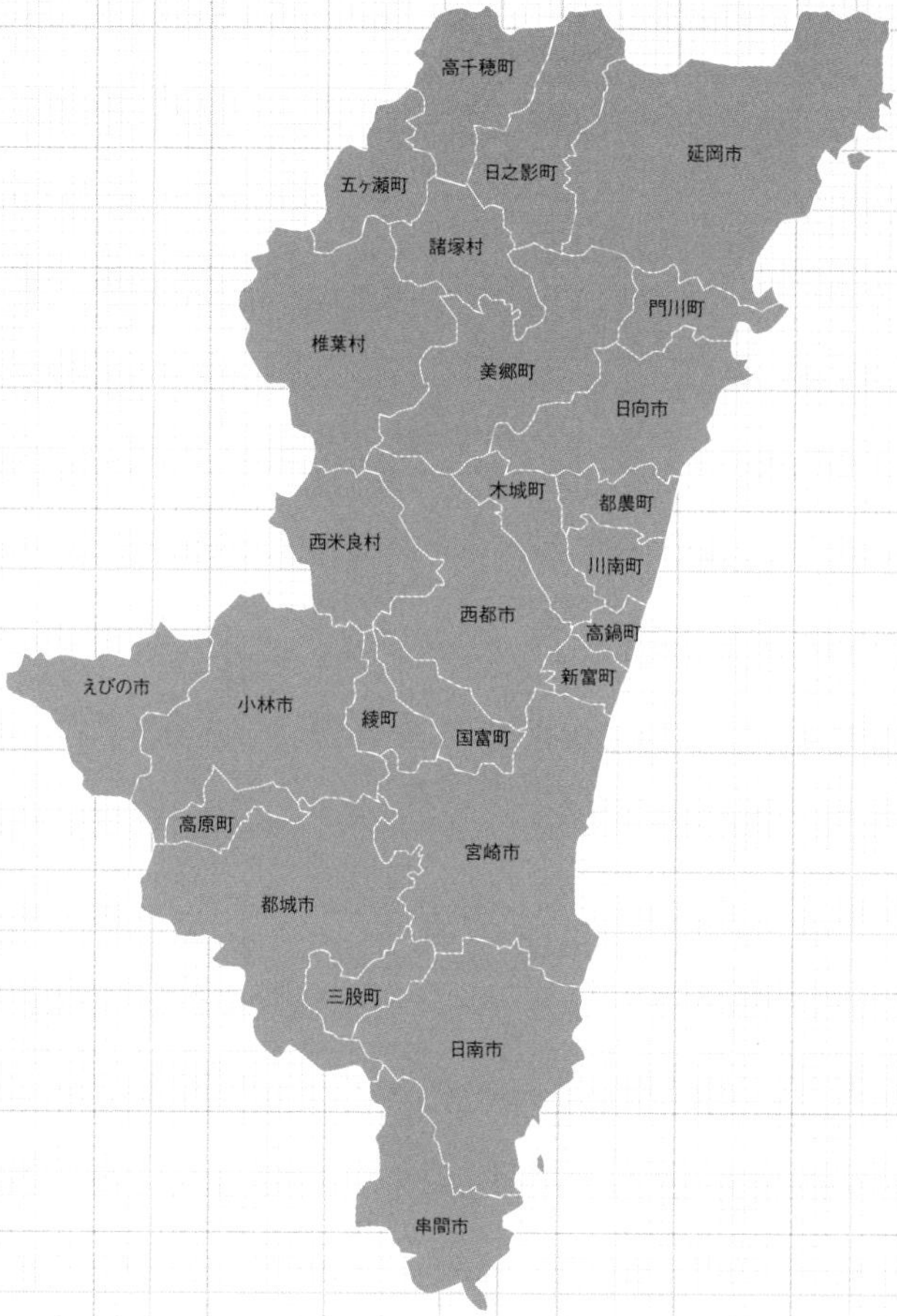

DATA

人口総数（人）	1,080,000
男性人口（人）	510,000
女性人口（人）	570,000
面積（km²）	773,500
平均気温（℃）	17.8
年間降水（mm）	3167.5
市町村数	26
県庁所在地	宮崎市

南国情緒があふれる宮崎県。焼酎の生産地なので、焼酎消費量は鹿児島県に次いで全国2位となっている。25歳以上パチンコ人口が多いのは九州南部に共通する傾向。

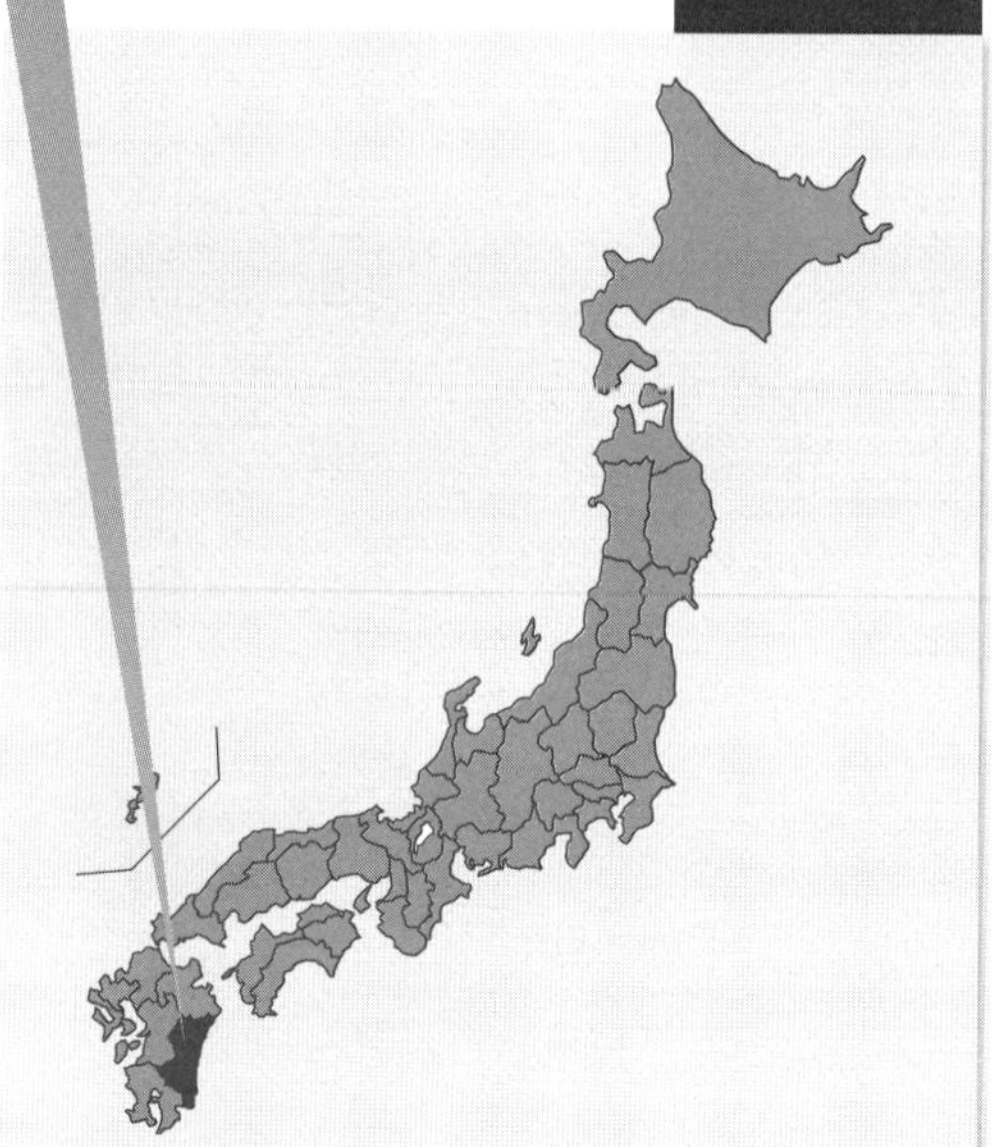

宮崎県のランキング

2位	焼酎消費量	192P
3位	小学生通学時間	110P
3位	体育館数	82P
3位	25歳以上パチンコ人口	54P
4位	高校男子ラグビー部員数	30P
5位	サバ消費量	164P
5位	陸上競技場数	78P
7位	砂糖消費量	176P
8位	中学軟式野球部員数	16P
8位	味噌消費量	172P
8位	はくさい消費量	140P
8位	睡眠時間	92P
9位	小学生読書率	108P
9位	テレビ・ラジオ・新聞・雑誌閲覧時間	86P
10位	25歳以上釣り人口	42P
10位	中学サッカー部員数	8P
12位	自家用車通勤・通学率	98P
12位	ミネラルウォーター支出額	186P
14位	25歳以上囲碁人口	74P
14位	みかん消費量	154P
15位	トマト消費量	134P
16位	野球場数	80P
17位	きゅうり消費量	142P
17位	休養・くつろぎ時間	90P
17位	25歳以上ゴルフ人口	40P
18位	ビール消費量	190P
18位	食事時間	84P
18位	中学バレーボール部員数	18P
18位	25歳以上ゲートボール人口	38P
20位	ワイン消費量	196P
21位	25歳以上園芸・ガーデニング人口	58P
21位	小学生学校外学習率	114P
21位	中学バドミントン部員数	14P
21位	25歳以上ボランティア人口	70P
21位	しょう油消費量	174P
21位	タイ消費量	166P
23位	25歳以上カラオケ人口	56P
24位	キャベツ消費量	128P
24位	緑茶消費量	178P
24位	インスタントラーメン消費量	204P
25位	小学生地域行事参加率	116P
25位	中学テニス部員数	26P
26位	エンゲル係数	122P
26位	中学生運動部参加率	28P
27位	小学生朝食摂取率	120P
28位	中学水泳部員数	10P
28位	イチゴ消費量	158P
29位	Facebookユーザー数	100P
29位	納豆支出額	202P
29位	果物消費量	148P
30位	小学生長時間ネット利用率	118P
30位	女性の家事労働時間	88P
31位	中学バスケットボール部員数	24P
31位	レタス消費量	146P
32位	25歳以上テレビゲーム人口	52P
33位	25歳以上写真撮影人口	50P
34位	りんご消費量	152P
34位	小学生宿題実行率	112P
34位	じゃがいも消費量	136P
35位	25歳以上書道人口	64P
36位	25歳以上スポーツ人口	44P
36位	牛乳消費量	188P
37位	にんじん消費量	138P
37位	25歳以上スポーツ観戦人口	46P
37位	生鮮野菜消費量	126P
38位	25歳以上楽器演奏人口	48P
38位	ソーシャルネットワーキングサービス(SNS)利用率	102P
38位	魚介類消費量	160P
39位	25歳以上茶道人口	66P
39位	食塩消費量	170P
39位	ウイスキー消費量	198P
39位	炭酸飲料支出額	184P
40位	中学陸上競技部員数	20P
40位	小学生通塾率	106P
40位	インターネット利用率	104P
41位	パン消費量	206P
41位	バナナ消費量	150P
41位	25歳以上英語学習人口	62P
41位	労働時間	94P
42位	たまねぎ消費量	130P
43位	25歳以上登山・ハイキング人口	34P
43位	水泳プール数	76P
43位	紅茶消費量	180P
44位	米消費量	124P
44位	25歳以上編み物・手芸人口	60P
44位	25歳以上華道人口	68P
44位	中学剣道部員数	12P
44位	25歳以上サイクリング人口	32P
44位	コーヒー消費量	182P
44位	だいこん消費量	132P
45位	日本酒消費量	194P
45位	お菓子支出額	200P
45位	25歳以上スキー・スノーボード人口	36P
45位	すいか消費量	156P
46位	鉄道通勤・通学率	96P
46位	中学卓球部員数	22P
46位	貝類消費量	168P
46位	もやし消費量	144P
47位	サンマ消費量	162P
47位	25歳以上将棋人口	72P

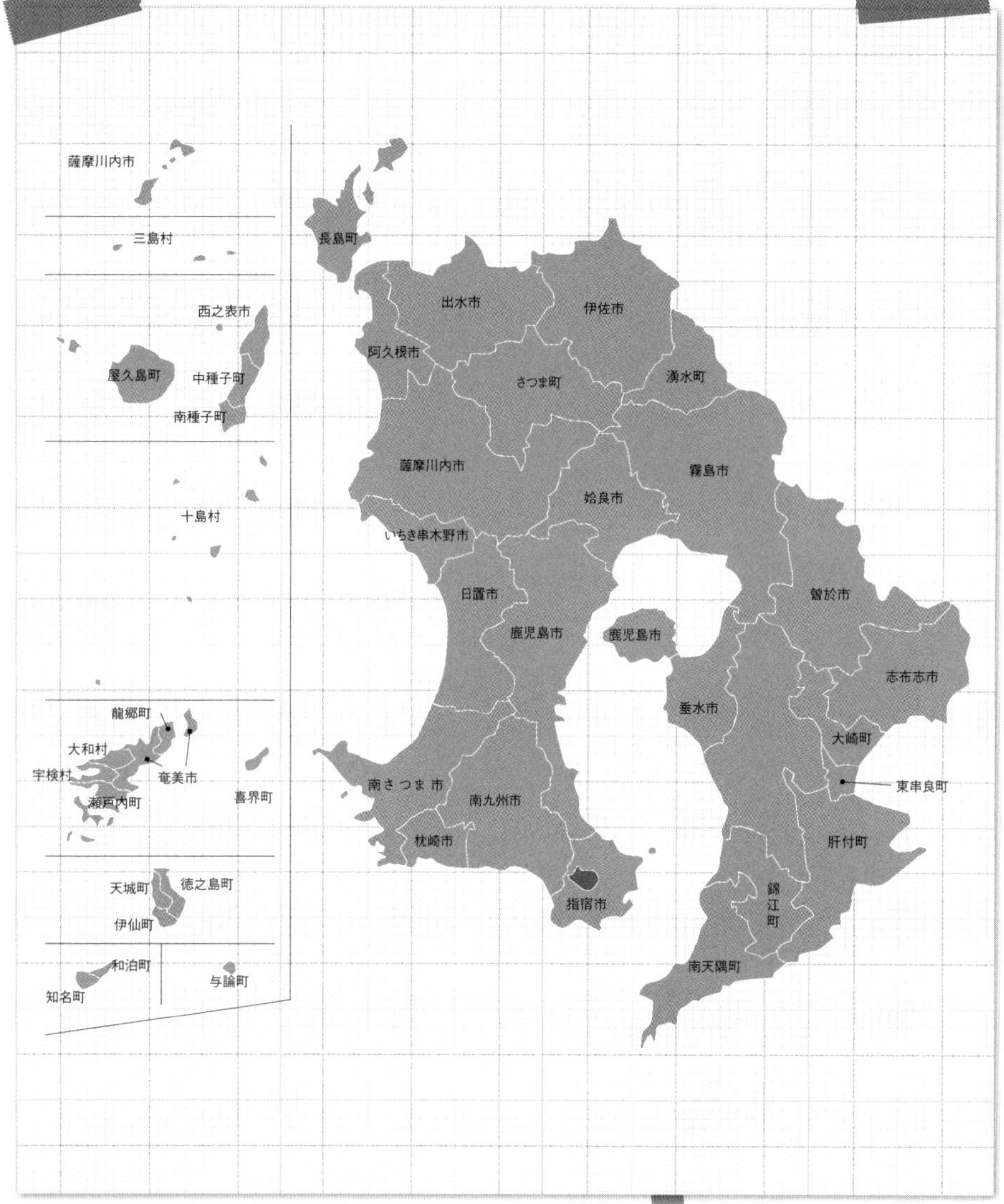

鹿児島県

DATA

人口総数（人）	1,610,000
男性人口（人）	760,000
女性人口（人）	860,000
面積（km²）	918,700
平均気温（℃）	19.0
年間降水（mm）	2397.0
市町村数	43
県庁所在地	鹿児島市

活火山の桜島火山で知られる鹿児島県。隣県の宮崎県と同じく焼酎の産地なので、焼酎消費量は全国1位を誇っている。25歳以上ゲートボール人口も首位だ。

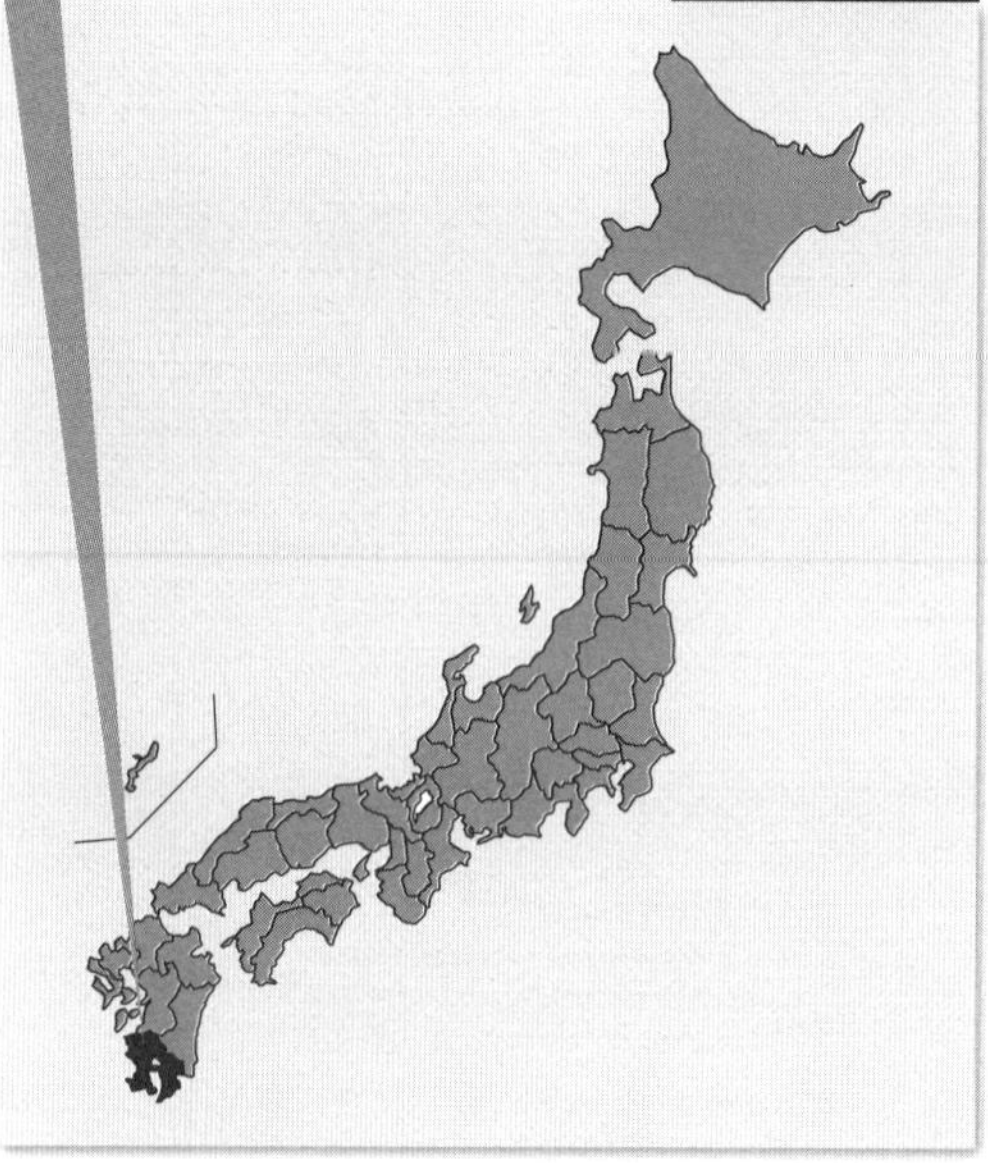

鹿児島県のランキング

1位	焼酎消費量	192P
1位	25歳以上ゲートボール人口	38P
2位	小学生読書率	108P
2位	サバ消費量	164P
2位	25歳以上パチンコ人口	54P
2位	休養・くつろぎ時間	90P
3位	キャベツ消費量	128P
3位	緑茶消費量	178P
3位	陸上競技場数	78P
4位	しょう油消費量	174P
4位	小学生宿題実行率	112P
5位	25歳以上釣り人口	42P
7位	みかん消費量	154P
8位	砂糖消費量	176P
9位	中学バレーボール部員数	18P
9位	食事時間	84P
10位	睡眠時間	92P
10位	高校男子ラグビー部員数	30P
10位	25歳以上ボランティア人口	70P
11位	味噌消費量	172P
11位	タイ消費量	166P
12位	中学テニス部員数	26P
12位	にんじん消費量	138P
13位	きゅうり消費量	142P
13位	たまねぎ消費量	130P
13位	水泳プール数	76P
14位	じゃがいも消費量	136P
14位	中学サッカー部員数	8P
14位	25歳以上園芸・ガーデニング人口	58P
15位	ミネラルウォーター支出額	186P
15位	中学軟式野球部員数	16P
15位	食塩消費量	170P
19位	25歳以上カラオケ人口	56P
20位	中学水泳部員数	10P
20位	体育館数	82P
21位	小学生地域行事参加率	116P
21位	25歳以上スポーツ人口	44P
23位	納豆支出額	202P
24位	25歳以上ゴルフ人口	40P
24位	テレビ・ラジオ・新聞・雑誌閲覧時間	86P
24位	小学生通学時間	110P
25位	もやし消費量	144P
25位	はくさい消費量	140P
25位	すいか消費量	156P
26位	トマト消費量	134P
27位	だいこん消費量	132P
27位	自家用車通勤・通学率	98P
27位	生鮮野菜消費量	126P
29位	レタス消費量	146P
29位	インスタントラーメン消費量	204P
30位	パン消費量	206P
30位	25歳以上編み物・手芸人口	60P
31位	紅茶消費量	180P
31位	バナナ消費量	150P
31位	25歳以上写真撮影人口	50P
32位	労働時間	94P
33位	女性の家事労働時間	88P
34位	鉄道通勤・通学率	96P
35位	中学バドミントン部員数	14P
35位	25歳以上楽器演奏人口	48P
35位	小学生朝食摂取率	120P
36位	中学剣道部員数	12P
38位	25歳以上スポーツ観戦人口	46P
38位	中学生運動部参加率	28P
39位	Facebookユーザー数	100P
39位	ビール消費量	190P
39位	25歳以上華道人口	68P
39位	小学生学校外学習率	114P
40位	野球場数	80P
40位	エンゲル係数	122P
40位	25歳以上囲碁人口	74P
40位	りんご消費量	152P
41位	25歳以上書道人口	64P
42位	中学バスケットボール部員数	24P
42位	小学生通塾率	106P
42位	果物消費量	148P
42位	25歳以上テレビゲーム人口	52P
42位	小学生長時間ネット利用率	118P
42位	米消費量	124P
43位	イチゴ消費量	158P
43位	中学卓球部員数	22P
43位	お菓子支出額	200P
44位	25歳以上将棋人口	72P
44位	インターネット利用率	104P
44位	貝類消費量	168P
44位	25歳以上登山・ハイキング人口	34P
44位	ワイン消費量	196P
44位	25歳以上茶道人口	66P
44位	牛乳消費量	188P
45位	25歳以上サイクリング人口	32P
45位	中学陸上競技部員数	20P
45位	魚介類消費量	160P
45位	コーヒー消費量	182P
46位	炭酸飲料支出額	184P
46位	25歳以上スキー・スノーボード人口	36P
46位	25歳以上英語学習人口	62P
46位	サンマ消費量	162P
47位	ソーシャルネットワーキングサービス(SNS)利用率	102P
47位	日本酒消費量	194P
47位	ウイスキー消費量	198P

沖縄県

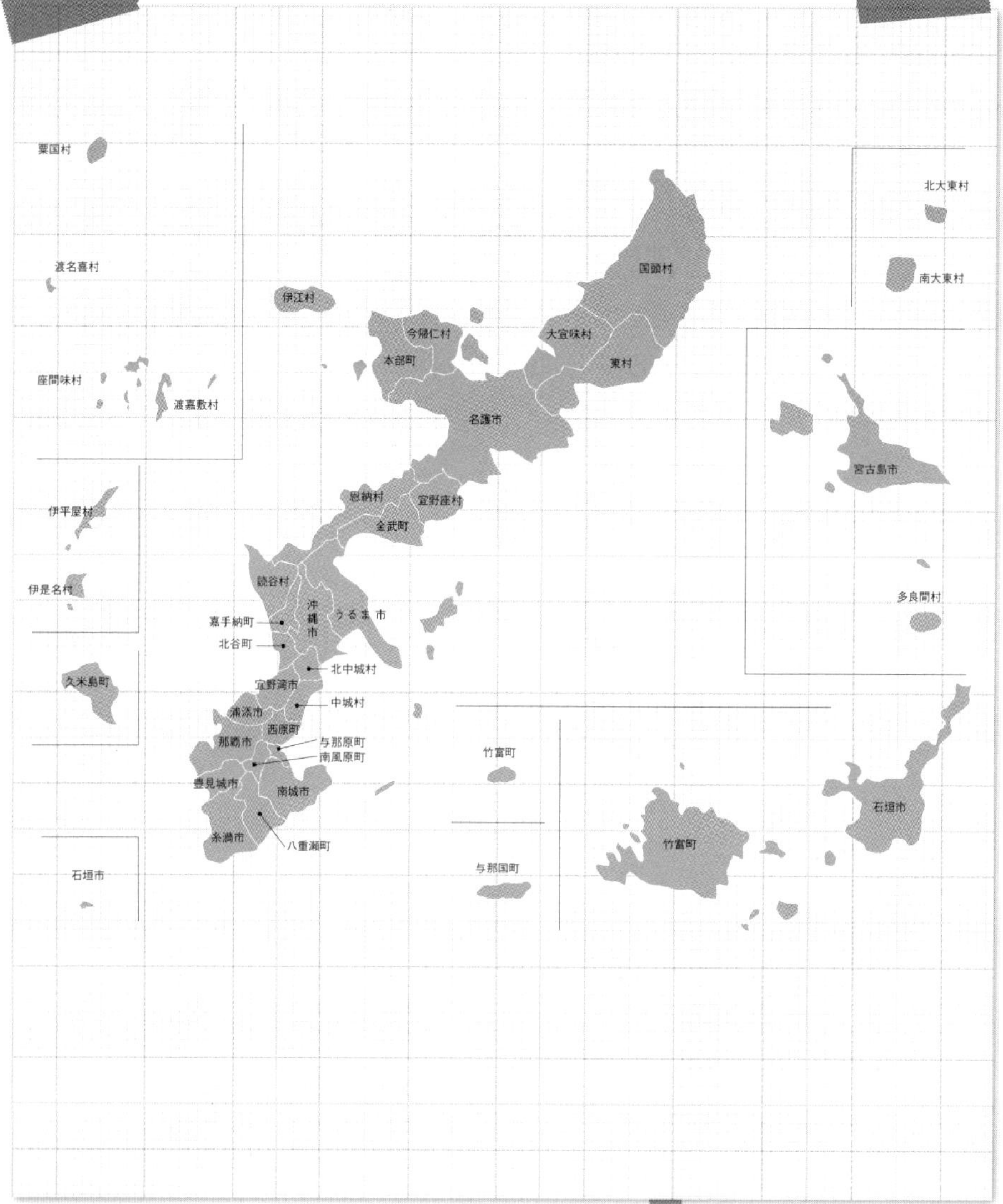

DATA

人口総数（人）	1,450,000
男性人口（人）	710,000
女性人口（人）	740,000
面積（km²）	228,100
平均気温（℃）	23.6
年間降水（mm）	1,907.0
市町村数	41
県庁所在地	那覇市

多くの島で構成される沖縄県。海に囲まれているのに魚介類消費量や貝類消費量が全国最下位なのが意外。東京についでビール消費量が多いのは南国ゆえか。

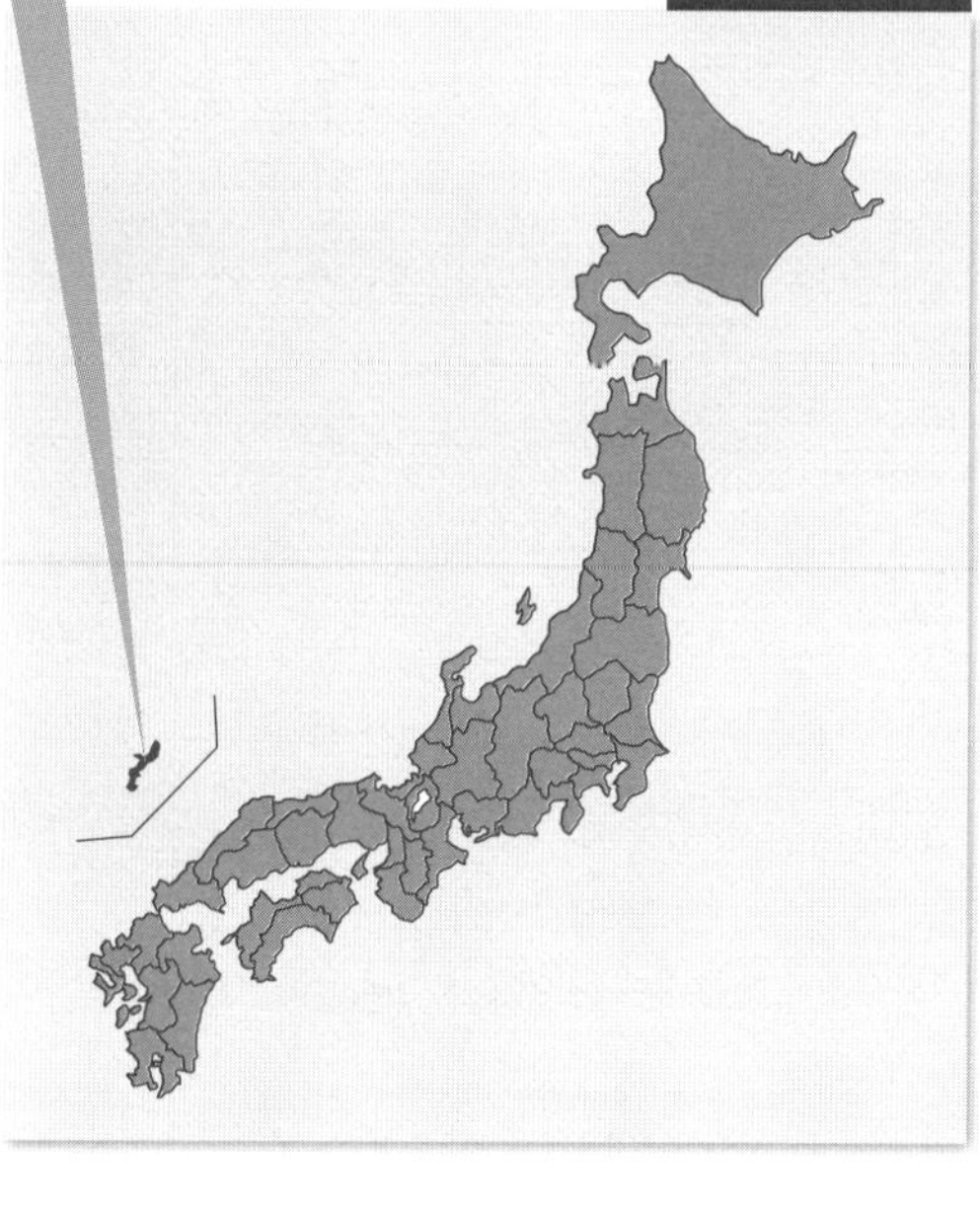

沖縄県のランキング

1位	にんじん消費量	138P	29位	自家用車通勤・通学率	98P	46位	日本酒消費量	194P
1位	ミネラルウォーター支出額	186P	30位	小学生通塾率	106P	46位	中学水泳部員数	10P
1位	25歳以上カラオケ人口	56P	30位	食事時間	84P	47位	中学卓球部員数	22P
1位	陸上競技場数	78P	32位	だいこん消費量	132P	47位	中学陸上競技部員数	20P
2位	ビール消費量	190P	33位	小学生朝食摂取率	120P	47位	緑茶消費量	178P
2位	中学バスケットボール部員数	24P	34位	サンマ消費量	162P	47位	中学剣道部員数	12P
2位	25歳以上囲碁人口	74P	35位	パン消費量	206P	47位	お菓子支出額	200P
3位	Facebookユーザー数	100P	35位	25歳以上ボランティア人口	70P	47位	しょう油消費量	174P
3位	焼酎消費量	192P	36位	ウイスキー消費量	198P	47位	インスタントラーメン消費量	204P
6位	中学軟式野球部員数	16P	36位	女性の家事労働時間	88P	47位	貝類消費量	168P
6位	中学バドミントン部員数	14P	37位	睡眠時間	92P	47位	牛乳消費量	188P
6位	25歳以上ゲートボール人口	38P	37位	中学生運動部参加率	28P	47位	果物消費量	148P
7位	労働時間	94P	37位	コーヒー消費量	182P	47位	25歳以上登山・ハイキング人口	34P
7位	ソーシャルネットワーキングサービス(SNS)利用率	102P	38位	野球場数	80P	47位	生鮮野菜消費量	126P
8位	ワイン消費量	196P	39位	体育館数	82P	47位	鉄道通勤・通学率	96P
9位	小学生長時間ネット利用率	118P	40位	中学テニス部員数	26P	47位	小学生通学時間	110P
9位	米消費量	124P	40位	納豆支出額	202P	47位	小学生宿題実行率	112P
9位	25歳以上楽器演奏人口	48P	40位	たまねぎ消費量	130P	47位	25歳以上茶道人口	66P
10位	エンゲル係数	122P	40位	25歳以上写真撮影人口	50P	47位	小学生地域行事参加率	116P
11位	25歳以上英語学習人口	62P	42位	25歳以上華道人口	68P	47位	25歳以上編み物・手芸人口	60P
11位	25歳以上釣り人口	42P	42位	味噌消費量	172P	47位	25歳以上パチンコ人口	54P
11位	炭酸飲料支出額	184P	43位	サバ消費量	164P	47位	キャベツ消費量	128P
17位	中学サッカー部員数	8P	43位	25歳以上書道人口	64P	47位	魚介類消費量	160P
17位	紅茶消費量	180P	44位	砂糖消費量	176P	47位	25歳以上テレビゲーム人口	52P
18位	小学生学校外学習率	114P	44位	じゃがいも消費量	136P	47位	はくさい消費量	140P
19位	25歳以上スポーツ観戦人口	46P	45位	25歳以上園芸・ガーデニング人口	58P	47位	きゅうり消費量	142P
20位	レタス消費量	146P	45位	高校男子ラグビー部員数	30P	47位	25歳以上スキー・スノーボード人口	36P
22位	インターネット利用率	104P	45位	もやし消費量	144P	47位	バナナ消費量	150P
23位	25歳以上ゴルフ人口	40P	45位	みかん消費量	154P	47位	りんご消費量	152P
24位	タイ消費量	166P	45位	25歳以上将棋人口	72P	47位	すいか消費量	156P
24位	中学バレーボール部員数	18P	46位	食塩消費量	170P	47位	イチゴ消費量	158P
25位	25歳以上スポーツ人口	44P	46位	休養・くつろぎ時間	90P	47位	小学生読書率	108P
28位	水泳プール数	76P	46位	トマト消費量	134P			
28位	テレビ・ラジオ・新聞・雑誌閲覧時間	86P	46位	25歳以上サイクリング人口	32P			

企画・進行　湯浅勝也

販売部担当　杉野友昭、西牧孝、木村俊介

販　売　部　辻野純一、薗田幸浩、亀井紀久正、平田俊也、鈴木将仁

営　業　部　平島実、荒牧義人

広報宣伝室　遠藤あけ美

メディア・プロモーション　保坂陽介

FAX：03-5360-8052　Mail：info@TG-NET.co.jp

【制作スタッフ】

編集・構成　株式会社造事務所

装　　丁　仲亀徹（ビー・ツー・ベアーズ）

文　　倉田楽

デザイン　吉永昌生

D T P　越海辰夫

統計から読み解く

47都《と》道《どう》府《ふ》県《けん》ランキング　消費・子供・スポーツ編

2020年7月1日　初版第1刷発行

著　者　久保哲朗

発行者　廣瀬和二

発行所　株式会社 日東書院本社
〒160-0022
東京都新宿区新宿2丁目15番14号　辰巳ビル
TEL　03-5360-7522（代表）
FAX　03-5360-8951（販売部）
振替　00180-0-705733
URL　http://www.TG-NET.co.jp

印刷・製本　図書印刷株式会社

本書の無断複写複製（コピー）は、著作権法上での例外を除き、著作者、出版社の権利侵害となります。
乱丁・落丁はお取り替えいたします。小社販売部までご連絡ください。

©Nitto Shoin Honsha CO., LTD. 2020
Printed in Japan
ISBN　978-4-528-02297-3　C0033